J. 72.4.
4.

L'ANTIQUITÉ EXPLIQUÉE, ET REPRÉSENTÉE EN FIGURES.
TOME SECOND.
SECONDE PARTIE.

La Religion des Egyptiens, des Arabes, des Syriens, des Perses, des Scythes, des Germains, des Gaulois, des Espagnols & des Carthaginois.

Par Dom BERNARD DE MONTFAUCON
Religieux Bénédictin de la Congrégation de S. Maur.

A PARIS,
Chez
{ FLORENTIN DELAULNE, | JEAN-GEOFFROY NYON,
HILAIRE FOUCAULT, | ETIENNE GANEAU,
MICHEL CLOUSIER, | NICOLAS GOSSELIN,
Et PIERRE-FRANÇOIS GIFFART.

M. DCCXIX.
AVEC PRIVILEGE DV ROY.

L'ANTIQUITÉ EXPLIQUÉE
ET REPRESENTÉE EN FIGURES.
SECONDE PARTIE
DU TOME SECOND.

La Religion des Egyptiens, les Abraxas; la Religion des Arabes, des Syriens, des Perses, des Scythes, des Germains, des Gaulois, des Espagnols & des Carthaginois.

ANTIQUITAS
EXPLANATIONE ET SCHEMATIBUS ILLUSTRATA.
PARS SECUNDA
TOMI SECUNDI.

Religio Ægyptiorum, Abraxeæ figuræ; Religio Arabum, Syrorum, Persarum, Scytharum, Germanorum, Gallorum, Hispanorum & Carthaginensium.

LIVRE PREMIER,

La Religion des Egyptiens.

CHAPITRE PREMIER.

I. Origine de l'idolâtrie en Egypte. II. Ce que c'étoit que le Cneph & le Cnuphis. III. Explication de l'œuf dans la bouche du serpent. IV. Les deux principes admis par plusieurs Egyptiens.

I.  UOIQUE la religion des Egyptiens passe dans l'esprit de plusieurs Auteurs, tant anciens que modernes, pour la premiere des fausses religions ; & même, pour ainsi dire, comme la mere des autres ; nous n'avons pas jugé à propos de la mettre avant la Greque & la Romaine, pour les raisons que nous avons rapportées dans la préface du premier tome, qu'il n'est pas necessaire de repeter ici. Il n'est pas aisé de démêler les commencemens de l'idolâtrie en Egypte : il y en a qui croient qu'elle n'y étoit pas encore établie du tems de Moyse ; & que quoiqu'il y eut déja bien des superstitions, & que les Magiciens du payis eussent recours aux demons pour leurs operations diaboliques, on n'y étoit pas encore venu jusqu'à dresser des simulacres aux fausses divinitez ; d'autres croient, & peutêtre avec plus de vraisemblance, que le culte des idoles y étoit déja établi, & que le veau d'or des Israélites n'étoit qu'une imitation du taureau Apis, l'un des principaux dieux des Egyptiens.

II. Quoi qu'il en soit de l'origine de l'idolâtrie, quelque superstitieuse que fut cette nation, on y voioit bien des traces de la veritable religion ; quelques-uns d'entre eux, & même une partie considerable de l'Egypte, qui étoit la The-

LIBER I.

Religio Ægyptiorum.

CAPUT PRIMUM.

I. De origine idololatriæ apud Ægyptios. II. Quid essent Cneph & Cnuphis. III. Explicatio ovi in ore serpentis. IV. Ægyptiorum plurimi duo principia admittebant.

I. ETSI religio Ægyptiorum pro omnium profanarum religionum principe matreque habeatur a multis, ejus tamen descriptionem in principio hujus operis locandam esse non censuimus ; quo permoti, quibusve de causis, jam in præfatione prioi tomi dictum fuit, neque idipsum repetere animus est. Quibus principiis simulacrorum cultus in Ægyptum fit invectus, non facile assequaris : sunt qui putent cultum hujusmodi tempore Moysis nondum in Ægypto obtinuisse ; multas jam invectas superstitiones fuisse, magorumque per dæmonum operam præstigias inductas fatentur ; sed nondum illo tempore simulacra falsis numinibus erecta fuisse existimant. Alii forteque probabilius arbitrantur idolorum religionem jam tempore Moysis in Ægypto fuisse, vitulumque aureum ab Israelitis fuisse conflatum ad exemplum Apidis tauri, qui inter præcipua Ægypti numina censebatur.

II. Ut ut est de origine idolorum in Ægypto, quantumvis natio istæc superstitiosa visa fuerit, non pauca apud illos olim veræ religionis vestigia comparebant. Inter illos non pauci, imo pars Ægypti non

baïde, dit Plutarque, ne reconnoissoit point de dieu mortel, mais un dieu sans commencement & immortel, qui en la langue du païs s'appelloit *Cneph*, & selon Strabon *Knuphis*. Porphyre dans Eusebe, assure aussi que les Egyptiens ne connoissoient autrefois qu'un dieu, qu'ils appelloient *Cneph*, dont la figure qui étoit le serpent, selon Eusebe rendoit par la bouche un œuf, symbole du monde que Cneph avoit produit. Les autres Egyptiens idolâtres reconnoissoient deux principes, un du bien, & l'autre du mal ; c'est dequoi nous parlerons plus bas, après que nous aurons donné nôtre conjecture sur un monument Romain, dont il me paroit qu'on n'a pas encore découvert la veritable signification.

III. M. Fabreti habile antiquaire, à qui il appartenoit, l'a expliqué en doutant ; j'en pense autrement que lui, je laisse au lecteur habile à juger laquelle explication vaut le mieux. C'est une pierre sepulcrale, qu'on appelloit *ara*, que A. Herennuleius Hermes a fait pour sa femme, pour lui, pour ses enfans, & pour sa posterité. Il est representé lui-même au milieu de l'inscription sacrifiant aux Manes. De l'autre côté de la pierre sont deux serpens, dressez sur leur queue, & mis de face l'un contre l'autre ; dont un tient un œuf de sa bouche, & l'autre semble vouloir le lui ôter. M. Fabreti croit que par ce symbole Hermes a peutêtre exprimé la longue vie qu'il se souhaitoit à lui-même, à sa femme & à ses enfans ; signifiée par les serpens qui vivent longtems, ou que par l'œuf que tiennent les deux serpens, il a voulu marquer la fecondité du mariage qu'il souhaite pour lui & pour sa femme. Avant que d'avancer ma conjecture sur ce monument, il faut remarquer qu'on trouve à Rome & dans l'Italie quantité de ces marques des superstitions Egyptiennes, que les Romains avoient adoptées. M. Fabreti en rapporte un grand nombre trouvées en differens endroits de l'Italie : celle-ci est encore du nombre comme nous voions ; c'est une image dont la signification ne peut être que symbolique. Les anciens Egyptiens reconnoissoient un bon principe qui avoit fait le monde ; ce qu'ils exprimoient allegoriquement par un serpent qui tient un œuf à la bouche, cet œuf signifioit le monde créé. Ce serpent donc qui tient l'œuf à la bouche, sera le bon principe qui a créé le monde & qui le soutient. Mais comme la plûpart des Egyptiens admettoient deux principes, l'un bon, l'autre mauvais ; & que selon Plutarque, toute la reli-

PL. CV.

spernenda ; Thebaïs nempe, ait Plutarchus in Iside & Osiride, mortalem deum non agnoscebat, sed deum absque principio & immortalem, qui lingua eorum appellabatur Cneph, seu, ut ait Strabo l. 17. Cnuphis. Porphyrius item apud Eusebium Præp. lib. ult. narrat Ægyptios unum olim deum coluisse, quem Cneph appellabant : cujus figura seu symbolum, nempe serpens secundum Eusebium Præpar. lib. ult. ore proferebat ovum, mundi a Cnepho producti symbolum. Alii Ægyptii idolorum cultores duo principia admittebant ; boni unum, mali alterum, qua de re inferius agetur, postquam conjecturam meam circa monumentum aliquod Romanum expromsero, cujus monumenti verum significatum non assequutus mihi videtur is qui rem explicandam suscepit.

III. Is est Raphael Fabretus Inscript. p. 282. vir antiquariæ rei peritissimus, cujus erat lapis, quique subdubitans rem explicavit ; explicationi ejus aliam sinceriorem, ut puto, substituo. Penes eruditum Lectorem erit judicare, utri maxime sit interpretationi credendum. Lapis est sepulcralis, qui vocabatur ara, quam erexit Aulus Herennuleius Hermes sibi, uxori, liberis posterisque. In medio inscriptionis ipse diis manibus sacrificans repræsentatur. In alio lapidis latere sunt duo serpentes erecti, extrema cauda nixi, adversis capitibus, quorum alter ovum ore tenet, alter ovum auferre nititur. Opinatur Fabretus hoc symbolo Hermem forte indicasse diuturnam vitam, quam sibi, uxori liberisque peroptabat, diuturnam quippe vitam significant serpentes, qui longo tempore vivunt ; vel fortasse, pergit ille, ovo denotare voluit Hermes conubii fecunditatem, quam sibi & uxori expetit. Antequam conjecturam meam efferam, observes velim in monumentis Romanis Italicisque multis hujusmodi superstitionis Ægyptiacæ notas occurrere, quas scilicet Romani adoptaverant. Fabretus ipse p. 423. 489. 533. plurimas in Italiæ variis regionibus deprehensas edidit, ex quarum numero hæc, de qua nunc agimus, est. Imaginis hujus symbolica haud dubie significatio est. Veteres Ægyptii bonum principium, quod mundum fecisset agnoscebant, idque ἀλληγορικῶς exprimebant per serpentem ovum ore tenentem, quod ovum creatum mundum significabat. Hic itaque serpens qui ovum tenet ore, bonum principium erit, quod mundum fecit, ipsumque sustentat. Quoniam vero Ægyptiorum pars maxima duo principia admittebant, alterum bonum, alterumque malum, totaque religio Ægyptiaca, ait &c.

gion des Egyptiens étoit fondée là-dessus; il faudra dire que l'autre serpent qui dressé sur sa queue est opposé au premier, sera l'image du mauvais principe, qui veut ôter le monde à l'autre.

IV. En effet, toute la Théologie Egyptienne rouloit là-dessus : leurs dieux se reduisoient au bon & au mauvais principe ; & l'un des partis faisoit toûjours la guerre à l'autre, comme nous verrons plus bas. L'heresie du bon & du mauvais principe que soutenoient les Manichéens, a fait en divers tems de grands ravages dans l'Eglise : il y en a encore quelques restes dans l'Orient. Dire pourquoi Herennuleius Hermes a mis un tel symbole dans son monument, c'est ce qui ne se peut faire qu'en devinant. Nous trouverons dans le cours de cet ouvrage un très-grand nombre de symboles semblables, qui paroissent n'avoir aucun rapport avec la chose dont il s'agit.

re Plutarcho in Iside & Osiride, hoc cardine volvebatur, dicendum erit serpentem illum alium qui cauda nixus & erectus primo serpenti opponitur, imaginem esse mali principii, mundum a bono principio auferre nitentis.

IV. Hæc quippe erat Ægyptiacæ religionis summa : dii illorum ad bonum malumve principium reducebantur, alteraque pars alteri semper bellum inferebat, ut infra videbimus. Boni malique principii hæresis, quam tuebantur Manichæi, magnas diversis temporibus turbas, ingentiaque mala concitavit, ejusque reliquiæ adhuc supersunt in Oriente. Cur tale symbolum in monumentum suum intulerit Herennuleius Hermes, nulla possumus arte divinare ; innumera in hujus operis decursu symbola videbimus, quæ nullam habere videntur cum re qua de agitur affinitatem.

CHAPITRE II.

I. Isis, selon la Théologie des Egyptiens, est la même que toutes les déesses, & Osiris le même que tous les dieux. II. Le bon principe, selon les Egyptiens, est Isis, Osiris & Orus ; & le mauvais, Typhon. III. Idée des Egyptiens sur leurs divinitez. IV. Isis prise pour toutes choses.

I. Nous avons vû dans le premier tome de cet ouvrage une grande difference de sentimens touchant les divinitez, tant Grecques que Romaines, que plusieurs Auteurs confondent ; les prenant les unes pour les autres. Une des causes de cette diversité d'opinions est, que les mêmes operations & les mêmes qualitez étant attribuées à plusieurs dieux ; on a souvent conclu de là que c'étoient les mêmes sous differens noms ; cela s'observe encore plus dans les dieux Egyptiens. Isis & Osiris qui sont les deux principaux, & sur lesquels roule presque toute la Théologie Egyptienne, sont, à recueillir les sentimens de divers Auteurs, tous les dieux du paganisme ; Isis, selon eux, est Cerès, Junon, la Lune, la Terre, ou la Nature, Minerve, Proserpine, Thetis, la mere des dieux ou Cybele, Venus, Diane, Bellone, Hecaté, Rhamnusia : en un mot, toutes les déesses. Aucun Auteur parti-

CAPUT II.

I. Isis secundum Theologiam Ægyptiorum eadem est atque deæ omnes, & Osiris idem atque omnes dii. II. Bonum principium secundum Ægyptios Isis, Osiris & Orus, malumque principium Typhon. III. Ægyptiorum opinio circa numina sua. IV. Isis pro natura & pro rebus omnibus accepta.

I. IN primo hujus operis tomo ingens sententiarum discrimen observavimus circa numina tum Græca tum Romana, quæ plerique Scriptores unum pro alio habent. Inter causas vero dissensionis ejusmodi, ea cum primis computanda, quod cum eædem virtutes operationesque diversis numinibus tribuantur ; hinc consequi creditum est eosdem variis nominibus deos cultos esse. Illud præsertim observatur in numinibus Ægyptiacis. Isis atque Osiris præcipua numina, quibus fundatur tota superstitio Ægyptiaca, sunt, si variorum Scriptorum opinionem colligas, omnes profanæ religionis dii. Isis secundum illos est Ceres, Juno, Luna, Terra, sive Natura, Minerva, Proserpina, Thetis, Mater deûm aut Cybele, Venus, Diana, Bellona, Hecate, Rhamnusia, ut

culier ne lui attribue tous ces noms là; mais tous ensemble la font la même que toutes ces déesses: Apulée tout seul la dit Cybele, Minerve, Venus, Diane, Proserpine, Cerès, Junon, Bellone, Hecaté, & Rhamnusia. C'est ce qui a donné lieu de l'appeller *Myrionyme*, ou la déesse à mille noms. De même qu'Isis se prend pour toutes les déesses, on prend aussi Osiris pour tous les dieux; les uns disent qu'Osiris est Bacchus; d'autres le font le même que Serapis, le Soleil, Pluton, Jupiter, Ammon, Pan: d'autres disent qu'Osiris est Attis, ou Adonis, ou Apis dieu d'Egypte: Titan, Apollon, Mithras, l'Océan, Typhon, sont encore les mêmes qu'Osiris, selon d'autres. Ces varietez se trouvent quelquefois sur Isis dans les marbres mêmes, où cette déesse qui a ses symboles particuliers, se voit assez souvent avec ceux d'autres déesses.

II. La superstition Egyptienne, comme nous venons de dire, n'étoit pas tout-à-fait si grossiere dans son commencement, qu'elle fut depuis. Ces peuples admettoient deux principes, hors ceux de la Thebaïde qui n'en reconnoissoient qu'un. Ces deux principes étoient l'un du bien, l'autre du mal: du principe du bien, venoit la generation; & du principe du mal, la corruption de toutes choses: le bon principe excelloit pardessus le mauvais, & étoit plus puissant que lui; mais non pas jusqu'à le détruire & à empêcher ses operations. Ce mauvais principe se trouvoit comme enraciné dans les corps sublunaires; & de là venoit qu'il repugnoit toûjours au bien. Dans le bon principe on reconnoît trois choses, dont l'une avoit la qualité & faisoit l'office de pere, l'autre de mere, & la troisiéme de fils: le pere étoit nommé Osiris, la mere Isis, & le fils Orus: le mauvais principe s'appelloit Typhon. Osiris étoit dans le monde ce qu'est la raison & la pensée dans l'homme: au lieu que Typhon tenoit lieu des passions, qui répugnent à la raison; & c'est pour cela qu'on l'appelloit ἄλογος *sans raison*. Isis en qualité de femme, étoit de soi-même le receptacle du bien & du mal; mais elle se portoit toûjours au bien. Typhon au contraire, comme principe du mal enraciné dans toutes les parties de l'univers, se tournoit toûjours vers le mal. Dans le corps humain, le bon temperament venoit d'Osiris; les maladies & les indispositions avoient Typhon pour cause. Dans le ciel & dans les elemens tout ce qui gardoit le bon ordre & l'égalité du mouvement, representoit Osiris: & tout ce qui s'écartoit de cet ordre étoit l'image de Typhon, comme

---

uno verbo dicam, omnes deæ. Nullus Scriptor solus hæc illi omnia nomina confert: at omnes simul illas deas Isidem faciunt; Apuleius vero solus Metamorph. l. XI. eam dicit esse Cybelem, Minervam, Venerem, Dianam, Proserpinam, Cererem, Junonem, Bellonam, Hecaten, & Rhamnusiam. Hinc Isis Myrionyma, seu millium nominum dea vocata fuit. Quemadmodum Isis pro deabus omnibus accipitur, Osiris etiam pro diis fere omnibus habetur: alii Osiridem Bacchum esse dicunt; alii Serapidem, Solem, Plutonem, Jovem, Ammonem, Panem; putant alii esse Attinem, Adonidem, aut Apin deum Ægyptiacum, Titanem item, Apollinem, Mithram, Oceanum, Typhonem; quæ diversitas in marmoribus etiam observatur, ubi dea illa, cui quædam symbola propria sunt, cum aliarum etiam dearum symbolis occurrit.

II. Ægyptiaca superstitio, ut modo dicebamus, non tam absurda & inepta in principio, quam postea fuit. Duo principia Ægyptii admittebant, exceptis Thebaidos populis, qui unum agnoscebant principium. Hæc duo principia, alterum boni, alterum mali erant: ex principio boni, generatio; ex principio mali, corruptio rerum omnium oriebatur. Bonum principium malo præstabat, illoque potentius erat; non ita tamen ut id destrueret ejusque operationes impediret. Malum principium in sublunaribus corporibus ceu radices posuerat, hinceque fiebat ut bono semper repugnaret. In bono principio tres præsertim res agnoscebantur, quarum una partes & officium partis gerebat, altera matris, tertia filii. Pater Osiris nominabatur, mater Isis, filius Orus. Malum principium Typhon vocabatur. Osiris in mundo erat id quod ratio & mens est in homine; Typhon autem locum tenebat pravorum animi affectuum, qui cum ratione bellum gerunt, ideoque vocabatur ἄλογος, hoc est, ratione carens. Isis utpote femina, ex se boni malive receptaculum erat; sed ad bonum semper se conferebat. Typhon contra ut principium mali, quod in omnibus mundi partibus radices posuerat, ad malum semper se convertebat. In humano corpore bonus habitus ex Osiride proficiscebatur, morbi adversaque valetudo ex Typhone. In cælo & in elementis, quidquid ordinem rectum motusque æqualitatem servabat, Osiridem repræsentabat; quod autem ab illo ordine deflectebat, Typhonis erat imago, cujus generis

LA RELIGION DES EGYPTIENS.

les éclipses du soleil & de la lune, les tempêtes, les inondations, les tremblemens de terre; en un mot tout ce qui troubloit le cours ordinaire des choses.

III. Voilà, selon Plutarque, l'idée que les Egyptiens avoient de la divinité. Je ne m'arrêterai pas à discuter si ce sont effectivement ces peuples, qui dès l'origine de leur idolâtrie se sont formé un tel système de la divinité, ou si les Philosophes venus depuis, pour donner quelqu'ombre de raison au culte monstrueux de cette nation, ont fait ce plan de Théologie. Ce dernier sentiment me paroit d'autant plus plausible, que les Philosophes, tant Grecs que Romains, ont fait à peu-près la même chose à l'égard de leurs divinitez; & qu'une marque certaine qu'ils n'avoient pas puisé ces idées dans l'origine de leur religion, est que chacun se fait un système à sa mode, & que ces sentimens particuliers se détruisent souvent les uns les autres. Quoi qu'il en soit, c'est apparemment sur cette idée qu'Osiris étoit le pere, & Isis la mere de l'univers; qu'on a attribué à l'un les qualitez de presque tous les dieux, & à l'autre celles des déesses, comme nous venons de dire. Les Egyptiens debitoient mille fables sur Isis & sur Osiris; dont la plus extravagante étoit qu'Osiris & Isis jumeaux se marierent dans le ventre de leur mere, & qu'Isis en sortit enceinte d'Arueris, qui étoit l'ancien Orus des Egyptiens. Ils racontoient la mort d'Osiris, la guerre d'Orus contre Typhon, & la victoire d'Orus: & tout cela en plusieurs manieres, toutes opposées les unes aux autres.

IV. Le culte d'Isis étoit plus celebre que celui d'Osiris, on la trouve bien plus souvent sur les marbres: on la regardoit comme la mere & la nature des choses. Un marbre de Capoue la qualifie ainsi: *Déesse Isis qui êtes une & toutes choses, Arrius Babinus vous fait ce vœu.*

Plutarque dit qu'à Saïs, au temple de Minerve, qu'on croioit être la même qu'Isis, il y avoit sur le pavé une inscription, qui portoit: JE SUIS TOUT CE QUI A ETÉ, CE QUI EST, ET QUI SERA; ET NUL D'ENTRE LES MORTELS N'A ENCORE LEVÉ MON VOILE. Apulée fait parler Isis en ces termes: « Je suis la nature, mere de toutes choses, maîtresse des élémens; le commencement des siecles, la souveraine des dieux, la reine des manes, la premiere des natures celestes, la face uniforme

---

erant eclipses solis atque lunæ, tempestates, inundationes, terræ motus; uno verbo quidquid solitum rerum ordinem perturbabat.

III. Sic teste Plutarcho in Iside & Osiride de numinibus Ægyptii cogitabant. Non exquiram autem utrum hæc natio a principio superstitionis temeratæque ab se religionis, talem sibi numinis rationem commenta sit; an vero sub hæc Philosophi, ut portentoso horumce populorum cultui aliquem colorem umbramque rationis inderent, hanc Theologiæ formam descripserint. Ut hanc postremam opinionem complectar, eo libentius adducor, quod Philosophi tum Græci tum Romani circa numina sua idipsum pene fecerint; quod autem illi hujusmodi commentum non ex religionis suæ exordiis hauserint, hinc facile evincitur, quod eorum quisque peculiarem sibi religionis interpretandæ modum statuat, quodque singulorum sententiæ alias aliæ destruant & evertant. Ut ut est, hac ut videtur ratione Osiris pater Isisque mater rerum universitatis erant; alterique numini deorum, alteri vero dearum pene omnium proprietates attributæ sunt, uti supra dictum est. De Iside & Osiride Ægyptii, inquit Plutarchus p. 355. sexcentas fabulas comminiscebantur, quarum omnium ineptissima erat illa, scilicet Osiridem & Isidem gemellos in utero matris connubio junctos fuisse, indeque gravidam egressam Isidem, Aruerin, seu veterem Ægypti Orum peperisse. Mortem Osiridis narrabant, necnon bellum ab Oro contra Typhorem susceptum, victoriamque ab Oro reportatam; illud autem mille modis narrabatur cum mira opinionum diversitate.

IV. Longe celebrior Isidis, quam Osiridis cultus erat. Frequentissime illa in marmoribus occurrit, raroque Osiris: ea ut parens naturaque rerum omnium existimabatur. In marmore quodam Capuano sic compellatur Isis.

TE TIBI
VNA, QVÆ ES OMNIA
DEA ISIS
ARRIVS BA
BINVS V. C.

In urbe Saï, inquit Plutarchus in Iside & Osiride, in templo Minervæ, quæ eadem atque Isis esse putabatur, hæc inscriptio in pavimento visebatur: SUM QUIDQUID FUIT, EST ET ERIT, NEMOQUE MORTALIUM MIHI ADHUC VELUM DETRAXIT. Apuleius Metamorph. l. 11. sic loquentem Isidem inducit: *En assum . . . . rerum natura parens, elementorum omnium domina, sæculorum progenies initialis, summa numinum, regina manium, prima cælitum, deorum dearumque*

»des dieux & des déesses : c'est moi qui gouverne la sublimité lumineuse des
»cieux, les vens salutaires des mers, le silence lugubre des enfers. Ma divinité
»unique, mais à plusieurs formes, est honorée avec differentes cérémonies &
»sous differens noms. Les Phrygiens m'appellent la Pessinontienne mere des
»dieux : les Atheniens, Minerve Cecropienne : ceux de Cypre, Venus Paphien-
»ne : ceux de Crete, Diane Dictynne. Les Siciliens qui parlent trois langues,
»Proserpine Stygienne : les Eleusiniens, l'ancienne déesse Cerès : d'autres,
»Junon; d'autres, Bellone : quelques-uns, Hecaté : il y en a aussi qui m'appellent
»Rhamnusia : les Ethiopiens Orientaux, les Ariens, & ceux qui sont instruits
»de l'ancienne doctrine, je veux dire les Egyptiens, m'honorent avec
»des cérémonies qui me sont propres ; & m'appellent de mon veritable
»nom, la reine Isis.

facies uniformis, quæ cæli luminosa culmina, maris salubria flamina, inferorum deplorata silentia nutibus meis dispenso, cujus numen unicum multiformi specie, ritu vario, nomine multijugo totus veneratur orbis. Me primigenii Phryges Pessinunticam nominant deûm matrem, hinc Autochthones Attici Cecropiam Minervam ; illinc fluctuantes Cyprii Paphiam Venerem ; Cretes sagittiferi Dictynnam Dianam, Siculi trilingues Stygiam Proserpinam, Eleusinii vetustam deam Cererem : Junonem alii, alii Bellonam, alii Hecaten; Rhamnusiam alii ; &, qui nascentis dei solis inchoantibus radiis illustrantur Æthiopes Ariique, priscaque doctrina pollentes Ægyptii, ceremoniis me prorsus propriis percolentes, appellant vero nomine reginam Isidem.

CHAPITRE III.

I. Origine d'Isis, racontée fort diversement. II. Histoire d'Io, qui est prise pour Isis. III. Isis regardée comme la même que Cerès. IV. Plusieurs images d'Isis.

I. ON ne convient pas de l'origine d'Isis & d'Osiris. Diodore de Sicile, & Martien Capella, disent qu'Osiris étoit le mari d'Isis : Plutarque, que c'étoit son frere & son mari ; comme Jupiter étoit frere & mari de Junon : Lactance & Minutius Felix disent qu'il étoit fils d'Isis : Eusebe le dit son mari, son frere & son fils. Pour ce qui est du pere d'Isis, ceux qui pretendent qu'elle est la même qu'Io, la disent fille d'Inachus roi d'Argos, ou du fleuve du même nom ; c'est l'opinion la plus commune : d'autres lui donnent Neptune pour pere, & pour mere Callirrhoé ; ou comme d'autres lisent, Hallirrhoé : d'autres la font fille d'Argus & d'Ismene. Plusieurs, selon Plutarque, disoient Isis, fille de Mercure ; d'autres de Promethée.

II. La mythologie a rendu Io célebre : elle étoit, dit-on, prêtresse de Junon ; qui par jalousie, malgré le serment que lui fit Jupiter qu'il ne s'étoit rien passé qui lui dût attirer son indignation, après l'avoir metamorphosée en

CAPUT III.

I. Origo Isidis diversis narratur modis. II. Ius, quæ Isis esse censebatur, historia. III. Isis pro Cerere habita. IV. Ejus imagines variæ.

I. DE Isidis & Osiridis origine diversa narrantur : Diodorus Siculus lib. 1. Mattianusque Capella lib. 1. de nupt. Philos. dicunt Osiridem fuisse Isidis conjugem : Plutarchus in Iside & Osiride & fratrem & conjugem, quemadmodum & Jupiter frater & conjux Junonis erat. Lactantius lib. 1. c. 21. & Minutius Felix filium Isidis dicunt ; Eusebius Præp. lib. 3. c. 3. conjugem, fratrem, filiumque. Quod ad Isidis vero patrem spectat, qui Isidem eamdem esse dicunt, quam Ium, filiam dicunt Inachi Argivorum regis, aut ejusdem nominis fluvii : hæc vulgatior erat opinio ; alii patentes ejus dicebant Neptunum & Callirrhoen, vel, ut alii legunt, Hallirrhoen ; alii filiam dicebant Argi & Ismenes ; aliqui secundum Plutarchum de Iside & Osiride p. 352. filiam Mercurii, alii Promethei.

II. Io a Mythologis admodum celebratur : erat illa, ut inquiunt, sacerdos Junonis, quæ zelotypia permota, etsi jurasset Jupiter nihil intercessisse quo illa ad iracundiam concitaretur, in vaccam tamen

vache, la livra à Argus pour la garder. D'autres disent que ce fut Jupiter lui même qui la métamorphosa en vache de couleur blanche, pour ôter à Junon tout sujet de jalousie : & que Junon demanda cette vache à Jupiter, qui n'osa la lui refuser : elle la donna, dit-on, en garde à Argus qui avoit cent yeux. Jupiter aiant compassion d'elle, ordonna à Mercure de la délivrer, en tuant même le garde s'il étoit besoin. Mercure déguisé en berger, joua de sa flute & le toucha de sa baguete pour l'endormir; mais lorsqu'il étoit sur le point d'emmener la vache, un jeune homme nommé Hierax éveilla imprudemment Argus: alors Mercure ne pouvant plus faire son vol en cachete, tua Argus d'un grand coup de pierre, & changea Hierax en épervier. Cela mit Junon dans une si grande colere, qu'aiant changé Argus en Pan, qui porte autant d'yeux à la queue qu'Argus en avoit à sa tête, elle envoia un aiguillon à cette vache, qui la mit en une espece de fureur. Agitée d'une étrange sorte, Io traversa à la nage la mer qu'on appella depuis de son nom Ionique : elle alla en Illyrie, passa le mont Hæmus d'où elle descendit dans la Thrace ; la mer arrêtoit aussi peu ses courses, que les montagnes; le Golphe de Thrace se trouvant sur sa route, elle le franchit comme la mer Ionienne : ce Golphe prit de là le nom de Bosphore, qui veut dire le trajet de la vache. Elle alla ensuite en Scythie, & de là en Europe, & ensuite en Asie ; traversant toûjours avec la même facilité les montagnes, les rivieres & les mers. Enfin elle se rendit en Egypte sur le bord du Nil, où elle reprit sa forme de femme, & accoucha d'un fils nommé Epaphus, dont Jupiter étoit pere. Junon donna Epaphus à garder aux Curetes ; ce qui étant venu à la connoissance de Jupiter, il les fit tous mourir. Après cet accouchement Io devint déesse, & fut honorée en cette qualité par les Egyptiens. D'autres disent que son fils Epaphus fut roi d'Egypte, & fonda la ville de Memphis ; & qu'après la mort de sa mere, il obligea ses sujets de l'honorer comme une déesse.

III. Selon Herodote, les Egyptiens prenoient Isis pour Cerès : les Egyptiens croient, dit-il, qu'Apollon & Diane étoient fils d'Isis, & que Latone étoit leur nourrice & leur liberatrice. Apollon est appellé en langue Egyptienne Orus; Cerès, Isis; & Diane, Bubastis. De là vient, dit Herodote, qu'Eschyle fait Diane fille de Cerès.

Quoiqu'Isis fût presque generalement prise pour toutes les déesses, il paroit par le culte que les Egyptiens lui rendoient, qu'ils la regardoient comme

la Cerès des Grecs, comme nous verrons plus particulierement dans la suite. Elle étoit honorée non seulement chez les Egyptiens, mais encore dans la Grece, comme il est aisé de voir par le grand nombre de monumens qu'on lui érigeoit dans ces pays là, & par les figures d'Isis qu'on voit frequemment sur les médailles. Le culte d'Isis & d'autres dieux Egyptiens eut d'abord assez de peine à s'établir à Rome, où il fut rejetté plusieurs fois, mais enfin il y passa si bien, que la plûpart des dieux Egyptiens, & sur tout Isis, étoient autant honorez à Rome que toute autre divinité.

2   IV. La premiere [2] figure que nous donnons représente Inachus, & Io changée en vache. Inachus y est représenté comme un fleuve, mais sans urne; Beger qui a donné cette pierre tirée du cabinet de Brandebourg, pretend que c'est parce que le fleuve Inachus n'avoit point de source, & ne couloit qu'après les pluies. Les autres figures d'Isis que nous allons donner, sont partie Egyptiennes, partie Greques & Romaines: nous mettrons d'abord les Egyptiennes; parceque, quoique plus barbares, elles sont plus anciennes & plus originales que les
3 autres. Nous commençons par une du cabinet [3] de M. Rigord de Marseille, singuliere en ce qu'Isis assise, qui allaite le petit Orus, & avec tout le corps de femme, a conservé la tête de vache: ce qui peut marquer que l'opinion d'Io changée en vache, étoit connue des Egyptiens, & qu'ils croioient qu'Isis étoit la même qu'Io. L'idole d'Isis, dit Herodote, a des cornes de bœuf, & c'est en cette maniere que les Grecs ont accoûtumé de peindre Io. Philostrate dans la vie d'Apollone de Tyane, dit qu'une statue d'Io qui est Isis, qu'on voioit à Ninive, avoit de petites cornes. D'autres pretendent que ce sont les cornes de la lune, qui selon le sentiment de plusieurs Auteurs, n'est autre qu'Isis. Le globe qui est entre ses cornes, marque apparemment le monde, & indique qu'Isis est elle-même la terre ou la nature des choses. La tête d'oiseau qu'on voit ici, se trouve souvent, & en plusieurs manieres
4 dans les figures d'Isis: dans l'image suivante [4] où Isis a le globe sur la tête, avec une espece de panache pardessus, la tête d'oiseau à long bec paroit être
5 d'une Ibis. L'Isis [5] dans un throne est tirée de la table Isiaque, que nous donnerons entiere plus bas: elle a sur la tête un oiseau entier: cet oiseau est couché, il étend les ailes, & ses plumes sont mouchetées; ce qui a fait croire à Pignorius que c'est la Numidique mouchetée, *Numidica guttata*, de Martial. Pardessus l'oiseau

s'élevent les cornes, & entre-elles est un disque, ou peutêtre un globe, qui n'a pû s'exprimer autrement sur une superficie plate, comme est la table Isiaque. Le buste ⁶ suivant d'Isis n'a rien de particulier. Un autre ornement de tête ordinaire d'Isis est la fleur du Lotus, plante d'Egypte; mais qu'on voit plus frequemment dans les Isis Greques & Romaines, que dans les Egyptiennes.

guttatam Martialis 3. 58. esse dixit. Supra avem cornua eriguntur, interque cornua discus aut globus, qui non potuerit alio modo in plana superficie exprimi, qualem superficiem exhibebat tabula illa, seu ut vocare solent, mensa Isiaca. Protome ⁶ sequens Isidis nihil spectatu dignum effert. Aliud capitis ornamentum in Iside repræsentari solitum, est flos loti, Ægyptiacæ plantæ, qui tamen flos frequentius in schematibus Græcis Romanisque Isidis, quam Ægyptiacis conspicitur.

CHAPITRE IV.

I. Isis & les autres divinitez Egyptiennes portent souvent une croix à la main: passage de Socrate l'Historien sur cette croix. II. Pillier qui marque l'accroissement du Nil. III. Trois statues colossales d'Isis. IV. Autre figure où elle porte la cruche sur la tête. V. Plusieurs autres images d'Isis.

I. LE monument suivant est du cabinet de M. l'Abbé Fauvel. Isis a ici un ornement de tête semblable aux precedens: elle tient aussi de la main droite une croix bien formée, qui se voit souvent entre les mains des divinitez Egyptiennes; sur quoi on rapporte un passage remarquable de l'Historien Socrate: « Lorsqu'on saccageoit, *dit-il*, le temple de Serapis, on trouva dans les lettres qu'on appelloit sacrées la figure de la croix; cela causa une dispute. Les Chrétiens soutenoient que cette croix appartenoit à Jesus-Christ; ceux qui connoissoient bien ces notes, appuioient leur sentiment. Les Gentils prétendoient au contraire que la croix étoit commune à Jesus-Christ & à Serapis. » Cependant nous ne voions point cette croix aux images de Serapis, qui selon l'opinion de quelques-uns, n'étoit pas du nombre des anciens dieux de l'Egypte, & dont le culte n'y fut établi que du tems des Ptolemées. En effet, nous ne trouvons pas sa figure dans les anciennes tables & dans les anciens marbres Egyptiens. Isis tient de l'autre main une baguete, au bout de laquelle est une fleur, ou quelque chose qui lui ressemble. Pignorius croit que c'est la fleur du Lotus. Une autre face represente encore une Isis toute semblable à celle-ci; mais qui tient la croix de la gauche, & une baguete de la droite; & a sur la tête au lieu de cornes un grand boisseau.

P L. CVI.

CAPUT IV.

I. Isis & alia numina Ægyptiaca crucem manu tenent : Socratis historici locus circa crucem hujusmodi. II. Cippus incrementum Nili denotans. III. Tres statuæ Colossales Isidis. IV. Aliud schema, in quo Isis amphoram capite gestat. V. Imagines plurimæ Isidis.

I. MOnumentum sequens prodit ex monumento D. Abbatis Fauvelii: Isis hic ornatum capitis exhibet præcedentibus similem; manu autem dextera crucem accurate delineatam gestat, quæ crux sæpe in Ægyptiorum deorum manibus suspicitur : ea vero est Socratis historici christiani locus assertur lib. 9. *Cum templum Serapidis*, inquit, *diriperetur*, in literis, quas sacras vocant, figura crucis reperta est: hinc contentio oboritur; Christiani crucem illam ad Christum pertinere contendebant : qui notarum hujusmodi periti erant, pro illis stabant. Gentiles contra asseverabant crucem & ad Jesum Christum & ad Serapidem pertinere. Attamen crucem hujusmodi non videmus in imaginibus Serapidis, qui, ut quorundam fert opinio, inter vetustissimos Ægypti-deos non censebatur, cujusque cultus eo invectus est Ptolemæorum tempore. Serapidis certe figuram non videmus in antiquis tabulis & marmoribus Ægyptiacis. Altera manu Isis virgam tenet, quæ flore aut alio quopiam simili terminatur : putat Pignorius esse florem loti. Altera monumenti facies Isidem huic similem exhibet, hoc tamen discrimine, quod hæc crucem sinistra, & virgam dextera teneat, quodque vice cornuum calathum capite gestet.

II. Les deux autres faces de la pierre ont un Osiris, que nous verrons souvent repeté, & une espece de pilier surmonté d'un globe, qui se trouve encore ailleurs & semble entrer dans la religion des Egyptiens, mais nous n'en connoissons certainement ni le nom, ni l'usage. Il y a apparence que ce pilier marque l'accroissement du Nil. Il y a sur le haut quatre lignes également distantes, si les lignes continuoient d'être marquées jusqu'au bas, la colonne en contiendroit seize: je l'ai mesuré. Cela semble se rapporter au nombre de seize pieds d'accroissement qu'a le Nil aux bonnes années. La conjecture me paroit solide; je ne sai si quelqu'un l'a apportée avant moi.

P L. CVII.
1
2
3

III. Les [1] trois statues Colossales d'Isis ont été déterrées depuis peu à Rome dans la vigne Verospi: [2] l'ornement de tête & l'habit des deux premieres se peuvent remarquer à l'œil, & ne se trouvent pas ordinairement sur les Isis. Il y a sur ces statues des Hieroglyphes que nous représentons. La [3] troisiéme, qui est un peu cassée par le bas, est plus singuliere par sa coëffure, dont le haut ressemble à un boisseau: le reste de l'ornement qui descend jusques sur les bras, & qui la couvre par devant jusqu'aux mamelles, s'entendra mieux d'un coup d'œil que par une description.

4

IV. L'Isis tirée du cabinet de [4] M. Rigord de Marseille habile antiquaire, est remarquable par la grande cruche qu'elle a sur la tête: cette cruche marque l'eau du Nil, d'où les Egyptiens tiroient tous leurs biens & toute leur subsistance: ils attribuoient à leur grande déesse Isis cette abondance d'eau, qui rendoit leur terre feconde.

P L. CVIII.
1
2
3

V. L'Isis [1] suivante du cabinet de M. Foucault est revêtue d'une tunique, ensorte pourtant que le bras droit & la mamelle du même côté ne sont pas couverts; elle est ainsi apparemment pour donner à Orus cette mamelle à téter. La suivante [2] tirée d'une pierre gravée represente Isis à demi corps: elle porte sur sa coëffure la fleur du Lotus, ou plûtôt la fleur & le fruit naissant de l'arbre appellé *Persea*, que plusieurs croient être le pescher; elle tient de la main droite le sistre son instrument ordinaire. Cette Isis est d'un dessein Grec ou Romain. Beger [3] a donné pour une tête d'Isis le vase suivant: les cheveux frisez & d'autres petites marques, n'en sont pas des preuves incontestables.

II. Duæ aliæ monumenti facies Osiridem repræsentant, quem hoc habitu sæpe videbimus; exhibent item cippum, cui imminet globus, qui cippus etiam alibi observatur, videturque in religionem Ægyptiorum inductus, quo autem usu & mysterio non possumus certe dicere; verisimile autem est incrementum Nili significare. In parte sublimiori columnæ quatuor sunt lineæ æquo spatio distantes: si vero lineæ illæ usque ad imam partem continuarentur, in tota columna sexdecim lineæ æquo spatio distantes haberentur: totum quippe spatium dimensus sum: qui numerus referri videtur ad sexdecim pedes incrementi Niliaci, quo numero expleto, magna fertilitas annunciatur; hæc conjectura admodum probabilis videtur, utrum vero quis eam ante protulerit, ignoro.

III. Tres statuæ [2] Colossales Isidis haud ita pridem Romæ in vinea Verospiorum erutæ sunt: capitis ornatum & vestem ex conspectu [2] percipies; his cultu similes non sunt aliæ Isides: circa has statuas hieroglypha observantur, quæ nos hic repræsentamus. Tertia [3] Isis, cujus pars ima confracta, omnium singularissima est: ornatus capitis non vulgaris calathum exhibet; reliquum cultum, & quosdam ceu cincinnos, qui brachiorum & pectoris partem contegunt, melius oculorum aspectu, quam descriptione intellexeris.

IV. Quæ sequitur Isis [4] prodit ex museo D. Rigordi Massiliensis, viri rei antiquariæ admodum periti; Isis vero illa ex lagena magna, quam capite gestat, admodum spectabilis est, qua lagena significatur, ut puto, Nili aqua, unde omnia ad vitam humanam pertinentia Ægyptii mutuabantur: illi Isidi aquæ copiam acceptam referebant, qua terra eorum largos emittebat fructus.

V. Quæ sequitur [1] Isis, ex museo Illustrissimi Domini Foucault, tunica induitur, ita tamen ut dextrum brachium mammaque dextra, nuda remaneant; hoc cultu repræsentatur, ut credere est, quasi mammam Oro præbitura. Alia [2] ex gemma eluctà, mediam Isidem refert, loti florem capite gestantem, sive fortasse florem fructumque tenerum arboris quam Perseam vocabant, quamque plurimi putant eamdem esse atque Persicam; manu dextera Isis sistrum tenet instrumentum solitum; hæc Isis Romano Græcove more concinnata est. Vas sequens [3] Begerus pro Isidis capite protulit: cincinni, aliæque notæ leves non rem

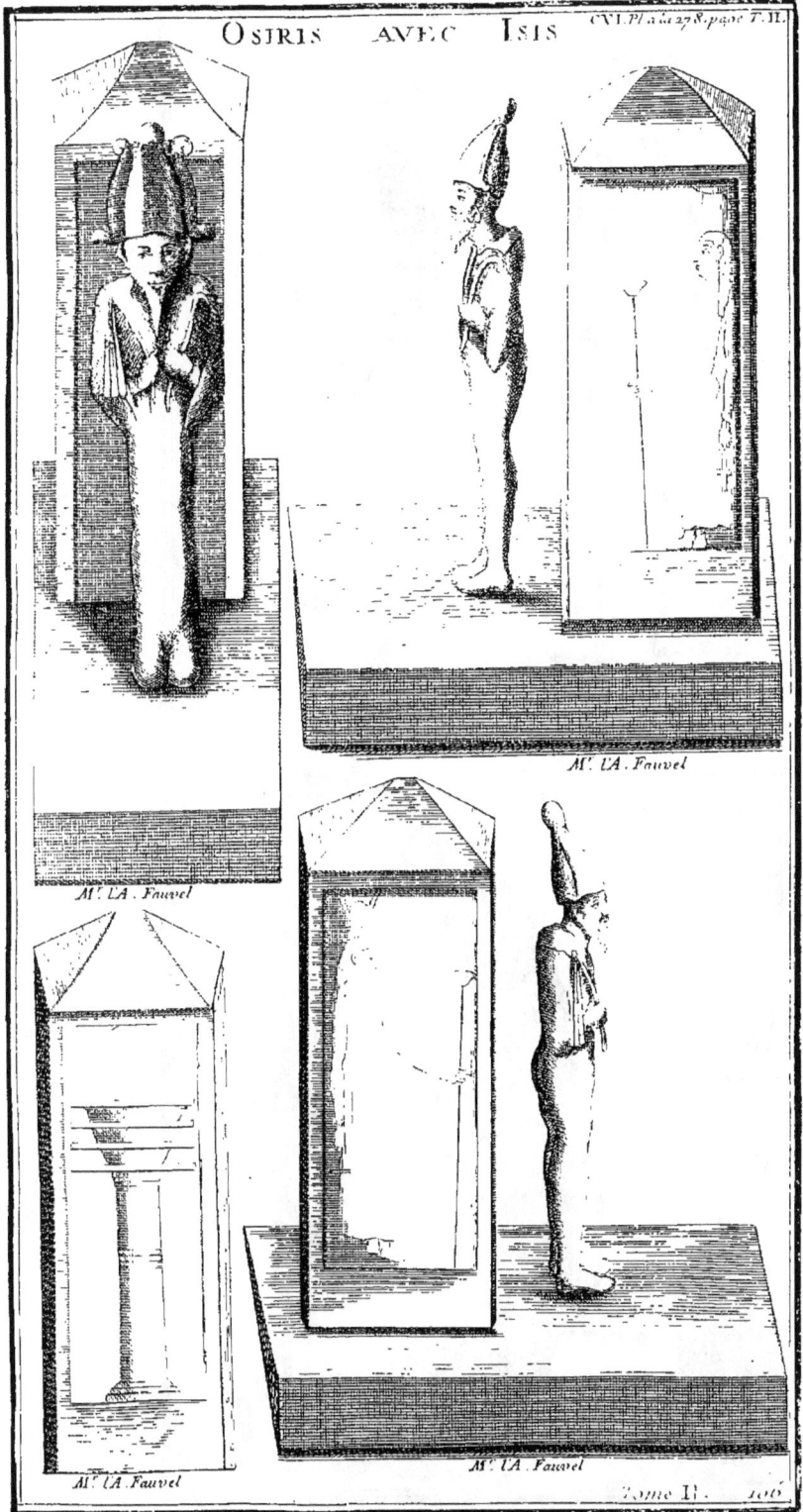

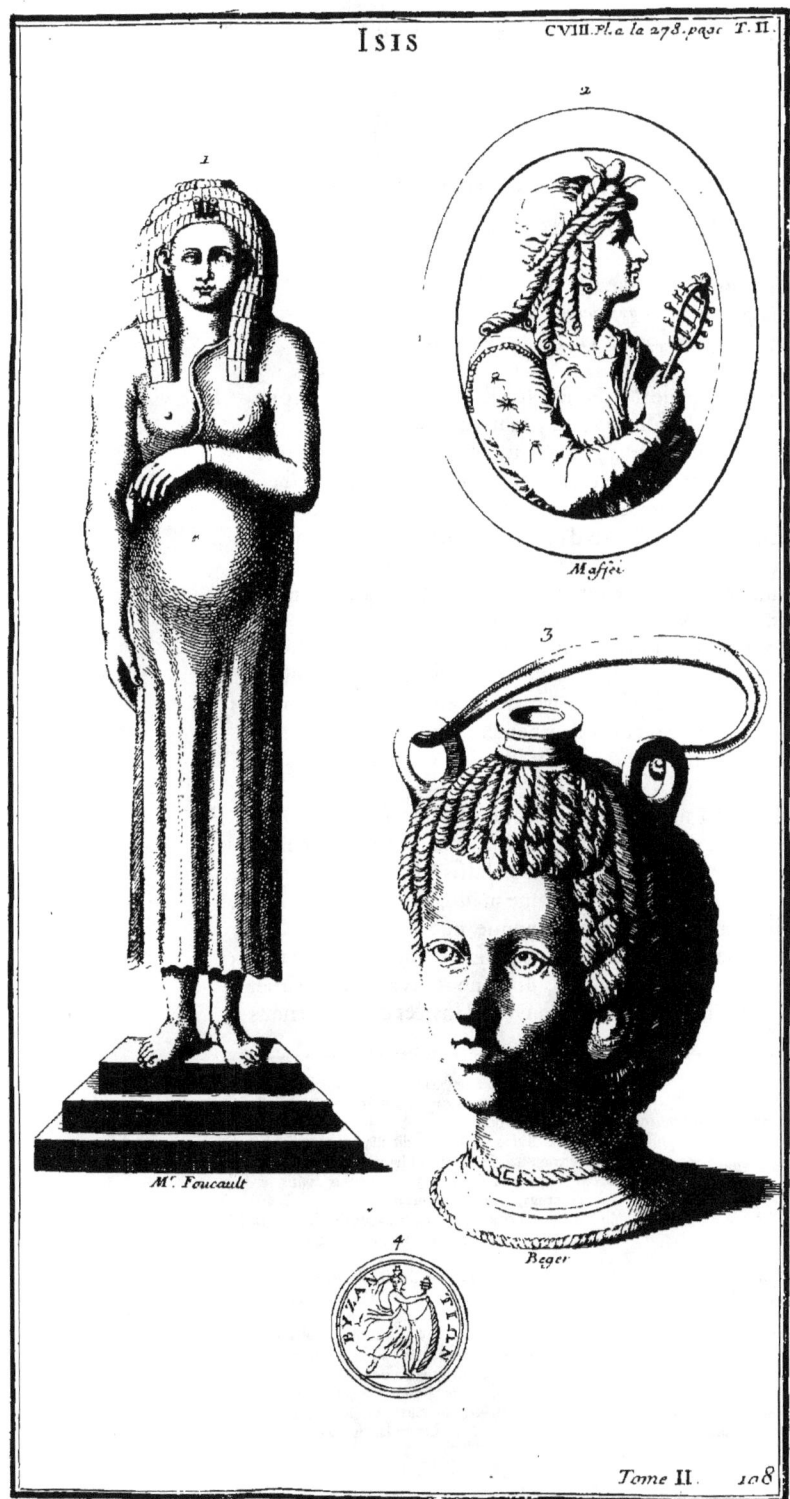

ISIS. 279

L'Isis 4 d'après tirée d'une medaille de Byzance est reconnoissable par l'ornement de tête & par le sistre.

dubio vacuam exhibent. Isis 4 sequens ex nummo Byzantiorum expressa ab ornatu capitis & a sistro internoscitur.

CHAPITRE V.

I. Isis qui tient le petit Orus. II. Figures bizarres d'Isis. III. Autres images d'Isis. IV. Isis & autres figures Egyptiennes mises pour preservatifs dans les sepulcres. V. Isis monstrueuse & autres images de la même.

I. L'Isis suivante du cabinet de M. Foucault, est de pierre noire 1 Egyptienne, qu'on appelle basalte : la tête y manque, son habit est tout chargé d'hieroglyphes. Elle tient Orus, qui est attaché par le dos à une pierre de la même piéce : Orus est tout nud, & tient par la queue une espece de petit monstre. Orus, comme nous dirons plus bas, est le vainqueur de Typhon, qui se representoit sous la figure d'animaux & de monstres, comme d'âne, d'hippopotame & de crocodile : ce monstre ici paroit trop petit pour signifier Typhon. L'image 2 qui suit est remarquable par l'ornement de tête, qui la fait reconnoître pour figure Egyptienne.   PL. CIX. 1 2

II. Celle d'après 3 qui est de notre cabinet, paroit avoir au lieu de nez un bec d'oiseau : on n'oseroit assurer que ce soit une Isis, non plus que la 4 suivante, où l'ornement de tête le plus bizarre qu'on ait encore vû est presqu'aussi haut que la figure même : dans cet ornement entrent deux animaux qui semblent deux renards ; un coup d'œil fait plus ici que toutes les descriptions.   3 4

III. L'Isis 1 de M. l'Abbé Fauvel a quelque chose de fort singulier : l'ornement de tête paroit être une fleur du Lotus : l'habit non ordinaire semble être relevé par derriere par une espece de pieu. L'Isis 2 suivante assise, & une autre qui est debout, tiennent le sistre d'une main, 3 & un vase à anse de l'autre : devant celle qui est assise, un homme nud tient un instrument, qui paroit une corne. Le buste 4 suivant d'Isis a un ornement de tête remarquable, qui est surmonté d'un globe, dont nous avons déja parlé. L'Isis 5 qui allaite le petit Orus se rencontre souvent dans les cabinets : nous   PL. CX. 1 2 3 4 5

CAPUT V.

I. Isis infantem Orum tenens. II. Schemata portentosa Isidis. III. Aliæ Isidis imagines. IV. Isidis & aliorum numinum Ægyptiorum figuræ, ut προφυλακτήρια, positæ in sepulcris. V. Isis monstro similis, & aliæ ejusdem imagines.

I. Alia 1 Isis ex museo laudati sæpe D. Foucault ex petra nigra Ægyptiaca, quam basalten vocant, concinnata est, capite truncata, vestem habet hieroglyphis plenam. Orum tenet illa a dorso lapidi hærentem. Orus nudus cauda monstrosum quoddam animal tenet : Orus vero, ut infra dicemus, de Typhone triumphavit, qui Typhon animalium monstrorumque forma repræsentabatur, asini videlicet, hippopotami, crocodili : at hoc monstrum fortasse minori statura fuerit, quam ut possit Typhonem repræsentare. Figura 2 sequens a capitis cultu Ægyptiaca esse figura deprehenditur.

II. Ex Museo 3 nostro prodit alia, quæ nasi vice avis rostrum habere videtur. Nemo Isidem certo esse dixerit, ut neque aliam figuram 4, cujus capitis ornatus enormis, altitudine ferme totam statuam æquat : in hoc autem ornatu observantur animalia duo, quæ videntur vulpes referre ; hic oculis opus, non verbis est.

III. Isis illa quæ ex 1 Museo D. Fauvelii Abbatis prodit, singularis omnino est : ornatus capitis loti flos esse videtur, vestem non vulgarem baculo erigi a tergo diceres. Isis 2 sequens quæ sedet, & alia quæ stat, sistrum altera, vas ansatum 3 altera manu tenent : ante Isidem illam sedentem vir nudus instrumentum tenet cornu simile. Isidis 4 protome sequens ornatum capitis gestat observatu dignum ; ibi globus, de quo jam loquuti sumus. Isis 5 Orum lactans sæpe in Mu-

l'avons déja vûe de même avec la tête d'une vache : celle-ci & d'autres que
6 nous verrons ⁶ ont la tête de femme.

IV. Il y a d'autres figures Egyptiennes, qui se voient en grand nombre
dans les cabinets : ce sont de petites statues emmaillotées depuis la tête
jusqu'aux piés à la maniere des Mumies, qui ne montrent que le visage &
quelquefois les mains : on les déterre dans les sepulcres d'Egypte aux mêmes
lieux d'où l'on tire les Mumies ; on croit que ce sont des divinitez d'Egypte,
des Isis, des Osiris, & d'autres : ce qui appuie ce sentiment est, qu'on trouve
aux mêmes endroits des Anubis, des Ibis, des figures à tête de lion, des escarbots, & d'autres monstres que les Egyptiens mettoient ridiculement au
nombre de leurs dieux. C'étoient apparemment comme les dieux Manes que
les Egyptiens enterroient avec leurs défunts, emmaillotez comme eux. Je ne
sai si toutes ces figures étoient destinées à cet usage, & si on n'en gardoit pas
aussi dans les maisons comme des Lares : le P. Kirker l'a crû ainsi, & cela
avec assez de vraisemblance, vû la grande quantité qu'on en trouve par tout.
Ces figures souvent chargées d'hieroglyphes, sont ordinairement ou de terre
P L. cuite, ou d'une pierre noire Egyptienne qu'on appelloit basalte, ou d'un
C X I. marbre verdâtre marqueté de blanc, ou de marbres d'autre couleur ; notre
1 cabinet en a de plusieurs manieres. Les ¹ deux premieres que nous donnons
2 sont du cabinet de ²Brandebourg. Elles tiennent certains instrumens entre les
mains, qu'on a peine à reconnoître, & sur lesquels il seroit inutile de raison-
3 4 ner. La suivante ³ est de M. le Chevalier Fontaine Anglois. Des quatre ⁴ qui
5 viennent ensuite, la premiere est de notre cabinet, la seconde ⁵ de sainte Gene-
6 vieve ; la premiere & la troisiéme qui est aussi de notre cabinet, ont ⁶ cela de
particulier, qu'à la place des mamelles elles ont de petits vases ronds avec une
7 pointe, ce qui fait une espece de mamelle. ⁷ La derniere n'est qu'un pe-
P L. tit buste de notre cabinet. A celles-là nous en ajoûtons ¹ cinq données par
CXII. le pere Bonnanni, qui ² n'ont rien de ³ particulier, hors la quatriéme ⁴ qui
1 2 3 4 est emmaillotée de la ceinture en ⁵ bas. Les ⁶ deux ⁷ dernieres sont de notre
5 6 7 cabinet. Il s'en trouve une infinité d'autres ; mais qui reviennent à la forme
P L. de celles que nous donnons, ou de quelqu'une d'entre elles.
CXIII. V. Voici Isis d'une étrange forme ¹ publiée par Beger telle qu'elle se voit
1 dans le cabinet de Brandebourg : elle a des cornes & des oreilles de bœuf.

---

seis occurrit ; jam supra eam vidimus cum capite vac-
cino ; hæc autem necnon ⁶ aliæ infra referendæ caput
mulieris habent.

IV. Schemata Ægyptiaca alia magno numero visuntur in Museis : signa videlicet seu fasciis alligata
ab humeris ad usque pedes, eodem ferè modo, quo
Mumiæ, ut vocant, Ægyptiacæ, quæ schemata vultum tantum, & aliquando manus exhibent. Ea in sepulcris Ægyptiacis eodem quo Mumiæ loco deprehenduntur. Putantur esse numina Ægyptiaca, Isides,
Osirides, & alia : quod pro hac sententia pugnat,
illud est, quod iisdem scilicet in locis reperiantur
etiam Anubides, Ibides, signa alia cum capite leonis
quæ Ægyptii inter deos suos ineptè posuerant. Hæ
figuræ erant, ut videtur, quasi dii Manes, quos Æ-
gyptii cum defunctis suis suffodiebant, fasciis colli-
gatos perindè atque defuncti erant. Nescio an omnes
hujusmodi figuræ eidem fuerint usui deputatæ, &
utrum etiam iis similes in ædibus servatæ fuerint ut
dii Lares. Ita existimat Kirkerus, & sanè id verisi-
milè esse existimo, quando tam multa hujusmodi ubique in Museis asservantur. Hæc schemata sæpe hieroglyphis onusta sunt ; alia fictilia, alia ex marmore nigro Ægyptiaco, quod basalten nuncupabant, alia ex
marmore viridi guttato, aut ex marmoribus aliis variis. In Museo nostro non pauca hujusmodi asservantur. Quæ ¹ prima proferimus, ambo ex Museo Brandeburgico ² prodiere : hæc aliquando instrumenta manibus tenent cognitu non ita facilia. Sequens est Illustrissimi Equitis Fontaine ³ nobilis Angli. Ex ⁴ quatuor sequentibus imago prima Musei nostri est, secunda Musei ⁵ sanctæ Genovefæ : prima & tertia quæ
nostri etiam Musei est, illud habent singulare, quod
vice mammatum parva vasa rotunda habeant cum pa-
pilla, quæ mammam referant. ⁷ Ultima est protome,
quæ in Museo nostro visitur. His ¹ imaginibus quinque alias adjicimus a P. Bonanno ² publicatas, quæque
nihil singulare ³ habent præter quartam, quæ a zona
tantum usque ⁴ ad pedes ⁵ colligatur : ⁶ duæ postremæ
ex Museo ⁷ nostro prodeunt. Innumeræ penè aliæ
variis in locis occurrunt, sed quæ vel iis, quas dedimus, vel alicui earum similes sunt.

V. En Isidem ¹ portentosa specie a Begero publi-
catam, qualis visitur in Museo Brandeburgico : hæc

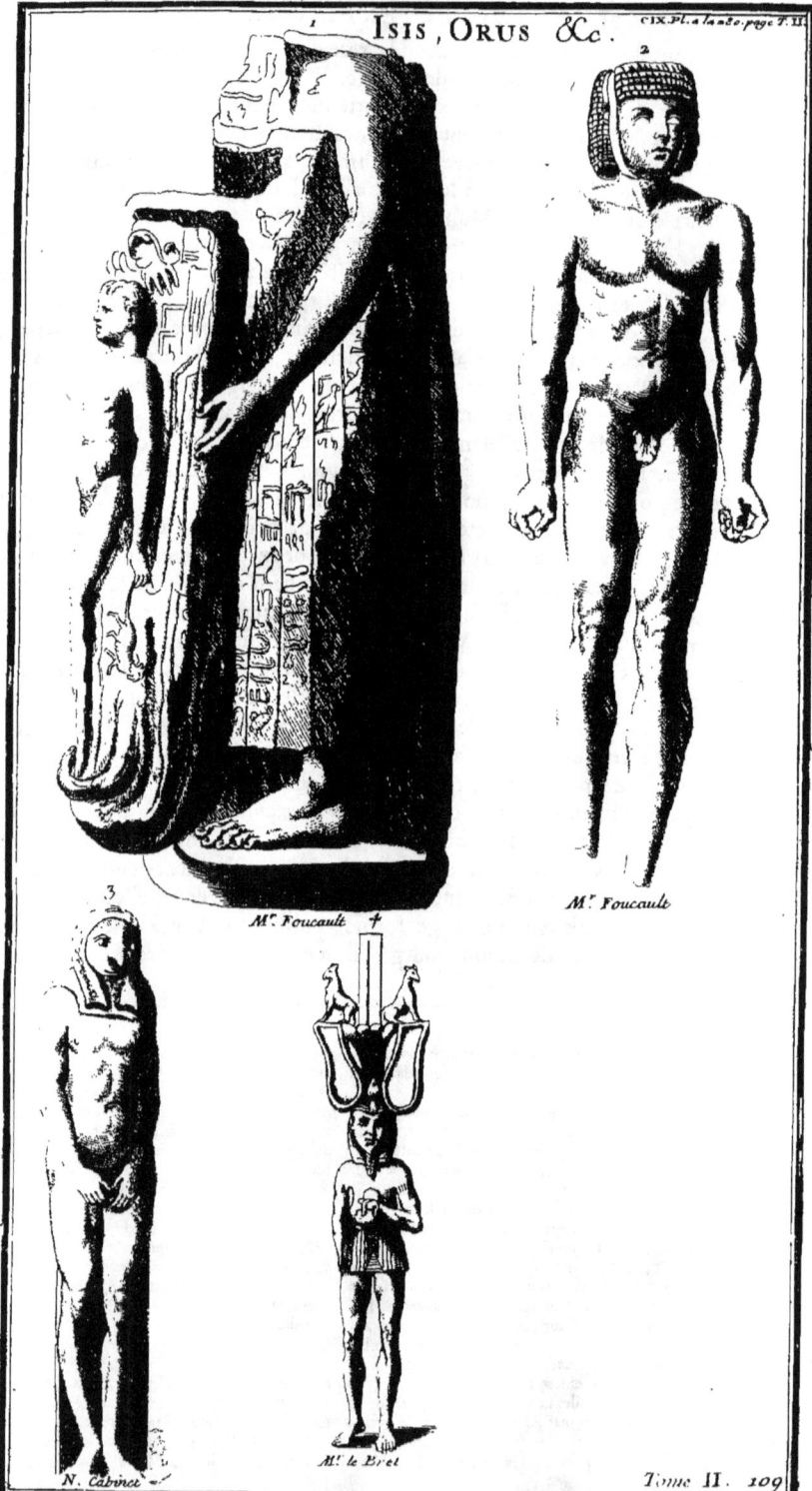

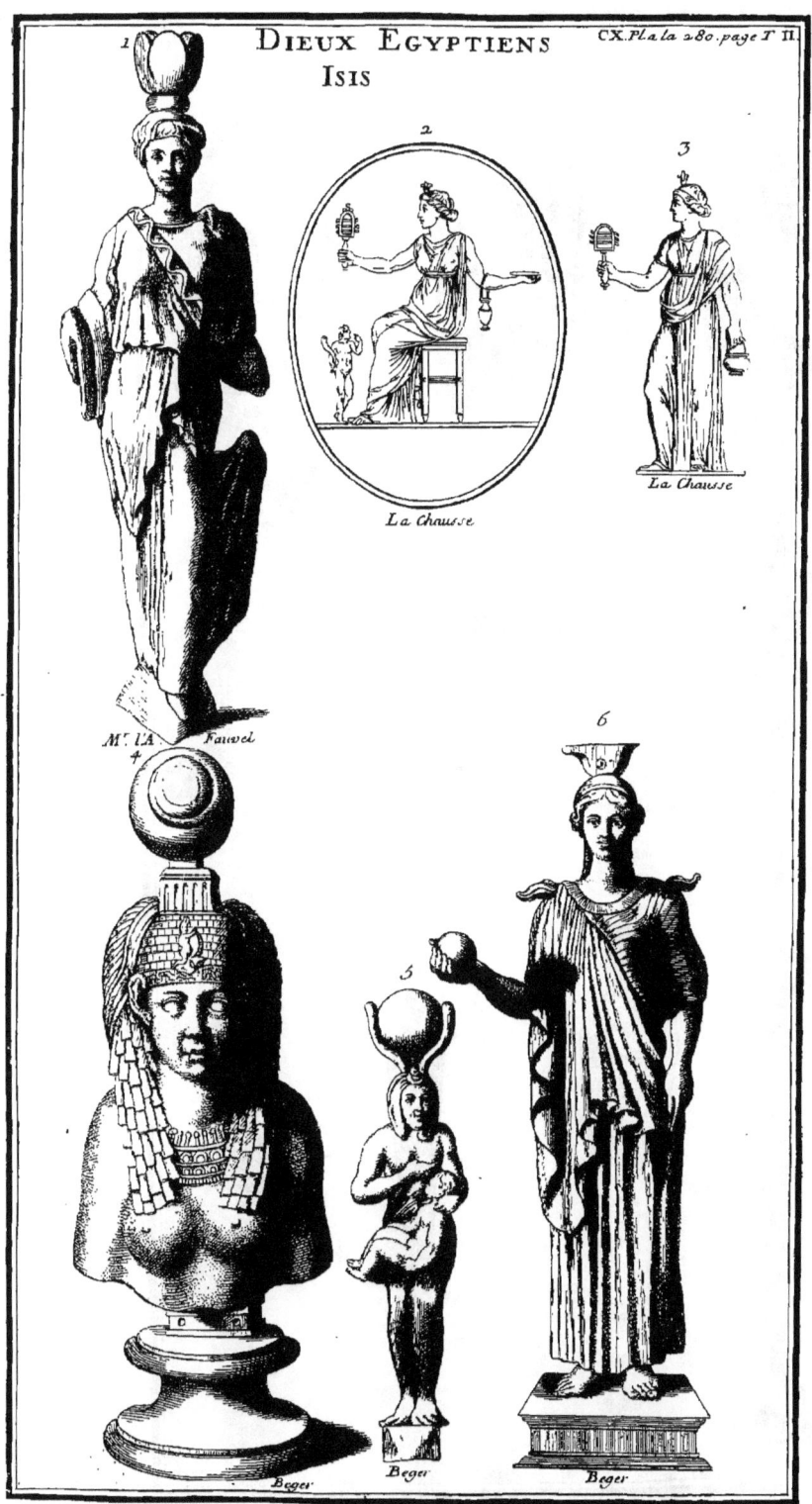

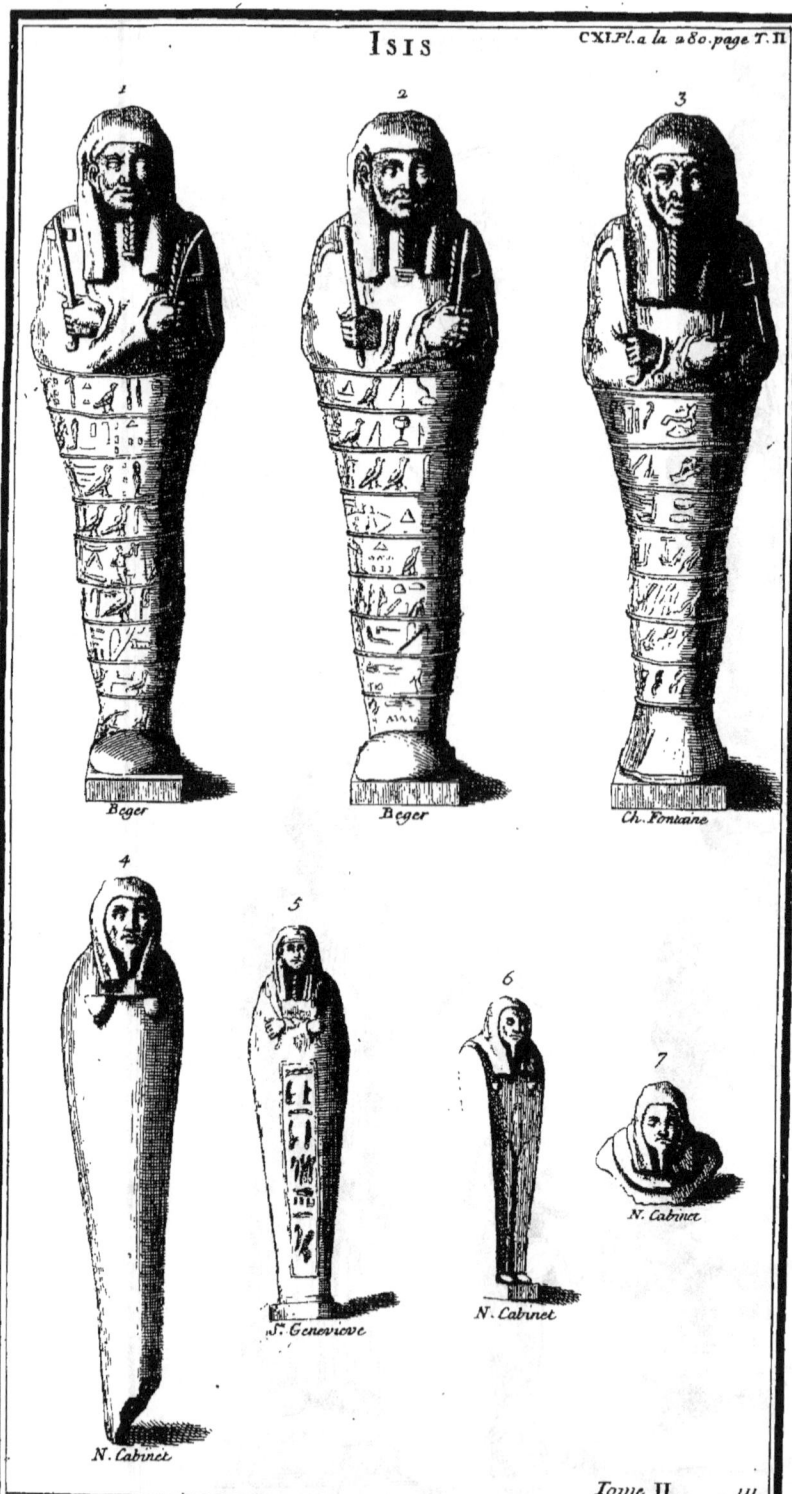

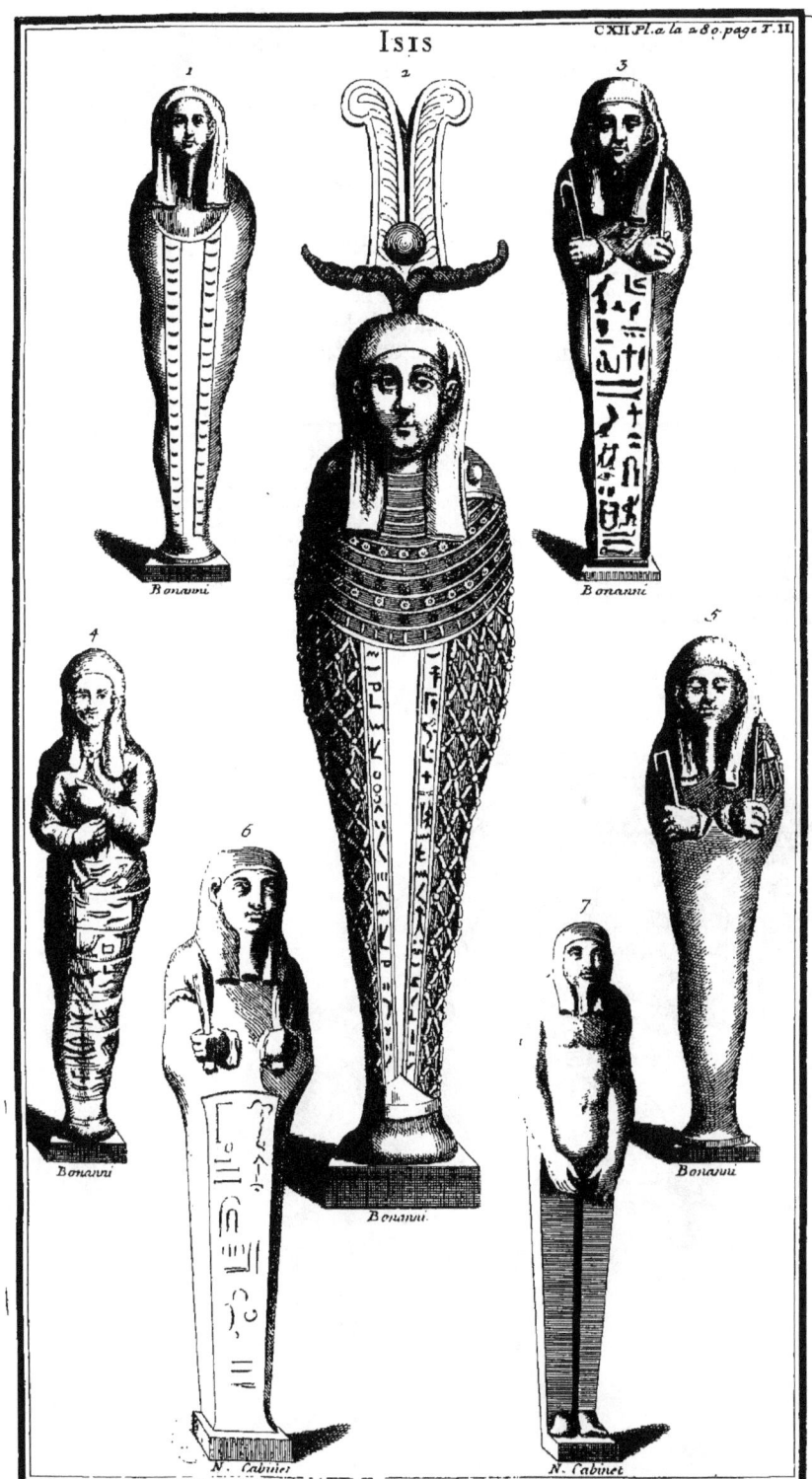

ISIS.

Il est vrai qu'elles ne tiennent point à sa tête, mais plûtôt au bonnet qui la couvre; car on voit au dessous du bonnet des oreilles humaines. Ce bonnet à cornes semble avoir rapport au casque fait d'une tête de bœuf mis par Mercure sur celle d'Isis, selon Plutarque. Nous avons déja vû de grandes cornes aux ornemens de tête d'Isis, & nous avons aussi donné nos conjectures sur ces fontanges Egyptiennes, s'il est permis de les appeller de la sorte, mais nous n'y avons pas encore vû des cornes de bœuf si bien formées. On voit encore autour de cette tête d'Isis une couronne radiale & d'autres petits ornemens, qu'il est plus aisé de remarquer à l'œil que d'expliquer. L'Isis [2] suivante qui allaite Orus se trouve parmi les figures précédentes; [3] aussi bien que celle de dessous du cabinet de sainte Genevieve. L'Isis [4] accroupie du cabinet de M. Foucault a entre ses jambes le petit Orus, qui est comme emmailloté & posé sur une base à plusieurs dégrez.

cornibus & auribus bovis instructa est: quæ non capiti ejus, sed operimento hærent, subtus enim humanæ aures conspiciuntur. Pileus ille cornutus referri potest ad galeam ex capite bovis adornatam, quam Mercurius Isidis capiti imposuit teste Plutarcho in Iside & Osiride. Jam cornua grandia capiti Isidis affixa vidimus, & ea de re conjecturas nostras expromsimus; sed cornua bovis tam accurate depicta nusquam conspeximus. Circum caput Isidis corona etiam radiata cernitur, aliaque minuscula ornamenta, quæ facilius aspectu, quam verbis percipiuntur. Isis [2] sequens Orum lactans jam supra repræsentata fuit, ut & alia, [3] quæ ex Museo sanctæ Genovefæ prodit. Isis autem alia [4] contracta demissaque ex Museo D. Foucault educta inter crura Orum puerum tener, qui fasciis colligatur & in basi consistit, ad quam gradibus plurimis ascenditur.

CHAPITRE VI.

I. Isis representée à la Romaine. II. Les Magistrats Romains s'opposent long-tems à l'entrée des dieux Egyptiens dans la Ville. III. Ils y entrent enfin, & leur culte y devient celebre. IV. Monument d'Isis singulier trouvé à Rome. V. Autres images d'Isis tirées de divers monumens. VI. Et des medailles.

I. Les Isis que nous avons données jusqu'à present sont la plûpart d'un goût Egyptien ; goût si marqué & si bizarre en même tems, que non seulement dans Isis, mais aussi dans toutes les idoles & les figures de ce payis on le reconnoit sans peine. Les Grecs & les Romains, qui adopterent les dieux Egyptiens, donnerent à Isis & aux autres dieux une forme plus supportable.

II. Il est vrai que Rome s'opposa longtems à l'introduction de ces monstrueuses divinitez ; l'an 686. Pison & Gabinius Consuls les chasserent de la ville : quatre ans après par un décret du Senat, les temples d'Isis & de Serapis furent rasez jusqu'aux fondemens : on acheva de les détruire après que sept ans furent écoulez. Le culte Egyptien s'y glissa encore de nouveau, & auroit fait de grands progrès, si Agrippa Edile ne l'avoit défendu de nouveau, & n'avoit ordonné qu'on ne pourroit l'exercer qu'à cinq cens pas loin de la ville & des fauxbourgs. Sous l'empire de Tibere le Senat fit de nouveaux efforts pour chasser les dieux Egyptiens.

III. Mais ils forcerent tous les obstacles & s'y établirent si bien, qu'un grand nombre de lieux publics à Rome prirent le nom d'Isis & de Serapis, & que leur culte ne le ceda depuis à celui de pas un des autres dieux. Je ne sçai si la figure bizarre de ces divinitez fut cause de l'opposition que les Romains montrerent à les recevoir : ce qui est certain, est qu'ils les habillerent à la Romaine, & les Grecs à la Greque.

Pl. CXIV. 1

IV. Voici une Isis de cette ¹ maniere, & d'une fort belle representation : elle est assise sur un grand throne, & a à chaque côté une aigle, & ne cede point pour la perfection de la sculpture, & pour la forme de l'habit aux plus belles statues Romaines. Son ornement de tête n'a rien qui approche de celui

---

CAPUT VI.

I. Isis Romano more repræsentata. II. Romani Magistratus diu prohibent ne deorum Ægyptiorum cultus in urbem introducatur. III. Demum ii in urbe recepti magnopere celebrantur. IV. Monumentum Isidis singulare Romæ repertum. V. Aliæ ejusdem imagines ex variis eductæ monumentis. VI. Et ex nummis.

I. Isides illæ quas hactenus dedimus pleræque Ægyptiaco more elaboratæ sunt ; quæ Ægyptiaca schemata rudia sunt, atque eo modo confecta, ut non in Iside modo, sed etiam in aliis signis & schematibus, statim Ægyptiacam sculpturam oleant, & nullo negotio internoscantur. Græci atque Romani, qui Ægyptiaca numina adoptarunt, elegantiorem Isidi aliisque diis formam inciderunt.

II. Romæ diu Ægyptiacis numinibus aditus interclusus fuit. Anno urbis conditæ 686. Piso & Gabinius Consules deos Ægyptiacos ex urbe eliminarunt. Quatuor post elapsis annis templa Isidis & Serapidis ex Senatus consulto solo æquata fuerunt : demoliendi opus perfectum est septem postea annis. Cultus tamen ille Ægyptiacus denuo irrepsit, latiusque manasset nisi Agrippa Ædilis ipsum denuo prohibuisset, præcepissetque ne exerceretur propius quam quingentis ab urbe & suburbiis passibus. Imperante Tiberio Senatus deos Ægyptiacos exigere conatus est.

III. At repugnantibus licet illis, usque adeo Romæ fixerunt sedes, ut multa publica loca nominibus Isidis & Serapidis insignirentur, eorumque cultus nulli cæterorum numinum concederet. Nescio an portentosa talium numinum figura, Romanis in causa fuerit cur illa ab ingressu in urbem arcerent : id certum, deos illos Romæ Romana, & in Græcia Græca accepisse vestimenta.

IV. En ² Isidem illius formæ & eleganti cultu decoratam : ea in magno solio sedet, & ad utrumque latus aquilam habet, sculpturæ autem pulchritudine elegantioribus Romanis statuis nihil concedit. Capitis ornatus nihil affine habet cum ornamentis superius

des

ISIS.

des Isis ordinaires; on ne la prendroit jamais pour cette déesse, si l'inscription ne faisoit foi que c'en est une. Cette inscription est rapportée diversement: Boissard qui a donné l'image, lit ainsi, *Sæculo felici Isias Sacerdos Isidi salutaris.* Gruterus lit ici Phisias au lieu d'Isias: comme il a imprimé cette inscription d'après trois exemplaires, je crois qu'il vaut mieux s'en tenir à sa leçon. J'aimerois mieux lire *Isidis* qu'*Isidi*; on rapporteroit ainsi *salutaris* à *Isidis*, non pas à *Sacerdos*; c'est ainsi qu'a crû devoir lire Scaliger, qui sur cet exemple a mis dans l'index *Isis salutaris*. Outre cette inscription il y en a dans Gruter une autre fort curieuse, qu'il met sur la même pierre, & que Boissard a omise contre son ordinaire: *Pontificis votis annuant dii Romanæ reipublicæ arcanæque urbis præsidia annuant, quorum nutu Romano Imperio regna cessere: Que les dieux de la république Romaine, les gardiens secrets de la ville, par le secours desquels tous les royaumes ont cédé à l'empire Romain, soient favorables aux vœux du Pontife.* Cette inscription fait voir que la statue a été mise dans le tems que les dieux de l'Egypte s'introduisoient à Rome: cela paroit en ce que le Pontife semble demander permission aux anciens dieux des Romains, d'introduire les dieux des Egyptiens dans leur ville, en les habillant à la Romaine, comme nous voions dans cette statue.

V. L'Isis [2] qui suit & qui tient une corne d'abondance, n'est reconnoissable que par le sistre. Je ne voudrois pas assurer que la [3] figure qui vient après tirée du cabinet des Jesuites de Besançon soit une Isis. Deux branches de palme s'élevent sur sa tête; ce qu'elle tient de la main droite paroit être un globe, de la gauche elle tient une corne d'abondance. On [4] connoit la suivante à l'ornement de tête: celle d'après a le boisseau sur la tête [5] comme Serapis, & derriere elle un caducée. Beger croit que c'est, ou parce que, selon Plutarque, plusieurs la disoient fille de Mercure, ou parce que, selon Diodore, c'est Mercure qui a eu soin de l'instruire, ou parce qu'en l'absence d'Osiris c'étoit Mercure qui l'aidoit de ses conseils, & que quand Osiris quittant les hommes fut reçu au nombre des dieux, elle & Mercure gouvernoient conjointement. Ce pourroit être pour quelqu'une de ces causes: mais nous voions si souvent les dieux se prêter leurs symboles sans qu'on en puisse donner raison, qu'il seroit inutile d'en chercher ici; d'ailleurs on ne pourroit le faire, qu'en entassant plusieurs conjectures sur le choix desquelles on est fort embarassé.

---

allatis, neque pro Iside unquàm acciperetur illa, nisi id inscriptio doceret. Hæc tamen inscriptio duplici legitur modo: apud Boissardum, qui ipsam dedit imaginem, ita legitur, *Sæculo felici Isias Sacerdos Isidi salutaris.* Gruterus loco vocis *Isias*, *Phisias* habet: cum autem ille tria exempla commemoret unde hanc inscriptionem mutuatus est, ejus potius lectionem sequendam arbitror. Mallem tamen legere Isidis quam Isidi; sic illud *salutaris*, ad vocem *Isidis* referretur, non autem ad vocem *Sacerdos*: sic legendum putavit Scaliger, qui hoc uno usus exemplo, in indice posuit, *Isis salutaris*. Præter hanc inscriptionem alia apud Gruterum legitur, quasi in eodem lapide posita, digna sane quæ hic adjungatur, quam præter solitum morem Boissardus omisit; *Pontificis votis annuant dii Romanæ Reipublicæ arcanæque urbis præsidia annuant, quorum nutu Romano imperio regna cessere.* Ex hac inscriptione colligitur hanc statuam eo tempore positam fuisse quo Ægyptii dii Romam sese immittebant: id inde suaderi videtur, quod Pontifex a veteribus Romanorum diis veniam petere videatur, ut dii Ægyptii in suam urbem inducantur, sique scilicet Romana induti veste, ut in hac statua videmus.

V. Isis sequens [2] & cornu copiæ gestans, ex uno sistro internoscitur. Sequens [3] imago ex Museo RR. PP. Jesuitarum Vesontionensium educta, in cujus capite duo palmarum rami ceu cornua eriguntur, an Isis vere sit, judicent eruditi: id quod illa manu tenet globus videtur esse, altera vero manu cornu copiæ gestat. Ex [4] ornatu capitis sequens agnoscitur; alia vero calathum capite gestat [5] ut Serapis, ac retro caduceum habet. Putat Begerus caduceum Mercurii hic apponi, vel quia ut Plutarchus refert in Isid. multi Isidem Mercurii filiam esse dicebant, vel quia secundum Diodorum p. 15. Mercurius ejus institutionem curavit; vel quia absente Osiride Mercurius illam consilio suo juvabat, & quia cum Osiris hominibus relictis in numero deorum receptus est, illa conjunctim cum Mercurio imperium regebat. Posset utique aliqua ex allatis ratio admitti; sed quia dii symbolis alienis passim insigniti occurrunt, cum nulla rei hujusmodi causa subesse videatur: non est quod hic rationem quæramus, quando maxime nonnisi conjecturis causa investigari possit, quæ conjecturæ quando plures offeruntur, in delectu novas difficultates pariunt.

Pl. CXV.
1
2
3

L'Iſis donnée par M. de la Chauſſe d'après une pierre gravée, ſe reconnoît par l'ornement de tête & par le ſiſtre: dans la figure qui vient enſuite, on reconnoît Iſis, dit M. de la Chauſſe, au voile parſemé d'étoiles, tel qu'Apulée le décrit au ſecond livre de ſes métamorphoſes. L'Iſis aſſiſe ſur la fleur du Lotus, a la fleur de l'arbre nommé *Perſea* ſur la tête: elle eſt toute couverte de bandeletes qui font une bigarrure: elle tient un fouet à la main. Les Iſis de cette maniere ſe remarquent quelquefois dans les pierres, qu'on nomme Abraxas.

VI. Une medaille d'Iſis, qui a pour revers Oſiris, eſt remarquable: le voile qui lui couvre la tête eſt tout marqueté: l'autre ornement qui s'éleve à pluſieurs pointes ſur le haut de la tête eſt commun dans les deitez Egyptiennes. Elle a au devant une eſpece de dépouille ou de trophée dont j'ignore la ſignification. L'Oſiris eſt encore plus ſingulier : il a deux ailes aux épaules & autant ſur les hanches, & tient d'une main un fouet, qui fait une eſpece d'équerre, & de l'autre un bâton. Nous reſervons ces ſortes d'images pour les Abraxas, où nous verrons d'autres figures Egyptiennes à quatre, & même à ſix ailes. On voit encore Iſis ſur une medaille de Diocletien, frappée l'an 12. de ſon Empire. Une pierre gravée nous la montre de face avec de grands cheveux, aiant deux oiſeaux ſur la tête, & la fleur du Lotus pardeſſus. Marque certaine qu'on la prenoit pour Cerès à Rome; c'eſt que dans une medaille de Caracalla, elle tient d'une main le ſiſtre, & de l'autre elle offre des épis à l'Empereur, qui tient le pied ſur un crocodile; ce qui ſignifie que l'inondation du Nil avoit donné une abondante recolte cette année là. Dans une medaille de Julien l'Apoſtat, elle tient de même le ſiſtre d'une main, & un épi de l'autre. Une medaille plus ſinguliere eſt celle de Fauſtine, au revers de laquelle Iſis, qui a la fleur du Lotus ſur la tête, & qui tient un ſiſtre à la main droite, & un ſceptre à la gauche, eſt aſſiſe ſur une bête, qu'il n'eſt pas aiſé de reconnoitre. M. Vaillant prend pour une Iſis ſur une medaille de la famille Licinia, une figure de femme, dont la tête ſemble raionnante, & qui tient un ſiſtre de la main droite. Si le ſiſtre étoit bien reconnoiſſable, cela ne ſouffriroit point de difficulté, mais la petiteſſe de la figure fait qu'on a peine à le diſtinguer. Une medaille ſinguliere de M. Rigord, donnée par M. l'Abbé Nicaiſe, nous repreſente une Iſis de forme ordinaire, mais avec l'inſcription Θεȣ͂ Πανός, du dieu Pan, qui veut dire *tout* où l'univers ; ce qui peut avoir rapport à ce que dit

---

Iſis ex gemma ab erudito viro Cauceo educta ab ornatu capitis & a ſiſtro internoſcitur: in ſequenti, inquit idem Scriptor, Iſis deprehenditur a velo ſtellis ornato, quale Apuleius deſcribit in ſecundo Metamorphoſeon libro. Iſis flori loti inſidens, florem Perſeæ arboris capite geſtat, & faſciis toto corpore diſtricta, varietate ſuſpicienda eſt ; manu flagellum tenet. Iſides hujuſmodi in gemmis Abraxeis, ut vocant, non infrequenter occurrunt.

VI. Nummus Iſidis, in cujus poſtica facie Oſiris, obſervatu dignus eſt. Velum Iſidis caput operiens guttatum, ſive maculis diſtinctum eſt: alius capitis ornatus in multa deſinens culmina & acumina, in Ægyptiacis idolis communis obviuſque eſt: ante Iſidem ſpolia ſunt in tropæi morem, cujus rei ſignificatum ignoro : Oſiris quoque a vulgari more recedit, alas binas humeris totidemque ſummis coxis affixas habet, manu tenet flagellum, altera vero virgam. Imagines hujuſmodi bene multas videbimus in Abraxeis, ubi quædam figuræ non modo quaternas, ſed etiam ſenas nonnunquam habent alas. Iſis etiam in nummo Diocletiani obſervatur cuſo anno duodecimo imperii ejus : gemma quædam Iſidem exhibet adverſam magno capillitio ornatam, cujus capiti aves duæ inſident, avibus ſuperponitur flos loti. Iſidem pro Cerere Romæ habitam declarat nummus Caracallæ, ubi manu tenet ſiſtrum, altera manu ſpicas offert Imperatori crocodilum pede prementi, quo ſignificatur exundantem Nilum anno illo copioſam exhibuiſſe meſſem. In nummo Juliani Apoſtatæ ſiſtrum illa manu tenet, altera ſimiliter ſpicam. Singularior eſt Fauſtinæ nummus, in cujus poſtica parte Iſis florem loti capite geſtat, ſiſtrum dextera manu, ſceptrumque ſiniſtra tenet ; inſidet autem animali cogniti non facili. Valentius pro Iſide habet in nummo familiæ Liciniæ mulierem, cujus caput radiatum, quæque manu dextera ſiſtrum tenet: ſi ſiſtrum vere eſſet, res eſſet nulli obnoxia difficultati ; ſed ob figuræ exiguitatem vix ſiſtrum internoſcas. Nummus ſingularis V. cl. Rigordi ab Abbate Nicaſio publicatus, vulgaris formæ Iſidem repræſentat, ſed cum inſcriptione Θεȣ͂ Πανός, *Dei Panis*, quod ſignificat, *omne, totum* vel

Plutarque d'Isis, ἐγώ εἰμι πᾶν. Une 4 image que nous donnons ici, peut 4 aussi avoir quelque rapport à cette opinion des Egyptiens sur Isis. La figure est toute ronde, au centre est représenté le buste d'une femme à deux rangs de mamelles : telle qu'on dépeint ordinairement Diane d'Ephese, qui se prend aussi pour Isis : autour d'elle sont marquez les quatre elemens ; à son côté droit est la terre marquée par un ours ; au côté gauche l'air est marqué par une aigle, un peu plus élevée que n'est la terre de l'autre côté ; audessus de la tête d'Isis est la salamandre qui marque le feu : audessous l'eau est marquée par un poisson. Ce qui fait voir que cette déesse, soit Diane, soit Isis, est ici prise pour le monde ou la nature. On voit encore Isis avec la déesse Nemesis sur les medailles Greques : nous la verrons souvent avec Serapis, autre divinité que non seulement les Egyptiens, mais aussi les Romains & les Grecs, avoient en grande veneration.

universum, referrique potest ad illud Plutarchi de Iside, ἡώ εἰμι Πᾶν, *ego sum omne*. Altera 4 quam hic proferimus imago illam Ægyptiorum de Iside opinionem respicere potest : figura penitus rotunda est, in ejusque centro repræsentatur protome mulieris duobus mammarum ordinibus munitæ, qualem vulgo depingunt Dianam Ephesiam, quæ pro Iside etiam accipitur : circa illam hic quatuor elementa comparent. Ad dextrum latus terra est urso significata ; ad sinistrum aer aquilâ denotatur, quæ paulo sublimior ponitur quam terra urso notata : supra Isidis caput est salamandra ignem significans ; infra demum aqua per piscem indicatur. Hinc vero liquet hanc deam, sive Diana, sive Isis illa sit, hic pro mundo vel pro natura accipi. Isis etiam in nummis græcis cum Nemesi comparet, cum Serapide quoque sæpe eam videbimus infra, quod Serapidis numen non modo Ægyptii, sed etiam Græci Romanique summo prosequebantur honore.

CHAPITRE VII.

I. Bas reliefs où sont exprimez les mysteres d'Isis. II. Processions ou pompes d'Isis. III. Autre pompe d'Isis. IV. Grand culte d'Isis à Coptos, ville d'Egypte. V. Les sistres d'Isis.

I. Finissons ce que nous avons à dire sur Isis, par des bas reliefs à plusieurs figures, dont l'un a été donné par Spon dans ses mélanges, & l'autre est tiré du livre intitulé *Admiranda Romanarum antiquitatum* : l'un & l'autre représentent les mysteres d'Isis. Dans le premier 5 qui finit cette planche, on 5 voit trois femmes, apparemment prêtresses d'Isis : la premiere tient deux vases, sur chacun desquels il y a un petit Harpocrate fils d'Isis ; comme nous verrons à son chapitre. La seconde tient de même un autre vase avec un Harpocrate. La troisiéme a aussi un vase sur lequel est le bœuf Apis, nourrisson d'Isis ; comme nous l'apprend un bas relief donné par feu M. Fabreti : pour marquer peutêtre qu'Isis qui n'est autre que la nature, est la nourrice de tous les animaux.

II. Les prêtres & les prêtresses Egyptiennes portoient leurs dieux dans les

CAPUT VII.

I. Anaglypha cultum Isidis exprimentia. II. Pompa Isidis. III. Alia Isidis pompa. IV. Quantus Isidis cultus in Copto Ægypti urbe. V. De Isidis sistris.

I. Duo demum circa Isidem anaglypha sunt explicanda, quorum aliud a Sponio in Miscellaneis publicatum est, aliud ex libro, cui titulus, *Admiranda Romanarum antiquitatum*, prodit, utrumque Isidis mysteria repræsentat. In primo 5 quod hanc Tabulam terminat, tres mulieres conspiciuntur, ut credere est, Isidis sacerdotes : prior duo tenet vasa, quibus singulis imponitur Harpocrates Isidis filius, de quo infra ; secunda vas aliud cum Harpocrate similiter gestat : tertia item vas habet, cui imponitur Apis, Isidis alumnus, ut ex anaglypho per virum eruditum Fabretum publicato discimus, ut significetur fortasse Isidem, quæ non alia est quam ipsissima natura, omnium animalium nutricem esse.

processions: *Après suivoit*, dit Apulée, *l'idole de la déesse mere* (Isis) *qu'un ministre portoit sur les épaules.* Spartien dit de Commode, *qu'il étoit ministre des mysteres d'Isis, ensorte qu'il rasoit sa tête & portoit Anubis.* Les prêtres des Egyptiens se rasoient la tête: il ne paroit pas que les prêtresses en fissent de même. Cela se voit clairement dans un bas relief qui est de la planche suivante, où les prêtres [1] sont rasez, & les prêtresses ne le sont point: ce bas relief a tout l'air d'une procession ou d'une pompe Isiaque. La premiere figure, qui est d'une femme, a toutes les marques d'Isis même; ce qui pourroit faire croire que les prêtresses dans leurs cérémonies prenoient la forme de la déesse: elle a sur la tête, ou la fleur du Lotus, ou un de ces differens ornemens que nous avons vûs ci-devant sur la tête d'Isis: elle a un serpent entortillé à son bras gauche, & tient de la main droite un vase à une anse, tel que plusieurs autres que nous verrons plus bas. La seconde figure represente un prêtre ou un ministre nu jusqu'à la ceinture; il porte sur sa tête rase le petase avec les ailerons de Mercure, ou peutêtre un bonnet avec des ailes d'épervier; & tient de ses deux mains un rouleau, sur lequel étoient apparemment écrits les mysteres d'Isis. La troisiéme figure est encore d'un homme, qui est sans doute le chef de la cérémonie & le prêtre d'office: il a la tête rase, couverte d'un grand voile qui lui descend sur les bras & jusqu'au milieu des jambes, & tient entre ses bras une grande cruche pleine d'eau: on en portoit de même dans les pompes & les processions d'Osiris, dit Plutarque, pour marquer que les eaux du Nil causoient la fecondité de l'Egypte. Nous avons ci-devant vu Isis portant cette grande cruche sur la tête. Les souliers & les bas du prêtre semblent être faits & tissus de feuilles de la plante d'Egypte, nommée *papyrus*, dont on faisoit des souliers, selon Apulée. La quatriéme & derniere figure a encore la forme d'une Isis: elle a les cheveux frisez à longues tresses comme la premiere, & tient de la main droite un sistre symbole ordinaire d'Isis, & de la gauche un vase qu'on appelloit *simpule*, dont on se servoit aux sacrifices. Il est à remarquer que ces figures ont les bras & les pieds nus, hors le prêtre ou le chef de la cérémonie, qui n'a que le visage découvert; il se couvre même, & s'envelope la main du grand voile qui l'environne de tous côtez.

III. La pompe [2] d'Isis est encore exprimée dans un marbre de la vigne Medicis à Rome, donné par le Pere Kirker: le marbre a deux faces, &

II. Sacerdotes Ægyptii & sacerdotissæ deos suos in pompis gestabant: *sequebatur*, inquit Apuleius Metamorph. lib. 11. *bos parentis deæ simulacrum, quod residens humeris suis præferebat unus e ministerio*: Spartianus autem in Commodo ait *hunc Imperatorem sacra Isidis coluisse, ut & caput raderet & Anubim portaret.* Ægyptii sacerdotes caput radebant; sacerdotes vero mulieres idipsum non fecisse videntur, quod in sequenti anaglypho observatur, ubi sacerdotes abraso capite sunt, sacerdotissæ non item: hoc anaglyphum pompam Isiacam refert. Prior figura mulieris, omnes Isidis notas præ se fert, unde fortasse arguatur sacerdotes mulieres in cerimoniis suis Isidis formam mutuatas esse. Capite gestat illa aut florem loti, aut aliud quoddam ornamentum ex iis quæ in Iside supra vidimus; serpente brachium sinistrum circumvolutum habet, dexteraque manu vas ansatum gestat, qualia multa videbimus infra: imago secunda est sacerdotis vel ministri ad usque zonam nudi, qui abraso capite petasum alasque Mercurii gestat, vel fortasse pileum cum accipitris alis, ambabusque manibus volumen tenet, in quo fortasse Isidis mysteria descripta. Tertia imago viri est, qui princeps haud dubie in hac ceremonia esse videtur, & sacerdos præcipuus. Ipse etiam capite est abraso, tegiturque magno velo, quod in brachia & ad dimidias tibias defluit: inter brachia tenet amphoram magnam aqua plenam; similes gestabantur amphoræ in pompis Osiridis, inquit Plutarchus in Isid. quibus significabatur aquas Nili fertilitatem inferre regioni: jam vidimus Isidem amphoram capite gestantem: sacerdotis calcei & tibialia texta videntur ex foliis Ægyptiacæ papyri; ex illa namque planta, sive ex ejus foliis soleæ & calcei apparabantur, Apuleio teste lib. 11. quarta ultimaque imago Isidem & ipsa refert quemadmodum & prima; longo autem ut illa capillitio cincinnisque decoratur, manuque dextera sistrum Isidis symbolum tenet, sinistra vas, quod simpulum vocabant, quo in sacrificiis utebantur. Observandum est hasce figuras omnes, uno excepto sacerdote seu ceremoniæ principe, nudis esse manibus pedibusque; nam sacerdos vultum tantum ostendit, ipsiusque manum obtegit velo, quo undique circumdatur.

III. Isidis [2] pompa exprimitur etiam in marmore villæ Mediceæ Romæ, quod publicavit Kirkerus in Oedipo pag. 416. Marmor duas exhibet

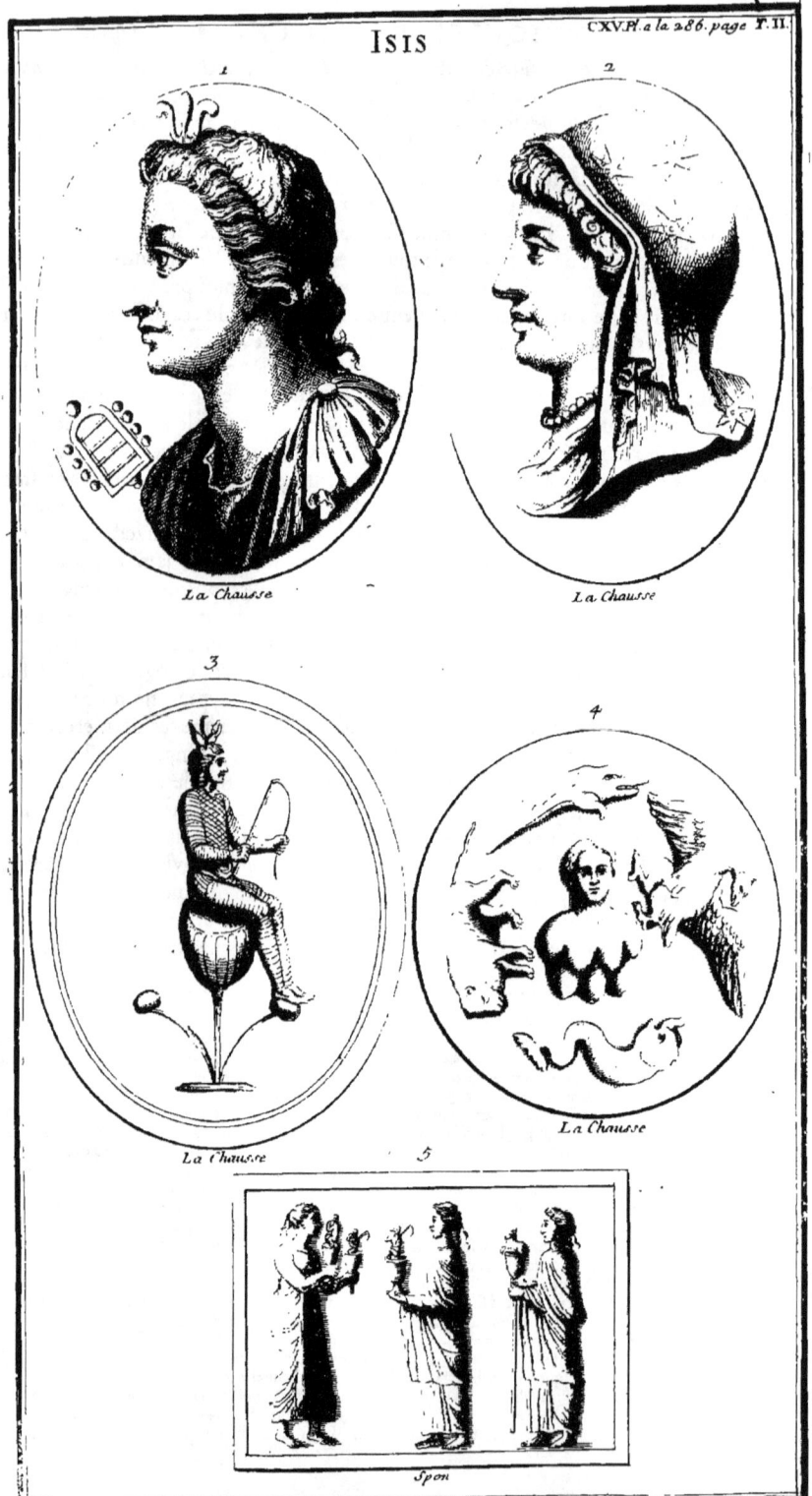

POMPE D'ISIS

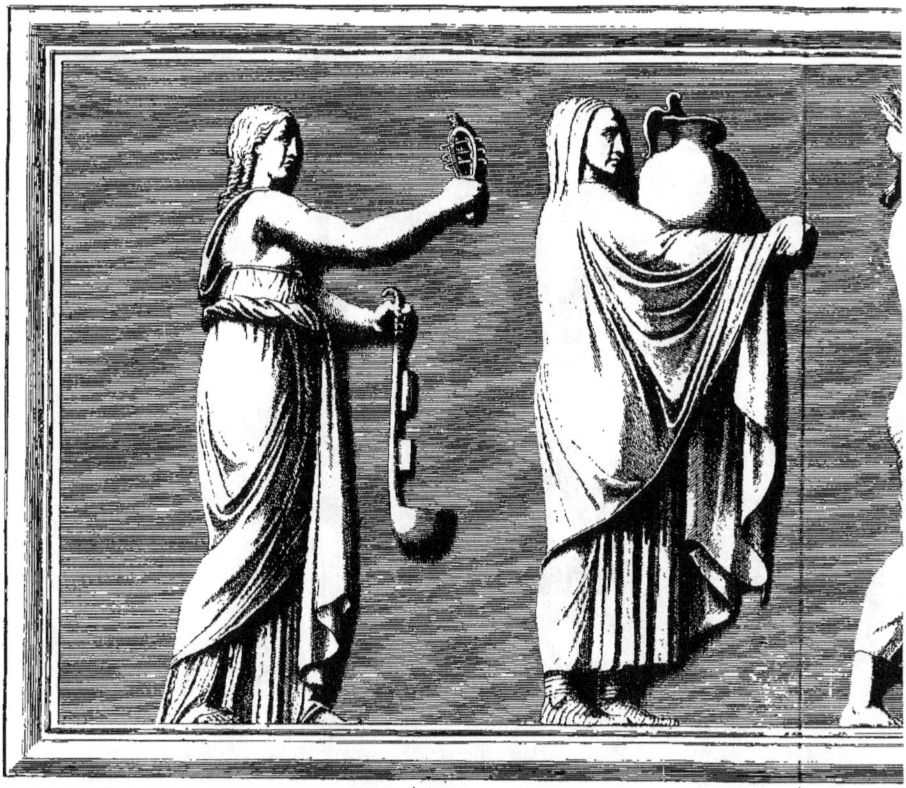

Admiranda Rom. Antiq.

2

Kirker

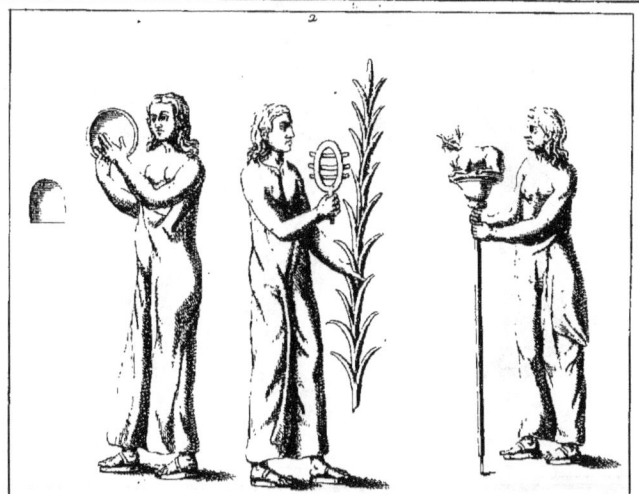

chaque face trois figures: la premiere figure est d'une femme, qui joue du tympanon: la seconde tient le sistre d'une main, & une palme de l'autre: la troisiéme est d'une femme qui tient un pieu, au haut duquel est une espece de vase large, & sur le vase un bœuf ou le dieu Apis. La seconde face presente d'abord une femme qui tient deux gobelets ; sur l'un des gobelets est une divinité Egyptienne qui tient un fouet, sur l'autre est un oiseau, qui pourroit être l'Ibis : la seconde figure tient aussi un gobelet, sur lequel est une divinité Egyptienne : la troisiéme touche un instrument triangulaire à vingt cordes. Cette pompe ou procession d'Isis a assez de rapport avec la derniere de la planche précedente.

IV. Il ne faut pas omettre ce que dit Elien sur Isis : « A Coptos, *dit-il*, « ville d'Egypte, on honore la déesse Isis en bien des manieres : une entr'autres« est le culte que lui rendent les femmes qui pleurent la perte de leurs maris, de« leurs enfans & de leurs freres. Quoique le payis soit plein de grands scor-« pions dont la piquure donne promtement la mort, & est sans remede, &« que les Egyptiens soient fort attentifs à les éviter : ces pleureuses d'Isis, quoi-« qu'elles couchent à plate terre, qu'elles marchent pieds nus, & même, pour« ainsi dire, sur ces scorpions pernicieux, n'en souffrent jamais de mal. Ceux« de Coptos honorent aussi les chevrettes, disant que la déesse Isis en fait ses« délices ; mais ils mangent les chevreuils.

V. Le sistre est un symbole trop familier à Isis, pour n'en pas dire un mot P L. dans ce chapitre. C'est un instrument long avec un manche ; le milieu en est CXVII. vuide, & la partie d'en haut plus large que celle d'en bas, finit ordinairement en demi cercle. Ce milieu vuide est traversé de baguetes de fer ou de bronze, tantôt de trois, tantôt de quatre. Plutarque dit qu'au haut du sistre on representoit un chat, qui avoit la face d'homme : il est vrai que nous trouvons assez souvent le chat sur le haut du sistre, mais je n'y ai pas encore vu la face d'un homme. Plutarque nous rapporte ce qui se faisoit ordinairement de son tems : il a pu se faire qu'aucun de ces sistres avec le chat à tête d'homme ne soit point venu jusqu'à nous. Quoiqu'on voie assez souvent des sistres avec un chat sur le haut, on en trouve aussi qui au lieu du chat ont une sphinx, une fleur du Lotus, un petit globe, un vase, ou quelque autre chose semblable. Les sistres sont assez ordinairement arrondis par le haut ; on en trouve

---

facies, in quarum singulis tres sunt figuræ : prima est mulieris tympano ludentis ; secunda altera manu sistrum tenet, altera palmam ; tertia, mulier est baculum tenens, in cujus extremo vas amplum, in vase bos aut Apis deus. Secunda facies mulierem statim exhibet cululos duos tenentem ; cululo uni insidet deus quidam Ægyptiacus flagellum tenens ; in altero cululo avis, fortasse ibis. Secunda quoque figura cululum tenet, cui insidet aliud Ægyptiacum numen : tertia figura instrumentum triangulare pulsat viginti chordarum. Hæc Isiaca pompa affinis est ei, quæ præcedentem Tabulam terminat.

IV. Non prætermittendum id quod de Iside inquit Ælianus Hist. anim. lib. 10. cap. 23. *In Copto Ægyptia urbe Isis dea multis modis colitur, & hac etiam ratione, cum videlicet mulieres aut conjuges aut liberos, aut fratres lugent. L ect istic sunt scorpiones magnitu line non vulgares, acerrimique ad pestiferum valnus inferendum, qui ut punxerunt, statim interficiunt, ad quos vitandos nullum non cautionis genus Ægyptii adhibent : attamen illæ quæ apud Isidem lugent, & humi cubant, pedibusque nudis ambulant, & memoratos scorpiones pedibus tantum non premunt, intacta incolumesque manent. Iidem Coptitæ capreas colunt, easdemque Isidi in deliciis esse dicunt ; capreolos autem comedunt.*

V. Sistrum symbolum ita familiare Isidi est, ut de illo hic paucis tractare operæ precium fuerit. Instrumentum est oblongum cum capulo, cujus medium vacuum, ita ut pars superior larior sit inferiore, & ut plurimum in dimidium circulum desinat. Media illa pars vacua transversis sive æneis, sive ferreis virgis instituitur, modo ternis, modo quaternis. Narrat Plutarchus in Iside & Oside in sistri cacumine felem repræsentari hominis vultu præditum. Sæpe videmus felem in sistri suprema ora positum: cum hominis vultu nunquam vidi. Plutarchus, quæ suo tempore gerebantur, refert, accideretque potuit ut nullum hujusmodi sistrum cum fele humanum vultum præferente ad nos usque devenerit. Etsi sæpe videamus feles sistro insidentes, alia tamen occurrunt ubi loco felis sphinx, aut flos loti, aut globulus, aut vas, vel quid simile repræsentatur. Sistra vulgo a superiori parte totunda sunt ; quædam tamen deprehenduntur

pourtant qui se terminent en un ou plusieurs angles, comme il est aisé de remarquer sur differens sistres dont nous donnons ici la figure. On trouvoit quelquefois sur les sistres la tête d'Isis, & quelquefois celle de Nephthys, qui étoit prise, selon Plutarque, par les Egyptiens pour Venus, ou pour la Victoire. L'usage du sistre dans les mysteres d'Isis, étoit comme celui de la cymbale dans ceux de Cybele, pour faire du bruit dans les temples & dans les processions ; ces sistres rendoient un son à-peu-près semblable à celui des catagnetes. Ceux qui tirent des allegories de presque toutes les choses qui regardent le culte des dieux, trouvent du mystere dans le nombre de trois & de quatre baguetes qui se voient ordinairement aux sistres. Les trois, disent-ils, signifient trois élemens ; & les quatre les désignent tous quatre. Mais ces explications hazardées n'instruisent point, & ne servent qu'à grossir un livre inutilement. Le P. Bacchini Benedictin d'Italie, qui a fait une dissertation aussi solide que savante sur les sistres, n'est pas tombé dans ce défaut : il y refute les sentimens de quelques Antiquaires trop hardis, qui avoient avancé quelques choses contre ce que les anciens monumens nous apprennent touchant les sistres.

---

angulum vel angulos habentia, ut in schematibus nostris observare est. In sistris nonnunquam habetur caput Isidis, aliquando autem Nephthyos caput, quæ secundum Plutarchum ab Ægyptiis aut Venus aut Victoria esse existimabatur. Usus sistri in mysteriis Isidis idem erat ac usus cymbali in mysteriis Cybeles, ut in templis & pompis strepitus ederetur crumatum strepitui similis. Qui omnia illa, quæ ad cultum deorum spectant, arcana quadam ratione & μυσικῶς facta putant, de tribus quatuorve transversis virgis sic ratiocinantur : tres virgæ, inquiunt, tria elementa significant ; quatuor autem virgæ, omnia simul elementa quatuor numero designant ; aliaque similia venditant, quæ ad rem minime pertinent, molemque librorum inutilem pariunt. Eruditissimus P. Bacchinus Benedictinus Italus in suo de sistris opusculo accurate concinnato, aliquor Scriptorum sententiam depellit qui contra fidem monumentorum veterum, quædam audacter in medium attulerant : gnarus ejusmodi negotium esse, ut si quis inter verisimilitudinis limites sese contineat, paucis rem absolvat.

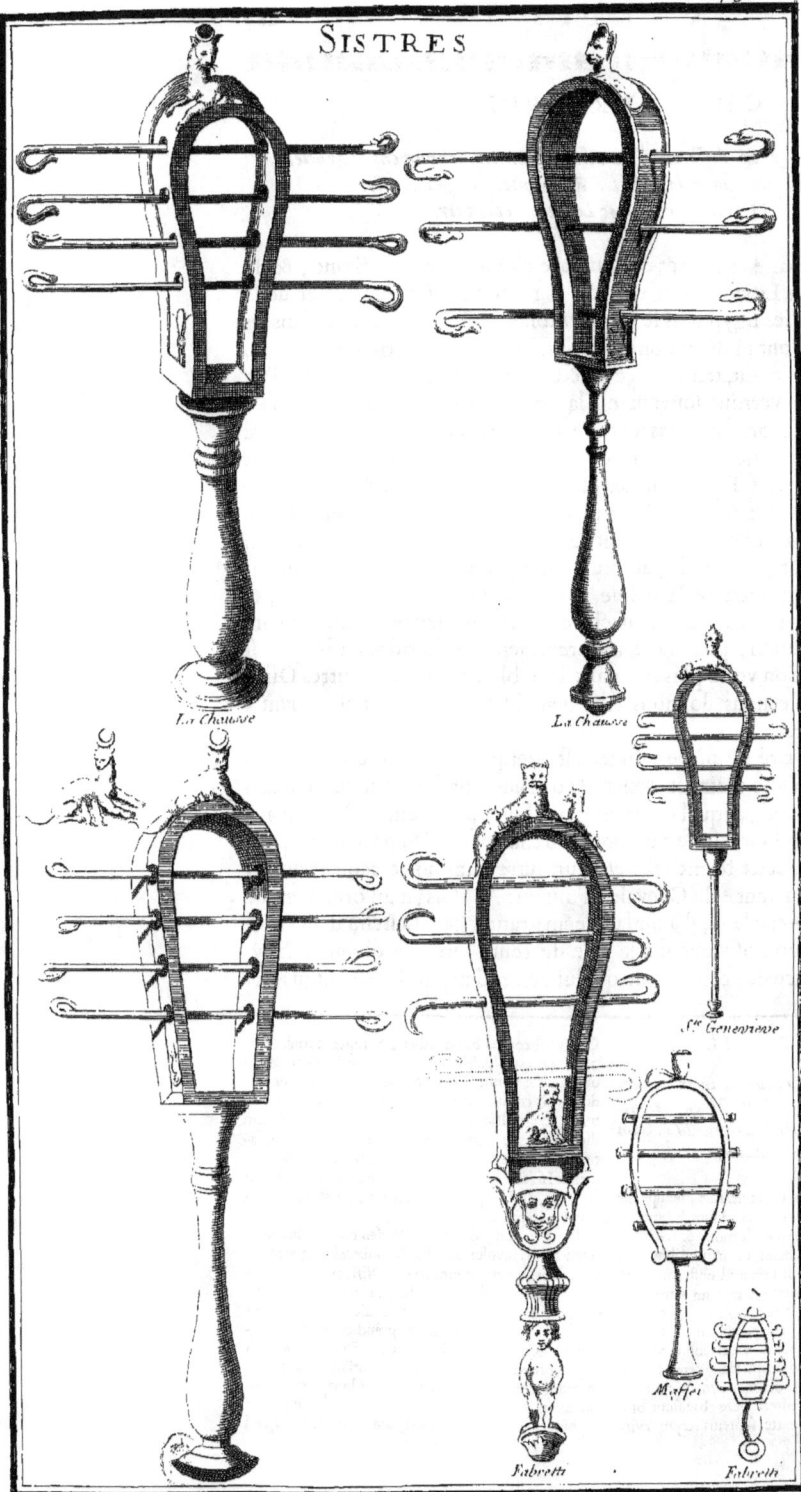

CHAPITRE VIII.

I. Osiris représenté en differentes manieres sur les monumens Egyptiens.
II. Osiris pris pour le soleil : differentes images d'Osiris.
III. representé avec la tête d'épervier.

I. Nous avons parlé ci-devant de la nature d'Osiris, de son origine, & de l'idée que les Egyptiens en avoient. Il ne nous reste qu'à parler de la figure sous laquelle les Egyptiens le representoient dans les marbres & dans les autres monumens dont plusieurs ont été conservez jusqu'à notre tems : ils lui donnent un corps humain, tantôt avec la tête d'homme, tantôt avec celle d'un épervier. Nous le verrons souvent en la premiere maniere dans la table Isiaque, que nous representerons entiere plus bas. Osiris est là représenté avec son habit à l'Egyptienne, tenant de la main droite la croix qui se voit souvent dans ces figures Egyptiennes, & dont nous avons parlé ci-devant : il tient de l'autre main un long bâton, dont le bout d'enhaut est la tête d'un oiseau. Osiris a des cornes de bœuf sur la tête, & audessus des cornes un grand panache, fait, ce semble, de feuilles de palmes ; on le voit frequemment de même. Un autre de la même table a aussi des cornes de bœuf, & sur les cornes un bien plus grand panache que celui de devant. Il immole un bouc couché sur l'autel, pour faire apparemment un sacrifice à Isis qui est devant lui, comme on verra plus bas dans la table Isiaque. Les autres Osiris à tête d'homme que nous donnons sont peu differens de ceux-ci, quant à l'ornement de tête.

II. Le [1] premier tiré de nôtre cabinet est presque emmailloté comme les Mumies, & tient d'une main un fouet, & de l'autre un bâton augural. Osiris étoit pris pour le Soleil, auquel on donnoit un fouet pour animer les chevaux qui tiroient le char dont il se servoit pour faire sa course. On trouve un grand nombre d'Osiris en cette forme : il y en a un autre dans nôtre cabinet qui est tout de même. Le suivant [2] du Chevalier Fontaine Anglois, a un ornement de tête different des précedens ; il a sur la tête un grand globe soutenu d'un croissant : le globe se voit souvent sur la tête de toute sorte de divinitez Egyptiennes. Une espece de corne ronde qui lui descend depuis la tête jusqu'à l'é-

PL.
CXVIII
1

2

CAPUT VIII.

I. Osiris variis modis exhibitus in monumentis Ægyptiacis. II. Osiris sol esse existimatur : variæ Osiridis imagines. III. Cum capite accipitris repræsentatur.

I. De Osiride jam supra dictum fuit, nempe de natura deque origine ejus secundum Ægyptiorū opinionem : supereſt loquendum de modo & schemate quo apud Ægyptios exhibebatur in marmoribus aliisque monumentis, quorum pleraque ad nostram usque ætatem servata sunt. Illi corpus humanum attribuunt modo cum hominis, modo cum accipitris capite : primo autem modo frequenter comparebit in mensa Isiaca, quam infra proferemus : ibi Osiris solito vestitu Ægyptiaco repræsentatur, dextera manu tenens crucem, quæ frequenter, ut diximus, conspicitur in monumentis Ægyptiacis ; altera vero baculum oblongum tenet, in cujus parte suprema caput avis. Osiris ibi cornua bovis habet , & supra cornua pinnas præaltas ex palmæ foliis, ut putatur: eodem etiam modo alibi visitur. In eadem mensa alio exhibitus modo Osiris cornua item bovis habet , cornibusque imminet longe altior pinnarum machina : hircum autem ille mactat aræ impositum, sacrificiumque, ut putatur , Isidi ante se positæ offert , ut infra videbitur in mensa Isiaca. Alii Osirides humano capite, quos proferimus, ab istis parum discrepant, quod spectat ad ornatum capitis.

II. Primum [1] schema ex Museo nostro eductum , quasi fasciis involutum est ut Mumiæ, alteraque manu flagellum , altera lituum tenet. Osiris pro sole habebatur, cui flagellum seu scutica dabatur excitandis ad cursum equis. Huic similes multi sunt in Museis , in nostróque alius grandior visitur. Sequens [2] Osiris est D. Equitis Fontaine nobilis Angli , ornatuque capitis a præcedentibus differt : ingentem globum capite gestat, bicorni luna nixum: globus capiti deorum Ægyptiorum pene omnium solet imponi : cornu aliud quædpiam rotundum , quod

paule, se verra souvent dans le chapitre d'Harpocrate. Celui qui vient ensuite a la tête rase, & tient des deux mains un gros bâton entouré d'une bande : ce n'est qu'en doutant que je le mets au rang des Osiris, il pourroit bien être un Orus. Les deux du cabinet de M. Foucault, different des precedens par l'ornement de tête, ce n'est qu'un bonnet pointu ; l'un d'eux a je ne sai quoi sur la main qu'il n'est pas aisé de distinguer. Le bonnet de l'autre est fait en forme de côtes de melon. Le suivant est un buste tiré d'un manuscrit de M. de Peiresc, qui se trouve presentement à la bibliotheque de S. Victor. L'ornement de tête consiste en deux cornes & en trois petites pyramides, surmontées chacune d'un globe ; ce qu'il y a ici de singulier est, que de son oreille gauche pend une chaine, qui lui descend sur l'épaule, je ne sai par quel mystere.

III. Osiris se voit encore souvent representé avec la tête d'épervier ; parceque, dit Plutarque, cet oiseau a la vue perçante & le vol rapide, ce qui convient au Soleil qui est le même qu'Osiris. Clement Alexandrin, dit que l'épervier est le symbole du Soleil, & l'Ibis celui de la Lune. Il dit aussi plus haut que les Egyptiens mettent le Soleil, les uns sur une barque, les autres sur un crocodile. Les prêtres d'Egypte, dit Elien, nourrissoient plusieurs éperviers comme des oiseaux consacrez à Apollon : c'est pour cela qu'on appelloit ces prêtres *Hieracoboscos*, nourriciers d'éperviers. Apollon étoit, physiquement parlant, le même que le Soleil, qui étoit Osiris chez les Egyptiens. On le voit avec la tête d'épervier dans la table Isiaque où il est assis, & tient de sa main un grand bâton recourbé par le haut, comme un bâton augural : & à sur la tête un grand vaisseau, dans lequel est un autre vaisseau rond ; je ne sai par quel mystere, ou plûtôt par quelle superstition. L'Osiris du cabinet de Brandebourg n'est qu'un buste, où l'on voit sur le devant la tête d'un épervier, il a la chevelure & les épaules d'un homme. Les marbres Romains le représentent aussi avec la tête d'épervier, mais d'un meilleur goût : il porte à la main la croix comme d'autres statues, dont nous avons parlé ci-devant. Une autre figure Egyptienne qui a le corps d'homme a au lieu du visage une tête d'oiseau, dont le bec est cassé ; c'étoit apparemment la tête de cet oiseau qu'on appelloit Ibis, à qui ces peuples superstitieux rendoient des honneurs divins. L'ornement de la tête est à la maniere des dieux Egyptiens, sur le devant de cet ornement est une tête du Soleil

Pl. CXIX.

raionnant

---

a capite ad humerum descendit, sæpe in Harpocrate comparebit. Qui postea sequitur abraso capite, ambabus tenet manibus baculum fascia circumvolutum : illum vero nonnihil subdubitando inter Osirides loco, posset namque Orus esse. Duo Osirides ex Museo illustrissimi Domini Foucault ornatu capitis differunt a prioribus : pilei in acumen desinentis formam habet id, quo caput obtegitur ; eorum alter hic nescio quid manu tenet : alterius pileus peponis costas imitari videtur. Qui sequitur Osiris, est protome ex MS. D. Peirescii educta, qui codex ms. jam in Bibliotheca sancti Victoris asservatur. Ornatus capitis duobus constat cornibus, tribusque pyramidibus, quibus singulis singuli globi imponuntur. Quod autem hic singulare observatur, ex aure ejus sinistra pendet catena, quæ ad humerum usque defluit, quo autem mysterio, ignoro.

III. Osiris sæpe etiam repræsentatur cum capite accipitris ; quoniam, inquit Plutarchus de Isid. hic vivida oculorum acie rapidoque volatu præcellit, quod Soli, sive Osiridi, qui Sol esse putatur, convenit. Clemens Alexandrinus Strom. 5. p. 671. ait accipitrem esse symbolum Solis, & Ibidem Lunæ ; prius autem dixerat Ægyptios Solem locare, alios in navigio, alios supra crocodilum. Sacerdotes Ægyptii, inquit Ælianus hist. anim. lib. 7. cap. 9. μυκος accipitres alebant velut aves Apollini sacras, quapropter iidem ipsi sacerdotes Hieracobosci appellabantur, quasi dicas accipitrum nutritios ; Apollo autem φυσικῶς loquendo is ipse erat qui Sol, quem item Osiridem esse putabant. Cum capite accipitris visitur etiam Osiris in mensa Isiaca, ubi sedet manuque tenet pedum recurvum lituo simile, & capite gestat vas magnum in quo aliud vasculum rotundum, id quo mysterio, vel potius qua superstitione ignoro. Osiris ille ex Museo Brandeburgico eductus protome solum est ubi in anteriore parte caput accipitris observatur ; capillitium autem & humeri hominis sunt. Romana quoque marmora illum cum accipitris capite exprimunt, sed elegantiori sculptura : manu crucem gestat, ut & aliæ quoque statuæ de quibus supra. Aliud Ægyptium schema humano corpore caput avis habet, cujus abruptum rostrum est ; verisimile autem est caput Ibidis fuisse, quam avem populi illi superstitiosissimi divinis prosequebantur honoribus : ornatus capitis aliorum Ægyptiorum numinum morem refert ;

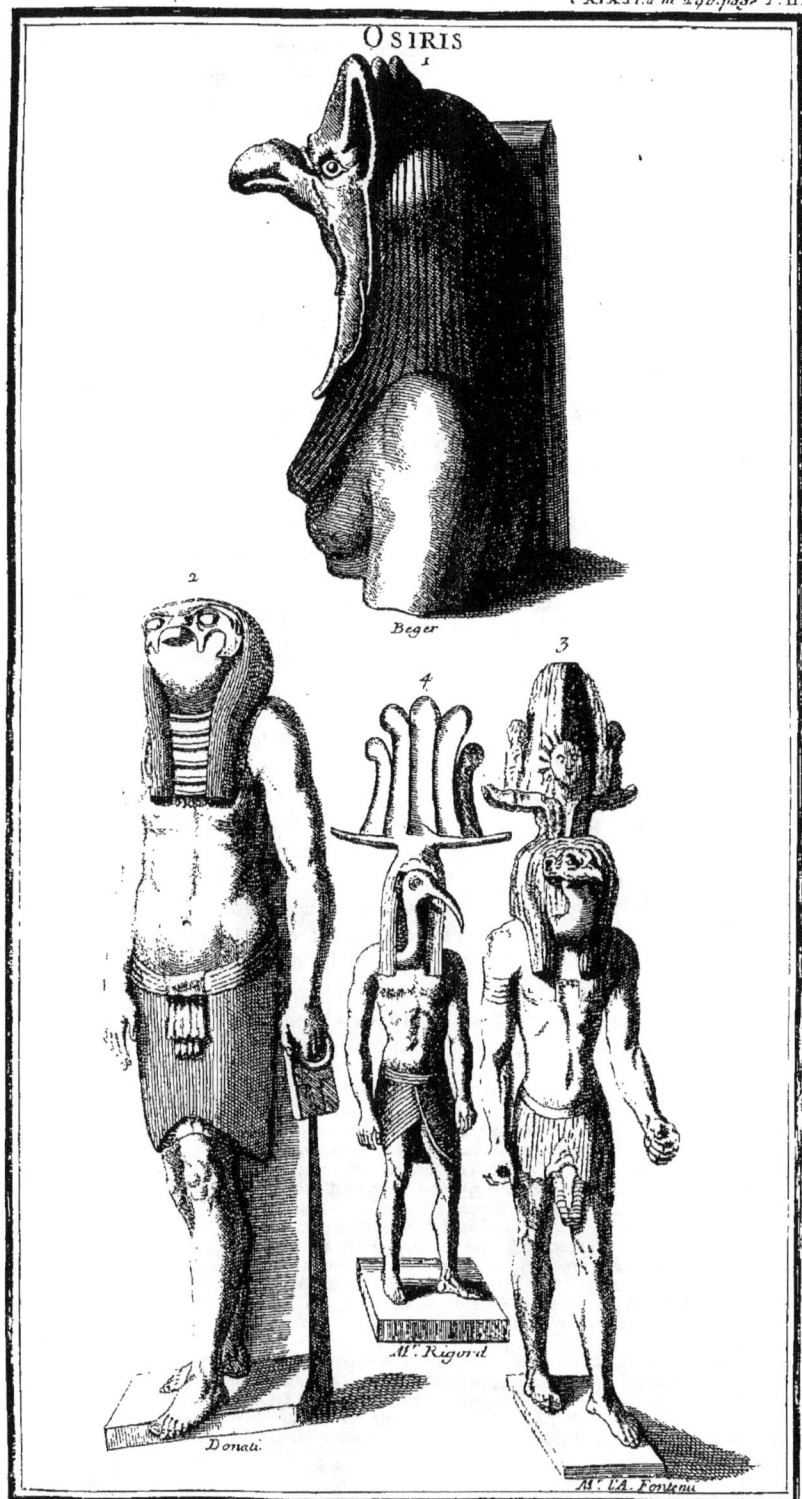

raionnant, ce qui confirme qu'on a voulu ici exprimer un Osiris qui est le Soleil. Dans l'image suivante, fort semblable à celle-ci, la tête & le bec de l'oiseau sont en leur entier, & on y reconnoit un Ibis. Les Egyptiens, dit Plutarque, exprimoient Osiris par un œil & un sceptre.

ibi autem in anteriore facie visitur Solis imago radios emittentis, quo confirmatur id quod existimavimus, nempe hic Osiridem exprimi, qui Sol ipse erat. In imagine sequenti huic admodum simili, caput & rostrum avis integra sunt, Ibisque istic agnoscitur. Ægyptii, inquit Plutarchus de Iside & Osiride, oculo etiam & sceptro Osiridem exprimebant.

CHAPITRE IX.

I. Orus fils d'Isis. II. Il est pris pour le Soleil. III. Ses differentes images. IV. Typhon frere d'Osiris : son histoire. V. C'est le principe du mal, représenté par plusieurs symboles.

I. Nous avons vu plusieurs figures d'Orus sur le giron de sa mere Isis, on le trouve plus souvent en cette maniere qu'en nulle autre. Les plus habiles disent que c'est le même qu'Harpocrate. Ce sentiment est fondé sur plusieurs passages d'anciens Auteurs. Mais comme nous avons déja démontré ci-devant, l'identité de ces dieux n'empêchoit pas qu'on ne les honorât differemment sous differens noms : nous parlerons encore de ceci sur Harpocrate.

II. Dans la table Isiaque Orus est representé presque emmailloté, & couvert de toutes parts, depuis les pieds jusqu'à la tête, d'un habit qui le serre, tout bigarré en losanges : il tient de ses deux mains un long bâton, dont le bout est la tête d'un oiseau, un bâton augural, & une espece de compas, ou plûtôt un fouet, tel qu'on le voit dans les figures d'Osiris & du Soleil : car Orus & Harpocrate sont pris pour le Soleil aussi bien qu'Osiris, comme a fort bien demontré le savant M. Cuper.

III. Nous trouvons Isis, Osiris & Orus ensemble dans une image tirée du manuscrit de M. de Peiresc, qui se trouve à S. Victor. Orus est entre les deux revêtu d'une tunique : la tête d'Osiris manque ; Isis qui lui donne la main porte un habit fort extraordinaire, qui paroit tout composé de plumes. Je ne sai si la figure qu'on voit dans la même planche, tirée du cabinet de M. Rigord, représente un Osiris ou un Orus, cela n'est pas aisé a distinguer ;

Pl. CXX. 1 2

CAPUT IX.

I. Orus Isidis filius. II. Sol esse existimatus. III. Ejus imagines. IV. Typhon frater Osiridis ; ejus historia. V. Est principium mali, quod symbolis repræsentatur.

I. Sæpe vidimus puerum Orum in matris sinu gremioque, sic ille sæpius occurrit in monumentis. Orum eumdem esse atque Harpocratem pugnant eruditissimi quique, quæ opinio priscorum testimoniis confirmatur ; verum, ut jam diximus supra, dii illi, qui licet diversis appellarentur nominibus, iidem tamen ipsi esse putabantur : in cultu secundum singula nomina distinguebantur, qua de re in Harpocrate adhuc agetur.

II. In mensa Isiaca Orus repræsentatur velut fasciis constrictus atque undique opertus à capite usque ad pedes veste thombo similibus undique figuris operta ; ambabus autem manibus baculum tenet, qui capite avis terminatur, tenet etiam lituum & quasi circinum, nisi forte dicatur esse flagellum, quale visitur in schematibus Osiridis & Solis ; Orus enim atque Harpocrates Sol esse putantur, perinde atque Osiris, ut optime probavit eruditissimus Cuperus in Harpocrate.

III. Isidem, Osiridem atque Orum simul reperimus in schemate ex Ms. Peireseii ex Bibliotheca sancti Victoris Parisiensis educto. Inter Isidem & Osiridem positus Orus tunica induitur, caput Osiridis excidit, Isis quæ illi manum porrigit, veste amicitur admodum singulari, quæ ex pinnis concinnata esse videtur ; utrum autem altera imago ex Museo V. cl. Rigordi educta, Osiridem an Orum referat, haud ita facile est divinare. Hic autem locatur, quia

Tom. II. Pp

on le met ici parce qu'il porte une grande cruche sur la tête, ce qui marque l'abondance de l'eau du Nil ; & l'utilité que toute l'Egypte en recevoit comme nous avons déja dit. La medaille suivante me fut montrée à Florence par M. Buonaroti habile Antiquaire, elle appartenoit à M. Bichi. Entre deux figures d'Isis, fort ressemblantes, est un Osiris ou un Orus qui tient un fouet : il est souvent difficile de les distinguer l'un de l'autre : les lettres qui se voient au haut de la medaille paroissent Hebraïques אדי ; ce pourroit bien être un de ces talismans des Basilidiens, qu'on appelloit Abraxas : il est sûr qu'ils emploioient ordinairement les lettres Grecques, quelquefois les Hebraïques, & plus souvent d'autres qu'on ne connoit pas. Nous en parlerons plus bas sur les Abraxas.

IV. Selon les Egyptiens, dit Diodore de Sicile, Typhon étoit frere d'Osiris : celui-ci regnoit en Egypte avec justice & selon l'équité des loix. Typhon homme violent & impie tua son frere, & divisa son corps en vingt-six parties, dont il en donna une à chacun de ceux qui avoient conjuré avec lui, pour les engager par là, en les rendant également coupables, à le soutenir dans la possession du roiaume d'Egypte qu'il usurpa ; mais Isis femme & sœur d'Osiris, & son fils Orus vangerent sa mort, firent mourir Typhon & tous ses conjurez, après les avoir vaincus. Isis ramassa toutes les parties du corps de son mari ; hors celles que la pudeur cache. Elle fit faire avec de la cire & des aromates une statue de la taille d'Osiris ; & engagea par serment les prêtres, ausquels elle la confia, de ne jamais déclarer à personne le lieu où on l'avoit mise.

V. Typhon le principe du mal, dont nous avons déja parlé, se trouve représenté sur une pierre, après la table Isiaque ; c'est une figure qui a sous ses pieds un crocodile, & sur la tête un poisson ; on donne cela pour Typhon, je ne voudrois pas garantir que ce soit lui. Je n'ai pas encore vû d'image où il soit bien reconnoissable. A Hermopolis l'Hippopotame étoit regardé comme un symbole de Typhon, dit Pignorius, & cela marque son naturel mal faisant, parce que l'Hippopotame appellé par Achille Tatius l'Eléphant Egyptien avoit, dit Horapollon, commis un inceste & un parricide. L'Hippopotame étoit pourtant adoré à Papremis, de peur que ce monstrueux animal ne portât envie à tant d'autres bêtes farouches, que divers peuples d'Egypte

---

grandem amphoram capite gestat, qua significatur aquarum copia in Nilo, qua Ægypto toti fertilitas parabatur. Nummum sequentem Florentiæ delineandum obtulit Vir eruditus Bonarotus, qui nummus ad D. Bichium pertinebat. Inter duas Isides omnino similes visitur Osiris aut Orus flagello de more munitus, difficile certe alter ab altero distinguitur. Quæ literæ in suprema nummi parte cernuntur Hebraicæ esse videntur, nempe אדי, quod schema ad Basilidianos pertinere videtur, ex eoque esse genere quod Abraxas appellatur : illi vero Basilidiani aliique ejusdem farinæ hæretici, græcis literis ut plurimum utebantur, nonnumquam hebraicis, sæpe etiam aliis, quæ internosci nequeunt ; hac de re infra, ubi de Abraxæis figuris.

IV. Secundum Ægyptios, inquit Diodorus Siculus lib. 1. p. 18. Typhon frater Osiridis erat : hic in Ægypto regnabat cum justitia & ex legum æquitate. Typhon homo violentus atque impius fratrem occidit, ejusque corpus in partes viginti sex distribuit, quarum singulas singulis consceleratis & conjuratis suis dedit, ut hoc ceu vinculo colligati, & ejusdem criminis rei, ad ipsius imperium tuendum ac defendendum adigerentur. Verum Isis Osiridis & soror & conjux, ipsorumque filius Orus, Osiridis mortem ulti sunt, Typhone & consceleratis omnibus devictis atque trucidatis. Isis omnes corporis conjugis sui Osiridis partes collegit ; præter eas quæ præ pudore obreguntur : ex cera atque aromatibus statuam concinnari curavit eadem qua Osiris statura, sacerdotesque, quibus illam commisit, ad jurandum compulit, se remini unquam declaraturos esse quo loco statuam Osiridis posuissent.

V. Typhon principium mali, de quo jam actum fuit, repræsentatur a Pignorio post mensam Isiacam ex lapide quopiam : est figura quæ sub pedibus crocodilum habet, piscemque capite gestat. Id pro Typhone proponitur : nollem pro Typhone admittere, nec videre memini me unquam imaginem, quæ Typhonem liquido exprimeret. Hermopoli Hippopotamus pro Typhonis symbolo habebatur, inquit Pignorius, atque illo symbolo ejus indoles ad malum inferendum prona indicabatur, quia Hippopotamus, quem Achilles Tatius lib. 4. Ægyptium elephantem vocat, incestum, ait Horapollo lib. 1. cap. 56. & patricidium admiserat. Hippopotamus tamen Papremi adorabatur, ne forte monstrosum hoc animal feris aliis invideret, quas ex Ægyptiis populis diversi in deorum numerum

ISIS OSIRIS ET ORUS

avoient deifiées. Les Egyptiens croioient aussi que l'âne étoit un symbole de Typhon; & c'étoit pour cela que cet animal étoit fort maltraité à Coptos: & que ceux de Busiris, d'Abydos & de Lycopolis, haïssoient le son de la trompette, comme ressemblant au cri de l'âne. Ochus roi de Perse qui dominoit sur l'Egypte, aiant appris que les Egyptiens l'appelloient âne, après avoir tué Apis, commanda aux Egyptiens d'adorer l'âne en la place du bœuf; mais à son grand malheur. Car Bagoas ou Vagao Egyptien son Eunuque, indigné de l'injure qu'Ochus avoit faite à un dieu de sa nation, le tua & donna son corps à manger aux chats; afin qu'une bête consacrée à Isis, reparât l'injure faite à cette déesse.

---

retulissent. Putabant etiam Ægyptii asinum esse symbolum Typhonis, ideoque istud animal Copti male accipiebatur, ideoque etiam ii qui Busirin, Abydon & Lycopolin incolebant, buccinæ clangorem oderant, quod rudentem asinum referre videretur. Ochus rex Persarum, qui in Ægypto dominabatur, cum didicisset se ab Ægyptiis asinum vocari, occiso Api præcepit Ægyptiis, ut bovis loco asinum colerent; id verò ille in perniciem suam molitus est, Bagoas enim aut Vagao Ægyptius eunuchus ejus, indigne ferens injuriam ab Ocho in deum gentis suæ illatam, ipsum occidit, ejusque corpus felibus comedendum præbuit, ut animal Isidi consecratum, Isidem ulcisceretur.

CHAPITRE X.

I. Serapis pris pour le Soleil, pour Jupiter & pour Pluton. II. On croit que son culte ne fut apporté en Egypte que du tems des Ptolemées. III. Preuves de cela tirées des Auteurs & de la table Isiaque. IV. M. Cuper est du sentiment contraire. V. Ses preuves ne paroissent pas assez fortes. VI. Etymologie du nom de Serapis.

I. Serapis, qu'on appelle aussi très-souvent Sarapis, étoit le grand dieu des Egyptiens : on lui donne cette épithete de *grand dieu* dans plusieurs inscriptions ; on le prenoit fort ordinairement pour Jupiter & pour le Soleil. Zeus Sarapis ou Jupiter Sarapis se trouve souvent dans les anciens monumens : on le voit aussi quelquefois avec les trois noms, Jupiter, Soleil & Serapis. On le prenoit encore pour Pluton.

II. Etant donc le plus grand dieu des Egyptiens, il semble que nous aions dû le mettre à la tête des autres, & en traiter au I. chapitre d'Isis. Mais outre que les plus habiles sont persuadez que Serapis est le même qu'Osiris, frere & mari d'Isis dont nous avons parlé ci-devant ; bien des gens croient que le culte de Serapis n'a passé en Egypte qu'au tems des Ptolemées. Clement Alexandrin qui rapporte le sentiment de plusieurs touchant le transport de Serapis & de son culte en Egypte, le met sous le regne des Ptolemées : non seulement la forme exterieure, mais aussi le nom de ce dieu y étoient inconnus avant ce tems-là : il est vrai qu'il paroit assez clair, qu'on a pris dans la suite Serapis pour Osiris ; mais on a donné toûjours au premier une forme aussi differente du second, que les noms le sont l'un de l'autre.

III. Ce qui fait juger que Serapis n'étoit point connu en Egypte avant que les Grecs s'y établissent, est qu'Herodote dans son 2. livre, où il parle fort au long de la religion des Egyptiens, & nomme en divers endroits la plûpart de leurs dieux, Isis, Osiris, Orus, Mendés & autres, ne fait aucune mention de Serapis le plus grand des dieux Egyptiens, qu'il n'auroit pas manqué de faire si son culte y avoit été établi. Une autre raison est, que dans les anciens marbres purement Egyptiens, comme la table Isiaque & les autres que

---

CAPUT X.

I. Serapis pro Sole, pro Jove & pro Plutone habitus. II. Cultus ejus Ptolemæorum tempore in Ægyptum primo inductus putatur. III. Id argumentis probatur ex Scriptoribus & ex mensa Isiaca deductis. IV. Vir eruditus Cuperus oppositam tuetur opinionem. V. Ejus argumenta non omnino firma videntur. VI. Nominis hujus Serapidis etymologia.

I. Serapis, qui etiam sæpissime Sarapis vocatur, magnum erat Ægyptiorum numen : magnus deus vocatur in multis inscriptionibus. Sæpe pro Jove & pro Sole accipiebatur : Ζεὺς Σάραπις, sive Jupiter Sarapis sæpe occurrit in veterum monumentis ; aliquando etiam tribus insignitus nominibus occurrit : pro Plutone non infrequenter accipiebatur.

II. Cum itaque maximus Ægyptiorum deus esset, primus principéque locandus esse videbatur , & cum Iside in principio hujusce libri ponendus : at præterquam quod eruditissimi quique putant Sarapin eumdem esse atque Osirin fratrem & conjugem Isidis, multi existimant cultum Serapidis in Ægyptum inductum fuisse Ptolemæorum tantum tempore. Clemens Alexandrinus Protrept. p. 42. multorum opinionem refert circa invectum in Ægyptum Serapidis cultum , ipsumque in Ptolemæorum tempus confert : non modo forma exterior sed etiam nomen istius numinis ante tempus illud ignota in Ægypto erant. Verum quidem est Serapidem pro Osiride postea habitum fuisse , at utriusque semper tam dissimilis forma fuit, quam diversum nomen.

III. Inde vero arguitur Serapidem in Ægypto notum non fuisse, antequam ea in Græcorum ditionem transiret, quod Herodotus , qui libro secundo religionem Ægyptiorum pluribus pertractat, & variis in locis deos illorum plerosque memorat Isidem, Osiridem, Orum, Menden, & alios ; de Serapide, qui tamen deorum Ægyptiorum maximus postea fuit, nusquam mentionem faciat, ipsum sane memoraturus , si ejus cultus ibi suo tempore viguisset. Aliud autem mutuamur argumentum ex tabulis antiquioribus Ægyptiacis

nous représenterons dans ce livre, on ne voit point la figure de Serapis. Cette table Isiaque comprend toute la Théologie des Egyptiens, tous leurs dieux grands & petits, & l'on n'y voit point de trace de Serapis. Quand même on en déterreroit quelqu'une où ce dieu se trouvât, cela ne suffiroit pas pour nous convaincre de son antiquité; puisqu'on pourroit dire que celle-là auroit été faite depuis l'établissement de son culte, & qu'ainsi la preuve tirée de la table Isiaque qui comprend toutes les divinitez Egyptiennes, & ne représente point Serapis, subsiste toûjours.

IV. Cela ne s'accorde pas avec le sentiment de plusieurs d'entre les Peres, qui ont cru que c'est Joseph fils de Jacob, qui en qualité de bienfaiteur de l'Egypte a été honoré comme dieu, sous la forme & le nom de Serapis. Ce sont des conjectures qui ne faisant rien à la foi ni aux bonnes mœurs, en quoi nous les reconnoissons toûjours pour maitres, nous laissent la liberté d'examiner si l'opinion est bien fondée. Quelques-uns appuiez sur les raisons que nous venons de dire, nient que le culte & le nom de Serapis aient été apportez en Egypte avant les Ptolémées : d'autres soutiennent que ce fut long-tems auparavant ; l'illustre M. Cuper est du nombre de ces derniers. Ce n'est pas qu'il veuille adopter le sentiment des Peres, qui pretendent que Joseph est le même qu'on honoroit sous le nom de Serapis : mais il veut seulement prouver qu'on ne peut pas les refuter, par la raison que le culte de Serapis ne fut apporté en Égypte que du tems que les Grecs en étoient les maitres. Pausanias, dit ce savant homme, raconte que les Alexandrins reçurent de Ptolemée fils de Lagus le culte de Serapis, & qu'il y avoit déja un temple de ce dieu très-magnifique à Alexandrie, & un autre très-ancien à Memphis. D'où il s'ensuit qu'avant que Ptolemée fils de Lagus fit apporter ce dieu de Sinope, le culte de Serapis étoit déja établi en Egypte. Clement Alexandrin, & devant lui Tacite, temoignent que quand ce Serapis fut apporté en Egypte, on lui bâtit un très-grand temple au lieu nommé Racotis, où il y avoit déja un petit temple dédié anciennement à Serapis & à Isis; autre preuve de l'antiquité de Serapis. Ceux de Sinope, poursuit M. Cuper, appelloient ce dieu non pas Serapis, mais Jupiter Dis, qui veut dire Pluton ; c'est ce que dit expressément Tacite. Lorsqu'on l'eut apporté, Timothée maitre des cérémonies, & Manethon Sebennite, voiant à son côté Cerbere & le dragon, ju-

---

quæ primam puramque Ægyptiorum religionem exhibent, ut sunt mensa Isiaca aliæque tabulæ in hoc opere proferendæ, ubi Serapidis forma nunquam deprehenditur. Mensa certe illa Isiaca totam Ægyptiorum Theologiam complectitur, magna minoraque numina, & tamen nusquam Serapis comparet. Etsi aliqua jam erueretur tabula, in qua Serapis exprimeretur, id non esset ad tantam ejus vetustatem probandam satis; diceretur enim eam post invectum ejus cultum concinnatam fuisse, & argumentum ex tabula Isiaca, quæ omnia Ægyptiaca numina sine Serapide complectitur, eductum eamdem semper vim habere.

IV. Id non consonat cum multorum Patrum sententia, qui putarunt Josephum Jacobi filium, beneficii causa in Ægypto inter deos relatum & Serapidem vocatum fuisse. Hæ videlicet conjecturæ sunt, quæ cum nihil ad fidem moresque pertineant, in quibus doctores illos magistrosque censemus & agnoscimus : liberam nobis offerunt eorum explorandæ sententiæ facultatem. Nonnulli argumentis jam allatis nixi, negant cultum nomenque Serapidis ante Ptolomæos in Ægyptum inducta fuisse; alii vero tuentur, in quorum numero censetur Gisbertus Cuperus libro de Harpocrate p. 83. neque tamen ille cum Patribus existimat Josephum Serapidis nomine cultum fuisse, sed id solum sibi probandum constituit, non posse Patrum sententiam confutari illo supra allato argumento, quod videlicet cultus Serapidis in Ægyptum eo primum tempore invectus sit, quo illa in Græcorum ditione erat. Pausanias, inquit ille, narrat Alexandrinos a Ptolomæo Lagi filio cultum Serapidis accepisse, jamque fuisse ejus dei templum Alexandriæ magnificentissimum, aliudque vetustissimum Memphi : unde sequitur cultum Serapidis jam in Ægypto fuisse, antequam Ptolemæus illum Sinope advehi curaret. Clemens Alexandrinus in Protreptico, pergit ille, anteque eum Tacitus lib. 4. cap. 84. testificantur ; cum Serapis ille in Ægyptum advectus, ipsique templum ædificatum est in loco cui nomen Racotis, aliud fuisse parvum templum antiquitus Serapidi & Isidi dedicatum, quod argumentum pro Serapidis antiquitate pugnat. Sinopenses, ait, deum illum non Serapidem, sed ditem Jovem, id est, Plutonem vocabant, quod diserte Tacitus perhibet. Cum allatus fuit, Timotheus cerimoniarum magister & Manethon Sebennita,

gerent que c'étoit un Pluton, & persuaderent à Ptolemée qu'il n'étoit autre que Serapis. *Car*, dit Plutarque, *il ne portoit pas ce nom quand il vint ; mais après qu'il eût été apporté à Alexandrie, il prit le nom que les Egyptiens donnoient à Pluton, qui étoit Serapis.* Eusebe dit après Porphyre, que Pluton est le même que Serapis.

V. Voilà les raisons de M. Cuper, qui ajoute que M. Fabreti lui a envoié un Serapis accompagné de Cerbere ; ce qui prouve que Serapis est le même que Pluton ; nous le donnons avec quelques autres qui ne laissent aucun lieu d'en douter. Après cela il rejette le sentiment de Macrobe, qui dit que les Egyptiens furent forcez par les Ptolemées de recevoir le culte de Saturne & de Serapis : & refute ceux qui ont cru que ce dieu étoit appellé Serapis à Sinope, même avant qu'on l'apportât en Egypte. Je suis convaincu que ce dieu de Sinope ne prit le nom de Serapis que lorsqu'il fut arrivé en Egypte : & j'avoue aussi que les raisons de M. Cuper, pour prouver que le culte de Serapis en Egypte étoit établi longtems avant les Ptolomées, paroissent assez plausibles : mais comme tous les Auteurs qu'il cite sont fort posterieurs à Herodote, dont le silence sur Serapis dans un livre fait exprés de la religion des Egyptiens, m'a déja fort ébranlé ; que Clement Alexandrin appuie assez clairement le sentiment de Macrobe ; & que la table Isiaque qui comprend toute la superstition Egyptienne n'a rien qui approche de la figure de Serapis : je panche plus à croire, comme Macrobe, que Serapis n'est venu dans l'Egypte que du tems de Ptolemée fils de Lagus.

VI. Je ne m'arrêterai point sur l'étymologie du nom de Serapis, on en propose plusieurs. Celle de Suidas après Plutarque, qui fait venir ce nom de *Soros apidos*, ou *arca Apidis*, la biere d'Apis : celle là, dis-je, paroit la plus bizarre. S. Augustin la rapporte pourtant après Varron, duquel Plutarque pourroit l'avoir prise. *En ce tems là*, dit-il, c'est-à-dire, au tems des Patriarches Jacob & Joseph, *Apis roi des Argiens aborda en Egypte avec une flotte: il y mourut,* & *fut établi le plus grand dieu des Egyptiens sous le nom de Serapis ; pourquoi l'appella-t-on ainsi après sa mort,* & *non pas Apis qui étoit son veritable nom ? Varron en apporte une raison trés-aisée ; le tombeau que nous appellons Sarcophage, s'appelle en Grec Soros ;* & *comme on l'honora dans ce tombeau avant qu'on*

---

ad latus ejus Cerberum videntes atque draconem, Plutonem esse existimarunt, & Ptolemæo fidem fecerunt ipsum esse Serapidem. *Etenim*, inquit Plutarchus de Iside & Osiride, *non illo appellabatur nomine, sed postquam Alexandriam allatus fuit, nomen illud accepit, quo Pluto ab Ægyptiis vocabatur, scilicet Serapis.* Eusebius quoque Præparationis Evangelicæ lib. 4. cap. ult. post Porphyrium ait Plutonem eumdem esse quem Serapidem.

V. Hæc sunt eruditi Cuperi argumenta, quibus adjicit ille a Fabreto sibi Serapidem missum fuisse, quem Cerberus comitabatur, quo probatur Serapidem eumdem quem Plutonem esse : illud certe Fabreti schema cum aliis damus, quibus idipsum probatur. Sub hæc autem Cuperus Macrobii opinionem rejicit, qui Ægyptios ait jussu Ptolemæorum coactos cultum Saturni & Serapidis accepisse, illosque confutat, qui illum ipsum deum Serapidem jam Sinope vocatum fuisse antequam transportaretur in Ægyptum. Ego quoque me fateor existimare huic Sinopensi deo Serapidis nomen tunc primum datum fuisse, cum in Ægyptum translatus fuit ; neque mihi argumenta Cuperi, quibus probare nititur cultum Serapidis in Ægypto ante Ptolemæos fuisse, spernenda esse videntur. Sed quia omnes, quos ille affert in medium Scriptores, ævo longe posteriores Herodoto sunt, cujus de Serapide silentium in libro maxime qui pene totus circa Ægyptiorum religionem versatur, me pene totum in adversam sententiam adduxit ; quia etiam Clemens Alexandrinus ea videtur censere quæ postea Macrobius dixit, atque etiam mensa Isiaca, quæ totam Ægyptiacam superstitionem complectitur, nihil offert quod cum Serapidis figura affinitatem habeat : cum Macrobio libentius existimo Serapidem in Ægyptum tempore Ptolemæi Lagi filii primum advectum fuisse.

VI. Circa hujus nominis *Serapis* etymologiam non diu morabor ; eam diversimode multi exquisiverunt. Suidas post Plutarchum pag. 362 nomen deducit a σωρὸς ἄπιδος, arca Apidis, quæ sane etymologia inepta mihi videtur ; licet eam post Varronem asserat Augustinus, cujus hic verba non sunt præmittenda de civ. Dei l. 18. c. 5. *His temporibus* (scilicet Josephi patriarchæ) *rex Argivorum Apis navibus transvectus in Ægyptum, cum ibi mortuus fuisset, factus est Serapis omnium maximus Ægyptiorum deus. Nominis autem hujus, cur non Apis etiam post mortem, sed Serapis appellatus sit, facillimam rationem Varro reddidit ; quia enim arca in qua mortuus ponitur, quod omnes jam σαρκοφάγον vocant, σορὸς dicitur græce,* & *ibi eum ve-*

SERAPIS.

lui eût bâti un temple ; de *Soros* & d'*Apis*, on fit d'abord *Sorapis*, & par le changement d'une lettre on l'appella ensuite *Serapis*. D'autres font venir ce mot de *Sar Apis* ; *Sar* en Hebreu veut dire prince ; ce seroit donc le prince Apis. Nous coupons court sur l'étymologie à notre ordinaire.

serari sepultum cœperant, priusquam templum ejus ssec exstructum: velut Soros & Apis, Serapis primo, deinde una litera, ut fieri adsolet, commutata, Serapis dictus est. Alii vocem *Serapis* deducunt a *Sar Apis* ; *Sar* Hebraice significat *princeps* ; esset igitur *princeps Apis*. Hic sistimus gradum, qui non libenter etymologias persequimur.

CHAPITRE XI.

I. Images de Serapis. II. Il est représenté en Pluton. III. Serapis avec Isis. IV. Autres images. V. Serapis regardé comme un des dieux de la Santé.

Venons aux images de Serapis : il n'y en a point de plus belle que celle de M. l'Abbé Fauvel. Ce dieu assis a la main gauche élevée, de laquelle il tenoit peutêtre quelque chose que le tems aura fait tomber : il a sur la tête sa marque ordinaire, qu'on appelle en latin *Calathus*, un boisseau ou un panier. Ce symbole signifie l'abondance que ce dieu, qu'on prend ordinairement pour le soleil, apporte à tous les mortels. On le représente barbu ; & au boisseau près, il a par tout presque la même forme que Jupiter : aussi est-il pris souvent pour Jupiter dans les inscriptions, comme nous avons déja dit. Le suivant 2 qui n'est qu'un buste est aussi reconnoissable par le boisseau. Celui d'après, tient une corne d'abondance, 3 & de l'autre main une patere, sur laquelle est un papillon : cela pourroit marquer un Serapis Pluton, qui porte une ame, nous avons déja vu Pluton venant chercher l'ame des défunts.

II. Serapis Pluton est encore mieux 4 marqué dans une belle image suivante, où il tient une pique, & a le chien Cerbere à ses pieds : il hausse la main gauche, & a tout autour cette inscription εἰς Ζεὺς Σάραπις, qui veut dire *un Jupiter Sarapis* ; ou peutêtre, il n'y a qu'un *Jupiter Sarapis*. Un autre assis 5 a de même une pique ou un sceptre, & Cerbere à ses pieds.

III. Les figures d'Isis & de Serapis sont tirées de pierres gravées, qui enchassées dans des bagues, servoient autrefois de cachets, parce que, dit Pline, la coutume s'étoit introduite de porter aux doigts des figures d'Harpocrate & des autres dieux Egyptiens. La 1 premiere de la planche suivante représente

PL. CXXI 1

2
3

4

5

PL. CXXII. 1

CAPUT XI.

I. Imagines Serapidis. II. Ut Pluto repræsentatur. III. Serapis cum Iside. IV. Aliæ imagines. V. Serapis ut deus valetudinis habitus.

I. Jam ad imagines Serapidis veniamus : nulla pulcrior ea, 1 quam ex Museo D. Abbatis Fauvelii eduxi, sedens ille deus sinistram manum erigit, qua aliquid fortasse tenebat injuria temporis amissum. Capite calathum gestat, quod solitum ipsius symbolum est : eo notatur copia rerum, quam Serapis qui pro Sole habetur, mortalibus omnibus suppeditat. Barbatus item repræsentatur, exceptoque calatho eadem est semper forma qua Jupiter, etiamque pro Jove sæpe accipitur in inscriptionibus, uti jam diximus. Quæ sequitur 2 protome a solo calatho Serapis esse deprehenditur. Alius 3 cornu copiæ tenet, alteraque manu pateram, cui insidet papilio : hoc schemate significari potest Serapis Pluto, qui animam quampiam gestat : jam vidimus supra Plutonem mortuorum animas quæritantem.

II. Serapis autem 4 Pluto expresse in sequenti imagine figuratur, ubi hastam tenet Cerberumque canem ad pedes positum habet, sinistram ille manum erigit, & circum hæc inscriptio legitur, ὡς Ζεὺς Σάραπις, id est, unus Jupiter Sarapis. Alius 5 sedens similiter hastam vel sceptrum manu tenet, Cerbero ad pedes posito.

III. Isidis Serapidisque figuræ ex gemmis educuntur, quæ in annulis signatoriis inserebantur ; quoniam, ut ait Plinius, mos inductus fuerat, ut Harpocratis cæterorumque Ægyptiorum deorum imagines in digitis gestarentur. Primum 1 Tabulæ sequentis schema, Serapidem solito cultu monstrat ; sequens

2 Serapis à l'ordinaire : celle d'après [2] de nôtre cabinet le montre de face, & a été maltraitée par le tems. Les pierres gravées qui suivent, ont Serapis & Isis ensemble ; ce qui fait juger qu'après que Serapis eut été introduit chez les Egyptiens, il fut regardé comme le même qu'Osiris frere & mari d'Isis. Les 3 deux [3] premieres images qui viennent ensuite montrent Serapis avec Isis, 4 quoiqu'en [4] differente posture : dans chacune, Serapis a le boisseau sur la tête, & Isis la fleur du Lotus. De deux autres images d'Isis & de Serapis, la premiere 5 n'est [5] remarquable qu'en ce qu'Isis n'a aucun symbole sur la tête : la seconde 6 [6] paroit être la figure du Soleil & de la Lune : les raions qui sont à la tête du dieu, & le croissant qui soutient la déesse, ne laissent aucun lieu d'en douter. Beger les donne pour Serapis ou Osiris, & Isis, qui étoient certainement pris pour le Soleil & la Lune. Mais, comme nous avons souvent dit, ces dieux à plusieurs noms, avoient quelquefois un culte distinct & séparé sous chaque nom.

IV. On le trouve quelquefois plus marqué avec les raions & un muid sur la tête & sans barbe, comme dans une pierre gravée de Gorlæus, où il a de plus le bâton entortillé d'un serpent, symbole d'Esculape. Serapis a été encore pris anciennement pour Esculape. Cette multiplicité de symboles a fait qu'on a pris aussi cette image pour une figure Panthée : on ne sait par quel mystere il se trouve dans une autre pierre du même, au dessus d'une aigle qui tient la foudre de ses deux griffes entre deux signes militaires, surmontez chacun d'une Victoire. Une autre pierre du même le représente barbu, aiant le muid & des raions à la tête. Dans une autre il a le boisseau, les raions, & les cor-
7 nes de Jupiter Ammon. On en pourroit encore citer d'autres : Serapis [7] & Isis de M. de la Chausse n'ont rien que d'ordinaire. Comme le culte de Serapis avoit passé dans la Grece, on le trouve aussi sur plusieurs medailles & en differentes manieres.

Nous avons vû ci-devant que Serapis étoit regardé comme le même dieu que Pluton. Les marbres & les pierres gravées en font foi aussi bien que 8 les medailles. Voici [8] un monument considerable donné par M. Fabreti : c'est un vœu de M. Vibius Onesimus, où l'on voit d'un côté Serapis avec le muid sur la tête, tenant de la main gauche un long bâton qui a comme des boules aux deux bouts à la maniere des bourdons ; & tendant la droite vers Cerbere, le chien à trois têtes, qui accompagne souvent Pluton dans les anciens mo-

---

[2] totam faciem, etsi tempore læsam exhibet, ex Museo eductum nostro. Aliæ gemmæ Serapidem simul atque Isidem exprimunt ; unde conjiciatur Serapidem, postquam in Ægyptum inductus fuerat, pro Osiride habitum fuisse, Isidis conjuge simul & fratre. Quæ [3] sequuntur postea imagines, Serapidem cum Iside efferunt ; sed [4] diversis modis, in utraque Serapis calathum, Isis florem loti capite gestans. Ex [5] duabus aliis adjunctis Isidis Serapidisque imaginibus, prior eo tantum spectabilis est, quod Isis nullum capite gestet symbolum ; secunda [6] videtur esse Solis Lunæque figura, quod radii in capite Serapidis, bicornisque Luna Isidem sustentans palam faciunt. Begerus qui hanc protulit gemmam, vult esse Serapidem aut Osiridem & Isidem, qui haud dubie pro Sole & Luna habebantur. Ut sæpe diximus, dii hujusmodi, qui multis appellabantur nominibus, sæpe sub quoque nomine distincto cultu gaudebant.

IV. Aliquando etiam, etsi raro, cum radiis & calatho, sed absque barba occurrit, ut in gemma apud Gorlæum, ubi etiam baculum serpente circumdatum habet, quod est Æsculapii symbolum : Serapis etiam pro Æsculapio habitus est. Ex hac symbolorum copia pro panthea figura hæc habita fuit. Ignoro qua tandem arcana ratione in alia Gorlæi gemma occurrat aquila insidens fulmen unguibus tenenti, interque duo signa militaria, quibus imminet Victoria. Alia ex eodem Gorlæo gemma eundem barbatum cum calatho radiisque exhibet : in alia cum calatho radiisque caput Jovis Ammonis habet : multi possent alii afferri. Serapis [7] & Isis a cl. V. Cauceo prolati nihil nisi vulgare habent. Cum cultus Serapidis in Græciam pertransisset, in multis Græcorum nummis positus fuit, ubi vario situ & cultu repræsentatus observatur.

Jam diximus vidimusque Serapidem pro Plutone habitum, sic autem in marmoribus & in gemmis exprimitur, uti etiam in nummis. En monumentum [8] non sperne dum a Raphaele Fabreo publicatum : votum est M. Vibii Onesimi, ubi ex alia parte Serapis cum calatho & baculo, qui utrinque globulis terminatur, manum Cerbero τρικάρῳ cani porrigit,

numens:

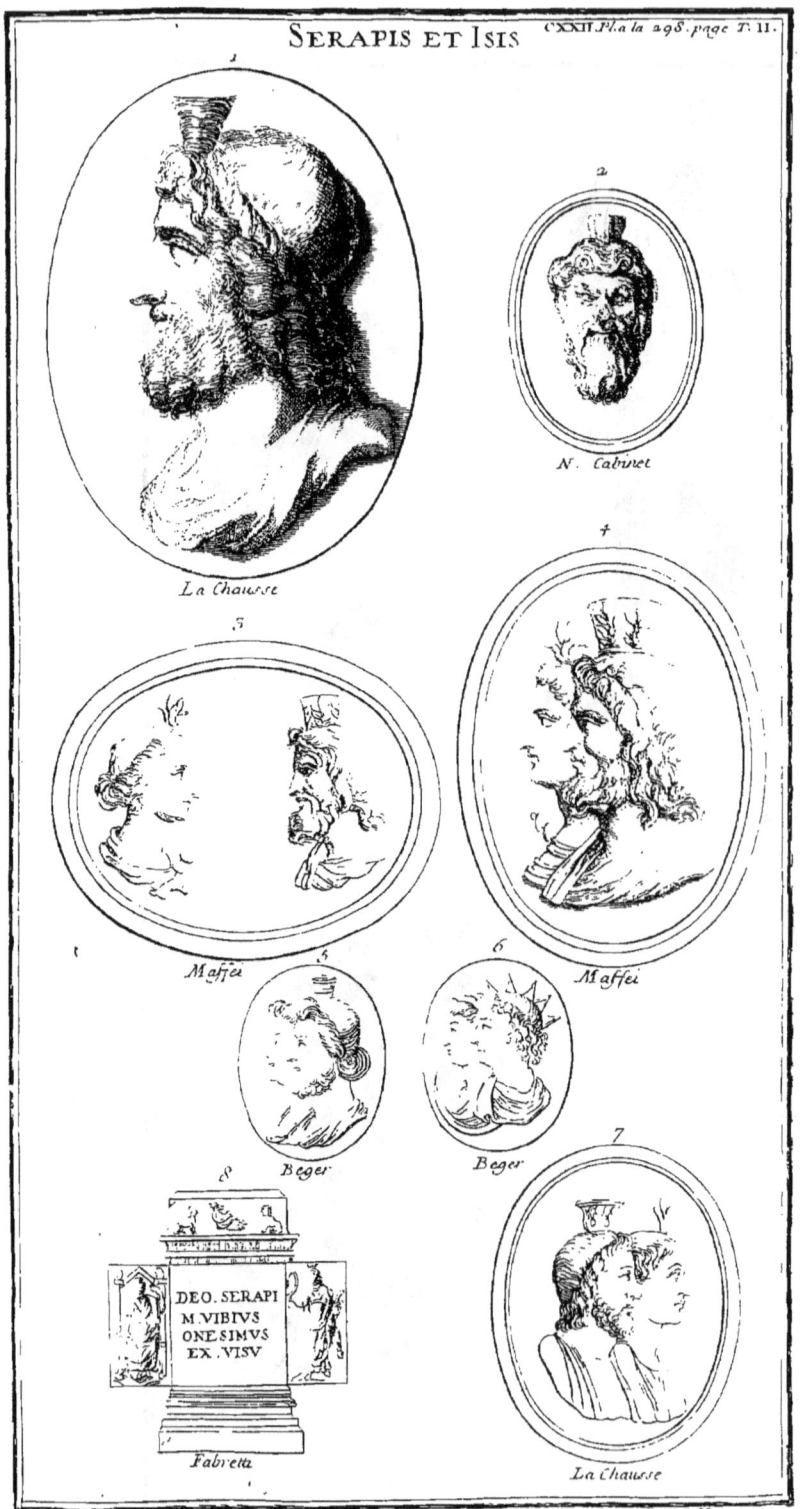

numens ; & de l'autre côté est Isis avec la fleur sur la tête, qui tient le sistre d'une main & je ne sai quoi de l'autre. Au dessus de l'inscription est un pied entortillé d'un serpent: à droite & à gauche sont deux Sphinx. Ce pied entortillé d'un serpent est semblable à un autre que nous avons donné au chapitre des vœux : le serpent est un symbole de la Santé, comme nous avons vû sur Esculape & sur sa fille Hygiea.

V. Serapis étoit encore comme un des dieux de la Santé : les Auteurs nous fournissent plusieurs exemples des guérisons qu'il a faites. Cissus devot à Serapis, dit Elien, empoisonné par sa femme avec des œufs de serpent qu'elle lui avoit fait manger, eut recours à Serapis; qui lui ordonna d'acheter une murene, animal venimeux, & de fourrer sa main dans le vase où elle seroit. Il le fit, la murene le mordit à la main, & il se trouva subitement guéri. Du tems de Neron un nommé Chryserme qui avoit bu du sang de taureau, & qui étoit prêt de mourir, fut guéri par Serapis. Bathylis de Crete Pthisique, & en grand peril de mort, reçut ordre de Serapis de manger de la chair d'un âne : il en mangea, & fut d'abord gueri. Le même Elien dit que Serapis guerit le cheval malade d'un nommé Lenæus. On trouve dans les inscriptions d'autres guerisons faites par Serapis, qui semblent prouver qu'il étoit ordinairement invoqué pour la Santé. Cette derniere figure est un vœu à Serapis accompli par Onesime après une vision, comme l'inscription porte, *ex visu*. Ces visions & les admonitions en songe se trouvent souvent dans les inscriptions, comme nous avons vû ci-devant au chapitre des vœux.

---

qui Cerberus sæpe Plutonem in veterum monumentis comitatur ; in altera parte Isis florem capite gestans, sistrumque altera manu, altera vero nescio quid tenens. Supra inscriptionem pes est a serpente circumdatus, hinc & inde sphinges duæ visuntur: pes autem hic serpente circumvolutus alteri pedi similis est, quem protulimus ubi de votis : serpens sanitatis symbolum est, ut in Æsculapio & in filia ejus Hygiea vidimus.

V. Serapis certe pro salute & valetudine invocabatur. Multa apud Scriptores occurrunt exempla curationum, quas Serapis edidit. Cissus erga Serapidem religiosus, inquit Ælianus de hist. anim. l. 11. cap. 34. cum insidiis uxoris ova serpentis devorasset, ad Serapidem supplex adiit, qui præcepit ei, ut murænam venenatum animal emeret, manumque in vas, ubi illa muræna esset, immitteret. Id ille præstitit, muræna ipsum momordit, statimque ille valetudinem recuperavit. Neronis tempore, inquit is ipse Ælianus eodem libro cap. 35. quispiam Chryfermus nomine, cum epoto taurino sanguine jamjam moriturus esset, a Serapide sanatus est. Bathylis Cretensis phtisicus in mortisque periculo versans, jussusque a Serapide de asini carne edere, jussum exsequutus, statim incolumis fuit ; aitque idem Ælianus libro eodem cap. 31. equum cujusdam Lenæi a Serapide sanatum fuisse. Inscriptiones veteres non pauca alia exempla suppeditant curationum per Serapidem factarum, unde probari posse videtur ipsum pro valetudine invocatum fuisse. Hoc postremum schema votum est Serapidi, impletum per Onesimum *ex visu*, ut inscriptione fertur. Visa hujusmodi monitaque frequenter occurrunt in lapidibus inscriptis, ut supra vidimus capite de Votis.

CHAPITRE XII.

I. Origine d'Harpocrate. II. Pourquoi le peint-on tenant le doigt sur la bouche. III. Image d'Harpocrate. IV. Les symboles d'Harpocrate. V. Autres images d'Harpocrate.

I. Harpocrate étoit fils d'Osiris, qui est le même que Serapis, & d'Isis. On le croit le même qu'Orus, aussi fils d'Osiris & d'Isis. Les Egyptiens racontoient de sa naissance des choses monstrueuses : ils varioient si fort dans leurs narrations, comme on peut voir dans le livre de Plutarque sur Isis & Osiris ; qu'on a peine à former une suite sur ce qui regarde son origine, sa vie & ses actions. On le prenoit pour le Soleil aussi bien que son pere Osiris.

II. Sa marque ordinaire, & pour ainsi dire le caractere qui le distingue des autres dieux de l'Egypte, est qu'il tient le doigt sur la bouche ; pour marquer qu'il est le dieu du Silence. C'est pour cela qu'Ausone l'appele *Sigalion*, comme qui diroit le silentieux. S. Augustin observe après Varron qu'il étoit défendu sous peine de la vie de dire que Serapis eut été homme. Et comme dans tous les temples où l'on honoroit Isis & Serapis, il y avoit une autre idole qui mettoit le doigt sur la bouche pour recommander le silence ; Varron croioit que cela vouloit dire qu'il falloit se taire, & ne pas dire qu'ils eussent été hommes. Il ne faut point douter que cette idole, dont S. Augustin parle, qui tenoit le doigt sur la bouche, ne fut Harpocrate. Cela vouloit encore dire, & c'étoit le sentiment des Egyptiens, qu'il falloit honorer les dieux par le silence ; ou selon Plutarque, que les hommes qui avoient une connoissance si imparfaite des dieux, n'en devoient pas parler témerairement.

III. Les differens cabinets de l'Europe nous fournissent un grand nombre de figures d'Harpocrate. Toutes conviennent en cela qu'elles tiennent le doigt sur la bouche, mais elles sont un peu differentes sur le reste : nous donnons d'abord celles qui sont le moins chargées de symboles ; qui sont pour la plûpart tirées des cabinets de Monsieur Foucault, de M. le Chevalier Fontaine Anglois, & de sainte Genevieve. Elles sont toutes de forme Egyptienne,

---

CAPUT XII.

I. Harpocratis origo. II. Cur digitum ori admovens depingatur. III. Harpocratis imagines. IV. Ejus symbola. V. Aliæ Harpocratis imagines.

I. Harpocrates filius erat Osiridis & Isidis, qui Osiris, ut jam diximus, idem est qui Serapis : putatur Harpocrates idem ipse esse qui Orus, filius item Osiridis & Isidis ; de ejus ortu Ægyptii portentosa narrabant, totque diversis narrandi modis, ut ea quæ ad ejus ortum, vitam & gesta spectant, vix possint ad quamdam seriem reduci. Pro Sole habebatur perinde atque pater ejus Osiris.

II. Ejus peculiare symbolum, & nota qua ab aliis diis distinguitur ea est, quod ori digitum admoveat, qua re notatur eum esse Silentii deum, ideoque ab Ausonio Sigalion in Epistola ad Paulinum vocatur, ac si dicas *silentiosum*. Augustinus de civitate Dei lib. 18. cap. 5. post Varronem observat, constitutum esse, ut quisquis eum hominem dixisset fuisse, capitalem penderet pœnam. Cum autem, in quibus templis Isis & Serapis colebantur, aliud esset simulacrum quod digitum ori admoveret, ut silentium commendaret, existimabat Varro illo significari, tacendum esse, neque dicendum illos fuisse homines ; neque dubitandum est quin idolum hujusmodi, de quo Augustinus, quod ori digitum admovebat, esset Harpocrates. Illo etiam significabatur, & hæc erat Ægyptiorum opinio, deos silentio honorandos esse, aut ut Plutarchus libro de Iside & Osiride ait, non decere homines, qui deos tam exigue cognoscerent, de iis temere loqui.

III. In Musæis fere omnibus Harpocratum schemata comparent : in hoc autem Harpocrates illi omnes conveniunt, quod digitum ori admotum teneant ; in aliis autem aliquantum discrepant. Primum ea proferimus, quæ paucioribus symbolis sunt onusta, quorum maxima pars ex Musæis illustrissimi D. Foucault, Domini Equitis Fontaine nobilis Angli, sanctæque Genovefæ educta est : Ægyptiacæ autem formæ

& ont des ornemens de tête à peu près semblables à ceux d'Isis & d'Osiris, que nous avons déja vûs & que nous verrons encore dans les tables Egyptiennes. Le premier ¹ Harpocrate a un ornement de tête singulier, il a une corne qui lui descend sur l'épaule droite : il est posé sur une base, où se voient des Hieroglyphes. Le ² second est assis, & a les pieds sur une base chargée aussi d'Hieroglyphes. Le suivant ³ n'a rien de fort remarquable. Le quatriéme ⁴ semble plier sous l'énorme machine qu'il porte sur la tête : deux grandes cornes sont comme la base de cette machine, qui semble composée de pots & de bouteilles, surmontées par des globes : tout cela se remarque mieux à l'œil. Le ⁵ cinquiéme & le ⁷ septiéme, n'ont rien de particulier : le ⁶ sixiéme est assis sur une base fort singuliere.

Pl. CXXIII
1
2
3
4
5
7
6

IV. Les Harpocrates suivans ont assez de rapport les uns aux autres, & ne different entre eux que par le plus & le moins de symboles. La plûpart de ces symboles ont rapport au Soleil, comme l'a fort bien remarqué & démontré M. Cuper dans son savant traité sur Harpocrate. Plusieurs de ces Harpocrates portent la corne d'abondance, pour marquer que c'est le Soleil qui produit l'abondance des fruits, & qui par là donne la vie à tous les animaux. Quelques-uns de ces Harpocrates ont des ailes, que plusieurs Auteurs attribuent aussi au Soleil à cause de la rapidité de sa course. Outre les ailes trois ou quatre de ces Harpocrates portent aussi la trousse ou le carquois, autre symbole du Soleil, dont les rayons sont comme des fléches qu'il décoche de tous côtez ; & c'est aussi pour cela qu'Apollon, qui physiquement parlant, est le même que le Soleil, est quelquefois peint avec la trousse ; quoique d'autres croient que cette trousse est pour marquer les fléches qu'il décocha autrefois sur le camp des Grecs, pour venger l'injure faite à son prêtre Chrysés. Deux de ces images le representent portant un seau. Ces seaux se voient assez souvent aux images d'Isis, comme il est aisé de remarquer ci-devant, & comme nous verrons aussi plus bas dnas les images d'Ælurus ou du dieu Chat, & de quelques autres divinitez Egyptiennes. On peut donner par conjecture quelque raison de ce seau porté par les dieux Egyptiens, mais je n'en vois pas qui satisfasse. Quelques-uns ont pris pour une oie l'oiseau qui se voit dans l'une des planches suivantes d'Harpocrate : on sacrifioit des oies à Isis mere d'Harpocrate, comme dit Ovide. Le sacrificateur Egyptien, comme nous verrons plus bas, porte des oies, comme victimes. Les Egyptiens, selon Herodote, n'immo-

omnes illæ sunt imagines, ornamentaque capitis habent similia ornamentis Isidis & Osiridis quæ jam vidimus, atque in Ægyptiacis tabulis iterum videbimus. Prior ¹ Harpocrates capitis ornatum habet singularem cornuque reflexum ad humerum dextrum, basi insidet hieroglyphis ornatæ. Secundus ² sedet pedesque habet supra basin hieroglyphis item onustam. Qui ³ sequitur nihil spectatu dignum habet : quartus ⁴ enormem quam capite gestat machinam vix ferre posse videtur : duo cornua tantæ machinæ ceu bases sunt, quæ machina scyphis vasisque construitur, quibus imminent globi, quæ omnia aspectu melius observantur. Quintus ⁵ & septimus Harpocrates nihil ⁷ singulare præferunt. Sextus ⁶ basi insolitæ insidet.

IV. Harpocrates sequentes sat inter se similes sunt, & pluribus paucioribusve symbolis tantum differunt ; pleraque autem omnia hujusmodi symbola ad Solem referuntur, ut probavit demonstravitque eruditissimus Cuperus libro in Harpocratem. Horum plurimi Harpocrates cornu copiæ gestant, quo significatur fructuum copiam a Sole subministrari, vitamque ab eo omnibus animantibus suppeditari. Ex his aliquot sunt alati : alas plurimi Soli attribuunt, quibus ejus in currendo velocitas indicatur : præter alas, tres aut quatuor Harpocrates pharetram gestant, estque illud symbolum aliud Solis, cujus radii quasi sagittæ sunt, quas undique immittit : eadem de causa Apollo, qui physice loquendo, idem atque Sol est, nonnunquam cum pharetra pingitur; etsi non pauci sint qui putent, pharetra illa, quam gestat Apollo, subindicari sagittas quas olim in Græcorum castra immisit, ut Chrysen sacerdotem suum ab Græcis injuria affectum ulcisceretur. In duobus schematibus vas ansarum Harpocrates brachio gestat ; quæ vasa frequenter in imaginibus Isidis observantur supra, inque imaginibus Æluri aut felis dei, & in aliis numinibus Ægyptiacis infra conspicientur. Circa hujusmodi situlam quædam conjecturæ proferri possunt, sed nullam video quæ sit admodum probabilis. Quidam pro ansere habuerunt avem illam, quæ in aliqua ex sequentibus Harpocratis tabulis habetur. Anseres mactabantur Isidi Harpocratis matri, ut ait Ovidius 1. Fast. v. 454. Sacrificulus certe Ægyptius, quem infra proferemus, anseres quasi victimas gestat. Ægyptii, inquit Hero-

loient point d'autres animaux que des cochons, des taureaux, des veaux, & des oies. Pour ce qui est du serpent qu'on voit entortillé autour d'un bâton; on le remarque si frequemment dans les figures Egyptiennes de toute espece, qu'il ne faut point s'étonner de le voir souvent dans celles d'Harpocrate. Le serpent étoit aussi un des symboles du Soleil. On le voit sur les pierres, nommées Abraxas, mordant sa queue; ce qui est une marque du cours du Soleil, comme nous dirons sur les Abraxas. On ne sait si l'animal, qui dans quelques figures est au pied d'Harpocrate, est un chien: quelques-uns l'ont pris pour un lievre ou un lapin. En certaines images le chien paroit clairement: dans d'autres, c'est certainement un autre animal consacré à ce dieu. On pourroit peutêtre dire qu'Harpocrate paroit en quelques-unes de ces images avec un animal à quatre pieds d'un côté, & un oiseau de l'autre; pour marquer que c'est lui comme le Soleil qui donne la vie & l'accroissement aux animaux de toutes les especes.

PL. CXXIV

V. Le [1] chien est bien reconnoissable dans l'Harpocrate qui est à la tête de cette planche. Cet Harpocrate a des ailes; la corne d'abondance & le serpent s'y voient, comme dans plusieurs autres: mais que fait la chouete auprès du tronc que le serpent entortille? C'est un symbole de Minerve attribué ici à Harpocrate, comme on lui attribue aussi des symboles d'autres dieux, le serpent d'Esculape, la corne d'abondance de la Fortune, la peau de bête en écharpe de Bacchus. Aux pieds d'un autre [2] Harpocrate est une tortue: il n'est pas aisé de deviner pourquoi. Nous avons vû assez souvent la tortue parmi les symboles de Mercure: & nous avons donné raison pourquoi la tortue lui étoit consacrée. Mercure passoit pour pere d'Isis, selon quelques-uns, selon d'autres pour son maitre; ou pour son conseiller, selon le plus grand nombre: seroit-ce à cause de cela qu'Harpocrate fils d'Isis a ici la tortue à ses pieds, comme dans deux autres Harpocrates de la planche suivante? La chouete se voit ici au bas avec le boisseau sur la tête comme Serapis; cet Harpocrate a outre cela une autre chouete sur le bras; d'autres prennent l'un de ces oiseaux pour un épervier: il a de plus les symboles du precedent, le chien, le serpent, la corne d'abondance, & outre cela un croissant sur la tête. Il a la tête raionnante aussi bien que plusieurs autres de cette planche & de la suivante. Les [3] quatre Harpocrates suivans [4] n'ont point d'ailes, & portent beaucoup moins de symboles

---

dotus 2. 45. non alia immolabant animalia quam sues, tauros, vitulos & anseres. Quod spectat ad serpentem baculo circumplicatum, ita frequenter hoc symbolum in schematibus Ægyptiacis deprehenditur, ut non mirum sit eum etiam in Harpocratis imaginibus comparere. Serpens Solis aliud symbolum erat: in gemmis, quas Abraxæas vocant, sæpe suam serpens caudam mordet, quod cursum gyrumque Solis adumbrat, ut in Abraxæis gemmis dicetur: an illud animal quod ad pedem Harpocratis in quibusdam schematibus visitur, canis sit, non ita facile est internoscere; quidam leporem, alii cuniculum esse existimarunt: in quibusdam imaginibus canis clare dignoscitur; in aliis autem aliud esse animal pro certo habetur; est autem, ut videtur, aliquod animal huic numini sacrum. E re forte dicatur in quibusdam imaginibus Harpocratem cum quadrupede hinc & ave inde depingi, ut indicetur ipsum, utpote Solem, animalibus cujusvis speciei vitam & incrementum inerere.

V. Canis certe [1] agnoscitur esse in prima hujus tabulæ Harpocratis imagine, qui Harpocrates alatus est: cornu copiæ & serpens hic observantur, ut in aliis non paucis imaginibus; sed quid hic noctua prope truncum qui a serpente circumplicatur posita? Symbolum est Minervæ hic Harpocrati attributum, ut etiam ipsi aliorum numinum symbola adscribuntur, serpens scilicet Æsculapii, cornu copiæ Fortunæ, pellis transversa Bacchi. Ad pedes alterius [2] Harpocratis testudo deprehenditur, qua in re hariolemur oportet: testudinem sat frequenter vidimus inter symbola Mercurii, causamque aperuimus cur ipsi testudo consecrata esset. Mercurius secundum quosdam Isidis pater habebatur; secundum alios & quidem majore numero, Mercurius Isidi a consiliis erat; num ideo Harpocrates Isidis filius testudinem circa pedes positam habet tam hic quam in duabus aliis tabulæ sequentis imaginibus? Noctua hic visitur calathum capite gestans ut Serapis, aliam quoque noctuam hic Harpocrates brachio insistentem habet; nec desunt qui putent ex his avibus alteram esse accipitrem: præterea Harpocrates hic præcedentis symbola habet, canem, serpentem, cornu copiæ, & præter hæc lunam bicornem capite gestat: ejus caput radios emittit, quod etiam in aliis hujus pariter atque sequentis tabulæ deprehenditur. Quatuor [3] Harpocrates sequentes [4] alis carent, & longe paucioribus symbolis gaudent [5] quam duo

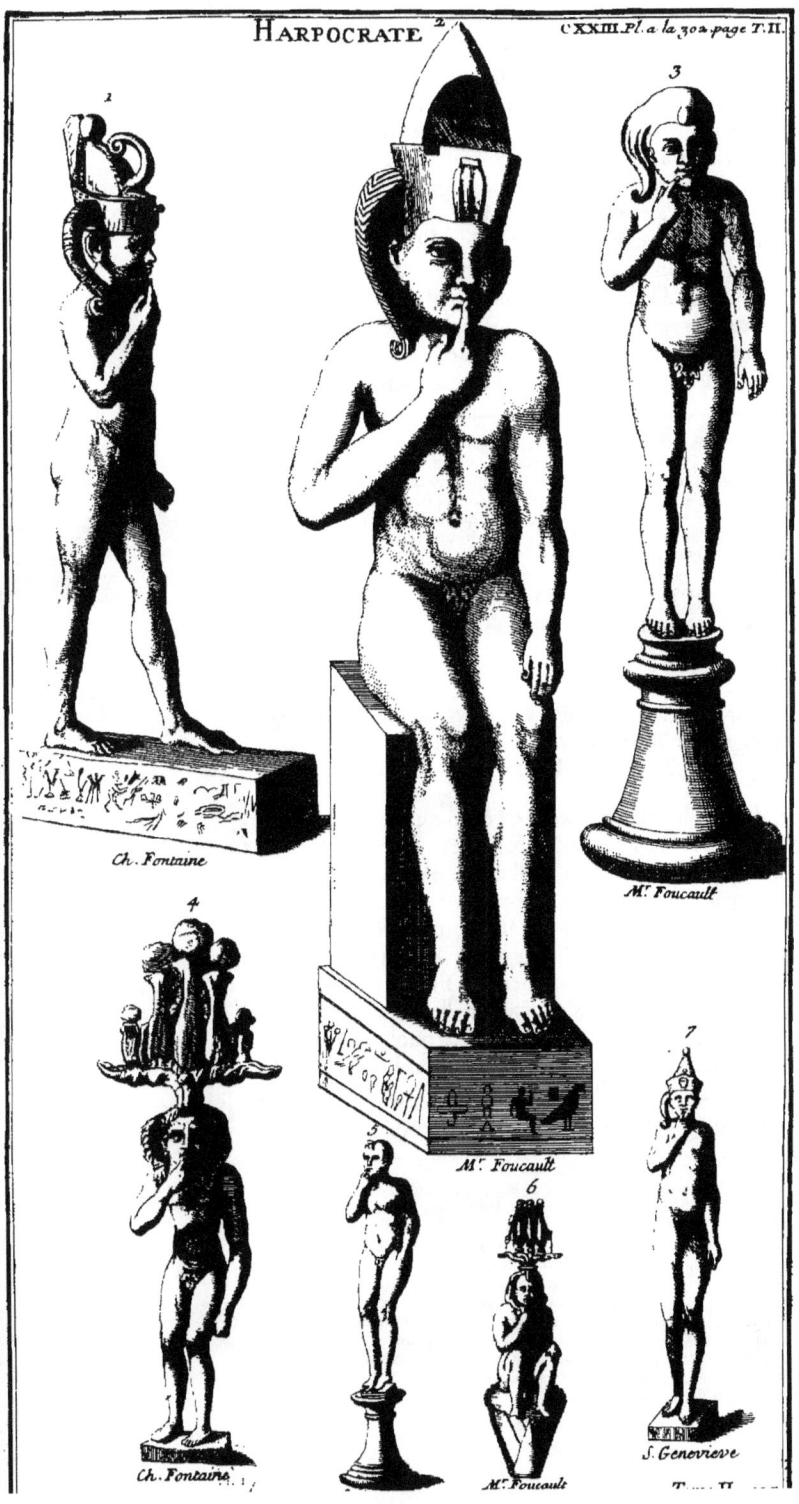

que les deux premiers. Le dernier est remarquable 6 par les grands raions qu'il repand : entre les deux plus hauts raions, est la fleur du Lotus. Au dernier rang sont cinq autres Harpocrates, assez differens les uns des autres. Trois de ces Harpocrates que nous avons tirez des melanges de Spon, portent des bulles pendues au col ; peutêtre parceque les Romains mettoient pour ornement des bulles pendues au cou des enfans : & qu'Harpocrate étant presque toûjours représenté sous la figure d'un enfant, le graveur aura voulu lui donner cette marque ordinaire à ceux de cet âge. Une autre raison, peutêtre meilleure, est, que lorsque les jeunes garçons de qualité entroient dans l'adolescence, ils quittoient leurs bulles & les pendoient aux dieux Lares : or une bonne partie de ces figures & de ces petites statues, que nous voions dans les cabinets, sont des dieux Lares; comme nous avons dit dans le chapitre des Lares. Le premier 7 qui porte une bulle, a un carquois dont nous avons parlé ci-devant, & à ses pieds sont deux animaux qu'on a peine à connoître.

ptiores. Postremus ex magnis quos emittit radiis spectandus : inter duos altiores radios flos loti conspicitur. Ultimus ordo quinque Harpocrates exhibet, qui forma sat inter se differunt. Tres ex illis, quos ex Sponii Miscellaneis eduximus, bullas a collo pendentes gestant ; forte quia Romani bullas a collo pendentes pueris nobilium imponebant, & quia cum Harpocrates ut plurimum ceu puerulus repræsentetur, sculptor fortasse hanc illi solitam puerorum notam indere voluerit. Probabiliorem fortasse hujusce rei causam afferemus, si dicamus pueros nobiles, cum in adolescentiam ingressi bullas deponebant, eas ad deos Lares suspendere : at magna pars signorum seu exiguarum iconum, quas in Museis conspicimus, dii Lares sunt, ut jam diximus capite de Laribus. Qui prior bullam gestat, pharetram habet, de qua supra dictum est, ad ejusque pedes duo animalia sunt non ita cognitu facilia.

CHAPITRE XIII.

I. Harpocrate en robe longue. II. Que signifie la chouete avec Harpocrate. III. Images singulieres d'Harpocrate. IV. Autres images chargées de symboles.

I. LE plus singulier de tous les Harpocrates, est celui qui porte une grande & 8 longue robe qui traine à terre. Le fruit qu'il a sur la tête est, à ce que l'on croit, une pesche : cette figure est toute extraordinaire aussi bien qu'une autre que j'ai vûe qui vient originairement de Pyrrhus Ligorius, je ne sai si cela peut servir à l'autoriser. C'est un Harpocrate de forme un peu differente des autres rapportez ci-devant : il est assis, & porte sur la tête un ornement approchant de ceux que portent ordinairement les figures Egyptiennes. Il tient le doigt sur la bouche, & de la main gauche un flambeau & des pavots; du même bras il embrasse un coq : il porte un carquois, son arc est étendu à terre. Tous ces symboles ont rapport au Soleil, nous l'avons déja dit de tous, hors des pavots ; qui étant, selon Porphyre dans Eusebe, le symbole de la fecondité, conviennent par là au soleil.

CAPUT XIII.

I. Harpocrates talari veste. II. Quid significet noctua cum Harpocrate. III. Imagines Harpocratis singulares. IV. Aliæ imagines symbolis onustæ.

I. Singulacissimus omnium Harpocrates is est, qui longam, amplam ad terramque defluentem vestem gestat ; fructus, qui capiti ejus imminet, est, ut putant quidam, Persicum malum. Insolita prorsus est imago, ut & alia quam vidi, quæque Pyrrhi Ligorii fuisse dicitur, quod, an fidem addat, nescio. Harpocrates est præcedentibus tantillum dissimilis ; sedet autem capiteque gestat ornamentum Ægyptiacorum schematum ornatibus simile : digitum ori admovet, manuque sinistra facem tenet atque papavera, eodemque brachio gallum amplectitur : pharetram gestat, arcumque habet humi depositam. Hæc omnia symbola ad Solem referuntur : jam de singulis diximus excepto papavere, quod cum ex Porphyrio apud Eusebium Præp. 3. 11. fecunditatis symbolum sit, hac ratione potest ad Solem referri.

II. La chouette qui porte un ornement de tête Egyptien, est derriere Harpocrate; cela veut dire, que le Soleil signifié par Harpocrate tourne le dos à la chouete, qui marque la nuit. Ce sont les explications de M. Cuper: je ne crois pas qu'on en doive chercher de meilleures.

III. Une autre image qui vient du Cardinal de Grandvelle, est tirée d'une pierre précieuse qui représente Harpocrate des deux côtez, dans l'un desquels il est assis sur la fleur du Lotus. Les deux n'ont rien qui ne se trouve dans les précedentes images, hors le fouet que tient celui qui est sur la fleur du Lotus. L'Harpocrate qui est sur la fleur du Lotus se voit souvent avec le fouet ci-après. Celui dont nous parlons a un croissant sur la tête; ce qui peut faire croire que le graveur a voulu représenter le Soleil d'un côté & la Lune de l'autre. L'autre Harpocrate est dans une feuille, ou plûtôt dans le fruit coupé en deux, de l'arbre nommé *Persea*: le P. Kirker qui l'a donné, croit que ces petites figures de differentes manieres, faites en certains tems avec des observations astronomiques, servoient selon l'opinion des Egyptiens à guerir les maladies; cela n'est pas hors d'apparence. M. Cuper apporte un autre Harpocrate qui n'a rien de singulier que l'inscription, HORUS MUNDUS. Je n'ai rien à dire sur cette image, sinon que je doute un peu de son antiquité. Outre ces Harpocrates il y en a un grand nombre d'autres tirez des medailles & des pierres gravées, données par M. Cuper & par M. Spon. Quelques-uns de ce dernier sont tirez de ces pierres, qu'on nomme *Abraxas*. Comme nous avons déja dit sur Harpocrate, tout ce qui nous a paru le plus raisonnable, nous passerons legerement sur ces derniers. Le 9 neuviéme de cette planche est remarquable par le carquois & la bulle dont nous avons parlé. Le 10 suivant a le carquois, un grand manteau, & la tête raionnante; le dernier n'a 11 rien de particulier.

PL. CXXV.

IV. Les deux 1 premiers de la planche 2 suivante n'ont rien que d'ordinaire. Celui d'après est remarquable par la tortue, & le chien 3 bien reconnoissable qui porte un collier. Un autre donné dans toute 4 sa petite stature, est chargé de symboles, mais qu'on a tous vus ci-devant. Celui d'après 5 est monté sur une oie, & tient un bâton; c'est une pierre gravée, au revers 6 de laquelle est le Soleil & la Lune. Un autre 6 parle à Isis qui vient à sa rencontre avec la corne d'abondance. Le suivant 7 est assis sur la fleur du Lotus,

---

II. Noctua, quæ ornamentum capitis Ægyptiacum gestat, pone Harpocratem est, quo significatur Solem, qui Harpocrates esse perhibetur, terga Noctuæ vertere, quæ noctem significat: hæc est Cupeti explanatio, nec melior quærenda videtur.

III. Alia Harpocratis imago, quæ a Cardinale de Grandvella prodiit, ex gemma educitur, quæ Harpocratem utrinque repræsentat, atque in una facie Harpocrates flori loti insidet: duæ illæ imagines nihil exhibent non antehac repræsentatum, præter flagellum quod manu tenet is, qui loti flori insidet; verum Harpocrates loti flori insidens atque flagellum tenens sæpe videbitur infra. Is, de quo jam loquimur, Lunam bicornem capite gestat, quo forte indicetur scalptorem Solem ab una, Lunam ab altera parte exhibere, in animo habuisse. Alius Harpocrates in folio est, seu potius in fructu duas in partes diviso arboris, quæ vocatur Persea. Putat Kirkerus, qui hanc protulit imaginem, hasce parvas icones diversæ formæ, certis factas temporibus cum observationibus astronomicis, secundum opinionem Ægyptiorum curandis morbis inserviisse, quod a verisimili non abhorret.

Affert Cuperus alium Harpocratem, qui nihil singulare habet, præter inscriptionem, *Horus mundus*. De hac imagine hoc unum dicam, me scilicet, utrum vera sit, admodum dubitare. Præter hosce Harpocrates alii bene multi conspiciuntur ex nummis & ex gemmis educti, quorum magna pars a Cupero & Sponio editi sunt. Nonnulli autem Sponiani ex gemmis Abraxæis prodierunt. Quoniam de Harpocrate jam ea omnia diximus, quæ verisimiliora esse existimabamus, hos postremos Harpocrates breviter transcurremus. Qui in hac tabula nonus 9 numeratur, ex pharetra & ex bulla suspicitur, ut diximus. Sequens 10 pharetram habet palliumque magnum, caputque radiis fulgens: postremus in 11 nulla re spectabilis.

IV. Sequentis tabulæ duo 1 primi nihil non solitum 2 habent. Qui sequitur postea insignis est a testudine & a cane 3 collare gestante. Alius cum tota 4 parva statura prolatus, symbolis est onustus, quæ omnia antehac explanata fuere. Alius super anserem 5 equitat baculumque tenet; est autem insculpta gemma, in cujus postica parte sunt Sol & Luna. Alius 6 alloquitur Isidem, quæ sibi cum cornu copiæ obviam

il a derriere lui un animal peu reconnoiffable & devant lui un oifeau. Celui qui vient enfuite [8] eft de même affis fur la fleur du Lotus, & tient un fouet à la main. L'autre [9] qui eft à fon côté, eft appuié fur une colonne, & a la tête raionnante. Celui [10] d'après affis fur la fleur du Lotus, tient un fouet à la main, & a devant lui le Soleil & derriere la Lune. Le [11] fuivant n'a rien de remarquable. Je ne fai comment la figure [12] qui vient enfuite donnée par Spon eft demeurée parmi les Harpocrates: le contour de l'image eft un ferpent qui mord fa queue, le dedans de l'image montre un homme à tête de lion affis fur la fleur du Lotus, qui tient d'une main un équerre, ou peutêtre un fouet, & de l'autre la tête de la Lune. Les fix oifeaux qui l'environnent peuvent marquer l'air où le Soleil étoit cenfé faire fa courfe; car ce lion eft la figure du Soleil. L'image fuivante [13] ne montre rien de confiderable. L'Harpocrate qui vient enfuite eft [14] affis, ce femble, fur le cou d'un animal, dont la tête eft renverfée. Le [15] fuivant eft le plus fingulier de tous. Il eft affis fur la fleur du Lotus, & tient un fouet à la main : devant lui font trois oifeaux l'un fur l'autre, & confecutivement trois animaux terreftres, auffi l'un fur l'autre ; ce même nombre d'animaux fe trouve dans le même ordre derriere Harpocrate ; la pierre eft caffée en haut & en bas : peutêtre y avoit-il au bas des poiffons, & en haut une falamandre, ce qui auroit marqué les quatre élemens que nous avons déja vus fur Ifis. L'Harpocrate [16] fuivant affis fur la fleur du Lotus a la tête raionnante. Le dernier [17] n'a rien de remarquable.

---

venit. Qui [7] fequitur, flori loti infidet, poneque fe habet animal non cognitu facile, & coram pofitam avem. Alius [8] flori loti etiam infidens, flagellum manu tenet. Alius [9] columna nixus caput habet radiatum. Proxime [10] pofitus alius flori loti quoque infidens, flagellum manu tenet, atque ante fe Solem, pone Lunam habet. Qui [11] fequitur, nulla re fpectandus eft. Nefcio [12] quo pacto figura fequens ab Sponio publicata inter Harpocrates manferit: imago tota ferpente circumdatur, qui caudam fuam mordet : in imagine ipfa homo confpicitur leonino capite, flori loti infidens, qui manu normam, quam *équerre* vocant, tenet, feu fortaffe flagellum ; altera vero manu caput Lunæ. Sex aves, quibus circumdatur, fortaffe aerem indicant, in quo Sol curfum fuum emetiri exiftimabatur : hic quippe leo figura Solis eft. Qui [13] fequitur nihil fingulare præfert. Harpocrates alius animalis cujufdam collo [14] infidere videtur, cujus animalis caput inverfum eft. Omnium [15] fingulariffimus eft qui fequitur : flori loti infidet flagellumque manu tenet : ante illum tres aves funt, & confequenter tria animalia terreftria, qui animalium numerus etiam a tergo eodem fitu confpicitur ; lapis a fuprema & ab infima parte ruptus eft, fortaffeque in parte inferiore pifces erant, & in fuperiore falamandra, tuncque hæc omnia animalia quatuor elementa expreffiffent, quæ jam expreffa vidimus in Ifide. Harpocrates [16] fequens flori loti infidens, capite eft radiato. Poftremus [17] nihil fpectabile exhibet.

CHAPITRE XIV.

I. Apis taureau dieu des Egyptiens. II. Sentimens differens sur les marques ausquelles on le reconnoissoit. III. Cérémonies après qu'on l'avoit reconnu. IV. Consécration d'Apis. V. Les prêtres noioient Apis, & célebroient ses funerailles. VI. Cérémonies pour lui chercher un successeur. VII. Autres taureaux & vaches honorez par les Egyptiens.

I. UN autre dieu fameux chez les Egyptiens, étoit le bœuf ou le taureau Apis, que quelques-uns croient être l'image du taureau signe céleste. Il se trouve plusieurs fois dans la table Isiaque, & dans les monumens Egyptiens. Ce n'étoit point une idole, mais un taureau veritable, que les prêtres Egyptiens cherchoient & reconnoissoient à certaines marques. Pour lui donner une origine plus respectable, ils disoient qu'il étoit né d'une vache qui avoit conçu de la foudre.

II. Les Auteurs ne conviennent pas des marques requises pour reconnoitre le vrai dieu Apis. Les marques d'Apis, dit Herodote, étoient telles: il devoit être tout noir, avoir sur le front un quarré de couleur blanche, sur le derriere la figure d'une aigle, sur la langue celle d'un escarbot, les poils de la queue doubles. Elien lui donne jusqu'à 29. marques: Strabon dit qu'il étoit noir, & avoit une marque blanche sur le front, & marqueté ailleurs de diverses couleurs: ce qui revient assez à ce que dit Lucien qu'il étoit bigarré. Elien dit qu'on le prenoit pour Orus: voici ce que Diodore de Sicile en rapporte. La cause de ce culte, selon les Egytiens, est telle: l'ame d'Osiris, disent-ils, reside dans ce taureau, & est transmise à ses successeurs: il y en a qui disent qu'Isis mit les membres d'Osiris découpez par Typhon dans une vache de bois couverte de toile, & que c'est de là que vient le nom de Busiris. Pline lui donne au côté droit une marque blanche, en forme de croissant, & sous la langue un nœud qu'on appelloit *Cantharus* ou escarbot. Pomponius Mela dit qu'il étoit noir, & qu'il avoit la queue & la langue differentes des autres bœufs. Quelques-uns disent qu'il avoit pour marque un croissant.

CAPUT XIV.

I. Apis taurus Ægyptiorum deus. II. Variæ opiniones circa notas quibus internoscebatur Apis. III. Ceremoniæ post agnitum Apin. IV. Consecratio Apidis. V. Sacerdotes Apin submergebant, ejusque funus celebrabant. VI. Ceremoniæ ad successorem Apidi perquirendum. VII. Alii tauri & vaccæ ab Ægyptiis culti.

I. Alius apud Ægyptios celebris deus erat bos seu taurus Apis nomine, quem putant quidam esse imaginem tauri, cælestis signi; sæpe autem occurrit in mensa Isiaca infra inque aliis Ægyptiis monumentis. Non idolum vero aut simulacrum inertum erat, sed taurus, quem Sacerdotes Ægyptii quærebant, & a quibusdam notis agnoscebant. Ut ejus origini honorem inderent, ex vacca natum dicebant, quæ a fulmine concepisset; testis Ælianus variæ hist. lib. 11. cap. 10.

II. Non convenit inter Scriptores circa notas illas ad verum internoscendum Apin requisitas. Apidis notæ, inquit Herodotus in Thalia cap. 8. hujusmodi erant: nigrum esse oportebat, sed in fronte quadrati formam albam habere, a tergo aquilæ, in lingua scarabæi figuram, caudæ pilos duplices. Ælianus hist. anim. lib. 11. cap. 10. viginti novem dat notas. Ait Strabo lib. 17. p. 555. nigrum fuisse, sed albam notam in fronte prætulisse, variisque coloribus alibi distinctum, quod certe cum Luciano consonat, qui ait variis distinctum maculis esse. Ait Ælianus hist. anim. 11. 10. Apin pro Oro haberi. Sed hæc refert Diodorus Siculus lib. 1. pag. 76. causa cultus istius secundum Ægyptios talis est: Anima Osiridis, inquiebant, in hoc tauro residet, atque ad successores ejus transmittitur. Sunt qui narrent Isidem membra Osiridis per Typhonem in frusta divisi in vacca lignea inclusisse, quæ tela cooperta erat, indeque factum hoc nomen, Busiris. Plinius 8. 44. in latere Apidis dextro notam albam apposuit similem *cornibus Lunæ crescere incipientis*, & sub lingua nodum, qui cantharus appellabatur, sive scarabæus. Pomponius Mela nigrum fuisse narrat, & a cæteris bobus cauda & lingua discrepantem. Alii ipsam Lunam bicornem pro signo &

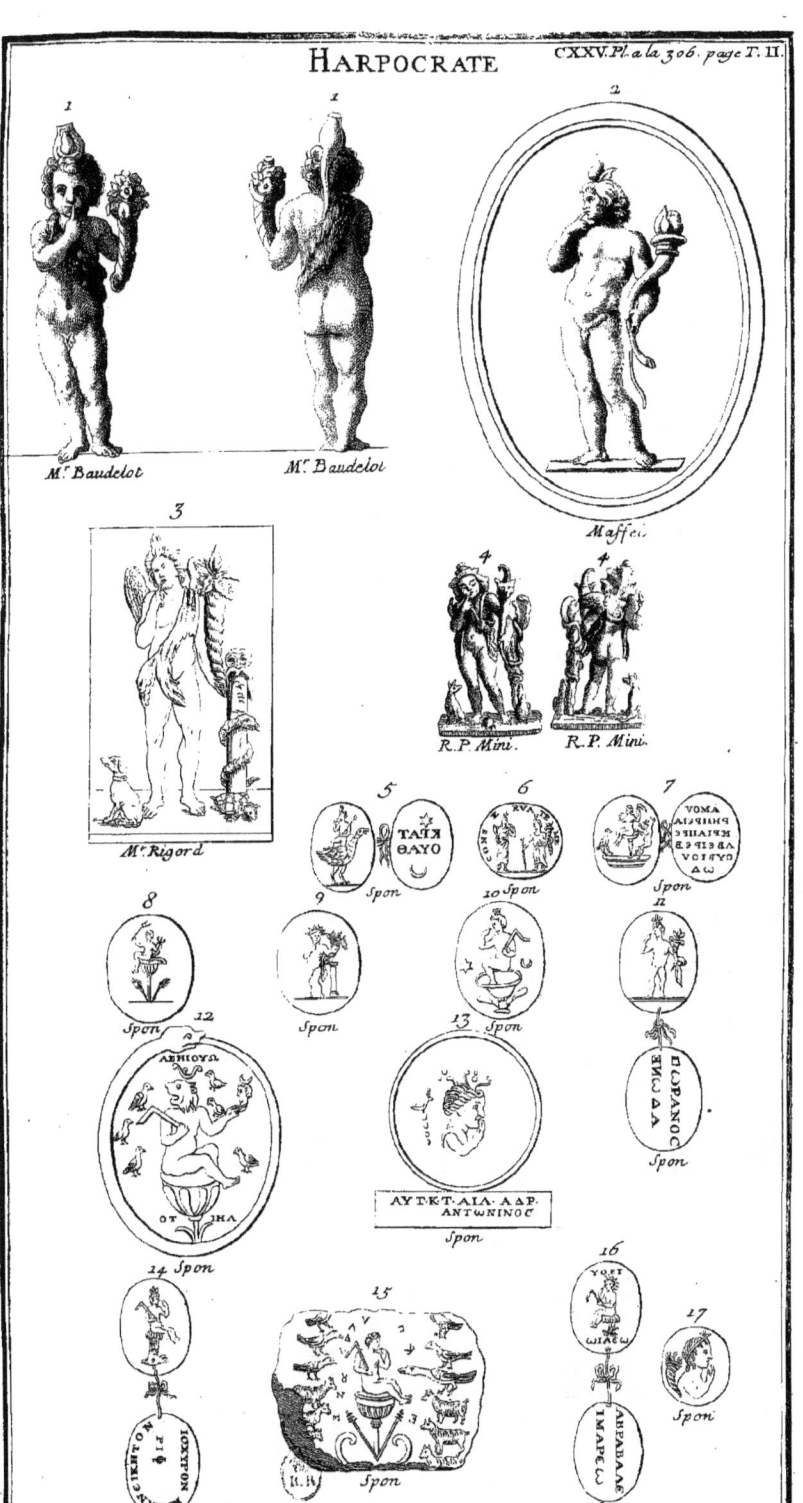

APIS.

Un ancien Scholiaste imprimé depuis peu, dit seulement qu'il avoit des marques sur la langue & sur la queue.

III. Quand les prêtres avoient trouvé ce taureau avec les marques qu'ils cherchoient, ils le menoient à Memphis, dit Pline, où il avoit deux temples, qu'ils appelloient *thalamos* ou des chambres à coucher : d'où le peuple tiroit des augures & des présages. L'entrée dans l'un de ces temples étoit de bon augure ; mais dans l'autre les prédictions étoient funestes. Une réponse heureuse à ceux qui venoient le consulter, étoit lorsqu'il mangeoit ce qu'ils lui présentoient. Il se détourna lorsque Germanicus lui presenta sa main, & ce prince perit peu de tems après. Il étoit ordinairement enfermé : mais lorsqu'il échappoit à ses gardes, & qu'il se trouvoit parmi des enfans, il alloit volontiers en leur compagnie ; ces enfans chantoient des chansons à son honneur : il paroissoit les entendre, dit Pline, & sembloit vouloir qu'on l'adorât : ces enfans, poursuit-il, entroient dans une espece d'enthousiasme, & prédisoient l'avenir. On lui donnoit à boire, dit Plutarque, de l'eau d'un puits, & on l'empêchoit de boire dans le Nil : ce n'est pas qu'ils crussent que les eaux de ce fleuve fussent impures à cause des crocodiles ; car ils n'avoient rien en plus grande vénération que le Nil ; mais c'est que l'eau du Nil engraisse, & qu'ils ne vouloient pas qu'Apis devînt trop gras. On lui presentoit une fois tous les ans une vache, qui avoit certaines marques, mais differentes de celles d'Apis. Les Egyptiens disoient qu'on la trouvoit à un certain jour, & qu'elle mouroit le jour même. Il y avoit à Memphis un lieu dans le Nil, qu'à cause de sa figure on appelloit la Phiole : ils plongeoient en ce lieu dans l'eau une patere d'or & une autre d'argent, & cela pendant les sept jours consacrez à la naissance d'Apis. On assuroit que pendant ces sept jours les crocodiles oubliant leur ferocité naturelle, ne faisoient mal à personne, & qu'au huitiéme jour, après midi, ils redevenoient furieux à leur ordinaire.

IV. Les prêtres qui conduisoient Apis après l'avoir trouvé, étoient au nombre de cent, qui l'initioient aux mysteres & le consacroient. Celui d'entre eux qui le consacroit portoit le diadême. La fête qu'on faisoit à la consécration d'Apis étoit fort extraordinaire : la sale ou le temple où résidoit Apis, bâti par le roi Psammitichus, avoit au lieu de colonnes de grands Colosses de douze coudées de haut.

V. Apis si honoré des Egyptiens, ne pouvoit vivre qu'un certain nombre d'années. Après quoi les prêtres le jettoient dans leur grande fontaine, où ils le noioient : l'aiant ainsi fait mourir, ils en portoient un grand deuil, se ra-

---

& nota habuisse. Vetus Scholiastes nuper cusus dicit cum quaedam habuisse notas in cauda & lingua.

III. Postquam sacerdotes taurum notis quas explorabant instructum repererant, deducebatur Memphim ab eis, inquit Plinius lib. 8. cap. 46. ubi erant duo delubra, quae vocabant thalamos, auguria populorum. *Alterum intrasse laetum est*, pergit Plinius, *in altero dira portendit. Responsa privatis dat, e manu consulentium cibum capiendo. Germanici Caesaris manum aversatus est, haud multo post exstincti. Caetero secretus, cum se proripuit in coetus, incedit summotu lictorum, greseque puerorum comitatur carmen honori ejus caventium : intelligere videtur & adorari velle. Hi greges repente lymphati futura praesiniunt.* In potum ei dabatur, inquit Plutarchus de Iside & Osiride pag. 353. aqua ex puteo hausta, arcebaturque a potu Nili, non quod putarent aquas ejus ob crocodilos immundas esse ; nihil enim aeque venerabantur atque Nilum : sed quod aqua Nili pinguefaceret, nollentque illi Apin pinguiorem esse. Vacca, inquit Plinius 8. 46. semel ei in anno ostendebatur, suis & ipsa insignita notis, quamquam aliis, semperque eodem die & inveniri eam & exstingui tradebant. Memphi erat locus in Nilo, quem locum a figura vocabant Phialam, omnibus annis ibi auream pateram argenteamque mergebant, diebus quos habebat natales Apis, qui septem erant numero ; mirumque erat neminem per eos dies a crocodilis attingi : octavo die post horam sextam redire belluae feritatem narrabant.

IV. Qui repertum Apin ducebant sacerdotes, centum numero erant : hi illum mysteriis initiabant & consecrabant : qui illum consecrabat diademate redimiebatur. Insignis celeberrimaque erat ille dies consecrationis Apidis : aula seu delubrum in quo residebat Apis, a rege Psammithico structum vice columnarum ingentes colossos habebat altitudine duodecim cubitorum.

V. Apin sic ab Aegyptiis honoratum non fas erat certos vitae excedere annos ; mersum enim sacerdotes in fonte suo enecabant, *quaesituri luctu ultum*, quem substi-

Tom. II.

soient la tête, & témoignoient une douleur extrême de sa mort. Ce deuil ne pouvoit cesser qu'après qu'ils avoient trouvé un autre Apis qui eût des marques semblables à celles de son prédécesseur. Ils y mettoient pourtant si bon ordre, que la recherche ne duroit jamais longtems: & alors ils recommençoient leurs cérémonies à l'ordinaire.

VI. Ils faisoient, dit Diodore de Sicile, de magnifiques funerailles à Apis défunt. Après quoi les prêtres destinez à cette fonction cherchoient un veau qui eût les mêmes marques que le précedent ; & quand ils l'avoient trouvé, le peuple finissoit son deuil de la mort du prédécesseur. Ces mêmes prêtres menoient ce veau en la ville qui tiroit son nom du Nil, où ils le nourrissoient pendant quarante jours : après cela ils le mettoient sur une barque dorée qui avoit la forme d'une chambre, & l'amenoient comme un dieu au bois sacré de Vulcain. Pendant ces quarante jours les femmes le voioient, & se découvroient devant lui : après quoi il ne leur étoit plus permis de venir voir le dieu Apis. Voila l'histoire d'Apis, dont on trouve assez souvent la figure dans les monumens Egyptiens : mais on n'y découvre pas ces marques dont les Auteurs parlent, & dont ils conviennent fort peu entre eux. Nous verrons plus bas Apis dans la table Isiaque, où il est en cette forme : il a la tête, le col & la croupe noirs, & le reste du corps tout blanc : quoique cette table ne fut pas colorée, le blanc y étoit distingué du noir par des lames d'argent. Il a sur la tête un disque comme les autres que nous donnons ici ; c'est une marque ordinaire des dieux Egyptiens comme nous avons déja dit. Le premier que nous donnons 1 est tiré du cabinet de M. Foucault : il est bigarré, comme dit Lucien, & a deux grandes bandes sur le corps aussi-bien 2 que le suivant, qui est tiré de nôtre cabinet. Un 3 autre tiré d'une medaille a le croissant sur le côté. Dans la figure suivante, 4 tirée du cabinet du feu cardinal Carpegna, & publiée par M. Fabreti ; Isis assise donne à têter au bœuf Apis. M. Fabreti croit qu'Isis & Apis sont sur une barque composée de la plante Egyptienne qu'on appelloit *papyrus*. Nous savons qu'Apis est de la troupe d'Isis, & qu'ils alloient de compagnie ; mais on n'avoit pas encore vû Isis donnant à têter au bœuf Apis. Seroit-ce pour marquer qu'Isis ou la nature est la nourrice de tous les animaux. Au dessus d'Apis est l'oiseau sacré qu'on appelle Ibis, avec une tablete où est une espece d'inscription Egyptienne.

PL. CXXVI

tuant, & donec invenissent mœrebant, derasis etiam capitibus ; nec tamen unquam diu quærebatur, tuncque pro more suo ceremonias repetebant.

VI. Apidis funus, inquit Diodorus Siculus lib. 1. p. 76. magnifice celebrabant : postea vero sacerdotes ad eum functionem destinati vitulum quærebant, iisdem insignitum notis quibus decessor ejus ; illo autem deprehenso decessoris lugendi finem faciebat populus. Iidem sacerdotes vitulum adducebant in urbem, cui a Nilo nomen erat, ubi per quadraginta dies alebatur : illum postea in navigium imponebant cubiculi formâ concinnatum deauratumque, & quasi deum adducebant in lucum Vulcani. Per hosce quadraginta dies, mulieres ipsum adibant conspiciebantque & coram eo sese nudabant ; postea a dei Apidis conspectu perpetuo arcebantur. En apidis historiam, cujus sæpe forma in monumentis Ægyptiacis comparet ; veram eamdem illa notæ, quas Scriptores non sine narrationis varietate memorant, in illis minime deprehendantur. Apin videbimus infra in mensa Isiaca, ubi hac conspicitur formâ ; caput, collum parsque posterior nigra sunt, cætera alba : etsi vero tabula illa coloribus variis ornata non esset, candidus tamen color a nigro per laminas argenteas distinguebatur. Discum capite gestat ut alii Apides, quos hic proferimus : hoc Ægyptiorum deorum insigne erat, ut modo diximus. Primus qui hic effertur Apis, ex Museo 1 illustrissimi D. Foucault eductus fuit ; est autem distinctus maculis, ut ait Lucianus, & latas habet toto corpore notas, uti etiam 2 alius ex Museo nostro eductus, qui hic simul exprimitur. Alter 3 ex nummo quodam bicornem Lunam in latere delineatam habet. In schemate 4 sequenti, quod prodiit ex Museo Cardinalis Carpegnæ, & a Raphaele Fabreto publicatum est ; Isis sedens Apidem lactat : existimat Raphael Fabretus hic Isidem & Apin repræsentari in navicula, ex Ægypria, quæ papyrus dicitur, planta confecta. Scimus Apin ex cœtu Isidis esse, & in ejus contubernio fuisse ; sed nusquam alias, ni fallor, visa Isis fuit lactans Apin. An eo significatur Iisdem sive naturam animalium omnium nutricem esse ? Supra Apin est sacra avis quam vocant Ibidem cum tabella quamdam seu inscriptionem Ægyptiacam præferente.

ÆLURUS.

VII. Outre le taureau Apis, il y en avoit d'autres honorez dans l'Egypte: Onuphis qui étoit fort grand & de couleur noire; Bacis consacré au Soleil, adoré à Hermunthi ville d'Egypte, & qui selon Macrobe changeoit de couleur à chaque heure du jour. Son poil croissoit en haut, ensorte qu'il étoit toûjours herissé contre l'ordinaire des autres animaux. Mnevis autre taureau consacré au Soleil, étoit honoré à Heliopolis ville d'Egypte: il étoit noir & selon le sentiment de plusieurs, pere d'Apis: il étoit herissé comme le precedent. Peutêtre ces trois là n'étoient que le même honoré en divers endroits sous differens noms.

En plusieurs endroits de l'Egypte, il y avoit des vaches sacrées. *Ceux de Momemphis,* dit Strabon, *adorent Venus, & nourrissent une vache sacrée, comme on nourrit Apis à Memphis, & à Heliopoli Mnevis: ceux-ci passent pour être dieux. Mais ceux qui se trouvent en plusieurs autres lieux dans le Delta & ailleurs, soit taureaux, soit vaches, ne sont pas regardez comme dieux, quoiqu'ils soient regardez comme sacrez.*

VII. Præter Apin taurum alii in Ægypto honorabantur: Onuphis qui prægrandi statura erat ex atro colore; Bacis, Soli sacer, qui Hermunthi in Ægypti urbe colebatur, quique referente Macrobio Saturn. 1. 21. singulis diurnis horis colorem mutabat; pili ejus semper recti & in sublimi crescebant, ita ut semper subrecti manerent, præter morem cæterorum animalium. Mnevis taurus alius Soli sacer Heliopoli in Ægypto colebatur: niger erat, ac secundum plurimorum sententiam, Apidis pater, subrectis & hispidis hic pilis erat ut alter, de quo supra. Forte tres illi idem ipse erant diversis nominibus per diversa loca cultus.

In multis Ægypti locis sacræ vaccæ erant, ut ait Strabo lib. 17. p. 552. *Qui Momemphi habitant, Venerem adorant, & sacram vaccam alunt, sicut Memphi alitur Apis, & Heliopoli Mnevis: hi pro diis habentur. At alii qui in aliis locis habentur in Delta & alibi, seu tauri seu vaccæ, non dii habentur, licet sacri existimentur.*

CHAPITRE XV.

I. Le Chat ou Ælurus honoré comme dieu par les Egyptiens: singularité remarquable touchant les Chats de l'Egypte. II. Differentes figures d'Ælurus. III. Images extraordinaires & monstrueuses de plusieurs dieux de l'Egypte.

I. LES Egyptiens, dit Herodote, regardoient comme sacrées toutes les bêtes qui étoient dans leur payis, & dont le nombre n'étoit pas bien grand, quoique l'Egypte soit voisine de la Libye, qui abonde en toute sorte d'animaux. Le chat entre autres, qui s'appelle en Grec Ælurus, étoit en grande vénération chez eux: sur quoi cet Auteur rapporte une chose fort extraordinaire. Quand il arrive quelque incendie, dit-il, les chats sont agitez d'un mouvement divin; les Egyptiens qui les gardent, negligent l'incendie pour observer ce que les chats font. Malgré ces soins, les chats s'échapent, en sautant même pardessus ceux qui les gardent pour se jetter dans le feu. Alors les Egyptiens menent grand deuil de leur mort. Quand un chat meurt de sa mort

CAPUT XV.

I. Felis sive Ælurus ab Ægyptiis ut deus cultus; res singularissima de Felibus Ægyptiacis. II. Variæ Æluri imagines. III. Schemata portentosa plurimorum numinum Ægyptiacorum.

I. ÆGyptii, inquit Herodotus, 2. 66. ceu sacra habent animalia omnia, quæ in sua nascuntur regione, quorumque numerus non usque adeo magnus est, etiamsi Ægyptus sit conterminа Libyæ omnis generis animalium feracissimæ. Felis inter alia, quæ græce vocatur αἴλουρος, apud illos summo officio habetur honore: qua de re Scriptor ille rem narrat singularissimam. Accidente incendio quopiam, feles motu divino exagitantur, Ægyptii, qui feles custodiunt, incendium ipsum negligunt, ut quid agant illæ explorent. Hanc tamen tantam custodiam feles superant, ut etiam custodes ipsos transiliendo in ignem sese conjiciant: tunc Ægyptii de illorum morte luctum magnum funebrem ducunt. Cum felis in ædibus qui-

naturelle dans une maison, tous ceux de la maison se rasent les sourcils; si c'est un chien, ils se rasent tout le corps & la tête. On embaumoit les chats morts, & on les apportoit à Bubaste pour y être inhumez dans une maison sacrée.

II. On trouve la figure du chat avec les symboles sacrez des Egyptiens deux fois dans la table Isiaque: une fois aiant devant lui une fleur apparemment du Lotus, sur laquelle est un sistre, symbole ordinaire d'Isis; une autre fois accompagné de plusieurs symboles: il a audevant de lui un sistre, dont le manche est posé dans un gobelet: une fleur qui s'élève au-delà du gobelet se recourbe sur le sistre: sur le dos du chat est un symbole peu ordinaire, & derriere le chat une fleur qui ressemble à un lis, apparemment le Lotus; qui selon Herodote étoit le lis de l'Egypte. Ælurus est quelquefois représenté avec la tête du chat sur un corps humain. Tel est [6] celui de M. l'Abbé Fauvel, qui tient un sistre de la main droite, & un seau de la gauche. Nous avons parlé ci-devant du seau que portent les images Egyptiennes. Celui de la [7] vigne Borghese à Rome est plus remarquable, c'est une femme qui a une tête de chat: le marbre est moucheté comme l'est souvent la peau du chat: sur la tête est un disque, tel qu'on le voit ailleurs sur la tête des dieux & des déesses des Egyptiens: l'idole est assise, & tient un grand anneau auquel est attachée la figure du T ou peutêtre une croix que nous voyons souvent entre les mains des idoles Egyptiennes. Pignorius a donné la même figure pour une femme à tête de lion, dans son explication de la table Isiaque, p. 66. mais je crois qu'il s'est trompé, en la maniere même qu'il l'a représentée dans son livre, la tête a plus l'air d'un chat que d'un lion. Je crois qu'elle a été copiée sur la même statue sur laquelle l'a été celle que j'ai donnée au *diarium italicum*, p. 227. tant les deux figures se ressemblent en toute maniere. Celui qui la dessina pour moi s'appelloit M. du Verger fort habile dans le dessein & dans tout ce qui regarde l'antiquité: quelques petites differences qui se rencontrent dans les deux peuvent venir du peu d'exactitude de celui qui la dessina pour Jerome Aleander qui l'envoia à Pignorius. La pointe qui s'élève sur la tête d'Ælurus est un peu tortue dans le dessein de M. du Verger, au lieu qu'elle est toute droite dans l'autre. Les deux bracelets ou n'ont point été apperçus par M. du Verger, ou ont peutêtre été ajoûtez par l'autre dessinateur. J'ai sou-

busdam naturali sua morte obit: qui ædes incolunt omnes supercilia abradunt; si canis moritur, totum corpus & caput abraditur. Feles mortuæ Bubastin deferebantur manu sistrum tenet, sinistra situlam: jam supra de situlis seu vasis, quæ gestant Ægyptiaca numina, dictum fuit. Quod ex vinea [7] Burghesia Romæ prodiit, observatu dignius est: mulier est cum felis capite; marmor guttatum maculosumque uti sæpe etiam animalis istius pellis: capiti imminet discus, qualis passim visitur numinum Ægyptiorum capiti impositus. Sedet statua manuque tenet annulum grandem, cui hæret figura T seu fortassis crux, quam sæpe videmus in manibus idolorum Ægyptiorum. Pignorius eamdem ipsam figuram dedit pro statua leonino capite, idque in explicatione mensæ Isiacæ pag. 66. sed hallucinatum puto; eo ipso namque modo quo exprimit ille, potius felem refert, quam leonem. Utrumque schema, nostrum videlicet quod in Diario Italico edidimus p. 227. & Pignorianum ab eadem statua expressum fuisse arbitror; ita scilicet ambo inter se sunt similia. Qui mihi delineavit, D Vergerius vocabatur; non delineandi modo, sed etiam antiquariæ rei omnigenæ peritissimus: parva quæ inter utrumque schema observantur discrimina, ex incuria ejus, qui pro Hieronymo Aleandro delineavit, accidere potuerunt, qui Aleander ad Pignorium transmisit: quod capiti Æluri imminet in acumen cuspide desinit, rectum in Pignoriano, tortuosum autem in nostro schemate est: armillæ duæ quæ in Pignoriano observantur, aut additæ in illo, aut omissæ in nostro schemate fuerant: sæpe statuam oculis meis inspexi, &

ferebantur aromaticibus conditæ, ibique in sacra domo sepeliebantur.

II. Felis imago cum symbolis sacris Ægyptiacis bis in mensa Isiaca comparet, semel florem loti ut videtur coram se habet, cui flori insidet sistrum Isidis solitum symbolum; & iterum in alio mensæ Isiacæ loco pluribus symbolis ornatus, sistrum [5] ante se habet, cujus capulus in cidullo positus est: flos ultra cullum erumpens, supra sistrum sese reflectit, supra dorsum felis sunt testiculi, ut putant, Osiridis, & pone felem flos lilio similis, estque, ut putatur, lotus, qui secundum Herodotum 2. 92. lilium erat Ægyptiacum. Ælurus aliquando repræsentatur cum capite felis corporeque humano: hujusmodi est [6] primum schema ex Museo D. Abbatis Fauvelii eductum, ubi Ælurus dextera

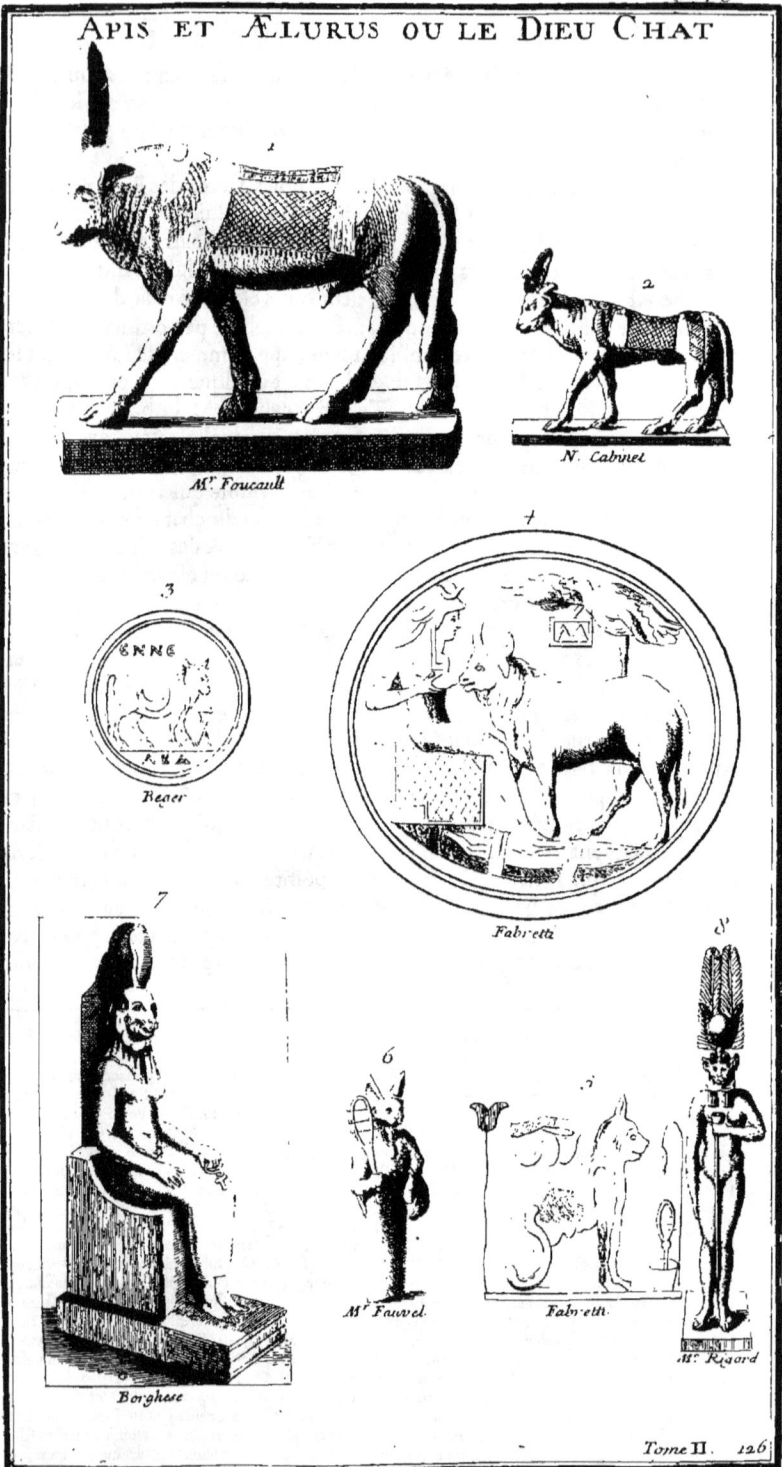

ÆLURUS.

vent consideré cette figure en original, elle a certainement la tête d'un chat. Une autre de M. Rigord a aussi la tête du chat couverte d'un grand panache à la maniere des figures Egyptiennes, & tient un bâton, au haut duquel est le gobelet.

Le dieu Ælurus suivant de M. Gravier de Marseille, a la figure d'un homme à tête de chat: il tient de la main droite un sistre qui n'a point de baguetes: elles peuvent être tombées par l'injure du tems. Il a un seau avec une anse passée au bras gauche: il tient à la main la tête d'une divinité, qui porte le disque; ce disque se voit ordinairement sur les têtes des divinitez Egyptiennes.

III. Le suivant est je crois un Osiris à tête de loup. Le fouet & le bâton augural ou pastoral qui a la même forme chez les anciens, sont les marques d'Osiris. On adoroit le loup à Lycopolis ville d'Egypte, dont le nom signifie la ville du loup. L'Osiris suivant n'est remarquable que par la double tête: l'une des faces est surmontée d'un globe, & l'autre d'un disque: je croirois volontiers que l'une des têtes marque le Soleil, qui est Osiris, & l'autre la Lune, qui est Isis. L'épervier qui vient après & qui se prend aussi pour Osiris, a une cruche sur la tête, ce qui marque l'abondance de l'eau du Nil; comme nous avons déja dit plusieurs fois. Le monstre qui vient ensuite a une tête de Sphinx, trois mammelles sur le devant, & tout le corps d'un lezard. La figure suivante est encore plus monstrueuse; c'est une tête horrible qu'on ne connoît point, & un corps humain avec de grandes ailes. Ce monstre tient un animal par la queue, le reste se remarquera à l'œil. La derniere figure est d'un Osiris qui regarde Isis avec le petit Orus. Elle est venue trop tard pour être mise en son lieu propre.

---

caput felis in illa semper deprehendi. Alia D. Rigordi parva statua caput felis refert sublimesque pinnas capite gestat pro more Ægyptiacorum simulacrorum, baculumque tenet, in cujus suprema parte cululluis.

Deus Ælurus sequens ex Museo D. Gravier Massiliensis eductus, hominis corpore, felis capite est: dextera sistrum tenet, in quo virgæ nullæ observantur, sed hæ fortasse injuria temporum exciderint: Ælurus hic ansatam situlam brachio sinistro gestat, manu vero caput Ægyptiaci numinis discum gestantis, qui discus numinum Ægyptiorum capiti imminens sæpissime visitur.

III. Qui sequitur est, ut existimo, Osiris cum lupi capite: flagellum quippe & lituus aut pedum Osiridis insignia sunt: lupus Lycopoli in Ægypto adorabatur, nomenque ipsum lupi urbem sonat. Osiris sequens ex duplici capite suspiciendus: uni capiti imminet globus, alteri discus: libenter credam unum ex capitibus Solem, qui est Osiris, alterum Lunam, quæ est Isis significare. Accipiter sequens, qui pro Osiride habetur, amphoram capite gestat, quod abundantiam aquæ Nili demonstrat, uti supra diximus. Monstrum ibidem positum, caput Sphingis mammasque habet, lacertæ vero corpus. Schema sequens portenti simile est, horrendum omnino caput, corpus humanum alatum, quod monstrum feram cauda tenet, cætera aspectui patent. Ultimum schema est Osiridis, qui Isidem cum Oro respicit, quod, quia tardius accessit, non potuit propriam sibi sedem occupare.

CHAPITRE XVI.

I. Anubis dieu, à tête de chien, honoré non seulement dans l'Egypte, mais aussi dans la Grece & à Rome. II. C'étoit le Mercure des Egyptiens. III. Images d'Anubis. IV. Quels étoient les dieux Synthrones de l'Egypte. V. Le Cynocephale.

I. LA superstition Egyptienne qui admettoit un taureau & un chat parmi ses dieux, y admettroit aussi un chien, ou plûtôt un homme à la tête de chien, qu'on nommoit Anubis. Le culte de ce dernier fut même plus étendu que celui d'Apis, qui fut presque renfermé dans l'Egypte; au lieu que celui d'Anubis fut fort en vogue dans la Grece, dans Rome & dans tout l'empire.

II. C'étoit le Mercure des Egyptiens: on le voit en effet avec le caducée dans la premiere & la plus belle des images que nous en avons. Plutarque le confirme, quand il dit qu'Anubis s'appelle aussi quelquefois Hermanubis, ce qui veut dire Mercure Anubis. Son origine est aussi incertaine que celle de tous les autres dieux Egyptiens. *Il y en a*, dit Plutarque, *qui croient que le jeune garçon qui apprit à Isis la mort d'Osiris, est le même qu'on adore sous le nom d'Anubis; on le croit fils de Nephthé, que la terreur de Typhon fit accoucher avant terme: & ce garçon fit depuis la même fonction auprès des dieux, que les chiens font auprès des hommes.* Diodore de Sicile dit aussi que le chien sert à la chasse & à la garde; & que c'est pour cela que le dieu Anubis est représenté avec la tête de chien, ce qui signifie qu'il étoit garde du corps d'Osiris & d'Isis. Tertullien & S. Augustin l'appellent Cynocephale, ce nom lui convient à cause de sa tête de chien; mais le nom de Cynocephale signifie aussi un certain animal farouche, qui avoit la tête de chien, dont parlent Herodote & les Naturalistes. Herodote dit de ce monstre qu'il avoit les yeux sur la poitrine. Apulée appelle Anubis *l'Interprete des dieux du ciel & de ceux de l'enfer: il a,* poursuit-il, *la face tantôt noire, tantôt de couleur d'or: il hausse sa grande tête de chien, portant de la gauche un caducée, & de la droite une palme verte qu'il agite.* Virgile & son Commentateur Servius lui donnent la même fonction.

CAPUT XVI.

I. Anubis canino capite deus non in Ægypto tantum cultus, sed etiam in Græcia & Romæ. II. Is erat Mercurius Ægyptiorum. III. Anubidis imagines. IV. Quinam essent dii Synthroni Ægyptiorum. V. Cynocephalus.

I. Quæ taurum & felem in deorum numero ponebat Ægyptiaca superstitio, etiam canem inter numina admittebat, aut potius hominem canino capite, quem Anubin vocabant. Hujus cultus latius per orbem pervasit, quam Apidis, qui Ægypti fines non excessisse videtur: at Anubidis cultus in Græcia, Romæ, ac per totum imperium Romanum floruit.

II. Hic erat Ægyptiorum Mercurius, indeque est quod in prima omniumque pulcherrima, quam proferimus imagine, Anubis caduceum teneat. Hoc item confirmat Plutarchus libro de Iside & Osiride, cum ait, Anubin aliquando etiam Hermanubin vocari, quod significat Mercurium Anubin: ejus origo non minus incerta quam cæterorum Ægyptiorum deorum. Sunt, inquit Plutarchus de Isid & Osir. qui putent juvenem illum, qui Isidi mortem Osiridis nunciavit, eumdem esse quem Anubidis nomine adorant: filium esse Nephthes putatur, quæ Typhonis terrore præmaturum partum edidit: ille autem puer eodem erga deos functus est officio, quo canes erga homines. Diodorus quoque Siculus l. r. p. 55. ait, canem & venatui & custodiæ inservire, ideoque deum Anubin canis capite repræsentari, quo significatur ipsum satellitem, & σωματοφύλακα fuisse Osiridis & Isidis. Tertullianus & Augustinus de civ. dei 3. 12. ipsum Cynocephalum appellant, quod nomen Anubidi caninum caput habenti convenit. Cynocephali tamen vox aliud ferum animal significat canino capite, de quo Herodotus 4. 191. & ὧν ἀλίγοι: monstrum hujusmodi narrat Herodotus oculos in pectore habuisse: Apuleius Anubin vocat cælestium & inferorum deorum interpretem: *Ille superum, inquit, commentor & inferûm: nunc atra, pergit ille, nunc aurea facie sublimis, attollens canis cervices arduas Anubis, læva caduceum gerens, dextra palmam virentem quatiens.* Virgilius ejusque commentator Servius eamdem Anubidi functionem tribuunt Æneid. l. 8.

ANUBIS.

III. Ce qu'Apulée dit convient à la premiere figure [1] d'Anubis que nous donnons; le dieu Anubis avec sa tête de chien tient de la main gauche un caducée, & de la droite un certain instrument rond comme un globe, percé d'un gros bâton qu'il tient à la main. La palme, dont parle Apulée, n'est pas à sa main droite, mais elle est tout auprès sur le même côté; de l'autre côté vis-à-vis est une branche de laurier: il porte un manteau qui ne couvre point sa nudité: il a une chaussure assez singuliere, & tient un pied sur un crocodile. Au haut de sa tête, de l'un & de l'autre côté sont deux étoiles.

IV. L'inscription Θεοὶ ἀδελφοὶ, qui est pardessus, & qui veut dire *les dieux freres*, s'explique aisément: parce qu'Anubis a du côté droit la tête de Serapis avec les cornes d'Hammon, & de l'autre celle du taureau Apis. Les deux têtes ont également un boisseau. Voilà donc les trois dieux freres, les trois grands dieux des Egyptiens. Serapis qui est le même qu'Osiris, Apis & Anubis. L'autre inscription qui est au bas, les appelle *les dieux Synthrones en Egypte*, ou qui participent au même throne en Egypte. C'est Isias grand prêtre ou prince des prêtres qui a fait faire cette statue. Au bas de l'image, auprès de la tête du crocodile sont un préfericule & une patere; & pardessus une espece de coussin bandé, qui se trouve assez souvent auprès des images des dieux, & dont je ne sai ni le nom ni l'usage. Boissard donne une autre base qui avoit servi, comme l'inscription porte, aux dieux Synthrones en Egypte, posée par M. Ulpius Apollonius qui se qualifie prophete. Nous avons dit en son lieu qui étoient ceux qu'on appelloit prophetes. Il y a apparence que sur cette base les trois dieux Synthrones d'Egypte étoient representez sur des thrones: sçavoir Serapis, Apis & Anubis; mais ces figures sont perdues, il reste encore sur la pierre quelques vestiges qui semblent le persuader. L'autre [2] Anubis sur une base, est du cabinet de sainte Genevieve: il est revêtu d'une tunique & d'un manteau, & tient une espece de rouleau. Un autre [3] tiré d'une pierre gravée de nôtre cabinet est encore plus singulier: il a sa cotte d'armes à la Romaine, & tient de la droite son arc bandé avec la fléche qu'il va décocher. Tous les dieux d'Egypte, ou sont pris pour le Soleil, ou ont du rapport à cet astre, comme disent plusieurs Auteurs tant anciens que modernes: l'arc & les fléches qui conviennent à Apollon, au Soleil, & à Harpocrate qui est pris pour le Soleil, conviendront de même à Anubis, qui selon la mythologie est aussi

---

III. Quod Apuleius ait, primo quod proferimus Anubidis schemati convenit. Anubis deus capite canino sinistra manu caduceum, dextera instrumentum quodpiam tenet rotundum globi instar, stipite transfixum, quem stipitem ille tenet: palmam, de qua Apuleius, non dextera tenet, sed eam eodem latere e vicino habet. In alio latere e regione lauri ramus conspicitur: pallium gestat Anubis, quo multas ejus non regitur; calceis utitur singularibus pedeque crocodilum premit: supra caput ejus hinc & inde duæ stellæ sunt.

IV. Inscriptio Θεοὶ ἀδελφοὶ in suprema imaginis parte posita, *deos fratres* significat, atque facile explicatur, quia Anubis Serapidis caput cum cornibus Jovis Hammonis a dextris habet, Apidis vero tauri caput a sinistris. Ambo capita calathum similiter habent. En itaque tres deos fratres, tria magna Ægyptiorum numina; Serapin qui idem est atque Osiris, Apin & Anubin. Altera inscriptio inferne posita Θεοὶ οὐ θέσιος ἐν Αἰγύπτῳ dicit, scilicet in Ægypto ejusdem throni seu solii participes: hanc statuam sculpi curavit Isias summus sacerdos, sive princeps sacerdotum: in iuxta parte imaginis prope caput crocodili sunt præfericulum & patera, supra quæ pulvinar fasciis constrictum, quod in deorum vetustis imaginibus sæpe visitur, cujus nomen verum atque usum ignorare me fateor. Aliam basin protulit Boissardus cum inscriptione, quæ basis, ut ibidem legitur, diis Synthronis in Ægypto inservierat, positaque fuit a M. Ulpio Apollonio, qui hic prophetæ nomine insignitur. Jam diximus quinam essent ii, qui prophetarum nomine gaudebant: verisimile est huic basi in thronis impositos olim fuisse deos illos Synthronos, nempe Serapin, Apin & Anubin; verùm hæ statuæ exciderunt: in lapide adhuc quædam vestigia supersunt, quæ ita rem fuisse suadeant. Alter [2] Anubis basi insistens ex Musco sanctæ Genovefæ eductus est: tunica & pallio indutus, volumen manu tenet. Alius [3] ex lapide Musei nostri eductus singularis admodum est; thorace Romano more indutus arcum tensum tenet cum sagitta mox jaculaturus. Ægyptii omnes dii aut pro Sole habentur, aut ad Solem referuntur; ut plurimi tum veteres, tum recentiores Scriptores dicunt, arcus & sagittæ, quæ Apollini, Soli & Harpocrati, qui pro Sole accipitur, conveniunt, Anubidi quoque convenient, qui etiam Sol esse existimatur;

4 pris pour le Soleil. L'Anubis 4 suivant est tiré d'une pierre gravée de Gorlæus : il est vêtu à peu près de même que le précedent, & tient de la main droite un bâton, il est entouré de certains symboles, d'un scorpion, d'un escarbot, d'un oiseau, & d'un autre animal qu'il n'est pas aisé de distinguer, à cause de sa petitesse.

5 Celui qui vient 5 après tiré aussi de Gorlæus, a toutes les marques rapportées par Apulée : il tient le caducée de la main droite, & la palme de la gauche : les mains sont marquées diversement par Apulée, mais cette difference ne merite aucune attention. Au revers d'une medaille de l'Empereur Julien l'Apostat, Anubis tient un caducée de la gauche & un sistre de la droite ; on n'est pas surpris de voir ces monstres Egyptiens sur les medailles de ce prince impie ;

6 mais on auroit sujet de l'être de trouver la même figure sur une medaille 6 de l'Empereur Constance chrétien, si l'on ne savoit que les monetaires ne consultoient pas toûjours les Empereurs sur les types qu'ils mettoient à leurs medailles. Delà vient que dans les medailles de Constantin le grand, lors même qu'il étoit chrétien, il se trouve souvent des figures des divinitez profanes.

PL. CXXIX. V. Le Cynocephale 1 qui suit est tiré d'une figure de marbre noir du cabinet de Brandebourg. Ces Cynocephales, selon Pline, étoient une espece de singes. 1 Les Egyptiens qui se servoient de l'épervier pour signifier Osiris ou le Soleil, se servoient du Cynocephale, pour marquer Isis qui étoit la même que la Lune. On verra plus bas dans la table Isiaque un Cynocephale qui a la Lune sur la tête. Le Cynocephale, dit Pignorius, a la figure de la Lune dans son ornement de tête, & il en suit les impressions : il se réjouit quand elle se leve, & s'afflige quand elle se couche. Aristote, Pline & Solin, mettent les Cynocephales au nombre des singes. Il ne faut pas s'étonner de ce que rapporte Elien de leur docilité : *Durant le regne des Ptolemées*, dit-il, *on les enseignoit à figurer des lettres, à danser, à jouer de la flute, à demander aux spectateurs pour leurs maitres, quelque récompense de leurs tours de souplesse ; à mettre dans une bourse ce qu'ils leur donnoient.* Ceux d'Hermopolis, dit Strabon, les honoroient comme des divinitez. Il y avoit au temple d'Anubis des Cynocephales d'argent,

2 dit Lucien dans son *Toxaris*. A côté du Cynocephale est un oiseau 2 du cabinet de M. Rigord de Marseille : cet oiseau a le visage d'un homme ou d'une femme, & porte un globe sur la tête : le corps de l'oiseau paroit être d'un

---

Anubis 4 sequens eductus ex gemma Gorlæi tom. 2. p. 467. eodem vestitu fere est quo præcedens, dexteraque baculum tenet ; quibusdam symbolis circumdatur, scorpione, scarabæo, ave, alioque animali, quod ob spatii brevitatem vix possumus distinguere.

Alius ex Gorlæo 5 etiam eductus tom. 2. num. 501. omnia ab Apuleio memorata insignia præ se fert, caduceum nempe dextera tenet, palmamque sinistra ; diversitra manuum in Apuleio nihil hic negotii facessit. In postica nummi Juliani Apostatæ parte Anubis caduceum sinistra tenet, sistrumque dextera : nihil mirum quod monstra illa Ægyptiaca in nummis impii principis compareant ; sed jure miraremur idipsum in nummo 6 quodam Constantii occurrere, qui nummus est in Museo P. Alberti ; nisi notum esset monetarios, cum hujusmodi nummos cuderent, non semper Imperatorum jussu id fecisse. Hinc est quod in nummis Constantini magni, etiam quo tempore jam Christianus erat, falsorum numinum schemata compareant.

V. Cynocephalus 1 e nigro marmore sequens ex Museo Brandeburgico prodit. Hi Cynocephali, inquit Plinius l. 8. c. 54. simiarum genus quoddam erant. Ægyptii, qui per accipitrem Osirin Solemve significabant, Cynocephalo Isidem seu Lunam adumbrabant. In mensa Isiaca infra edenda Cynocephalus Lunam capite gestat. Cynocephalus, inquit Pignorius, figuram Lunæ in ornatu capitis exprimit, ejusque impressiones sequitur, gaudet oriente illa, mœret occidente. Aristoteles, Plinius atque Solinus Cynocephalos in simiarum numero ponunt. Non est igitur quod stupeamus, si tam dociles exhibuerit Ælianus hist. anim. lib. 5. c. 10. *Regnantibus Ptolemais*, inquit, *Cynocephalos Ægyptii literas, & saltare, & tibiam inflare, & pulsare citharam docebant. Tum Cynocephalorum quisque mercedem, domini nomine, sic scite tanquam peritus aliquis mendicus exigebat, & id quod dabatur, in marsupium, quod ferebat appensum, congerebat.* Hermopolitani, inquit Strabo lib. 17. p. 559. ipsos quasi deos colebant. In Anubidis templo Cynocephali argentei erant, inquit Lucianus in Toxari : a latere Cynocephali avis est 2 ex Museo D. Rigordi Massiliensis educta, quæ avis vultum seu juvenis viri, seu mulieris habet, globumque capite gestat. Corpus

épervier ;

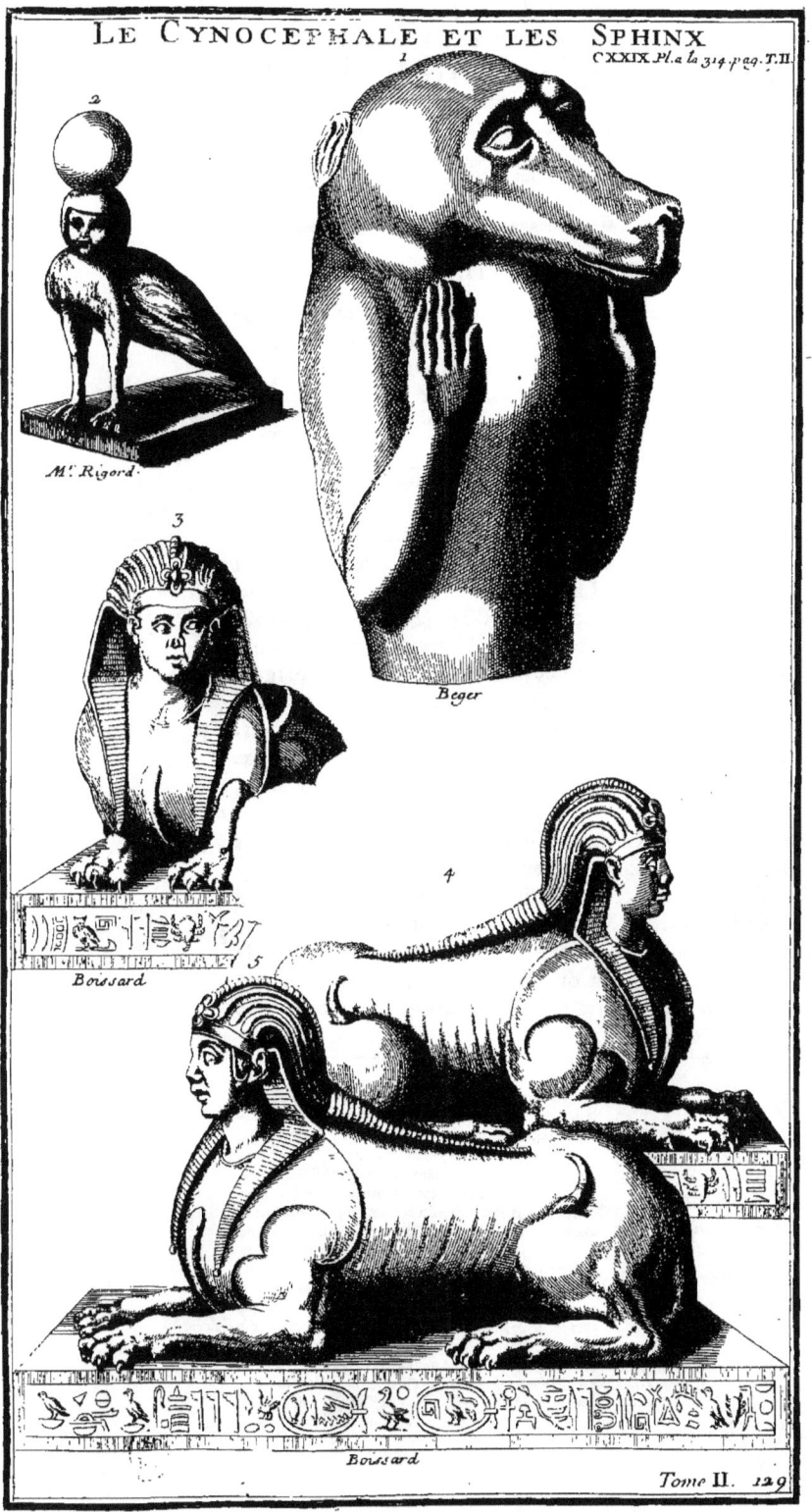

épervier ; c'est peutêtre Osiris qui se voit souvent avec la tête d'homme & le corps d'oiseau, & qui aura été représenté ici de même ; on en voit un presque semblable dans la table Isiaque.

accipitris esse videtur, fortasseque Osiris est, qui sæpe cum capite accipitris conspicitur, & qui hic humano capite, & volucris corpore repræsentatus fuerit. Aliam pene similem imaginem videmus in mensa Isiaca.

CHAPITRE XVII.

I. Les Sphinx honorées par les Egyptiens. II. Les anciens n'ont point reconnu de Sphinx mâle. III. Culte du lion en Egypte. IV. Le crocodile honoré en certains lieux de l'Egypte, & abhorré dans d'autres. V. Autres monstres qui entroient dans le culte Egyptien. VI. L'Ichneumon adoré par les Egyptiens. VII. & l'Ibis de même.

I. LA Sphinx étoit aussi comptée parmi les animaux sacrez de l'Egypte. Plusieurs ont cru que c'étoit une espece de singe : les anciens lui donnent le corps du lion, & le visage d'une femme : rien de plus commun que ces sortes de monstres dans les tables & autres monumens Egyptiens. On la voit encore sur les medailles des Grecs. La Sphinx de Thebes qui rendit l'Oracle à Edipe, est représentée avec des ailes : celles d'Egypte n'en ont pas toûjours. Les trois ³ Sphinx que nous donnons ici, publiées par Boissard, n'ont point ⁴ d'ailes : elles ont de longues tresses de cheveux, & des bases chargées ⁵ d'Hieroglyphes : c'est un composé de la femme & du lion, on les voit telles dans les anciens monumens. Les deux ¹ du cabinet de Brandebourg sont differentes des précedentes par la coëffure : l'une ² a une grande rangée de mamelles sous le ventre. On voit aussi très-souvent des Sphinx avec des ailes, comme sont celles de la table Isiaque que nous donnerons plus bas : il y en a encore sur les pierres gravées de Gorlæus. Nous en voions de même dans les medailles d'Auguste, dans l'une la Sphinx a devant elle un sistre ; & dessous le sistre un épi de bled, pour marquer la fertilité de la terre : elle ressemble à une autre donnée par le Cavalier ³ Maffei, qui a devant elle le sistre & le boisseau sur la tête, deux marques Egyptiennes. Celle qui vient après tient le pied ⁴ sur une roue, ce qui signifie, dit-on, le cours du Soleil sur son char ; on en donne d'autres explications arbitraires qui n'instruisent point, & que

P L. CXXX.

CAPUT XVII.

I. Sphinges ab Ægyptiis cultæ. II. Veteres, Sphingas mares non agnoverunt. III. Cultus leonis in Ægypto. IV. Ægyptii quidam Crocodilum colebant, aliis horrori erat. V. Alia monstra in Ægyptiorum religiones admissa. VI. Ichneumon ab Ægyptiis ut deus colebatur. VII. Similiterque Ibis.

I. SPhinx ab Ægyptiis inter animalia sacra numerabatur : multi putarunt Sphinges esse simiæ genus. Hæc monstra in tabulis Ægyptiacis frequenter occurrunt, necnon in aliis monumentis, in nummis etiam græcis. Thebana Sphinx, quæ Oedipo oraculum emisit, alis erat instructa ; Ægyptiacæ vero Sphinges non semper alites sunt. Tres illæ ³ Sphinges, quas hic primum damus ⁴ ex Boissardo eductas, alis carent : ex longos & intextos capillorum cirros exhibent, basesque, quibus illæ insident, hieroglyphis sunt ⁵ plenæ. Sphinges ex virgine & leone constabant ; tales in monumentis visuntur. Duæ ¹ ex Museo Brandeburgico eductæ ornatu capitis a præcedentibus differunt : altera ² longum exhibet mammarum ordinem. Sphinges etiam alites persæpe occurrunt, quales in mensa Isiaca infra non paucas deprehendes. In gemmis etiam Gorlæi similes habentur, necnon in nummis Augusti, ubi Sphinx quædam ante se sistrum habet & sub sistro spicam frumenti, qua terræ fertilitas significatur. Similis autem hæc est alteri per ³ Maffeium Equitem publicatæ, quæ ante se sistrum habet, calathumque capite gestat, duo scilicet Ægyptiaca insignia. Quæ proxime sequitur, in rotam ⁴ pedem immittit, quo significatur, aiunt, Solis in curru suo decursio, aliæque ad arbitrium addi-

Tom. II.   S s

nous passons à nôtre ordinaire. Deux autres Sphinx dans les medailles de l'Isle de Chio tiennent une patte sur une proue de navire. On dit que la Sphinx est un symbole de la sagesse necessaire à tous les hommes, & particulierement à ceux qui conduisent un navire : on voit sur une medaille Minerve, montée sur une Sphinx, & armée d'un casque, d'une lance & d'un bouclier, pour marquer la prudence necessaire à l'art de la guerre ; prudence, dis-je, dont tant le Cavalier que la monture même ont besoin. La Sphinx de Thebes, qui rend un oracle à Edipe se trouve représentée dans le sepulcre des Nasons, où elle a les bras d'une femme contre l'ordinaire. Edipe qui l'écoute tient le doigt sur la bouche ; auprès de lui est un Cavalier armé, qui tient un cheval par la bride. Une autre Sphinx qui étouffe un homme pour avoir mal réussi à expliquer un énigme, a été publiée plusieurs fois : il y en a qui croient qu'elle pense à toute autre chose qu'à étouffer cet homme.

II. Quelques-uns ont cru qu'il y avoit aussi des Sphinx mâles, fondez sur ce passage de Philemon dans Athenée 14. 22. *je vous ai amené un Sphinx mâle, & non un cuisinier* ; mais ce n'est pas le sens de ces mots : Philemon compare le cuisinier à une Sphinx, parce qu'il parloit par énigmes ; & il l'appelle un Sphinx mâle, parce qu'il étoit du genre masculin : c'est plûtôt une preuve qu'il n'y avoit que des Sphinx femelles ; puisque par raillerie il lui dit, comme une chose extraordinaire, qu'il lui amene un Sphinx mâle.

III. Le lion avoit encore son culte en Egypte, on le voit souvent dans les monumens Egyptiens, & plusieurs fois dans la table Isiaque ci-après. Il y avoit une ville appellée de son nom Leontopolis : on l'honoroit, soit avec toute sa forme de lion, soit avec la tête de lion & le corps d'homme. Nous en verrons souvent dans la suite, & sur tout parmi les Abraxas.

IV. Le crocodile étoit encore un animal sacré chez plusieurs d'entre les Egyptiens. *D'autres*, dit Herodote, *regardoient les crocodiles comme ennemis, & les traitoient comme tels*. Ceux de Thebes & du lac Mœris leur rendoient un grand culte, ils en prenoient un qu'ils apprivoisoient : ils lui mettoient aux oreilles des pierres précieuses, & d'autres ornemens d'or, & l'attachoient par les pieds de devant. Ils lui donnoient pour sa nourriture une certaine quantité de viandes qu'ils appelloient sacrées. Après sa mort ils l'embaumoient &

---

possunt interpretationes, quas omittimus pro more, quia nihil vel certi vel admodum probabilis præ se ferunt. Duæ aliæ Sphinges in nummis Insulæ Chiûs in proram navis pedem immittunt. Sphinx esse dicitur symbolum Sapientiæ universis hominibus necessariæ, iisque maxime qui navem gubernant. In nummo quodam Minerva conspicitur Sphingi insidens, quæ clypeo, hasta & casside armatur, ut significetur prudentia in bello necessaria, quæ prudentia non equiti tantum, sed etiam equo aut jumento equitem ferenti opportuna est. Thebana Sphinx oracula Oedipo fundens in sepulcro Nasonum repræsentatur, ubi præter solitam formam brachia habet feminea. Oedipus qui ipsam audit digitum ori admovet : e vicino est eques armatus, qui equum habenis ducit. Alia Sphinx quæ virum quod ænigma quodpiam male sic interpretatus, præfocat, sæpe edita fuit ; non desunt qui existimant illam aliud omnino cogitare & agere, quam ut virum præfocet.

II. Putavere nonnulli Sphinges etiam mares haberi, hoc fulti Philemonis apud Athenæum loco : *Sphingem tibi masculum adduxi, non coquum*. At ille non est verus genuinusque verborum sensus : Philemon coquum cum Sphinge confert, quia iste per ænigmata loquebatur, Sphingemque masculum vocat, quia coquus masculini erat generis. Imo hinc probari posse videtur Sphingas omnes esse feminas, quandoquidem ludens ille, quasi rem insolitam, dicit se Sphingem marem adducere.

III. Leo in Ægypto colebatur, qui sæpe in monumentis Ægyptiacis conspicitur, atque pluries infra in mensa Isiaca: urbs erat ejus nomine Leontopolis dicta ; ipsum colebant sive cum tota leonis forma, sive cum capite leonis & corpore hominis : utriusque generis non paucos infra videbimus, maximeque in Abraxeis imaginibus.

IV. Crocodilus etiam apud Ægyptiorum plurimos sacer habebatur : alii, inquit Herodotus in Euterpe cap. 69. crocodilos quasi inimicos habebant, ipsique bellum inferebant. Thebarum Ægyptiacarum & lacus Mœridis incolæ ipsos cultu prosequebantur, unumque capiebant, quem cicurabant : auribus ejus gemmas appendebant, aliaque aurea ornamenta, & ab anterioribus pedibus ligabant. In alimentum autem ipsi statam carnium portionem dabant, quam dicebant sacram : defunctum etiam aromatibus condiebant in

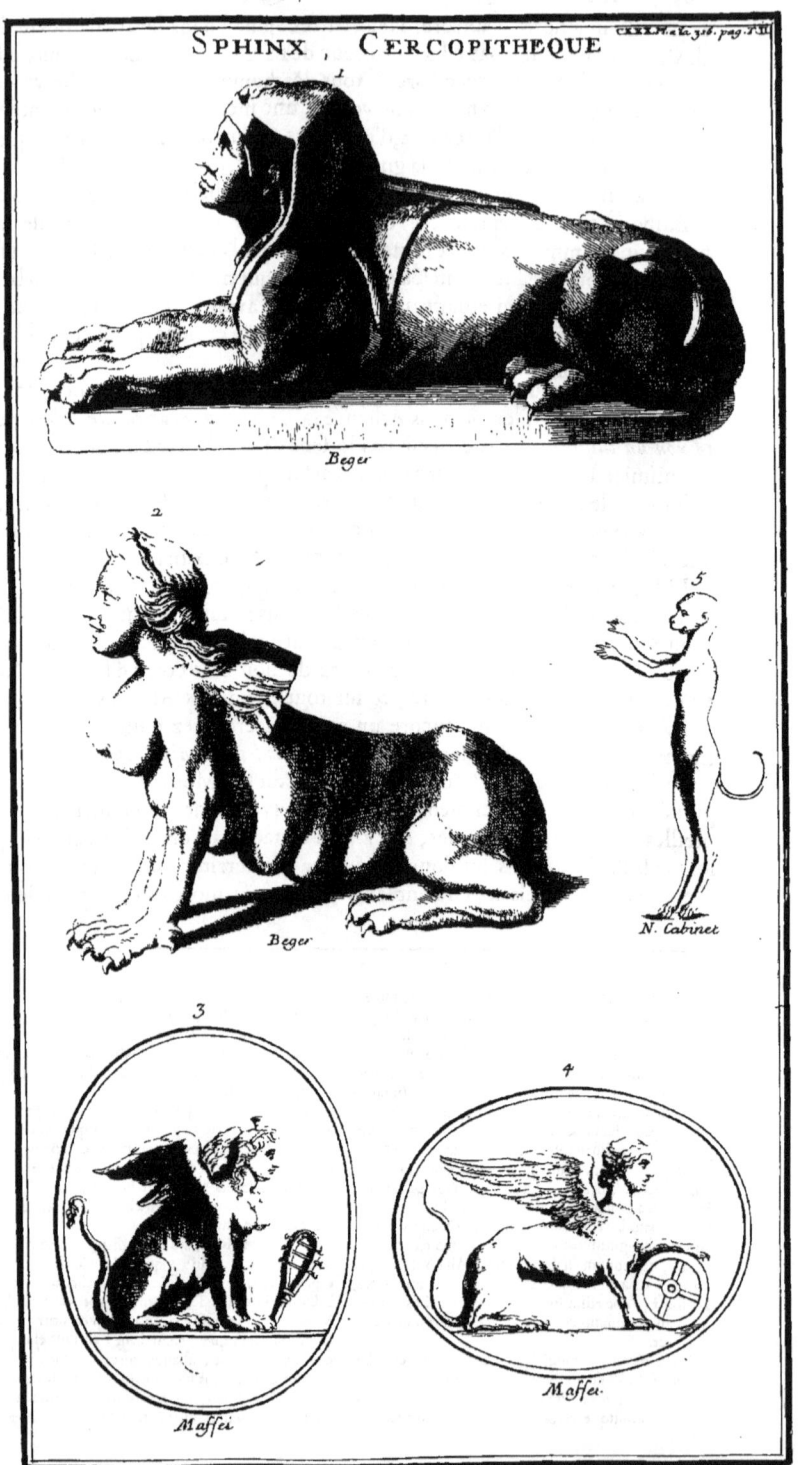

LE CROCODILE.

le mettoient dans des urnes sacrées. Mais ceux d'Eléphantine bien loin de regarder les crocodiles comme sacrez, s'en nourrissoient. Auprès du lac Mœris il y avoit une ville qu'on appelloit la ville des Crocodiles : si l'on compte les dents du crocodile, dit Achille Tatius, on trouvera que leur nombre égale les jours de l'année ; c'est à ce que je crois pour cette raison, dit Pignorius, que selon Eusebe, les Egyptiens mirent l'image du Soleil dans une barque que portoit un crocodile. Marcien Capella décrit la forme de cette barque : *Il y avoit*, dit-il, *sept matelots : à la proue étoit la figure d'un chat: au mât celle d'un lion; & à la face exterieure celle d'un crocodile. Le crocodile*, dit Orapollon, *marquoit l'orient & l'occident, qui passoient pour les extrémitez du cours du soleil.*

Les Egyptiens croioient que les vieux crocodiles avoient la vertu de deviner, & que c'étoit un bon présage lorsqu'ils prenoient à manger de la main de quelqu'un ; & au contraire un mauvais, lorsqu'ils le refusoient ; tout de même que nous disions d'Apis. Outre ceux de Thebes & du lac Mœris, les Coptites, les Ombites & les Arsinoïtes, rendoient des honneurs divins aux crocodiles : Strabon dit qu'il en est témoin oculaire. Entre ceux-là, les Ombites plus superstitieux que les autres se réjouissoient, quand ils voioient leurs enfans enlevez par les crocodiles. Mais ceux de Tentyre & d'Antinoopolis, qui les regardoient comme des bêtes farouches & pernicieuses, en tuoient autant qu'ils en pouvoient attraper. La religion même leur inspiroit cette haine ; parce qu'ils croioient que Typhon meurtrier d'Osiris, & ennemi de tous les dieux, s'étoit transformé en crocodile. Il y avoit une antipathie entre cet animal & l'Ibis; ensorte que si l'Ibis le touchoit seulement de son aile, il le rendoit immobile.

V. Le Cercopitheque, espece de singe, entroit aussi dans la religion des Egyptiens, comme presque tous les autres animaux : nous en donnons ici un tiré de nôtre cabinet.

La planche qui suit représente deux animaux, que nous avons cru devoir mettre ici : ils sont tirez de la table Isiaque. Le premier paroit être un taureau avec des cornes extraordinaires : il pourroit être ou Apis, ou quelqu'un des autres taureaux que les Egyptiens adoroient. Le second n'est pas reconnoissable : le corps & la queue paroissent être d'un lion. La tête pelée & rase sans oreilles, ne paroit avoir du rapport avec celle d'aucun autre animal.

PL. CXXXI

---

urnaque sacra locabant. Elephantinæ incolæ ipsis vescebantur crocodilis, nedum sacros haberent. Prope lacum Mœridis urbs erat, quæ crocodilorum urbs appellabatur. Si crocodili dentes numerentur, inquit Achilles Tatius lib. 4. in fine, ipsos dierum anni numerum æquare comperietur ; ideoque, inquit Pignorius, puto Ægyptios, referente Eusebio imaginem Solis posuisse in navicula quæ a crocodilo ferebatur. Martianus Capella naviculæ istius formam describit lib. 2. de Nupt. Philosophiæ : *cui nautæ septem, germani tamen suique consimiles præsidebant, in prora felis forma depicta, leonis in arbore, crocodili in extimo videbatur.* In quibusdam exemplaribus hæc secus leguntur, sed hæc videtur verior sinceriorque lectio : *crocodilus*, inquit Orus Apollo, *orientem & occidentem denotabat, qua habebantur extrema cursus Solis.*

Ægyptii putabant senes crocodilos vim divinandi habere, & bonum esse omen, cum e manu cujuspiam cibum caperent ; contra vero malum, cum abnuerent ; quod ipsum de Apide paulo ante dicebamus. Præter Thebarum & lacus Mœridis incolas Coptitæ, Ombitæ & Arsinoïtæ divinos honores crocodilis attribuebant ; cujus rei se ocularem testem dicit Strabo l. 17. p. 558. Inter illos autem Ombitæ aliis superstitiosiores gaudebant, cum filios suos a crocodilis abripi cernerent. At Tentyritæ & Antinoopolitani, qui pro feris eos & perniciosis habebant, quoscumque poterant interficiebant. Tale odium religio ipsa inspirabat, putabant enim Typhonem Osiridis interfectorem deorumque omnium hostem in crocodilum mutatum fuisse. Hoc animal inter & Ibidem magna erat ἀντιπάθεια, ita ut si Ibis illud vel ala tangeret, immobile redderet.

V. Cercopithecus simiæ genus in religionem Ægyptiorum admittebatur, ut alia fere omnia animalia : unum hic proferimus ex Museo nostro eductum.

Tabula sequens duo animalia complectitur, quæ nos hic ponenda esse putavimus : ex mensa autem Isiaca excerpta sunt. Primum taurus esse videtur cornibus instructus non vulgaris formæ, vel Apis fuerit, vel alius ex tauris quos Ægyptii adorabant. Secundi speciei non agnoscitur : corpus & cauda leonis esse videntur ; caput abrasum pilisque vacuum, & absque auribus, ad nullum ex animalibus cujusvis generis pertinere posse videtur.

VI. Un ennemi du crocodile, c'est l'Ichneumon petit animal, qui selon Elien, prenant le tems que le crocodile est assoupi, le saisit à la gorge & l'étrangle: on le croioit consacré à Latone & à Lucine; ceux d'Heracleopolis lui rendoient des honneurs divins, comme à tant d'autres animaux: nous en mettons ici deux ³ de compagnie, l'un du cabinet de M. Rigord, l'autre du ⁴ cabinet de M. l'Abbé Fauvel: & cela d'autant plus volontiers que ce qu'Elien en dit, est bien plus certain que ce qu'il a dit ci-dessus de l'Ibis. J'ai vû depuis peu une relation du Consul François du grand Caire, où il rapporte des experiences qu'il a faites de la grande inimitié de l'Ichneumon contre le crocodile: il assure même que la disparité de stature n'empêche pas qu'il n'attaque courageusement ce monstrueux animal par tout où il le trouve. Clement Alexandrin met l'Ichneumon entre les animaux qu'on adoroit en Egypte: » Ceux »de Syene, dit-il, adorent le poisson, nommé Phagre; ceux d'Elephantine, »un autre poisson qui s'appelle Meote: les Oxyrinchites, un poisson de leur »nom: les Heracleopolitains, l'Ichneumon: les Saïtes & les Thebains, la brebis: »les Lycopolitains, le loup: les Cynopolitains, le chien: ceux de Memphis, »Apis: les Mendesiens, le bouc. Ceux d'Heraclée d'Egypte, dit Strabon, ado- »rent les Ichneumons, qui sont pernicieux aux crocodiles & aux aspics.

Si quelqu'un de ces animaux meurt, dit Diodore de Sicile, ils l'envelopent d'un linceul, pleurent amerement sa mort, & l'embaument avec du sel, de l'huile, du cedre, & d'autres aromates qui le conservent longtems, & toûjours en bonne odeur, après quoi ils l'enterrent dans des lieux souterrains. Si quelqu'un de propos déliberé tue un de ces animaux, il lui en coute la vie. Les Egyptiens sont bien plus sévères à l'égard de ceux qui tuent ou le chat ou l'Ibis: car soit qu'ils le fassent volontairement ou involontairement, le peuple se jette d'abord sur eux en foule, & le fait mourir par les plus cruels tourmens, & souvent même sans aucune formalité de justice. Cela faisoit que ceux qui trouvoient quelqu'un de ces animaux mort, se retiroient bien vîte, & s'en alloient en criant & en pleurant l'annoncer aux premiers venus. La vénération qu'ils avoient pour ces bêtes, étoit si profondement enracinée dans les cœurs de ces peuples, qu'aucune consideration ne pouvoit les empêcher de venger leur mort. Dans le tems qu'un des Ptolemées recherchoit l'amitié des Romains, & que pour se concilier leur bienveillance, il faisoit tous les

VI. Crocodili inimicus erat Ichneumon animal perparvum, quod secundum Ælianum Hist. anim. l. 1. c. 25. dum crocodilus sopitus est in guttur ejus insilit ipsumque strangulat. Putabatur Ichneumon Latonæ consecratus & Lucinæ. Heracleopolitæ ipsum divinis honoribus prosequebantur, ut & alia multa animalia. Duos hic Ichneumonas proponimus, alium ex Museo viri clarissimi Rigordi ³ Massiliensis, alium ex Museo ⁴ D. Abbatis Fauvelii: libentius autem Ichneumonem cum Æliani testimonio afferimus, quia quæ ille de Ichneumone dixit, certiora sunt, quam ea quæ de Ibide superius dicebat. Haud multis ab hinc annis epistolam narrationemque vidi consulis Galli in urbe quam magnum Caïrum vocant, ubi de inimicitia inter Ichneumonem & Crocodilum multa expertus refert; affirmatque nihil officere staturæ inæqualitarem quominus Ichneumon Crocodilum, ubicunque offendit, adoriatur. Clemens Alexandrinus Protrept. p. 34. Ichneumonem inter animalia refert, quæ in Ægypto adorabantur: Syenenses, inquit, piscem adorant nomine Phagrum; Elephantinenses, alium piscem, Meotem nomine; Oxyrinchita piscem sui nominis Heracleopolita Ichneumonem; Saita & Thebai ovem; Lycopolita lupum, Cynopolita canem, Memphitani Apin, Mendesii hircum. Heracleopolitæ, inquit Strabo, Ichneumonas adorant, qui crocodilis & aspidibus perniciosi sunt.

Si quodpiam ex his animalibus, quæ colunt Ægyptii, moriatur, inquit Diodorus Siculus l. 1. p. 74. sindone illud involvunt, mortem ejus amaro prosequuntur luctu, ipsiusque cadaver sale, oleo, & cedro condiunt, aliisque aromatibus, quibus diu & bene olens conservatur, in subterraneisque locis sepeliunt. Si quis sponte aliquod ex his animalibus occiderit, is capitalem subit pœnam. Asperius agunt Ægyptii cum iis, qui vel felem vel Ibidem occiderint, nam sive sponte, sive casu aut inscii hoc egerint, statim plebs irruit in illum excruciatumque perimit, imo persæpe nulla justitiæ judiciique adhibita formas quamobrem si qui animalia istæc mortua casu reperirent, statim aufugiebant ac lacrymantes cum gemitu clamoreque nunciantes veniebant. Tanta eorum erga hujusmodi animalia veneratio, ut nulla ratione, nullo metu possent ab eorum ulciscenda morte deterreri. Quo tempore Ptolemæorum unus populi Romani amicitiam quærebat exoptabatque, utque ejus sibi be-

bons traitemens imaginables à ceux d'Italie qui abordoient en Egypte; un Romain tua par mégarde un chat, tout le peuple y accourut pour en tirer vengeance; le Roi eut beau y envoier les principaux de sa cour pour arrêter cette populace, ni le respect dû au Souverain, ni la terreur des Romains ne purent garantir ce malheureux de la mort: il fut massacré par le peuple.

VII. L'Ibis oiseau avoit le cou fort long, le bec crochu, & ressembloit assez à la cigogne: il avoit les jambes hautes & roides. Quand il mettoit sa tête & son cou sous les ailes; sa figure, dit Elien, revenoit assez à celle du cœur humain. On dit que c'est lui qui a introduit l'usage des Clysteres, parce qu'on l'observa lorsqu'il se donnoit à lui même ce remede: la longueur de son col & de son bec le rendant très-propre à cette operation. Il étoit ennemi de toutes les bêtes & des serpens pernicieux à l'homme & aux fruits de la terre, & particulierement de certains serpens ailez de Libye, que le vent apportoit en Egypte, qu'il tuoit sans peine. Les Egyptiens disoient qu'il pondoit par la bouche: ils lui rendoient des honneurs divins. Il y avoit, comme nous venons de dire, peine de mort pour ceux qui tuoient un Ibis, même par mégarde. Cet oiseau ne pouvoit vivre qu'en Egypte, & se laissoit mourir de faim, lorsqu'on le transportoit ailleurs. Nous le voions souvent dans la table Isiaque. Isis est représentée quelquefois n'aiant d'autre tête que celle de l'Ibis: nous en avons donné quelques figures ci-devant. ſ Voici l'Ibis tel que l'a donné M. de la Chausse tiré d'un cabinet Romain.

---

nevolentiam conciliaret, quotquot ex Italia in Ægyptum appellebant perhumaniter honorificeque excipiebat: accidit ut Romanus quispiam imprudenter felem occideret, statimque turba populi irrupit, ut ulcisceretur interfectam felem: non regis proceres eo plebis sedandæ causa mittentis reverentia, non honor principi debitus, non Romanorum terror infelicem eripere potuit, immaniter quippe a plebe oppressus est.

VII. Ibis avis oblongo erat collo, adunco rostro, ciconiæ non absimilis: huic crura præalta & rigida: cum caput & collum sub alas immittebat, inquit Ælianus hist. anim. 10. 29. ejus figura cor humanum pene referebat. Clysterum illa avis usum invexisse dicitur, quia cum hoc sibi remedium illa conferret deprehensa fuit: colli rostrique longitudo huic ingerendo remedio erat aptissima. Feris illa omnibus serpentibusque, qui aut homini, aut frugibus terræ perniciosi essent, infesta erat, præcipueque quibusdam alitibus Libyæ serpentibus, quos ventus in Ægyptum pellebat, quosque illa nullo negotio conficiebat: testificabantur Ægyptii illam ore ova parere consuesse; honores huic divinos referebant. Uti modo dicebamus, morte plectebatur quisquis eam vel imprudens occideret. Hæc avis nonnisi in Ægypto vivere poterat, si alio transferretur, cibum respuebat inediaque tabescebat: hanc sæpe conspiciebas in mensa Isiaca. Isis nonnumquam repræsentatur cum solo Ibidis capite, ut in quibusdam schematibus supra vidimus. En ſ Ibidem totam, qualem ex Museo quodam Romano eruditus Causeus eduxit.

CHAPITRE XVIII.

I. Le dieu Bouc, appellé Mendés, adoré par les Egyptiens. II. Canope. III. L'Escarbot. IV. Autres monstres au nombre des dieux. V. Culte de Neotera & d'Antinoüs.

I. LA monstrueuse religion des Egyptiens admettoit encore le bouc parmi ses dieux : ils l'appelloient Mendés. Les Mendesiens qui portoient son nom, le comptoient entre les huit principaux dieux : il étoit consacré au dieu Pan ; ou plûtôt, c'étoit le dieu Pan même que les Egyptiens honoroient, selon Lucien, aiant toute la forme du bouc : au lieu que chez les Grecs & les Romains on le peignoit avec la face & le corps d'homme, & les cornes, les oreilles, & les jambes de bouc. Pan, dit Herodote, passoit chez les Egyptiens pour le plus ancien des dieux. Les chevres étoient aussi en grand honneur dans l'Egypte ; mais encore plus les boucs. On y honoroit aussi les chevriers, & on n'y immoloit jamais ni bouc, ni chevre. Le dieu Mendés avoit des temples en Egypte, où il étoit apparemment représenté comme nous le voions plusieurs fois dans la table Isiaque, & dans les autres monumens de l'Egypte. Ce qui est à remarquer sur la table Isiaque, est que le dieu Mendés y a les cornes du bouc pardessus celles du belier : de sorte qu'il a quatre cornes ; chercher raison de cela, seroit peine perdue, dans cette religion sur tout où les monstres sont si communs.

II. Canope est un autre dieu des plus fameux de l'Egypte : il a presque la figure d'un pot ou d'un grand vase avec une tête d'homme ou de femme qui paroit ordinairement assez gracieuse ; c'est, disent quelques-uns, le dieu de l'eau, duquel les Egyptiens racontoient une histoire assez singuliere : la voici telle qu'elle est rapportée par Rufin, l. 2. de l'histoire de l'Eglise, c. 26. "On dit que les Chaldéens porterent autrefois leur dieu dans tous les païs, "pour éprouver sa puissance sur tous les autres dieux ; afin que s'il demeuroit "vainqueur, il fut reconnu de tout le monde pour le veritable Dieu. C'étoit le "feu qui surmonta facilement tous les dieux, de bronze, d'or, d'argent, de "bois, de pierre, ou de quelque autre matiere que ce pût être. Il arriva delà

CAPUT XVIII.

I. Hircus deus Mendes vocatus ab Ægyptiis. II. Canopus. III. Scarabæus. IV. Alia monstra in deorum numero. V. Neoteræ & Antinoi cultus.

I. POrtentosa illa Ægyptiorum religio hircum etiam inter deos numerabat ; Mendes autem ab illis vocabatur : Mendesii ejus insigniti nomine cum inter octo præcipuos deos computabant. Pani consecratus erat, seu potius ipse Pan deus erat, quem Ægyptii, inquit Lucianus, colebant ὅλον τράγον, cum tota hirci forma : cum contra Pân apud Græcos Romanosque cum facie & corpore hominis depingeretur, cumque cornibus, auribus & cruribus hircinis. Pân, inquit Herodotus 2. 145. apud Ægyptios antiquissimus deorum putabatur. Capris etiam in Ægypto multum honoris exhibebatur, sed longe plus hircis. Caprarii quoque in honore erant, ac neque hircus, neque capra unquam immolabatur. Mendes deus templa in Ægypto habebat, ubi verosimiliter eodem repræsentabatur modo, quo non infrequenter videmus in mensa Isiaca, in aliisque monumentis Ægyptiacis. Quod autem observatu dignum est in mensa Isiaca, Mendes cornua hirci supra arietis cornua posita habet, ita ut cornibus quatuor gaudeat : causam si quæras, oleum operamque perdideris, quando de religione illa sermo est, in qua omnia monstra portentaque sunt.

II. Canopus est alius deus inter celeberrimos Ægypti computatus : amphoræ amplive cujusdam vasis formam habet superposito capite viri mulierisve sat speciosæ. Est ille, ut quidam aiunt, aquæ deus, de quo Ægyptii rem singularem narrant, quam proferimus ut apud Rufinum fertur lib. 2. de hist. Eccl. cap. 26. *Ferunt aliquando Chaldæos ignem deum suum circumferentes, cum omnium provinciarum diis habuisse conflictum, quo scilicet qui vicisset, hic esse deus ab omnibus crederetur. Reliquarum provinciarum dii, æris, aut auri argentique, aut ligni, vel lapidis, vel ex quacumque materia constabant, quæ per ignem proculdubio corrumperetur ; ex quo fiebat ut ignis locis omnibus*

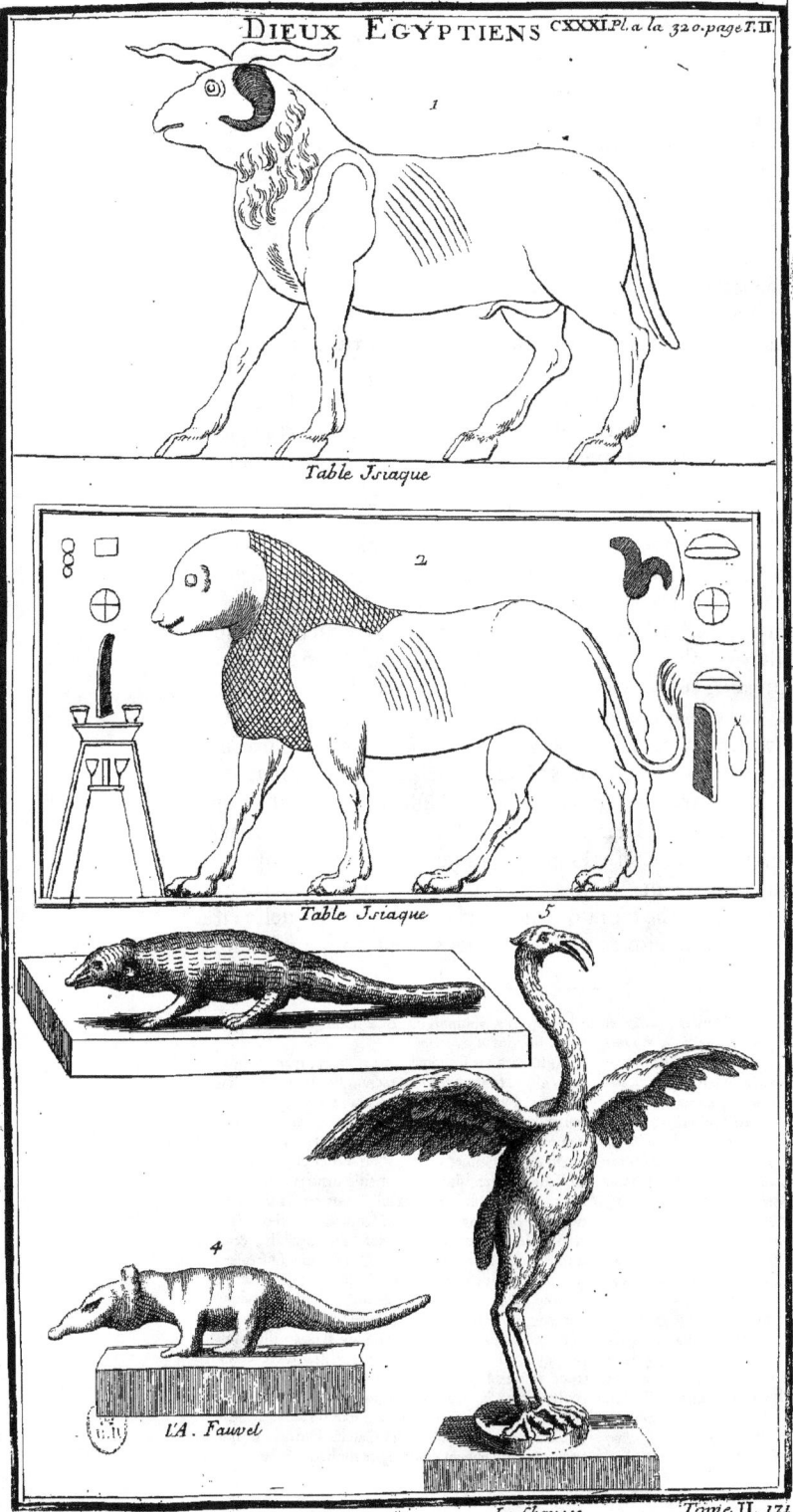

CANOPE.

que son culte s'établit en tous lieux : le prêtre de Canope aiant appris cela, « s'avisa d'un ftratageme. On faifoit en Egypte certaines cruches de terre « cuite, où on laiſſoit de petits trous imperceptibles, par lefquels l'eau trou-« ble fe purifioit : il en prit une, & boucha tous ces trous avec de la cire : il la« peignit de differentes couleurs, la remplit d'eau, coupa la tête à une idole, & « l'ajuſta audeſſus de la cruche, & la produifit comme fon dieu. Les Chaldéens« vinrent, on éprouve la force de l'un & de l'autre dieu ; on allume le feu autour« de la cruche : la cire fond, & l'eau s'écoulant par les petits trous éteint le feu ;« ainfi par la ruſe du prêtre, Canope fut vainqueur du feu des Chaldéens. On le« repreſente avec des pieds fort petits, le cou racourci, le ventre & le dos enflé.«

Nous en donnons ici quantité : le premier a été publié par M. de la Chauſſe qui l'a figuré des quatre côtez ; parce qu'il comprend une partie de la Théologie Egyptienne. Ils font [1] tous chargez de divinitez Egyptiennes, d'Iſis, d'Oſiris, d'Anubis, du crocodile, de l'épervier, du cercopitheque, eſpece de ſinge, qui étoit en honneur chez les Egyptiens, de l'eſcarbot & d'autres figures. La tête [2] raionnante au bas de la planche eſt celle de la grande Sphinx, qu'on voit encore aujourd'hui auprès des pyramides d'Egypte. PL. CXXXII. 1 2

Un autre grand Canope [1] a deux mains, de l'une il tient une feuille : il eſt tout chargé d'Hieroglyphes. On le repréſente encore dans la planche ſuivante tourné de côté, les deux faces n'aiant pû tenir dans la même planche. Celui d'après [2] a la forme d'une urne ou d'un grand vaſe, audeſſus duquel eſt repréſenté un Canope ; ce qui entoure la tête eſt tout noir, & le quarré du milieu de l'urne eſt chargé d'Hieroglyphes. Un [3] autre de M. de la Chauſſe n'a rien de remarquable : mais le ſuivant, tiré des manuſcrits de M. de Peireſc, a une tête [4] horrible, le milieu de l'urne eſt chargé d'Hieroglyphes. Celui [1] qui commence la planche ſuivante, n'eſt qu'un côté du premier Canope de la précedente. Le Canope qui jette de l'eau de tous côtez par les petits trous, ſe trouvera plus bas dans les Abraxas : il ſemble autoriſer l'hiſtoire rapportée par Rufin ; auſſi bien qu'un autre qui eſt en coquille, & dont les petits filets d'eau tombent ſur autant de caracteres Hieroglyphiques. Un autre Canope au lieu d'une tête d'homme a un bec d'oiſeau, peutêtre d'épervier. Les deux [2] autres Canopes de cette planche n'ont qu'une cruche ovale, ſur laquelle eſt une tête de femme, [3] avec quelques petits ornemens. Le Canope ſuivant, PL. CXXXIII. 1 2 3 4 PL. CXXXIV. 1 2 3

---

obtinerit. Hæc cum audiſſet Canopi ſacerdos, callidum quiddam excogitavit. Hydriæ fieri ſolent in Ægypti partibus ſictiles, undique crebris & minutis ad modum foraminibus patulæ, quibus turbida aqua defuſa lenis, defœcatior ac purior redditur. Harum ille unam cera foraminibus obturatis, deſuper etiam variis coloribus pictam, aqua repletam ſtatuit ut deum. Et exciſum veteris ſimulacri caput deſuper poſitum diligenter aptavit. Adſunt poſt hæc Chaldæi : itur in confliĉtum, circa hydriam ignis accenditur : cera qua foramina fuerant obturata, reſolvitur : ſubſtante hydria ignis exſtinguitur. Sacerdotis fraude Canopus Chaldæorum victor oſtenditur ; unde ipſum Canopi ſimulacrum pedibus perexiguis, attracto collo & quaſi ſuggillato, ventre tumido in modum hydriæ cum dorſo æqualiter tereti formatur.

Multos hic Canopos proferimus, primus ab erudito Cauceo publicatus eſt, qui eum ex quatuor partibus exhibuit, quia magnam Theologiæ Ægyptiacæ partem complectitur : quæ [1] facies omnes plenæ ſunt numinibus Ægyptiacis, præferuntque Iſidem, Oſirin, Anubin, crocodilum, accipitrem, cercopithecum, qui eſt ſimiæ genus, in honoreque fuit apud Ægyptios; ſcarabæum aliaſque figuras. Caput [2] radiatum in ima tabula magnæ Sphingis eſt, quæ hodieque viſitur prope pyramides Ægyptiacas.

Alius magnus Canopus [1] binas habet manus, quarum altera folium tenet, plenuſque hieroglyphicis characteribus eſt. Is ipſe in alia tabula ex altera facie repræſentatur, binas enim facies una capere tabula non potuit. Qui ſequitur [2] urnam refert, aut vas magnum, cui imminet Canopus : quod circa vultum eſt atro colore depingitur, & in medio urnæ ceu quadrata figura hieroglyphis oppleta eſt : alius [3] a Cauceo editus nihil ſingulare præfert : at ſequens ex manuſcripto cl. V. Peireſcii eductus, capite [4] eſt horribili, & in medio hieroglyphis eſt onuſtus. Qui in tabula [1] ſequenti agmen ducit, is ipſe eſt qui in tabula præcedenti a facie conſpicitur. Canopus aquam undique effundens per exiguos canales inter Abraxea ſchemata occurrit, quo confirmari videtur hiſtoria ex Rufino allata ſupra, quemadmodum & alius qui cochleæ more conſtructus eſt, ex cujus exigui aquæ canales in totidem hieroglyphicos characteres defluunt. Alius Canopus vice capitis humani caput avis exhibet forteque accipitris. Duo reliqui hujus tabulæ Canopi hydriam ovatæ formæ tantum habent cum [2] capite muliebri, & [3] exiguis

donné en dernier lieu par le Cavalier Maffei, est posé entre les ailes d'un griffon, qui tient une de ses pates sur une roue. Nous passons pardessus bien des mysteres & des allegories. Canope est le dieu de l'élement humide : Osiris, Orus & Harpocrate, sont pris pour le Soleil, Isis pour la Lune. On a hazardé là dessus bien des conjectures, physiques, astronomiques & morales : il s'en trouve même d'assez ingenieuses : mais comme l'on n'en est pas plus éclairci après tout cela, & que chacun tourne l'allegorie du côté qui frappe le plus son imagination ; le plus sûr & le plus court est de nous en tenir là. Il se trouve un grand nombre de Canopes sur les pierres gravées & sur les medailles : nous ne finirions point si nous voulions les rapporter tous.

III. L'escarbot, qui le croiroit ? avoit encore des honneurs divins chez les »Egyptiens. « Quelque ignorant dans les choses divines, *dit Porphyre dans* »*Eusebe*, aura de l'horreur pour l'escarbot. Mais les Egyptiens l'honorent com-»me une vive image du Soleil ; car tous ces insectes sont mâles, & jettent »dans les marêts la semence qui sert à la production. Cette semence est de »forme spherique, l'escarbot la couvre des pieds de derriere, imitant en »cela le mouvement du Soleil. On le trouve dans la table Isiaque avec la tête d'Isis, tel que nous l'allons voir, & dans les Abraxas avec la tête du Soleil. Il ne faut pas d'autre marque de la veneration que les Egyptiens avoient pour ce vil insecte. Les cabinets nous en fournissent un grand nombre : le premier est tiré de celui de M. Foucault, dont la face de dessous est toute chargée d'Hieroglyphes, tout de même que quelques autres de l'Edipe du pere Kirker. Nôtre cabinet en fournit encore quelques-uns : dont l'un a cela de particulier, qu'il paroit au milieu d'une pierre gravée, étendant ses pattes ; & que deux hommes, ou deux femmes qui sont peutêtre deux prêtresses, se tiennent devant lui les mains jointes comme pour l'adorer.

PL. CXXXV.

IV. Nous joignons à ces figures plusieurs autres petites images monstrueuses de terre cuite, que l'on trouve en grande quantité dans l'Egypte avec les *Mumies* ; les unes ont une tête d'homme, d'autres une tête de chien, de lion & de chat, & d'autres des figures tout-à-fait bizarres ; nous nous dispensons de les chiffrer. Il ne faut pas douter que ce ne soient toutes les mêmes divinitez, que les Egyptiens enterroient par tas avec leurs defunts. C'étoit, dit le pere Kirker, pour chasser les mauvais démons : il y a grande apparence que cela n'y fut mis que comme un preservatif pour les manes de leurs parens. Nous y

ornamentis. Canopus sequens non ita pridem a viro clarissimo Maffeio Equite editus, positus est inter alas gryphi, qui pede rotam tangit : allegorias & arcanas significationes præetermittimus. Canopus est deus elementi humidi ; Osiris, Orus & Harpocrates pro sole habentur, Isis pro luna : cui fundamento multæ prolatæ conjecturæ sunt physicæ, astronomicæ & morales, inter quas nonnullæ ingeniosæ exquisitæque videntur. Sed ista post eas etiam datas interpretationes incertiores interdum sumus, quam dudum eramus, & quia quisque allegoriam eo convertit, quo ab indole & ingenio suo fertur, consultius, ni fallor, hujusmodi interpretationes præetermittuntur. In nummis atque in gemmis plurimi Canopi reperiuntur, quos omnes, si afferre vellemus, nullus esset finis.

III. Scarabæus, quis credat ? divinis apud Ægyptios honoribus afficiebatur. *In divinis rebus ignarus quispiam*, Inquit Porphyrius in Eusebio lib. 3. c. 3. *a scarabæo abhorrebit ; at Ægyptii quasi vivam Solis imaginem illum in honore habebant ; omnia enim insecta hujusmodi mascula sunt, & in paludes semen generationi serviens injiciunt. Hoc semen forma est sphærica, quod semen scarabæus posterioribus pedibus operit, qua in re solem imitatur*. In tabula Isiaca cum capite Isidis occurrit, ut infra videbimus, & in Abraxæis gemmis cum capite Solis, quæ signa sunt honoris summi quo Ægyptii vile hujusmodi insectum prosequebantur : In Museis multi occurrunt scarabæi. Qui primus profertur ex Museo illustrissimi D. Foucault eductus est ; hujus inferior facies hieroglyphis est oppleta, ut etiam quidam alii in Oedipo P. Kirkeri tom. 3. pag. 523. In Museo etiam nostro quidam occurrunt, quorum unus in gemma sculptus hoc singulare præfert : duo seu viri, seu mulieres forte sacerdotes manibus junctis venerabundi stant, illeque in medio positus pedes extendit.

IV. His schematibus alia multa jungimus ex fictilibus signis monstrosas exhibentibus imagines eductа, quæ magno numero in Ægypto cum Mumiis reperiuntur. Ex his alia caput hominis habent, alia canis, leonis & felis ; alia monstris similia, quæ numeris suis annotanda non censuimus ; neque dubitandum est quin ea sint numina, quæ cum defunctis suis acervatim sepeliebant Ægyptii, idque ait P. Kirkerus ad malos abigendos dæmonas, ea cum defunctis ideo posita fuisse videntur, ut essent quasi π ϕυλακτήρια

ajoûtons

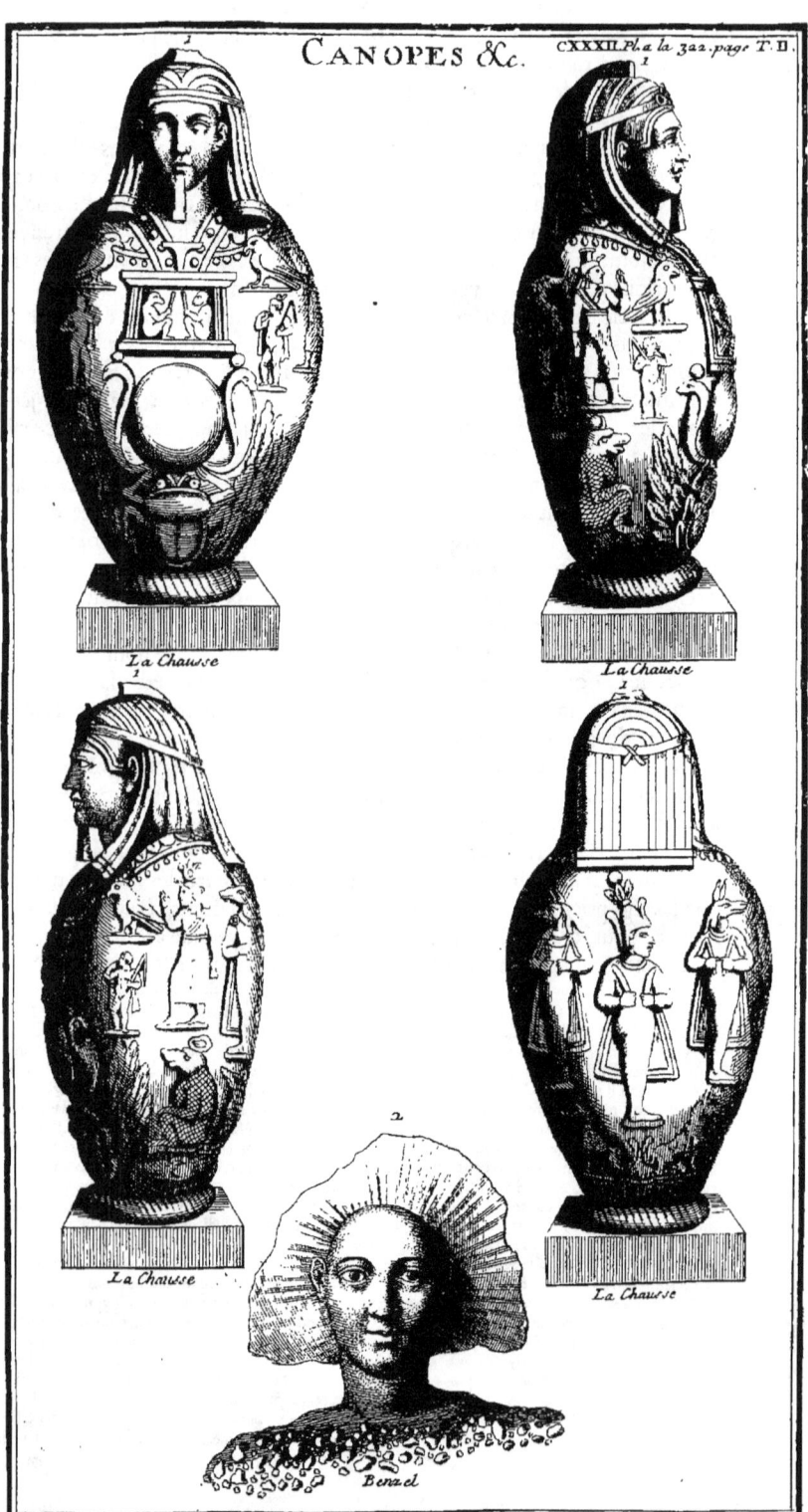

ajoûtons quelques petites figures tirées de M. Fabreti, qui entrent toutes dans la superstition generale des Egyptiens, & n'ont presque rien qui n'ait déja paru sur les rangs. S. Athanase dit que plusieurs d'entre les Egyptiens adoroient aussi les poissons : comme il étoit Egyptien lui-même, & qu'il vivoit dans des tems où la gentilité étoit encore en vogue, on peut bien l'en croire ; mais on dit cela plus communement des Syriens.

V. Les dieux dont nous avons parlé jusqu'à present étoient propres à l'Egypte, ce qui n'empêchoit pas qu'il n'eussent d'autres dieux & déesses qui leur étoient communs avec les autres nations. Saint Athanase compte entre les déesses, Isis, Proserpine & Neotera ou la jeune déesse. Cette jeune déesse étoit Cleopatre, qui est appellée θεὰ Νεωτέρα, la jeune déesse dans une medaille de Cleopatre, donnée par M. Vaillant. Cela revient à ce que dit Plutarque sur Marc Antoine, que cet Empereur fut appellé en Egypte le nouveau Bacchus, & que Cleopatre prit un habit sacré d'Isis, & fut nommée la nouvelle Isis ; nous corrigeons ici une mauvaise interprétation de Xilander, qui a ainsi tourné le passage de Plutarque : *Elle prenoit l'habit sacré d'Isis, & prononçoit des oracles au nom de la nouvelle Isis.*

L'Empereur Hadrien fit aussi en Egypte un nouveau dieu de cet efféminé Antinoüs ; on institua des prêtres en son honneur, & on lui bâtit des temples. Il y avoit même en Egypte une ville de son nom Antinoopolis. Hadrien perdit Antinoüs, *dit Spartien*, lorsqu'il navigeoit sur le Nil : il « pleura sa mort comme une femme auroit pû faire : on parloit de ce deuil « fort diversement ; quelques-uns disoient qu'il s'étoit dévoué pour Hadrien, « les autres croioient qu'il le regretoit à cause de sa grande beauté. Les Grecs » le consacrerent pour faire plaisir à Hadrien : ils assuroient qu'il rendoit des « oracles ; & c'étoit, *dit-on*, Hadrien lui-même qui les composoit. Une inscri « ption Greque en parle ainsi :

A Antinoüs Synthrone des dieux de l'Egypte, M. Ulpius Apollonius prophete.
Nous avons dit ailleurs ce que c'étoit que les prophetes du paganisme. Synthrone des dieux d'Egypte ; c'est-à-dire, participant au même throne que les dieux d'Egypte, comme nous avons expliqué ci-devant.

---

manium patentum & consanguineorum suorum. His quoque adjungimus quasdam figuras, quas ex Fabreto mutuamur, quæ omnes ad Ægyptiacam illam superstitionem pertinent, & nihil fere habent novi quod non jam in præcedentibus allatum fuerit. Athanasius lib. 1. contra Gentes p. 22. ait multos Ægyptiorum pisces etiam adorasse ; cum autem Ægyptius ille esset & illa ætate viveret, quâ profana adhuc religio vigebat, ei haud dubie fides habenda : sed piscis cultus apud Syros maxime fuisse perhibetur.

V. Dii quos hactenus memoravimus Ægyptiis proprii erant : præter hos autem deos, alios etiam habebant sibi cum cæteris nationibus communes. Inter deas, hasce Athanasius numerat, Ἶσιν, Κόρην, ἢ Νεωτέραν, Isidem scilicet, Proserpinam, & Juniorem deam. Hæc Neotera sive Junior dea videtur fuisse Cleopatra, quæ θεὰ Νεωτέρα junior dea vocatur in nummo Cleopatræ per Valentium publicato in nummis Ægyptiis Ptolemæorum pag. 189. cui nummo consentit id quod ait Plutarchus in Antonio, imperatorem nempe illum in Ægypto vocatum fuisse novum Bacchum, & Cleopatram vestem sacram Isidis cepisse, eaque sese induisse, vocatamque fuisse novam Isidem : hic pravam Xilandri interpretationem emendamus, qui hæc græca verba, στολὴν ἱερὰν Ἴσιδος Ἰνδύσατο, ἢ τῷ Ἴσις ἐχρημάτιζε, inauspi-cato sic convertit, *stolam Isidis sacram sumebat, atque novo Isidis nomine responsa dabat*, ubi vertendum erat, *stolam alteram sacram Isidis sumebat, atque nova Isis vocabatur.*

Hadrianus Imperator novum numen ex Antinoo effeminato illo juvene defuncto fecit. Sacerdotes ad ejus cultum sunt instituti, templaque constructa : urbs etiam in Ægypto erat ex ejus nomine Antinoopolis dicta : *Antinoum suum*, inquit Spartianus de Hadriano c. 14. *dum per Nilum navigat, perdidit, quem muliebriter flevit*, de quo varia fama est, aliis eum devotum pro Hadriano afferentibus, aliis quod & forma ejus ostentat & nimia voluptas Hadriani. Et Græci quidem volente Hadriano eum consecraverunt, oracula per eum dari afferentes, quæ Hadrianus ipse composuisse jactatur. Inscriptio græca sic Antinoum commemorat.

ΑΝΤΙΝΟΩ
ΣΥΝΘΡΟΝΩ ΤΩΝ
ΕΝ ΑΙΓΥΠΤΩ ΘΕΩΝ
Μ. ΟΥΛΠΙΟΣ ΑΠΟΛΛΩΝΙΟΣ
ΠΡΟΦΗΤΗΣ.

Id est, *Antinoo deorum in Ægypto consessori & throni consorti Marcus Ulpius propheta*. De prophetis profanæ religionis supra egimus.

Au bas de cette planche est un sacrifice, que M. le Cavalier Maffei qu[i] l'a donné dit être Egyptien. La victime qu'on immole est un oiseau, qu[i] pourroit être une oie : nous verrons encore plus bas des oies immolées.

In ima tabula sacrificium est, quod Eques Maffeius putat Ægyptiorum esse : quæ immolatur victim[a] avis est, utque videtur anser : anseres in Ægyptio sacrificio infra immolatos videbimus.

CHAPITRE XIX.

I. Beau monument trouvé en Espagne, où l'on voit plusieurs dieux Egyptien[s]. II. Ornement singulier d'une statue d'Isis. III. Les dieux à queue de serpent. IV. Lame d'or où ils sont representez.

Pl.
cxxxvi
1

I. LE monument suivant des plus curieux qu'on ait encore vûs, m'a été envoié d'Espagne par mon bon ami Dom Emmanuel Marti, Doie[n] d'Alicant, savant homme & très-habile dans la connoissance de l'antiquit[é.] C'est [1] un grand piedestal quarré, sur lequel étoit apparemment une statu[e] d'Isis, que l'injure du tems aura fait tomber. Des quatre faces du piedesta[l] deux sont ornées de bas reliefs, une autre a une grande inscription, & la qua[-] trième n'a rien; au moins dans ce qu'on m'a envoié. L'une des faces en bas re[-] lief, représente le dieu Anubis à tête de chien : il est revêtu d'une tuniqu[e] qui le couvre de tous côtez, & d'un manteau pardessus. Il porte une massu[e] comme garde d'Isis & d'Osiris : il portoit ci-devant un caducée ; mais les gen[s] du payis où Hercule étoit fameux par son combat contre Geryon, & par les colonnes de Gades, lui auront donné son arme pour faire son office de garde[.] Devant Anubis est l'Ibis, oiseau déifié par les Egyptiens ; & un peu plus loi[n] un palmier. Le bas-relief de l'autre côté, est cassé par le haut, la tête d'Osiri[s] a sauté : il est assis tout nu, tenant de la main droite je ne sai quel instrument[.] sur un tronc d'arbre qui est devant Osiris, se voit un oiseau dont la tête est tom[-] bée, c'étoit apparemment l'épervier son oiseau favori. Au dessous d'Osiris es[t] le bœuf Apis.

II. L'inscription qui occupe la face de devant du piedestal est des plus sin[-] gulieres. Quelques lettres des deux premieres lignes sont sautées avec l'angle de la pierre : j'ai d'abord douté si *Isidi pue..... jussu dei ne...* se devoit lire *Isidi puerperæ jussu dei Neptuni.* : à Isis la mere ou la feconde, par le commande[-]

CAPUT XIX.

I. Monumentum egregium in Hispania repertum, ubi plurimi Ægyptiorum dii. II. Ornamenta singularia statuæ cujuspiam Isidis. III. Dii serpentina cauda. IV. Lamina aurea, in qua dii hujusmodi repræsentantur.

I. INter exquisitissima sequens [1] est monumentum annumerandum, quod mihi ab amicissimo viro D Emmanuele Martino Alonensi Decano ex Hispania transmissum est, viro, inquam, doctissimo & in re antiquaria peritissimo. Est stylobates quadratus, quo nitebatur, ut puto, statua Isidis, quæ temporum injuria exciderit: ex quatuor stylobatis faciebus duæ anaglyphis ornantur ; alia vero quæ anterior facies erat, inscriptionem offert longissimam : quarta facies nihil habuit, vel saltem ad eam pertinens nihil missum fuit. Ex faciebus una Anubin deum canino capite repræsentat, qui tunica vestitur undique, superaddito pallio, clavam ille gestat ut Isidis & Osiridis custos. Supra vidimus illum caduceum gestantem ; sed quia in illa regione sculptus fuit, in qua Hercules admodum celebris erat pugna contra Geryonem, & Gaditanis columnis, incolæ ipsi clavam dederint, ut custodis fungeretur officio. Ante Anubin est Ibis avis inter deos ab Ægyptiis relata, & pone ibidem palma arbor : ab altera parte anaglyphum confractum est à suprema parte, caputque Osiridis excidit. Sedet ille nudus, nescio quod instrumentum manu dextera tenens. Ante Osiridem trunco insidet avis, cujus item caput excidit, eratque, ut verisimile est, accipiter avis Osiridi sacra. Sub Osiride Apis bos conspicitur.

II. Admodum singularis est inscriptio quæ anteriorem lapidis faciem occupat: ex duobus primis versibus aliquot literæ exciderunt cum lapidis angulo : statim legitur, *Isidi puc.... jussu dei Ne...* Primo legendum suspicabar *Isidi puerpera jussu dei Neptuni*;

PETITES IDOLES EGYPTIENNES

SACRIFICE A ISIS

DIEUX DES EGYPTIENS.

ment du dieu *Neptune* ; mais considérant depuis la chose avec plus de reflexion, & mesurant les lignes à la largeur du marbre, j'ai vû qu'après P V E il ne restoit pas assez de place pour mettre R P E R A E ; & il semble qu'il faut lire P V E L L A E : mais je ne sai si cet adjectif convient bien à Isis. Nous trouvons pourtant de semblables légendes dans les monumens, comme *Jovi juveni*, à *Jupiter le jeune* ; le sens seroit tel : « A Isis la jeune par le commandement du dieu Neptune. Fabia fille de Lucius, surnommée Fabiana, fait un « vœu en l'honneur d'Avita sa petite fille : l'argent qu'elle donne est du poids de « cent dix sesterces : elle donne de plus des riches ornemens pour la couronne, « (c'est-à-dire d'Isis) des perles au nombre de six, deux émeraudes, sept cylin- « dres, un escarboucle, une hyacinthe, deux pierres précieuses, qu'on appel- « loit *ceraunia*. Pour des pendans d'oreilles, deux émeraudes & deux perles ; « pour le collier qui est appellé ici *quadribacium*, trente-six perles, dix-huit « émeraudes, & deux dans les jointures : pour les jambes, deux émeraudes, « & onze cylindres : pour les bras, huit émeraudes, & huit perles : pour le « petit doigt, deux bagues à diamans : pour le doigt suivant, une bague à plu- « sieurs pierreries avec des émeraudes & une perle : au doigt du milieu une « bague avec une émeraude ; aux souliers huit cylindres.

In *basilio* est mis là pour, dans la couronne ; βασιλειον, *basilium*, veut dire regne ou roiaume. Les Italiens appelloient il n'y a pas longtems la couronne un *regno*, & peutêtre l'appellent-ils de même encore aujourd'hui. Dans le moien âge *regnum* se prenoit souvent pour une couronne, ou roiale ou imperiale, comme on peut voir dans le Glossaire latin de M. du Cange. *Cylindrus* & *ceraunia*, selon Pline, sont des especes de pierres précieuses. *Quadribacium* est ici pris pour un collier, qui étoit peutêtre à quatre cordons. Ce mot *in clusuris*, peut être entendu en deux manieres, ou pour les deux extrémitez du collier qui se joignent ensemble, en sorte qu'à chaque bout il y avoit une émeraude ; où pour deux châtons dans lesquels étoient enfermées deux émeraudes : ou il faut remarquer que *smaragdus* est toûjours écrit ici par un z. *In smialiis*, ce mot est absolument inconnu, & semble signifier des bracelets : car on passe de-là immediatement aux bagues des doigts. Au reste, c'est la premiere fois que je vois dans l'antiquité des diamans attachez à des bagues.

III. Nous avons déja dit que le serpent étoit un symbole du soleil. Les Egyptiens le mettoient volontiers dans leurs tables sacrées, & dans tous les

---

sed retractanti lectionem non visum est, considerata marmoris versuumque mensura, sat spatii fuisse, ut post PUE litteræ RPERAE locarentur ; *puellæ* igitur legendum videtur ; sed hoc adjectivum an Isidi convenerit videant eruditi : certum tamen est veteres arbitratu suo nomina sic diis deabusque indidisse, ut *Jovi juveni*. Re doctorum examini permissa, inscriptionem sic lego.

Isidi pue... jussu dei Ne... Fabia Lucii filia Fabiana avia in honorem Avitæ neptis piissimæ ex argento pondo centum & decem sestercium, item ornamenta, in basilio, unio & margarita numero sex, zmaragdi duo, cylindri numero septem, gemma carbunculus, gemma hyacinthus, gemma ceraunia dua ; in auribus zmaragdi duo, margarita duo ; in collo quadribacium margaritis numero triginta sex, zmaragdis numero octodecim ; in clusuris duo ; in tibiis zmaragdi duo, cylindri numero undecim ; in smialiis zmaragdi numero octo, margarita numero octo ; in digito minimo annuli duo gemmis adamantinis ; sequenti annulus polypsephus zmaragdis & margarito ; in digito summo annulus cum zmaragdo ; in soleis cylindri numero octo.

In *basilio* hic ponitur pro in corona ; βασιλειον ; *basilium*, id est, *regnum*, quo nomine haud ita pridem Itali, & forte hodieque coronam exprimunt *un regno*. Et medio ævo regnum pro corona seu regali seu imperiali usurpabatur, ut videas in Glossario mediæ Latinitatis Cangii : *cylindrus* & *ceraunia*, gemmæ erant, de quibus Plinius. *Quadribacium* hic pro torque haud dubie intelligitur, quatuor fortasse funiculis aut ordinibus distincto. Illud *in clusuris* duplici potest modo intelligi, vel pro duobus extremis torquis, quæ jungebantur, quorum in utroque smaragdus erat ; vel pro duabus palis aut fundis, in quibus clausi duo smaragdi erant, ubi notes smaragdum hic per z scribi semper. *In smialiis*, hæc vox prorsus ignota, videtur significare armillas ; nam a smialiis ad proximos annulos, qui in digitis erant, statim transit. Nusquam alias me videre memini adamantem in annulis veterum.

III. Jam diximus serpentem Solis esse symbolum, quem Ægyptii libenter in tabulis sacris & in monu-

monumens. Ils ne se contentoient pas de mêler le serpent avec leurs divinitez; les dieux eux-mêmes étoient souvent representez chez eux, n'aiant que leur tête propre avec le corps & la queue du serpent. Tel est ce ² Serapis que nous donnons: Isis se trouve avec lui avec tout le corps de femme, tenant la corne d'abondance, aiant un grand vase sous la main gauche, & presentant de la droite des feuilles de pescher à Serapis, qu'on reconnoit à sa tête couronnée d'un muid à l'ordinaire; mais dont tout le corps n'est qu'un serpent à plusieurs tours. Nous trouvons de semblables figures sur les medailles, non seulement de Serapis, mais aussi des autres divinitez. L'Apis qui suit ³ est de nôtre cabinet, il a une tête de taureau, le corps & la queue de serpent retroussée à l'extremité: il est percé par le milieu, apparemment pour le porter pendu au col, comme on y portoit plusieurs autres petites figures des dieux en maniere de bulles ou d'amulettes. Le ⁴ lion dont la tête est raionnante, & dont tout le corps est d'un serpent, est aussi tiré de nôtre cabinet; cela confirme ce que nous venons de dire, que le serpent est le symbole du soleil; puisque la tête raionnante du lion, laquelle signifie indubitablement le soleil, tant ici que dans plusieurs autres figures, tient au corps d'un serpent.

IV. Rien ⁵ de plus singulier en ce genre qu'une lame d'or, trouvée en 1694. à Malte dans le vieux mur de la ville: elle étoit roulée dans le petit étui d'or, dont nous donnons ici la forme. Cette lame contient en deux longues bandes un très-grand nombre de divinitez Egyptiennes, dont presque toutes ont la tête de quelque bête ou oiseau. On y voit plusieurs serpens entremêlez, dont quelques-uns ont des bras & des jambes, qui se terminent en queues de serpens. La petitesse des figures fait qu'on ne peut pas tirer beaucoup d'instruction de ce monument. Ce qui est à remarquer ici, est que la premiere figure a sur son dos une longue coquille, sur laquelle est un serpent: la seconde est assise, & les trois suivantes debout, celle d'après assise; & cette proportion regne assez dans la premiere bande, où après trois figures debout on en voit une assise qui tient une baguete, au bout de laquelle est une fleur, ou quelque chose d'approchant: la petitesse des figures n'en donne qu'une vue confuse; dans chacune des bandes est un serpent couché sur un autel. On remarque parmi les figures de la seconde bande une Isis assez bien formée. Il ne faut pas douter que cette lame ne contienne les plus profonds mysteres de la su-

---

mentis omnibus locabant. Nec satis habebant serpentem cum diis suis commiscere; dii ipsi sæpe apud illos cum capite suo & corpore caudaque serpentis repræsentabantur. Talis est ² Serapis ille, quem hic proferimus. Isis quoque adest cum toto femineo corpore cornu copiæ tenens & vas magnum sub sinistra manu habens, dextera vero folia persex arboris Serapidi offerens, qui Serapis ex calatho, quem capite pro more gestat, dignoscitur, cujus corpus totum nihil est quam serpens multis sinibus convolutus. Alias in nummis huic similes figuras reperimus, non modo Serapidis, sed etiam aliorum numinum. Apis³ sequens Musei nostri est taurino capite, corporeque serpentis, cujus extrema cauda revolvitur. In medio perforatus erat, idque haud dubie ut ad collum suspenderetur, quemadmodum & alia multa antiquitus suspendebantur deorum schemata, ceu bullæ aut amuleta. Leo ⁴ item radiato capite & serpentino corpore ex Musæo nostro eductus est, illoque confirmatur id quod modo dicebamus, serpentem scilicet esse Solis symbolum, quandoquidem caput leonis radiatum, quod Solem haud dubie significat, serpentis corpori junctum est.

IV. Nihil ⁵ singularius hoc in genere auri lamina Melitæ anno 1694. in veteri urbis muro reperta, convoluta autem hæc lamina erat in parva theca aurea, quam hic repræsentamus: hæc lamina duabus fasciis prælongis multa numina Ægyptiaca continet, quorum pleraque caput habent animalis cujuspiam quadrupedis aut avis. Hic plurimi serpentes immixti visuntur, quidam ex iis brachia habent, vel crura, quæ in caudas serpentis desinunt. Verum tam exigua est figurarum hujusmodi forma, ut non tam multa hinc discere possimus. Quod observatu dignum est, prima figura dorso gestat oblongam cochleam, super qua serpens; secunda sedet, tres vero sequentes stant; hinc alia sedens conspicitur: hæc sedentium stantiumque forma in prima fascia eodem fere modo procedit; post tres scilicet stantes figura alia sedens conspicitur, quæ virgam tenet, in cujus suprema parte flos, aut quid simile; sed enim adeo exigua sunt, vix ut percipi valeart. In utraque fascia serpens est super ara extensus. Inter secundæ fasciæ figuras observatur Isis non indiligenter efformata. Nihil dubium est quin hæc lamina altiora superstitionis Ægyptiacæ arcana contineat,

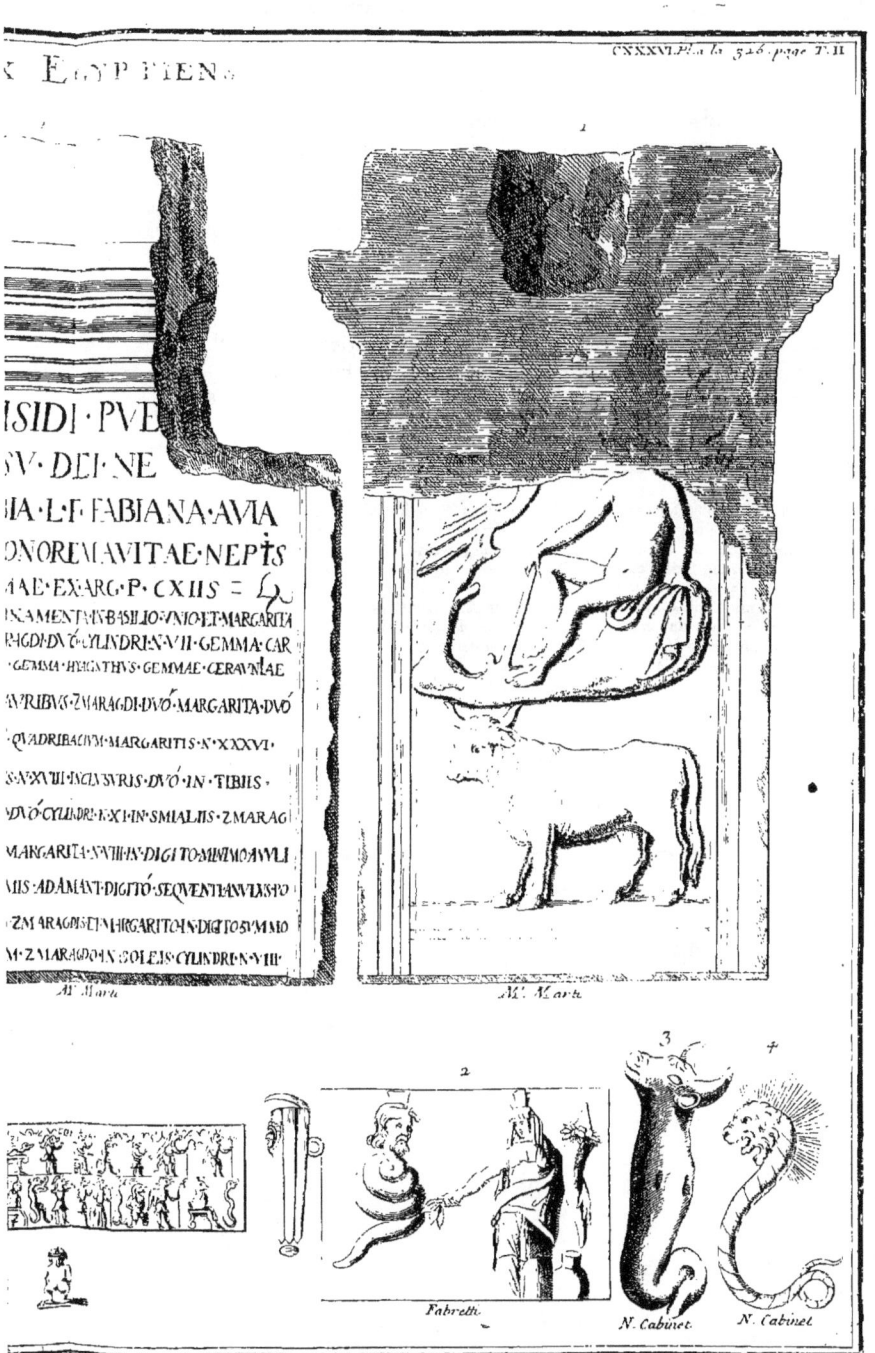

DIEUX DES EGYPTIENS.
327

perstition Egyptienne; où je ne crois pas que personne ose entrer sans crainte de s'égarer dans ses conjectures. On donne la lame de la même grandeur qu'elle étoit au cabinet du feu Cardinal Cantelmi, Archevêque de Naples, d'où la tira M. Bulifon qui l'a publiée la premiere fois: l'étui dans lequel elle fut trouvée est représenté en sa propre grandeur. Il est assez surprenant que ce monument d'antiquité ait été trouvé à Malte: apparemment quelque Egyptien qui portoit cela sur lui comme un préservatif, l'aura laissé en ce payis-là.

Tout le monde sait que les Egyptiens adoroient les plantes, & en particulier celles qui naissoient dans leurs jardins; delà vient que ce vers de Juvenal a presque passé en proverbe:

Vos dieux, ô peuple saint, naissent dans vos jardins.

On a peu de chose sur ce culte: cette nation si superstitieuse adoroit aussi le Pet. On montre aujourd'hui dans certains cabinets des figures bizarres de ce dieu [6] Pet; nous en donnons ici quelques-uns, sans garentir pourtant [6] que ce soit cela.

---

quam rem subtilius exploraturum neminem puto, ne in conjectando sæpe aberret. Lamina profertur eadem magnitudine, qua in Museo Cardinalis Cantelmii Archiepiscopi Neapolitani videbatur, unde etiam Bulifonius, qui prior publicavit, eduxit: theca item in qua lamina erat, eadem ipsa magnitudine exhibetur. Mirum est hoc antiquitatis monumentum in Melita insula repertum esse; Ægyptius forte quispiam qui hoc ceu περιυλακτήριον gestabat, ipsum in Melita insula reliquerit.

Plantas & olera Ægyptios adoravisse ignorat nemo, speciatimque eas quæ in hortis nascebantur; hinc versus ille Juvenalis Satyra 15.

O sanctas gentes, quibus hæc nascuntur in hortis Numina,

in proverbium pene exivit; de hujusmodi cultu perpauca sciuntur. Deum etiam Crepitum adorabant Ægyptii: in Museis quibusdam hujusce dei Crepitus [6] signa quædam exhibentur, quorum nonnulla damus, neque tamen esse verum deum Crepitum asserimus.

CHAPITRE XX.

I. La main & les autres membres honorez comme des divinitez, selon S. Athanase.
II. Main qui est un vœu de Cecropius, expliquée.
III. Autres mains avec leurs explications.

I. IL faut rappeller ici ce que dit S. Athanase en son livre contre les Gentils : *Quelques-uns*, dit ce saint Docteur, *ont mis au nombre des dieux des parties du corps humain prises separement, comme la tête, l'épaule, la main, le pied, ne se contentant point de rendre un culte au corps tout entier.* S. Athanase vivoit dans un païs qui étoit le siege de l'idolatrie la plus outrée, & où le paganisme étoit encore en vigueur, du moins pendant une bonne partie de sa vie. Je crois qu'il n'a dit ces choses que parce qu'il étoit bien informé qu'elles se passoient effectivement parmi les païens : les jambes, les pieds, les yeux separez, que les differens cabinets de l'Europe nous fournissent, semblent ne laisser aucun lieu d'en douter. Nous avons encore plus de raison de le croire des mains que des autres parties du corps humain : nous en trouvons un grand nombre, presque toutes chargées de têtes & de symboles des dieux, & de ces animaux qui faisoient l'objet du culte monstrueux des Egyptiens. Cela n'empêche pas que ces mains ne fussent des vœux, ou pour mieux dire des accomplissemens de vœux : car plusieurs statues des dieux que l'on offroit, ou pour en obtenir quelque chose, ou en action de graces des bienfaits reçus, étoient encore des vœux, exposez après cela à l'adoration publique.

Pl. CXXXVII.

II. La premiere [1] main que nous donnons étoit certainement un vœu fait pour une personne couchée sur la base auprès d'une oie. La main a cela de particulier, que le buste du dieu Serapis se voit sur deux doigts ; ce qui marque apparemment que le vœu étoit fait à Serapis. Tous les autres symboles se trouvent dans la [2] suivante, qui en contient un bien plus grand nombre, c'est aussi un vœu comme l'inscription le porte, CECROPIUS V. C. VOTUM S. Elle se doit entendre ainsi : *Cecropius aiant obtenu sa demande a satisfait à son vœu.* Cette main est sur une base ronde, au dessus de laquelle, sous une espece d'arcade, est une femme couchée qui tient un enfant entre ses bras. On

---

CAPUT XX.

I. Manus aliaque membra ut numina culta ab Ægyptiis secundum Athanasium. II. Manus, quæ erat votum Cecropii, explicatur. III. Aliæ manus cum explicationibus suis.

I. HIc memoria repetendum Athanasii dictum libro contra Gentes p. 9. *Nonnulli*, inquit, *partes ipsas corporis humani in deorum numerum retulerunt, easque separatim sumtas, ut caput, humerum, manum, pedem, non satis habentes cultum exercere suum erga corpus integrum.* In illis regionibus Athanasius vivebat, ubi omnium ineptissimæ sacrorum religiones obtinebant, atque ubi profanæ illæ religiones adhuc vigebant florebantque, saltem illo juvene. Hæc autem, ut puto, dixit, quia hæc tunc in more erant apud Ethnicos. Crura certe, pedes, oculi, quæ in variis Europæ Museis habentur, non dubiam rem esse suadent ; de manibus idipsum longe potius credas, quam de reliquis corporis membris ; multæ quippe occurrunt, exæque fere omnes onustæ sunt capitibus deorum aliisque symbolis Ægyptiacæ superstitionis. Hæ manus, quæ sic colebantur, vota erant, seu ut verius dicatur, votorum solutiones ; plurimæ namque statuæ deorum, quæ offerebantur, aut ad aliquid impetrandum, aut in gratiarum actionem pro collatis beneficiis, vota similiter erant, quæ postea adorationi publicæ exponebantur.

II. Prima quæ hic [1] exhibetur manus erat certissime votum pro quodam viro muliereve in ima parte imaginis prope anserem decumbente : in hac manu inter digitos erectos spectatur Serapidis calathum capite gestantis protome, quo forte significatur Serapidi votum fuisse. Reliqua autem symbola in sequente [2] occurrunt, quæ longe majorem eorum numerum complectitur, estque votum, ut inscriptione fertur : CECROPIVS V. C. VOTVM S. hoc est, *Cecropius voti compos votum solvit*. Hæc manus basi rotundæ insistit, in qua basi arcus, sub quo mulier decumbit infantem brachio gestans.

croit avec assez de vraisemblance, que ce vœu de Cecropius est pour le recouvrement de la santé de son fils malade, & qu'après avoir obtenu sa demande il accomplit son vœu en offrant cette main. La grande quantité de symboles dont elle est chargée n'a pas effraïé les Antiquaires qui l'ont expliquée. C'est une main droite, disent-ils, & cela marque que l'enfant étoit mâle; parce que la main droite est le symbole de la vertu masculine. Le vœu est fait à Ammon marqué par la tête du belier; à Isis signifiée par la pomme de pin; & à Esculape indiqué par le serpent. L'autre serpent marque la convalescence future. Le trepied, selon Suidas, marque le passé, le present & le futur, reglez par le cours du soleil, qui est le même qu'Ammon. L'urne étoit consacrée à Serapis, seigneur de l'élement humide. A l'autre côté de la main est le crocodile, qui marque peutêtre qu'Isis qui aime cet animal sera propice à l'enfant : la grenouille est expliquée d'une maniere encore plus forcée. La balance marque que l'enfant a recouvré la santé au mois de Septembre, qui est sous ce signe. Le fouet, symbole d'Isis, signifie peutêtre que la mere s'étoit exposée aux coups de fouet des Lupercales pour l'heureux accouchement. Nous passons beaucoup d'autres explications encore plus hazardées que celles-ci. Il y a apparence que ceux qui ont offert cette main si chargée d'énigmes, n'ont pas cru qu'on osât les expliquer dans des siecles aussi reculez que le nôtre.

III. Les autres mains que nous donnons reviennent assez à celle-ci, quoique moins chargées de symboles. La [3] troisiéme donnée par le P. Bonanni, a une tête de belier sur le doigt annulaire plié. Une donnée par Pignorius differe assez des autres pour les symboles : fondé sur la pomme de pin, il croit que cette main est consacrée à Cybele. Sur les deux doigts étendus, est la foudre que tiennent les serres d'une aigle : on voit sur le pouce une pomme de pin; un serpent entoure la main des deux côtez : auprès de la tête du serpent est un fouet, marque ordinaire du Soleil, qui selon la mythologie s'en sert pour animer ses chevaux. Ce fouet se remarque aussi sur la seconde main : la tortue qui est au-dessus du fouet est un des symboles ordinaires de Mercure, comme nous l'avons prouvé. Les deux bonnets ressemblent à ceux de Castor & de Pollux, & les deux croix qui sont au sommet seront là pour les étoiles des deux freres : à moins qu'on ne veuille dire que ce sont de ces croix que les anciens Egyptiens avoient coûtume de mettre aux mains de leurs dieux. Pignorius explique

---

Verosimiliter putatur esse votum Cecropii pro filio ægro, eumque voti compotem, hanc offerendo manum votum solvisse. Ingens symbolorum numerus quo illa onusta est, antiquarios non deterruit ab iis explicandis. Manus est dextera, inquiunt, eoque significatur infantem fuisse marem, quia manus dextera symbolum est virtutis masculæ : votum est Hammoni per caput arietis significato, Isidi per strobilum indicatæ, & Æsculapio serpente designato. Alius serpens valetudinem recuperandam denotat : tripus secundum Suidam significat præteritum, præsens & futurum, quæ cursu Solis reguntur, qui Sol idem atque Hammon est. Urna Serapidi sacra erat, utpote elementi humidi dominatori. In alia manus facie est crocodilus, quo forte indicatur Isidem hujusce feræ amantem propitiam fore : rana violentiore etiam modo explanatur. Libra significat infantem mense Septembri convaluisse, quia signum Septembris libra est. Flagellum Isidis symbolum significat fortasse matrem Lupercalibus flagello cædentibus sese obtulisse, ut prægnantibus in more erat, quæ illo modo putabant sibi felicem partum conciliari. Explicationes non paucas his audaciores mittimus. Verisimile sane est eos qui manum hujusmodi tot ænigmatibus onustam obtulerunt, non putasse quempiam post tot elapsa sæcula eorum interpretationem aggredi ausurum.

III. Cæteræ manus quas hic publicamus huic affines sunt, etsi minorem symbolorum numerum efferant. Tertia [3] manus a R. P. Bonanno data, annulari complicato digito caput arietis gestat. Alia manus a Pignorio pag. 2. data non parum differt ab aliis, quantum ad symbolorum rationem : ex strobilo auguratur ille manum fuisse Cybelæ consecratam ; duo digiti extensi fulmen sustentant, quod fulmen aquila ungulis arripit : pollici insidet strobilus, serpens manum undique circumvolvit. Prope serpentis caput est flagellum, nota Solis ut plurimum, qui ex mythologis illo equos suos concitat, flagellum in secunda quoque manu hujus tabulæ comparet. Testudo supra flagellum est symbolum Mercurii, ut probatum fuit in Mercurio. Duo galeri, Castoris Pollucisque pileis sunt similes ; duæ autem cruces pro stellis habendæ, quæ stellæ in galeris Dioscurorum sæpissime visuntur, nisi quis forsassse dicat cruces eas esse, quæ in manibus deorum Ægyptiorum sæpe visuntur. Pignorius

tous les autres symboles de cette main, & les applique le mieux qu'il peut, ou à Cybele, ou aux Galles ses prêtres. J'aimerois mieux dire, que cette main représente les symboles de tous les dieux: la pomme de pin de Cybele, la foudre de Jupiter, les tenailles de Vulcain, le sceptre de Junon, les bonnets de Castor & de Pollux, le croissant de la Lune, le fouet du Soleil, le serpent d'Esculape, les flutes de Pan ou de Sylvain, ou plûtôt d'Attis; puisqu'elles sont près des cymbales de la grande Mere: la faucille de Cerès, la lyre d'Apollon. La main du cabinet de * sainte Genevieve est presque la même que celle-ci. Une autre donnée par Pignorius n'a d'autre symbole qu'un serpent entortillé à plusieurs tours. Celle d'après est de nôtre cabinet, & n'a d'autre symbole qu'une fleur attachée à la main; en sorte que les feuilles y tiennent, & que le bouton est en dehors: si c'est ou la fleur du lotus ou celle du pescher, la main étoit consacrée à Isis.

sequentia symbola prosequitur, ipsaque, ut melius quadrare putat, vel Cybelæ, vel Gallis ejus sacerdotibus attribuit. Potius vero dicerem manum illam omnia deorum symbola exhibere, strobilum Cybeles, fulmen Jovis, forcipes Vulcani, sceptrum Junonis, galeros Castoris & Pollucis, bicornem Lunam, flagellum Solis, serpentem Æsculapii, Pânis fistulas sive Sylvani, vel potius Attidis, quandoquidem eæ prope cymbala magnæ Matris locantur, falcem Cereris, lyram Apollinis. Manus * ex Museo sanctæ Genovefæ edita, eadem fere ipsa repræsentat. Alia à Pignorio data solum serpentem exhibet manui circumplicatum. Quæ sequitur parva manus nostri est Musei, neque aliud habet symbolum quam florem ipsi manui hærentem, ita ut floris ipsius folia manum contingant, folliculus a tergo promineat: si flos sit aut loti, aut perseæ, manus erat Isidi sacra.

LIVRE II.

Où il est parlé de la Table Isiaque, des autres Tables Egyptiennes, des prêtres, & de plusieurs autres choses qui regardent le culte Egyptien.

CHAPITRE PREMIER.

I. Histoire de la Table Isiaque, & comment elle a été perdue. II. Plan general de la table Isiaque. III. Cette table est divisée en onze scenes : explication de la premiere, de la seconde, de la troisiéme & de la quatriéme scene.

I. UN monument des plus considerables que l'antiquité nous ait transmis, est la table qu'on appelle Isiaque ; parce qu'elle contient la figure & les mysteres d'Isis. Mais comme elle contient aussi toutes les autres divinitez de l'Egypte de toute espece, & même plusieurs fois répetées, avec un grand nombre d'actes de religion représentez ; je crois qu'on pourroit l'appeller plus proprement, Table generale de la religion & des superstitions de l'Egypte. Cette Table fut achetée au sac de Rome en 1525. par un Serrurier, qui la vendit assez cherement au Cardinal Bembo ; après la mort duquel elle passa au Duc de Mantoue : elle brilloit parmi les illustres monumens du cabinet des princes de cette maison, jusqu'en l'an 1630. que Mantoue fut prise par les troupes imperiales. Le fond étoit tout de bronze, & le dessus comme un tableau d'émail noir entremêlé de lames d'argent, avec un art admirable. Elle fut gravée dans toute sa grandeur, & avec toute l'exactitude possible par Enée Vico de Parme ; elle l'a encore été plusieurs fois depuis : mais ce soin qu'on a eu de la représenter si souvent, ne peut pas nous consoler de la perte de ce beau monument, qu'on ne pût jamais retrouver depuis la prise de Mantoue, quelque diligence qu'on pût faire pour cela. Il y a apparence que quelque

LIBER II.

Ubi de mensa Isiaca, de aliis tabulis Ægyptiacis, de Sacerdotibus Ægyptiorum, deque cæteris ad Ægyptiacum cultum pertinentibus.

CAPUT PRIMUM.

I. Mensæ Isiacæ historia, & quo casu illa perierit. II. Conspectus generalis mensæ Isiacæ. III. Hæc mensa in undecim scenas distributa est : explicatio primæ, secundæ, tertiæ & quartæ scenæ.

I. INter exquisitissima antiquitatis monumenta numeratur mensa illa Isiaca, sic dicta, quod Isidis & formam &, quæ in arcanis erant, sacra repræsentet. Sed quia omnia etiam Ægyptiaca numina cujusvis generis pluries etiam repetita complectitur, aptius vocetur Tabula generalis sacrorum & superstitionis Ægyptiacæ. Hæc vero tabula post captam Romam anno 1525. a fabro ferrario emta fuit, qui illam magno precio vendidit Bembo Cardinali, post cujus obitum ea ad Mantuæ ducem transiit ; exhinc in Museo Mantuanorum principum inter alia spectabilia cimelia, spectabilior illa visebatur usque ad annum 1630. quo Mantua ab Imperatoris exercitu capta est : ænea illa erat, faciesque ejus superior nigro tenacioreque encausto obducta erat, admixtis argenteis laminis cum artificio admirabili ; incisa autem in ære fuit ejus imago per Æneam Vicum Parmensem, idque quanta fieri potuit accuratione ; eadem qua exemplar ipsum erat magnitudine ; deindeque pluries edita fuit. Verum etsi ea pluries expressa orbi literario exposita fuerit, hinc certe non sarcitur damnum ex ea amissa partum ; post captam enim Mantuam quantavis adhibita fuerit diligentia, nunquam reperiri illa potuit, verisimileque

Pl.
CXXXVIII

soldat l'aura gâtée pour en tirer ces lames d'argent, qui suppléoient à une partie de la peinture, ne sachant pas qu'il en auroit tiré bien plus de profit, s'il l'avoit vendue entiere à ceux qui la cherchoient avec tant de soin. Cette table étoit presque une autre fois plus grande que sur nôtre image nous avons été obligez de la reduire. La séparer en plusieurs planches, comme on a fait dans l'édition du Pignorius ; cela ôte tout le rapport que non seulement les figures, mais aussi les actions représentées, ont les unes avec les autres : la mettre en son entier, elle sera si grande qu'on sera obligé à faire beaucoup de plis & de replis qui ruinent bientôt une estampe ; le plus sûr parti est sans doute celui que nous avons pris.

II. Plusieurs ont tenté d'expliquer cette mysterieuse table. Celui qui passe pour y avoir le mieux réussi est Pignorius, dont le livre fut imprimé à Amsterdam l'an 1670. c'est l'édition dont je me suis servi. Pignorius ne parle ordinairement qu'en doutant, & ne donne ce qu'il avance que comme des conjectures. Le pere Kirker venu depuis explique tout, & ne doute presque jamais : il n'y a point d'énigme qui l'embarrasse. Voici en peu de mots mon sentiment sur cette table, elle paroit toute symbolique & énigmatique : on apperçoit d'abord que cette grande quantité de figures si differentes, rangées avec ordre, renferme quelque sens mysterieux. Mais sçavoir si cela represente quelque histoire des dieux de l'Egypte, ou quelque systême envelopé de la religion du païs, ou les cérémonies, ou quelque instruction morale, ou plusieurs de ces choses ensemble ; c'est ce qu'on ne peut tenter, ce me semble, sans hazarder de s'y méprendre. Nous voyons dans cette table la figure de presque tous les dieux des Egyptiens, & nous les y reconnoissons par le secours des autres monumens. Une autre chose qu'on y remarque aisément, c'est que comme dans un théatre on y voit plusieurs actions distinctes, où les mêmes personnes reviennent souvent, & où elles se trouvent encore quelquefois repetées dans la même action.

III. La table est divisée en trois larges bandes, & chaque bande est distinguée en plusieurs parties ou actions differentes : dans la premiere j'en remarque quatre, dans la seconde trois, & dans la troisiéme quatre ; onze parties qui font comme onze scenes d'un Acte. La premiere personne est le dieu Osiris qui a d'une main un anneau où tient une croix, dont nous avons parlé au chapitre d'Isis ; & de l'autre main un bâton, au bout duquel est une tête

---

est militem quempiam adeptum illam, laminas argenteas evulsisse & labefactasse totam, ignarum scilicet se pluris illam integram intactamque venditurum fuisse iis, qui illam summo studio perquirebant. Tabula fere duplo grandior erat ea quam nos hic exhibemus : minorem exhibendam esse putavimus, quia si illam in plurimas minores tabulas dissectam exhibuissemus, ut in editione Pignorii actum est, affinitatem, quam partes singulæ cum tota tabula habent, abstulissemus ; si integram dedissemus, eadem qua exemplar erat magnitudine, sæpius complicata tabula cito periisset.

II. Arcanam hanc seu mensam seu tabulam explicare multi tentaverunt : qui longe melius, quam cæteri, rem suscepisse & exsequutus esse putatur, Pignorius est, cujus editione Amstelodamensi anni 1670. usus sum. Pignorius subdubitans semper, metuensque conjecturas expromit suas ; P. vero Kirkerus rem post illum aggressus, omnia explanat, nunquam fere dubitat, explicantem nullum ænigma moratur. Quid de tabula illa sentiam hic paucis expromam : ea symbolica tota & ænigmatica videtur. Statim intelligitur hunc tantum schematum tam diversorum, illo ordine positorum numerum, aliquem complecti sensum arcanum. Verum an aliqua hic historia numinum Ægyptiacorum, an aliquod obscurum involutumque σύστημα religionis istius, an ceremoniæ religionis ejusdem, an aliquæ præceptiones morales, an hæc, inquam, aut ex his plura simul repræsententur dicere ; id non videtur sine errandi periculo tentari posse. In hac tabula omnium fere deorum Ægyptiacorum formam conspicimus, quos aliorum monumentorum adminiculo internoscimus. Aliud etiam hic facile observatur, nempe quasi in theatro scenas multas & acta reperiri, ubi eædem personæ pluries occurrunt, imo & in eadem ipsa scena aliquando reperuntur.

III. Tabula tres in partes oblongas dividitur, paresque singulæ in plures scenas seu actus distribuuntur. In prima parte quatuor scenæ, in secunda tres, in tertia quatuor ; eæ sunt ceu undecim scenæ. Qui primus occurrit est deus Osiris, qui altera manu annulum tenet, cui hæret crux, de qua superius ubi de Iside ; altera manu baculum, in cujus suprema parte

d'oiseau : il y a apparence que la seconde personne est un prêtre, qui immole un animal ressemblant au chevreuil : son ornement de tête qui est un grand panache, se trouve souvent dans les figures Egyptiennes, quoiqu'un peu moindre que celui-ci. Ce prêtre fait ce sacrifice à la déesse Isis qu'il regarde fixement : elle est devant lui, tenant de la main droite un bâton, au bout duquel est une fleur, & de l'autre un anneau avec une croix, comme ci-devant. Nous avons déja parlé ailleurs de son ornement de tête. Dans la seconde scene, Osiris qui tient une pique de la main droite, presente un oiseau à Isis, qui lui presente aussi de son côté un gobelet. Derriere Isis est un homme qui tient d'une main un gobelet, & de l'autre une espece d'instrument qui ressemble à une serpe : entre Isis & Osiris est audessus un bouc, qui étoit honoré comme dieu parmi les Egyptiens, sous le nom de Mendés; & audessous est une espece de singe, que l'on nommoit Cercopitheque, auquel cette nation rendoit aussi des honneurs divins.

La troisiéme scene a trois personnages : le premier a sur sa tête un serpent ou un dragon à tête d'oiseau, qui s'éleve bien haut ; il tient de la main droite un rameau, & de la gauche un grand bâton recourbé par le haut ; c'est une Isis, selon Pignorius. Il paroit plus certain que la figure qui vient ensuite est un Osiris, qui ressemble assez au premier de cette bande, & qui porte les mêmes symboles. La figure suivante qui regarde Osiris, & qui tient une espece de fleur de la main droite, est une Isis. L'animal qui est entre les deux est un griffon consacré au Soleil.

La quatriéme scene qui termine la premiere bande a encore trois personnages, dont le premier est Osiris, qu'on connoit à son bâton à tête d'oiseau : il presente d'une main un gobelet à une autre figure, qu'il n'est pas aisé de reconnoitre, & qui tient de la gauche un Hieroglyphe qu'on ne connoit point, & de la droite un bâton recourbé. Isis qui vient après est toute semblable à celle de la premiere scene.

---

caput avis. Secunda persona sacerdos esse videtur, qui animal quodpiam fortasse capreolum immolat: ornatus capitis, qui præaltis pinnis constat, sæpe occurrit in imaginibus Ægyptiacis, sed plerumque minor isto : sacrificium autem offerre videtur Isidi, quam etiam respicit ; illa vero stat dextera baculum tenens florem in suprema parte habentem, altera vero annulum cum cruce, ut supra : de cruce illa Ægyptiaca jam supra actum est : de ornatu capitis Isidis sæpe diximus. In secunda scena Osiris hastam dextera manu tenens, Isidi avem offert, quæ vicissim Osiridi cululum porrigit. Pone Isidem vir est altera manu cululum, altera aliud instrumentum tenens, falci simile. Isidem inter & Osiridem est hircus, qui, ut supra diximus apud Ægyptios ut deus colebatur, appellabaturque Mendes, & sub eo quædam ceu simia, quam Cercopithecum vocabant, cui etiam hæc superstitiosa natio divinos honores attribuebat.

Tertia scena tres personas exhibet : primæ capiti serpens vel draco imminet, qui serpens est capite volucris : hæc manu dextera ramum tenet, sinistra vero baculum recurvum, quasi pedam pastoris : hanc Isidem esse existimat Pignorius ; sed certius dici posse videtur personam sequentem esse Osiridem, qui primo Osiridi similis omnino est, iisdem symbolis instructus. Quæ sequitur persona Osirin respiciens & quasi florem manu dextera tenens, Isis est : inter ambos est gryphus, animal Soli sacrum.

Quarta scena, quæ primam tabulæ partem terminat, tres & ipsa personas refert, quarum prima Osiris est, qui ex baculo in caput avis desinente dignoscitur, alteraque manu personæ sequenti, quam vix internoscas, cululum offert : hæc sinistra tenet characterem quempiam hieroglyphicum, quem quis agnoverit: dexteraque baculum recurvum. Isis quæ postea sequitur, eodem cultu est quo ea Isis quæ in prima scena conspicitur.

CHAPITRE II.

I. Suite de l'explication de la table Isiaque: la cinquiéme & la septiéme scene. II. La sixiéme scene est la plus considerable, & comme le centre des autres. III. Explication des quatre scenes qui restent.

I. La cinquiéme scene, qui est la premiere de la seconde bande, est differente des précedentes. Entre deux Isis qui se regardent, & dont chacune tient une fleur panchée, s'éleve une espece de colonne sur laquelle est une tête, qu'on croit être d'un chat ou du dieu Ælurus, qui soutient une espece de boisseau avec des anses. Par dessus tout ceci est le taureau Apis, au devant duquel est un prêtre Egyptien qui lui presente deux gobelets: entre le prêtre & Apis est une espece de pupitre, je ne sai à quel usage. Derriere Apis est un autre prêtre: Pignorius croit que ces deux prêtres observent si Apis a les vraies marques qui le distinguent: il faut remarquer qu'à l'extrémité de cette bande il y a une scene toute semblable à celle-ci, à cela près que la tête du chat n'y paroit pas, & que le taureau qui fait un regard avec le précedent, n'a pas les mêmes couleurs. Ce qui fait que l'on prend celui-ci pour le taureau ou le bœuf Mnevis; qui, comme nous avons dit ci-devant, étoit honoré en certaines parties de l'Egypte, comme Apis l'étoit universellement.

II. Ces deux petites scenes sont aux extrémitez, où elles sont comme des compartimens pour orner la grande scene qui est entre elles, & qui occupe le milieu de la table Isiaque. Il y a sept personnages, dont le principal est celui du milieu; c'est une Isis assise entre des colonnes qui soutiennent une architrave & une corniche. Isis est là dedans comme dans un throne: elle est assez semblable aux précedentes, à son ornement de tête près qui est fort extraordinaire. Elle a d'abord sur la tête un oiseau couché, qui étendant ses ailes les baisse presque jusqu'aux épaules d'Isis. Cet oiseau est tout moucheté, ce qui fait que quelques-uns croient que c'est *Numidica guttata*, la poule de Numidie mouchetée de Martial: audessus de l'oiseau sont comme deux tiges qui s'étendent des deux côtez, & qui ont des boutons au bout; & pardessus ce-

CAPUT II.

I. Mensæ Isiacæ explicatio continuatur: de quinta & septima scena. II. Sexta scena omnium insignissima & quasi centrum aliarum. III. De scenis quatuor quæ supersunt.

I. Quinta scena, quæ prima est secundæ partis, a præcedentibus differt: inter duas Isides quæ se mutuo respiciunt, quæque singulæ inversum florem tenent, erigitur quædam ceu columna, cui impositum caput, quod ex auribus felis esse conjicitur, sive dei Æluri, cujus capiti imminet calathus ansatus. Super has figuras est taurus Apis, & ante Apin sacerdos Ægyptius, qui ipsi cululos duos offert: inter sacerdotem & Apidem est ceu pluteus, nescio cui usui. Pone Apidem alius sacerdos est; putat Pignorius hosce duos sacerdotes explorare num Apis veras notas, quibus distinguebatur, præ se ferat. Observandum est ad alteram oppositamque hujusce partis oram, scenam esse huic consimilem, hoc uno discrimine, quod felis caput non ibi compareat, & quod taurus, qui alium sibi oppositum respicit, non sit eodem colore: hinc est quod hic pro Mnevi seu tauro seu bove accipiatur; qui Mnevis, uti supra diximus, in quibusdam Ægypti partibus colebatur, ut Apis in omnibus.

II. Hæ duæ minores scenæ ad duas extremas oras sunt constitutæ, ut alternum quodpiam ornamentum efficiant decorandæ scenæ omnium maximæ, quæ medium tabulæ Isiacæ sive centrum occupat: in ea septem sunt personæ, quarum præcipua in medio posita Isis est sedens inter columnas, quæ coronidem & epistylium sustentant. Isis hic velut in magnifico solio sedet, præcedentibus Isidibus sat similis, ornamentum capitis si excipias, quod hic admodum singulare visitur. Quod primum observatur est avis super caput Isidis decumbens, quæ alas extendit demittitque fere ad humeros usque Isidis, avis guttata prorsus est maculisque distincta, quæ causa est ut quidam existiment esse Numidicam guttatam a Martiale 3. 58. memoratam,

Et picta perdix, Numidicæque guttatæ.
Supra avem sunt duo ceu surculi, qui utrinque extenduntur, & folliculis terminantur; supra surculos vero

tiges deux grandes cornes qui renferment un disque, marque ordinaire des dieux Egyptiens. Isis tient de la main droite un bâton, au bout duquel est une fleur, & éleve la gauche comme une personne qui gesticule en parlant. A la base de ce throne est un Canope & un griffon couché, qui a sur la tête un croissant, ou peutêtre une gondole, & pardessus une grande étoile qui marque le Soleil. Les six autres figures sont toutes tournées vers Isis, trois devant & trois derriere. A considerer les deux personnages qui sont auprès du throne d'Isis, l'un devant & l'autre derriere, ils paroissent là comme des gardes du corps. Chacun d'eux tient une grande pique, dont le haut se termine en deux grands bâtons recourbez par le haut comme une crosse d'évêque. Le personnage de derriere est un homme qui porte une espece de bandouliere. Pignorius croit que ce pourroit être un Osiris : le personnage de devant est une femme. Je ne parle point des ornemens de tête à l'Egyptienne, si souvent repetez ci-devant, & dont on ne connoît guere les mysteres. Entre ces deux gardes du corps & le throne, sur une espece de colonne, sont deux serpens ou dragons, un de chaque côté. Les deux personnages suivans de chaque côté qui sont les plus éloignez du throne sont assis. Celui de derriere a sur le corps d'un homme la tête d'un Ibis, oiseau d'Egypte dont nous avons parlé. Il tient de la main droite un anneau, auquel tient une croix ; & de la gauche un grand bâton, au bout duquel est une tête, apparemment celle qui devoit être sur ses épaules, en la place de laquelle est celle d'un Ibis. Sous le siege de cette figure sont deux crocodiles, & au haut entre la figure assise dont nous parlons & la précedente, est un oiseau qui étend ses ailes. L'autre figure assise qui répond à cette derniere est un Osiris, qui ne differe des précedens que par un panache extraordinairement grand. Il tient de la main droite le bâton à tête d'oiseau, & de la gauche l'anneau où tient la croix. Sous son siege est un homme qui tient la fleur du Lotus sur une tige ou sur un bâton, & qui a un genou à terre : il y a plus bas un lion avec quelques Hieroglyphes. Au haut, audessus du bâton d'Osiris, est un oiseau qui a les ailes étendues & rabatues ; c'est le même qu'on voit sur la tête d'Isis. Pignorius, comme nous l'avons dit, croit que c'est la *Numidica Guttata* de Martial ; c'étoit une espece de volaille de Numidie, qu'on nourrissoit dans les bassecours, comme les oies & les poules : cet oiseau est tout moucheté;

duo magna cornua, quæ discum complectuntur, notam scilicet vulgarem deorum Ægyptiorum. Isis manu dextera tenet baculum flore terminatum ; sinistram autem erigit concionantis more, ac vere concionantem illa gestu refert. Ad solii basin est Canopus, & gryphus decumbens, qui bicornem lunam capite gestat, sive fortasse naviculam, in qua astrum maximum sive Sol ipse. Sex aliæ figuræ ad Isidem omnes sunt conversæ, tres ante illam, & tres a tergo : si duæ illæ prope Isidis solium, altera ante, altera a tergo positæ personæ considerentur, satellitum ex seu custodum officio fungi viderentur ; utraque tenet hastam, quæ superne duobus ceu lituis terminatur, iis similibus quos episcopali baculo imponunt. A tergo autem qui custodit vir est transversum balteum gestans ; suspicatur Pignorius Osirin esse : quæ coram Iside ponitur custos, mulier est. De capitis ornatibus nihil dico : nam cum præmissis aliquibus consonant, eorumque mysteria non cognitu facilia. Inter satellites illos duos & solium utrinque serpens erectus columnæ insistit. Duæ sequentes personæ hinc & inde a solio Isidis remotiores, sedent ambæ : quæ pone Isidem est humano corpore, caput habet Ibidis avis Ægyptiæ, de qua paulo ante sermonem fecimus. Manu dextera annulum tenet, cui crux hæret, & sinistra baculum, cui innititur caput Ægyptio more concinnatum, estque, ut videtur, illud quod humeris personæ illius hærere debuit, quæ Ibidis caput habet : sub ejus figuræ sella duo crocodili sunt aversi, & superne inter personam de qua prius, & hanc cujus jam mentio est avis extensis ac demissis alis. Alia figura sedens, quæ ex alio latere est & ad hanc respicit, est Osiris, qui a præcedentibus Osiridibus tantum differt altioribus pinnis capiti impositis : is manu dextera baculum tenet avis capite terminatum, sinistra annulum, cui crux hæret : sub illius sede vir est florem loti tenens baculo impositum, genuque flectens; sub illo leo cum hieroglyphis quibusdam : supra baculum Osiridis sublimis tenet avis capite extendit ac demittit, ut antehac, ei similis quæ capiti Isidis insidet. Pignorius, ut jam diximus, putat esse Numidicam guttatam a Martiale commemoratam ; eratque Numidicum volatile, quod in corribus solebant alere cum anseribus atque gallinis : guttata seu maculis distincta avis est, quo signo

c'est à cette marque que Pignorius a cru le reconnoître. Les deux figures qui occupent les deux extrémitez de cette scene sont tout-à-fait remarquables. Ce sont deux femmes qui se ressemblent presque entierement. Pignorius les prend pour des Isis. Ce seroit quatre fois la même divinité répetée dans la même scene : mais cela ne doit point surprendre dans les monumens Egyptiens. Elles ont un ornement de tête semblable, de grandes cornes, avec un panache sur un disque ; où sont représentées, à ce que l'on croit, les marques d'une operation faite sur Osiris rendu eunuque. Elles ont une grande chevelure, & ce qui est fort singulier, de grandes ailes sur la hanche qui s'étendent bien avant jusqu'à terre : chacune a une main élevée, & tient de l'autre main un grand couteau recourbé par le haut, ou une faulx, qu'elles avancent contre un vase appuié sur une espece de gueridon. Je croirois volontiers que ces deux femmes seroient deux prêtresses d'Isis, qui porteroient l'ornement de tête de leur déesse ; ce qui n'est pas sans exemple. Audessus de celle qui est derriere le throne, est un oiseau à visage de femme qui a des cornes sur la tête. Pignorius la prend pour une Sirene : elle ressemble en effet à quelques-unes de celles que nous avons données au chapitre des Sirenes & des Harpyes. Audessus de l'autre, qui est à l'extrémité opposée, est un épervier, oiseau consacré à Osiris. Cette grande scene qui occupe tout le milieu de la table pourroit bien être celle à laquelle toutes les autres ont rapport. Isis sur son throne occupe le centre de la table : elle est en effet comme le centre de la religion Egyptienne. Peut-être pourroit-on dire que chacune des scenes represente une solennité ou une fête qui se faisoit en Egypte, & où les representations étoient les mêmes, & que celle du milieu est la grande fête d'Isis ; mais ce n'est qu'une conjecture.

Je ne dirai rien de la septiéme scene, qui fait la troisiéme de la seconde bande. Elle a été suffisamment expliquée à la cinquiéme qui lui est toute semblable.

III. La huitiéme scene a trois personnages ; dont celui du milieu est dans une espece de quadre orné de fleurs : il est comme emmailloté depuis le cou jusqu'aux pieds ; ensorte pourtant que les mains sont libres. C'est le dieu Orus fils d'Isis & d'Osiris : il tient des deux mains un long bâton terminé par une tête d'oiseau, & traversé par un autre plus petit qui fait une croix : il sort aussi de ses deux mains un bâton augural recourbé par le haut, & un autre instru-

eam Pignorius Numidicam guttatam esse suspicatus est. Duæ figuræ quæ extremas scenæ hujus oras occupant, observatu dignæ sunt : duæ sunt mulieres inter se pene similes, Pignorius esse Isides existimat ; sic autem Isis quater in una eademque scena reperetetur, quod tamen in Ægyptiis monumentis non mirandum. Ambæ ornatum capitis eumdem exhibent, cornua magna pinnasque disco imposita, in quo disco testiculi, ut putantur, Osiridis visuntur : ambæ longo capillitio exornantur, quodque singularissimum est, ingentes alas clunibus impositas, quæ extensæ demittuntur ante utramque mulierem longius procedentes, quæ visu melius percipiuntur. Singulæ manum alteram erigunt, alteraque manu gladium recurvum seu falcem tenent, quam vibrare videntur contra vas columellæ cuipiam impositum. Libenter crederem hasce mulieres esse sacerdotes Isidis, quæ ornatum deæ suæ capite gestarent, quod exemplo non vacat. Supra illam mulierem quæ a tergo solii consistit, est avis muliebri atque cornuto capite ; Sirenem esse Pignorius existimat, & vere similis est aliquibus ex iis Sirenibus quas primo tomo repræsentavimus, ubi de Sirenibus & Harpyis. Supra aliam huic oppositam mulierem est accipiter Osiridi sacer. Hæc grandior scena, quæ medium tabulæ totius occupat, ea esse videtur, ad quam aliæ omnes referuntur. Isis in solio sedens centrum tabulæ occupat, estque veluti ceu centrum superstitionis Ægyptiacæ. Quis scit an quælibet scena solennitatem quamdam seu festum diem non repræsentet, qui in Ægypto eodem quo sic modo exprimeretur, & an ea, quæ mediam tabulam occupat, Isidis non sit magna solemnitas ?

De septima scena, quæ secundæ partis tertia est, nihil dicam ; ea enim cum quinta supra, quæ ipsi similis est, satis explicata fuit.

III. Octava scena tres continet personas ; quæ medium inter illas locum occupat, in quadrato oblongo floribus ornato locatur : ea vero a collo ad pedes usque fasciis constricta est, ita tamen ut manus sint liberæ : est autem Orus deus, Isidis & Osiridis filius ; ambabus ille manibus baculum tenet avis capite terminatum, & alio brevissimo baculo decussatum, quo crux efficitur. Ex ejus quoque manibus lituus seu auguralis virga erumpere videtur, itemque aliud instru-

LA TABLE ISIAQUE.

ment angulaire qui pourroit être un fouet mal representé. Ce fouet se trouve souvent dans ces figures Egyptiennes, & marque, comme nous avons dit, la course du soleil, qui dans son char anime ses chevaux d'un fouet, selon la mythologie. Derriere Orus est sa mere Isis, qui tient de la main droite un long bâton terminé par une fleur, sur laquelle s'éleve un dragon qui a un soleil sur sa tête: elle tient de l'autre main une coupe ou un gobelet, qu'elle avance vers son fils Orus. Du côté opposé est une autre Isis qui a un épervier sur la tête, & qui presente à son fils Orus une tablete sur laquelle sont cinq gobelets.

La neuviéme scene represente Isis assise entre deux Osiris, dont l'un a ses symboles ordinaires, & l'autre lui presente un oiseau.

La dixiéme scene a trois personnages : celui du milieu est un Osiris assis à tête d'épervier ; il tient de la main gauche un bâton courbé, & avance sa droite vers Isis, qui lui presente d'une main une coupe ou un gobelet, & de l'autre une plume d'oiseau, à ce que l'on croit ; car cela n'est pas aisé à distinguer. Isis a sur la tête un ornement ; c'est une tête de chat malfaite, ornée de fleurs & de boutons, qui se répandent de tous côtez comme des raions. De l'autre côté d'Osiris est une autre Isis qui a un oiseau couché sur la tête, comme ci-devant, & pardessus de grandes cornes, entre lesquelles est un soleil.

La onziéme & derniere a cinq personnages, dont le principal est une Isis à tête de lion : la premiere figure qui est devant Isis est un Anubis à tête de chien & au corps d'homme. Celle d'après est un Osiris, qui tient d'une main une grande pique, comme ci-devant, & de l'autre ce qu'on lui avoit ôté en le faisant eunuque. Du même côté plus loin d'Isis, est le petit Orus emmailloté, comme cidevant ; & audessus de lui un chat devant un sistre. Derriere Isis à tête de lion, est un autre Osiris, qui tient une grande pique recourbée par le haut, & qui a sur la tête un grand serpent. Nous voilà à la fin d'un ennuieux recit.

---

mentum, quod flagellum male concinnatum esse posset. Hujusmodi flagellum in Ægyptiacis schematibus sæpissime occurrit, atque ut jam diximus, Solis cursum denotat, qui Sol in curru suo flagello equos concitat secundum mythologos. Pone Orum est Isis mater, quæ manu dextera longum baculum tenet flore terminatum, supra florem draco est Solem capite gestans : altera manu culullum tenet, quém Oro filio offert. Ad oppositam partem alia Isis accipitrem capite gestans Oro filio tabellam offert, cui impositi cululli quinque.

Nona scena Isidem duos inter Osirides sedentem exhibet, quorum unus symbola solita gestat, alius avem ipsi offert.

Decima scena tres personas refert ; in medio Osiris est sedens cum capite accipitris, qui manu sinistra baculum recurvum tenet, dexteramque tendit versus Isidem, quæ ipsi altera manu culullum offert, altera avis plumam, ut videtur, neque enim ita facile res percipitur. Ornatum capite gestat Isis admodum singularem, est caput felis floribus atque folliculis decoratum, qui undique ceu radii effunduntur. Ad aliud Osiridis latus est Isis altera, quæ avem in capite suo decumbentem gestat ut antea, insuperque cornua grandia, quæ Solem complectuntur.

Undecima ultimaque scena quinque personas habet, quarum præcipua est Isis leonino capite : prior ante Isidem persona est Anubis canino capite, humano corpore ; quæ sequitur est Osiris, qui altera manu hastam gestat ut antehac, altera exsectos testiculos, ut in fabula fertur. Ad idem latus ab Iside remotior Orus fasciis involutus est ut antea; supra Orum vero felis ante sistrum. Pone Isidem illam leonino capite, alius Osiris est, qui hastam tenet a suprema parte recurvam, serpentemque ingentem capite gestat. Hæc monstrorum series non sine tædio percurritur.

CHAPITRE III.

I. Explication de la bordure mystique qui environne de tous côtez la table Isiaque. II. Combien l'explication de cette table est difficile & impenétrable III. On rejette l'explication du P. Kirker. IV. Autre table Egyptienne V. Divinité singuliere d'Egypte. VI. Troisiéme table Egyptienne.

I. LA bordure qui regne tout autour de la table est encore fort mysterieuse. Comme il y a peu de ses parties dont nous n'ayions déja parlé nous nous contenterons de faire une courte description de ce qu'elle contient, en passant plusieurs petits Hieroglyphes, dont elle est toute semée. Aux quatre angles de la table sont quatre roses, une à chaque angle, qui separent les quatre cotez de la bordure. Celui d'en haut a d'abord un chat, ensuite un oiseau à tête d'homme, un lion, un prêtre à genoux devant les marques de l'operation faite sur Osiris, un serpent à tête d'oiseau avec des ailes, une grenouille sur une table ou sur un autel, une Sphinx ailée; un homme, ou peutêtre un prêtre un genou en terre, qui a un croissant sur la tête, & tient une plume. Ensuite un bateau occupe le milieu de la bordure: on voit dans ce bateau un homme qui le conduit avec un aviron, le taureau Apis devant une espece de pupitre, une autre figure Egyptienne, qui a le croissant sur la tête; après quoi on remarque un homme le genou en terre devant la fleur du Lotus; un épervier; la tête d'un bouc sur un autel; un homme le genou en terre, qui tient un gobelet d'une main, & une pointe de l'autre; un belier qui pardessus ses propres cornes a encore celles du bouc; le singe appellé Cercopitheque assis qui a le croissant sur la tête, & tient un gobelet; un prêtre un genou en terre, qui tient un gobelet de la main droite, & éleve la gauche devant un autel chargé de deux gobelets, & d'autres choses qui s'élevent en un monceau; le tout surmonté d'une croix bien formée. On voit ensuite un Canope & une Sphinx à tête d'oiseau, qui a un croissant sur la tête & un disque à la maniere des dieux des Egyptiens. Voilà ce que contient la bordure d'en haut.

Celle du côté suivant commence par une Sphinx, ou un lion à tête d'oiseau; ensuite paroit un autel qui a une pointe sur le milieu, & à chaque côté un gobelet dans lequel est un rameau: un homme qui tient un rameau, un ge-

---

CAPUT III.

I. Explicatio oræ mysticæ, quæ mensam Isiacam undique terminat. II. Quam arcana sit hujus mensæ significatio. III. Kirkeri explicatio rejicitur. IV. Altera Tabula Ægyptiaca. V. Numen Ægyptiacum singulare. VI. Tertia Tabula Ægyptiaca.

I. ISiacæ tabulæ ora Ægyptiacis mysteriis undique est oppleta: cum pauca sint in illa de quibus superius actum non sit, singula cursim enumerabimus; hieroglypha vero quædam hinc inde sparsa prætermitteremus. In quatuor tabulæ angulis quatuor rosæ sunt singulæ in singulis, quæ rosæ quatuor oræ latera separant. In suprema tabulæ ora felis statim conspicitur, postea sequuntur avis humano capite, leo, sacerdos genu flexo ante exsectos Osiridis testiculos, serpens capite volucris alatus, rana mensæ insidens seu aræ, sphinx alata, vir forte sacerdos genu flectens, qui bicornem Lunam capite gestat & plumam tenet. Post hæc scapha mediam oræ partem occupat; in scapha visuntur vir remo eam ducens, Apis taurus ante pluteum, & alia Ægyptiaca figura, bicornem item Lunam gestat. Postea videntur vir genu flectens ante florem loti, accipiter, caput hirci aræ impositum, vir genu flexo, qui culullum altera manu, aculeum altera tenet; aries, qui præter cornua sua alia hirci cornua habet; simia, seu cercopithecus sedens, qui bicornem capite lunam portat, & culullum tenet; Sacerdos genu flexo, qui dextera culullum tenet, & sinistram erigit ante aram duobus onustam culullis, aliisque rebus quæ quasi acervatim eriguntur; in suprema autem parte crux est: postea canopus & sphinx cum avis capite & bicorne Luna atque disco pro more Ægyptiorum deorum. Hæc in suprema ora.

In laterali autem ora sequenti sphinx est, aut fortasse leo cum capite volucris; hinc ara, in cujus medio acumen & ad latera singula culullus, in quo ramus: vir ramum tenens genu flectens ante aram, videtur

nou

nou en terre devant l'autel ; c'est apparemment un prêtre; un lion couché, qui a le croissant sur la tête, & un gobelet devant lui, une grenouille sur un autel, un oiseau qui étend de grandes ailes, & qui a d'autres ailes pliées sur son corps; un homme, un genou en terre, qui a sur la tête des cornes de bouc, & qui tient un gobelet d'une main & éleve l'autre; une Sphinx à tête d'oiseau avec des ailes, qui tient une épée d'une patte ; un Ibis; un serpent ailé à tête de femme; un vase long & haut qui se termine par une croix, lequel est posé sur un autel, & des deux côtez duquel tombe une liqueur dans deux gobelets; un oiseau tel que nous l'avons vû ci-devant, que Pignorius croit être la *Numidica Guttata* de Martial.

Le troisième côté de la bordure, qui est celui d'en bas, représente premierement un homme qui ressemble à un Osiris : il tient de la main droite un bâton courbé, & de la gauche un gobelet. Ensuite vient un dragon ou serpent à tête de femme, qui étend ses ailes ; une espece de monstre à tête d'homme, étendu sur un lit à quatre pieds de lion, avec la tête du même animal ; sous le lit sont trois Canopes, un à tête de chien, l'autre à tête d'épervier qui porte le croissant, le troisième à tête d'homme, avec les cornes de bouc. On voit après une grenouille sur un autel ; un homme assis sur ses talons, qui a les cornes de bouc sur la tête, & qui tient sur la main comme une pointe d'obelisque ; le taureau *Apis*, sur lequel est l'oiseau moucheté dont nous avons parlé ci-devant; un grand vase posé sur un autel, & qui se termine en croix par le haut, aiant à chaque côté un gobelet d'où sort un rameau; un homme assis sur ses talons, qui tient de la main droite un vase d'où sort une liqueur qui tombe dans un gobelet, & un autre gobelet de la gauche ; un oiseau à tête d'homme ; une Sphinx avec des ailes ; une barque dans laquelle est un homme qui la conduit ; un belier à double tête, qui a pardessus les deux têtes deux cornes de bouc ; cette barque est opposée perpendiculairement à celle de la premiere bordure: après cela une Sphinx ; une tête de bouc sur un autel ; un homme aux cornes de bouc assis sur ses talons, qui tient comme la pointe d'une obelisque ; une oie ; un Anubis assis, qui a la main gauche levée, comme pour tirer sur un lion qui est devant lui, & qui baisse la tête vers un gobelet ; un autel sur lequel est la fleur du Lotus ; un homme assis qui tend les mains vers un escarbot à tête d'homme, qui a le croissant sur la tête. Un chien finit cette troisième bordure, c'est le chien, dit Pignorius, dont Isis s'étoit servie pour chercher son mari Osiris ; cela s'appelle deviner.

Sacerdos esse ; leo recubans cum luna bicorni in capite, ante se culullum habens ; rana super ara ; avis magnas exrendens alas, aliasque alas habens corpori admotas. Vir genu flexo, qui hirci cornua capiti hærentia habet , cululumque tenens alteram erigit manum ; sphinx alata capite volucris , gladium pede tenens ; Ibis ; serpens ales muliebri capite ; vas oblongum ac prælatum , cruce superne terminatum , super ara positum , & a cujus utroque latere liquor effluit in duos cululos ; avis, qualem supra vidimus, quam putat Pignorius esse Numidicam guttatam a Martiali memoratam.

Tertium oræ latus est imæ tabulæ , primo exhibet virum Osiridi similem , qui dextera baculum recurvum tenet , sinistra cululum. Sequuntur deinde draco seu serpens muliebri capite , qui alas extendit ; aliud monstrum hominis capite, decumbens in lecto, cujus quatuor pedes leonis sunt , lecto caput leonis additur ; sub lecto tres Canopi, unus canino capite, alter capite accipitris bicornem gestans lunam, tertius hominis capite cum cornibus hirci ; hinc rana aræ imposita ; vir talis suis insidens , cujus capiti cornua hirci hærent, quique manu tenet summam obelisci partem ; Apis taurus, cui insidet avis guttata, de qua supra dictum est ; vas super ara positum , quod in crucem superne desinit , ad cujus singula latera singula vasa , in quibus ramus ; vir in talis suis sedens dextera vas tenens , ex quo liquor erumpens in suppositum cululum effluit ; sinistra alium cululum ; avis humano capite; sphinx alata; scapha in qua vir ipsam regens & aries duplici capite , singulis capitibus hærentia hirci cornua habens ; hæc scapha alteri scaphæ , quæ in supremæ oræ medio est, ut diximus , ad perpendiculum opposita est : deinde sphinx ; caput arietis aræ impositum ; vir hircinis cornibus talis suis insidens obeliscique summam partem tenens ; anser ; Anubis sedens, qui sinistram manum erigit , quasi quidpiam immissurus in leonem ante se positum , qui versus cululum caput inclinat ; ara in qua flos loti ; vir sedens manus tendens ad scarabæum humano præditum capite , cui capiti imminet luna bicornis. Canis in hac tertia ora claudit agmen : hoc cane, inquit Pignorius, usa est Isis, ad Osiridem conjugem perquirendum ; at illud est hariolati.

Au quatriéme côté un homme, qui a les cornes de bouc, tient la fleur du Lotus: après vient un serpent à plusieurs contours; sur quoi il faut remarquer que tant ce serpent que plusieurs autres de la table Isiaque, ont la poitrine ouverte. Ceux qui suivent sont, un oiseau à tête d'homme avec des cornes de bouc, & qui a de grandes ailes étendues & d'autres ailes pliées sur son corps; un Osiris à tête d'épervier, qui tient le bras levé avec une courte épée; un Apis semblable aux précedens; un homme assis qui tient la coupe à la main devant la fleur du Lotus; un autel sur lequel sont trois gobelets avec la fleur du Lotus; un oiseau qui ressemble à une oie; le dieu Anubis qui tient une tige; une Sphinx ailée; Osiris qui va percer l'Hippopotame de sa lance. L'Hippopotame ou cheval du fleuve qu'on voit ici entre des fleurs, étoit pris pour Typhon le mauvais dieu & le mauvais principe, selon l'opinion des Egyptiens; on luy rendoit pourtant des honneurs divins à un *Nome* au païs de l'Egypte, qu'on appelloit Papremis.

II. Voilà ce que nous avons à remarquer sur la table Isiaque, de laquelle nous avouons que nous ne pouvons pas pénétrer les sens mysterieux: nous ne comprenons pas ce qu'exprime chaque action ou scene particuliere, encore moins les rapports qu'une scene peut avoir avec l'autre. Pignorius homme habile & sensé avoue qu'il ne peut comprendre le dessein general de cette table, ni pénétrer dans les mysteres; & que s'il vouloit hazarder quelques conjectures là-dessus, on pourroit fort bien lui nier qu'il fut entré dans la pensée de celui qui l'a composée, peutêtre depuis plusieurs milliers d'années. Il s'est contenté de dire sur chaque figure ce que l'antiquité nous en apprend. Et comme nous l'avions déja fait dans l'histoire des dieux de l'Egypte, où l'on trouvera bien des choses, qui avoient échapé à Pignorius, nous avons passé legerement sur cette table; nous contentant de rapporter simplement ce qu'elle represente. C'étoient des mysteres qu'on ne pénétroit qu'après avoir été longtems initié par les prêtres Egyptiens.

III. Le P. Kirker plus hardi a tout expliqué; il a cru avoir trouvé les sens les plus cachez de la table: ce sont, dit-il, les veritables, il n'en faut pas chercher d'autres après ceux là. C'est ce qu'il exprime ainsi dans son titre, p. 89. *Veritable & naturelle interpretation de la table Isiaque.* Voici le plan de son commentaire: Les Egyptiens, dit-il, consideroient la divinité en deux manieres,

---

In quarto oræ latere vir cornibus hirci instructus florem loti tenet: sequitur serpens plures corporis sinus exhibens, ubi observandum est non hunc modo serpentem, sed etiam alios omnes in tabula Isiaca pectore esse dissecto & aperto: sequuntur avis humano capite hircinis cornibus, quæ magnas expansas alas habet, aliasque alas corpori admotas; Osiris cum capite accipitris, qui brevem tenens gladium brachium erigit; Apis præcedentibus similis; vir sedens culullum manu tenens ante loti florem; ara super qua tres cululli cum flore loti; avis anseri similis; Anubis deus surculum tenens; sphinx alata; Osiris qui Hippopotamum hasta transfixurus est; Hippopotamus, qui hic inter flores conspicitur, pro Typhone habebatur, malo illo deo maloque principio secundum Ægyptios. Ipsi tamen honores divini tribuebantur in Nomo illo Ægypti, cui nomen Papremis.

II. Hæc in tabula seu mensa Isiaca observamus, cujus mysteria non posse nos interpretari confitemur: quid in scenis singulis repræsentetur non sat intelligimus, multoque minus capimus quo pacto scena aliqua ad aliam referatur. Pignorius, vir eruditus & sagax, fatetur se non posse qua mente concinnata sit hæc tabula seu mensa capere, neque in ejus arcana sensa penetrare, sibique si conjecturas aliquas pro mysteriorum explicatione proferret, repugnare quemlibet posse, negareque ipsum mentem ejus qui a multis sæculis hanc concinnasset tabulam assecutum esse. Satis habuit ergo Pignorius, de singulis figuris ea protulisse quæ ab antiquis Scriptoribus edidicerat. Quod cum jam præstiterimus per totam hanc secundam partem, cum de singulis Ægypti diis tractaremus, ibi etiam multa a Pignorio prætermissa attulimus in medium, hanc tabulam cursim explicavimus, quæ in illa continentur simpliciter enarrando. Hæc certe mysteria erant, quæ nonnisi post diuturnam sub sacerdotibus Ægyptiis disciplinam capi intelligique poterant.

III. P. Kirkerus tamen omnia explicavit, arcana hujus tabulæ sensa se reperisse credidit: hæc vera esse, neque alia perquirenda declaravit his verbis tituli more positis in Oedipo Ægyptiaco Syntagm. 1. p. 89. *Vera & genuina mensæ Isiacæ, sive tabulæ Bembinæ interpretatio.* En commentarii illius summum: *Ægyptii*, inquit, *divinitatem per omnia*

LA TABLE ISIAQUE.

ou comme un entendement éternel, regardé en lui-même, & séparé de tout commerce avec les choses materielles, jouïssant dans sa divinité d'un bonheur ineffable ; ou comme aiant rapport aux choses créées qu'il gouverne, se tenant toûjours dans son centre d'où par le ministere des genies & des substances secondes, il anime & donne la fecondité aux choses de ce monde, qu'il soutient de sa puissance. Ils admettoient une triple puissance en dieu, & une divinité triforme en une substance, comme ils l'avoient appris de Mercure Trismegiste, de laquelle dépendoient toutes choses ; elle étoit comme un sceau imprimé sur les differentes classes des choses de ce monde, tant sensibles qu'insensibles. C'est sur ce plan qu'ils firent cette table, dit le P. Kirker, & c'est sur le même plan qu'il a fait un commentaire d'une grande longueur, d'un détail prodigieux, & d'une obscurité qui ne cede guere à celle de la table même. Ceux qui voudront se donner la peine de le lire, le trouveront peutêtre tout-à-fait original, & douteront infailliblement que jamais Egyptien ait pensé comme lui.

IV. A cette table nous en ajoutons une autre, trouvée au mont Aventin à Rome, l'an 1709. [1] que M. Ficoroni a fait graver : elle est, dit-il, de marbre Egyptien, & a quatre palmes ; c'est à dire, environ trois pieds de long. Elle est chargée d'Hieroglyphes, parmi lesquels sont entremêlées des divinitez Egyptiennes, dont nous avons déja parlé. Auprès des Hieroglyphes sont trois autels, devant chacun desquels est un prêtre à genoux. Sur chaque autel est une monstrueuse idole : de chaque idole sort une espece de grand poignard. Deux de ces idoles ont la tête d'un animal, qu'il n'est pas aisé de reconnoitre. La troisiéme, aulieu d'une tête, a trois têtes de serpent. Les prêtres presentent à ces idoles certaines choses qu'on ne connoit point, hors celle du milieu qui est un vaisseau à liqueur entre deux gobelets.

PL. CXXXIX.

V. A la même planche est une figure [2] fort extraordinaire du cabinet de M. Gravier de Marseille ; c'est une femme à longs cheveux & à longues tresses, qui porte sur la tête un ornement peinturé de rouge, qui a tout-à-fait l'air du boisseau de Serapis ; ce boisseau est orné de fleurs, en la même maniere que plusieurs des boisseaux de Serapis donnés cidevant. L'habit est de gout

---

diffusam contemplantes dupliciter sumebant, vel prout in solitaria æternæ mentis unitate constituta, & ab omni materiali rerum consortio longe remotissima, sempiterno sui ipsius felicitatis bono in ineffabili divinitatis recessu gaudebat ; vel prout ad rerum creatarum ordines respectum quemdam dicebat, in quantum videlicet veluti ex centro quodam in universas mundorum series per administros esseclasque sibi genios & secundeos (sic) evolutus omnia moderatur, omnia animat, omnia fœcundat, omnia denique in universi sustentationem solicitat. Cum vero trinam quamdam in deo potentiam ponerent, atque adeo divinitatem supremam triformi quadam, ut ipsi loquuntur, potestate in una substantia constitutam, & ab Hermete Trismegisto posteris sub magna silentii occultatione sibi traditam, a qua omnia dependerent, quave veluti signaculo quodam ideali omnes mundanarum classium tam sensibilium, quam insensibilium ordines notarentur, apprime nossent ; hinc apte singularum triadum in universo elucescentium systemata pulcre singulas suis sibi appropriatis symbolis adornatas in hac tabula expresserunt, ut jam exponemus. Huic insistens scopo Kirkerus commentarium edidit longissimum minutatim singula persequendo, sed tanta obscuritate, ut non multo obscurior ipsa tabula ipsa sit. Si qui hunc commentarium legerint, illum admodum singularem esse deprehendent, & dubitabunt certe an quispiam Ægyptius sic de tabula hujusmodi senserit.

IV. Huic tabulæ aliam subjungimus in monte Aventino repertam Romæ anno 1709. [1] quam D. Ficoronius in ære incidendam curavit. Ea est, inquit ille, ex marmore Ægyptio, ac quatuor palmos, sive tres circiter pedes habet : hieroglyphicis figuris plena est, quibus admixta sunt numina Ægyptiaca, de quibus jam loquuti sumus : sub hieroglyphicis figuris tres sunt aræ ; ante singulas aras singuli sunt sacerdotes genibus flexis : aræ cuique insidet monstrosum idolum ; ex singulis idolis emittitur quasi gladius aut secespita : ex tribus idolis duo monstrosum habent animalis cujusdam, non cogniti facilis, caput ; tertium autem capitis unius loco tria effert serpentum capita. Sacerdotes idolis quædam offerunt, quæ vix internosci queant, uno excepto sacerdote, qui phialam cum cululis duobus offert.

V. Huic tabulæ adjungimus schema [2] singularissimum ex Museo clarissimi viri Gravier Massiliensis : mulier est longo capillitio, capite gestans ornatum minio depictum, qui similis omnino est calatho Serapidis ; calathus autem floribus exornatur quemadmodum & Serapidis calathi quidam, quos supra vidimus. Vestis Ægyptio more concinnata, similis est vesti

Egyptien, semblable à celui d'un prêtre de la planche suivante. Cette femme porte sur la main droite une chouete assez mal formée : la statue qui est de marbre blanc a cinq pieds huit pouces de hauteur.

P L.
CXL.

VI. On nous a encore envoié une autre table où sont quelques divinitez d'Egypte mal formées, dont nous nous dispenserons de faire l'énumeration : ce qu'il y a de singulier est, que la grande inscription est en ancien caractere Egyptien different des Hieroglyphes. On trouve encore quelques traces & quelques inscriptions de ce caractere, mais assez rares & dont il seroit très-difficile de tirer quelque chose.

---

sacerdotis cujusdam Ægyptii, qui in sequenti tabula conspicitur. Hæc mulier manu gestat noctuam rudi scalpro formatam ; statua ex marmore albo est altitudine pedum quinque & octo pollicum.

VI. Aliam quoque tabulam nacti sumus, ubi quædam numina Ægyptiaca rudi more efformata vi-suntur, quibus describendis & enumerandis supersedebimus : quod hic singulare observatur, magna inscriptio charactere Ægyptio non Hieroglyphico est, quorum characterum quædam vestigia non ita frequentia supersunt, quos legere ἀμήχανον videtur.

CHAPITRE IV.

I. Habits & genre de vie des prêtres Egyptiens. II. La maniere d'examiner les victimes. III. Cérémonies des sacrifices. IV. Autres cérémonies.

I. LES Egyptiens étoient fort religieux dans leurs superstitions, d'où il s'ensuit que les Prêtres, qui approchoient plus près de leurs mysteres, devoient l'être plus que les autres. Ils se rasoient, dit Herodote, le corps de trois en trois jours, pour se conserver nets de toute sorte de crasse & de vermine. Ils ne portoient qu'un petit habit de lin, & des souliers de la plante que l'on appelle *Papyrus*; le texte Grec porte ὑποδήματα βύβλινα, qui est la même chose. Il ne leur étoit permis de porter ni d'autres habits ni d'autres souliers que ceux-là. Ils se lavoient deux fois le jour dans l'eau froide, & autant de fois la nuit: ils avoient un nombre infini de rits semblables, & de cérémonies de religion : cette assiduité à leurs fonctions étoit aussi recompensée par beaucoup de biens & de privileges. Ils ne dépensoient rien du leur, on fournissoit abondamment tout ce qui étoit necessaire à leur repas ; les viandes qu'on leur servoit étoient de l'oie & du bœuf: on leur fournissoit de même le vin necessaire. Il ne leur étoit pas permis de manger du poisson. Les Egyptiens semoient fort peu de féves dans leur terroir, & ne mangeoient jamais de cette sorte de légume ; les prêtres les avoient tellement en horreur, qu'ils ne pouvoient même en supporter la vue, les comptant parmi les choses immondes. Il y avoit

---

CAPUT IV.

I. Vestes vitæque ratio Ægyptiorum sacerdotum. II. Modus explorandarum victimarum. III. Ceremoniæ sacrificiorum. IV. Aliæ Ceremoniæ.

I. ÆGyptii in superstitionibus suis religiosissimi erant, eorumque haud dubie sacerdotes, qui mysteria & sacra religionis tractabant, earum superstitionum aliis studiosiores erant. Sacerdotes, inquit Herodotus in Euterpe c. 37. tertio quoque die totum corpus eradebant, ne quis pediculus, deos colentibus, aut aliæ sordes crearentur. Iidem vestem tantummodo lineam & calceos byblinos gestabant, ὑποδήματα βύβλινα, nec aliam vestem aut alios calceos induere eis licebat: lavabantur quotidie aqua frigida bis interdiu, & bis noctu : alias quoque ceremonias prope dixerim infinitas observabant, quæ cultus observationumque assiduitas non paucis commodis pensabatur ; de re enim domestica nihil impendebant, sed eorum singulis quotidie cibi sacri cocti præsto erant, & carnes bubulæ anserinæque abunde suppeditabantur : vinum quoque ipsis dabatur. De piscibus gustare nefas erat illis : fabas Ægyptii in agro suo raro paucasque serebant ; si quæ provenirent, neque crudas neque coctas edebant ; sacerdotes autem ne respicere quidem illas audebant, arbitrantes haud mundum illud legumen

TABLE EGYPTIE

BLE EGYPTIENE

CXXXIX Pl. a la 340 page T. II

Ficoroni

M. Rigord

Tome II 139

LES VICTIMES.

pour chaque dieu plusieurs prêtres, dont l'un étoit le souverain pontife : quand quelqu'un d'eux mouroit, son fils lui succedoit.

II. Ils croioient que les veaux & les taureaux étoient consacrez à Epaphus, & ils les éprouvoient en cette maniere pour voir s'ils étoient dignes de lui être sacrifiez : s'ils trouvoient au taureau un poil noir, ils le regardoient comme immonde. Un des prêtres étoit deputé pour cette fonction, il examinoit la beste en la faisant tenir ou de bout ou renversée sur le dos, & il lui tiroit la langue, pour voir s'il n'y avoit pas certaines marques qui la rendoient immonde. Il regardoit aussi les poils de la queue pour voir s'ils étoient tels que la nature le demandoit. Si les taureaux se trouvoient de la qualité requise, on leur mettoit autour des cornes une marque de la plante appellée *Byblos* ; on la scelloit d'un sceau, après quoi on emmenoit le taureau. Il étoit défendu sur peine de la vie d'immoler un taureau qui n'eût pas cette marque.

III. Ils faisoient les sacrifices en cette sorte : après avoir amené auprès de l'autel la bête marquée comme nous venons de dire, ils allumoient un grand feu, versoient du vin sur la tête de la victime : & après avoir invoqué dieu, ils l'immoloient, l'écorchoient & lui coupoient la tête, contre laquelle ils faisoient beaucoup d'imprécations. Si c'étoit jour de marché, ils l'apportoient à la place publique, & la vendoient aux marchands Grecs qui s'y rencontroient : s'il n'y avoit point de marchands Grecs, ils la jettoient dans la riviere. Les imprécations qu'ils faisoient contre ces têtes étoient telles : *Si quelque malheur doit arriver ou aux sacrificateurs, ou à toute l'Egypte, qu'il se tourne contre cette tête.* Tous les Egyptiens gardoient ces cérémonies, tant pour le sacrifice de la victime que pour la libation du vin : c'est en consequence de cette loi, que les Egyptiens ne mangeoient jamais la tête d'aucun animal.

IV. Le choix des victimes & la cérémonie du feu se faisoient differemment en differens temples. Ils jeunoient avant que de sacrifier à Isis, & après avoir fait leurs prieres, ils sacrifioient le bœuf, l'écorchoient, mettoient la panse dehors, & laissoient dedans le corps les autres intestins, & la graisse : ils coupoient les cuisses, & l'extrémité des reins, les épaules & le cou. Ils remplissoient ensuite le reste du corps de pains purs, de miel, de raisins secs, de figues, d'encens, de myrrhe & d'autres parfums : après cela ils y mettoient du feu pour exciter la fumée de l'encens, ils y versoient de l'huile en abondance ; ce sacrifice étoit toûjours précedé du jeune. Pendant que cette par-

---

esse. Sacerdotes unicuique deo plures erant, quorum unus summus pontifex erat : mortuis illis filii substituebantur.

II. Boves mares Epaphi esse credebant ; hoc autem modo explorabat sacerdotum aliquis, an digni essent qui Epapho mactarentur : si pilum in eo nigrum viderent, nequaquam mundum censebant : qui sacerdos ad hoc deputabatur, pecude cum stante tum resupinata, lingua etiam exerta inspiciebat num quod in signis, quæ illam immundam redderent, adesset, explorabat & caudæ pilos, num tales essent quales natura postulabat. Si taurus omnino mundus esset, notabatur alligata cornibus byblo, posteaque sigillabatur terra sigillari cui annulus imprimebatur : immolanti eo sigillo non notatum taurum, pœna mortis indicta erat.

III. Sacrificia hoc ritu peragebantur ; postquam pecudem eo quo diximus modo signatam aræ admovebant, pyram incendebant, vinum in victimæ caput effundebant, deoque invocato ipsam mactabant, mactatæ caput amputabant, & reliquum corpus excoriabant ; capiti autem illius multa imprecati illud asportabant in forum, si nundinæ essent, Græcisque negotiatoribus vendebant : si non adessent Græci, in flumen illud projiciebant ; exsecrabantur autem caput illud his verbis : *Si quid infortunii, aut sacrificantibus, aut Ægypto toti futurum sit, in hoc caput convertatur.* Hos ritus servabant Ægyptii omnes tam pro victimæ sacrificio, quam pro libatione vini : ex hoc ritu fiebat, ut Ægyptiorum nemo caput ullius animantis comederet.

IV. Victimarum delectus, ustionisque ceremoniæ variæ in diversis templis observabantur. Antequam Isidi sacrificarent, jejunabant, & postquam preces fuderant, bovem mactabant, pellem ipsi detrahebant, alvo tota vacuabant, intestina vero reliqua & adipem intus relinquebant, crura truncabant & extremos lumbos, humeros etiam atque collum : quibus peractis reliquum corpus implebant panibus puris, melle, uvis passis, ficis, thure & myrrha, aliisque aromatibus. Sub hæc incendebant sacra, oleumque abunde infundebant : hoc sacrificium jejunio semper præver-

tie de la victime brûloit; ils se fouetoient tous, après quoi ils faisoient un repas des parties qu'ils avoient mises à quartier. Ils immoloient des taureaux & des veaux éprouvez en la maniere que nous venons de dire ; mais il leur étoit défendu de sacrifier des vaches, parce qu'elles étoient consacrées à Isis. Les statues de cette déesse avoient des cornes de vache chez les Egyptiens, tout de même que celles d'Io chez les Grecs. Les vaches étoient plus en honneur chez eux, que toutes les autres bêtes à laine ou à corne. La difference de rit & de culte qui étoit entre les Egyptiens & les Grecs, faisoit qu'aucun Egyptien ni Egyptienne n'auroient jamais voulu baiser un Grec, ni se servir de son couteau, de sa broche ou de sa marmite : ils n'auroient pas même voulu manger de la chair d'un bœuf immolé, quoiqu'il eut été pur & eut eu les qualitez requises; si elle avoit été découpée avec le couteau ou la hache d'un Grec. Ils enterroient hors des villes les taureaux qui mouroient, & jettoient les vaches mortes dans la riviere.

Ceux de Thebes, dit le même Herodote, n'immolent pas des moutons, mais ils immolent des chevres. Tous les Egyptiens n'adorent pas les mêmes dieux; il n'y a qu'Isis & Osiris (ce dernier est pris pour Bacchus) que tous les Egyptiens generalement honorent. Les Mendesiens ne sacrifient pas des chevres, mais des moutons seulement.

---

tebatur. Dum hæc sacra comburebantur, sese verberabant, & post verbera dapes ex victimæ reliquiis apponebantur. Tauros & vitulos Ægyptii omnes immolabant ; vaccas autem immolare vetitum illis erat, quoniam eæ Isidi sacræ erant. Isidis simulacrum apud Ægyptios bubulis præditum cornibus est, quemadmodum Io Græci depingunt. Vaccæ apud illos majore, quam pecudes omnes, in honore habebantur. Ob differentiam sacrorum Ægyptios inter & Græcos, nec Ægyptius nec Ægyptia Græcum unquam osculabantur, neque unquam aut cultro, aut veru, aut olla eorum utebantur, imo neque carnibus immolati bovis vesci voluissent, si ex cultro, aut securi Græci cujusdam dissectæ fuissent. Tauros, qui morerentur, extra urbes sepeliebant, vaccas in flumen projiciebant.

Thebani, ut ait paulo post Herodotus, non oves mactabant, sed capras immolabant ; non enim omnes deos similiter colebant Ægyptii : Isis tantum & Osiris, qui pro Baccho accipitur, ab omnibus Ægyptiis colebantur. Mendesii non capras immolabant, sed oves tantum.

DIEUX, CARACTERE ET PRETI

Maffei

Ch. Fontaine

M. Foucault

Rigord

M. Foucault

M. de Caumont

CHAPITRE V.

I. Six solemnitez & fêtes des Egyptiens. II. Solemnité sanglante de Papremis. III. Images des prêtres Egyptiens. IV. Prêtre le plus singulier de tous.

I. LES Egyptiens avoient plusieurs grandes fêtes où ils s'assembloient : la premiere étoit à Bubastis en l'honneur de Diane ; c'étoit leur principale fête : la seconde à Busiris, en l'honneur d'Isis : il y avoit un fort grand temple à cette déesse : la troisiéme à Saïs, en l'honneur de Minerve : la quatriéme à Heliopolis, c'étoit la fête du Soleil : la cinquiéme à Butis, étoit pour Latone : la sixiéme à Papremis, en l'honneur de Mars.

Lorsqu'ils s'assembloient à Bubastis, ils s'embarquoient hommes & femmes ; durant le voiage les femmes jouoient des *crotales*, les hommes de la flute. D'autres hommes & d'autres femmes chantoient ou battoient des mains : s'ils abordoient en quelque endroit, quelques-unes d'entre les femmes continuoient leur chant : les autres crioient à pleine tête, disant mille injures aux femmes de la ville : les autres dansoient ou se découvroient devant elles ; ce qu'elles ne manquoient pas de faire devant toutes les villes qui se trouvoient sur la riviere. Quand toute la troupe étoit arrivée à Bubastis, ils sacrifioient : il se consumoit plus de vin à cette fête qu'en tout le reste de l'année. L'assemblée montoit, à ce que disoient les gens du païs, à sept cent mille personnes, sans compter les enfans. A la fête de Busiris, qui se faisoit en l'honneur d'Isis, après le sacrifice les hommes & les femmes se fouetoient ; c'étoient principalement les Cariens demeurans en Egypte qui faisoient cette cérémonie, à laquelle ils ajoutoient aussi celle de se percer le front avec la pointe d'une épée.

A Saïs la fête se celebroit, & les sacrifices se faisoient en allumant des lampes durant la nuit, & en faisant des sacrifices : ces lampes étoient pleines de sel & d'huile : tous les Egyptiens, même ceux qui ne pouvoient pas venir à la fête en allumoient de même. A la fête d'Heliopolis & de Butis, il n'y avoit que des sacrifices.

II. A celle de Papremis on faisoit une sanglante cérémonie : les prêtres en petit nombre mettoient la statue de leur dieu, qui étoit dans une petite cha-

---

CAPUT V.

I. Ægyptiorum solemnitates sex maximæ. II. Papremitica solemnitas cruenta. III. Schemata sacerdotum Ægyptiorum. IV. Sacerdos omnium singularissimus.

I. ÆGyptii, inquit Herodotus in Euterpe c. 59. plurimos celeberrimosque dies festos habent. Primus Bubasti celebratur Dianæque sacer est, hæc est autem solemnitatum maxima. Secundus Busiri in honorem Isidis ; ibi amplissimum erat hujus deæ templum. Tertius Sai, est Minervæ festus dies. Quartus Heliopoli, Solis. Quintus Buti, Latonæ. Sextus Papremi, in honorem Martis.

Cum Bubastin conveniebant, in scaphas viri mulieresque conscendebant : inter navigandum mulieres crotala pulsabant, alii viri mulieresque cantabant manibusque plaudebant. Cum ad locum quempiam adventabant, ex mulieribus quædam cantum non intermittebant : aliæ istius loci mulieribus occlamando probra ingerebant, aliæ saltabant, aliæ pudenda revelabant : hæc ad omnes quas flumen alluebat urbes. Cum ad Bubastin urbem perventum erat, tum sacrificia offerebant magna, festumque agebatur, in quo festo plus insumebatur vini, quam per totum annum : totus cœtus erat, ut dicebant, septingentorum millium non numeratis parvulis. In Busiridis festo, quod in Isidis honorem celebrabatur, post sacrificium viri mulieresque sese verberabant, quam ceremoniam Cares maxime in Ægypto habitantes, adhibebant, cui hanc quoque adjiciebant, quod sibi gladiis vulnera in frontibus infligerent.

Sai festum celebrabatur sacrificiaque offerebantur, dum lucernæ extra domos & sub dio per noctem totam lucerent ; in lucernis autem oleum cum sale ponebatur, quæ lucernæ non modo Sai, sed per totam Ægyptum ea nocte accendebantur. Heliopoli atque Buti nihil aliud erat quam sacrificia.

II. At Papremi sacrificia quidem ut in aliis festis offerebantur, alia vero truculenta ceremonia adjiciebatur. Sacerdotes numero pauci, sole jam inclinante, simulacrum dei sui, quod in sacello quo-

pelle de bois doré, sur un char à quatre roues; le plus grand nombre des prêtres étoit armé de massues, plus de mille hommes se trouvoient aussi presens armez de gros leviers; les prêtres tâchoient de faire entrer dans le temple leur statue avec sa chapelle & le char. Les mille hommes se mettoient en devoir de l'empêcher: il y avoit là un combat violent à grands coups de massues & de leviers, c'étoit un jeu à assommer bien des gens dans peu de tems; cependant les Egyptiens disoient que pas un n'en mouroit.

Ce qu'Herodote a dit ci-dessus des prêtres Egyptiens & de leurs fêtes, n'est pas conforme en tout à ce que d'autres en rapportent: ils buvoient du vin, selon cet Auteur; d'autres disent que l'usage du vin leur étoit défendu. Ces contrarietez ne sont peutêtre qu'apparentes: ces coutumes aiant pû varier selon les tems & les lieux.

III. Nous avons vû quelques prêtres Egyptiens ci-dessus, tirez d'anciens bas reliefs qui representoient des cérémonies de religion: en voici d'autres de 2 differens cabinets. Un ² de celui de M. Foucaut est representé à genoux, les mains ouvertes & élevées à la hauteur des épaules, il a la tête tout-à-fait rase; ce qui semble avoir été une marque particuliere des prêtres Egyptiens, de 3 laquelle nous avons déja parlé plusieurs fois. Le suivant tiré d'un ³ cabinet Romain a été publié par M. de la Chausse, il est assez conforme au precedent; à cela près, qu'il a une espece de grand collier autour du cou, qui lui couvre les épaules, & qu'il tient de la main gauche un anneau auquel est attachée une croix ou la figure du T dont nous avons déja souvent parlé: il y en aura peutêtre qui, fondés sur cette espece de croix, croiront que c'est un 4 Osiris ou un Orus. Les deux ⁴ qui viennent ensuite sont assis, quoique sur 5 des sieges fort differens que nous laissons à remarquer au Lecteur: ⁵ ils ont la tête rase à l'ordinaire, ils tiennent chacun un rouleau déploié sur les genoux; c'est apparemment là qu'étoient écrites les choses qui con-6 cernoient leur religion. Celui ⁶ de M. Rigord, qui dans l'original a environ un pied & demi de haut, porte sur sa poitrine une divinité Egyptienne, qui 7 pourroit être un Osiris. Celui ⁷ de M. le Marquis de Caumont d'Avignon est 8 sur une base, & tient à la main un bâton à grands nœuds. L'autre ⁸ figure du cabinet du pere Albert est à genoux; c'est une femme Egyptienne, qui tient 9 sur ses genoux une grosse pierre quarrée, je ne sai par quel mystere. ⁹ L'autre tirée du manuscrit de M. de Peiresc, est aussi une femme assise sur ses talons.

dam ligneo deaurato positum erat, currui quatuor rotarum cum ipso sacello imponebant: major sacerdotum numerus clavis erat armati; mille quoque viri vectibus instructi aderant. Sacerdotes statuam numinis cum sacello currui imposito in templum transferre conabantur; obsistebant illi mille viri, hinc sustibus ac vectibus vehementer pugnabatur quibus capita imperebantur: non videbatur posse sine multorum cæde talis pugna peragi; affirmabant tamen Ægyptii ex percussis neminem unquam interiisse.

Quod Herodotus narrat de sacerdotibus Ægyptiis deque eorum sacris, non prorsus consonat cum iis, quæ alii narravere Scriptores. Si Herodoto fidem habeamus, vinum illi potabant; alii dicunt a vini potu legibus arceri solitos; quæ varietas fortasse cum rei veritate non pugnat: nam fugax ævum in consuetudinibus sæpe quid importat novi.

III. Aliquot sacerdotes Ægyptios ex anaglyphis eductos jam supra vidimus; en ex variis Museis alios: primus est ² illustrissimi D. Foucault, qui genu flexo ambas manus aperit & ad humerorum altitudinem erigit: abraso penitus capite est, quæ videtur sacerdotum Ægyptiorum nota fuisse, de qua jam supra dictum fuit. Qui ³ sequitur ex Romano quopiam Museo eductus ab erudito Caucceo publicatus fuit; priori sat similis est, his exceptis varietatibus, quoddam enim collare gestat partem pectoris & humerorum operiens, manuque sinistra tenet crucem aut T figuram, de qua jam diximus. Non deerunt fortasse, qui hoc signo Osiridem vel Orum representari existimabunt. Duo ⁴ sequentes in sellis sedent, discrimen sellarum Lector observabit: uterque volumen ⁵ revolutum genibus nixum tenet, quo in volumine, ut videtur, sacra religionum descripta erant. Eruditi ⁶ viri Rigordi schema, sesquipede altum in exemplari numen Ægyptiacum in pectore gestat, forte Osiridem. Qui a Marchione ⁷ de Caumont Avenionensi missus est, basi insistens, nodosum stipitem manu tenet. Aliud ⁸ schema ex Museo R. P. Alberti mulierem Ægyptiam exhibet genibus flexis, quibus nixum ingentem tenet lapidem quadratum: quo mysterio, ignoro. Alia ⁹ mulier ex MS. Peireschii educta talis suis muliebri more insidet.

IV. L'autre

LES PRESTRES.

IV. L'autre 10 prêtre est bien plus singulier. L'habit est à peu près le même que celui des précedens ; mais la tête est fort differente. On y voit un ornement qui s'éleve bien haut, & qui se trouve frequemment sur les medailles & sur les autres monumens Egyptiens : mais ce qu'il y a de plus extraordinaire, est que ce prêtre a des cheveux frisez, ce qui ne se voit pas dans les autres qui ont la tête rase: il y en a pourtant un avec des cheveux dans une ancienne table Egyptienne qui suit. Il paroit cependant que chez les Egyptiens les prêtres ont toûjours observé inviolablement la loi de se raser la tête, & que cette coutume passa à Rome, où les prêtres & les ministres des dieux Egyptiens suivoient toûjours cette loi : ensorte même que l'Empereur Commode voulant exercer ces fonctions, se rasoit aussi, dit Spartien. Mais la figure que nous donnons est d'ailleurs si extraordinaire, qu'il ne faut pas s'étonner si elle ne convient pas en cela avec les autres. Ce prêtre embrasse un autel qui lui vient jusqu'à la ceinture : de cet autel sortent des cordes où sont attachez six oiseaux qui ressemblent à des oies, deux poissons, des feuilles & des fleurs. Comme c'est une coutume que l'usage a autorisée de donner des conjectures, sur les choses mêmes les plus obscures, plûtôt que d'avouer qu'on n'y entend rien : d'habiles gens ont expliqué cette figure, & tout ce qui l'accompagne : j'ai lû leurs explications, & je n'ai pas été plus éclairé que devant. Je laisserai donc ce monument jusqu'à ce que quelque autre nouvellement découvert, nous ait donné jour pour en appercevoir les mysteres : je dirai seulement qu'en Egypte on sacrifioit des oies comme nous avons vû ci-devant.

IV. Alius 10 sacerdos omnium singularissimus est: vestis eadem fere est quæ in præcedentibus ; sed capitis ornatus longe dissimilis, pinnæ in eo præaltæ quales in nummis aliisque Ægyptiacis monumentis occurrunt ; at quod insolentius, hic sacerdos calamistratos habet capillos , cum alii abraso sint capite ; idipsum tamen in quodam tabulæ Ægyptiacæ posteriore sacerdote observatur , qui sacerdos his similes pinnas capite gestat. Verumtamen videntur Ægyptii sacerdotes legem abradendi capitis summa religione semperque servasse ; quæ lex Romæ etiam viguit, ita ut Commodus Imperator caput abraderet, ut eam functionem exerceret: *Sacra Isidis coluit, ut & caput raderet & Anubin portaret*, ait Spartianus in Commodo. Sed cum hoc schema in omnibus insolitæ sit formæ, nihil mirum si in hoc etiam cum aliis non consentiat. Sacerdos hic quamdam ceu aram complectitur, quæ ad zonam ejus pertingit : ex ara funes exeunt, quibus alligantur sex aves anseribus similes, pisces duo, flores atque folia. Cum autem in morem pene abierit, ut de rebus etiam obscurissimis conjecturæ proferantur , viri quidam eruditi hoc schema & omnes ejus partes explanare conati sunt. Eorum explicationes perlegi, & incertior abii quam dudum eram. Hoc itaque monumentum prætermittam , donec aliud emergat ex tenebris , quò huic lucis quidpiam afferatur. Hoc unum dicam , anseres in sacrificium offerri solitos in Ægypto fuisse, ut supra dicebamus.

CHAPITRE VI.

I. La forme des Temples des Egyptiens. II. Vase d'Isis. III. Divinitez de la haute Egypte.

»I. La forme des temples chez les Egyptiens, *dit Strabon*, étoit telle : de-
» vant le temple vers l'entrée étoit un grand pavé large d'un arpent, &
» trois ou quatre fois plus long : cette grande avenue s'appelle *dromos* ou le
» cours. Toute cette longueur est bordée de chaque côté de Sphinx, éloignées
» les unes des autres un peu plus de vingt coudées. Après ces Sphinx on trouve
» un grand vestibule, & plus avant un autre, & encore un troisiéme. Le
» nombre, soit des vestibules, soit des Sphinx, n'est pas tout égal. Après les
» vestibules est un grand *Pronaos* ou une grande nef, & ensuite la partie inte-
» rieure du temple de grandeur mediocre. Pour ce qui est d'idole, ou il n'y
» en a point du tout ; ou s'il y en a, c'est la figure, non pas d'un homme,
» mais d'une bête. Le *Pronaos* ou la nef a une aile de chaque côté, formée
» par un mur aussi haut que le temple.... Sur ces murailles il y a de grandes
» idoles semblables aux figures Hetrusques, & aux plus anciennes figures des
» Grecs ; c'est-à-dire, fort grossieres, comme sont presque toutes celles que
» l'on voit ci-devant.

PL. CXLI. II. La planche suivante représente un vase du cabinet de Brandebourg, où est représentée Isis tenant un bâton, dont le haut est la tête d'un chien : une autre figure où la tête manque pourroit être d'Osiris. La grenouille est ici comme dans la table Isiaque & dans d'autres monumens Egyptiens. Je ne sai si la grande fleur qui se voit ici seroit celle du Lotus, qu'on disoit approcher du lis. Tout le reste est peu considerable.

PL. CXLII. III. La Table qui suit m'a été communiquée par M. Benzel Suedois, & m'a été depuis envoiée par Monsieur le Marquis de Caumont : ce sont des figures en demi relief, qui se voient dans un temple de la haute Egypte près de la ville d'Esné, qui est l'ancienne Syene : les figures y sont encore plus monstrueuses que dans les tables Egyptiennes ordinaires. La premiere figure est d'un bateau, dont la proue & la poupe se terminent en têtes d'oiseaux. Sur le centre du vaisseau est un grand cercle qui pourroit signifier le Soleil : sur

CAPUT VI.

I. Ægyptiorum templorum forma. II. Vas Isiacum. III. Numina superioris Ægypti.

I. Templorum forma apud Ægyptios talis erat, Strabone teste lib. 17. p. 554. *Ante templum stratum pavimentum erat jugero latum, ac ter quaterve longius, qui magnus aditus dromus seu cursus vocabatur. Hæc longitudo utrinque sphingibus ornabatur, relicto inter sphingas viginti cubitorum, aut paulo majore spatio. Post illas sphingas magnum vestibulum occurrebat, & ulterius aliud, posteaque tertium. Numerus vero seu sphingum seu vestibulorum non semper & ubique par erat : post vestibula magnus pronaos (seu navis) occurrit, ac deinde pars interior templi mediocri magnitudine. Quod ad simulacrum spectat, aut nullum, aut bestiæ cujusdam erat. Pronaos alas utrinque habebat muris disterminantibus, qui muri eadem qua templa altitudine erant.... Muris imposita erant præ grandes statuæ figuris Hetruscis consimiles, & antiquissimis Græcorum figuris*; id est, rudi more concinnatæ, ut sunt fere omnes antehac publicatæ.

II. Tabula sequens vas exhibet Musei Brandeburgici, ubi conspicitur Isis baculum tenens, in cujus summa parte caput canis ; aliud schema cujus caput desideratur, Osiridem fortassis exhibet. Rana hic ut in aliis Ægyptiacis monumentis repræsentatur : nescio utrum flos magnus, quem cum toto surculo videmus, loti flos sit, quem lilio esse similem dicebant. Cætera minoris sunt momenti.

III. Quæ sequitur tabula, a viro clarissimo Benzelio Sueco oblata mihi fuit, ac secundo missa a Domino Marchione de Caumont Avenionensi : Anaglypha sunt ex quopiam templo Ægypti superioris prope urbem, cui nomen *Esne*, hæc erat antiqua Syene: hujus tabulæ monstruosiores figuræ sunt cæteris Ægyptiacis. Prima figura naviculæ est, cujus prora & puppis in avium capita terminantur. In naviculæ centro magnus circulus est, qui Solem, ut videtur,

LES TEMPLES.

la proue un Genie ailé qui étend ses ailes, marque apparemment le vent. Ce bateau est tiré par un homme qui a la tête d'un monstre, & par trois bêtes peu connoissables : trois hommes vêtus marchent devant, ils portent tous des capuchons, qui s'élevent en pointe de hauteur énorme : devant les trois hommes est une bête qui s'éleve sur ses pieds. Au-dessous est un autre bateau, qu'un batelier conduit avec une longue perche : la proue se termine en tête de chien. Au centre du bateau s'éleve un grand disque, sur lequel est représenté un chien à quatre têtes : seroit-ce le chien Cerbere, & la barque de Caron ? A côté sur un autre bateau est un disque, sur lequel est représenté Anubis à tête de chien : le bâtelier sur la proue tend les mains vers deux têtes qui sont hors du bateau. Au rang de dessous, un prêtre qui a la tête rase & un grand bonnet, presente quelque chose à une idole assise : cette idole a le corps d'un homme & la tête d'un monstre horrible : au-dessus de cette tête est un globe ou un disque. Sur la même ligne un autre homme qui paroit avoir des cheveux, & qui a un de ces grands & hauts ornemens de tête que nous avons vûs si souvent, presente quelque chose à une idole, presque semblable à la précedente. Au dernier rang un prêtre à tête rase, & dont le bonnet porte comme deux cornes droites, presente une fleur à une idole peu differente des précedentes. Le dernier des prêtres a de même la tête rase & un bonnet singulier : il repand quelque chose de la main devant Isis, qui est une femme assise, reconnoissable au croissant qu'elle a sur la tête au bout d'un bâton.

significat : super proram genius alas expandens, ventum forte indicat: navicula trahitur a viro, cui caput feræ, & a tribus animalibus non cognitu facilibus, hæc præcedunt tres homines, qui cucullis immani altitudine surgentibus caput obtegunt : his præit hominibus animal in posteriores pedes erectum. Sub hac scapha alia a nauclero ducta, qui nauclerus longo conto munitus est ; prora canis capite terminatur. In centro naviculæ magnus erigitur discus, in quo canis quatuor caninis instructus capitibus : an hic Cerberus & scapha Charonis ? E regione paulo infra, scapha alia discum similiter habet, in quo Anubis canino capite : nauta in prora versus duo capita ante se posita supplices tendere manus videtur. Inferiore gradu sacerdos abraso capite præaltum galerum gestans, cuidam sedenti idolo, nescio quid offert ; quod idolum humano corpore, horrendo monstri capite est, cui capiti imminet globus aut discus : consequenter vir alius capillis ut videtur ornatus, præaltas pinnas supra galerum exhibet, qui ornatus frequens in Ægyptiacis imaginibus: hic nescio quid offert numini quod præcedenti simile est. Gradu infimo sacerdos abraso capite, cujus galerus duobus rectis cornibus instructus, florem offert idolo præcedentibus non absimili. Sacerdotum postremus est item raso capite, galero singulari : hic aliquid manu effundit ante Isidem quæ sedet, & a luna bicorni quam baculo impositam capite gestat, dignoscitur.

Tom. II.   Y y ij

CHAPITRE VII.

I. Deux sortes de lettres chez les Egyptiens. II. Les Hieroglyphes des obelisques ne peuvent être expliquez. III. Explication de l'obelisque du grand Cirque, par Hermapion. IV. On la croit fausse: on n'ajoûte pas plus de foi à celle du P. Kirker. V. Obelisque de saint Jean de Latran. VI. Autres obelisques.

I. Quant aux Hieroglyphes, je suis du sentiment de Cosmas l'Egyptien, qui dit que ce ne sont pas proprement des lettres, mais des symboles de lettres qui signifient quelque chose en general; mais qui ne peuvent faire un discours suivi. Nous avons vû souvent de ces caracteres hieroglyphiques, tant dans la table Isiaque que dans les autres monumens d'Egypte, que nous avons donnez. Herodote dit que les Egyptiens avoient deux sortes de lettres, les unes sacrées & les autres populaires. Les lettres sacrées étoient ces Hieroglyphes qui signifioient, mais symboliquement. Diodore de Sicile ajoute que de ces deux sortes de lettres, celles qu'on appelloit sacrées, n'étoient entendues que des prêtres.

II. Les monumens où on voit le plus d'hieroglyphes, sont les obelisques; leurs quatre faces en sont pleines. Les plus sensez conviennent aujourd'hui qu'on ne peut entreprendre d'expliquer tous ces énigmes, sans se mettre en peril de donner dans la vision. Hermapion, qui étoit apparemment Egyptien, comme le nom semble le marquer, expliqua autrefois les Hieroglyphes dans un livre, d'où Ammien Marcellin a tiré l'explication de l'obelisque du grand [1] Cirque qu'il a rapportée en Grec, & dont le sens est tel, à peu près; car l'inscription est si corrompuë, qu'on n'y entend presque rien qu'en devinant.

PL. CXLIII.

III. *En commençant du côté du midi, la premiere partie de l'inscription est telle:* »Le soleil au roi Ramnestés: Je vous donne l'empire de toute la terre, pour la »posseder tranquillement, vous qui êtes le bien-aimé du Soleil & d'Apollon. »Le vaillant fils de Heron, engendré de dieu, fondateur de l'univers, que le »Soleil a élu, le vaillant & martial roi Ramestés, qui par sa force & sa valeur

---

CAPUT VII.

I. Duo genera literarum apud Ægyptios. II. Hieroglypha quæ in obeliscis habentur non possunt explicari. III. Hieroglyphorum, quæ in obelisco circi maximi sunt, explicatio ab Hermapione facta. IV. Ea falsa esse existimatur: Kirkeri item explicationi non creditur. V. Obeliscus Lateranensis. VI. Alii obelisci.

I. Quod ad hieroglypha spectat, cum Cosma Ægyptio sentio, qui in Topographia christiana p. 151. ait, hæc non literas propriè esse, sed symbola literarum, quæ generatim quidpiam significant, sed sermonis narrationisve seriem non efficiunt. Sæpe vidimus hieroglypha tam in Isiaca mensa, quam in aliis Ægyptiis monumentis antehac editis. Ait Herodotus in Euterpe cap. 36. Ægyptios duo genera habuisse literarum, quarum aliæ sacræ, aliæ populares. Literæ sacræ erant hieroglypha illa, quæ significabant, sed symbolicè. Diodorus Siculus lib. 3. p. 144. addit ex his duabus literarum rationibus eas, quas sacras vocabant, a solis sacerdotibus intellectas fuisse.

II. Inter Ægyptiaca monumenta, quæ majorem hieroglyphorum numerum præferunt, obelisci sunt, quorum facies quatuor iis sunt oppletæ. Sagaciores quique existimant non posse hujusmodi characterum interpretationem tentari sine periculo errandi aut delirandi. Hermapion, qui, ut ipsum nomen indicare videtur, Ægyptius erat, hæc hieroglyphica signa explicavit in libro, ex quo Ammianus Marcellinus ejus obelisci [1], qui in magno circo erigebatur, explicationem mutuatus est; inscriptio græca, cujus hic sensum utcumque proponimus, ita vitiata est, ut nonnisi divinando plerumque possit explicari.

III. A parte meridionali prima pars inscriptionis talis est: *Sol Regi Ramestæ: Imperium tibi totius orbis attribuo, ut illud tranquillè possideas, qui es dilectus a Sole & Apolline: fortis filius Heronis a deo genitus, fundator orbis, quem Sol elegit, fortis & Mavortius rex Ramestes, qui potentia ac fortitudine sua universam*

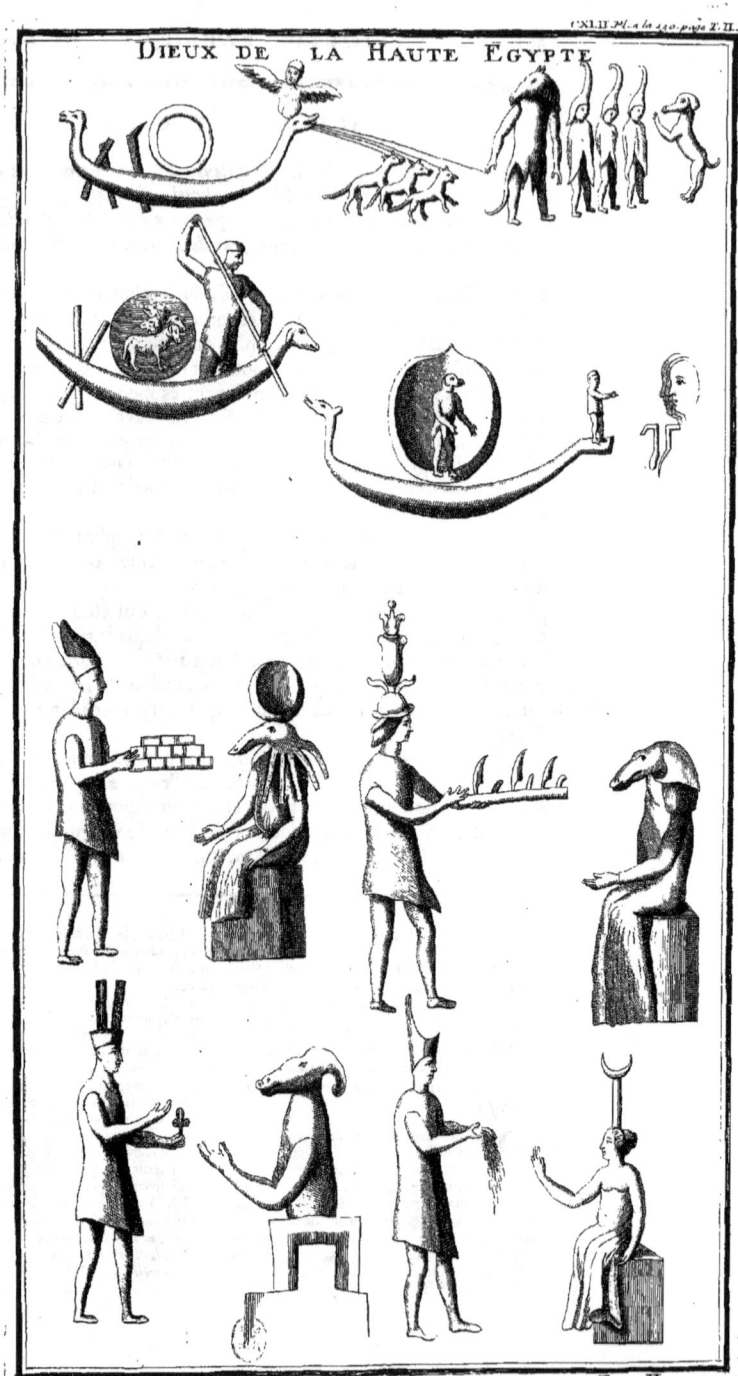

LES OBELISQUES.

a soumis toute la terre à son empire ; le roi Rameſtés immortel fils du Soleil.

Seconde partie de l'inſcription.

Le puiſſant Apollon, qui eſt veritablement le maitre du diadéme, & qui étant ſeigneur de l'Egypte l'a comblée de gloire. Il a orné la ville d'Heliopolis, & a fondé le reſte de l'univers : il a fort honoré les dieux établis à Heliopolis ; c'eſt le bien-aimé du Soleil.

Troiſiéme partie de l'inſcription.

Apollon puiſſant & lumineux fils du Soleil, que le Soleil a élu, que le brave Mars a donné, dont les biens demeurent dans tous les tems, le bien-aimé d'Hammon, dont il a rempli le temple des biens de la Phenicie. Les dieux ont prolongé le tems de ſa vie. Apollon vaillant fils de Heron ; Rameſtés roi de l'univers, qui a ſauvé l'Egypte par ſes victoires ſur les nations étrangeres, le bien-aimé du Soleil de qui les dieux ont prolongé la vie, le ſeigneur de l'univers Rameſtés l'immortel.

Autre partie de l'inſcription.

Je ſuis le Soleil dieu, grand maitre du ciel : je te donne une longue & heureuſe vie. Apollon puiſſant maitre du diadéme, incomparable, auquel le ſeigneur de l'Egypte a érigé des ſtatues dans ce roiaume, a orné Heliopolis la ville du Soleil, & le Soleil lui-même ſeigneur du ciel. Le fils du Soleil roi immortel, a achevé un excellent ouvrage.

Troiſiéme partie de l'inſcription.

Je ſuis le Soleil dieu & maitre du ciel, je donne au roi Rameſtés la puiſſance & l'empire ſur toutes choſes. C'eſt lui qu'Apollon amateur de la verité & maitre des tems, & Vulcain pere des dieux ont élu, à cauſe de Mars. C'eſt un roi tout gracieux, fils du Soleil, bien-aimé du Soleil.

Du côté de l'Orient, premiere partie de l'inſcription.

Celui qui eſt venu d'Heliopolis, le grand dieu celeſte, le puiſſant Apollon le fils de Heron ; que le Soleil a conduit, que les dieux ont honoré, qui regne ſur toute la terre ; que le Soleil a élu, le brave roi, par la vertu de Mars, le bien-aimé d'Hammon, le roi lumineux immortel.

IV. Voilà tout ce que j'ai pû tirer de cette explication d'Hermapion, dont le texte eſt ſi corrompu qu'on a peine fort ſouvent à y trouver un ſens. Les éditions d'Ammien Marcellin varient, mais on ſe conſole facilement des défauts qui ſe trouvent dans une telle inſcription. Il s'en faut bien qu'elle ſoit en-

---

terram ſuo ſubjecit imperio, Rex Rameſtes immortalis filius Solis.

Secunda pars inſcriptionis.

Potens Apollo, qui eſt vere diadematis dominus, & qui dominus cunctis Ægypti, illam gloria cumulavit : Heliopolin urbem exornavit, & reliquum mundum fundavit : deos Heliopoli ſtabilitos admodum honoravit, quem Sol diligit.

Tertia pars inſcriptionis.

Apollo potens & ſplendidus filius Solis, quem Sol elegit, quemque Mars fortis dedit, cujus bona per omne tempus manent, dilectus Hamunonis ; cujus templum Phœniciæ bonis implevit. Dii longos illi vitæ annos tribuerunt. Apollo fortis filius Heronis : Rameſtes rex orbis, qui Ægyptum victoriis ſuis ſervavit, quas de exteris nationibus reportavit, quem Sol diligit, cui dii longos vitæ annos addiderunt, dominus orbis, Rameſtes immortalis.

Alia pars inſcriptionis.

Ego Sol deus, magni cœli dominus, dedi tibi longam felicemque vitam. Apollo fortis dominus diadematis, incomparabilis, cui dominus Ægypti ſtatuas erexit in hoc regno : Heliopolin urbem Solis ornavit, ſimiliterque ipſum Solem cœli dominum. Optimum perfecit opus filius Solis rex immortalis.

Tertia pars inſcriptionis.

Ego Sol deus cœli dominus Rameſtæ dedi potentiam & imperium in omnia, quem Apollo veritatis amans, temporum dominus, & Vulcanus deorum pater delegerunt propter Martem : Rex eſt omnino gratioſus, filius Solis & dilectus à Sole.

Ad orientalem faciem prima pars inſcriptionis.

Qui ab Heliopoli magnus deus cœleſtis, fortis Apollo, filius Heronis, cujus ſol dux fuit, quem dii honore affecerunt, qui regnat in univerſum terram, quem ſol prælegit, rex fortis propter Martem, quem Hammon diligit ſplendidus ille, &c.

IV. Ex illa Hermapionis interpretatione hæc tantum expiſcari potui, cujus ſeries ita vitiata eſt vix ut ſenſum aliquem eruere poſſis : variant editiones Ammiani Marcellini, ſed de hujus inſcriptionis vitiis atque mendis non admodum curatur ; ea non

tiere; mais ce qui en reste suffit pour prouver l'imposture de l'interpréte, qui a sans doute abusé de la simplicité & de la credulité des gens de son tems pour débiter ses fictions. Car outre que cette explication en elle-même a quelque chose de choquant & de ridicule; il n'y a qu'à la comparer avec l'obelisque qui est aujourd'hui à Rome à la porte *del popolo*, & dont nous donnons ici la figure; & l'on jugera qu'il est impossible de trouver dans ces figures d'animaux, d'hommes, de serpens, d'oiseaux & d'autres choses, un discours suivi comme celui-là: ces figures sont souvent arrangées par compartimens, qui reviennent avec quelque symmetrie. Le P. Kirker a fort bien prouvé que cette explication d'Hermapion ne pouvoit subsister: il en a donné lui-même une autre fort détaillée, & où il explique tout à son ordinaire; mais on n'y ajoute gueres plus de foi qu'à celle d'Hermapion. Comme celle-ci prouve que dans les siecles mêmes où ces superstitions regnoient encore, on n'y comprenoit rien; comment pourra-t-on les expliquer aujourd'hui selon leur veritable signification?

2 V. L'obelisque [2] qui vient après est le plus grand de tous ceux qui restent. On dit que c'est Ramessés roi d'Egypte qui l'avoit fait faire & qui l'avoit mis à Thebes: Constantin le grand le fit ôter de là pour l'apporter à Constantinople, & le mettre à l'Hippodrome: l'obelisque fut conduit jusqu'à Alexandrie. L'Empereur Constantin étant mort en ce tems-là, l'obelisque y demeura, jusqu'à ce que son fils Constance après avoir vaincu le tyran Magnence le fit porter à Rome, & le plaça au grand Cirque. Quelqu'un des accidens, qui dans une longue suite de siecles mirent à bas les plus beaux monumens de Rome; aiant encore abbatu celui-ci, le Pape Sixte V. le fit ériger devant saint Jean de Latran: sa grandeur énorme l'auroit rendu plus difficile à élever que pas un des autres, s'il n'avoit été cassé en plusieurs pieces; on les rassembla & on les mit les unes sur les autres chacune en sa place. Nous en donnons ici la figure.

3 VI. Il y a plusieurs autres obelisques que nous donnons; celui du [3] grand
4 5 6 Duc, [4] celui de S. Mauto, & celui de la vigne [5] Mattei, celui [6] de sainte Marie
7 Majeure & celui du Vatican: [7] ces deux derniers n'ont point de figures. Il se trouve par ci, par là, à Rome, d'autres obelisques & des fragmens d'obelisques, dont le plus curieux est celui qui a des poissons dans ses hieroglyphes, qui sont fort differens des autres de l'Egypte.

---

integra est, ac multa desunt, ut putatur: verum quæ supersunt abunde sufficiunt ad sublestam interpretis fidem comprobandam, qui sui sæculi homines rudes simplicesque hoc commento decepit. Præterquam enim quod ipsa inscriptio, nescio quid inepti ac ridiculi præ se fert, si comparetur inscriptio cum obelisco ipso qui hodie ad portam dictam *del popolo* erecta visitur, cujusque hic figuram damus, statim videbitur in hujusmodi figuris animalium, hominum, serpentum, avium aliarumque rerum, historiæ seriem quamlibet deprehendi non posse; nam hæ figuræ plures simul & cum aliqua symmetria distribuuntur, posteaque repetuntur eædem. Kirkerus optime probat Hermapionis interpretationi nullo modo fidendum esse, ipseque aliam longam explanationem edidit, ubi omnia minutatim exponuntur: verum huic non major quam Hermapionis interpretationi fides, ut puto, habenda est. Cum enim ex illa Hermapionis interpretatione demonstretur, etiam Hermapionis tempore, quo ævo superstitiones Ægyptiacæ nondum exstinctæ erant, hæc hieroglypha nec legi nec explicari potuisse; quo pacto post tot elapsa sæcula explicari possint.

V. Obeliscus [2] sequens omnium qui supersunt maximus est. Narrant Ramessem Ægypti regem ipsum concinnari jussisse Thebisque posuisse. Constantinus magnus istinc extulit, ut Constantinopolin transferret & in Hippodromo poneret. Obeliscus Alexandriam ductus est, sed interim mortuo Constantino, obeliscus ibidem mansit, donec filius ejus Constantius Magnentio devicto ipsum Romam transportari, & in circo maximo erigi curaret. Casu aliquo hoc monumentum, ut & alia multa Romana, collapsum est; Sixtus vero Quintus ante Ecclesiam sancti Joannis Lateranensis ipsum erigi curavit. Tam immanis erat magnitudinis erat obeliscus ille, ut difficilius quam alius quilibet moveri aut erigi potuerit; sed quoniam confractus in multaque fruita divisus erat, aliud frustum alii non tanto negotio impositum fuit.

VI. Alii sunt obelisci, quos hic proferimus, videlicet obeliscus magni Hetruriæ [3] Ducis, obeliscus [4] sancti Mauti, item [5] ille qui in villa Mastheia. Romæ [6] quoque ante sanctam Mariam Majorem & in Vaticano duo [7] obelisci sunt, quibus nulla hieroglypha sculpra.

Alii etiam obelisci & aliorum obeliscorum fragmenta Romæ occurrunt, quorum, qui omnium singularissimus, pisces exhibet inter hieroglypha, ab aliis Ægyptiis hieroglyphis longe diversa.

Obelisques

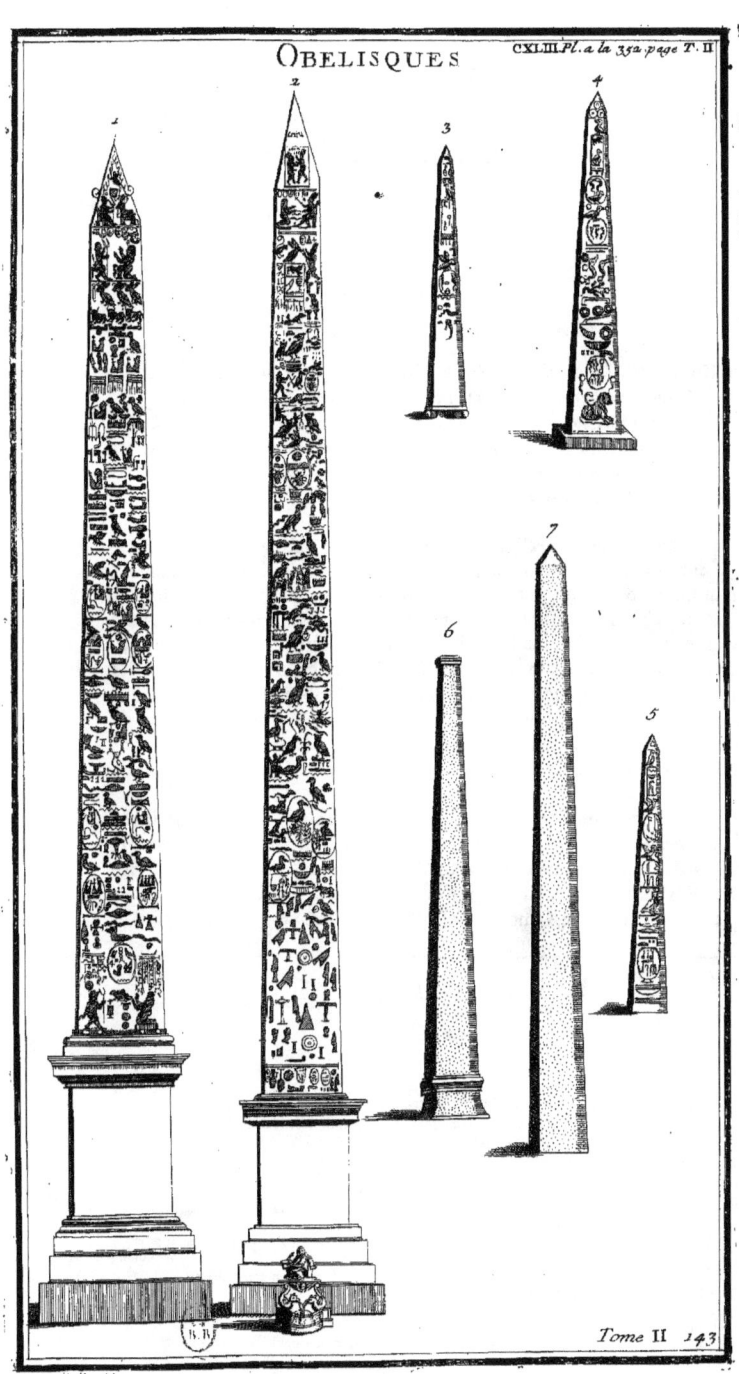

Tome II 143

LIVRE III.

Les Abraxas.

CHAPITRE PREMIER.

I. Les Gnostiques, les Basilidiens & les Valentiniens, ont mêlé les dieux des Gentils, avec la religion Chrétienne. II. Grand nombre de cabinets fournissent des pierres gravées, qui font foi de ce culte monstrueux. III. Lettre de l'Empereur Hadrien sur ce sujet. IV. Du tems d'Hadrien il n'y avoit point de Patriarche chez les Chrétiens, quoi qu'en disent Casaubon & Saumaise. V. S'il y a eu des Evêques Chrétiens Basilidiens.

I. QUI croiroit qu'une religion aussi monstrueuse que celle des Egyptiens, dût jamais être adoptée par des gens qui faisoient profession du Christianisme : & qu'on dût faire un mélange de ce qu'il y a de plus saint & de plus sacré dans la veritable Eglise, avec toutes les plus extravagantes idées de la plus superstitieuse nation qui fut jamais ; c'est cependant ce qu'ont fait dans le second siecle de l'Eglise les Gnostiques, les Basilidiens & les Valentiniens. Saint Irenée, saint Epiphane, saint Jerôme & d'autres Peres, ne nous ont donné que comme un échantillon de l'impieté de ces heretiques ; mais les monumens qu'ils ont eux-mêmes laissez, nous ont mis au fait de bien des choses, qui auroient peutêtre été sans cela ensevelies dans un éternel oubli.

II. Les cabinets de l'Europe nous fournissent un nombre presque infini de pierres gravées, où parmi les noms sacrez *jao*, qui est *jehova*, *sabaoth*, *adonaï*, mais principalement avec celui d'Abraxas, on voit des figures à tête de coq, de chien, de lion, de singe & de sphinx. On y voit aussi Isis, Osiris, Serapis, Harpocrate, le Canope, l'escarbot, & tout ce que les Egyptiens

LIBER III.

Abraxææ Figuræ.

CAPUT PRIMUM.

I. Gnostici, Basilidiani & Valentiniani, deos miscuere cum religione Christiana. II. In Museis multæ gemmæ sunt hunc portentosum cultum spectantes. III. Epistola Hadriani imperatoris circa eam rem. IV. Hadriani tempore nullus Patriarcha apud Christianos contra quam dicunt Casaubonus & Salmasius. V. An inter Basilidianos Episcopi fuerint.

I. QUIS putaret portentosam illam Ægyptiorum religionem, a viris Christianam religionem profitentibus adoptandam, & cum sacris ejus mysteriis commiscendam fore ? Quis illam de diis ineptam monstrosamque opinionem nationis omnium superstitiosissimæ cum arcanis sanctissimisque veræ religionis mysteriis conjungendam unquam credidisset? Illud tamen secundo Ecclesiæ sæculo fecere Gnostici, Basilidiani & Valentiniani. Irenæus, Epiphanius, Hieronymus aliique Patres, hæreticæ hujusmodi impietatis ceu specimen tantum dederunt; monumenta ab illis hæreticis relicta, quæ ad usque nostram ætatem devenerunt, multa nos docent, quæ iis indiciis destituta, in æternam inducta oblivionem fuissent.

II. Musea multa per Europam innumeras pene insculptas gemmas subministrant, ubi cum nominibus sacris *Iao*, quod idem est atque *Jehova*, *Sabaoth*, *Adonai*, frequentius cum nomine Abraxas, figuræ visuntur sive galli, sive canis, leonis item, simiæ, sphingis. In iis etiam conspiciuntur Isis, Osiris, Serapis, Harpocrates, Canopus, scarabæus, & quidquid

avoient mis au nombre des divinitez. C'est ce que nous apprennent ces pierres, qu'on nomme Abraxas; parce que ce nom s'y trouve plus souvent que les autres.

III. Les Peres qui ont fait mention de l'Abraxas n'ont point parlé de tout cela, & ne sont point entrez dans ce détail; mais nous apprenons ce mélange de religion d'une lettre de l'Empereur Hadrien, rapportée par Vopiscus dans la vie du tyran Saturnin : en voici les termes.

Hadrien Auguste, à Servien Consul, Salut.

» J'ai appris, mon cher Servien, que l'Egypte que vous m'avez tant louée, »est toûjours flotante, toûjours legere, toûjours prête à s'émouvoir au moin- »dre bruit populaire : ceux qui adorent Serapis, sont Chrétiens. Il y a mê- »me des dévots à Serapis, qui se disent Evêques de Jesus-Christ. Il n'y a là au- »cun prince de la synagogue des Juifs, aucun Samaritain ; nul prêtre de Jesus »Christ, nul mathematicien, nul devin, nul baigneur. Quand le Patriarche »viendra en Egypte, les uns le forceront d'adorer Serapis, les autres Jesus- »Christ. C'est une nation fort seditieuse, vaine & insolente, &c.

IV. Casaubon & Saumaise ont pretendu que le Patriarche, dont il est ici parlé, étoit celui des Chrétiens, & croient prouver par là que le nom de Patriarche est plus ancien dans l'Eglise qu'on ne le croit ordinairement ; mais je croi qu'ils se trompent. Comment l'Empereur pourroit-il dire que quand le Patriarche viendra en Egypte, les uns le contraindront d'adorer Serapis, & les autres le forceront d'adorer Jesus-Christ ? Auroit-il falu faire violence à un Patriarche des Chrétiens pour lui faire adorer Jesus-Christ ? C'est donc apparemment du Patriarche des Juifs qu'il parle. Ils en avoient en ce tems-là, comme il est aisé de voir par ce qu'en disent Origene, saint Epiphane & d'autres. Pour ce qui est des Chrétiens, ils n'ont eu de Patriarches que plusieurs siecles après.

V. Ce que dit l'Empereur qu'il y a des dévots à Serapis qui se disent Evêques de Jesus-Christ, paroit être un paradoxe : à moins que quelques-uns de ces heretiques n'eussent pris les noms d'Evêques, ou que quelques Evêques de l'Egypte n'eussent adopté les erreurs de ces fanatiques. Le Christianisme de l'Egypte, du tems d'Hadrien, est si obscur, qu'on ne peut parler de tout cela qu'en devinant. Peutêtre diroit-on mieux, que l'Empereur ne savoit ces choses que confusement, comme quand il dit qu'il n'y avoit point de prêtre de Jesus-

---

Ægyptii in deorum numerum retulerant ; illud autem docent gemmæ illæ, quæ ideo Abraxas vocantur, quia illud nomen frequentius quam alia nomina, ibi occurrit.

III. Qui Abraxam memoravere Patres, hæc silentio prætermiserunt, nec illa omnia minutatim descripserunt : verum hanc religionum commixtionem ediscimus ex epistola Hadriani Imperatoris per Vopiscum in vita Saturnini tyranni, cujus epistolæ hæc verba sunt.

Hadrianus Augustus Serviano Cos. salutem.

Ægyptum quam mihi laudabas, Serviane carissime, totam didici levem, pendulam, & ad omnia famæ momenta volitantem. Illi qui Serapin colunt, Christiani sunt, & devoti sunt Serapi qui se Christi Episcopos dicunt. Nemo illic archisynagogus Judæorum, nemo Samarites, nemo Christianorum Presbyter, non Mathematicus, non Aruspex, non Aliptes. Ipse ille Patriarcha cum in Ægyptum venerit, ab aliis Serapidem adorare, ab aliis cogitur Christum. Genus hominum seditiosissimum, vanissimum, injuriosissimum, &c.

IV. Casaubonus atque Salmasius hanc Hadriani epistolam interpretantes, existimarunt Patriarcham, cujus hic mentio habetur, esse Christianorum Patriarcham, & hinc probari putant Patriarchæ nomen in Ecclesia antiquius esse, quam vulgo credatur; sed ambos hallucinari arbitror. Quomodo Imperator diceret, *cum Patriarcha venerit in Ægyptum, ab aliis Serapidem adorare, ab aliis cogitur Christum* ? An vis inferenda erat Christianorum Patriarchæ ut Christum adoraret ? Videtur ergo de Patriarcha Judæorum loqui. Illo tempore Judæi Patriarchas habebant, quod ex dictis Origenis, Epiphanii & aliorum patet Christiani vero aliquot elapsis postea sæculis tantum Patriarchas habuere.

V. Quod ait Imperator, devotos esse Serapi, qui se Christi episcopos dicunt, incredibile prorsus videtur : an fortasse aliquis ex hæreticis hujusmodi Episcopi nomen usurpabat ? an ex Episcopis quispiam in Fanaticorum errores delapsus erat ? Ægypti Hadriani tempore Christianismus adeo obscurus est, ut nonnisi divinando de illa re possimus verba facere. Fortasse melius dicatur Imperatorem hæc omnia non perfecte scivisse, ut cum ait neminem Christianorum Christ

LES ABRAXAS.

Chrift en Egypte. Quoi qu'il en soit, le mélange du culte de Serapis avec celui de Jesus-Christ y est si marqué tout au commencement, qu'on ne peut douter qu'il n'en eût été informé. Nous verrons dans la suite des pierres de ces Gnostiques où se trouve le dieu Serapis, & quelquefois cette inscription, *Un Jupiter Serapis*, ou *Il n'y a qu'un seul Jupiter Serapis*.

---

presbyterum esse in Ægypto. Ut ut est, cultus Serapidis cum Christi cultu commixtio ita clare in principio epistolæ enuntiatur, ut nihil sit dubitandum, quin Imperator eam rem edoctus ita loquutus sit. In sequentibus vero gemmas Gnosticorum videbimus, ubi deus Serapis occurrit, & aliquando cum hac inscriptione, εἷς Ζεὺς Σέραπις, unus Jupiter Serapis.

CHAPITRE II.

I. Témoignages des Peres, de saint Irenée, de Tertullien, de saint Jerôme & de saint Augustin, touchant les Abraxas. II. Les lettres qui composent les noms Abraxas & Mithras, prises pour des nombres, font le nombre de 365. III. Plusieurs de ces hérétiques adoroient Jesus-Christ comme étant le Soleil : le baptême entroit dans le culte de Mithras, selon Tertullien.

I. Venons presentement à ce que les Peres ont dit de ces Abraxas : « A l'exemple des Mathematiciens, dit saint Irenée parlant des Basilidiens, ils distribuent les positions locales de trois cens soixante-cinq cieux : ils ont adopté leurs théoremes pour en faire le caractere de leur doctrine : ils pretendent que le principal d'entre ces dieux est Abraxas, & que c'est pour cela qu'il contient en soi le nombre de trois cens soixante-cinq. On vit ensuite, *dit Tertullien*, sortir l'hérétique Basilide, qui disoit que le dieu supreme étoit Abraxas, créateur de l'entendement, que les Grecs appellent νοῦς ; de l'entendement selon lui vient le Verbe, du Verbe vient la Providence, de la Providence la Vertu & la Sagesse : de celles-ci les Principautez, les Puissances & les Anges : ensuite une émission de ces Anges à l'infini. Il pretend que ce sont ces Anges qui ont composé trois cens soixante-cinq cieux. Il compte au nombre de ces derniers Anges, qui ont créé ce monde, le dieu des Juifs qu'il met le dernier de tous ; c'est-à-dire, le dieu de la loi & des propheres, qu'il dit n'être pas dieu, mais seulement un Ange. » S. Jerôme parle souvent du monstrueux Abraxas de Basilide ; c'est ainsi qu'il l'appelle. « Basilide, dit-il dans son commentaire sur Amos, appelle le dieu toutpuissant du nom monstrueux

---

CAPUT II.

I. Testimonia Patrum, Irenæi, Tertulliani, Hieronymi & Augustini circa Abraxam. II. Literæ has voces Abraxas & Mithras constituentes pro numeris acceptæ numerum 365. complent. III. Multi ex hisce hæreticis Christum ut Solem adorabant. Baptismus in Mithræ cultu observabatur secundum Tertullianum.

I. Jam ad ea quæ SS. Patres de Abraxa dixerunt veniamus. Irenæus de Basilidianis loquens hæc habet lib. 1. c. 24. *Trecentorum autem sexaginta quinque cælorum locales positiones distribuunt similiter ut mathematici ; illorum enim theoremata accipientes, in suum characterem doctrinæ transtulerunt ; esse autem principem illorum* Ἀβράξας, *& propter hoc* CCCLXV. *numeros habere in se.* Tertullianus vero de præscriptione adversus hæreticos : *Postea Basilides hæreticus, erupit : hic esse dicit summum deum nomine Abraxam, a quo mentem creatam, quam græce* νοῦν *appellant. Inde verbum, ex illo providentiam, ex providentia virtutem & sapientiam ; ex ipsis deinde principatus & potestates & angelos factos : deinde infinitas angelorum editiones & probolas : ab istis angelis trecentos sexaginta quinque cælos institutos. In ultimis quidem angelis, & qui hunc fecerunt mundum, novissimum ponit Judæorum deum, id est deum legis & prophetarum, quem deum negat, sed angelum dicit.* Hieronymus non semel portentosum Basilidianorum Abraxam commemorat, portentosi nomine utens ; sic commentario in Amos prophetam : *Basilides, inquit, qui omnipotentem deum portat*

»d'Abraxas, & il pretend que, selon la valeur des lettres greques, & le nom-
»bre des jours du cours du Soleil, Abraxas se trouve renfermé dans son cercle;
»le même, selon la valeur d'autres lettres, est appellé Mithras par les Gentils.
La pensée de saint Jerôme, comme l'observe Macarius, est expliquée par ce
»passage de saint Augustin. « Basilide, *dit ce saint Docteur*, disoit qu'il y avoit
»trois cens soixante-cinq cieux : le même nombre de jours renferme toute
»l'année ; c'est pour cela qu'il regardoit le nom ABRAXAS comme saint & ve-
»nerable. Les lettres de ce nom, selon la maniere de supputer des Grecs, font
»ce nombre : il y a sept lettres α, β, ρ, α, ξ, α, σ, qui font un, deux, cent, un,
soixante, un, & deux cens : ce qui fait en tout trois cens soixante-cinq.

II. Abraxas en prenant à part les lettres du mot Grec Αβραξας, fait le
nombre de trois cens soixante-cinq. Il n'est pas aisé de trouver ce même nombre dans Mithras, exprimé ainsi en Grec Μίθρας, qui ne fait précisément que
le nombre de 360. Macarius a cru que pour l'y trouver il falloit lire Μίθρης;
mais outre qu'on ne le trouve pas écrit ainsi dans les inscriptions de ces pierres, ce nom avec l'H, feroit 367. ce qui ne revient pas au nombre des jours
de l'année. On y trouve le nombre juste en lisant Μείθρας, ainsi

Μ Ε Ι Θ Ρ Α Σ

Il est si ordinaire de lire ει pour ι, même dans des tems plus reculez que celui des Basilidiens, qu'on peut croire avec toute sorte de vraisemblance,
que ceux qui y trouvoient le nombre des jours de l'année lisoient ainsi.

III. Il y a plus qu'apparence que ces faux Chrétiens adoroient le Soleil
sous ces deux noms Abraxas & Mithras, qui signifient l'un & l'autre le Soleil,
& qu'ils croioient que Jesus-Christ le Soleil de Justice, étoit le même que ce
Soleil materiel, puisqu'il y avoit effectivement des hérétiques qui étoient dans
cette erreur, & que des pierres que nous donnerons plus bas font foi, qu'ils prenoient Jesus-Christ pour le Soleil. La ressemblance qu'il y avoit entre les mysteres de Mithras & ceux des Chrétiens, est encore une preuve qu'on avoit mêlé
«cette religion avec la chrétienne. « Les Apôtres, *dit S. Justin martyr*, racontent
»dans leurs Evangiles que Jesus aiant pris du pain, & aiant rendu graces, leur
»dit : Faites ceci en memoire de moi, ceci est mon corps : & qu'après avoir pris le
»calice, & rendu graces de même, il dit : Ceci est mon sang, & qu'il le donna à eux
»seulement. Les mauvais démons, *poursuit-il*, ont imité & enseigné la même

chose dans les mysteres & les initiations de Mithras. Car vous savez, ou vous pouvez savoir, qu'on met du pain & de l'eau aux sacrifices de ceux qui sont initiez, & qu'on y prononce quelques paroles. Tertullien dit de plus, que le démon baptizoit ses fideles, leur promettoit l'expiation de leurs crimes par cette ablution, les initioit ainsi à Mithras, les marquoit au front, & faisoit l'oblation du pain.

fieri docuerunt per imitationem pravi dæmonis. Quod namque panis & poculum aquæ in sacrificiis, sive re divina ejus qui initiatur, ponatur verbis quibusdam additis, aut certe scitis, aut cognoscere potestis. Tertullianus insuper dicit libro de Præscript. hæret. diabolum baptizare fideles suos, ipsisque expiationem criminum per ablutionem illam promittere, sicque Mithræ initiare, in frontibus signare, panisque oblationem facere.

CHAPITRE III.

I. Grand nombre de ces pierres, nommées Abraxas, répandues par Marc Basilidien dans les Gaules & dans l'Espagne. II. Division de ces pierres en sept classes. III. Premiere classe des Abraxas à téte de coq. IV. Images differentes de ceux-ci. V. Abraxas où se trouve le nom des Anges.

I. CES pierres gravées que nous trouvons en si grand nombre, étoient sans doute répandues parmi ceux de la secte, qui croioient qu'elles avoient quelque vertu. Ces Gnostiques de l'école de Basilide, & particulierement Marc & les Marcosiens, s'adonnoient à l'art magique pour seduire les simples, & les femmes de qualité. Ce fanatisme fut porté dans les Gaules, selon saint Irenée & saint Jerôme. Marc sectateur de Basilide porta cette pernicieuse doctrine sur le Rône, sur la Garonne, & dans les payis des environs : il passa depuis en Espagne. Il cherchoit à s'introduire dans les maisons des riches, & sur tout à s'insinuer dans l'esprit des femmes, leur promettant de les faire entrer dans les plus profonds mysteres de sa secte ; dangereuse amorce pour ce sexe. En effet il en trompa beaucoup, & infecta tous ces payis de ces dogmes, tout extravagans qu'ils étoient. C'est apparemment de cette source que nous sont venues ces pierres gravées, dont plusieurs cabinets sont pleins, & que l'on déterre tous les jours : il y en a plus de soixante dans cette Abbaie. Le Senateur Capello, qui en est le mieux fourni de toute l'Italie, en a fait graver un grand nombre dans son livre, intitulé *Prodromus iconicus* : il est

CAPUT III.

I. Multæ gemmæ Abraxææ per Gallias & Hispaniam per Marcum Basilidianum sparsæ. II. Divisio gemmarum hujusmodi in septem classes. III. Prima classis, in qua Abraxas galli capite comparet. IV. Varia hujusmodi schemata. V. Abraxææ gemmæ, ubi nomina angelorum.

I. Istæ gemmæ atque lapilli quos tanto numero reperimus, inter eos sparsi distributique erant, qui sectam hujusmodi profitebantur, quique hisce lapillis quamdam credebant inesse virtutem. Hi Gnostici ex schola Basilidis, maximeque Marcus & Marcosiani, inquit Hieronymus epistola ad Theodorum, magicæ arti addicti erant, ut simpliciores quoslibet nobilioresque matronas subornarent. Fanatismus hujusmodi in Gallias translatus est, inquiunt Irenæus & Hieronymus. Marcus Basilidis sectator hanc perniciosam disciplinam ad Rhodanum deportavit, ad Garumnam, item & ad finitimas regiones. Hinc vero in Hispaniam transiit : in domos divitum sese insinuare curabat, & in mulierum animum irrepere quibus pollicebatur altiorum sectæ suæ mysteriorum notitiam, quæ periculosa erat mulierculis illecebra. Multas certe ille seduxit, & doctrina hujusmodi quantumvis inepta regionem totam infecit. Ex ista, ut videtur, officina diffusus est ille ingens lapillorum numerus qui in multis Europæ Museis visuntur, quorumque copia in dies nova eruitur : plusquam sexaginta hujusmodi in hoc cœnobio sunt. Nobiliss. Capellus Reipublicæ Venetæ Senator, supellectilem hujusmodi copiosiorem, quam in reliquis Italiæ Museis habeatur, possidet, & lapillorum figuras magno numero in ære incidi curavit,

vrai que la plûpart de celles qu'il a données n'ont rien de commun avec les Abraxas.

II. Nous en avons encore recueilli beaucoup d'autres de differens endroits; lesquelles jointes à celles que Chifflet a publiées dans son édition du livre de Joannes Macarius, & à d'autres encore publiées dans plusieurs livres, font un recueil fort considerable, que nous diviserons en sept classes. La premiere sera des Abraxas à tête de coq. La seconde, de ceux qui ont ou la tête ou tout le corps de lion, dont l'inscription est quelquefois Mithras. La troisiéme, de ceux qui ont ou l'inscription ou la figure de Serapis. La quatriéme, des Anubis, des escarbots, des serpens, des Sphinx & des singes. La cinquiéme, des figures humaines, soit avec ailes, soit sans ailes. La sixiéme, des inscriptions sans figures, & des inscriptions Hebraïques. La septiéme, de quelques Abraxas d'une espece plus extraordinaire & plus bizarre.

III. Les Abraxas à tête de coq que nous donnons, au nombre de trente-six, ont presque toûjours le corps & les bras d'un homme: ils portent une cotte d'armes à l'antique, & tiennent d'une main un bouclier & de l'autre un fouet; leurs jambes se terminent en serpens, dont la tête tient le plus souvent la place du pied: le nom de *jao* se trouve assez ordinairement écrit, ou dans le bouclier, ou en quelque autre lieu. Celui d'Abraxas y est moins souvent; & quand il s'y trouve, c'est plutôt au revers qu'à la face, où est la figure à tête de coq: ce coq est indubitablement un symbole du Soleil, qui tient un fouet comme pour agiter ses chevaux: il est même qualifié quelquefois de ce nom de Soleil; on lui donne apparemment la tête du coq, parce que c'est cet animal qui annonce la venue du Soleil. Il faut remarquer que generalement toutes ces figures d'Abraxas ont rapport au Soleil ou à ses operations, comme presque toutes les figures Egyptiennes. Plusieurs de ces anciens hérétiques croioient, comme nous avons déja dit, que Jesus-Christ étoit ce Soleil materiel: & cela leur donna occasion de mêler le Christianisme avec les divinitez de cette nation superstitieuse. Voilà ce que nous avions à dire en general sur ces Abraxas à tête de coq: voions ce qu'il y a à remarquer de plus considerable dans quelques-uns d'entre-eux.

PL. CXLIV. IV. Le premier que nous donnons a tout autour cette inscription, σεμες ἔιλαμψε; cela veut dire, le Soleil répand sa lumiere. Le premier mot est Hebreu, & le second Grec: plusieurs pierres ont la même inscription. A l'autre face, est

---

quorum tamen pars non modica inter Abraxæas gemmas non computanda.

11. Alia hujusmodi bene multa variis ex locis amuleta corrasimus; hæc cum iis conjuncta, quæ Chiffletius in editione libelli Joannis Macarii publicavit, & cum iis etiam quæ aliis in libris sunt emissa, amplam efficiunt collectionem, quam septem in classes distribuimus. Prima classis est Abraxæorum schematum cum capite galli; secunda eorum, quorum vel caput vel corpus leonis est, quorum inscriptio sæpe est *Mithras*: tertia eorum, quæ vel inscriptionem vel figuram Serapidis habent: quarta eorum, quæ vel Anubin, vel scarabæos, vel serpentes, aut sphingas, aut simias præferunt: quinta eorum, quæ figuras exhibent humanas vel alatas, vel alis carentes: sexta est inscriptionum absque figuris, & inscriptionum hebraïcarum: septima eorum, quæ insolitam portentosioremque formam præ se ferunt.

III. Abraxæa cum galli capite triginta sex numero proferimus, qui fere semper corpore brachiisque humanis sunt instructi, loricamque antiquo more gestant, atque altera manu clipeum, altera flagellum tenent: eorum crura desinunt in serpentes, quorum caput plerumque loco pedum est. Nomen *Jao* sæpe descriptum est aut in clipeo, aut in alio quopiam loco; Abraxas vero nomen infrequentius legitur, atque ubi occurrit, potius in postica facie, quam in antica visitur, ubi illa figura galli capite instructa. Gallus sine dubio symbolum Solis est, qui flagellum tenet, quasi concitandis equis: aliquando etiam Sol vocatur; huic galli caput tribuitur, quia hæc avis Solem prænuntiat. Ubi observandum schemata hæc omnia Abraxæa vel ad Solem, vel ad ejus operationes referri, quemadmodum & aliæ pene omnes Ægyptiacæ figuræ. Plurimi ex antiquis illis hæreticis putabant, uti jam diximus, Christum esse Solem hunc materialem, qua permoti opinione, Christianismum cum superstitiosæ istius nationis numinibus admiscuere. Hæc generatim dicta sint de Abraxa illo galli capite instructo; jam ad ea quæ in quibusdam observatu digna comparent properandum.

IV. Primum schema quod damus, hanc inscriptionem habet σεμες ἔιλαμψε, ubi ἔιλαμψε legitur pro ἔλαμψε; id significat, *Sol resplenduit*. Prima vox Hebraica est, secunda græca: in multis lapillis eadem ipsa

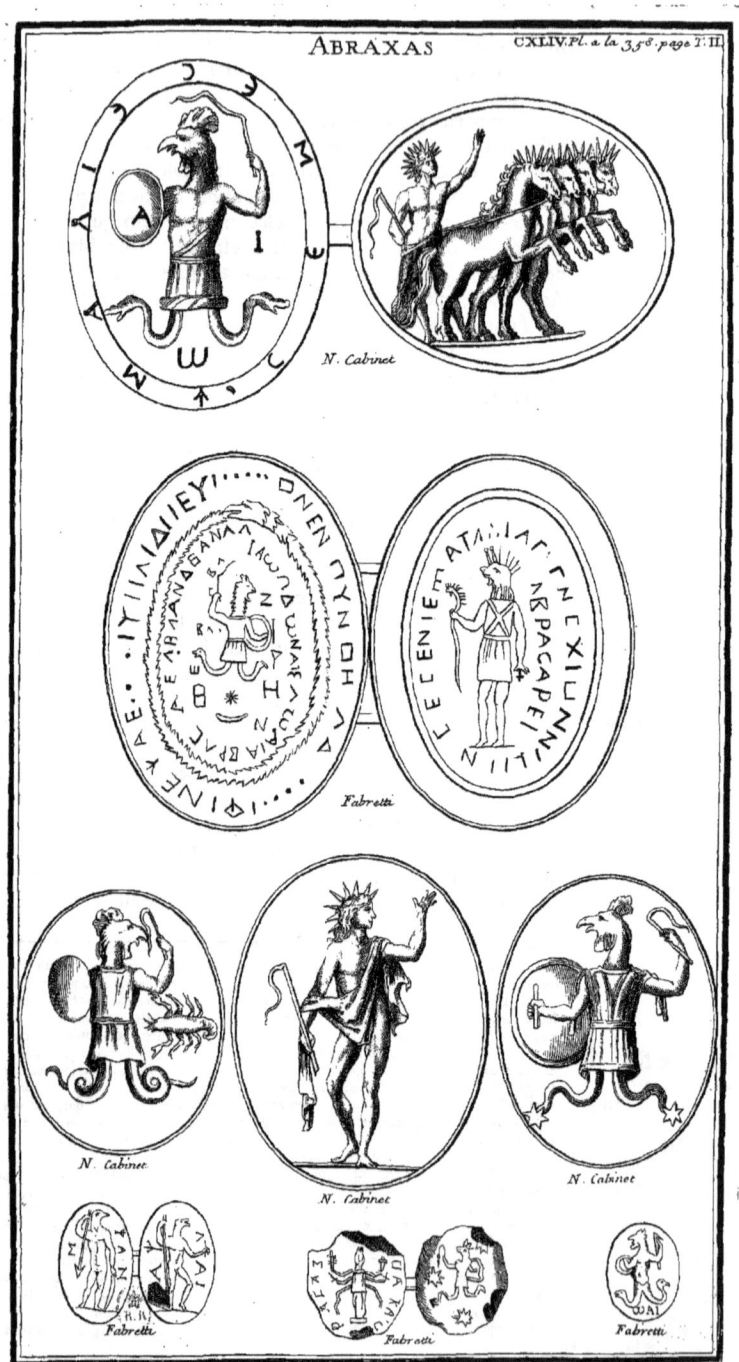

LES ABRAXAS.

le Soleil à figure humaine, dont la tête est brillante: il est sur son char tiré à quatre chevaux, & tient un fouet de la main gauche. On voit souvent le Soleil représenté en cette maniere sur les medailles, sur tout dans celles du bas empire. Le second donné par M. Fabreti a de grandes inscriptions aux deux côtez où se trouvent les noms Iao & Abraxas, le reste est inintelligible. L'homme à tête de coq est d'un côté à l'ordinaire, & de l'autre un homme à tête de lion raionnante, qui tient un serpent dont la tête a aussi des raions, marque certaine que toutes ces figures ont rapport au Soleil. Il est encore à remarquer que dans l'une des faces la bordure est un serpent qui mord sa queue, & fait de tout son corps un ovale, ce qui se trouve en plusieurs autres pierres; & cela marque, à ce que l'on croit, le cours du Soleil ou le cercle du Zodiaque. Le troisiéme a au revers la figure du Soleil sans char; il tient un fouet à l'ordinaire. Dans le cinquiéme, Abraxas a auprès de lui une écrevisse, ou le cancer signe du Zodiaque. Les trois suivans de cette planche se remarqueront à l'œil. Au premier de la planche qui suit, on lit après le nom Abraxas celui de *Phrer*; dans d'autres on lit *Phren*, qui veut dire l'entendement; & dans d'autres Φρη, *Phre*, qui en langue Copte ou Egyptienne veut dire le Soleil. *Adoné* ou *Adonaï*, qui se trouve dans la troisiéme image, veut dire, *Seigneur*; & se voit de même dans un grand nombre d'autres. Le dixiéme est remarquable par les sept étoiles audessous de l'homme à tête de coq, qui marquent apparemment les sept planetes. PL. CXLV.

V. Dans la premiere image de la planche suivante, ces sept étoiles sont distribuées tout autour aussi bien que dans une autre. La sixiéme est remarquable par les noms des anges, nommez aux revers, Michel, Gabriel, Uriel, Raphael, Ananael, Prosoraiel: le dernier nom après celui-ci est corrompu. Le revers de la seconde a un oiseau, dont les jambes sont embarrassées & entortillées d'un serpent: auprès de l'oiseau est une figure qui a la tête & les oreilles d'une bête, qu'il n'est pas aisé de distinguer; ce sont des mysteres inintelligibles. La premiere de la planche suivante est remarquable par l'inscription du revers, qui porte: *Donnez moi la grace & la victoire, puisque j'ai prononcé votre nom caché & ineffable*. Ce nom caché & ineffable est Iao; c'est le *Jehova* des Hebreux. La troisiéme a Mithrax au revers pour Mithras; ce changement du x PL. CXLVI.

PL. CXLVII.

---

inscriptio occurrit. In altera facie sol est humana figura radios emittente capite, qui quadrigis vehitur, lævaque flagellum tenet. Sol sæpe in nummis hoc exhibetur ritu, in iis maxime qui labentis imperii sunt. Secunda imago a Fabreto publicata, magnas circum in utraque facie inscriptiones habet, in quibus compatent nomina Iao, & Abraxas: reliqua intelligi nequeunt. Vir galli capite in una facie visitur, in altera vero vir leonis capite radios emittente, qui vir serpentem tenet, cujus item caput radios effundit, quod signum est hæc omnia schemata Solem respicere. Notandum est etiam in altera facie serpentem, qui convoluto corpore figuram ovatam efficit & caudam mordet, totam imaginem circumscribere, quod in multis aliis hujusmodi lapillis observatur, significatque, ut putatur, cursum Solis, aut Zodiaci circulum. Tertium schema in postica facie figuram Solis exhibet, qui non in curru, sed pedibus stat & flagellum tenet pro more. In quinto Abraxas cancrum juxta se habet, signum videlicet Zodiaci. Tres in hac tabula sequentes oculo spectandi. In primo tabulæ sequentis post hoc nomen Abraxas, legitur φρερ, aliis habetur φρην, in aliis φρη, Phre aut Phri; quæ

vox lingua Coptica seu Ægyptiaca significat Solem. *Adone*, aut *Adonai*, ut in tertia legitur imagine, significat *Dominus*, in multisque aliis similiter visitur: decima a septem stellis sub viro capite galli instructo positis spectatur, quæ septem ut putatur planetas significant.

V. In prima sequentis tabulæ imagine stellæ septem in circuitu ponuntur, quemadmodum & in altera. Alia spectabilis est ob nomina angelorum in postica parte scripta, Michael, Gabriel, Uriel, Raphael, Ananael, Prosoraiel: aliud quod hoc postremum sequitur nomen, vitiatum est: in antica secundæ gemmæ parte avis est, cujus tibiæ a serpente circumvolvuntur: prope avem figura est cum capite & auribus ferinis, quam discernere non facile. Hæc arcana adire fas non est. Prima tabulæ sequentis ex inscriptione posticæ faciei spectabilis: est δός μοι χάριν ᾗ νίκην ὅτι εἴρηκά σου τὸ ὄνομά τὸ κρυπτὸν καὶ ἀλέκτορον: da mihi *gratiam & victoriam, quia pronunciavi nomen tuum absconditum & ineffabile*. Vox postrema ex vitio legitur ἀλέκτορον pro ἀνεκφώνητον, ineffabile; illud vero nomen ineffabile est Iao, scilicet Jehova יהוה Hebræorum. Tertia in postica facie pro Μίθρας habet Μίθραξ,

360 L'ANTIQUITE' EXPLIQUE'E, &c. Liv. III.

en Ξ, gateroit entierement le nombre des jours de l'année que Μείθρας exprime. A l'autre côté on lit Αβρασαξ au lieu d'Αβραξας; mais cela ne fait rien au nombre, parce que les lettres sont seulement transposées: cette transposition se trouve souvent. La figure qui a pour inscription au revers Iao, Abraxas, Sabaoth, est singuliere par les deux figures qui sont au dessous, dont l'une est un homme à tête de coq, & l'autre paroit être un Anubis. Une autre de la même planche est fort differente des autres : un lion à tête de coq tient sous ses griffes un homme couché sur le ventre : image aussi inintelligible que l'inscription en lettres greques, dont on ne sauroit tirer aucun sens.

PL.
CXLVIII.

---

quæ lectio accuratam numerorum 365. rationem, quæ in voce Μείθρας habetur tolleret ; verum in marmoribus aliisque monumentis Ξ facile pro Σ ponitur : in alio latere legitur Αβρασαξ pro Αβραξας, quæ literarum transmutatio nihil ad numerorum rationem facit, semper enim numerus 365. constat. Imago cujus inscriptio in postica parte est, Iao, Abraxas, Sabaoht, singularis est ob duo schemata inferius posita, quorum unum est vir capite galli, aliud Anubis esse videtur. Alia imago in eadem tabula ab aliis longe discrepat : leo galli capite sub ungulis tenet hominem prostratum : quæ imago perinde obscura atque literæ græcæ illæ appositæ, quæ legi nequeunt.

CHAPITRE IV.

I. Seconde classe : Abraxas sous la forme de lion. II. Autres qui ont le corps d'un homme & la tête d'un lion. III. Autres en plus grand nombre qui ont la tête d'un lion & le corps d'un serpent.

I. LEs Abraxas de la seconde classe se trouvent aussi en grande quantité : les uns ont toute la forme de lion, les autres sont des hommes à tête de lion ; les autres en plus grand nombre ont la tête de lion & tout le corps de serpent. Le premier de la premiere espece a une inscription tout autour qu'on ne sauroit lire ; & au revers Adonaï, qui veut dire *Seigneur*, mot frequent dans l'Ecriture sainte. Peut-être que ces hérétiques faisoient allusion à ce passage de l'Ecriture ; *le lion de la tribu de Juda est demeuré vainqueur* ; qui s'entend de Jesus-Christ, car quoiqu'ils prissent le lion pour Mithras qui est le Soleil, ils confondoient, comme nous avons dit, les mysteres de Jesus-Christ avec le paganisme. Le second donné par le Cavalier Maffei, est tout environné de caracteres magiques entremélez d'étoiles : il a une mouche à miel dans la gueule, aussi bien que le suivant. Seroit-ce une allusion à l'histoire de Samson? Le premier lion de la planche suivante a dans la gueule quelque chose qu'il n'est pas aisé de connoitre, je ne sai par quel mystere. L'inscription de *Jao Abrasax* du revers, est ordinaire. Le second est environné de

PL.
CXLIX.

CAPUT IV.

I. Secunda classis : Abraxas leonis forma. II. Alia schemata humano corpore, leonino capite. III. Majore numero alia leonino capite, serpentino corpore.

1. ABraxæa secundæ classis schemata frequentissima occurrunt, variisque modis repræsentantur : alia totam leonis formam habent, alia homines exhibent leonino capite, alia majore numero caput leonis corpusque serpentis habent. Primum primi generis inscriptionem circum habet, quam non legimus, & in postica facie *Adonai*, id est *Dominus*, quæ vox frequenter occurrit in Scriptura sacra. Hæretici illi ad illum Scripturæ sacræ locum respiciebant, *Vicit leo de tribu Juda*, qui de Christo intelligitur ; etsi enim leonem pro Mithra acciperent, qui Sol est, mysteria Christi cum profana religione profani illi admiscebant. Secundus Mithras ab Equite Maffeio publicatus characteribus magicis intermixtas stellas exhibet, apem ore tenet, quemadmodum & sequens : an ad Samsonis historiam hic respicitur ? Primus tabulæ sequentis leo nescio quid ore tenet, quo mysterio ignoro : inscriptio *Jao Abrasax* in postica facie posita frequenter occurrit. Secundus sex stellis circumdatur & bi-

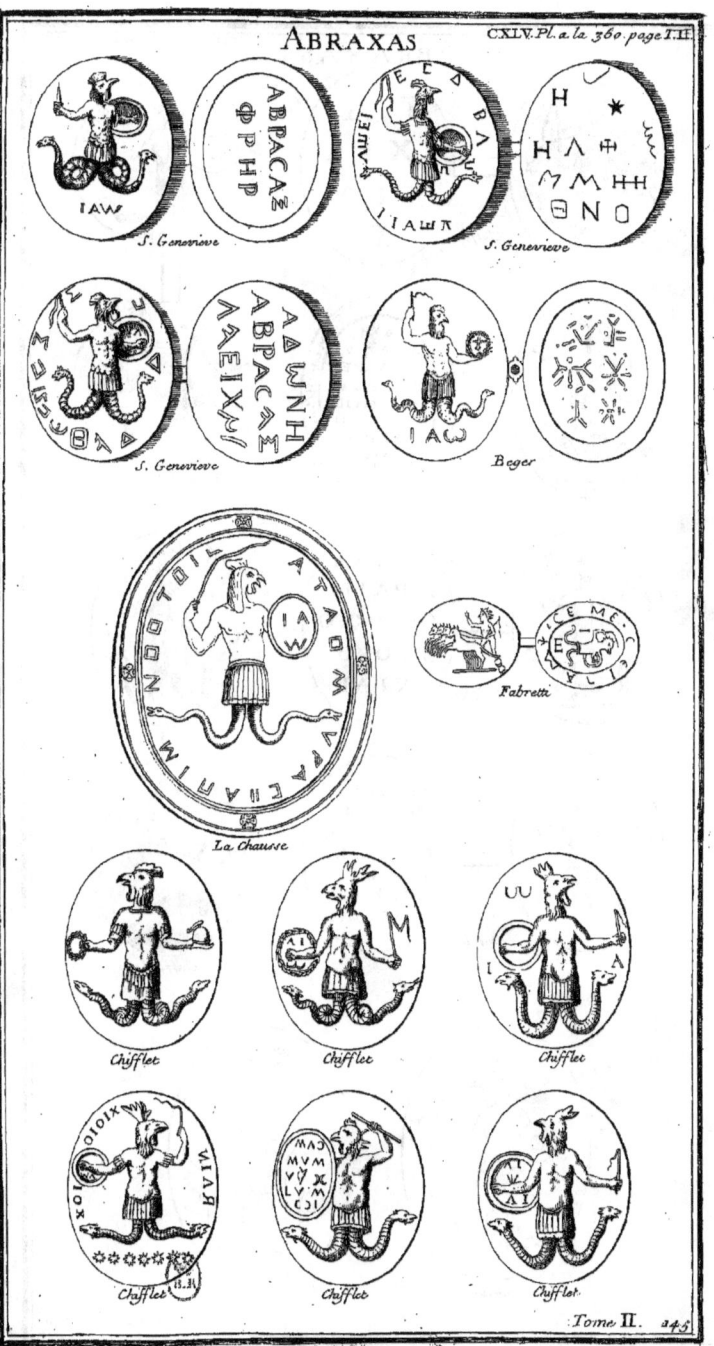

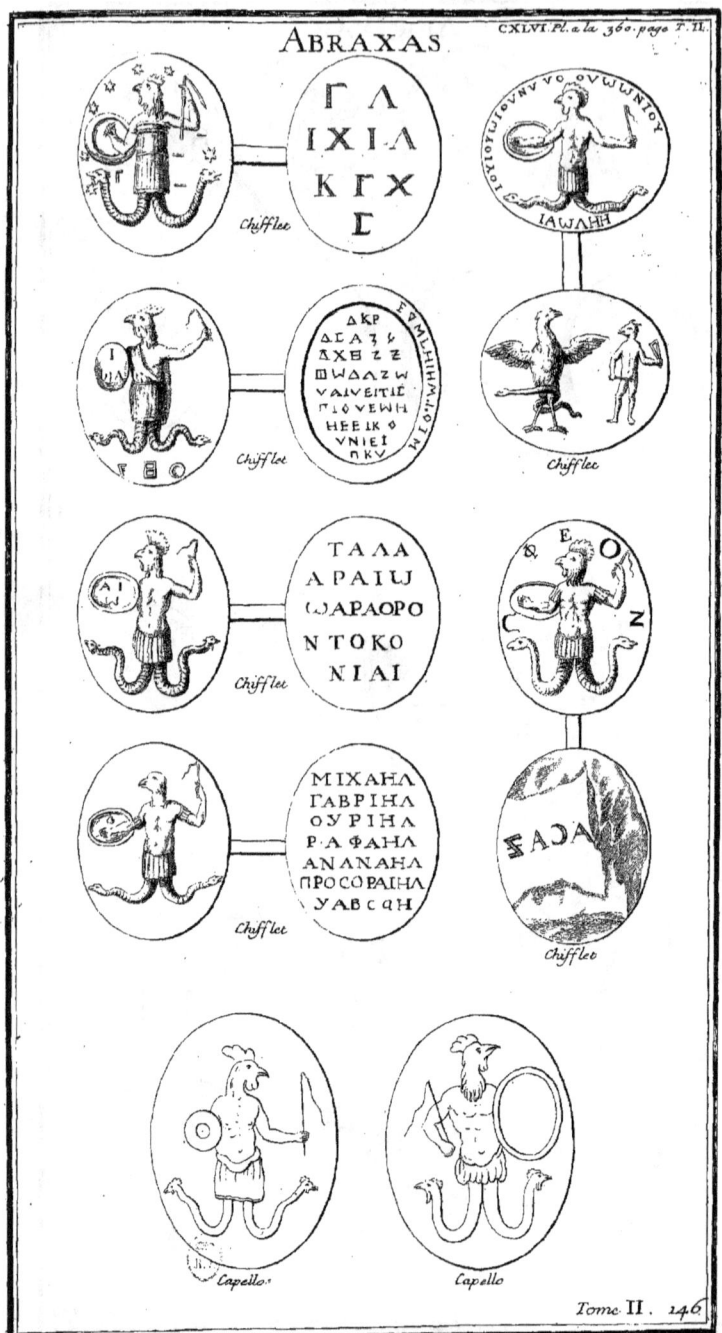

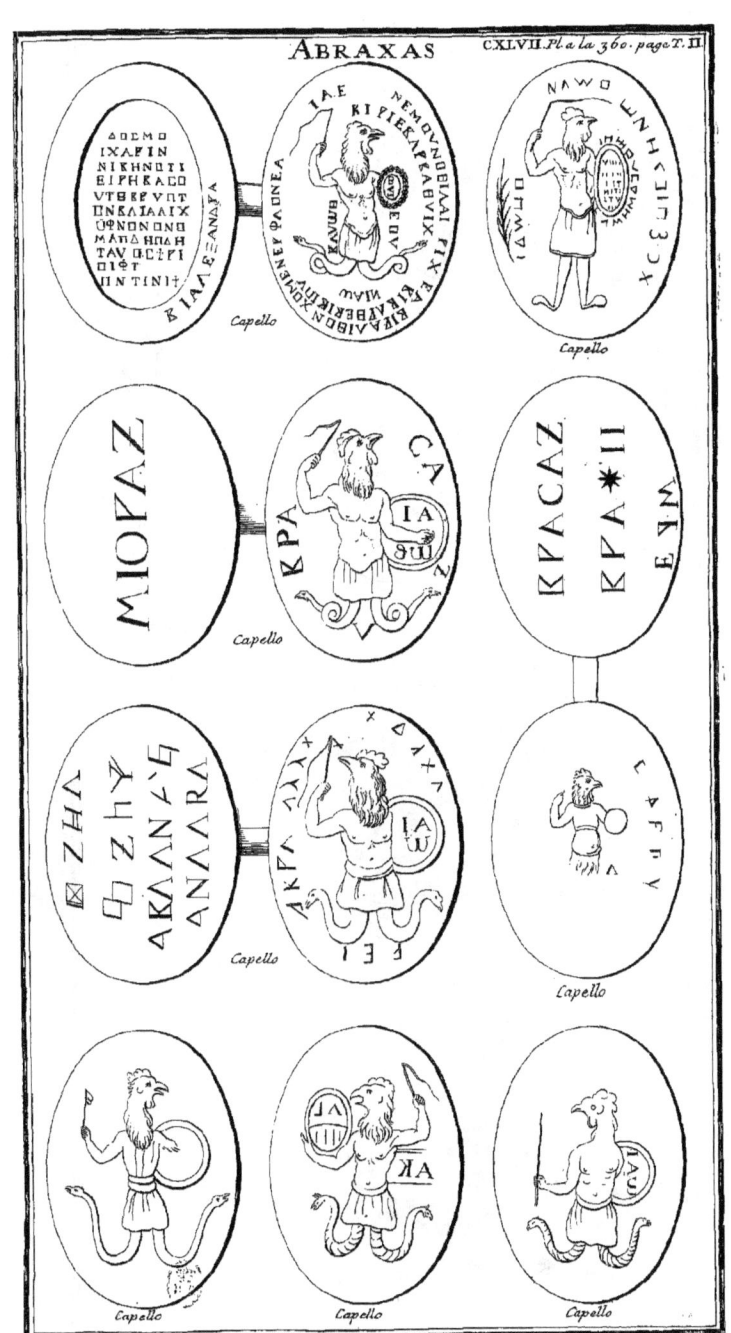

LES ABRAXAS.

six étoiles & d'un croissant; au revers est un Abraxas à tête de coq, devant lequel un homme se met à genoux les mains jointes, & l'Abraxas lui met la main sur la tête; c'est apparemment quelque Gnostique qui adore ce monstre. Le quatriéme est debout, il tient d'une griffe un trident, & de l'autre un vase tel que nous l'avons vû ci-devant aux figures Egyptiennes. Il y a audessus du lion suivant un Harpocrate sur la fleur du Lotus, qui tient un doigt sur la bouche, & un fouet de l'autre main.

II. Le premier de ceux qui ont le corps d'homme à tête de lion, tient à la main une tête d'homme coupée: l'inscription du revers, qui est Judas, fait voir que c'est la tête du traitre Judas. Celui qui a fait la pierre, faisoit apparemment allusion à cette sentence de l'Ecriture; le lion de la tribu de Juda est demeuré victorieux. Un autre qui n'a pas été mis ici, a la tête raionnante: il tient de la main droite des épis, & de la gauche un serpent, dont la tête jette aussi des raions. L'inscription ne peut s'entendre: le dernier mot Glycon, qui est hors du rang des autres, est peutêtre le nom de l'ouvrier. Le premier de la planche suivante est représenté l'épée levée: l'inscription du revers porte, *Le massacreur des geans*. Le second inscrit *Abraxas*, tient une grande palme & un rouleau à la main. Le troisiéme est assis sur une chaise.

PL. CL.

III. Tous les suivans ont la tête de lion raionnante & le corps de serpent. Le quatriéme a au revers l'inscription XNOYBIC. Il est à remarquer que cette inscription χνυϐις, ou χνυμις se rencontre ailleurs assez souvent; & que quelquefois aulieu du X il y a une croix parfaite ainsi †. Saumaise croit que c'est un des trente-six doiens, qui selon ces Gnostiques présidoient à tout le Zodiaque; ne pourroit-on pas dire que la croix est là pour un A, & qu'il faut lire Ανυϐις, Anubis dieu des Egyptiens, qui se trouve assez fréquemment sur ces pierres? L'inscription du cinquiéme est remarquable: *Conservez en santé l'estomach de Procle* ; ce qui prouve que ces Fanatiques donnoient leurs pierres ou leurs talismans, comme des préservatifs. Le neuviéme porte cette inscription χνυμις ανυϐα, *Chnumis à Anubis*. La planche suivante est toute remplie de serpens à tête de lion en differente situation, avec les inscriptions XNOYMIC & XNOYBIC, & d'autres qui ne se peuvent lire: une bonne partie de la planche d'après est encore remplie de ces serpens à tête de lion.

PL. CLI.
PL. CLII.

---

corni Luna; in postica parte Abraxas est galli capite, coram eo vir genu flexo & junctis manibus, cujus capiti Abraxas manum imponit; est, ut videtur, Gnosticus quispiam, qui Abraxam monstrum adorat. Quartus stat, & altero pede tridentem, altero vas tenet quale supra vidimus in schematibus Ægyptiacis. Supra leonem sequentem est Harpocrates flori loti insidens, qui digitum ori admovet, & flagellum altera manu tenet.

II. Ex iis qui corpus humanum habent leonino capite, primus manu tenet caput hominis abscissum: inscriptio posticæ partis quæ est ΙΟΤΑΑC, *Judas*, indicare videtur, caput istud esse Judæ proditoris: qui hunc lapidem posuit forte in mente habebat illud Scripturæ dictum, *vicit leo de tribu Juda*. Alius qui hic non adest, hujusmodi caput radiatum habet, tenetque sinistra serpentem, cujus caput radios etiam emittit, & dextera spicas: inscriptio non legitur, postrema vox ΓΛΥΚΩΝ, Glycon, sub aliis posita, est fortassis artificis nomen. Primus in sequenti tabula districto gladio exhibetur: inscriptio in postica parte significat *Gigantum interfector*. Secundus, cujus inscriptio *Abraxas*, palmam tenet & volumen: tertius in sella sedet.

III. Sequentes omnes caput leonis radiatum habent, & corpus serpentis. Quartus in postica parte inscriptionem habet XNOYBIC. Notandum est XNOYBIC & XNOYMIC non infrequenter occurrere, & nonnunquam loco τȣ x crucem sic perfectam haberi †. Putat Salmasius hunc esse unum è triginta sex decanis, qui secundum hosce Gnosticos toti Zodiaco præsidebant. Num dicatur crucem hic pro A poni, legendumque esse ΑΝΟΥΒΙC Anubis Ægyptiorum deus? Quinti inscriptio singularis est: φυλαξον ὑγιῆ (l. ὑγιᾶ) στομαχον Πρωκλε, *conserva sanum stomachum Procli* ; qua inscriptione probatur Fanaticos illos gemmas hujusmodi & amuleta dedisse tamquam προφυλακτήρια. Nonus hanc inscriptionem habet χνουμις Ανυϐι, *Chnumis Anubidi*. Sequens tabula plena serpentibus est leonino capite situ diverso, cum inscriptionibus XNOYMIC & XNOYBIC, & aliis quæ minime leguntur. Pars magna sequentis etiam tabellæ serpentes sunt leonino capite.

CHAPITRE V.

I. Troisiéme classe des Abraxas, avec la figure ou le nom de Serapis. II. Quatriéme classe, Abraxas Anubis. III. Abraxas escarbot. IV. Grande vénération des Basilidiens pour l'escarbot. V. Serpens dans les Abraxas. VI. Sphinx & singes dans les Abraxas.

PL. CLIII.

I. Venons à ceux qui ont ou l'inscription ou la figure de Serapis. Chifflet en a donné deux ou trois de cette espece, mais qui n'ont aucune marque d'Abraxas. Dans la planche suivante un autre de M. Capello Senateur de Venise, représente une Isis sur la fleur du Lotus, & devant elle un singe debout, avec l'inscription, *un Jupiter Serapis*, ou *il n'y a qu'un Jupiter Serapis*. Dans l'inscription du revers tout est inintelligible jusqu'au nom Abraxas: ce qui suit aprés ce nom peut avoir ce sens, *donnez vôtre grace à Alexandre*. Un autre représente un Serapis, qui tient une victoire sur la main, avec une inscription en lettres greques qu'on ne peut entendre. Serapis a ici à ses pieds le chien Cerbere à trois têtes; ce qui revient à ce que nous avons dit ci-devant, que Serapis étoit pris pour Pluton. Celui qui vient aprés a la tête de Serapis, qui porte le boisseau avec une inscription greque qui signifie *gardez-moi*: cela confirme ce que nous disions ci-devant, que l'on donnoit ces pierres comme un préservatif. On pourroit, peutêtre, compter parmi ces talismans une petite medaille de plomb de l'Abbé Seguin, qui a au revers l'inscription συλαξον, *gardez-moi*.

PL. CLIV.

II. On en voit d'autres à differentes figures, qui font la quatriéme classe de nos Abraxas. Le premier est un Anubis de nôtre cabinet, avec une inscription greque, où l'on n'entend rien. Le second est du cabinet de sainte Genevieve; Anubis tient d'une main une palme, & de l'autre une couronne: nous n'oserions rien hazarder sur le mot *Barbaria*, qu'on lit au revers. Les premiers Anubis de la planche suivante sont pris de Chifflet & n'ont point d'inscription. L'Anubis qui tient une palme, & a devant lui un scorpion, est du cabinet de M. Capello.

CAPUT V.

I. Tertia classis Abraxæorum schematum cum imagine aut nomine Serapidis. II. Quarta classis, Abraxas Anubis. III. Abraxas Scarabæus. IV. Veneratio Basilidianorum erga scarabæum. V. Serpentes in Abraxæis gemmis. VI. Sphinges & Simiæ in iisdem.

I. Jam ad eos lapillos, qui aut inscriptionem, aut figuram Serapidis habent: Chiffletius duos treisve hujusmodi dedit, sed qui nullum Abraxæam notam habent. In tabula sequenti alius D. Capelli Senatoris Veneti Isidem repræsentat flori loti insidentem, ante quam simia est aut cercopithecus cum inscriptione εἷς Ζεὺς Σέραπις, unus Jupiter Serapis. In posticæ partis inscriptione nihil intelligitur ad usque nomen Abraxas: quod post nomen illud sequitur, hunc habere sensum potest: *Da gratiam Alexandro*. Alia imago Serapidem repræsentat victoriam manu tenentem, cum inscriptione græcis literis, quam nemo haud dubie leget. Serapis hic canem Cerberum trino capite ad pedes habet, quo confirmatur id quod supra dicebamus, nempe Serapidem pro Plutone habitum fuisse. Quæ sequitur caput Serapidis habet calathum gestantis cum inscriptione græca φυλάσσου μοι, quæ significat, *custodi me*; quo item probatur hosce lapillos quasi περιαπλάσματα quædam datos fuisse. Inter hæc amuleta forte annumerandum parvum numisma plumbeum a Seguino Abbate allatum, quod in postica parte inscriptionem præfert, φύλαξον, custodi.

II. Alia quoque hujusmodi schemata variis figuris visuntur, quæ quartam Abraxæorum gemmarum classem constituunt. Primum Anubin Musei nostri exhibet cum inscriptione græca, quæ nequit intelligi. Secundum est Musei sanctæ Genovefæ: Anubis altera manu tenet palmam, altera coronam: nihil proferre audemus circa vocem *barbaria*, quæ in postica parte legitur. Priores Anubides sequentis tabulæ ex Chiffletio desumti sunt Tab. XIII. nullamque habent inscriptionem. Anubis qui palmam tenet, & ante se habet scorpionem ex Museo D. Senatoris Capelli prodiit.

III. Nous

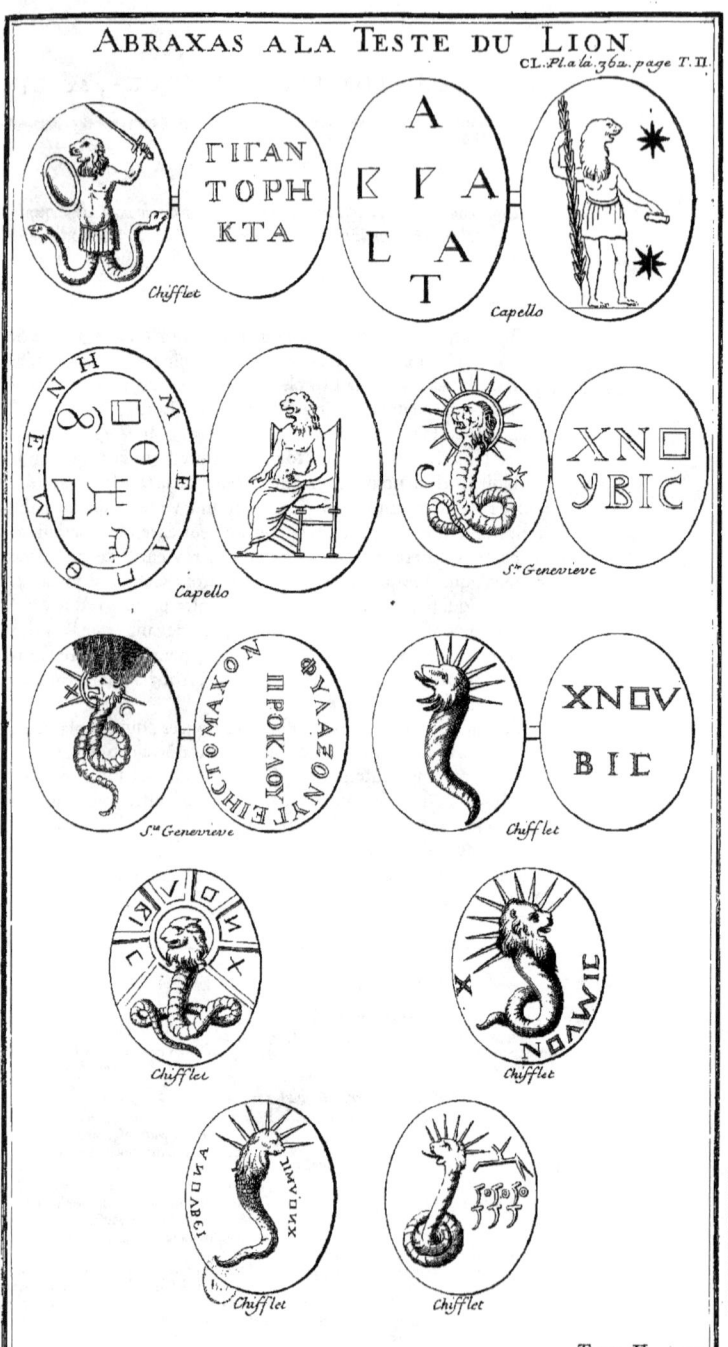

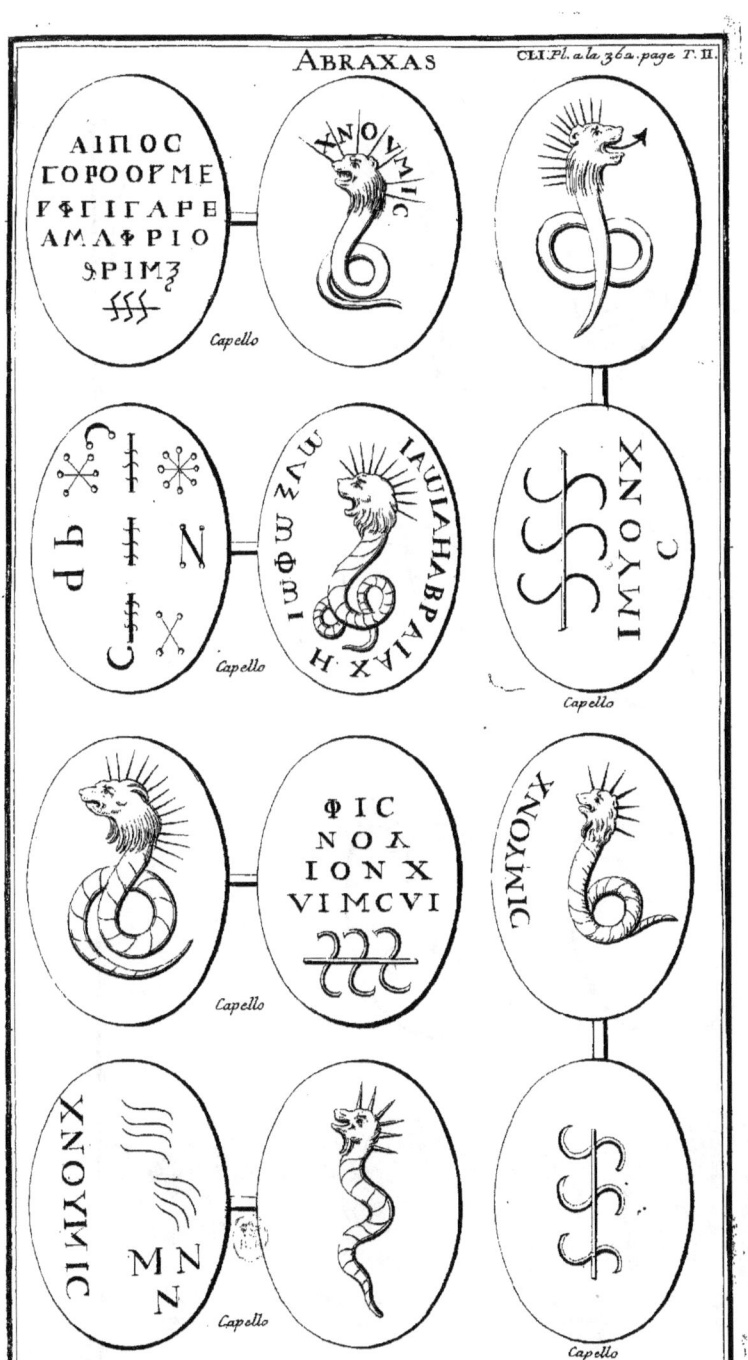

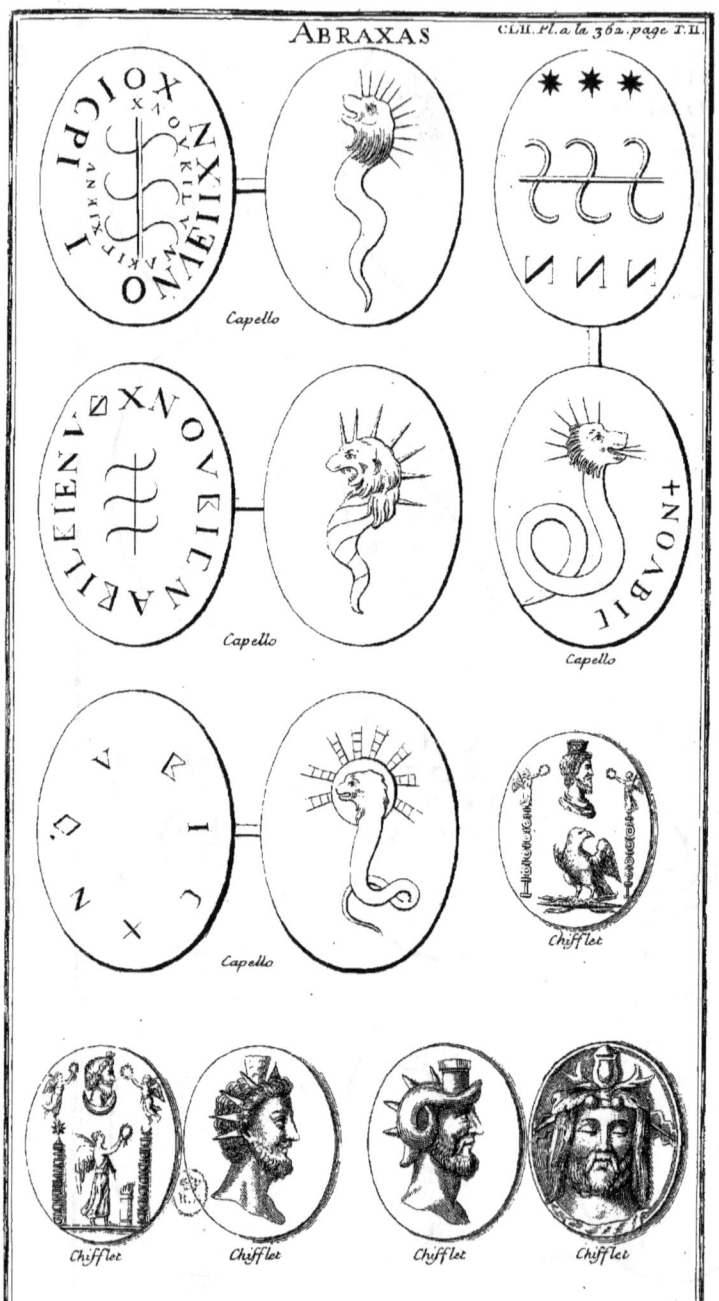

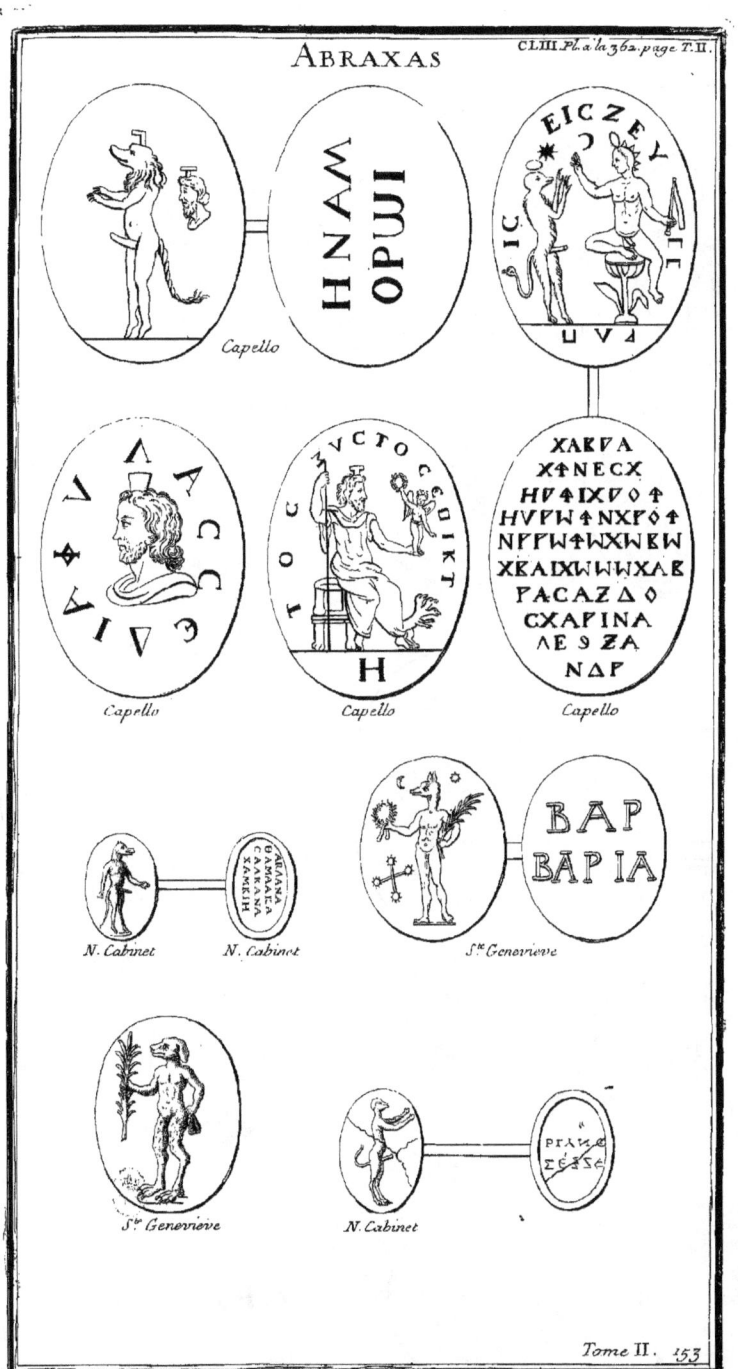

LES ABRAXAS.

III. Nous avons dit ci-devant que l'escarbot entroit dans la religion des Egyptiens ; on en trouve aussi sur ces pierres gravées. Les Egyptiens, dit Porphyre dans Eusebe, l'honoroient comme l'image du Soleil. Les cabinets en fournissent un grand nombre : le nôtre en a quelques-uns. Les quatre premiers ont été publiez par Chifflet : un d'entr'eux a la tête du Soleil avec des bras étendus. On en a déja vû un avec la tête d'un homme dans la table Isiaque. Plusieurs de ces escarbots sont percez pour les porter pendus au cou : nous en avons quelques-uns de cette sorte ; on en remarque aussi de même dans ceux que Chifflet a donnez. Quelques-uns portent inscription, comme celui de M. Capello, & un de sainte Genevieve. Un autre du cabinet de M. Capello est remarquable par cette femme au revers, qui tient deux enfans entre ses bras. Nous en ajoutons deux autres donnez par M. Fabreti. Ces escarbots different beaucoup entr'eux pour la forme : il y en a qui pourroient être des insectes d'une autre espece. PL. CLV.

IV. La grande vénération des Basilidiens pour l'escarbot, & les honneurs qu'ils lui rendoient, paroissent dans une image de nôtre cabinet, où deux femmes se tiennent devant un escarbot, ou un autre insecte, les deux mains levées ; comme le suppliant de leur accorder quelque grace. Au dessus est une grande étoile, qui pourroit signifier le Soleil dont il est le symbole. Dans une autre image, ce sont deux oiseaux à tête d'homme qui se tiennent devant l'escarbot ; cette face en ovale est environnée d'un serpent qui se mord la queue. On lit au revers ce mot Φρη *Phre* ou *Phri*, qui en langue Copte ou Egyptienne veut dire le Soleil.

V. Le serpent ou le dragon, autre symbole du Soleil, se trouve aussi très-souvent sur ces pierres des Basilidiens. Les Egyptiens appelloient les serpens les bons démons, selon Lampride, qui dit de l'Empereur Elagabale : *Il avoit à Rome de petits dragons ou serpens Egyptiens, que ceux de cette nation appellent les bons démons.* Nous avons souvent vû le serpent avec d'autres figures ; ceux qui suivent se trouvent sur les pierres des Basilidiens. Le premier que nous donnons, tiré de nôtre cabinet, est fort singulier. De la ceinture en haut, c'est un serpent ; de la ceinture en bas, c'est un homme. L'inscription Greque tout autour est inintelligible. Celui qui vient après donné par Spon, a cette inscription : *Numen Dai Abresses* ; on en voit plusieurs autres dans la planche suivante : des deux donnez par Chifflet, l'un est couronné de raions, & l'autre a sur la tête un croissant, & en bas une grande étoile. Rien de plus singulier que le suivant, PL. CLVI.

III. Supra diximus Scarabæum in Ægyptiorum religionem inductum fuisse, quem etiam in hisce lapillis invenimus. Ægyptii, inquit Porphyrius apud Eusebium Præp. Evang. lib. 3. cap. 4. ipsum ut imaginem Solis honorabant. In Museis multi occurrunt Scarabæi, in nostro Sangermanensi aliquot habentur. Quatuor primi a Chiffletio publicati sunt Tab. xxiv. quorum unus caput Solis habet cum brachiis extensis. Jam Scarabæum vidimus in mensa Isiaca humano capite. Ex hisce Scarabæis multi perforati sunt, ut e collo suspensi gestari possint : aliquot hujusmodi in Museo nostro sunt ; similes etiam occurrunt inter eos, quos Chiffletius publicavit. Nonnulli inscriptiones habent ut unus D. Capelli, & alter ex Museo S. Genovefæ. Alius ex Museo D. Capelli spectabilis est muliere infantes duos gestante, quæ in postica parte conspicitur. Binos alios subjicimus a D. Fabreto publicatos : Scarabæi autem illi multum inter se differunt, adeo ut quidam aliud insecti genus esse possint.

IV. Quanta esset Basilidianorum erga Scarabæos veneratio, & quanti ipsis redderentur honores, ex imagine quadam Musei nostri arguitur, in qua mulieres binæ ante scarabæum aut insectum simile stantes, extensis erectisque manibus sunt quasi ipsi supplicantes : supra scarabæum magna exhibetur stella, quæ forte significat Solem, cujus scarabæus est symbolum. In alia imagine duæ aves humano capite ante Scarabæum stant ; hæc vero gemmæ facies ovatæ formæ a serpente caudam mordente circumdatur ; in postica facie legitur vox φρη, *Phre* aut *Phri*, quæ vox lingua Coptica seu Ægyptiaca Solem significat.

V. Serpens sive draco aliud Solis symbolum sæpe in his Basilidianorum lapillis occurrit. Ægyptii serpentes bonos appellabant dæmones, ut ait Lamptidius in M. Antonino Elagabalo : *Ægyptios,* inquit, *dracunculos Romæ habuit, quos illi agathodæmones vocant.* Sæpe vidimus serpentes cum aliis figuris ; qui vero sequuntur in gemmis Basilidianorum sunt. Primus, quem ex Museo nostro proferimus, singularissimus est ; a zona superne serpens est, inferne autem homo : inscriptio græca circum intelligi nequit. Qui sequitur a Sponio emissus hanc præfert inscriptionem, *Numen dai Abresses*. Multi alii in sequenti tabula visuntur : ex duobus qui a Chiffletio publicati sunt, alter radiis coronatus est, alter bicornem Lunam capite gestat : in ima imaginis parte est stella magna. Nihil

dans un côté duquel sont deux serpens entortillez à un pieu fiché en terre, avec deux arcs aux extrémitez de chaque côté. L'autre face est toute chargée de symboles & de mysteres, où il n'est pas possible de pénetrer. Ces serpens entortillez à un pieu pourroient peutêtre marquer le serpent d'airain, fait par Moyse. On sait que les Ophites, espece de Gnostiques des premiers siecles, avoient le serpent en grande vénération : ils le regardoient comme leur Christ : ils le preferoient même à Jesus-Christ, dit Tertullien ; parce qu'il avoit, disoient-ils, la science du bien & du mal. C'étoit en vertu de ces prérogatives, poursuivoient-ils, que Moyse mit un serpent d'airain ; afin que tous ceux qui le regarderoient recouvrassent la santé. Le Christ, disoient ces Fanatiques, a imité cette puissance du serpent ; lorsqu'il a dit que comme Moyse a exalté le serpent, ainsi faut-il que le fils de l'homme soit exalté. Une pierre donnée par Spon confirme tout ceci ; d'un côté est le serpent avec l'inscription *Iao Sabao*, & de l'autre le nom de *Moyse*. La pierre suivante du cabinet de M. Capello, représente un serpent qui passe son corps par les fenêtres d'une tour, & qui éleve sa tête au dessus de la voute de la même tour. Cela se comprend mieux à l'œil.

PL. CLVII.
VI. Les Sphinx & les singes se trouvent de même sur ces pierres. Celle du cabinet de sainte Genevieve nous montre une Sphinx avec des ailes, qui a un serpent devant elle, & sur la tête un ornement ordinaire aux divinitez Egyptiennes : au revers autour d'une grape de raisin on lit cette inscription, HON. PATR. BIB. ce qui veut dire, selon le P. du Molinet, *Honori patris Biberi*, ou *Liberi*, à l'honneur du pere Bacchus. Je ne sai si le Lecteur habile voudra lui passer ce changement du B en L. Une autre plus bizarre de M. Capello, tient les pieds de devant & de derriere sur les mains d'un homme qui écarte ses bras.

Nous avons donné ci-devant un singe de nôtre cabinet, qui au revers a une inscription inintelligible. Celui d'après est du cabinet de M. Capello : il adore la tête du Soleil ; les lettres greques qui l'environnent, ne font aucun sens. On verra encore dans la suite des singes qui accompagnent d'autres figures.

---

singularius sequenti schemate, in cujus alia facie duo serpentes sunt vecti in terram defixo circumplicati, cum arcubus duobus hinc & inde ab extremis lateribus ; altera vero facies oppleta est symbolis atque mysteriis in quæ penetrare hoc opus, hic labor. Serpentes illi vecti circumplicati significare possent serpentem æneum a Moyse factum. Scimus Ophiras, quæ species erant Gnosticorum primi ævi, serpentem magno in honore habuisse, ipsumque velut Christum suum respexisse. Imo, ut ait Tertullianus de Præscrip. 47. illum etiam Jesu Christo anteponebant, quia ille, inquiebant, scientiam habebat boni & mali. Hujusce prærogativæ causa, pergebant illi, Moyses serpentem æneum posuit, ut quotquot in illum respicerent, valetudinem bonam recuperarent. Christus, inquiebant Fanatici illi, hanc serpentis potestatem imitatus est, quando dixit, Sicut Moyses exaltavit serpentem, ita exaltari oportet filium hominis. Lapis a Sponio datus hæc confirmat. In altera facie serpens est cum inscriptione, *Iao, Sabao* ; in altera Moysis nomen. Lapillus sequens ex Museo D. Capelli ser-

pentem exhibet per fenestras turris corpore reptantem, ac supra turris fornicem caput exerentem, quod melius per oculos intelligetur.

VI. Sphinges atque simiæ similiter in hisce lapillis occurrunt. Quæ ex Museo sanctæ Genovefæ educta est imago sphingem exhibet alatam, quæ serpentem coram se positum habet, & ornatum capitis aequè Ægyptiacis numinibus proprium : in postica parte circa uvam legitur hæc inscriptio, HON. PATR. BIB. quæ significat, ut R. P. Molinetus putat, *Honori Patris Biberi* aut *Liberi*. Nescio utrum Lector mutationem illam B in L probaturus sit. Alia gemma ex Museo Capelli singularior, anteriores posterioresque pedes tenet supra manus hominis expansas.

Simiam supra ex Museo nostro dedimus ; in postica facie inscriptio est, quæ legi nequit : qua sequitur est Musei D. Capelli ; hæc caput Solis adorat, literæ græcæ circumpositæ non leguntur. In sequentibus simiæ adhuc conspicientur cum aliis figuris.

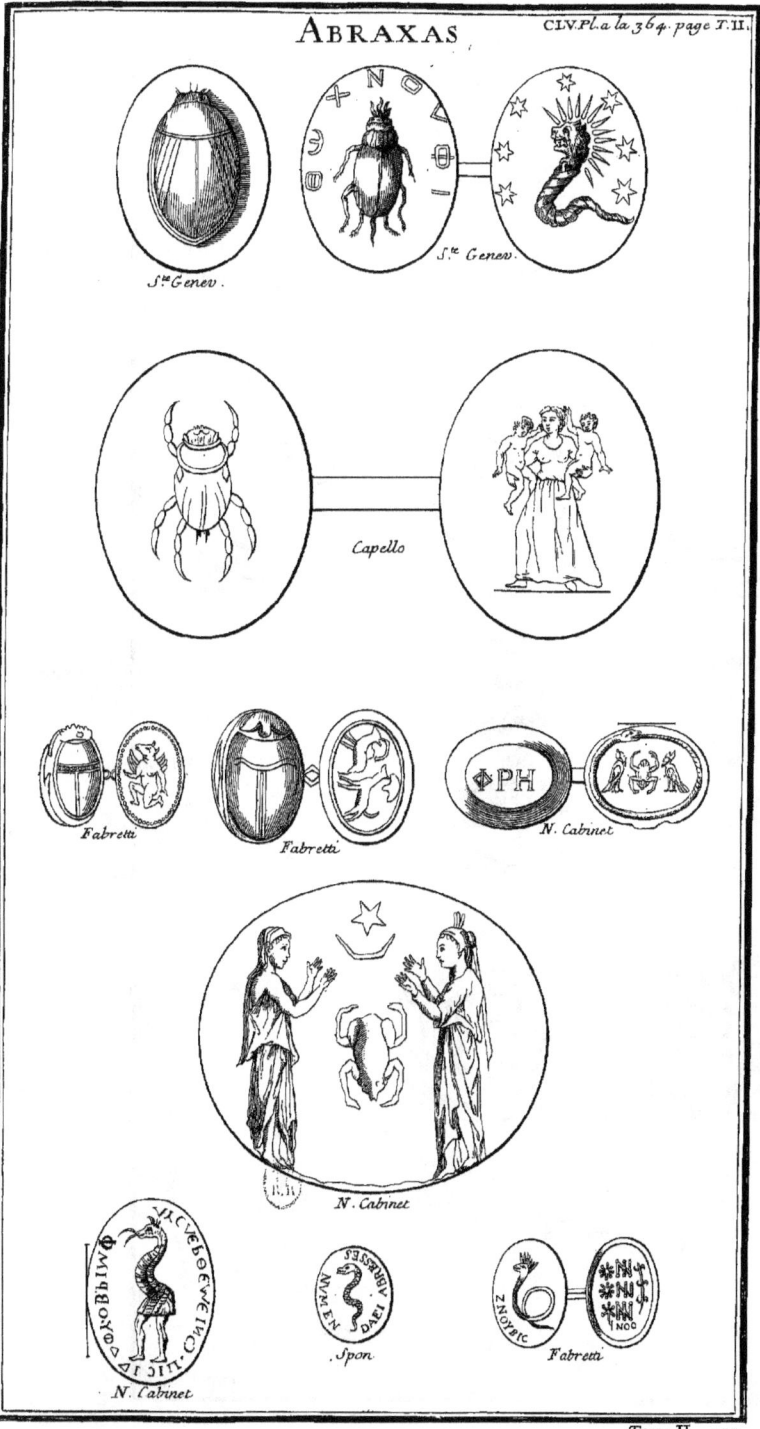

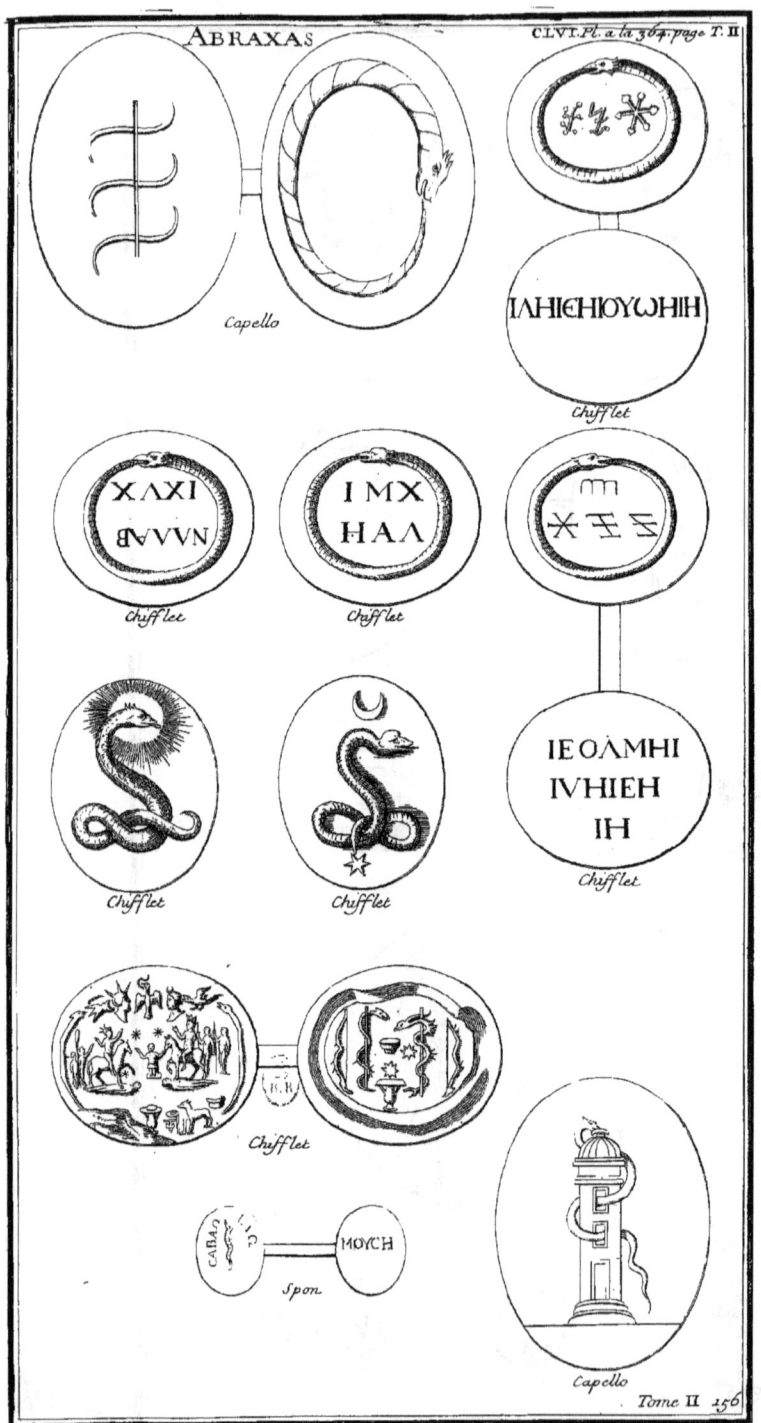

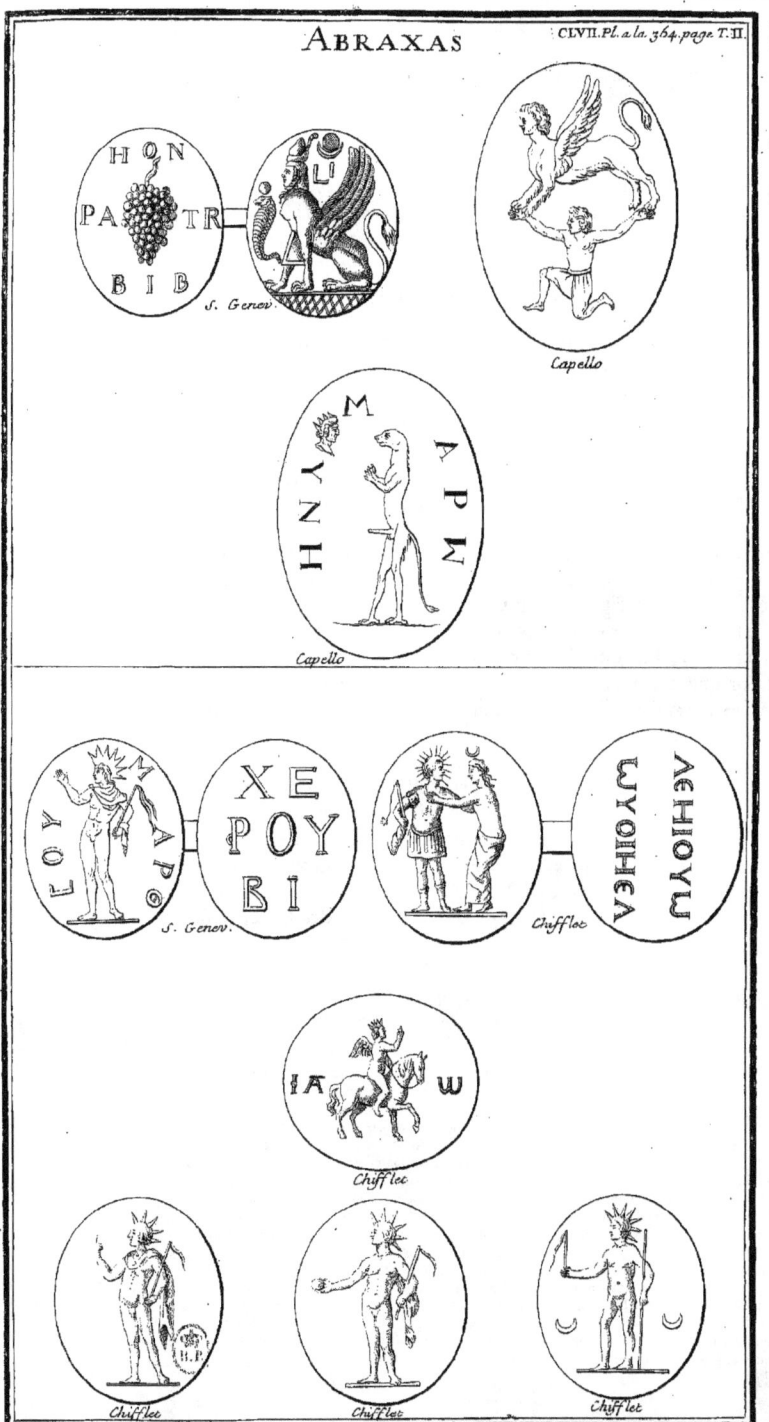

CHAPITRE VI.

I. Cinquiéme classe. Abraxas à figure humaine, est souvent l'image du Soleil. II. Les dieux des Grecs & des Romains dans les Abraxas. III. Autres images. IV. Figures humaines avec des ailes dans les Abraxas.

I. IL y a aussi beaucoup d'Abraxas à figure humaine, dans les uns ce sont des hommes ou des divinitez sans ailes ; dans les autres, ces divinitez ont des ailes, soit deux, soit quatre, soit six. Le premier où il n'y a point d'ailes, tiré du cabinet de sainte Genevieve, est un Soleil à tête raionnante, qui tient son fouet comme pour agiter ses chevaux : il a tout autour une inscription qu'on n'entend pas, & au revers le mot *Cheroubi*. Les Cherubins & les Anges entroient dans les superstitions de ces Basilidiens. Dans un autre on voit le Soleil avec la Lune : ces figures du Soleil se trouvent dans plusieurs pierres tirées de Chifflet, l'une desquelles montre le Soleil à cheval, avec l'inscription *Iao*. Les trois suivans ont le fouet à la main. La figure d'après est une Isis sur la fleur du Lotus, tirée du cabinet de sainte Genevieve. On en trouve plusieurs de même, ou à peu près, dans Chifflet, & parmi les pierres de M. Capello. Dans Chifflet, une a l'inscription où se trouve le mot *Sabaoth* ; c'est un des symboles les plus communs. PL. CLVIII.

II. Les deux figures suivantes sont tirées du cabinet de sainte Genevieve, l'une est une Fortune, & l'autre une figure humaine à deux têtes sans bras : l'inscription dans les deux est *Iao* ; l'une y ajoute deux lettres HE. Une autre de Spon représente aussi une Fortune avec l'inscription : *La Fortune de Xyste est grande*. L'autre du même est une figure Egyptienne emmaillotée, aiant tout autour cette inscription *Gardez-mi*, & au revers *Sabao*. Il y en a encore une autre du même où Jupiter assis tient la foudre d'une main, & une pique de l'autre : il a une aigle à ses pieds, & au revers l'inscription *Iao Sabao*. Il faut remarquer en passant que ces Fanatiques qui se répandirent en Europe au second siecle, comme nous avons dit après S. Irenée & S. Jerôme, mettoient dans leurs symboles magiques les noms & les figures des dieux des Grecs & des PL. CLIX.

Romains, aussi bien que de ceux des Egyptiens. Une autre figure de Chifflet a un Harpocrate qui tient une couronne de laurier; elle a au revers l'inscription *Semes Eilampse* ; qui veut dire, *le Soleil a répandu sa lumiere*. Une autre de Chifflet, représente un jeune homme couronné qui tient un gobelet. Les deux lettres grecques Θ χ pourroient se lire, θεὸς χριτὸς le dieu Christ ; mais je ne voudrois pas garantir cette leçon. Une autre du même a deux têtes, l'une d'homme, l'autre de chien ; il y a une autre tête au pied de la figure : le tout est environné d'étoiles. La suivante de Chifflet a la figure de Jupiter, & le signe du Sagittaire, avec l'inscription *Satoviel*. On voit dans d'autres Mercure avec l'inscription *Michael*; Diane lune assise avec un arc & une fleche, & l'inscription *Gabriel*; les trois Graces avec une inscription qu'on ne lit pas ; Hercule qui étrangle le lion, avec une inscription qu'on n'entend pas, où il est parlé de Barrabas. Dans la planche suivante on voit un homme cornu entre deux colonnes & deux branches : une poitrine d'homme sur laquelle est un arbre, avec ces quatre lettres A C N I : trois têtes de trois Furies pendues à un arbre, avec le mot *Iao* : un homme en habit militaire, qui a un trophée sur la tête, & qui tient un serpent de chaque main avec une longue inscription des deux côtez, aussi inintelligible que la magie noire : un homme armé d'un bouclier & d'une pique, posé sur une fleur, avec un lion qui s'élance ; le reste se remarquera mieux à l'œil : deux Mercures avec des symboles extraordinaires : Isis & Osiris qui ont un Harpocrate ailé au milieu : deux hommes couronnez, & entre eux quelques insectes, avec une inscription qu'on ne peut lire : un Canope qui répand de l'eau de tous côtez, avec des caracteres magiques au revers : une femme qui tient un collier ou une couronne, & une pique, avec une inscription où se trouvent les mots, *Sabaoth* & *Adonaï*.

PL. CLX.

PL. CLXI.

III. La planche suivante est tirée du cabinet du Senateur Capello ; on voit d'abord la tête raionnante du Soleil, avec un serpent au dessous : ensuite Hercule qui se bat contre le lion, avec l'inscription *Adonaï* au revers : un Soleil sur son char à quatre chevaux, & une inscription magique au revers. Une autre image a d'un côté un homme & une femme, & de l'autre une femme seulement. Une autre figure montre un homme qui donne la palme à un lion ; & au revers un enfant sur une colonne. Une autre représente une femme couronnée & montée sur un cheval marin mené par un Satyre. On voit dans les trois

rum & Romanorum, perinde atque Ægyptiorum nomina figurasque posuisse. Aliud Chiffletii Harpocratem habet coronam lauream tenentem ; in postica vero parte est inscriptio σημα ειλαμψε, *sol resplenduit*, de qua jam diximus. Aliud Chiffletii schema coronatum juvenem exprimit, qui poculum tenet : duæ literæ Θ. Χ. significare possunt Θεὸς Χριτὸς, at nollem affirmare eam esse veram lectionem. Aliud ejusdem schema duo capita habet, aliud hominis, aliudque canis; aliud item caput est humi, cum stellis undique. Sequens Chiffletii schema Jovem exhibet signumque Sagittarii cum inscriptione *Satoviel*. In aliis visuntur Mercurius cum inscriptione *Michael* ; Diana sedens cum inscriptione *Gabriel*; tres Gratiæ cum literis partim græcis, partim ignotis ; Hercules leonem strangulans cum inscriptione quæ non legitur, in qua tamen Barrabæ nomen exprimitur. In sequenti tabula videtur vir cornutus columnæ insidens, inter duas columellas, quibus rami impositi : pectus viri, cui imposita arbor, cum inscriptione A C N I : tria Furiarum capita arbori appensa cum nomine *Iao* : vir veste militari, cujus capiti tropæum impositum ; is in utraque manu serpentem tenet, cum longa circum inscriptione cujus sensum frustra quæras : vir clypeo & hasta armatus supra florem stans cum leone, qui irrumpere in aliquem videtur ; similia tute oculis percipies : duo Mercurii cum symbolis insolitis : Isis atque Osiris, in quorum medio Harpocrates alatus : duo viri coronati, inter quos insecta quædam & circum inscriptio non lecta : Canopus undique aquam effundens cum characteribus magicis in postica parte : figura muliebris torquem aut coronam tenens, & altera manu hastam; in postica facie inscriptio, in qua leguntur nomina *Sabaoth* & *Adonai*.

III. Tabula sequens ex Museo D. Capelli Senatoris Veneti prodit ; statim conspicitur caput Solis radiatum, sub quo serpens : hinc Herculis pugna cum leone, cum inscriptione *Adonai* in postica parte : Sol in curru quatuor equis vectus, & in postica parte inscriptione magica. Altera imago virum & mulierem exprimit in una facie, mulieremque in altera. Alia virum exhibet palmam leoni offerentem ; in postica vero parte infantem supra columnam. Alia figura mulieris coronatæ est equo marino vectæ manu ducente

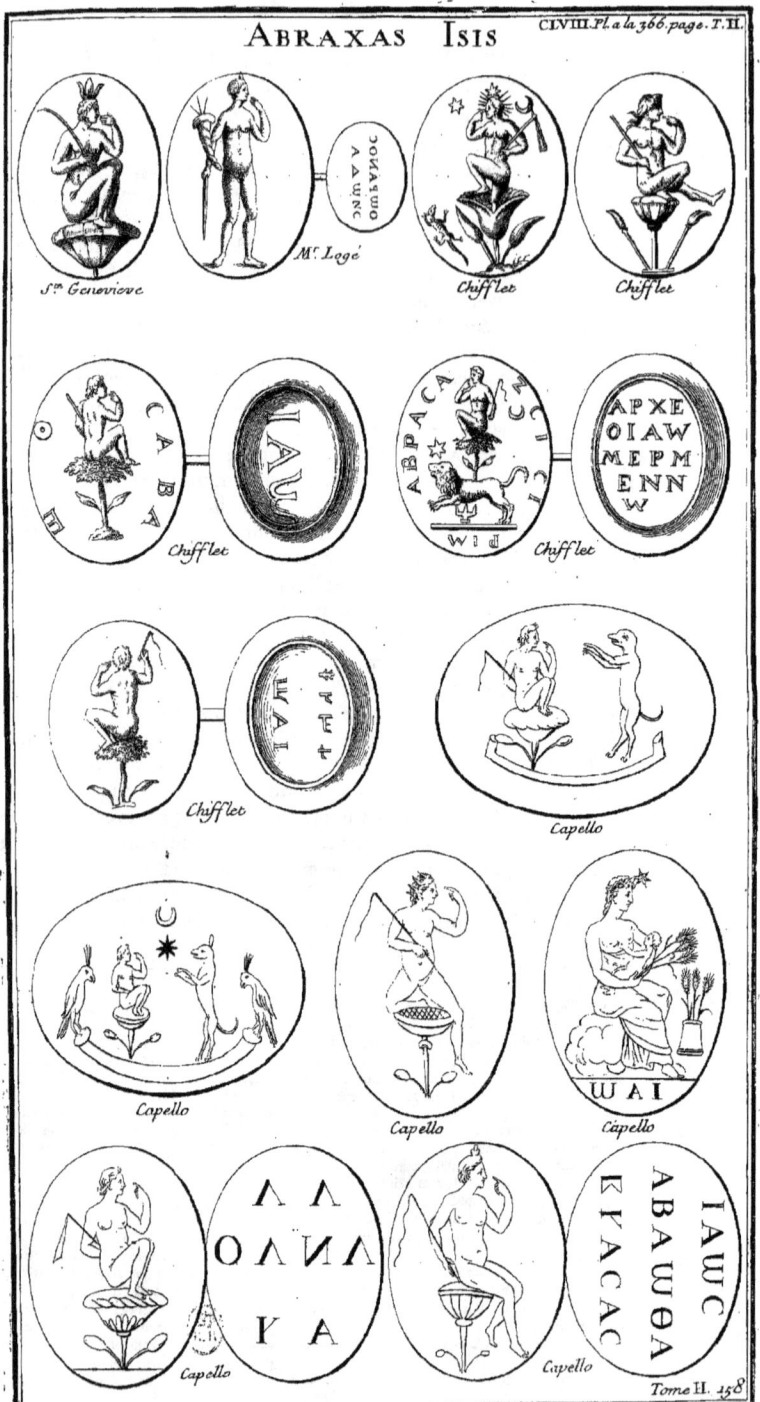

ABRAXAS

ABRAXAS

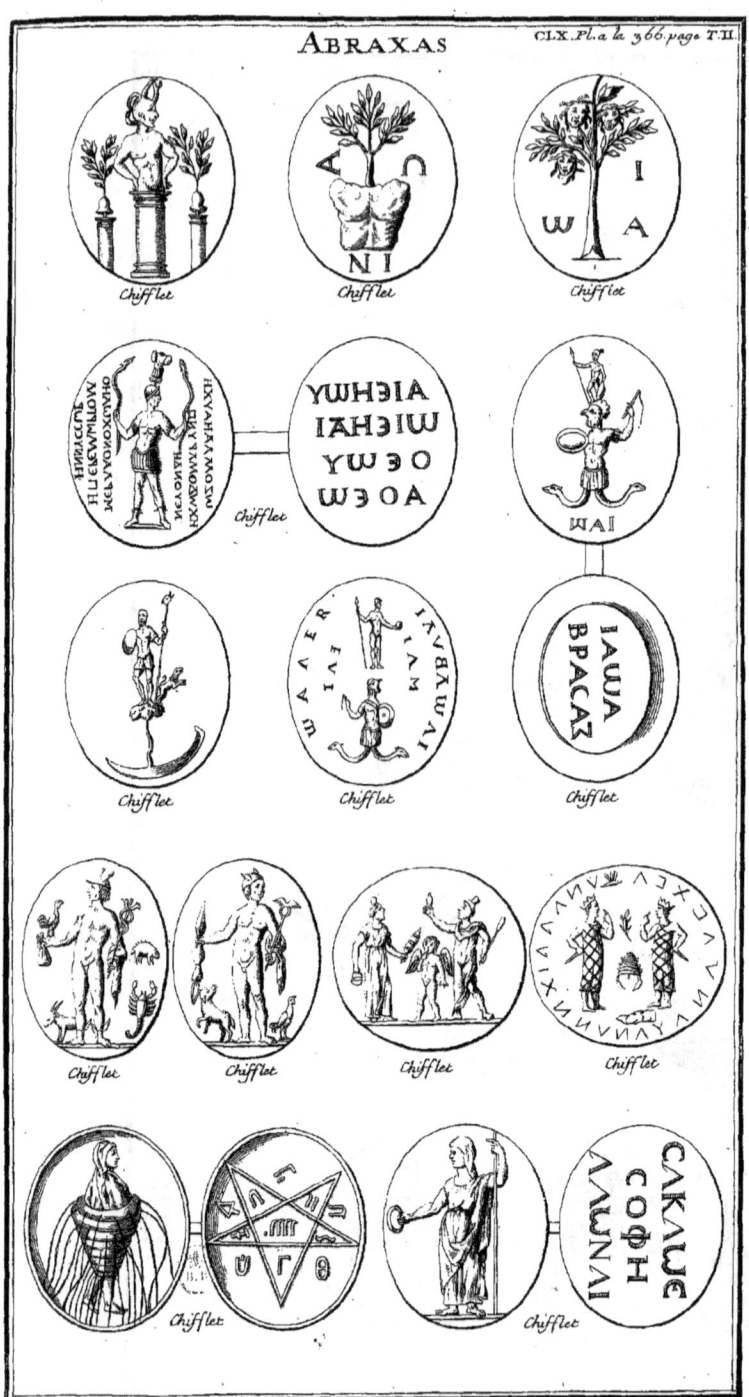

LES ABRAXAS.

images suivantes une femme qui tient son voile des deux mains : deux de ces images ont au revers, l'une Αρωριορασις, l'autre Αρρωριφιασις.

Dans la planche suivante, on voit d'abord le Soleil sur un char tiré par quatre beaux coursiers, qui tournent leurs têtes vers les quatre parties du monde. Un Cupidon de chaque côté conduit les chevaux. On voit encore deux autres chars du Soleil, dans le dernier desquels les quatre chevaux vont de front, sans détourner la tête. PL. CLXII.

IV. On trouve assez souvent sur ces pierres des figures humaines qui ont des ailes, quelques-unes deux seulement, les autres jusqu'à quatre & six. La premiere pensée qui vient sur ces figures ailées est, que ces Abraxas aiant toûjours rapport au Soleil, ces ailes marquent la vitesse de sa course. L'image du cabinet de sainte Genevieve, qui tient une balance, a au revers l'inscription *Lanathanaa semes eilampse* ; les derniers mots signifient, comme nous avons déja dit, que le Soleil répand ses raions. Nous en donnons d'autres, parmi lesquelles on remarque Cupidon & Psyché qui s'embrassent, & au revers une figure ailée avec des caracteres inintelligibles. Dans la planche suivante nous ne parlerons que des figures qui ont quelque chose de fort singulier. Une de celles que nous avons tirées de Chifflet, a au revers l'inscription *Michael, Gabriel, Custiel, Raphael*, dont les noms sont écrits d'une maniere un peu extraordinaire & propre aux Basilidiens. Une autre du cabinet de M. Capello étend ses ailes sur trois chevaux. Celle qui vient après a quatre bras, quatre ailes, une tête de chat & un caractere par dessus, un serpent & d'autres insectes sous les pieds, & au revers une grande inscription où l'on n'entend rien : ce sont des mysteres qu'on ignore, & qu'apparemment il n'importe pas beaucoup de savoir. La victoire qui suit est d'un assez bon dessein ; ce n'est qu'en doutant qu'on la met parmi les pierres magiques. Les figures suivantes se remarqueront à l'œil. PL. CLXIII

Satyro. Mulier quæ velum utraque manu tenet, videtur in tribus sequentibus imaginibus, quarum una habet in postica facie, Αρωριορασις, alia Αρρωριφιασις.

In sequenti tabula Sol statim visitur in quadrigis equorum eleganti forma, qui quatuor equi ita dispositi sunt, ut singuli ad singulas mundi plagas caput convertant, a singulis lateribus Cupidines singuli extremos equos manu ducunt : duo alii postea solis currus visuntur, in quorum postremo equi quatuor conjunctim gradiuntur, nec alius alio convertitur ut supra.

IV. Non infrequenter in hisce lapillis figuræ humanæ alatæ reperiuntur, quarum aliæ binis alis, aliæ quaternis, nonnullæ senis etiam alis instructæ sunt. Id primum sese menti offert super hujusmodi alis, quod cum Abraxææ illæ figuræ ad Solem semper referantur, alæ illæ cursus e us velocitatem denotent. Musei sanctæ Genovefæ imago quaternis alis instructa libram tenet, in postica parte inscriptio est : ΛΑΝΑΘΑΝΑΑ

ΣΕΜΣΕ ΕΙΛΑΜΨΕ : Prima vox non intelligitur, duæ sequentes significant Solem resplendere, ut diximus. Plurimæ postea sequuntur, inter quas Cupido atque Psyche, qui se mutuo amplectuntur. Quæ insolentiora in sequenti tabula sunt, ea solum annotamus. Ex iis imaginibus quas ex Chiffletio eduximus, quædam in postica parte habet, Michael, Gabriel, Custiel, Raphael, quæ verba insolito & Gnosticis familiari sunt charactere scripta. Alia ex Museo Capelliano alas supra tres equos extendit : quæ hanc excipit quatuor brachia habet, quatuor alas, caput felis, cui imminet character quidam : serpens aliaque insecta sub pedibus sunt ; & in postica parte inscriptio non lecta. Victoria sequens non inelegantis sculpturæ est, atque inter magicas Abraxæasque gemmas nonnisi dubitando ponitur : cætera hujus tabulæ schemata oculis solum exploranda.

CHAPITRE VII.

I. Sixième classe. Les Abraxas avec des inscriptions sans figures: l'usage de ces Abraxas prouvé. II. Autres inscriptions. III. Jésus-Christ représenté dans les Abraxas. IV. Deux grands Abraxas singuliers. V. Inscription extraordinaire d'un Abraxas: autres inscriptions. VI. Grande inscription de l'Abraxas de Spon.

PL. CLXIV.

I. Venons maintenant à ces pierres qui ont des inscriptions sans figure, dont la premiere du cabinet de sainte Genevieve, semble être la même que la seconde; avec cette difference que la quatriéme ligne qui est marquée avec des points dans celle de sainte Genevieve, comme ne se pouvant lire, ni figurer, est rapportée par Spon, & fait un fort bon sens, ἅγιον ὄνομα, *saint nom*; ce qui fait soupçonner qu'il pourroit avoir vû une autre pierre dont l'inscription étoit plus saine. Le sens de cette inscription est assez remarquable: il commence à une face de la pierre & finit à l'autre; le voici: *Iao, Abraxas, Adonaï, saint nom, puissances favorables, gardez Vibie Pauline de tout mauvais démon.* Ce qui confirme que ces Abraxas étoient donnez comme des préservatifs par les Marcosiens & les Basilidiens: & que Iao, Abraxas, Adonaï, étoient regardez chez eux comme des puissances celestes favorables aux mortels. Une autre pierre a une inscription greque quant aux lettres; mais quant au mots, partie greque & partie latine, ΜΝΗϹΘΗ ΕΥΤΥΧΙ ΠΕΤΡΑ ϹΑΚΡΑΘΑ, dont on auroit peine à tirer un bon sens: il semble pourtant que l'inscription se doive expliquer ainsi: *Souvenez-vous Eutyche de la pierre sacrée.* Une autre pierre de Spon n'a d'autre légende que *Iao Solomon Sabao.* Dans celle de M. de la Chausse, un serpent qui mord sa queue fait la bordure comme en beaucoup d'autres: l'inscription hors le mot *Abrasax* ne se peut lire, non plus que cette autre grande inscription d'une pierre donnée par le Cavalier Maffei, dont les lettres lui paroissent des caracteres magiques. Les trois suivantes de Chifflet ne peuvent se lire: ce sont des combinaisons de lettres, & quelquefois de voïelles où l'on ne peut rien comprendre: dans une autre on lit le nom de Michael, quoi-

CAPUT VII.

I. Sexta classis: Abraxaeae gemmae cum inscriptionibus sine figuris: usus earum comprobatus. II. Aliae inscriptiones. III. Jesus Christus repraesentatus in Abraxaeis gemmis. IV. Schemata duo singularia. V. Inscriptio observatu digna: aliae inscriptiones. VI. Inscriptio magna in Abraxa a Sponio edito.

I. Jam illos adeamus lapillos, qui inscriptiones sine schemate habent, quarum prima eadem esse videtur quae secunda, eo tamen discrimine, quod quartus versus, qui punctis notatur in schemate sanctae Genovefae, quasi legi nequeat, in Spontano legitur, & quidem ad seriem apposite, ἅγιον ὄνομα, *sanctum nomen*, unde forte suspicemur Sponium alium nactum esse lapidem, cujus lectio sincerior. Inscriptio igitur singularis ac memoranda, in altera lapidis facie incipit, in altera desinit, sicque habet: ΙΑΩ, ΑΒΡΑϹΑϹ, ΑΔΩΝΑΙ, ΑΓΙΟΝ ΟΝΟΜΑ, ΔΕΞΙΑΙ ΔΙΝΑΜΕΙϹ ΦΙΛΑΞΑΤΕ ΟΥΙΒΙΑΝ ΠΑΤΑΕΙΝΑΝ ΑΠΟΠΑΝΤΟϹ ΚΑΚΟΥ ΔΑΙΜΟΝΟϹ: ubi in voce ΟΥΕΙΒΙΑΝ post ε videtur excidisse ι, nam legendum ΟΥΕΙΒΙΑΝ. Sensus est: *Iao, Sabaoth, Abrasas sanctum nomen dexterae seu propitiae Virtutes seu propitiae potestates, servate Vibiam Paulinam ab omni pravo daemone*: qua inscriptione confirmatur Abraxaeos hujusmodi lapillos, quasi ἀποτρόπαια, a Marcosiis & a Basilidianis datos esse, & Iao, Abraxas, & Adonai apud illos caelestes fuisse potestates mortalibus propitias. Alia gemma inscriptionem praefert graecam, si literas spectes; si verba respicias, partim graecam, partim latinam, ΜΝΗϹΘΗ ΕΥΤΥΧΙ, ΠΕΤΡΑ ϹΑΚΡΑΘΑ, cujus sensum vix accurate assequaris; sic tamen intelligi potest: *Memineris Eutychi petrae sacratae.* Alius Sponii lapillus non alium habet in inscriptionem quam *Iao, Solomon Sabao*. In alia eruditi Chaucei serpens caudam mordens oram totam exornat ut in multis aliis: inscriptio, excepta Abrasax voce, non legitur, ut neque alia grandis inscriptio lapilli per Maffeium publicati, qui ejus characteres, magicos nec injuria appellat. Tres etiam inscriptiones sequentes a Chiffletio emissae non leguntur, vocalibusque solum fere constant intermixtis: in alia Michael legitur, transpositis tamen literis. In

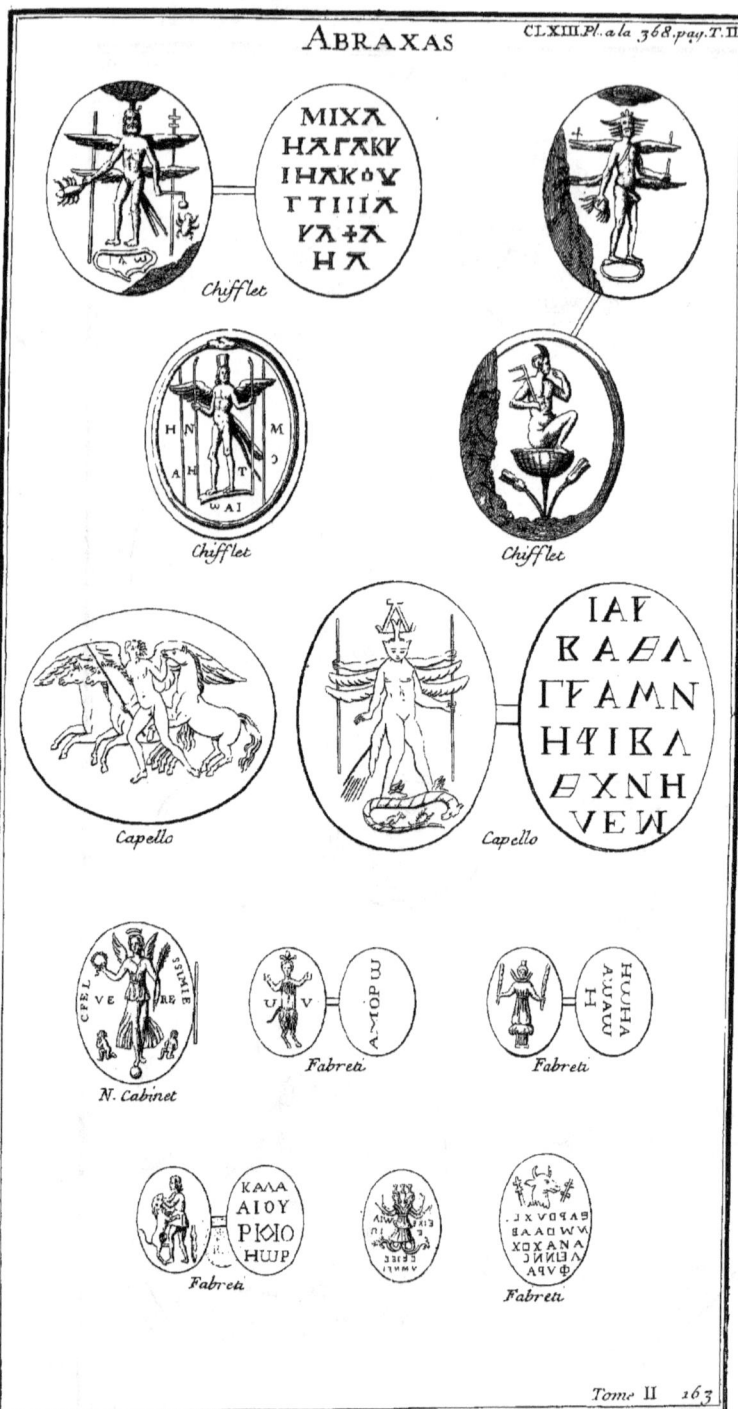

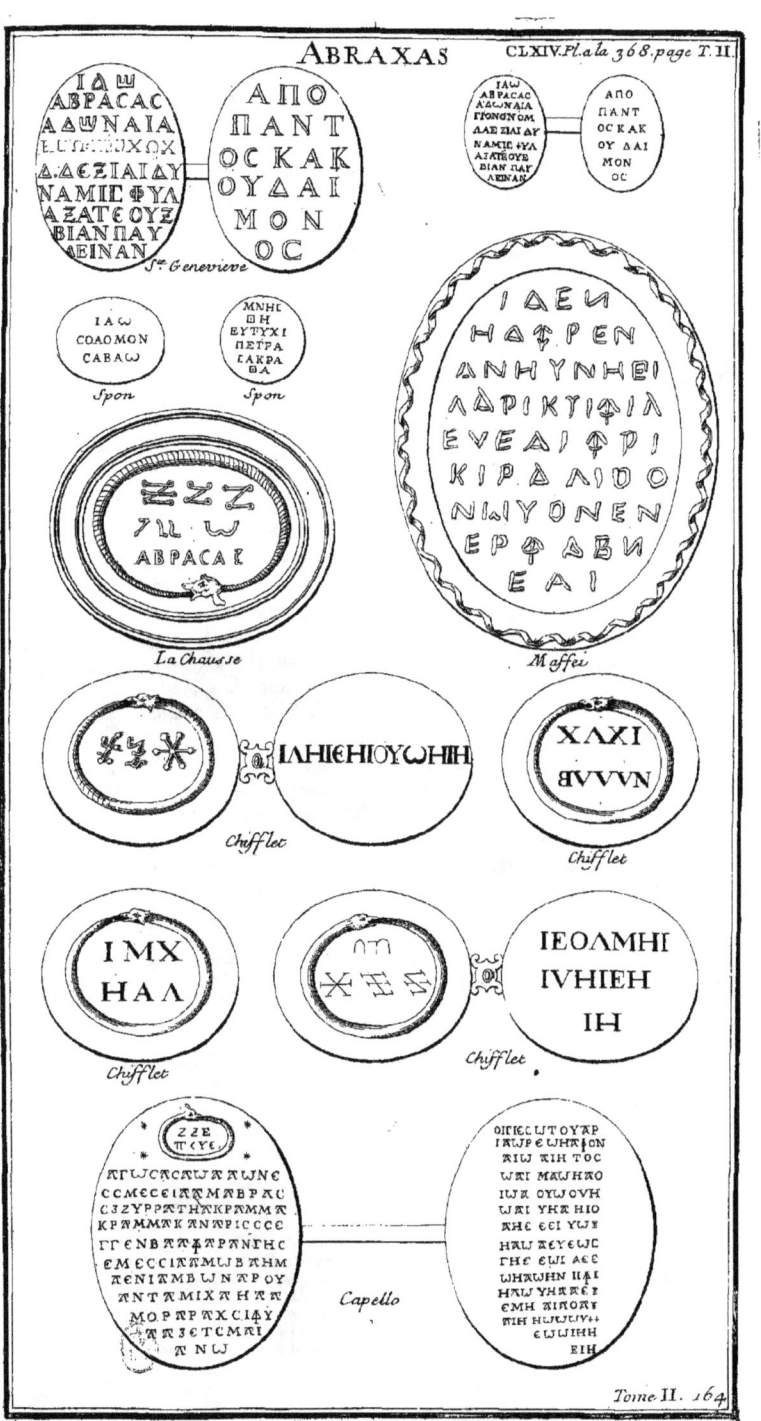

LES ABRAXAS.

que les lettres soient transposées. Dans la grande inscription suivante, on voit d'abord un serpent qui mordant sa queue fait un ovale dans lequel sont des caracteres qu'on ne peut lire : la priere qui est au dessous ne s'entend qu'à demi ; voici ce qu'on en peut tirer, *Iao, Sabao, Adonaï, Semes, Eilam, Zurratel, Kramma, Kramma, Camaris*.......... *Michaël, Amorarachei, gardez-moi Maano.* L'autre face de la pierre contient aussi une grande inscription, où il n'y a presque que des combinaisons de voielles qu'on ne peut entendre. Il est à remarquer que le mot Amorarachei, ou plûtôt Amorachei qui se trouve après Michaël, est souvent sur ces pierres, ce qui fait juger que c'étoit le nom de quelque grande puissance des Basilidiens.

II. Le cabinet de M. Capello fournit aussi plusieurs de ces pierres. La premiere n'a d'un côté que le mot ιουλιανὸς, *Julianus*, c'est apparemment celui pour lequel la pierre a été faite : plusieurs mots qui sont au revers ne se peuvent lire. La suivante a d'un côté le mot Φρὴν qui veut dire l'entendement : & de l'autre quelques lettres brouillées qu'on ne peut déchiffrer. La grande inscription suivante a des caracteres magiques inconnus, entre lesquels sont *Sabaoth* & *Iao* plusieurs fois repetés ; le dernier mot de l'inscription est διαφύλαξον, gardez-moi. L'inscription de l'autre face, beaucoup plus ample, n'est intelligible que lorsqu'elle dit que c'est Iao qui a donné le nom a Abraham : les autres mots souvent joints à Iao ne font point de sens qu'on puisse entendre. La pierre suivante a d'un côté quelques lettres combinées ensemble ; & à l'autre face, tant au milieu que tout autour, le nom de quatre puissances des Gnostiques ; savoir, *Sallamaxa, Bamaiacha, Amorachei, & Aganachba.* Celle d'après a encore le nom de quatre puissances, *Aianacba, Amorachei, Sammaz & Azallab* ; & de l'autre côté dans l'ovale formée par un serpent qui mord sa queue, on voit des lettres combinées à la maniere ci-dessus. Celle d'après a une inscription où on ne peut distinguer même les mots.

Dans la planche suivante une autre a cette inscription, *Vous êtes victorieuse Isis.* Une autre a d'un côté le nom de quatre puissances *Aianagba, Amorachoi, Bameasa, Smamat.* De toutes les autres de cette planche, on ne peut tirer que le nom *Apellé*, qui se trouve dans une.

III. On trouve quelquefois des pierres qui représentent une anchre, & à chaque côté un poisson avec des lettres qui font le nom de JESUS. Je ne

PL. CLXV.

PL. CLXVI.

---

majori sequente inscriptione statim conspicitur serpens, qui caudam mordens ovatam efficit figuram, in qua literæ quædam non hactenus lectæ ; sub hac alia precatio vix legitur, hæcque solum ex ea explicari potuimus : *Iao, Sabao, Adonai, Semes, Eilam, Zurratel, Kramana, Kramna, Camaris.... Michael, Amorarachei, servate me Maano.* Altera item lapilli facies magnam habet inscriptionem, in qua cum fere sola vocalium dispositio repetita occurrat, nihil legitur. Observandum est nomen Amorarachei, seu potius Amorachei, sæpe occurrere in his lapillis, unde existimandum relinquitur, hoc appellatam nomine fuisse magnam quamdam Basilidianorum potestatem.

II. In Museo etiam Capelliano plurimæ sunt inscriptiones hujusmodi lapillis insculptæ: prima gemma ab una facie solam vocem Ιουλιανὸς, *Julianus*, præfert ; is est, ut videtur, cui lapis sculptus est : in postica facie plurima sunt, quæ legi nequeunt. Sequens vocem Φρὴν habet, quæ mentem significat : in altera facie aliquot literas commixtas habet, quarum lectio ne tentari quidem potest. Magna inscriptio sequens in una facie characteres habet magicos & ignotos, inter quos Sabaoth legitur & Iao sæpius repetitum ; vox ultima est διαφύλαξον, *conserva me.* Alterius faciei inscriptio longior, tum solum intelligitur, cum hæc effert χαρίζομαι ὄνομα Ἀβραὰμ, qui dedit nomen Abrahamo : alia verba sæpe cum Iao conjuncta, nullum sensum efferunt. Huic subjuncta gemma ab una parte aliquot literas commixtas habet ; ab altera vero nomina quatuor Potestatum apud Gnosticos, nempe *Sallamaxa, Bamaiacha, Amorachei, Aganachba.* In ΑΜΩΡΑΧΕΙ, Θ ponitur pro Ε, quæ mutatio literarum frequens in vetustissimis inscriptionibus & manuscriptis ; errorem autem declarat tum sequens tum aliæ plurimæ inscriptiones, ubi idem legitur nomen. Sequens etiam inscriptio quatuor effert Potestates, *Aianacba, Amorachei, Sammaz & Azallab*, & in alia facie gemma literas habet commixtas ut supra, ubi etiam serpens in ovatam figuram convolutus caudam mordet, ut in inscriptione sequenti, cujus verba distingui nequeunt.

In sequentis tabulæ prima legitur νικᾷς ἴσις, *vincis Isis.* Alia ad latus posita quatuor Gnosticorum potestates exhibet, *Aianagba, Amorachoi, Bameasa, Smamat.* Ex aliis hujus tabulæ lapillis nihil eruitur nisi vox Ἀπελλῶ, quæ in uno repetitur.

III. Aliquando occurrent lapilli, in quibus anchora, piscem hinc & inde habens cum literis, quæ

voudrois pas assurer que ces sortes de pierres qu'on trouve assez souvent fussent de la fabrique des Basilidiens, ou d'autres heretiques ; on voit le poisson comme symbole des Chrétiens dans des lieux non suspects, comme à l'Eglise cathédrale de Ravenne : il y a plus d'apparence que la suivante est de la façon des Gnostiques. D'un côté est représenté un homme nu qui porte la couronne radiale; il hausse la main gauche, & tient de la droite un fouet : il a vers les jambes une étoile de chaque côté. Au revers après quelques figures qui semblent marquer des constellations, on lit ces mots, en lettres partie greques, partie latines : EISVYS CHRESTUZ GABRIE, ANANIA, AME. Le nom de Jesus-Christ est ici alteré comme l'on voit. La figure du Soleil marque, comme nous avons déja dit, que ces hérétiques croioient que Jesus-Christ étoit le Soleil.

PL. CLXVII.

IV. Voici deux Abraxas du cabinet de M. Foucault, les plus extraordinaires que l'on ait encore vûs, tous deux sur des pierres noires d'Egypte qu'on appelle Basalte. Le premier a cinq pouces de long sur trois de large : au haut de l'image est un quarré long, terminé en haut par un fronton, comme le portail d'un petit temple. Dans ce fronton est le nom de Iao ; & au dessous un autre nom difficile à lire, peutêtre BROINAO : plus bas est un serpent, qui fait un contour en ovale, dans lequel sont quelques lettres avec une étoile : & au dessous du serpent le nom Abrasax, au dessous duquel est un autre nom. A droite & à gauche de cette espece de portail sont deux singes debout, tenant les deux mains élevées vers ce nom Iao qu'ils semblent regarder avec vénération ; étrange culte des singes ! Au dessous du portail est un homme assez mal formé, dont la tête est chargée d'ornemens Egyptiens; il a des ailes & une queue d'oiseau : il tient de la main droite un Scorpion par la queue, & de la gauche un bâton ou un sceptre. C'est la magie noire que tout ceci ; on voit encore sur cette image un Osiris, un de ces monstres à jambes de serpent, un lion, un croissant, un autre animal; une Isis sur la fleur du Lotus, & quelques oiseaux. Le suivant n'est pas moins singulier, il est à peu près de la même grandeur : la pierre est noire, & s'appelle Basalte, elle est gravée des deux cotez : à une des faces est une figure fort extraordinaire d'Osiris nu, qui tient ses deux pieds sur les têtes de deux crocodiles : il a sur sa tête une plus grande tête, sur laquelle est un muid ou *Calathus*, marque ordinaire de Serapis : il empoigne de la main droite un

---

nomen Jesus exprimunt, sed hos inter Basilidianorum Gnosticorumve commenta accensere non ausim ; nam piscis quasi Christianorum symbolum in Ecclesia Cathedrali Ravennatensi occurrit. Verisimilius est sequentem ex officina Gnosticorum esse : ex altera parte repræsentatur vir nudus corona radiata ornatus, qui sinistram erigit dexteraque flagellum tenet, & circa tibias stellam utrinque habet : in postica vero facie post figuras aliquas, quæ stellarum signa videntur esse, hæc leguntur verba, partim græcis, partim latinis literis, EIEVIC XRECTVZ ΓABRIE, ANANIA AME. Nomen Jesu hic aliquantum vitiatum est, ut quisque videat. Figura Solis id quod jam diximus, confirmat, nempe hæreticos illos Christum pro Sole habuisse.

IV. En duo Abraxæa schemata ex Museo illustrissimi D. Foucault, quæ omnium singularissima sunt, ambo in lapide nigro Ægyptiaco sunt, quem vocant Basalten : primum est quinque pollicum longitudine, latitudineque trium. In sublimiore lapidis parte est quadratum oblongum & fastigiatum ut frontispicium templi, in fastigio nomen Iαω descriptum est & subtus alia vox lectu difficilis, forte *Broinao*, infra vero serpens ovatam describens figuram, in qua stella, & sub serpente nomen ABRASAX : sub hac voce alia item vox quæ non legitur. Ad dexteram & ad sinistram frontispicii illius hinc & inde duo cercopitheci manus efferentes versus nomen Iao, quod venerabundi hoc gestu ᾗ τῷ τοῦ αἰδοίου ὑψώσει honorare videntur. Sub frontispicio illo vir rudi more delineatus, cujus caput ornatu Ægyptiaco distinguitur ; alas & caudam avis habet ; dextera scorpionem cauda tenet, sinistra baculum : hic etiam stupendus τῇ τοῦ αἰδοίου ὑψώσει : quâ divinandi arte in hæc arcana penetrabimus? In hoc item schemate Osiris conspicitur, monstrum item serpentinis cruribus, leo, bicornis luna, Isis loto insidens, & aliquot aves. Sequens schema non minus singulare : ejusdem circiter atque præcedens magnitudinis est, ex lapide nigro quem Basalten vocant, qui lapis ad utramque partem insculptus est. In altera facie Osiris insolitam habens formam, qui duobus pedibus duorum crocodilorum capitibus insistit : capite gestat caput aliud suo majus, cui imponitur calathus Serapidis symbolum frequens : dextera animal

animal

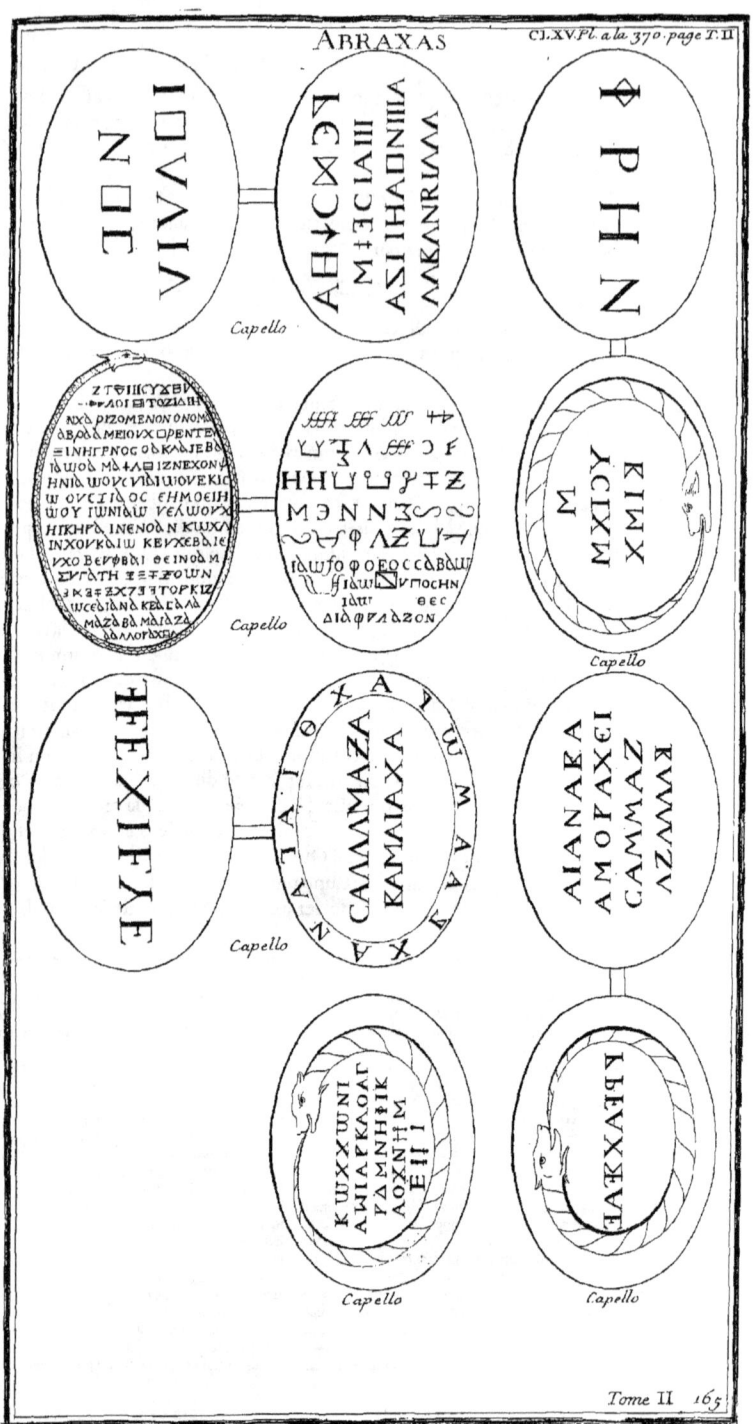

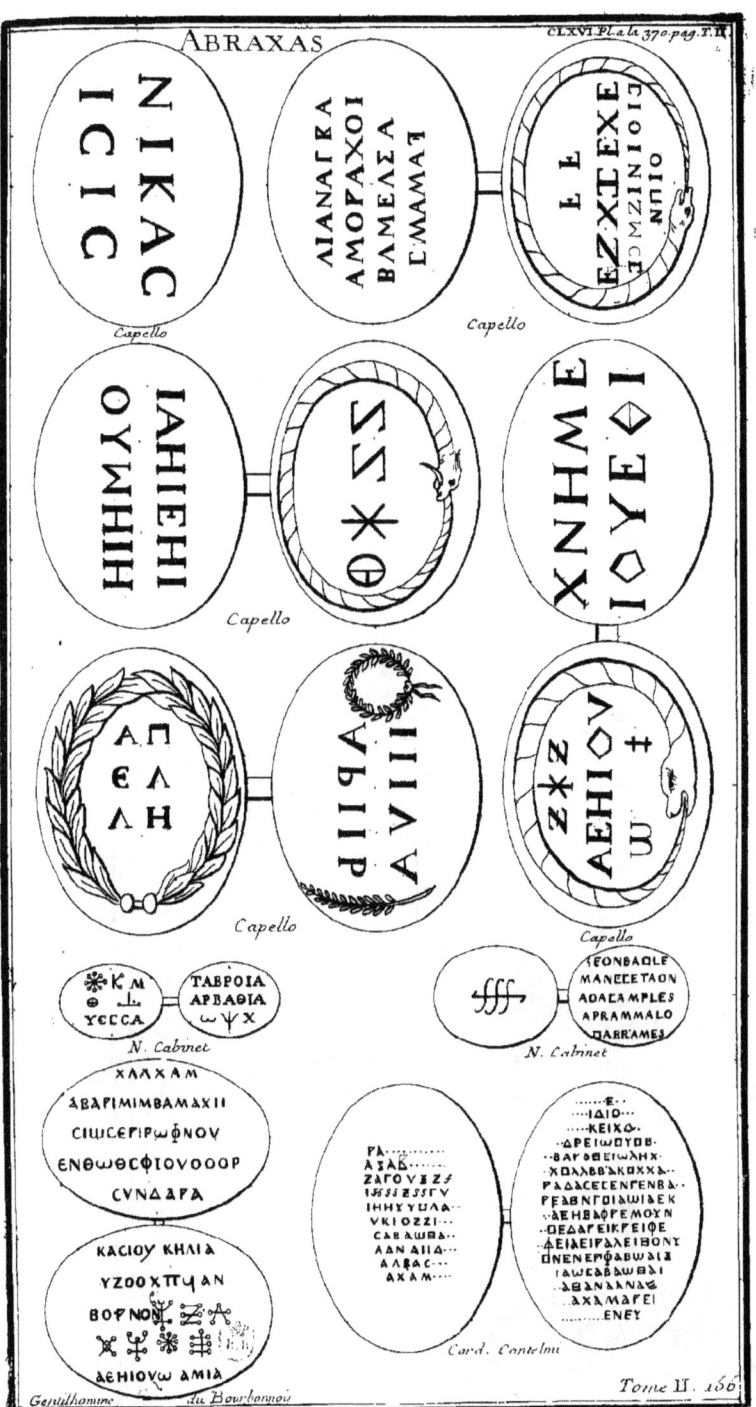

LES ABRAXAS.

animal, qu'il tient par la queue: deux serpens & un manequin, ce semble, & avec tout cela, un gros bâton qui se termine par le haut en un vase sur lequel s'éleve une grande palme ou chose semblable. Du vase sort une liqueur, qui tombe dans une coupe. De la main gauche il tient les mêmes choses à cette difference près, que sur le vase qui est au haut du bâton, il y a un oiseau qui a comme un panache sur la tête. L'autre face est pleine d'inscriptions: dans un cercle en haut on lit d'abord Φρην Phren, qui veut dire *mens*, l'entendement. Au milieu de la pierre on lit *Abrasax* & *Iao*, symboles certains des Basilidiens & des Gnostiques: l'inscription qui est au dessus, est en caracteres qui ne se peuvent lire, non plus que les autres qui bordent cette face des trois côtez, à la reserve peutêtre du mot ISIEIS. Cela pourroit être, comme ci-devant, une corruption du saint nom de Jesus: ce qui est incontestable dans l'inscription precedente, mais cela n'est pas aussi certain ici. L'homme à tête de lion qui tient un serpent aussi à tête de lion, est tiré d'une pierre gravée de ces hérétiques. Voici un monstre extraordinaire qui a la tête d'un taureau, & le corps d'un homme, avec des inscriptions au côté, où on n'entend rien.

Pl. CLXVIII.

V. Une pierre d'aiman de nôtre cabinet est des plus singulieres: elle est ronde & solide, approchant de l'ovale, telle qu'on la represente ici, & de la même grandeur: elle contient les noms de plusieurs de ces Puissances favorables δεξιαὶ δυνάμεις ou de ces Génies superieurs, que les Basilidiens admettoient & qu'ils opposoient aux mauvais démons, comme nous avons vû ci-devant, l'inscription finit par une courte priere: les neuf premiers mots sont autant de noms des Puissances invoquées: voici le sens de l'inscription.

CHUDMAÏ,
LACHUS,
AMOLYTA,
ABRASAX,
AKECHEIOCH,
MITHAMA,
MYOAM,
EOOM,
EMOL,

Délivrez moi de mes peines, moi qui porte (cette pierre) Sen.

Il y a apparence que ces trois lettres *Sen*, sont le commencement du nom de celle qui portoit ces Abraxas ou Abrasax; ce nom pouvoit être *Sentia*, ou quelqu'autre qui commençoit par la même syllabe.

---

quodpiam cauda tenet, duos item serpentes, caniftrum ansatum, ut videretur, ac praeterea baculum vase quodam fastigiatum; e vase surgit nescio quid: altera manu eadem ipsa tenet, hoc uno discrimine, quod supra vas in summo baculo positum avis sit pinna sublimi insignita: altera facies inscriptionibus plena est. In suprema parte circulus est, ubi φρην inscriptum, quo mens significatur: in medio lapidis legitur *Abrasax* & *Iao*, quibus nominibus ceu tesseris Basilidiani & Gnostici dignoscuntur: inscriptio circum characteribus est ignotis delineata, una excepta voce quae legitur ISIEIS, quod forte ut antehac sacrum nomen JESUS vitiatum exprimat: in priore quidem inscriptione certum est, in hac non item. Vir leonino capite, qui serpentem tenet leonino etiam capite, ex lapillo istius Basilidianorum officinae prodiit. En horrendum monstrum taurino capite, humano corpore, cum inscriptionibus quae non intelliguntur.

V. Magnes lapis in Museo nostro rotundus solidus ovatæque figuræ ejus magnitudinis qua hic repræ-

sentatur; potestatum illarum, quas Gnostici comminiscebantur, nomina quædam continet, quæ Potestates hic vocantur δεξιαὶ δυνάμεις, quasi dicas *propitiæ Potestates*. Hi erant Genii illi superiores quos admittebant Basilidiani, & pravis dæmonibus opponebant, ut supra vidimus. Inscriptio quæ brevi precatione clauditur, talis est.

ΧΥΔΜΑΙ
ΛΑΧΟΥΣ
ΑΜΟΛΥΤΑ
ΑΒΡΑCΑΞ
ΑΚΕΧΕΙΩΧ
ΜΙΘΑΜΑ
ΜΥΟΑΜ
ΕΟΟΜ
ΕΜΟΛ

ΠΑΥϹΑΤΕ ΜΟΙ ΤΟΝ ΠΟΝΟΝ ΤΗΦΟΡΟΥϹΗϹΙΝ.

Hæ tres postremæ literæ *Sen* videntur haud dubie principium nominis esse ejus mulieris quæ hanc Abraxæam figuram gestabat, puta Sentiæ, aut alius cujus nomen ab eadem prima syllaba incipiebat,

Tom. II.   Bbb

La figure qui vient après représente un homme sur un taureau : il y a tout autour des signes célestes, & une inscription qu'on n'entend pas. La suivante, du cabinet de sainte Geneviève, n'a qu'un Scorpion sans inscription. Une autre du même cabinet est fort remarquable : dans un ovale que borde un serpent qui mord sa queue, il y a une table sur laquelle est quelque chose assez difficile à distinguer, ce pourroit être un autel flamboiant : au dessus de cela est un serpent à tête de lion, qui s'éleve sur les replis de son corps : aux côtez du serpent sont deux figures Egyptiennes : on voit ici les sept voielles greques ΑΕΗΙΟΤΩ comme dans plusieurs autres pierres semblables : l'inscription greque qui est tout autour est inintelligible, celle du revers est singuliere ; en voici le sens, *Remettez la matrice de cette femme dans son lieu, vous qui reglez le cours du Soleil* : il y a apparence que ce talisman étoit donné pour obtenir ou la fecondité ou l'heureux accouchement d'une femme. Il est à remarquer que la plûpart de ces pierres, quand l'inscription est intelligible, sont pour des femmes : ce qui revient à ce que dit saint Jerome, que Marc & les Marcosiens séduisirent un grand nombre de femmes dans les Gaules & dans l'Espagne, leur promettant de leur faire pénétrer les plus profonds mysteres de leur secte. Une autre pierre du même cabinet a d'un côté plusieurs divinitez Egyptiennes, Isis, Osiris, Orus, Anubis, & un autre Osiris à tête d'épervier entre deux Minerves. A l'autre face de la pierre est une femme nue, entre le Soleil & le Croissant, l'inscription est inintelligible ; cette femme est peutêtre celle à qui ces hérétiques avoient donné la pierre. On prend pour un talisman cette medaille dont on m'a envoié l'estampe d'Italie : d'un côté est la tête d'Alexandre, couverte de la dépouille du lion, comme on la voit sur les medailles, avec l'inscription *Alexandri*. Au revers est une ânesse, & un ânon qui tette ; & audessus un scorpion : l'inscription qui est autour porte, DOMINUS NOSTER JESUS CHRISTUS DEI FILIUS. La coutume de porter des medailles d'Alexandre le Grand par superstition, comme si elles avoient quelque vertu préservative, étoit ordinaire parmi les Chrétiens d'Antioche ; saint Jean Chrysostome dans sa seconde catechese déclame en ces termes contre ce damnable usage : *Que dira-t-on de ceux qui se servent d'enchante-*

Quæ sequitur figura hominem repræsentat tauro insidentem : circum signa sunt cælestia & inscriptio quæ intelligi nequit. Sequens gemma ex Museo sanctæ Genovefæ scorpionem tantum habet sine ulla inscriptione : alia ex eodem Museo observatu dignissima est, in figura ovata, quam includit serpens caudam mordens, est mensa, cui imponitur nescio quid cognitu difficile, posset autem esse ara ignita ; in superiori parte serpens sinuoso corpore leoninum caput erigens ; a lateribus serpentis hinc & inde numina duo Ægyptiaca ; sublimiores visuntur literæ Α Ε Η Ι Ο Τ Ω in his schematibus frequentes, quæ sunt septem græcæ vocales : inscriptio græca circum intelligi nequit ; in postica autem facie inscriptio sic legitur, remque observatu dignam enunciat, τόσον (sic) τὴν μήτραν τῆς δεῖνα τῆς τόπον τέαυτῆ ὁ τὸν κύκλον τοῦ ἡλίου pro δηλῶν. Inscriptio est imperfecta, desideratur enim verbum quod sententiam absolvat : sensus est, *Pone vulvam istius mulieris in proprio loco qui cyclum solis*, adde *mederaris*, vel quid simile ; videtur autem hoc magicum amuletum adornatum esse, aut ut prægnanti mulieri partus felix, aut sterili secunditas impetretur. Observes velim in his lapillis cum inscriptio legitur, mulieres fere semper memorari quarum gratia amuleta hujusmodi facta sint, quod ad illud Hieronymi testimonium quadrat dicentis Marcum & Marcosianos in Galliis & in Hispania mulieres subornasse multas, dum pollicerentur ab se eas in arcaniora sectæ suæ mysteria intromissum iri. Alius ejusdem Musei lapillus ab altera parte plura numina Ægyptiaca præfert, Isidem, Osiridem, Orum, Anubim, aliumque Osiridem accipitris capite inter Minervas duas. In altera lapilli facie mulier nuda inter solem & bicornem lunam stat : inscriptio circum intelligi nequit. Mulier hæc nuda forte est illa, cui lapillum ipsum dederint lucifugæ illi. Pro amuleto haberi forte potest numisma illud, cujus mihi imago ex Italia missa est, ubi ab altera facie caput Alexandri magni exuviis leonis opertum, cujusmodi visitur in numismatibus, cum inscriptione *Alexandri* ; ab altera vero asina pullum lactans cum inscriptione D. N. Ι Η Υ Χ P S D E I F I L I V S , *Dominus noster Jesus Christus Dei Filius*. Consuetudo illa superstitiosa gestandi numismata Alexandri magni, ac si vim quandam opitulandi habuissent, apud Christianos Antiochenos vigebat : in quem vere damnandum morem sic invehitur Chrysostomus in Catechesi secunda ad populum Antiochenum : *Quid*

ABRAXAS

CLXVIII Pl. a la 372. page T.II

ΧΥΛΜΑΙ
ΛΑΧΟΥC
ΑΜΟΛΥΤΑ
ΑΒΡΑCΑΖ
ΛΚΕΧΕΙѠΧ
ΜΙΘΑΜΛ
ΜΥΟΛΜ
ΕΟΟΜ
ΕΜΟΛ
ΠΑΥCΑΤΕΜΟΙΤΟΝ ΠΟΝΟΝ ΤΗ ΦΟΡΟΥCΗCΕΝ

N. Cabinet

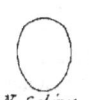
N. Cabinet

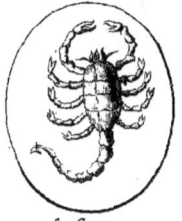
S. Genev.

S. Genevieve

S. Genevieve

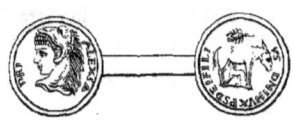

Chifflet

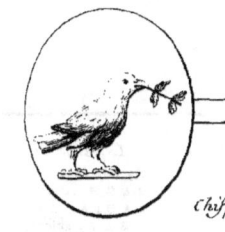
Chifflet

Chifflet

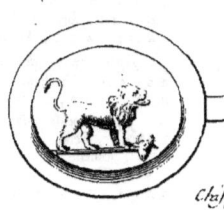
Chifflet

Tome II 168

mens & de ligatures, & qui lient à leur tête & à leurs pieds des medailles de bronze d'Alexandre Macedonien ? Sont-ce là nos esperances ? Après la croix & la mort du Sauveur, mettons nous l'espoir de nôtre salut en l'image d'un Roi gentil. Un oiseau à tête raionnante, a tout autour l'inscription HMAO, qui pourroit signifier le Soleil, qui s'appelle *Hema* en Hebreu. Cet oiseau pourroit être le Phenix qu'on represente ainsi sur les medailles. Un oiseau qui tient au bec un rameau, a pour inscription au revers *Iao*, *Abrasax*, *Doonai*, pour *Adonai* : il y a encore une autre pierre dans Chifflet, dont les figures ne sont presque pas connoissables.

VI. En voici une des plus extraordinaires où est representé un homme dont l'habit est couvert de lettres depuis le cou jusqu'aux pieds : nous n'oserions en tenter l'explication ; cependant Spon en a expliqué une autre en reduisant les lettres greques en Hebraïques. Voici comme il s'y est pris.

Explication d'une Figure semblable selon Spon.

I A Ω le Seigneur
Σ A B A Ω Θ des armées
A P B A Θ I A majesté
Λ O Υ Θ A T cachée dans
O Υ P H Σ la lumiere du feu
M A P Σ A la possession
A Λ I Ω Θ O de sa divinité
O N O Υ P la force de la lumiere
I A M I X A H A Michel.

Sur le bras droit.
A B P A M Abraham
N I K A M A P Nicamarien

Sur le bras gauche.
Σ E Σ A Γ Sesac
Σ E M Nom
B A P du fils
Φ A P A N T H Σ de Pharan

---

de illis dicetur, inquit, *qui incantationibus & ligamentis utuntur, quique capiti pedibusque suis nummos æneos Alexandri Macedonis alligant : haccine spes nostra ? an post crucem & mortem Servatoris, in regem profanæ religionis spem habebimus ?* Avis radiato capite circum inscriptionem habet H M A O. Hæc vox fortasse Solem significat, qui Hebraice vocatur non *H.ma*: hæc avis fortasse Phoenix fuerit, qui sic in nummis conspicitur. Avis ramum tenens rostro in postica facie inscriptionem habet, I A Ω A B P A C A Σ D O Ω N A I, pro A D O N A I. Alia insuper gemma apud Chiffletium repræsentatur, cujus figuræ vix discernuntur.

VI. En singularissimum amuletum, ubi conspicitur vir literis opertus a capite ad pedes, quarum literarum explicationem ne tentare quidem ausim : attamen Sponius alteram illam quæ hic apponitur, literas græcas in hebraicas voces transferendo, totam explanavit : en ejus explanationem.

Explicatio Sponii.
I A Ω, Dominus
Σ A B A Ω Θ, exercituum
A P B A Θ I A, majestas
Λ O Υ Θ A T, abscondita in
O Υ P H Σ, lumine ignis
M A P Σ A, possessio
A Λ I Ω Θ O, divinitatis
O N O Υ P, fortitudo luminis
I A M I X A H A, Michael.

super brachio dextro.
A B P A M, Abraham
N I K A M A P, Nicamarius.

super brachio sinistro.
Σ E Σ A Γ, Sesac
Σ E N, nomen
B A P, filii
Φ A P A N T H Σ, Pharantis.

Le Prophete Jeremie nomme Babylone Sesac.
Dans la couronne.
A M O l'exaltation
P Ω M A du peuple
Sur les jambes.
P A Φ A H A Raphael
I A Ξ O Y E A Jasouel
Raphael signifie *medecine de Dieu*, & Jasouel, *salut de Dieu.*
Δ A M N A la fiente
M E N E Y E de la beauté.

Cette explication est hazardée, & ne convient pas même toûjours aux mots Hebreux en la maniere qu'il lui a plû de les lire. Il ne seroit pas difficile d'y trouver un autre sens mieux suivi que celui-là, en divisant les mots écrits en Grec pour en faire des mots Hebreux : mais ce seroient toûjours des significations ausquelles on ne pourroit ajouter aucune foi.

PL. CLXIX. Nous ajoutons à ces deux images cinq inscriptions données par le même Spon, qui ressemblent fort aux talismans des Basilidiens : ces inscriptions avoient été mises à Milet comme un préservatif pour la ville, comme l'inscription même le prouve. La premiere commence par le mot *Jeovah*, tiré du mot Hebreu יהוה après quoi on ajoute ces lettres ω, α, ε, η, ι, ο, υ. Ces voielles sont ensuite mises à la tête des quatre autres inscriptions ; mais dans un autre ordre & brouillées, ce qui s'observe cent fois dans ces Abraxas. Après ces voielles, dans les cinq inscriptions, on lit toûjours les mêmes mots, dont le sens est tel : *Gardez la ville de Milet & tous ses habitans.*

Jeremias Propheta Babylonem vocat Sesac.
In corona.
A M O, exaltatio
P Ω M A, populi
In tibiis.
P A Φ A H A, Raphael.
I A Ξ O T H A, Jasouel.
Raphael significat *medicina Dei*, Jasouel *salus Dei.*
Δ A M N A, fimus
M E N E Y E, pulcritudinis.
Sic hariolatur Sponius, cujus explicationes cum vocibus Hebraicis, etiam ut ipsi legere visum est, non consonant. Non magno negotio aliam intelligendi rationem etiam concinniorem comminisci possemus, voces græcas dividendo ut Hebraica hinc verba adornarentur ; sed commentitiis ejusmodi interpretationibus nulla esset fides habenda.

His duabus figuris subjungimus inscriptiones quinque ab eodem Sponio datas, quæ amuleta hujusmodi Basilidianorum Gnosticorumque omnino referunt. Hæ Mileti servabantur quasi προφυλακτήρια urbis, ut inscriptionibus fertur. Prima inscriptio incipit a voce Jehovah, quod est יהוה Hebraicum, postea hæ literæ subjunguntur Ω A Ξ H I O Y. Quæ vocales singulis postea inscriptionibus præmituntur, sed commutatæ alioque ordine dispositæ, quod in hisce Basilidianorum amuletis centies observatur : post illas vocales in quinque singulis inscriptionibus eadem ipsa verba leguntur, nempe ἄγι φύλαττε (sic & aliquando φύλαξον) τὴν πόλιν Μιλησίων ἢ πάντας τοὺς κατοικοῦντας, id est, *Sancte, serva urbem Milesiorum & omnes incolas.*

ABRAXAS

CLXIX. Pl. a la 374. page T. II.

ΙΕΟΤΑΗω	ΙΗωΑΤΕΟ
ΑΕΗΙ	ΕΗΙΟ
ΟΤω	ΤωΑ
ΑΓΙΕ	ΑΓΙΕ
ΦΥΛΑϹΟΝ	ΦΥΛΑΤΟΝ
ΤΗΝ ΠΟΛΙΝ	ΤΗΝ ΠΟΛΙΝ
ΜΙΛΗϹΙωΝ	ΜΙΛΗϹΙωΝ
ΚΑΙ ΠΑΝΤΑϹ	ΚΑΙ ΠΑΝΤΑϹ
ΤΟΥϹ ΚΑΤΟΙ	ΤΟΥϹ ΚΑΤΟΙ
ΚΟΥΝΤΑϹ	ΚΟΥΝΤΑϹ

Spon

ΤΑΗΟΙωΕ	ΗΟΤΙΑωΕ
ΗΙΟΤ	ΙΟΤω
ωΑΕ	ΑΕΗ
ΑΓΙΕ	ΑΓΙΕ
ΦΥΛΑϹΟΝ	ΦΥΛΑϹΟΝ
ΤΗΝ ΠΟΛΙΝ	ΤΗΝ ΠΟΛΙΝ
ΜΙΛΗϹΙωΝ	ΜΙΛΗϹΙωΝ
ΚΑΙ ΠΑΝΤΑϹ	ΚΑΙ ΠΑΝΤΑϹ
ΤΟΥϹ ΚΑΤΟΙ	ΤΟΥϹ ΚΑΤΟΙ
ΚΟΥΝΤΑϹ	ΚΟΥΝΤΑϹ

Spon

ΙΗΕΟΤωΑ
ΟΤω
ΑΕΗΙ
ΑΓΙΕ
ΦΥΛΑΤΟΝ
ΤΗΝ ΠΟΛΙΝ
ΜΙΛΗϹΙωΝ
ΚΑΙ ΠΑΝΤΑϹ
ΤΟΥϹ ΚΑΤΟΙ
ΚΟΥΝΤΑϹ

Spon

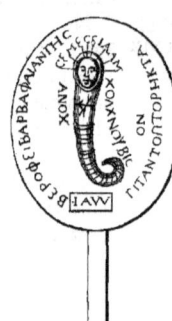
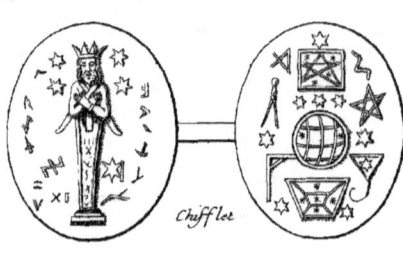
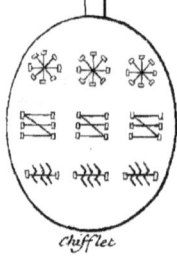
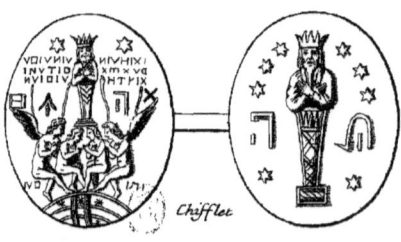

Tome II. 169

CHAPITRE VIII.

I. Septiéme classe des Abraxas monstrueux. II. Grand nombre de noms des puis-sances des Basilidiens, recueillis des Abraxas. III. L'Abrasadabra de Serenus Samonicus. IV. Explication de deux livres de plomb des Basi-lidiens.

I. Nous donnons encore d'autres Abraxas tirez de Chifflet, sur lesquels nous n'avons rien de nouveau à dire : celui à tête d'homme de laquelle sortent sept serpens, a au revers une assez longue inscription, qui commence par une croix bien formée : quoiqu'il soit difficile d'expliquer l'inscription, parce qu'elle est fort corrompue ; on y entrevoit pourtant un sens, qui est que le serpent a rugi comme un lion, & qu'il est doux comme un agneau. Les suivans sont encore à remarquer, & principalement ceux qui ont tout autour des planetes ou des constellations.

Dans la planche qui suit, on voit aussi sur les images des constellations, des planetes, & des signes ; on y en voit trois qui ont tous les douze signes du Zodiaque. La derniere montre Isis, Osiris & Harpocrate ailé au milieu d'eux. PL. CLXX.

La planche suivante commence par un Satyre qui tient un masque ; on n'entend rien à l'inscription, non plus qu'à la suivante gravée autour d'un homme nu qui est debout sur une colonne, & qui des deux mains tient une pique : il n'en est pas de même de l'autre, où une femme qui paroit être ou l'Aurore ou Diane, tient un jeune garçon par la main, & l'inscription marque qu'elle l'emporte dans le navire. Un coup d'œil apprend tout ce qu'on peut savoir de sûr touchant les images qui viennent après. PL. CLXXI.

Tout est extraordinaire dans la planche suivante : la premiere figure est un daim, avec une inscription qu'on ne lit point. La seconde est un taureau, entre les cornes duquel est une tête d'homme couronnée ; au dessus du taureau est la lune avec sept étoiles. Celle d'après représente deux Génies ailez, qui tiennent chacun des deux mains une tête d'homme avec un ornement singulier. Au bas de l'image est une tête avec une couronne radiale, & au haut un croissant dans lequel est une étoile qui marque le Soleil. Le cavalier qui vient après semble être un chasseur qui court après un chevreuil. Les autres PL. CLXXII.

CAPUT VIII.

I. Septima classis quæ est Abraxæorum schematum, monstris similium. II. Numerus ingens nominum, quæ ad Basilidianorum Potestates pertinent, quæque ex Abraxæis gemmis eduEta sunt. III. Abrasadabra Q. Sereni Samonici. IV. Explicatio duorum plumbeorum librorum, qui ad Basilidianos spectant.

I. Alia adjicimus amuleta ex Chiffletio educta, de quibus nihil novi dicendum suppetit. Caput illud hominis unde septem serpentes erumpunt, in postica parte habet longam inscriptionem, quæ a cruce accurate delineata incipit : etsi inscriptio non facilis sit explicatu, quia admodum vitiata est, hæc tamen expiscari posse videtur, serpentem ut leonem fremuisse, & ut agnum mitem esse : sequentia oculis exploranda sunt, maxime quæ planetas & stellas circum habent.

In sequenti Tabula imagines offeruntur stellis similiter, planetis & signis oppletæ : in iis tres duodecim Zodiaci signa exhibent. Postrema Isidem, Osiridem & Harpocratem alatum exprimit.

Alia Tabula a Satyro incipit larvam tenente ; inscriptio non intelligitur, ut nec sequens, in cujus medio homo nudus columnæ insistens, ambabusque manibus hastam tenens. Secus in alio schemate, ubi seu aurora, seu Diana luna, manu juvenem tenet : inscriptio autem est ἐν τῷ πλοίῳ, *in navem deportans*. Uno conspectu omnia quæ circa sequentes figuras sciri possunt percipies.

Omnia singularia in sequenti tabula : prima figura dama est cum inscriptione quæ non legitur. Secunda taurus est, cujus capiti imminet caput hominis coronatum : supra taurum luna cum stellis septem. Sequens duos Genios alatos repræsentat, qui singuli caput humanum tenent cum ornatu singulari : in ima parte caput radiatum solem indicare videtur, quem ipsum in suprema parte significat stella magna in bicorni luna. Qui sequitur eques, venator esse creditur, capreolum insequens. Alia schemata dispicienda

376 L'ANTIQUITÉ EXPLIQUÉE, &c. Liv. III.

figures se remarquent à l'œil, hors le frontispice du temple de Venus Paphienne, lequel est dans la même forme que nous le voions sur les medailles, avec la cour en demi cercle où il ne pleuvoit jamais. Nous laissons là Minerve & les autres figures, & nous passons legerement sur le Canope, d'où l'eau s'écoule par de petits trous : nous avons donné son histoire ci-devant.

PL. CLXXIII. Ce n'est que pour marquer la bizarrerie de ces Basilidiens & de ces Gnostiques que nous donnons la planche suivante, où l'on voit sur le premier rang un homme à cheval qui porte une croix : l'inscription ne se lit point, non plus que toutes les autres de cette planche.

PL. CLXXIV. On peut douter si toutes les pierres que nous donnons dans une autre planche, ont appartenu aux Gnostiques, & sur tout la premiere faite ou par Rodippe ou pour Rodippe, où l'on voit Jupiter assis, tenant la pique d'une main & la foudre de l'autre. Il y a quelques-unes de ces pierres où des processions sont représentées ; telle est une de nôtre cabinet où l'on voit douze personnes qui vont de file : & une autre où la procession est de neuf personnes, avec une inscription où l'on ne peut rien lire.

Nous avons dit qu'il y avoit de ces pierres dont les inscriptions étoient en lettres Hebraïques : il y en a deux dans nôtre cabinet, mais dont le caractere est si mal formé qu'on n'y peut rien entendre. On lit pourtant très-facilement אלה dans l'une, ce qui se doit lire à mon avis *Eloah*, nom de Dieu.

II. Les Gnostiques avoient beaucoup de noms pour exprimer les puissances celestes, ou les bons Anges. Ces noms sont souvent écrits de maniere qu'on ne peut les lire ; & lors même qu'on les peut lire, on ne peut quelquefois les distinguer de ceux qui précedent & qui suivent, n'y aiant entre les lettres ni espace, ni autre marque qui en fasse la séparation. Malgré tout cela on ne laisse pas d'en lire un assez grand nombre, qu'il ne sera peutêtre pas hors de propos de mettre ici.

Ablana	Aceceioch	Amarza	Ananael
Abraiache	Adonai	Amolyta	Anania
Abrathia	Aganachba	Amorachei	Anubis
Abraxas, ou	Aianacha	Amorarachei	Aphanoom
Abrasax	Aianachba	Amoro	Aphra

mittuntur, excepto templi Veneris Paphiæ frontispicio, eadem qua in nummis vidimus forma, cum atrio in semicirculum concinnato, in quo nunquam pluebat, ut fabulabantur. Minervam & reliqua schemata prætermittimus, ut Canopum observemus, qui canaliculis aquam effundit, de quo supra pluribus dictum est.

Ut ineptissima Basilidianorum & Gnosticorum commenta notaremus, sequentem tabulam adornavimus, in cujus suprema parte eques crucem gestans ; inscriptio non legitur ut nec aliæ omnes hujus tabulæ inscriptiones.

Nollem affirmare gemmas omnes, quarum imagines sequentem tabulam occupant, ad Gnosticos pertinuisse ; præsertim omnium primam, quæ vel Rodippo vel a Rodippo sculpta fuit ; ubi Jupiter sedens visitur altera manu hastam, altera fulmen tenens. In quibusdam hujusmodi lapillis processiones, ut vocat Apuleius, repræsentantur. In eo qui nostri Musei est duodecim numero sunt, qui unus post alium procedunt ; in alia novem adsunt : inscriptio ibidem est quæ non legitur.

Diximus ex hujusmodi gemmis aliquas exstare Hebraicis literis descriptas : duæ in Museo nostro habentur ; sed ita concinnato charactere, ut vix quidquam expisceris : hæc una tantum vox in altera legitur אלה quod, ni fallor, est Eloah, nomen Dei.

II. Gnostici multa exprimendis potestatibus cælestibus, seu bonis angelis nomina usurpabant, quæ nomina sæpe ita descripta sunt, ut legi nequeunt: imo etiam quando leguntur non possunt semper distingui a præcedentibus sequentibusque, cum inter literas nec spatium, nec nota aliqua sit qua separentur; attamen non sine labore sat multa legi, quæ hic referenda censui.

Ablana	Amarza
Abraiache	Amolyta
Abrathia	Amorachei
Abraxas, vel	Amorarachei
Abrasax	Amoro
Aceceioch	Ananael
Adonai	Anania
Aganachba	Anubis
Aianacha	Aphanoom
Aianachba	Aphra

Abraxas

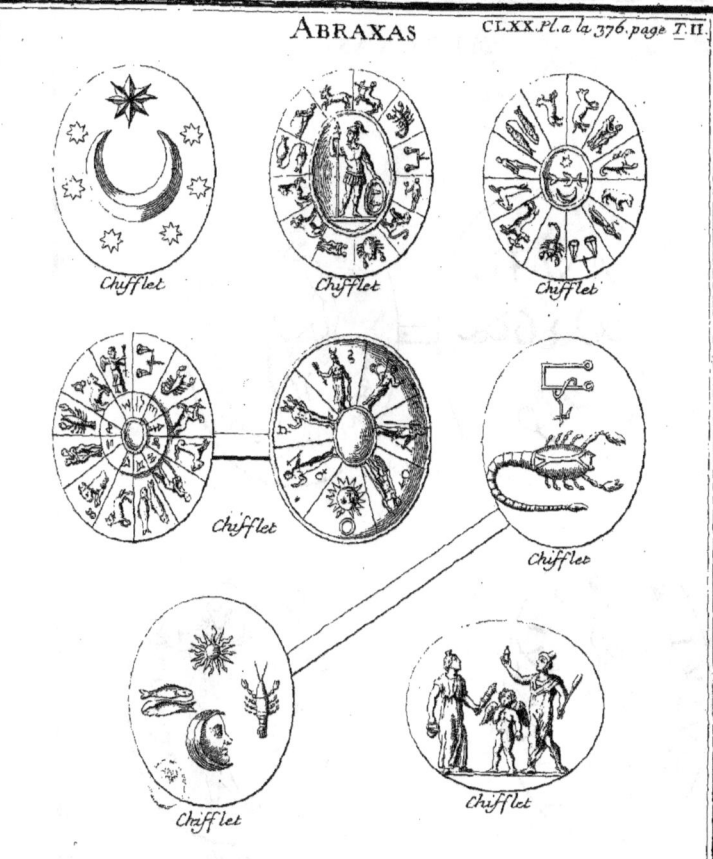

ABRAXAS

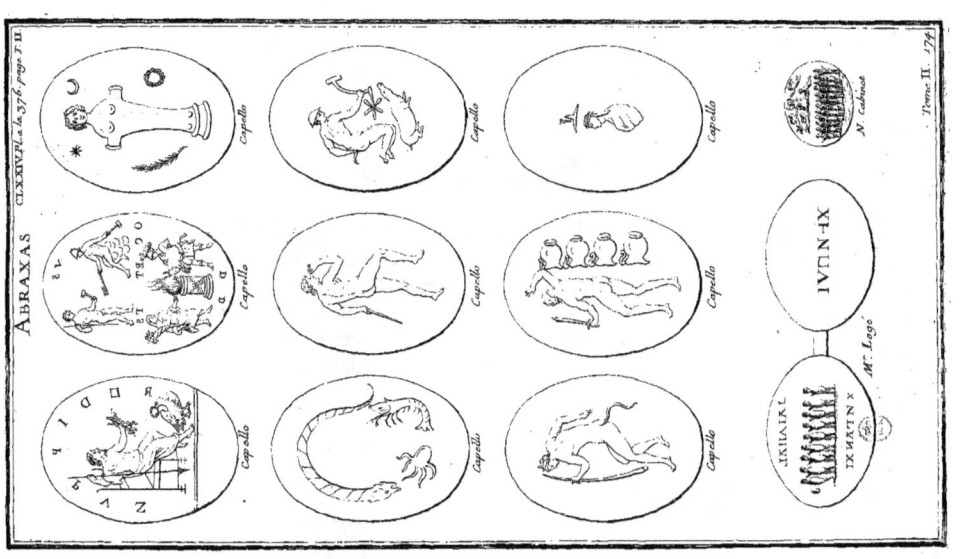

LES ABRAXAS.

Archeo	Cramacha	Mari	Raphael
Aroriorasis	Cramma	Marsa	Sabaoth
Arroriphiasis	Custiel	Melpomene	Salamaxa
Azallab	Damna	Meneve	Salbana
Azehi	Emesie	Mermenno	Salomon
Bamaiacha	Emol	Methi	Sammaz
Bamessa	Eoom	Michael	Sancla
Barcha	Gabriel	Mithras ou	Satoviel
Broinao	Gabroia	Mithrax	Semes
Camaris	Gigantorecta	Moyse	Semeou
Camkie	Hema	Myoam	Sesag
Centeu	Henam	Nicamar	Smamaph
Cengeu	Iao	Oroi	Sophe
Cherideu	Jasouel	Panalba	Soumartha
Cherubi	Iouethi	Pharantes	Suriel
Chneme	Juliou	Pherenphero	Thanalba
Chnubis	Lachami	Phre ou Phri	Thecnouphi
Chnumis	Lanathanaa	Phren	Thouth
Chudmai	Lathanaba	Phrer	Uriel
Cocchoni	Louthat	Phrimay	Yabsoe
Combour	Lachus	Phura	Yessa
Conteu	Maliali	Prosoraiel	Zyrratel

C'est des Basilidiens & des Gnostiques qu'est encore venu l'Abrasadabra, terme magique dont on se servoit autrefois pour guérir la fievre double tierce & les autres maladies; & que Quintus Serenus Samonicus Medecin Basilidien a mis dans ses vers, où il recommande d'écrire plusieurs fois sur un papier ce mot *Abrasadabra*, en retranchant toûjours une lettre, jusqu'à ce que le tout se termine en cone, & d'attacher au cou du malade ce talisman

Archeo	Cramacha	Mari	Raphael
Aroriorasis	Cramma	Marsa	Sabaoth
Arroriphiasis	Custiel	Melpomene	Salamaxa
Azallab	Damna	Meneve	Salbana
Azchi	Emesie	Mermenno	Salomon
Bamaiacha	Emol	Methi	Sammaz
Bamessa	Eoom	Michael	Sancla
Barcha	Gabriel	Mithras vel	Satoviel
Broinao	Gabroia	Mithrax	Semes
Camaris	Gigantorecta	Moyses	Semeou
Camkie	Hema	Myoam	Sesag
Centeu	Henam	Nicamar	Smamaph
Cengeu	Jao	Oroi	Sophe
Cerideu	Jasouel	Panalba	Soumartha
Cherubi	Jouethi	Pharantes	Suriel
Chneme	Juliou	Pherenphero	Thanalba
Chnubis	Lachami	Phre *vel* Phri	Thecnouphi
Chnumis	Lanathanaa	Phren	Thouth
Chudmai	Lathanaba	Phrer	Uriel
Cocchoni	Louthat	Phrimay	Yabsoe
Combour	Lachus	Phura	Yessa
Conteu	Maliali	Prosoraiel	Zyrratel.

Ex hac item officina Basilidianorum Gnosticorumque exiit magicum illud inventum Abrasadabra, quo utebantur olim ad curandam febrim, quam vocabant Hemitritæum τυρετὸν, aliosque morbos; quod inventum Quintus Serenus Samonicus Basilidianus in carminibus suis posuit, ubi suadet, ut in charta describatur & hæc monita dat,

Inscribes chartæ quod dicitur ΑΒΡΑΚΑΔΑΒΡΑ
Sæpius, & subter repetis, sed detrahe summam
Et magis atque magis desint elementa figuris
Singula, quæ semper rapies, & cætera figes,
Donec in angustum redigatur litera conum:
His lino nexis collum redimire memento.

dont il préconise l'excellence & l'efficace : voici le cone que fait ce mot repeté & retranché :

```
A B P A C A Δ A B P A
 A B P A C A Δ A B P
  A B P A C A Δ A B
   A B P A C A Δ A
    A B P A C A Δ
     A B P A C A
      A B P A C
       A B P A
        A B P
         A B
          A
```

Il y paroit que ce mot est formé d'Abrasax : nous avons vû ci-devant par les inscriptions de plusieurs de ces pierres des Basilidiens, qu'elles étoient données pour guerir les maladies : ces sortes de prestiges ont été dans tous les siecles du Christianisme.

PL. CLXXV. & CLXXVI. La premiere de la planche suivante représente quelques signes du Zodiaque : la seconde pierre marque la concorde ou l'accord fait entre deux personnes, les suivantes aussi bien que celles de la derniere planche de ces Abraxas, ou sont déja décrites, ou ne meritent pas une description.

PL. CLXXVII. IV. Il me reste à parler d'un petit livre tout de plomb, que j'achetai à Rome en 1699. & dont je fis present à M. le Cardinal de Bouillon : il est de la même grandeur qu'il est ci-après représenté dans la planche ; non seulement les deux plaques qui font la couverture, mais aussi tous les feuillets au nombre de six, la baguete inserée dans les anneaux qui tiennent aux feuillets, la charniere & ses clous ; enfin tout sans exception est de plomb. Les douze pages que font les deux côtez de chaque feuillet, ont autant de figures des Gnostiques : au-dessous de ces figures, il y a des inscriptions, partie Hetrusques & partie Greques, mais aux quatre premieres pages seulement ; toutes ces inscriptions sont également inintelligibles. La premiere figure est d'un homme nu, qui porte une main à la bouche, & tient l'autre sur le flanc : la seconde represente un homme vêtu qui éleve une main : dans la troisiéme on voit un homme vêtu d'une robe, qui étend ses mains, & qui paroit même les avoir jointes, comme pour prier : la quatriéme, est à tête d'oiseau : la cinquiéme montre un homme à tête de coq, qui a des serpens pour jambes, & qui tient un fouet à la main : nous en avons vû beaucoup de cette maniere : la sixiéme est un homme à tête d'oiseau, qui a le corps tout raionnant : la septiéme, un buste de Sera-

Et sub hæc
Talia languentis conducunt vincula collos
Lethales abigent, miranda potentia ! morbos.

Hæc vox ex Abrasax formata prorsus videtur: jam supra vidimus in multorum lapillorum inscriptionibus, eos ad morbos curandos fuisse datos : hujusmodi præstigiæ in omnibus pene Christianismi sæculis usurpatæ sunt.

Primus sequentis tabulæ lapillus aliquot Zodiaci signa exhibet : secundus concordiam aliquam initam significat. Sequentes in hac & in sequenti tabula aut jam descripti sunt, aut non digni qui describantur.

IV. Restat ut de libello quodam plumbeo agam, quem emi Romæ anno 1699. & Domino Cardinali de Bouillon dono obtuli : est libellus ejus magnitudinis qua infra repræsentatur ; non modo laminæ duæ quæ operculi loco sunt, sed etiam omnia folia sex numero, virgula inserta continendis foliis clavique retinendo operculo, omnia denique plumbum sunt. Duodecim paginæ sex foliorum, totidem nempe duodecim figuras exhibent , quæ figuræ Gnosticis in usu erant. Sub figuris in quatuor prioribus tantum paginis inscriptiones sunt, quarum duæ priores Hetruscis, duæ aliæ Græcis literis descriptæ, quarum omnium inscriptionum ne vocem quidem unam legeris. Primum schema est hominis nudi, qui alteram manum ori admovet, alteram lateri : secundum hominem vestitum exhibet manum erigentem; tertium virum pariter tunica indutum, qui supplices tendere manus videtur : quartum est figura quædam Ægyptiaca avis capite : quintum virum exhibet capite galli, serpentes pro cruribus habentem, qui flagellum tenet: multos similes supra vidimus: sextum schema est viri, qui caput item avis habet, & e corpore radios emittit : in septimo Serapidis est protome calathum capite gestan-

pis

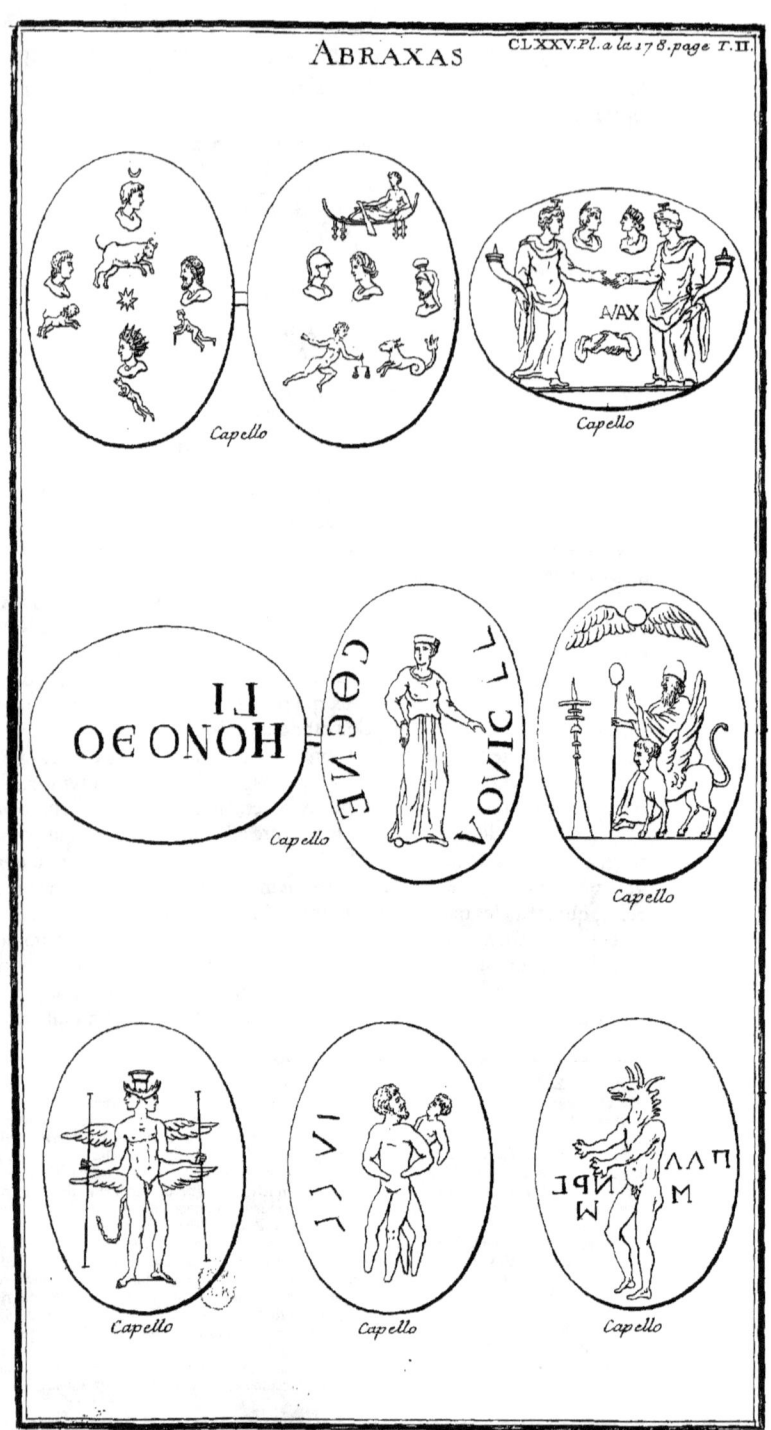

pis avec le boisseau ou le *calathus* sur la tête : la huitiéme, une femme étendue à terre : la neuviéme, une figure Egyptienne qui semble une insecte : la dixiéme, une grenouille : l'onziéme, un oiseau qui ressemble à une oie : la douziéme, une femme qui étend un grand voile tout parsemé d'étoiles : j'ai deja dit mon sentiment sur ces figures, dans la Paléographie Greque, p. 182. j'expliquerai ici de nouveau ma pensée en peu de mots. Je crois que ces douze figures marquent ici les douze heures du jour : l'homme nu qui sort du lit, marque la premiere : l'homme tout raionnant à tête d'oiseau, la sixiéme qui est le midi, où le Soleil est dans sa plus grande force ; & la femme au voile tout chargé d'étoiles marque la douziéme heure ou le commencement de la nuit, comme nous l'avons prouvé au premier tome : les autres heures ne sont pas si marquées : mais il faut observer que Serapis qui est à la septiéme heure, est appellé par les Anciens ἑπταγράμματος θεὸς, le dieu à sept lettres, parce qu'il y en a tout autant dans le nom de Serapis ou Sarapis ; & c'est apparemment à raison de ce nombre de sept qu'on l'a mis ici le septiéme, pour marquer la septiéme heure. Les Basilidiens qui rapportant tout au Soleil, comptoient 365. puissances ou anges qui avoient rapport à autant de jours de l'année, avoient aussi leurs anges & leurs figures, pour marquer les heures du jour. Le P. Bonanni dans son *Museum Kirkerianum* a donné la figure d'un livre semblable, trouvé dans un ancien tombeau. La couverture, dit-il, & les sept feuilles dont il est composé, sont de plomb ; dans chacune des feuilles il y a des lettres gravées, les unes Greques, les autres Hebraïques, les autres Hetrusques, ou Latines. Ces inscriptions, dit-il, sont inintelligibles : à chaque feuille il y a des figures, dont on n'entend aussi peu la signification que celle des inscriptions. Le P. Bonanni cite un passage de Tacite, où il est parlé de semblables Tabletes de plomb : il n'a donné que la figure de deux feuillets & de la couverture, telle que nous la représentons. Je persiste à dire que ces livres de plomb sont des restes de superstition des Gnostiques ; j'ai pourtant peine à croire qu'on doive les attribuer aux anciens Basilidiens du second siecle ; je crois plûtôt qu'ils sont d'un siecle posterieur, y aiant toute l'apparence possible que ces superstitions n'auront pas cessé tout d'un coup, mais se seront éteintes peu à peu ; c'est le sort ordinaire de toutes les sectes.

PL. CLXXVIII.

---

tis : in octavo mulier decumbens, quæ caput manu sustentat : in nono insectum quodpiam ignorum : in decimo rana : in undecimo avis, quæ videtur anser esse : in duodecimo mulier quæ magnum velum stellis oppletum supra caput extendit : jam quid de tali monumento putarem dixi in Palæographia græca p. 182. meamque opinionem hic paucis expromam. Puto hasce duodecim figuras, duodecim diei horas significare : vir nudus e lecto surgens primam diei horam notat, qua expergefacti homines surgere solent : ille alter capite volutilis instructus radios undique emittens, qui sextus numero est, sextam horam, id est meridiem significat, quo tempore sol maxime ardet radiosque emittit vividiores ; denique mulier illa quæ velum magnum stellatum sibi obducit, duodecima numero, duodecimam horam diei seu noctem repræsentat advenientem, ut exemplis tomo primo probatum est. Cæteræ autem horæ diei non ita perspicue ad suum quæque numerum referuntur ; sed observandum est Serapidem, qui in septima constitutus est hora, ab antiquis auctoribus appellari ἑπταγράμματος θεὸν, deum septem literarum, quia hoc nomen Σαραπις, vel Σέραπις, totidem literas continet, cujus, ut videtur, septenarii numeri ratione hic septimus septimam significat diei horam. Basilidiani, qui ad solem omnia referentes, trecentas sexaginta quinque potestates seu angelos numerabant, singulos scilicet angelos pro singulis diebus ; angelos etiam & schemata pro singulis diei horis habebant. P. Bonannus in Museo Kirkeriano, libri similis figuram dedit in vetusto sepulcro reperti : operculum, inquit, plumbeum est, intus autem septem folia sunt similiter plumbea : in singulis foliis literæ insculptæ sunt, quarum aliæ græcæ, aliæ hebraicæ, aliæ hetruscæ vel latinæ. Hæ inscriptiones, inquit, intelligi nequeunt ; in singulis foliis singulæ sunt figuræ, quæ, quid sint, non magis intelligitur, quam illud quod in inscriptionibus fertur. Locum Taciti affert Bonannus, in quo similes plumbeæ tabellæ memorantur ; duorum tamen foliorum tantum & operculi figuras ille dedit. Existimo, ut jam in Palæographia dixi, hosce libros plumbeos Gnosticorum superstitionis reliquias esse ; vix tamen crederem eos esse veterum Basilidianorum illorum secundi sæculi, sed esse puto posterioris ævi ; nam illæ superstitiones non derepente cessaverant, sed paulatim extinctæ sunt, ut in omnibus fere sectis accidit.

LIVRE IV.

Les dieux des Arabes, des Ethiopiens, des Pheniciens, des Syriens, des Perses, des Scythes & des Germains.

CHAPITRE PREMIER.

I. Les dieux des Arabes avant Mahomet. II. Les dieux des Ethiopiens.

I. Nous ne connoiſſons gueres les dieux que les Arabes idolatres adoroient avant Mahomet. Voici ce qu'en écrit Herodote : « Il n'y a point de » peuple au monde qui garde mieux la foi promiſe que les Arabes : ils la pro- » mettent en cette ſorte. Un homme ſe met entre les deux parties qui veulent » traiter enſemble, tenant une pierre aigüe, avec laquelle il taille le dedans » de leur main ; enſuite il prend un floccon de l'habit de chacun d'eux, il le » trempe dans le ſang qui ſort de la plaie, il oint de ce même ſang ſept pierres » miſes entre eux ; & faiſant cette onction, il invoque Bacchus & Uranie. Ils » croient, *pourſuit-il*, qu'il n'y a point d'autres dieux que Bacchus & Uranie : » ils ſe tondent les cheveux, parce, diſent-ils, que Bacchus les porte de mê- » me : ils ſe raſent les temples, & portent de courts cheveux tondus en cer- cle. » ils appellent Bacchus Urotalt, & Uranie Alilat. » Strabon l. 16. dit qu'ils n'adoroient que Jupiter & Bacchus : ce qui s'accorde aſſez avec ce que dit Arrien, que les dieux de l'Arabie étoient le Ciel & Bacchus; on peut aiſément entendre par le Ciel, Jupiter : & comme l'Uranie d'Herodote veut dire la Ce- leſte, peut-être que ces ſentimens qui d'abord paroiſſent differens, pourroient ſe concilier.

Selon Etienne de Byzance, le dieu des Arabes s'appelloit Duſarés, qui don- noit ſon nom à une haute montagne, & à un peuple d'Arabie, qu'on appel- loit les Duſareniens. Philoſtorge dans Photius dit que les Homerites, nation

---

LIBER IV.

Dii Arabum, Æthiopum, Phœnicum, Syrorum, Perſarum, Scytharum & Germanorum.

CAPUT PRIMUM.

I. Dii Arabum ante Muhammedem. II. Dii Æthiopum.

I. Quoſnam Arabes ante Muhammedem deos colerent, non ita perſpicuum eſt. Ea de re hæc Herodotus tradit l. 3. c. 8. *Nulla in orbo gens perinde datam ſervat fidem atque Arabes* ; *hic autem apud illos dandæ fidei modus eſt. Inter duas partes pacta inire volentes ſtat vir, qui acutam tenet petram, qua volam manus pacta ineuntium ſecat : deinde ſumto floccto ex utriuſque veſtimento, eo ſanguine inungit ſep- tem lapides in medio poſitos, & inter ungendum invo- cat Bacchum & Uraniam. Arbitrantur*, pergit He- rodotus, *non alios quàm Bacchum & Uraniam deos eſſe : capillos tondent, quia Bacchus tonſis eſt capillis : tempora abradunt, capilloſque in circulum tonſos ha- bent. Bacchum vocant Urotalt, Uraniam Alilat.* Strabo libro ſextodecimo ait Arabas Jovem ſo- lum & Bacchum adoraviſſe, quod cum Arriano conſonat dicente deos Arabiæ eſſe cælum & Bacchum; nam cælum facile pro Jove accipiatur ; cumque Urania Herodoti cæleſtem ſignificet, hæ ſententiæ, quæ prima fronte diverſæ videntur eſſe, poſſent forte conciliari.

Secundum Stephanum Byzantium deus Arabum vocabatur Duſares, qui nomen & excelſo monti, & Arabicæ genti dabat ; nam Arabes vocabantur Duſa- renii. Philoſtorgius apud Photium ait Homeritas

ABRAXAS

CLXXVIII. Pl. a la 380. page T. II.

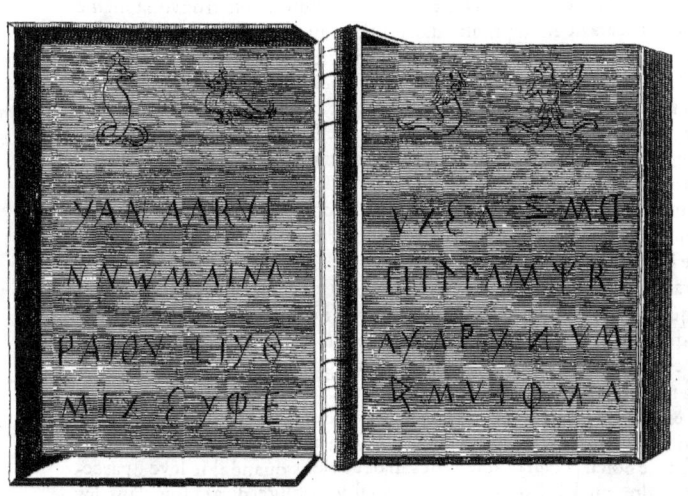

Bonanni.

Tome II.

DIEUX DES ARABES.

celebre de l'Arabie, étoient circoncis : ils avoient apparemment conservé cette coutume depuis Ismael leur premier pere, fils d'Abraham : cela leur étoit commun avec plusieurs peuples Ethiopiens, & avec les Troglodytes. Ils sacrifioient, dit-il, au Soleil, à la Lune & aux demons : on trouve la même chose dans les actes de Metaphraste dans Surius, au 24. Octobre. Nil dans son histoire du massacre des Moines du mont Sina, dit que les Arabes sacrifioient au Soleil & à Lucifer : voila ce qu'en disent les anciens. On assure que tous les Arabes rendoient des honneurs divins à une tour, qu'ils appelloient *Acara* ou *Alquebila*, qui avoit été bâtie par leur Patriarche Ismael. Les anciens Arabes honoroient comme une divinité une grande pierre quarrée, dit Maxime de Tyr ; c'étoit apparemment cette même pierre qui ressembloit à Venus, selon Euthymius Zygabenus. Quand les Sarrazins se convertissoient à la religion Chrétienne, on les obligeoit d'anathematizer cette pierre, qui étoit autrefois l'objet de leur culte.

» II. Strabon parle de la religion des Ethiopiens en ces termes : « Ils croient, » *dit-il*, qu'il y a un dieu immortel qui est la cause de toutes choses ; & un dieu » mortel qui n'a point de nom, & qui est inconnu. Ils regardent plus ordinai- » rement comme dieux leurs bienfaiteurs & les gens de qualité. Ils croient » que les rois sont en general les conservateurs & les gardiens de tous les » autres, & que les particuliers le sont de ceux à qui ils font du bien ; parmi » ceux qui habitent sous la Zone torride, il y en a qui passent pour Athées : » ils haïssent le Soleil, & lui donnent des maledictions quand il se leve, parce- » qu'il les brûle, qu'il les tourmente, & qu'il les oblige de s'enfuir dans les » marêts. Ceux de Meroé adorent Hercule, Pan & Isis, avec un autre dieu bar- » bare : quelques-uns d'entre-eux jettent leurs morts dans la riviere ; d'autres » les gardent chez eux dans de grands vaisseaux de verre ; d'autres les met- » tent dans des bierres de terre cuite, & les enterrent autour des temples.

Arabiæ celeberrimam nationem circumcisos fuisse : hanc videbantur consuetudinem ab Ismaele filio Abrahæ patriarcha suo mutuati esse, & tamen hic mos illis communis erat cum Æthiopibus & Troglodytis. Soli, inquit ille, Lunæ atque dæmonibus sacrificabant. Eadem ipsa in Actis Metaphrastæ reperiuntur in Surio ad 24. Octobris. Nilus in historia cædis Monachorum in monte Sina degentium ait Arabas sacrificasse Soli atque Lucifero, ἑωσφόρῳ. Hæc de religione Arabum tradunt veteres. Præterea narrant Arabas honores divinos tribuisse turri cuidam, quam vocabant Acara, vel Alquebila, quamque putabant ab Ismaele gentis suæ progenitore structam. Veteres Arabes, teste Maximo Tyrio, ut quoddam numen petram ingentem & quadratam adorabant, quæ eadem ipsa, ut videtur, petra erat, quæ secundum Euthymium Zygabenum Veneris lineamenta referebat. Cum autem Saraceni Christianam religionem amplectebantur, eam ipsam petram, quam olim colebant, ejurare & anathemate damnare cogebantur.

I I. Religionem Æthiopum sic describit Strabo lib. 17. pag. 565. Deum putant alterum immortalem, qui omnium causa sit, & alterum mortalem, qui nomine careat & non cognitus sit : plerumque autem eos, à quibus beneficium acceperunt, & regios *bastiers*, pro diis habent : reges suos dicunt communes omnium custodes esse, cæteros vero privatim eorum, quibus bene fecerunt. Ex iis qui ad torridam Zonam habitant nonnulli sunt, qui pro Atheis habentur : ii solem oderunt, & detestantur cum eum exoriri vident, eo quod eos urat & infestet, atque ad paludes confugere cogat. Meroes incola, Herculem, Pana & Isidem colunt, ac præterea quemdam alium deum barbaricum. Mortuos alii in flumen abjiciunt, alii circumposito vitro domi servant, alii in fictilibus thecis illos circum templa defodiunt.

Tom. II.   Ccc ij

CHAPITRE II.

I. Les dieux des Pheniciens & des Syriens : qu'est-ce que c'étoit que les Theraphins de Laban. II. Autres divinitez de ces payis-là. III. Le dieu Dagon. IV. Differens sentimens sur ce dieu. V. Généalogie des dieux selon Sanchuniathon & Philon de Byblos. VI. Si ces deux Auteurs ont jamais été.

I. L'Idolatrie étoit très-ancienne dans ce grand payis qu'on appelloit la Syrie, qui comprenoit non seulement ce qu'on appelle proprement la Syrie, mais aussi la Mesopotamie, la Phenicie & la Palestine. Nous ne connoissons point de plus anciennes idoles que celles de Laban : l'Ecriture les appelle *Theraphim* ; c'étoient selon toutes les apparences de petites statues, telles qu'on les voit aujourd'hui en grand nombre dans les cabinets de l'Europe : on les gardoit dans les maisons, & les Romains les appelloient les dieux Lares ou les dieux domestiques : les idoles de Laban étoient de cette sorte, puisque sa fille Rachel les cacha sous elle. L'idolatrie étoit donc dans la famille de Laban : elle n'y étoit pas même si nouvelle, puisque son grand pere Tharé pere d'Abraham étoit idolatre. Ce culte impie s'étoit aussi introduit dans la famille du Patriarche Jacob, peutêtre que Rachel y avoit donné occasion. Cela étant venu à sa connoissance, il se fit donner toutes ces idoles & leurs pendans d'oreilles, & il les enfouït sous un terebinthe.

II. Il est fait mention dans l'écriture d'autres divinitez, comme de Béelphegor que saint Jerôme croit être Priape ; Rufin rapporte aussi ce sentiment sans dire ce qu'il en pense. Cela pourroit bien n'être qu'une conjecture tirée de l'histoire même de Béelphegor, & du crime des Hebreux rapporté dans le livre des Nombres. On ne connoit presque que de nom Chamos & Béelzebub dieux des Moabites : on ne sait pas mieux ce que c'étoit que cette autre divinité dont il est fait mention dans l'écriture, nommée Moloch ou Molech, à moins qu'on ne la prenne pour Malachbelus, dont nous parlerons ci-après. Pour ce qui est de Baal ou Bel, dont il est parlé si frequemment, & dont le culte paroit avoir été établi dans presque tout l'Orient ; on le prend pour Ju-

---

CAPUT II.

I. Dii Phœnicum & Syrorum : quidnam erant Theraphim Labani. II. Alia numina regionis istius. III. Dagon Deus. IV. Variæ circa Dagonem opiniones. V. Θεογονία secundum Sanchuniathonem & Philonem Byblium. VI. An hi Scriptores unquam exstiterint.

I. Idolorum profanus cultus antiquissimus erat in vastissima illa regione quæ Syriæ nomen obtinebat, quatenus non Syriam modo propriam, sed etiam Mesopotamiam, Phœnicen & Palæstinam complectebatur. Idola autem vetustiora iis, quæ Labani erant, non cognoscimus : Theraphim vocantur in Scriptura sacra, erantque, ut credere est, exigua signa seu statuæ, quales in Musæis per Europam quamplurimæ visuntur. Ea in domibus servabantur : Romani hujusmodi signa vocabant deos Lares seu domesticos.

Hujusmodi erant Labani idola, quandoquidem Rachel ejus filia sub se illa abscondit. Idolorum ergo cultus in Labani familia erat, neque recens inductus ; Thare quippe avus illius idola colebat ; qui cultus impius etiam in Jacobi Patriarchæ familiam irrepserat, occasione fortasse Rachelis : qua re comperta Jacob, & statuas ejusmodi & inaures earum sub terebintho defodit.

II. Aliorum in Scriptura sacra numinum mentio habetur, ut Beelphegoris, quem putat Hieronymus in Oseæ cap. 9. Priapum esse ; quam opinionem etiam Rufinus libro 3. in Oseam affert, nec suam aperit. Fortasse conjectura est cui locum dederint res circa Beelphegorem gestæ, & Hebræorum scelus de quo in Numerorum libro. Solo noscuntur nomine Chamos & Beelzebub dii Moabitarum ; neque magis notum numen aliud, de quo in Scriptura sacra, cui nomen Moloch, nisi accipiatur pro Malachbelo, de quo infra. Quantum ad Baal & Bel, cujus frequentissima mentio, cujusque cultus per totum ferme Orientem diffusus erat : is pro Jove accipitur, pro

DIEUX DES PHENICIENS ET DES SYRIENS.

piter, pour Saturne, pour le Soleil, ou pour presque toutes les divinitez. Quelques-uns croient que c'est un nom generique comme Θεὸς *Deus*, & que quand on le trouve joint à quelque autre nom comme dans Béelphegor, cela veut dire le dieu Phegor; & dans Malacbelus, le dieu Malac, ou Moloch: car dans ces noms Orientaux, ce changement de voielles est compté pour rien. Nous ne nous étendrons pas ici sur l'idole de Michas du mont d'Ephraïm, dont nous ne savons autre chose, sinon qu'il la fit, qu'il lui bâtit un petit temple dans sa maison, qu'il lui établit un prêtre: & que cette Idole fut depuis ce tems-là honorée comme une divinité dans la tribu de Dan.

III. Les Philistins d'Azot, & les Pheniciens avoient un autre dieu nommé Dagon, à qui on avoit bâti à Azot un temple, où l'on avoit posé sa statue. Les Israëlites aiant été vaincus par les Philistins, l'Arche de Dieu fut prise: & comme c'étoit une opinion parmi ces idolatres, que les dieux des victorieux étoient censez triompher de ceux des vaincus: les Philistins apporterent l'Arche dans le temple de Dagon, & la mirent comme un trophée devant la statue de ce dieu. Ils vinrent le lendemain, & trouverent leur Dagon prosterné devant l'Arche du Seigneur; croiant peutêtre que Dagon n'étoit tombé que par accident, ils releverent sa statue: mais étant revenus le jour d'après, ils virent Dagon tombé de même devant l'Arche du Seigneur, aiant la tête & les mains rompues & separées du corps. Ils reconnurent alors que la victoire qu'ils avoient remportée sur les Israëlites n'étoit rien moins qu'une victoire remportée par Dagon sur le Dieu des Hebreux: ce qui fut encore confirmé par la grande plaie dont Dieu frappa ceux d'Azot, & par le miracle de l'Arche ramenée en son lieu dans un chariot tiré par des vaches sans conducteur.

IV. Philon de Byblos dans sa traduction du livre de Sanchuniathon, dit que Dagon veut dire Siton, le dieu du froment ou le froment même: & en effet le mot *Dagan* signifie en Hebreu le froment; d'autres prétendent que Philon de Byblos s'est trompé, & que le mot de Dagon vient du mot Phenicien & Hebreu Dag, *piscis* poisson. Ils disent que la figure de Dagon étoit moitié poisson, moitié homme, & ils s'appuient sur un passage de Berose dans Eusebe de Cesarée; qui parlant d'Oannes dit qu'il avoit le corps & la tête de poisson, qu'au dessous de cette tête il y en avoit une autre; & qu'au dessous de la queue de poisson, il paroissoit des pieds d'homme: ils veulent que cet

---

Saturno, pro Sole, proque omnibus fere numinibus. Quidam putant nomen esse genericum, ut Θεὸς, *Deus*, & cum alteri jungitur nomini, ut in Beelphegor, tunc significare deum Phegor, & in Malachbelo deum Malach vel Moloch; in nominibus quippe istis orientalibus hæc vocalium mutatio nihil esse existimatur. Non hic agetur de idolo Michæ in monte Ephraim, de quo nihil aliud scimus, quam a Micha ipsum erectum fuisse, sacratioque in domo sua ædificato, sacerdotem ad ejus cultum fuisse institutum, & hoc idolum in Tribu Dan pro numine quopiam habitum fuisse.

III. Philistæi Azoti, & Phœnices aliud colebant numen, cui nomen Dagon, huic templum Azoti structum fuerat, in quo ejus statua posita erat. Israelitis per Philistæos devictis, Arca fœderis capta est: cumque apud lucifugas illos istæc opinio esset deos eorum qui vicerant de diis devictorum triumphare, Arcam Philistæi in templum istud attulerunt, & quasi tropæum ante Dagonem constituerunt. Insequenti die accedentes, Dagonem ante arcam Domini prostratum repererunt; existimantes autem Dagonis statuam casu lapsam esse, eam in pristinum restituere locum: cumque item sequenti die accessissent, Dagonem iterum ante Arcam lapsum invenerunt, capite manibusque confractis & a corpore separatis; tuncque demum intellexere suam de Israelitis victoriam, nihil esse minus, quam victoriam a Dagone de Deo Hebræorum reportatam: quod etiam confirmatum est ex immissa Azotiis plaga, exque miraculo Arcæ a vaccis currui junctis nemine ductore, in locum sibi proprium deportatæ.

IV. Philo Byblius in sua libri Sanchuniathonis interpretatione apud Eusebium demonst. Evang. lib. 1. pag. 30. ait Dagonem significare Sitonem deum frumenti, aut frumentum ipsum: & vere *Dagan* hebraice frumentum significat. Alii volunt labi Philonem Byblium, vocemque ex Phœnicia & Hebraica voce *Dag* derivari, quæ vox piscem significat, adduntque Dagonem figuram habuisse partim piscis, partimque hominis. Nituntur autem quodam Berosi loco apud Eusebium Cæsariensem de præparatione Evangelica, qui de Oanne loquens ait, ipsum habuisse corpus piscis, caput item piscis, sub isto capite aliud caput, sub cauda vero piscis pedes hominis exhiberi. Oannem illum pugnant eundem esse atque

Oannes soit le même que Dagon. Sans m'arrêter sur l'étymologie du mot de Dagon, il me semble que la première idée qui vient en lisant l'Ecriture, est que ce dieu Dagon avoit la figure & le corps d'un homme, & que ce qu'on allegue contre cette opinion tiré de Berose, de Porphyre, d'Apollodore, & de quelques Rabbins, est trop peu certain. Ils ne parlent point de Dagon: ce n'est qu'en devinant qu'on lui attribue ce que ces Auteurs disent d'une autre idole. Nous savons que Dagon se cassa la tête & les mains en tombant; cela nous représente une idole de figure humaine: ce qui arrive le plus ordinairement à nos statues de pierre ou de marbre quand elles tombent, est de se casser la tête & les bras.

Plusieurs disent que les poissons étoient consacrez à Dagon, & étoient en vénération chez les Pheniciens. Nous avons déja observé que tout ce qui faisoit l'objet du culte des nations connues, quelque vil & méprisable qu'il pût être, étoit représenté en figure dans les cabinets des anciens Romains; & que de là vient ce grand nombre d'Anubis, d'Apis, d'Escarbots, & d'autres pieces antiques qui font encore aujourd'hui l'ornement de nos cabinets: dans celui de cette Abbayie, il y a la figure d'un [1] poisson, qui pourroit être un de ceux à qui ces nations superstitieuses rendoient des honneurs divins. Quoi qu'il en soit, nous en donnons ici l'image.

PL. CLXXIX. 1

V. Philon de Byblos fait une espece de généalogie des dieux des Pheniciens, qu'il a tirée, dit Eusebe, de Sanchuniathon natif de Beryte: lequel vivoit, dit-il, longtems avant la guerre de Troie, & étoit contemporain de Semiramis. Ce Sanchuniathon, ajoute Eusebe, avoit eu ces memoires de Hierombal prêtre du dieu Jevo, qui paroit être le *Jehovah* des Hebreux, & il dédia son livre à Abibal roi de Beryte. Voici en peu de mots ce que Philon de Byblos, qui paroit être en même tems & traducteur & commentateur de Sanchuniathon, dit des dieux des Pheniciens. Ces peuples appelloient Jupiter Béelsamen, c'est-à-dire le Seigneur du ciel: ils appelloient Vulcain Chrysor, & lui donnoient encore un autre nom Diamichius. Ils croioient que du ciel & de la terre étoient nez Ilus, Cronus ou Saturne, Dagon & Atlas: ils admettoient des Titans, desquels étoient nez Amynus & Magus; de ceux-ci naquirent Misor & Suduc: Misor eut un fils qui fut nommé Taaute, qui est le même que Hermes Trisme-

---

Dagonem. De etymologia vocis *Dagon* non ultra quæram, sed dicam, cum ea quæ de Dagone in Scriptura sacra habentur legimus, illud primum in mentem venire, nempe Dagonem figura corporeque humano præditum fuisse, & ea quæ ex Beroso, Porphyrio, Apollodoro Rabbinisque aliquot contra hanc opinionem proferuntur incertiora esse, quam ut præmissam sententiam enervent; si namque Scriptores de Dagone minime loquuntur, ac nonnisi divinando Dagoni attribuuntur ea, quæ hi Scriptores de alio idolo narrant. Scimus Dagonis lapsi caput & manus confracta fuisse; quæ membra simulacrum humana præditum forma, ni fallor, significant; & statuis nostris plerumque cadentibus accidit, ut videlicet capite & brachiis mutilentur.

Narrant plurimi pisces Dagoni consecratos fuisse, & apud Phœnicas in honore habitos. Jam observavimus ea omnia quæ cultu divino honorabantur apud populos notos, quantumvis vilia despicabiliaque essent, schemate proprio repræsentata fuisse in Museis & Larariis veterum Romanorum, indeque magnam erutam copiam figurarum, quæ Anubin, Apin, Scarabæum aliaque hujusmodi, queis hodierna Musea nostra decorantur, repræsentant: in hujus Cœnobii Museo piscis est [1] æneus, fortasse ex iis unus, quibus hæ profanæ nationes cultum præstabant divinum; ut ut est, illum hic exhibemus.

V. Philo Byblius Phœniciorum deorum quamdam ceu genealogiam texit, quam, ait Eusebius Demonst. Evang. lib. 1. ex Sanchuniathone Berytensi mutuatus est, qui Sanchuniathon, inquit, longo ante bellum Trojanum tempore vixit, & Semiramidis æqualis erat. Sanchuniathon autem ille, adjicit Eusebius, hæc acceperat ab Hierombale sic, cui nomen IEVO, sacerdote, qui *Jevo* videtur esse *Jehovah* Hebræorum, librumque suum nuncupavit Abibali Beryti regi. En paucis ea quæ Philo Byblius, qui Sanchuniathonis interpres videtur esse, de Phœnicum diis dicit: populi isti Jovem vocabant Beelsamen, hoc est cæli dominum: Vulcanum appellabant Chrysor, aliudque ipsi nomen tribuebant, nempe Diamichius. Ex cælo & terra natos putabant Ilum, Cronum sive Saturnum, Dagonem & Atlantem: Titanas admittebant, ex quibus nati Amynus & Magus, & his nati Misor & Suduc: Misor filium suscepit nomine Taautem, qui idem ipse est atque Hermes Trisme-

DIEUX DES PHENICIENS ET DES SYRIENS.

giste ou Thoth, d'où vient le nom du mois Thoth chez les Egyptiens ; c'est, dit-on, ce Thoth qui inventa le premier les lettres. De Suduc vinrent les Dioscures, ou les Cabires, ou les Corybantes, ou les Samothraces : ces disjonctions se trouvent ainsi dans l'extrait qu'Eusebe fait de Philon de Byblos, qui dit plusieurs autres choses de la religion des Pheniciens, tirées du livre de Sanchuniathon : il y a au tome premier un chapitre entier sur ces Dioscures ou les Cabires.

VI. Les plus habiles croient que tout ce qu'Eusebe rapporte après Philon de Byblos, n'est qu'une fable & qu'une imposture, & que Sanchuniathon n'a jamais existé. Cette prétendue antiquité de Sanchuniathon est insoutenable : selon la Chronologie d'Eusebe, il doit avoir précédé Moyse ; & il a appris d'un autre, s'il en faut croire Philon de Byblos, ce qu'il rapporte de l'antiquité des dieux des Pheniciens ; on soupçonne même que Philon de Byblos le traducteur n'a jamais existé non plus que Sanchuniathon. Quelques-uns poussent le soupçon jusqu'à craindre que ce ne soit Eusebe lui-même qui ait forgé & ce Sanchuniathon, & son traducteur Philon. Mais je ne crois pas qu'ils soient bien fondez, puisque Porphyre rapporté par le même Eusebe, p. 485. parle de Sanchuniathon & établit son époque. Le Lecteur attend peut-être que je dise mon opinion sur Sanchuniathon & sur son traducteur : la voici en peu de mots. Je suis persuadé que Sanchuniathon est absolument supposé : mais je n'oserois décider si c'est Philon de Byblos, qui feignant une traduction du livre de cet Auteur, s'est servi de son nom pour débiter ses fictions ; ou si quelque autre auteur de l'imposture a supposé un Philon de Byblos, que plusieurs croient n'avoir jamais existé non plus que Sanchuniathon.

---

gistus aut Thoth, unde Thoth mensis apud Ægyptios : hic Thoth, aiunt, literas invenit. Ex Suduco Dioscuri, aut Cabiri, aut Corybantes, aut Samothraces ; sic apud Eusebium hæc & plurima alia ex Philone Byblio referentem, Dioscuri quasi iidem qui Cabiri, Corybantes aut Samothraces, per particulam disjunctivam exprimuntur. De Dioscuris seu Cabiris tomo primo caput integrum habetur.

VI. Fabulam putant eruditiores esse, quidquid Eusebius post Philonem Byblium refert, & Sanchuniathonem nunquam exstitisse. Illa Sanchuniathonis antiquitas nulla potest ratione consistere : secundum Eusebii chronologiam longe antiquior ille Moyse erat, & ab alio edidicerat, si Philone Byblio sit standum, ea omnia quæ de Phœniciorum deorum antiquitate refert ; imo etiam suspicio est Philonem Byblium pariter nunquam exstitisse. Nec desunt qui suspicentur ipsum Eusebium, & Sanchuniathonem & interpretem ejus confinxisse. Non puto autem hanc fraudem posse in Eusebium conferri, quandoquidem Porphyrius ab Eusebio allatus pag. 485. de Sanchuniathone loquitur ejusque ætatem adscribit. Exspectat fortasse lector, dum quid de Sanchuniathone ejusque interprete sentiam, expromam ; meam sententiam paucis aperio : Sanchuniathonem puto nunquam exstitisse, sed decernere non ausim utrum Philo Byblius sese Sanchuniathonis interpretem confinxerit, ut fabulas proferret suas ; an vero quispiam alius fallaciæ auctor Philonem Byblium ementitus sit, quem quidam, ut diximus, nunquam exstitisse ut nec Sanchuniathonem putant.

CHAPITRE III.

I. Qui étoit Astarté déesse des Pheniciens : on la prend pour Venus de Byblos. II. Images d'Astarté.

I. La déesse fameuse des Phéniciens étoit Astarté, dont l'Ecriture sainte fait mention, & qui est appellée dans le texte Hebreu Astoreth. Salomon qui jusqu'à ce tems-là avoit été le plus sage & le plus glorieux de tous les Rois, par un excès de complaisance pour ses femmes, qu'il avoit prises en grand nombre, de differens payis, & de differentes religions, se laissa entrainer jusqu'au point d'adopter le culte de leurs dieux : entre ceux-là, l'Ecriture fait mention de cette Astarté déesse des Sidoniens, qu'on prend ordinairement pour Venus celeste, & que quelques-uns prennent pour Junon, ou pour quelque autre déesse. Lucien dit que c'est la Lune, & au même endroit il dit que c'est Europe fille d'Agenor : on la voit souvent sur les medailles de Beryte de Cesarée, d'Ælia Capitolina, qui étoit Jerusalem, & des autres villes des environs; elle est quelquefois en habit court, & d'autres fois en habit long. Elle est représentée encore dans un temple à quatre colonnes, couronnée par une Victoire. Une autre image d'Astarté plus remarquable, est celle de Cesarée en Palestine, où couronnée de creneaux & en habit court, elle tient sur la main droite une tête d'homme, & s'appuie de la gauche sur une pique : à ses pieds est un fleuve sous la figure d'un homme qui semble sortir de terre, & qui eleve les deux mains en haut. Cela s'accorde fort bien avec ce que Lucien dit de la Venus de Byblos, que les Antiquaires, sur l'autorité de Ciceron, croient être la même qu'Astarté, quoique Lucien ne le dise pas. Après avoir écrit le "deuil d'Adonis qui se faisoit tous les ans dans le payis : « Quelques-uns "*poursuit-il*, disent que l'Egyptien Osiris est enterré chez eux : & que ce deuil "& ces cérémonies se font non pour Adonis, mais pour Osiris; & voici sur "quoi ils fondent leur opinion : on apporte tous les ans de l'Egypte à Byblos "une tête ; le trajet par mer est de sept journées, & par un secours divin le "vent favorise toûjours cette navigation, le navire ne prend jamais de detour, "mais il vient tout droit à Byblos, ce qui est tout-à-fait merveilleux ; cela se

CAPUT III.

I. Quænam esset Astarte Phœnitum dea : Venus Byblia esse putatur. II. Astartæ imagines.

1. Celebris erat Astarte Phœnicum dea, quæ in Hebraico textu *Astoreth* vocatur 3. Reg. 11. 5. & 33. Salomon, qui ad ea usque tempora regum omnium sapientissimus gloriosissimusque fuerat, ut mulieribus, quas ex variis regionibus religionibusque adduxerat, morem gereret, eo usque earum victus illecebris devenit impietatis, ut numinum illarum cultum adoptaret : inter numina autem illa memorat Scriptura Astarten deam Sidoniorum, quam Venerem esse cælestem plurimi putant, alii Junonem, alii deam aliam. Lucianus in dea Syria ait esse Lunam, eodemque libro dicit Europam Agenoris filiam esse. Ea sæpe comparet in nummis Beryti Cæsareæ, Æliæ Capitolinæ, quæ erat ipsa Jerosolyma, necnon in nummis aliarum vicinarum urbium, nonnunquam breviori, aliquando longiori veste ; visitur etiam in templo quatuor columnarum ubi a Victoria coronatur. Alia Astartes imago in nummo Cæsareæ Palæstinæ spectabilis est : pinnis murorum coronata brevioriveste induta, manu dextera caput hominis tenet, sinistra hastam quâ nititur : ad ejus pedes fluvius homine ceu ex terra emergente designatur, qui manus expandit & erigit ; illud autem apprime consonat cum iis quæ Lucianus in dea Syria de Venere Byblia dicit, quam Venerem Byblium antiquariæ rei periti, auctore Cicerone de Nat. deorum 2. putant eamdem esse atque Astarten, etsi id Lucianus non dixerit. Postquam igitur Lucianus Adonidis luctum, qui quotannis in regione illa celebrabatur, descripserat, ita pergit : *Ex incolis nonnulli putant Osirin Ægyptium in sua regione sepultum esse, ac luctum ceremoniasque non pro Adonide, sed pro Osiride celebrari cujus rei dicam unde fidem faciant. Caput unoquoque anno ex Ægypto Byblon defertur, septem diebus, quantum scilicet spatii interest, ventique semper secundi flant ut sit divina quadam navigatio, nec navis unquam alio vertitur, sed recta Byblon perfertur; quæ res prorsus admiranda est, atque id sit quotannis.*

fait

fait tous les ans. J'en fus témoin oculaire lorsque j'étois à Byblos, & je vis « cette tête, qui étoit composée de feuilles de la plante qu'on appelle Papyrus. « Il y a encore une autre chose merveilleuse dans le payis, autour de Byblos. « Une riviere qui sort du mont Liban, & qu'on appelle Adonis, se rend à la « mer voisine, & à un certain tems de l'année ses eaux prennent la couleur « du sang, & la communiquent à une grande partie de cette mer. C'est « un signal à ceux de Byblos pour commencer leur deuil : ils croient qu'Adonis « est alors blessé sur le mont Liban, & que son sang coule dans la riviere, dont « il change la couleur & à laquelle il donne son nom. » Lucien rejette cette fable, qui peut avoir donné lieu à l'image représentée sur cette medaille. Cette tête que tient la déesse, & le fleuve qui s'éleve à ses pieds, & qui sous la figure humaine tend ses mains vers le ciel, pourroient bien nous marquer le fleuve Adonis.

II. On croit encore qu'Astarté se voit sur les medailles de Tyr. Un revers de Caracalla la représente avec le boisseau ou le *calathus* sur la tête, tenant de la main droite un trophée, & portant un sceptre de la gauche. De ce même côté est une colonne sur laquelle on voit une Victoire qui tient une couronne comme pour couronner Astarté ; aux pieds d'Astarté est d'un côté un petit Silene, & de l'autre une coquille. Ciceron met pour la quatriéme Venus, celle qu'on appelle Astarté, qui a pris son origine à Tyr, & qu'on dit s'être mariée avec Adonis. On la voit tout de même dans une medaille des Sidoniens.

Elle est dans un char au revers d'une medaille d'Elagabale, frappée à Sidon, où elle a la tête raionnante comme le Soleil. Dans d'autres medailles elle a à ses pieds d'un côté un palmier, & de l'autre une coquille, & pour le reste elle ne differe guere des précedentes. Dans un temple à quatre colonnes qui est au revers d'une medaille de Julia Mamæa, elle a un Centaure à chaque côté. A l'entrée d'un temple representé sur une medaille de Gordien III. on voit son buste entre deux signes militaires : un lion est au bas des dégrez de ce temple : on voit aussi un autre buste sur une medaille de Salonine.

Un habile Antiquaire a donné pour Astarté [2] la figure suivante ; c'est une Venus qui tient d'une main un Cupidon qui tend son arc ; elle regarde un autre Cupidon qui tient un flambeau élevé en l'air ; & elle a une fleur de Lotus sur la tête, comme une Isis. Il n'est pas certain que l'ouvrier ait voulu ici représenter une Astarté. Il y en a qui croient que Derceto dont parle Lu-

---

tumque Bybli essem, sic res est, caputque vidi papyraceum, κκκαλὸν ἰδοαεδίων φυτῶν. Alia res etiam admiranda est in regione Bybliorum. Fluvius ex Libano in mare influit, cui nomen Adonis; hic quotannis cruore inficitur, amissoque colore in mare delabitur, magnamque pelagi partem cruentat, ac tempus lugendi Bybliis indicat : fabulantur autem Adonidem hisce diebus in Libano sauciari, unde in aquam delatus sanguis, fluvii colorem mutet, eidemque nomen det. Lucianus hanc fabulam rejicit, quæ potuit huic cudendi nummo occasio fuisse. Caput illud quod dea tenet, & fluvius ex ejus pedibus erumpens, forma hominis, qui tendit ad sydera palmas, Adonidem fluvium indicare possint.

II. Putant etiam Astarten in nummis Tyri repræsentari : in nummo Caracallæ postica parte, illa calathum capite gestans repræsentatur, manuque dextera tropæum tenens, sinistra sceptrum : eodem latere columna est, cui insistit Victoria coronam tenens, quasi Astarten coronatura : ad pedes Astartes hinc Silenus exiguus, inde cochlea. Cicero de Nat. deor. 3. quartam Venerem dicit eam esse, quæ Astarte vocatur, quæ ex Tyro originem ducit, & Adonidi nupsisse dicitur : *Quarta Venus Syria Tyroque concepta, quæ Astarte vocatur, quam Adonidi nupsisse traditum est.* Eodem modo Astarte conspicitur in nummo Sidoniorum.

In curru visitur Astarte in postica parte nummi Elagabali Sidone percussi, ibique ceu sol caput radiatum habet. In aliis nummis ad pedes habet hinc palmam arborem, inde cochleam, & in reliquis a præcedentibus nihil differt. In templo quatuor columnarum quod visitur in postica parte nummi Juliæ Mamææ, Centaurum hinc, Centaurum inde habet. In nummo Gordiani tertii ejus protome conspicitur inter duo signa militaria, leoque stat sub templi gradibus : alia item protome ejusdem deæ visitur in nummo Saloninæ.

Vir antiquariæ rei peritus pro Astarte habuit schema sequens quod Venerem exhibet quæ altera manu tenet Cupidinem arcum intendentem, aliumque Cupidinem respicit facem erigentem. Hæc Venus loti florem ut Isis capite gestat. Non certum puto hic Astarten repræsentari : non desunt qui putent eam quam Lucianus hoc nomine, Derceto, vocat, eamdem

cien est Astarte : cette Derceto est apparemment la même que d'autres appellent Atergatis : ces noms sont sujets à bien des changemens, quand ils passent d'une langue à une autre. Voici ce que dit Lucien de Derceto. Après avoir parlé d'un temple magnifique qui étoit, dit-il, dans la sainte Cité : on croit qu'il parle ici d'Hierapolis ; « Quelques-uns croient, *continue t-il*, que »Semiramis, qui a fait tant d'ouvrages dans l'Asie, est la fondatrice de ce tem-»ple ; & qu'elle l'a consacré, non pas à Junon, mais à sa mere, qui s'appelloit »Derceto. J'ai vû une image de Derceto dans la Phenicie : elle est fort extra-»ordinaire, c'est une femme qui de la ceinture en bas se termine en pois-»son ; mais celle qui est dans la sainte Cité a toute la forme d'une femme.

Voila ce qu'on peut dire de ces divinitez si peu connues, & dont on ne trouve dans les anciens que des lambeaux, qui ne conviennent point ensemble. Je ne voudrois pas, comme ont fait quelques Auteurs, m'étendre sur des choses dont on ne peut raisonner que par des conjectures qui ne menent à rien.

---

esse atque Astarten. Illa Derceto eadem ut videtur est, quam alii Atergatin appellant ; hæc quippe nomina mutationi obnoxia sunt, quando maxime ab alia in aliam linguam transeunt. Hæc de Derceto illa Lucianus in dea Syria : postquam magnificum templum memoraverat, quod in sacra civitate, inquit ille, erat, (hic de Hierapoli sermonem habere creditur Lucianus,) *Alii*, pergit ille, *Babyloniam illam Semiramidem, cujus multa per Asiam exstant opera, hoc templum consecrasse putant, non Junoni, sed matri suæ, cui Derceto fuit nomen. Dercetûs autem imaginem in Phœnicia vidi, spectaculum insolitum : erat dimidia parte mulier, & quantum a femoribus ad pedes imos protenditur, in piscis caudam desinebat ; sed quæ est in sacra civitate tota est mulier.*

Hæc de numinibus Syriæ & Phœniciæ parum notis, de quibus apud veteres lacinæ tantum exstant, quæ non simul consonant. Nolim, ut quidam fecere Scriptores, ea fusius prosequi, quæ nonnisi conjecturis tractari possunt, ex quibus conjecturis nihil certum, aut admodum probabile, ut plurimum emitur.

AGLIBOLUS ET MALACHBELUS.

CHAPITRE IV.

I. Beau monument des dieux de Palmyre, Aglibolus & Malachbelus. II. On prouve qu'Aglibolus est le dieu Soleil, & Malachbelus le dieu Lunus. III. Quelques peuples Orientaux & même les Juifs adoroient la Lune comme déesse. IV. Inscription de ce monument. V. Autre monument singulier.

I. UN beau monument de Rome nous donne la connoissance de deux divinitez Syriennes de Palmyre : l'une est le dieu Aglibolus, & l'autre le dieu Malachbelus. Les figures des deux s'y voient, avec une grande inscription Greque & une autre Palmyrenienne, qu'il est très-difficile d'expliquer. L'inscription sans les figures avoit été imprimée par Gruter. Spon donna depuis en 1685. les figures avec l'inscription : nous avons pris les figures de Spon. Pour ce qui est de l'inscription, comme on l'a depuis copiée plus fidellement en 1708. en conservant tous les traits & la grandeur du caractere ; nous la donnons telle qu'elle nous a été envoiée dans l'estampe qu'on en tira alors, où tout est figuré avec la derniere exactitude. Il est bon d'avertir que ce marbre, qui étoit autrefois dans les jardins, qu'on appelloit *horti Carpenses*, se trouve aujourd'hui dans ceux des Princes Justiniani, auprès de saint Jean de Latran.

II. Ces dieux sont représentez dans le frontispice d'un temple, soutenu de deux colonnes. Entre les deux figures est un arbre, qu'on croit être un pin : au côté droit de l'arbre est le dieu Aglibolus, il a la figure d'un jeune homme vêtu d'une tunique relevée par la ceinture ; ensorte qu'elle ne descend pas jusqu'au dessus du genou : il porte pardessus la tunique une espece de manteau, & tient de la main gauche un petit bâton ou rouleau ; le bras droit est cassé. A l'autre côté est le dieu Malachbelus, représenté jeune comme l'autre : il porte une couronne radiale sur la tête ; il est vêtu en habit militaire, il a pardessus l'habit ce manteau qu'on appelloit *Paludamentum*. A ses épaules est un croissant dont les deux cornes débordent des deux côtez. De la main gauche il tient un bâton ou un sceptre ; du même côté on voit une poignée d'é-

CAPUT IV.

I. Monumentum elegans deorum Palmyreniorum Agliboli & Malachbeli. II. Aglibolus deus Sol, & Malachbelus deus Lunus esse probantur. III. Quidam Orientales populi, imo ipsi Judæi Lunam ut deam adorabant. IV. Inscriptio hujus monumenti. V. Aliud monumentum singulare.

I. EXimiam monumentum Romanum duo numina Syrorum sive Palmyreniorum effert, quorum alterum Aglibolus, alterum Malachbelus vocatur ; amborum autem schemata proferuntur cum magna inscriptione græca, & altera Palmyrenico charactere, qui character vix ac ne vix quidem legatur & explicetur ; inscriptio sine figuris a Grutero publicata fuerat pag. LXXXVI. Sponius sub hæc anno 1685. imagines minimum cum inscriptione dedit, quas imagines ex Sponio mutuati sumus : quod ad inscriptionem spectat, cum illa accuratissime postea anno 1708. exsumta sit, ea characterum magnitudine quæ in ipso lapide conspicitur ; hic talem damus qualis illa nobis Roma transmissa fuit in ære, quam accuratissime fieri potuit, incisa : nec abs re erit admonere, hoc marmor, quod olim erat in hortis Carpensibus, jam in hortis Principum Justinianorum esse prope sanctum Joannem Lateranensem.

II. Hi dii repræsentantur in frontispicio templi duabus Corinthii ordinis columnis fulto. Inter duas imagines arbor est, quæ putatur esse pinus : ad dexteram arboris est Aglibolus deus, qui velut adolescens depingitur tunica indutus, quæ non ad usque genua pertingit : supra tunicam pallium gestat, sinistraque manu tenet baculum brevem aut volumen : brachio dextro Aglibolus mutilus est. In alio latere Malachbelus deus est juvenis ut alter repræsentatus: coronam hic radiatam capite gestat, vestituque militari ornatus, & pallii genere illo quod vocabant paludamentum : ad humeros est bicornis luna, cujus cornua utrinque prominent; sinistra manu baculum tenet aut sceptrum; codemque latere gladii capulus conspicitur: manum illi

pée : il avançoit la main droite vers le pin qui est au milieu, mais elle est cassée & tombée. L'inscription Greque que nous allons expliquer ne nous apprend que les noms de ces dieux, & ne nous instruit point de ce que les Palmyreniens entendoient par ces deux divinitez. Comme il me paroit incontestable que Malachbelus est le dieu Lunus, je crois que celui qui est à sa droite est le Soleil, & qu'ainsi c'est le Soleil & la Lune que les Palmyreniens adoroient sous la figure de ces deux jeunes hommes. Nous avons déja fait voir sur l'article du dieu Lunus, que plusieurs nations, & sur tout les Orientales, faisoient la Lune du genre masculin ; & que c'est pour cela que dans Lampridius il est parlé du dieu Lunus comme d'un mâle. Spon croit, & non sans quelque apparence, que dans ce nom Aglibolus, les deux dernieres syllabes *bolus*, sont la même chose que *belus* dans le nom suivant Malachbelus : car, comme nous avons déja dit, dans ces noms Orientaux, quand ils passent dans le grec ou dans le latin, on compte pour rien le changement des voielles ; ainsi Baal, Belus & Bolus seront la même chose. Bolus sera donc là pour Belus, & l'on croit que Belus est le même que Belenus, que les Gaulois & ceux d'Aquilée prenoient pour Apollon & pour le Soleil. Il est bien plus certain que Malachbelus est le dieu Lunus, aussi bien qu'un autre de cette planche : il en a toutes les marques, telles qu'on les peut voir dans le premier tome. La couronne & le sceptre marquent sa qualité de Roi, exprimée dans son nom Malach-Belus, qui veut dire Roi-Seigneur.

III. Quelques peuples Orientaux aux environs de la Palestine adoroient la Lune comme la Reine du ciel. Impieté que les Juifs adopterent, & qui leur fut reprochée par Jeremie, qui rapporte ainsi les paroles qu'ils proteroient eux & leurs femmes. *Accomplissons nos vœux, sacrifions à la Reine du ciel, & offrons lui des libations.* Ceux-ci adoroient la Lune comme déesse, au lieu que les autres l'adoroient comme dieu : ce qu'Herodien dit de l'Empereur Aurelien, peut avoir quelque rapport à ceci : *Il bâtit*, dit-il, *un magnifique temple au Soleil, & l'orna de beaux presens qu'il avoit apportez de Palmyre. Il mit aussi dans ce temple les statues du Soleil & de Bel.* Ces statues avoient apparemment été apportées de Palmyre ; & comme l'inscription que nous allons expliquer marque qu'Aglibolus & Malachbelus étoient les dieux propres & tutelaires du pays, *Dii Patrii*, il y a apparence que ces statues du

dexteram versus pinum in medio positam protendebat, sed rupta manus excidit. Inscriptio græca, quam mox explicabimus, amborum nomina tantum profert, neque explicat quæ horum apud Palmyrenios numinum ratio esset ; puto autem illum qui a dextris est solem esse, eum vero qui a sinistris deum Lunum : deum certe Lunum Malachbelum esse palam est, ni fallor, atque adeo is qui a dextris positus est, deus Sol erit : sub his ergo schematibus Palmyrenii solem atque lunam colebant. Jam diximus tomo primo, ubi de deo Luno, apud nationes multas præsertimque Orientales, lunam masculini fuisse generis, ideoque apud Lampridium deum Lunum ut masculum memorari. Existimat Sponius in hac voce Aglibolus duas postremas syllabas *bolus*, idipsum esse quod *belus* in sequenti nomine Malachbelus : quam sententiam & ego lubens amplector ; quemadmodum enim jam diximus, hæc orientalia nomina cum in græcam vel latinam linguam transeunt, vocales sine ullo discrimine ponunt ; sic Baal, Belus, & Bolus idem ipsum erunt : Bolus igitur idipsum quod Belus erit ; Belus autem is ipse, quem Belenum dictum Galli & Aquileienses pro Apolline

& Sole habebant. Certius dicitur Malachbelum esse deum Lunum, cujus omnes notas tesserasque præ se fert, ut & alius in hac eadem tabula repræsentatus : uterque symbola præfert dei Luni, qualem primo tomo protulimus. Corona sceptrumque regem indicant, ut exprimitur etiam ipso nomine Malachbelus, quæ vox significat regem & dominum.

III. Quidam orientales populi circa Palæstinam lunam adorabant ut reginam cæli. Impietatem illam ipsi Judæi sunt amplexati, quod ipsis exprobrat Jeremias propheta, qui eorum verba cum virorum tum mulierum sic exprimit cap. 44. v. 17. *Sacrificemus reginæ cæli, & libemus ei libamina.* Hi Lunam adorabant ut deum, alii Lunum ut deum. Quod de Aureliano dicit Herodianus, ad hunc deum Lunum referri potest : *Magnificum*, inquit ille, *templum Soli construxit, illudque preciosis muneribus decoravit, quæ ex Palmyra attulerat : in hoc etiam templo statuas posuit Solis & Beli.* Hæ statuæ, ut videtur, ex Palmyra translatæ fuerant : quia vero inscriptio mox explicanda, declarat Aglibolum & Malachbelum esse deos custodes conservatoresque patriæ ; verisimile est illas sta-

AGLIBOLUS ET MALACHBELUS.

Soleil & de Belus étoient à peu près les mêmes que celles-ci. Venons à l'inscription dont voici le sens.

IV. *Tite Aurele Heliodore Hadrien Palmyrenien fils d'Antiochus a offert & consacré, à ses dépens, à Aglibolus & à Malachbelus dieux de sa Patrie, (ce marbre) & un signe ou une petite statue d'argent, pour sa conservation & pour celle de sa femme & de ses enfans, en l'année cinq cens quarante-sept, au mois Peritius ou de Fevrier.* L'année est marquée selon l'époque des Seleucides, & tombe en l'an de Jesus-Christ 234. au mois de Fevrier. C'est le sens des mots grecs. L'inscription qui est audessous de celle-ci en caractere Palmyrenien, n'est apparemment qu'une repetition de la Greque. Samuel Petit tenta de l'expliquer en 1632. Mais son explication est aussi obscure que l'inscription même: les habiles gens l'ont rejettée, comme donnée au hazard; quoiqu'on n'entende point le Palmyrenien, on peut prouver par de certaines combinaisons des lettres qui reviennent plusieurs fois, que cet Auteur, d'ailleurs habile dans les langues Orientales, ou a voulu tromper, ou s'est trompé lui-même.

Nous donnons une autre image [4] fort ressemblante à celle-ci, tirée de la Gallerie Justinienne. Si nous considerons le dessein, celui-ci est fort different de l'autre donné par Spon, quoiqu'il représente la même chose: la sculpture en est incomparablement plus belle. Au frontispice du temple il y a, non pas des colonnes, mais des pilastres. Aglibolus & Malachbelus se donnent la main: dans l'image de Spon cela ne se pourroit point, quand même les bras seroient entiers. Malachbelus tient une pique ou un dard, ce que l'autre tient ne peut être ni l'un ni l'autre: dans l'image de Spon Malachbelus a les pieds nus, il est ici chaussé. Mais comme Spon n'a pas toûjours eu de bons dessinateurs, & que ce monument est aussi compté parmi ceux des princes Justiniens, je soupçonne que celui de Spon pourroit être une copie du même monument, mais très-negligée & très-mal faite.

V. A ce marbre [5] nous en joignons un autre de Rome, qui a la forme d'un autel à quatre faces, dont chacune a une image differente. La principale face au bas de laquelle est une inscription latine, représente un buste à tête raionnante posé sur une aigle: c'est l'image du Soleil, comme porte l'inscription, dont voici le sens:

---

tuas Solis & Beli, istis similes fuisse. Jam ad inscriptionem veniatur, cujus hæc sunt verba.

IV. Ἀγλιβώλῳ καὶ Μαλαχβήλῳ ᾧ πατρῴοις θεοῖς καὶ τὸ σίγνον ἀργυροῦν σὺν παντὶ κόσμῳ ἀνέθηκε Τίτος Αὐρήλιος Ἡλιόδωρος Ἀντιόχου Ἀδριανὸς Παλμυρηνὸς ἐκ τῶν ἰδίων ὑπὲρ σωτηρίας αὐτοῦ καὶ τῆς συμβίου καὶ τῶν τίκνων ἔτει ΖΜΦ μηνὸς Περιτίου. Ubi observes in voce κόσμῳ 2 pro Σ, quæ literarum mutatio non infrequens: sensus est: *Aglibolo & Malachbelo diis patriis, signum argenteum cum toto ornatu obtulit seu consecravit Titus Aurelius Heliodorus Hadrianus Palmyrenus Antiochi filius de suis bonis pro salute sua & uxoris suæ, & filiorum anno quingentesimo quadragesimo septimo, mense Peritio*; quæ notæ secundum epocham Seleucidarum conveniunt in annum Christi 234. mensemque Februarium. Sub inscriptione græca alia in inscriptio Palmyrenio charactere, quæ inscriptio eadem ipsa complecti videtur, quæ in græca continentur. Illam Samuel Peticus explicare tentavit anno 1632. sed ejus explicatio perinde obscura, atque inscriptio ipsa Palmyrenia, a doctis viris probata non fuit, utpote quasi hariolando concinnata. Etsi enim nec lingua nec scriptura Palmyrenia cognoscatur, ex quarumdam tamen literarum quæ sæpe repetuntur comparatione, arguitur hunc Scriptorem alioquin eruditum aut decipere voluisse, aut deceptum esse.

Aliud admodum simile huic [4] schema datur ex Xysto seu Museo Justinianæo eductum. Si imaginis delineatione standum sit, omnino diversum est a Sponiano schemate, etsi eadem ipsa repræsentet: sculptura longe elegantior est: in frontispicio templi non columnæ, sed parastatæ sunt. Aglibolus & Malachbelus dexteras jungunt: in Sponiano autem schemate, ut ex situ liquet, jungere non poterant, etiamsi imago integra esset. Malachbelus hastam gestat: in hoc schemate, in alio hasta non esse potuit illud quod manu gestatur: in Sponiano schemate Malachbelus nudis pedibus est, hic calceatus. Attamen quia Sponius nonnumquam pictore usus est non accurato, & aliunde hoc etiam monumentum ex Justinianæis est; suspicor ex incuria Sponii has ejusdem monumenti delineationes inter se differre.

V. Huic monumento aliud [5] adjicimus ex ara, cujus facies quatuor exprimuntur: singulæ facies suam præferunt imaginem. Facies præcipua, in qua inscriptio legitur latina, prototomon capite radiato repræsentat aquilæ insidentem. Hæc est Solis imago, ut fertur inscriptione, quæ hujusmodi est:

Tib. Claude Felix, Claudia Helpis, & Tib. Claude Alype leur fils ont accompli volontiers leur vœu au Soleil très saint ; comme leur devoir l'exigeoit : les Calbiens de la troisième Cohorte.

La seconde face est plus singuliere que celle-ci : on y voit quatre Griffons qui ont des ailes, attellez à un chariot sur lequel monte actuellement un jeune homme tout-à-fait semblable pour la façon & pour l'habit à Aglibolus dont nous venons de parler. Ce jeune homme qui représente ici indubitablement le Soleil est couronné par une Victoire. Au dessous du Soleil & de son char est une inscription de trois lignes, ou Palmyrenienne ou Syriaque, aussi difficile à expliquer que la précedente ; elle sert au moins à faire juger que le dieu représenté ici est ou Syrien ou Palmyrenien, ce que confirme encore cette forme de jeune garçon, & la ressemblance de l'habit. Un autre côté represente la tête voilée d'un homme, au côté de laquelle est une faucille : c'est peutêtre Claude Felix, celui qui a fait ou qui a accompli le vœu. La quatriéme face de la pierre montre un Pin; autre confirmation que c'est le même dieu que ci-devant, puisque le Pin s'y trouve aussi avec tant d'autres ressemblances.

Soli sanctissimo sacrum
Tiberius Claudius Felix &
Claudia Helpis &
Tiberius Claudius Alypus filius eorum
Votum solverunt libens (sic) merito
Calbienses de cohorte tertia

Secunda facies singularior est : in ea quatuor gryphes currui juncti, in quem currum conscendit juvenis omnino similis, & quod ad formam, & quod ad vestimentum, Aglibolo de quo paulo ante loquebamur. Hic juvenis qui solem hic haud dubie repræsentat, a Victoria coronatur : sub Sole subque curru ejus est inscriptio trium versuum, aut Syriaca aut Palmyrenia, perinde explicatu difficilis atque præcedens, ex qua etiam confirmatur hunc deum esse vel Syriacum vel Palmyrenium, quod ex forma ipsius dei, ut diximus, palam est. In alio latere caput viri, ad cujus latus falcula : est forte Claudius Felix, qui votum fecit atque implevit. In quarta lapidis facie Pinus, qua asseritur etiam eum ipsum esse deum, qui in præcedenti quoque schemate cum Pino conspicitur.

SYRIENS ET PALMYRENIENS

ΜΑΛΑΧΒΗΛωΠΑΤΡωΟΙCΘΕΟΙC
ΥΡΟΥΗCΥΗΠΑΝΤΙΚΟϹΖωΑΝΕΘΗΚΕ
ΔΡΙΑΝΟCΠΑΛΜΥΡΗΝΟCΕΚΩΝΙΔΙωΝΥΠΕΡ
ΚΑΙΤΕΚΝωΝΕΤΟΥϹ Μ ΦΗΝΟϹΠΕΡΙΤΙΟΥ

Bianchini

CHAPITRE V.

I. Les dieux des Perses & des Medes, tirez des passages d'Herodote & de Strabon. II. Difficultez sur Mitra qui est la Venus des Perses. III. Les sacrifices des Perses selon Herodote.

I. Nous n'avons rien de plus ancien sur la religion des Perses & des Medes que ce qu'en rapporte Herodote. » Ils n'ont, *dit-il*, ni statues, ni « temples, ni autels : chez-eux cela passoit pour une folie que d'en avoir ou « d'en faire : parce qu'ils ne croioient pas, comme les Grecs, que les dieux « eussent une origine humaine. Ils montent sur les plus hautes montagnes pour « sacrifier à Jupiter : ils appellent ainsi toute la rondeur du ciel : ils sacrifient « aussi au Soleil, à la Lune, à la terre, au feu, à l'eau, & aux vents : ils ne con- « noissoient pas anciennement d'autres dieux que ceux-là. « Il paroit par ce recit d'Herodote, que l'objet du culte ancien des Perses étoit l'univers & toutes ses parties. « Ils ont appris depuis ce tems-là, *poursuit Herodote*, des Assyriens « & des Arabes, à sacrifier à Uranie ou à Venus Celeste : les Assyriens appellent « Venus, Mylitta : les Arabes Alitta ; & les Perses Mitra. « Il ajoute dans la suite que les Medes étoient de même religion que les Perses : plusieurs Auteurs croient qu'Herodote s'est trompé, & qu'il n'est pas vrai que les Perses aient jamais appellé Venus Mitra. Strabon qui le copie en plusieurs choses, semble avoir voulu le redresser. « Les Perses, *dit-il*, n'érigent ni statues, ni « autels : ils sacrifient dans des lieux fort élevez : ils croient que le ciel est le « même que Jupiter : ils adorent le Soleil, qu'ils appellent Mithras : ils rendent « aussi des honneurs divins à la Lune, à Venus, au feu, à la terre, aux vents & « à l'eau. Ils sacrifient dans un lieu pur où ils font leurs prieres, & produisent une « victime couronnée ; après que le Mage a divisé les viandes, chacun prend sa « portion : ils ne laissent rien pour les dieux, disant que dieu ne veut autre « chose que l'ame de l'hostie ; quelques-uns mettent dans le feu une partie du « gras double, qui enveloppe les intestins : ils sacrifient principalement au « feu & à l'eau : ils mettent dans le feu du bois sec sans écorce, sur lequel ils « jettent de la graisse : après qu'ils ont encore versé de l'huile sur le bois, « ils allument le feu, mais sans souffler, & faisant seulement du vent avec « une espece d'éventail. Si quelqu'un souffle le feu, ou s'il y jette quel- «

CAPUT V.

I. Dii Persarum & Medorum secundum Herodotum & Strabonem. II. Difficultas circa Mitram seu Venerem Persicam. III. Sacrificia Persarum secundum Herodotum.

I. Circa Persarum religionem nihil antiquius occurrit iis, quæ refert Herodotus in Clio c. I. 31. *Neque statuas*, inquit, *neque templa, neque aras construunt, imo hæc construere apud illos insania loco habetur, quod non putent, quemadmodum Græci putant, deos humanam originem habere. Celsissimis confcensis montibus sacrificant Jovi, totum cæli ambitum sic appellantes : soli quoque sacrificant, lunæ, telluri, igni, aquæ & ventis ; non aliis olim illi diis sacrificabant.* Ex his Herodoti dictis videntur olim Persæ mundum ejusque partes ut numina coluisse. Dehinc vero ab Assyriis & Arabibus didicere Uraniæ, id est Veneri cælesti, sacrificare. *Veneris nomen apud Assyrios est Mylitta, apud Arabas Alita, apud Persas Mitra.* Hinc subjicit Medos eadem fuisse qua Persæ religione. Scriptores quidam hallucinatum Herodotum putant, neque verum esse Persas Venerem Mitram appellavisse. Strabo, qui Herodotum hic exscribit, ipsum corrigere voluisse videtur : *Persæ*, ait l. 15. *nec statuas nec aras habent, cælum Jovem putant, colunt solem, quem Mithram vocant : item Lunam & Venerem, & ignem, & tellurem, & ventos, & aquam. Sacrificant in loco mundo cum precationibus, & coronatam hostiam statuunt ; postquam Magus carnes in portiones distribuit, sua quisque accepta portione abeunt, nulla parte diis relicta ; dicunt enim deum nihil velle præter hostiæ animam : quidam omenti partem, ut fertur, igni imponunt. Præcipue igni & aquæ sacrificant, igni arida ligna imponentes adempto cortice, & superinjecto adipe : deinde infuso oleo ignem succendunt, non insufflantes, sed ventum circum moventes : si quis insufflet, aut mortuum quidpiam coc-*

»que cadavre ou de la boue, il est puni de mort. Le sacrifice de l'eau se fait en
»cette manière : Ils se rendent auprès d'un lac, ou d'un fleuve, ou d'une fon-
»taine, & font une fosse où ils égorgent la victime, prenant garde que l'eau
»prochaine ne soit ensanglantée, ce qui la rendroit immonde. Après cela ils
»mettent les chairs sur du myrte & sur du laurier ; ensuite les Mages y met-
»tent le feu avec des petits bâtons, & repandent leurs libations d'huile mêlée
»avec du lait & du miel, non sur le feu, ni sur l'eau, mais sur la terre. Ils font
»ensuite leurs enchantemens pendant long-tems, tenant un petit faisceau de
»bruiere. Les Cappadociens ont un grand nombre de Mages qui s'appellent
»Pyrethes, & plusieurs temples des dieux des Perses. Ils assomment les victi-
»mes sans se servir de couteau, mais avec un levier dont ils frapent comme
»d'un marteau : ils ont de grands enclos qu'ils appellent Pyrethées ; au milieu
»est un autel, sur lequel les Mages conservent des cendres & un feu perpetuel.
»Ils entrent là tous les jours, & y font leurs enchantemens l'espace d'une heu-
»re, tenant un faisceau de verges, & portant des tiares qui descendent si bas
»qu'elles leur couvrent les lévres & les joues.

II. Je ne voudrois pas assurer qu'Herodote se soit trompé, en disant que les Perses appelloient Venus Mitra. Il s'est écoulé tant de tems depuis lui jusqu'à Strabon, qu'il peut être survenu bien des changemens chez les Perses, tant dans le culte que dans le nom des divinitez. Ce qui est certain, est que les Perses appelloient le Soleil Mithras, qu'ils l'adoroient comme un dieu supréme aussi bien que le Feu qu'ils appelloient aussi Mithras & qu'ils lui rendoient des honneurs divins ; quoi qu'en puisse dire un habile homme, qui de nos jours a assuré que les Perses ne rendoient à Mithras & au Feu qu'un culte civil : cela est détruit par le témoignage contraire d'un grand nombre d'Auteurs. Ce n'est point chez les Persans d'aujourd'hui, ni dans les livres modernes de cette nation, qu'il faut aller apprendre ce que les anciens Perses pensoient de leur dieu Mithras & du Feu : il faut consulter les anciens Auteurs, tant Grecs que Latins.

III. Revenons à Herodote. « Les sacrifices des Perses, *continue-t-il*, se »font en cette sorte : ils n'érigent point d'autel, ne font point de feu : il n'y a »chez eux ni libations, ni joueurs de flutes, ni couronnes, ni farine ; mais »celui qui fait le sacrifice, mene la victime dans un lieu pur & net, & invoque le »dieu auquel il veut sacrifier, aiant sa tiare couronnée de myrthe. Il n'est pas

permis

»permis au sacrificateur de prier pour lui en particulier, mais il doit avoir pour
»objet dans ses prieres le bien de toute la nation & du roi : il se trouve ainsi
»compris avec tous les autres. Après qu'il a fait cuire les chairs de la victime
»coupée en plusieurs morceaux, il étend de l'herbe tendre, & sur tout du trefle,
»& il les met dessus. Ensuite un Mage vient chanter la théogonie, espece
»de chant qui est en usage chez-eux : il ne leur est pas permis de sacrifier sans
»Mage. Peu de tems après le sacrificateur emporte ces morceaux de viande,
& les emploie à quoi il veut. » Le Soleil étoit chez-eux en si grande vénération, que lorsqu'un homme étoit frappé, ou de la lépre, ou de quelque autre maladie honteuse, ils croioient que c'étoit en punition de ce qu'il avoit peché contre le Soleil. Ils avoient aussi le même respect pour le Feu, qu'ils regardoient comme dieu, & c'est aussi pour cela qu'ils s'abstenoient de brûler leurs morts, croiant que c'étoit une profanation & un sacrilege commis contre cette divinité.

Sacrificanti non licitum est sibi soli precari, sed omnibus Persis bona apprecatur atque regi, in omnibus autem Persis & ipse comprehenditur : ubi vero in portiones hostiam sacram concidit & carnes coxit, substrata herba tenerrima maximeque trifolio, his omnes superponit carnes. Hac ubi ipse fecit, adstans Magus theogoniam cantat : quam cantilenam sic illi vocant. Sine mago non licet illis sacra facere : pauco intermisso tempore, qui sacrificavit, carnes aufert, iisque ad libitum utitur.

Tanto illi Solem prosequebantur honore, ut si vir quispiam lepra aliove morbo, qui dedecori esset, afficeretur, putarent id ideo illi accidisse, quod ipse peccasset in Solem. Eamdem exhibebant erga ignem reverentiam, quem etiam ut deum colebant ; ideoque a comburendis defunctorum cadaveribus abstinebant, illud profanationis & sacrilegii contra numen illud admissi loco habentes.

CHAPITRE VI.

I. On refute un Auteur moderne qui dit que les anciens Perses étoient de la vraie religion. II. Passages d'Auteurs touchant la religion des Perses. III. On rapporte ce que dit Celse touchant les mysteres des Perses. IV. Passage de Diogene Laerce. V. Zoroastre, selon Plutarque, admettoit deux principes.

I. L'Auteur moderne, dont nous venons de parler, très-habile dans les langues Orientales, prétend que les anciens Perses pensoient juste sur la divinité, qu'ils ne croioient qu'un seul dieu ; qu'à la vérité ils admettoient deux principes ; mais l'un incréé & l'autre créé, qui étoit le monde : que le culte qu'ils rendoient au Soleil & au Feu, étoit purement civil. Il se fonde tant sur ce que disent aujourd'hui ceux d'entre les Persans, qui conservent encore, dit-il, l'ancienne religion, que sur les livres qui se trouvent chez-eux. Il est aisé de juger par ce que le même Auteur rapporte ensuite des traditions de ces Persans, combien peu de foi il faut y ajouter : Ils prétendent, dit il, que leur religion est venue d'Abraham ; & que Zoroastre, qu'ils regardent comme leur

---

CAPUT VI.

I. Scriptor nuperus, qui veteres Persas orthodoxos fuisse dicit, confutatur. II. Scriptorum loca circa religionem Persarum. III. Celsi de Persarum mysteriis quædam. IV. Diogenis Laertii loca. V. Zoroastres secundum Plutarchum duo principia admittebat.

I. *Scriptor ille nuperus, de quo supra, linguarum orientalium peritissimus, pugnat Persas veteres orthodoxos fuisse, unumque credidisse deum; duo tamen principia illos admisisse fatetur, sed aliud increatum, aliud creatum, quod postremum erat mundus ; quem Soli & igni cultum exhibebant dicit mere civilem, non divinum fuisse. Nititur autem ad hoc propugnandum non modo hodiernorum Persarum opinione, eorum scilicet qui hodieque veterem servant religionem, sed etiam libris scriptoribusque Persicis, qui apud illos habentur. Ex illis autem ipsis quæ Scriptor ille de traditionibus Persarum refert, quam parva ipsis fides sit habenda palam est. Putant, inquit, religionem suam ex Abrahamo venisse, & Zoroastrem, quem pro legislatore habent, ex hoc*

legiſlateur, l'a puiſée dans cette ſource : qui croira que cette tradition leur vienne des anciens Perſes ? N'eſt-il pas viſible que ce que ces gens-là diſoient d'Abraham, qu'ils regardent, dit l'Auteur, comme un legiſlateur, ils l'ont pris, ou des Juifs, ou des Mahometans ? Il ne faut point douter qu'après tant de ſiecles, & leur religion & leurs traditions n'aient beaucoup changé : ce qu'ils diſent avoir reçu de leur Zerduſt ou Zoroaſtre, ne peut, ce ſemble, leur venir que des Juifs ou des Mahometans, ou enfin des Chrétiens, ou peutêtre de tous enſemble. Ils croient que le monde a été créé en ſix tems, c'eſt une corruption, au lieu des ſix jours marquez dans la Geneſe : ils diſent auſſi que Dieu créa un homme & une femme, d'où eſt venu tout le genre humain : ils reconnoiſſent pluſieurs paradis terreſtres, un déluge univerſel, un Moïſe & un Salomon. On aura de la peine à ſe perſuader que les anciens Perſes du tems de Cyrus & des premiers rois ſes ſucceſſeurs, cruſſent tout cela. Il y a bien plus d'apparence que dans une longue ſuite de ſiecles, le commerce avec tant de differentes nations, & ſur tout avec celles que nous venons de dire, a apporté bien du changement dans leurs coutumes & dans leur religion, que de croire que ces Perſes fuſſent ainſi fondez dans la vraie religion, inſtruits par les livres de Moïſe. Le témoignage univerſel des anciens Auteurs nous le perſuade encore : tous conviennent qu'ils adoroient le Soleil & le Feu, l'un & l'autre ſous le nom de Mithras. Et quand cette divinité a paſſé de la Perſe dans la Grece & à Rome, qui adoptoit tous les dieux des nations étrangeres; Mithras a paſſé comme dieu, on lui a bati des temples, on lui a offert des ſacrifices. Ainſi quelque déference que nous aions pour l'Auteur de la religion des anciens Perſes, dont nous reconnoiſſons l'érudition, & ſur tout la connoiſſance des langues Orientales : nous aimons mieux ſuivre le ſentiment univerſel, que cette opinion nouvelle, dont le fondement ne paroit pas aſſez ſolide. Ne vaut-il pas mieux croire que les Perſes, du moien & du bas âge, ont beaucoup changé dans leur religion, ce qui paroit aſſez prouvé par tout ce que nous venons de dire; que de donner le démenti à tous les Auteurs profanes, & aux Peres de l'Egliſe, qui diſent que les Perſes adoroient le Soleil & le Feu ?

II. Nous avons rapporté ci-devant les paſſages d'Herodote & de Strabon, qui diſent à peu près la même choſe, & qui conviennent du culte du Soleil & du Feu. Xenophon raconte de Cyrus, qu'il ſacrifioit à Jupiter & au Soleil : &

---

hauſiſſe fonte : quis credat hujuſmodi diſciplinam ex antiquis Perſis ad hodiernos manaſſe ? An non liquet ea, quæ iſti de Abrahamo quaſi legiſlatore ſuo dicunt, vel ex Judæis, vel ex Muhammedanis ſumta fuiſſe ? Non dubitandum quin poſt tot elapſa ſæcula, & religio & diſciplina eorum multis fuerint mutationibus obnoxiæ ; & quæ ex Zerduſto, ſive Zoroaſtre ſuo concepiſſe ſe narrant, vel ex Judæis, vel ex Muhammedanis vel ex Chriſtianis, aut demum ex iis omnibus manaverint. Putant, inquit ille, mundum ſex temporibus fuiſſe creatum : id vitiatum eſt ex Geneſique ſumtum, ubi ſex diebus creatus mundus perhibetur. Dicunt etiam deum creaviſſe virum atque mulierem, ex quibus genus humanum omne ſit propagatum. Plurimos agnoſcunt hortos ſeu paradiſos terreſtres, diluvium univerſale, Moyſen, & Salomonem. Vix credatur Perſas Cyri primorumque regum tempore iſtæc omnia credidiſſe : longe veriſimilius eſt per tot ſæculorum curriculum, conſuetudinem cum tot nationibus, maximeque cum iis quas ſupra memoravimus, multa nova in mores inque religionem intuliſſe ; neque putandum Perſas veteres in vera religione fundatos, eam ex libris Moyſis hauſiſſe. Illud item ſuadent veterum omnium Scriptorum teſtimonia : in hac re omnes conſonant, dicuntque Perſas Solem & Ignem coluiſſe, & utrumque Mithræ nomine inſignitum. Certe quando hujuſce numinis cultus in Græciam manavit, quando tranſlatus eſt Romam, ubi omnia exterarum nationum numina admittebantur, Mithras ut deus illo tranſiit, ipſi templa conſtruebantur, ipſi ſacrificia offerebantur. Etſi igitur virum illum magni faciamus, etſi ejus eruditionem, maxime in Orientalium linguarum diſciplina, ſuſpiciamus ; malumus tamen veterum recentiorumque pene omnium opinionem ſequi, quam hanc novam inauditamque, quæ leviore nititur fundamento. An non conſultius eſt credere Perſas medii & infimi ævi multa in religione mutaviſſe, quod ex iis quæ diximus ſatis liquere videtur, quam ſcriptoribus omnibus Eccleſiæque Patribus dicentibus Perſas ſolem & ignem coluiſſe, fidem negare ?

II. Herodoti Straboniſque loca ſupra retulimus, qui fere idem de Perſis dicunt amboque narrant Perſas ſolem ignemque coluiſſe. Narrat Xenophon Cyrum

selon Herodote, Xerxés fit fes libations dans la mer au lever du Soleil, priant cet aftre de détourner tous les malheurs qui pourroient empêcher le deffein qu'il avoit d'ajouter l'Europe à fon empire. Porphyre dans fon commentaire fur l'antre des Nymphes, dit que Zoroaftre confacra dans les montagnes de la Perfe,en l'honneur de Mithras le pere & l'Auteur de toutes chofes, une caverne d'où fortoient plufieurs fontaines : il eft appellé le premier des dieux, dit Hefychius. Quinte-Curce, parlant de Darius, lorfqu'il marchoit contre Alexandre : » Il invoquoit, *dit-il*, le Soleil, Mithras, & le feu facré éternel. Les Perfes« croient, *dit Juftin*, que le Soleil eft l'unique Dieu, & difent que les chevaux« lui font confacrez.» Le même raconte qu'Artaxerxes Mnemon fit Afpafia prêtreffe du Soleil,ce qui l'obligeoit à garder toujours la continence : «Ils croient,« *dit Clement Alexandrin*, éviter une erreur, & ils tombent dans une autre. A« la verité ils ne rendent pas des honneurs divins au bois & aux pierres, comme« les Grecs : ils n'adorent pas les Ichneumons & les Ibis comme les Egyptiens,« mais le feu & l'eau comme les Philofophes. Après une longue fuite d'années,« ils rendirent un culte divin à des ftatues humaines, dit Berofe dans fon troi-« fiéme livre des Chaldaïques: ce qui fut introduit par Artaxerxes fils de Darius,« & pere d'Ochus. Ce fut lui qui érigea le premier à Babylone, à Sufe & à Ecba-« tane la ftatue de Venus Tanaïde, & qui apprit par fon exemple aux Perfes, aux« Bactres, & aux peuples de Damas & de Sardes, qu'il falloit l'honorer comme« déeffe. » Clement Alexandrin ne paroit pas s'accorder ici avec Herodote, qui dit que le culte de Venus avoit déja de fon tems paffé chez les Perfes : mais comme Herodote ne dit pas qu'ils euffent encore érigé de ftatues, & qu'il nie même qu'il y eût des ftatues des dieux chez les Perfes, il s'eft pû faire que le culte ait précedé, & que l'ufage des ftatues foit venu depuis.

III. Il ne faut pas taire ici ce que dit Celfe, rapporté par Origene. « Nous trouvons, *dit ce Philofophe*, quelque ombre & quelque trace de tout ceci« dans la doctrine des Perfes, & dans leurs myfteres de Mithras. On y voit un« fymbole des deux Periodes celeftes, de celui des Etoiles fixes, de celui des« Planetes, & du paffage que l'ame fait par celles-ci. Ce fymbole eft un« haut efcalier, qui monte jufqu'à une huitiéme porte : la premiere porte eft« de plomb, la feconde d'étain, la troifiéme d'airain, la quatriéme de fer, la« cinquiéme de bronze mixte, la fixiéme d'argent, la feptiéme d'or. Ils at-«

Jovi & Soli facra fecisse. Herodotus libro 7. cap. 54. ait Xerxen oriente fole libamina in mare fudiffe, ipfumque rogaffe, mala omnia averteret, quæ confilium fuum fubjiciendi fibi Europam interturbare poffent. Porphyrius commentario in antrum Nympharum ait Zoroaftren in montibus Perfidis in honorem Mithræ patris auctorifque omnium, antrum confecraviffe,unde fontes plurimi fcaturiebant. Is primus deorum appellatur, inquit Hefychius ; Quintus autem Curtius lib. 4. c. 50. de Dario loquens contra Alexandrum properante : Darius, inquit, *cum contra Alexandrum procederet, invocabat Solem, Mithram, & Ignem facrum æternum : Solem Perfæ*, inquit Juftinus lib. 1. cap. 10. *unum deum effe creditur, & equos eidem deo facratos ferunt.* Artaxerxes (Mnemon fcilicet,) inquit Juftinus l. 10. c. 2. Afpafiam folis facerdotio præfecit, quo perpetua illi ab omnibus viris pudicitia imperabatur. Putant Perfæ, Medi & Magi, inquit Clemens Alexandrinus Protrept. *errorem fugere, & in alterum errorem delabuntur. Utrique illi non lignum lapidefque divinis profequuntur honoribus ut Græci; non ichneumonas & Ibides colunt ut Ægyptii; attamen cum Philofophis ignem & aquam effe deorum fimulacra putaverunt. Quin & aliquot po-* *ftea facris eos coluiffe fimulacra humana fpecie prædita; oftendit in tertio Chaldaicorum Berofus ; eumque morem ab Artaxerxe Darii filio, Ochi vero patre, introductum fuiffe ; etenim is primus ftatuam Veneris Tanaidis, quam Babylone, & Sufis & Ecbatanis pofuiffet, Perfis & Bactris, & Damafco, & Sardis exemplo fuo præmonftravit effe colendam.* Non videtur hic Clemens Alexandrinus cum Herodoto confonare, qui ait jam fuo tempore cultum Veneris ad Perfas tranfiiffe; fed cum non dicat Herodotus ftatuas ipfi erectas fuiffe , & neget fimulacra deorum apud Perfas ulla fuiffe ; hinc concludendum videtur cultum Veneris primo inductum, ftatuarum autem ufum poftea admiffum fuiffe.

III. Neque tacendus hic Celfus ab Origene allatus libro 6. contra Celfum qui fic loquitur : *Quandam horum umbram & aliquod veftigium reperimus in doctrina Perfarum & in eorum myfteriis Mithriacis : fymbolum ibi confpicitur duarum periodorum cœleftium, fiderum nempe inhærentium & planetarum, necnon tranfitus animæ per fidera errantia : fymbolum autem iftud prædita eft fcala, quæ ufque ad octavam portam confcenditur. Prima porta eft plumbea, fecunda ex ftanno ; tertia ænea, quarta ferrea , quinta ex ære mixto ; fexta argentea , feptima aurea. Primam afferunt*

»tribuent la premiere à Saturne, prétendant que le plomb marque la lenteur »de cet astre dans sa course : la seconde à Venus, à laquelle ils comparent »l'éclat & la mollesse de l'étain : la troisiéme, qui est solide & ferme étant »d'airain, à Jupiter : la quatriéme à Mercure, parce que le fer & Mercure sont »bons à mettre en œuvre en toutes choses, qu'ils servent au négoce, & qu'ils »sont celebres parmi les hommes : la cinquiéme, qui est d'une nature iné- »gale à cause de sa composition mêlée, à Mars : la sixiéme qui est d'argent, »à la Lune : la septiéme qui est d'or, au Soleil, à cause du rapport qu'il y a en- »tre la couleur de ces deux derniers astres, & celle de l'or & de l'argent. » Ce recit est tout mysterieux. Nous y voions pourtant que parmi les divinitez, le Soleil chez les Perses tenoit le premier rang, & après lui la Lune. Nous ne voions rien d'approchant de cela dans les autres Auteurs : mais Celse paroit avoir vû quelqu'un d'entre lesPerses qui étoit initié aux plus profonds mysteres.

IV. Diogene Laërce, dans son prologue sur les vies des Philosophes, parle ainsi après Clitarque. Les Chaldéens s'occupent de l'Astronomie & des pré- dictions : les Mages s'appliquent au culte des dieux, & leur font des prieres, des vœux & des sacrifices : ils vaquent à ces exercices, dans la pensée que les dieux n'entendent qu'eux seuls : ils raisonnent sur la nature & sur l'origine des dieux, qu'ils croient être le Feu, la Terre, & l'Eau. Ils blament ceux qui éri- gent des statues & des idoles, & encore plus ceux qui admettent des dieux de l'un & de l'autre sexe : ils aiment à parler de la justice & de l'équité : ils re- gardent comme une impieté l'usage de bruler les morts. Cependant ils per- mettent aux hommes, dit Sotion, de se marier avec leurs meres & avec leurs filles : ils font profession de deviner & de prédire l'avenir, & ils assurent que les dieux leur apparoissent : que l'air est plein de spectres ou de démons, qui se laissent voir à ceux qui ont la vûe assez fine pour cela : ils défendent le luxe : ils sont vêtus de blanc, & couchent à plate terre, ne mangent que des herbes, du fromage & du pain. Au lieu de bâton, ils se servent de cannes qu'ils fichent dans le fromage pour le lever & pour le manger. Ils ne connoissent point la magie qui se sert de prestiges, disent Aristote & Dinon; & ce dernier assure que Zoroastre, comme son nom le marque, sacrifioit aux astres. Ils admettoient, dit Aristote, deux principes, le bon & le mauvais demon : ils appelloient le bon, Jupiter & Oromasde ; & le mauvais, Pluton & Arimanius.

esse Saturni, plumbumque putant illius sideris in pro- cedendo tarditatem significare : secunda, inquiunt, est Veneris, cui comparant splendorem & mollitiem stanni: tertia Jovis firma solidaque est, utpote ænea ; quarta Mercurii est, quia ferrum & Mercurius ad res omnes in opus admoventur, negotiationi inserviunt & apud omnes celebrantur ; quinta Martis inæqualis est natura ob mixtam compositionem ; sexta argentea, luna est ; septima aurea, solis ; hæ vero ejusdem quo astra ipsa coloris sunt. Hæc mysterio plena sunt; videmus tamen inter numina a Persis culta solem primum obtinuisse gradum, & post eum lunam. Nihil his simile apud reliquos Scriptores animadvertimus ; sed videtur Cel- sus aliquem Persarum adiisse, qui arcana mysterio- rum altissima calleret.

IV. Diogenes Laertius procemio in vitas Philo- sophorum post Clitarchum ita fere loquitur : Chaldæi circa astronomi rationes prædictionesque occupan- tur, Magi deorum cultui vacant, & preces illis ac vota & sacrificia, quasi soli ab ipsis exaudiantur, of- ferunt ; de deorum substantia ac generatione disse- runt, quos esse ignem, terram & aquam arbittan- tur : signa statuasque improbant ac reprehendunt, & eorum in primis, qui mares esse deos feminasque di- cunt, errores improbant. De justitia verba faciunt, iniquaque arbittantur & impia ignea funera : justum esse putant cum matre filiave commisceri, ut in vige- simo tertio libro inquit Sotion. Divinationem præterea prædictionemque exercent, asseruntque sibi deos apparere, plenumque dæmonibus aera esse, qui te- nuiter ac veluti ex evaporatione acutius cernentium oculis sese insinuent : exteriorem cultum & auri usum vetant. His vestis candida ; lectus, humus ; esca, olus ; caseus panisque, cibus ; arundine pro baculo utuntur, quam infigunt in caseo, ut sic evehant & comedant. Præstigiarum magiam ignorare illos aiunt Aristoteles libro, cujus inscriptio Magicon, & Dinon in quinto historiarum libro, qui Zoroastrem quoque ex interpretatione nominis sui, astrorum assecit fuisse cultorem. Duo principia admittebant, inquit Aristo- teles primo de Philosophia libro, bonum malumque dæmonem ; bonus Jupiter erat & Oromasdes, ma- lus Pluto & Arimanius. Hactenus Diogenes Laertius.

Voila bien des témoignages sur la religion des Perses, où l'on remarque beaucoup de varietez : mais tous ces auteurs conviennent en ce qui regarde le culte du Soleil & du Feu : c'étoit leur dieu, disent les uns ; leur premier dieu, assurent les autres : nous pourrions accumuler des passages d'autres Auteurs, & entr'autres de saint Jean Chrysostome, qui dit en plus d'un endroit que les Perses adoroient le Feu, & que ce culte duroit encore chez-eux de son tems. Mais nous ne nous arrêterons pas davantage à prouver une chose dont tout le monde convient, d'autant plus que cet habile homme même que nous avons refuté ci-dessus, avoue que tous parlent de la même maniere, mais, dit-il, tous se sont trompez : parlons maintenant du legislateur Zoroastre.

V. Entre ceux qui admettoient deux dieux, l'un bon, l'autre mauvais ; on compte, dit Plutarque, » le Mage Zoroastre, qui selon quelques-uns, vi-« voit cinq mille ans avant la guerre de Troie : il appelloit un de ces dieux« Oromaze ; & l'autre Arimanius ; & disoit que l'un avoit rapport à la lumière« sensible, & l'autre aux ténèbres & à l'ignorance : qu'il y en avoit encore un« autre entre eux-deux, qui tenoit le milieu, & qu'il nommoit Mithras : &« que c'est pour cela que les Perses appellent Mithras celui qui tient le milieu.« Il enseignoit qu'il falloit sacrifier à l'un pour demander des graces, & à l'au-« tre pour être préservé des maux. Ils invoquent Pluton & les ténèbres en cette« maniere : ils pilent dans un mortier une herbe appellée *Omomi*, qu'ils mêlent« ensuite avec le sang d'un loup immolé, & emportent le tout pour le jetter« dans un lieu obscur, où le Soleil ne luit jamais. Ils croient que des arbres &« des plantes, les unes appartiennent au Dieu bon, & les autres au mauvais ;« & qu'entre les animaux, les chiens, les oiseaux & les herissons de terre sont« au Dieu bon ; & tous ceux des eaux au mauvais : ils felicitent ceux qui tuent« un plus grand nombre de ces derniers. Ils racontent beaucoup de fables de« leurs dieux. Oromaze, *disent ils*, est né de la plus pure lumière, & Arimanius« des ténèbres : ils se font la guerre ensemble. Oromaze a produit six dieux :« dont le premier étoit auteur de la bienveillance; le second, de la verité ; le troi-« siéme, de l'équité, le quatriéme, de la sagesse ; le cinquiéme, des richesses ;« le sixiéme, des plaisirs qui suivent les bonnes actions. Arimanius créa de« même, comme par émulation, un pareil nombre de dieux. Oromaze s'étant« rendu trois fois plus grand qu'il n'étoit, s'éloigna autant du Soleil que le So-« leil est éloigné de la terre : il orna le ciel d'astres : il en fit un, qui étoit le plus«

Multa protulimus circa religionem Persarum veterum testimonia, in quibus varietates plurimæ observantur;in hoc tamen omnes auctores consentiunt,quod cultum solis & ignis Persis adscribant : hic erat deus eorum, aiunt alii, ac primus deus, ut affirmant cæteri: aliorum quoque scriptorum testimonia congerere possemus, interque illos Chrysostomi, qui non semel ait Persas ignem adorare, & ad usque ævum suum hujusmodi cultum perseverare, vide Homil. 4. ad populum Antioch. n. 3. Sed cum de hac re unus sic omnium consensus, virque ille eruditus, de quo supra, fateatur omnes ita censere, sed falli universos: hic gradum sistemus, ut de Zoroastre legislatore quædam afferamus.

V. Inter eos qui duos admittebant deos, alium bonum, alium malum, inquit Plutarchus de Iside & Osiride p. 369. *Zoroastres erat magus, quem narrant annis quinque millibus Trojano bello antiquiorem : is ergo Zoroastres boni nomen Oromazen, ma'i Arimanium dicebat, declarabatque illum luci inter res sensibiles similem esse, hunc tenebris & ignorantiæ, interque ambos medium esse Mithram, ideoque Persas Mithram intermedium nuncupare ; docuitque illi votivas & præ gratiarum actione hostias esse immolandas; huic, averruncando malo, esse tetricas offerendas: herbam enim quandam Omomi appellatam in mortario tundentes, Plutonem invocant atque tenebras: tum admixto lupi jugulati sanguine, efferunt & abjiciunt in locum quo solis radii non pertingunt : nam & de stirpibus ita judicant, quasdam boni dii esse, quasdam mali : & animalium alia, ut canes, aves & ecinos terrestres bono, aquarica malo adjudicant : itaque felicem prædicant illum qui plura ex istis interfecerit. Multa illi de diis fabulosa narrant, cujus generis hæc sunt : Oromazen natum aiunt e luce purissima, Arimanium ex caligine, eos inter se bellum gerere,sex deos fecisse Oromazen; primum benevolentiæ, secundum veritatis, tertium æquitatis,reliquos sapientiæ, divitiarum & voluptatis, quæ honesta consequitur Arimanium totidem numero his adversa numina effecisse. Deinde Oromazen cum sese triplo grandiorem quam erat effecisset, tantum a sole se removisse, quantum sol distat a terra, ac cælum stellis decorasse, unamque ante*

„excellent de tous, & comme le gardien des autres, qui est SIRIUS, ou le „grand chien. Il fit encore vingt-quatre dieux, & les mit tous dans un œuf. „Arimanius en aiant encore fait un pareil nombre, ceux-ci percerent l'œuf, & „le mal se trouva alors mêlé avec le bien. Il y a, disent-ils, un tems marqué, „où il faut qu'Arimanius perisse ; & qu'alors la terre étant devenue toute „unie, il n'y aura plus qu'une vie & qu'une societé de tous les hommes bien-„heureux qui habiteront dans la même ville, & qui parleront la même lan-„gue. Selon l'opinion des Mages, ajoute Theopompe, pendant trois mille „ans l'un des dieux prévaudra sur l'autre ; & pendant trois autres mille ans ils „se feront la guerre, & l'un tachera de détruire l'autre. A la fin Pluton demeu-„rera vaincu : & alors les hommes seront heureux, & n'auront plus besoin de „manger.

alias tanquam custodem & speculatricem constituisse Sirium, aliosque viginti quatuor deos condidisse, & in ovo posuisse. At tatidem numero factos ab Arimanio ovum illud perforasse, hinc mala bonis esse permixta, statutumque fatale tempus esse quo necesse sit poste & fame ab his adducta Arimanium omnino perire & aboleri, terraque aequabili & plana facta, unam vitam unamque civitatem beatorum hominum universorum unaque lingua utentium fore. Theopompus ait secundum sententiam Magorum ter mille annorum spatio alterum deorum superare, alterum succumbere : & per alios ter mille annos bellum eos inter se gerere, alterumque alterius opera demoliri : tandem fore ut Pluto deficiat, & tunc homines fore beatos, neque alimento utentes.

CHAPITRE VII.

I. Mithras adoré des Perses, pris indifferemment pour le Soleil & pour le Feu : son culte apporté à Rome. II. Images de Persepole, tirées du voiage de Chardin.

I. Voila ce que racontent les anciens Auteurs touchant le culte des Perses : tous disent qu'ils adoroient le Soleil & le Feu; mais ils varient beaucoup sur les autres articles. Le dieu Mithras est pris indifferemment pour le Soleil & pour le Feu. Selon plusieurs Auteurs, ils le représentoient dans des cavernes sous une figure humaine ; car quoique dans les premiers tems de leurs superstitions les Perses n'eussent aucunes statues, comme nous avons déja dit sur le témoignage de plusieurs anciens, le commerce des nations voisines qui apporta plusieurs changemens dans leur religion, y aura sans doute introduit cette superstition avec bien d'autres. Nous n'avons point encore vû de figure de Mithras venue de Perse; mais il y a tout lieu de croire qu'elle étoit à peu près semblable à celle qui fut apportée à Rome & dans tout l'empire Romain : où le culte de Mithras fut fort en vogue, sur tout dans le second & dans le troisiéme siecle. Nous en avons donné un grand nombre d'images dans le premier tome, au chapitre de Mithras, où nous avons parlé assez au long de cette divinité. Il y

CAPUT VII.

I. Mithras a Persis adoratus ut Sol & ut ignis. Ejus cultus Romam allatus. II. Persepoleos imagines ex Itinerario Chardini eductae.

I. Hæc de cultu Persarum Scriptores veteres referunt : dicunt omnes solem & igquem a Persis cultos ut deos fuisse, sed in reliquis multum inter se variant. Mithras deus sol & ignis indiscriminatim esse perhibetur ; ut multi scriptores narrant, ipsum humana præditum forma in antris repræsentabant : etsi enim priscis superstitionis Persicæ temporibus nullam Persæ statuam haberent, ut jam testimoniis veterum asseruimus; consuetudo tamen cum vicinis gentibus multum invexit in ipsorum cultum mutationem, tumque simulacrorum superstitio cum aliis irrepserit. Nullum adhuc Mithræ schema vidimus quod vel ex Perside istas in partes transierit, vel in ipsa Perside delineatum fuerit. Sed verisimile prorsus est eamdem ejus ibi fuisse formam, quæ & Romam inducta fuit, & in Romanum imperium, ubi Mithræ cultus admodum celebris erat, sæculis maxime secundo & tertio. Multas ejus protulimus imagines tomo primo, ubi de Mithra ejusque cultu pluri-

RELIGION DES PERSES.

paroit presque toûjours avec un bonnet Oriental, ou une tiare semblable à celle que nous voions ici dans les figures de Persepole : ce qui confirme encore que la figure de Mithras aussi bien que son culte a passé de la Perse dans l'empire Romain. Nous avons encore parlé de Mithras ci-devant dans les Abraxas, où il est ordinairement représenté sous l'image du lion.

II. Nous renvoions là le lecteur, pour ne parler ici que des monumens de la Perse qui sont venus jusqu'à nous, & où le Soleil & le Feu ne sont point représentez sous une figure humaine. La seconde image de la planche suivante, PL. tirée d'une pierre gravée, a été donnée par M. de la Chausse. Sur un autel de CLXXX. figure extraordinaire est une espece de petite colonne avec sa base, sur le haut de la colonne est représenté le Soleil raionnant. Derriere le Soleil est une espece de disque, qui pourroit bien être la Lune : elle entroit, comme nous avons déja dit, dans la religion des Perses. Au devant de l'autel est un prêtre qui offre au Soleil un gâteau. On ne voit ici que le Soleil, & peutêtre la Lune : mais entre les figures de Persepole, on remarque en même tems le culte du Soleil & du Feu : le Soleil y est représenté comme en l'air, & le prêtre y paroit de même en l'air : audessous de cette représentation est un autel quarré qui jette une grande flamme. Un autre prêtre est devant l'autel levant la main droite, & tenant de la gauche un arc appuié contre terre. L'ornement de tête, tant de celui qui sacrifie en l'air, que de celui qui est à terre, a presque la forme du mortier que portent nos Présidens à mortier ; ce qui a fait croire à d'habiles gens que c'est le roi, dont l'ornement de tête étoit à peu près semblable à celui-là.

Cette premiere planche donnée par Chardin, représente le frontispice d'un temple, au plus haut duquel sont les figures dont nous venons de parler du Soleil, du Feu & des prêtres. Au second & troisiéme rang audessous sont des hommes qui étendent & haussent leurs bras, comme pour soutenir l'Architecture ; & de chaque côté deux hommes vêtus comme les deux prêtres d'en haut, qui tiennent chacun une pique à la main : le quatriéme rang de dessous a huit bêtes qui ressemblent à des loups, & qui ont la gueule beante. Tout le reste se remarque aisément.

Un autre tableau tiré de même des masures de l'ancienne Persepole & don- PL. né par M. Chardin, représente le roi ou un prêtre assis sur un throne, avec une CLXXXI. longue barbe à la maniere des rois Parthes ; dans le même rang il y a cinq au-

---

bus actum est. Ibi semper ille tiaram gestat, quæ erat orientalis galerus, similis quibusdam qui in Persepolcos schematibus repræsentantur infra ; quo capitis cultu confirmatur Mithræ figuram cum ejusdem cultu ex Perside Romam translatam fuisse : de Mithra etjam supra diximus in Abraxæis figuris, ubi leonis ille schemate vulgo repræsentatur.

II. Eo mittimus Lectorem, ut de monumentis Persicis, quorum imagines ad nos usque translatæ sunt, agamus, in quibus monumentis sol atque ignis non humana depinguntur figura. Secunda tabulæ sequentis imago ex gemma educta ab erudito Cauceo publicata fuit. Aræ singulari modo structæ imminet columella cum basi sua, in cujus columellæ summa parte figura solis radiantis. Pone solem est ceu discus, qui fortasse lunam significat : ea uti diximus in cultu religioneque Persarum locum habebat. Ante aram sacerdos Soli placentam offerre videtur. Hic Sol tantum cernitur ac fortasse Luna, at in schematibus illis Persepoli delineatis, solis simul & ignis cultus observatur. Sol ibi & sacerdos in aere esse videntur. Sub Sole ara quadrata, ex qua flamma grandis erumpit. Sacerdos alius ante aram est, erigitque dexteram, ac sinistra arcum terra nixum tenet. Ornatus capitis utriusque sacerdotis mortario illi similis est, quo ornantur nostri in suprema Curia Prælides : inde quidam viri docti concludunt sacerdotem utrumque hic repræsentatum, esse regem Persarum, quem cum tali galero nonnumquam videmus.

Hæc prima tabula a Chardino data frontispicium templi refert, in cujus fastigio exhibentur schemata illa de quibus modo dicebamus, solis, ignis duorumque sacerdotum. In secundo tertioque ordine inferiori homines exhibentur manus expandentes erigentesqi quasi ut architecturam sustentent, & ab utraque parte duo homines eodem cultu quo sacerdotes supra, qui hastam manu tenent. In quarto ordine inferiori octo feræ sunt lupis similes aperto omnes hiantique ore : cætera Lector observabit.

Alia tabula ex illis ruderibus a Chardino educta, aut regem aut sacerdotem quemdam repræsentat in solio sedentem, prolixam barbam regum Persarum ritu

tres personnes, deux devant & trois derriere le roi ; on laisse à remarquer à l'œil la figure de leurs habits, & quelques autres petites choses qu'il est plus aisé de regarder que de décrire : audessous de ce premier rang, on en voit cinq autres, dont chacun a dix figures. Toutes celles du premier rang portent un mortier comme ci-devant, & ont chacune la pique à la main. Les trois dernieres de chaque côté portent un bouclier, qui a la forme des *ancilia* des Romains, dont nous parlerons en son lieu. Dans tous les quatre rangs suivans, les deux figures du milieu sont vétues comme celles du premier rang, qui est audessous du roi : les autres portent un bonnet rond, ont la pique à la main, & portent pendu à la ceinture ou un instrument de musique, ou peutêtre un *coryte*; c'étoit une gaine dans laquelle les archers mettoient leur arc : ce qui conviendroit mieux à des gens armez.

PL. CLXXXII. Dans la planche suivante on voit d'abord trois figures d'hommes à longue barbe, dont chacun perce un monstre d'un poignard : des trois monstres, l'un paroit être un lion, l'autre un griffon ailé, & le troisiéme une autre bête : quelques autres particularitez s'observent tout d'un coup sur l'image. Audessous se voit un prêtre à longue barbe, qui est peutêtre le roi ; il tient d'une main un bâton ou sceptre, & de l'autre une espece de lis : deux autres hommes qui viennent après lui, soutiennent sur sa tête un grand parasol : audessus du parasol est un homme en l'air, dont on ne voit que la moitié; & qui a de longues ailes qui s'étendent à droite & à gauche. Les deux figures suivantes sont prises de la grande procession que nous n'avons pû mettre ici, à cause de sa trop grande longueur : il y a encore une autre procession trop longue pour la représenter dans ce livre, quoiqu'elle le soit moins que la premiere. Il suffit de dire en general, que tous les habits differens que ceux qui composent la procession portent, se trouvent dans les quatre planches que nous donnons. Voici ce que M. Chardin dit de ces processions :
» Les figures que vous y voiez ont un peu moins de quatre pieds de haut,
» & près d'un pouce & demi de saillie ou de relief..... Ces deux desseins, &
» particulierement le premier, représentent une procession, & vraisemblable-
» ment celle qui se faisoit aux sacrifices solemnels. Ce qui me le fait croire est
» que les figures menent ou portent chacune quelque chose qui entroit dans
» les sacrifices des Gentils. Ce ne peut donc être ici que la pompe d'un grand

gestantem : eodem in ordine quinque alii sive viri sive mulieres sunt, duo ante sedentem regem aut sacerdotem, tresque pone illum : Lectori consideranda mittantur vestium forma aliaque minutcula, quæ facilius dispici quam describi possunt. Sub illo primo ordine quinque alii virorum ordines conspiciuntur, in quorum singulis decem homines sunt : in primo ordine ornatum capitis, de quo supra, singuli gestant, & quisque hastam manu tenet, tresque postremi in utroque latere clypeum gestant, qui clypei Anciliorum Romanorum formam omnino referunt, de quibus anciliis suo dicetur loco. In quatuor inferioribus ordinibus singulis duo tantum viri observantur eodem cultu, quo prioris ordinis omnes sunt: alii galerum rotundum gestant, hastam manu tenent, & cingulo appensum habent aut instrumentum musicum, aut corytum, qui erat ceu theca in qua arcus reponebatur, quod in armatos viros melius conveniet.

In sequenti tabula primo tres viri exhibentur egregie barbati, quorum quisque monstrum gladio perfodit : ex tribus autem monstris unum videtur leo esse, alterum gryphus alatus, tertium nescio cujus generis. Cætera oculis lustranda. Sub hoc schemate aliud visitur ubi sacerdos quispiam aut fortasse rex ipse eximie barbatus dextera baculum seu sceptrum tenet, sinistra quoddam ceu lilium : pone illum duo alii viri supra caput ejus umbellam sustinentes ; supra umbellam vir in aere sublimis, cujus media solum corporis pars suspicitur, ibidemque alæ oblongæ hinc & inde extensæ. Duæ sequentes figuræ ex magna a Chardino edita pompa, excerptæ sunt, quam pompam hic non posuimus ; quia ea enormis erat longitudinis ; cum ea etiam alia exhibetur minor, sed tamen multo longior quam ut hic repræsentari possit. Hoc unum satis esto, nempe figurarum omnium quæ in pompis observantur formam & habitum in hisce quatuor incisis tabulis repræsentari : de pompis autem illis hæc habet Chardinus pag. 102. *Ea quas conspicimus figura, statura sunt quatuor pedibus paulo minore : prominent autem singula uno & dimidio pollice... Hæc duo schemata præsertimque primum, pompam repræsentant, atque ut videtur eam quæ in sacrificiis solemnibus fieri solebat : id ut credam ideo adducor, quod singulæ figuræ aliquid vel gestent vel ducant, quod in Gentilium sacrificiis usurpabatur. Hæc itaque est magni sacrificii*

sacrifice,

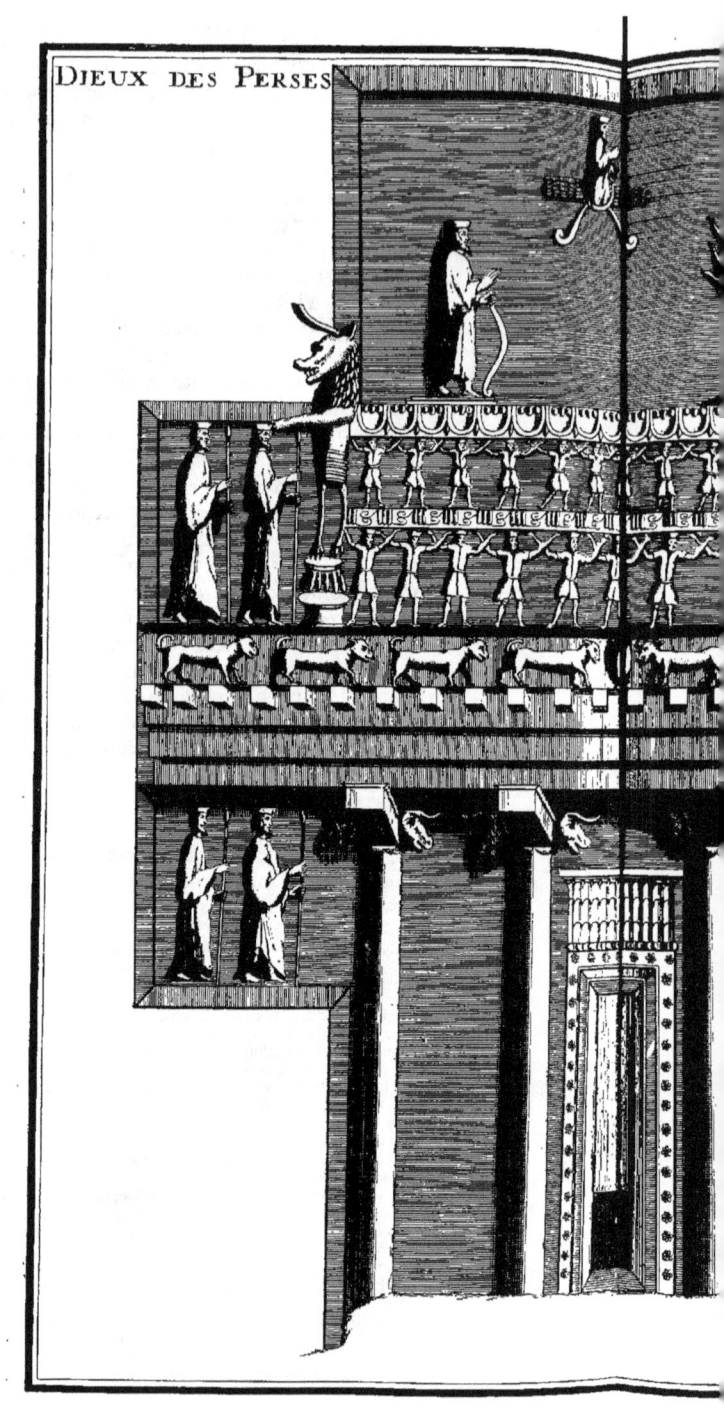

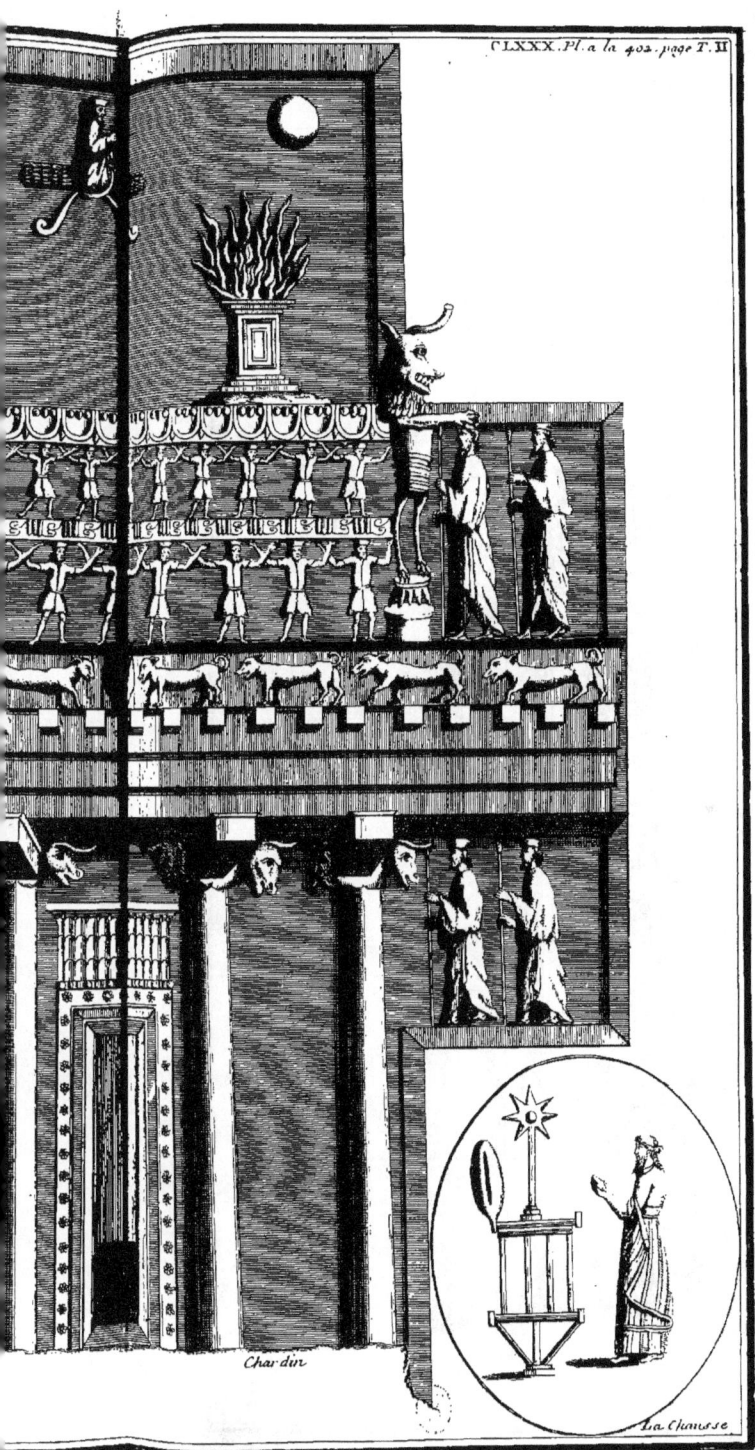

CULTE DES PERSES

Chardin

CULTE DES PERSES

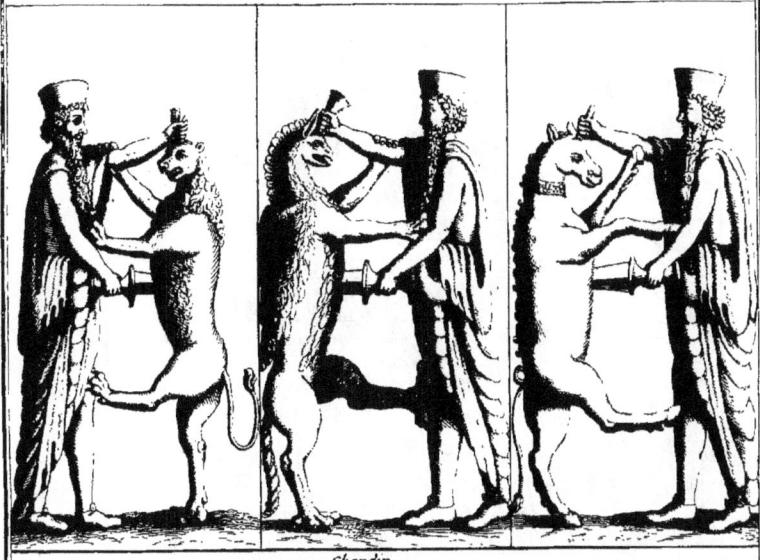

Chardin

Chardin

Chardin

Tome II. 182

CULTE DES PERSES

Chardin

RELIGION DES PERSES.

sacrifice, & ce n'est point un triomphe militaire, comme quelques-uns se l'imaginent. Je ne prétens pas expliquer exactement ce que chaque chose représente; je n'en ai pas assez de certitude, d'autant plus que la religion des Ignicoles, dont cette procession nous représente quelqu'un des cultes, est abolie par tout le monde à l'égard des sacrifices.

Corneille Bruyn, voiageur habile & exact, dont l'ouvrage va paroitre, prétend que Chardin s'est trompé en bien des choses, & donne des figures différentes en bien des choses de celles que Chardin avoit données : mais comme je ne vois pas de changemens considerables dans les figures qui regardent la religion, & que d'ailleurs cet Auteur ne paroitra que dans quelque tems d'ici, j'ai laissé les choses comme je les ai trouvées dans Chardin.

Les Babyloniens, dit Herodote, avoient une statue de Jupiter, & un temple dédié à Jupiter Bel. Les Parthes croioient qu'Arsacés avoit été mis après sa mort au nombre des astres, dit Ammien Marcellin.

Plusieurs de ces nations sacrifioient un cheval au Soleil : les Perses l'immoloient au Soleil, dit Philostrate dans la vie d'Apollonius, & les Armeniens de même selon Strabon ; les Massagetes regardoient le Soleil comme le seul dieu, & lui sacrifioient aussi un cheval, dit Strabon. Entre ces nations qui adoroient le Soleil, les Peoniens le figuroient comme un disque ou comme un plat qu'ils attachoient au haut d'une perche.

---

pompa, neque triumphus est militaris ut quidam existimarunt. Non omnia quæ singulis in schematibus observantur explicare animus est, cum de ea re certo loqui non possim, cum maxime ignicolarum religio, cujus quampiam cæremoniam & cultum hæc tabula repræsentat, jam in toto orbe, quantum ad sacrificia pertinet, destructa sit.

Cornelius Brunius peregrinator eruditus, cujus opus brevi lucem aspiciet, in multis hallucinatum Chardinum dicit, schematáque profert à Chardinianis non parum diversa, sed quia in schematibus ad religionem spectantibus non multum est discriminis, cumque scriptor ille nondum opus suum emiserit: res ut in Chardino habentur jam ære incisas intactas reliqui.

Quantum ad vicinas Persis nationes spectat, Babylonii, inquit Herodotus, statuam Jovis habebant, templumque Jovi Belo dicarum. Parthi putabant Arsacen in numerum astrorum post mortem relatum, inquit Ammianus Marcellinus lib. 23.

Harumce nationum & vicinarum plurimæ equos diis mactabant : Persæ equum Soli immolabant, inquit Philostratus in vita Apollonii p. 42. & Armeni quoque, inquit Strabo p. 367. Massagetæ Solem ceu deum unum habebant, & ipsi equum sacrificabant, Strabo p. 352. Inter nationes illas. quæ Solem colebant ut deum, Pæores illum in disci formam figurabant longoque conto imponebant.

Tom. II.

CHAPITRE VIII.

I. Les dieux des Scythes. II. Leur culte rendu à Mars.

I. LE premier qui a parlé de la religion des Scythes est Herodote, qui dit qu'ils honoroient la déesse Vesta plus que tous les autres dieux, & qu'ils lui sacrifioient; qu'ils regardoient aussi comme dieux, & honoroient de leurs sacrifices Jupiter & la Terre, laquelle ils croioient être femme de Jupiter: & après ceux-là Apollon, Venus Celeste, Hercule & Mars. Ceux-là, dit Herodote, sont regardez comme dieux par tous les Scythes; mais ceux d'entre eux qu'on appelle les Scythes roiaux, sacrifient encore à Neptune. Les noms qu'ils donnoient à ces dieux étoient fort differens des Grecs: ils appelloient Vesta, Tabiti: Jupiter, Papæus: la Terre, Apia: Apollon, Etosyrus: Venus Celeste, Artimpasa: Neptune, Thamimasadés. Ils n'avoient des idoles, des autels & des temples que pour le dieu Mars. Ils faisoient toûjours le sacrifice de la même maniere: ils lioient les deux pieds de devant à la victime, derriere laquelle se tenoit le sacrificateur, qui après avoir ôté de sa tête une partie de son voile, frappoit la bête; & quand elle étoit à terre, il invoquoit le dieu auquel il sacrifioit. Il mettoit ensuite au cou de la victime une corde dans laquelle il passoit un bâton, & il trainoit la bête tout autour jusqu'à ce qu'il l'eût étranglée. Il n'allumoit point de feu, & ne faisoit point de libations; mais après avoir étranglé & écorché la victime, il la faisoit cuire. Comme le bois manquoit à ces sacrificateurs, ils ôtoient la chair de dessus les os, qu'ils brûloient ensuite pour faire cuire la viande dans des chauderons. S'ils n'avoient point de chauderon, ils mettoient la chair dans le ventre de la bête avec de l'eau, & faisoient cuire le tout, je ne sai comment, au feu de ces os. Après que les chairs étoient cuites, le sacrificateur jettoit une partie des chairs & des entrailles devant lui pour prémices: ils immoloient des bœufs & d'autres animaux, mais principalement des chevaux. Ces sortes de sacrifices étoient pour les autres dieux: mais il y avoit un rit particulier pour Mars. Ils lui batissoient des temples avec des sarmens les uns sur les autres. Ces temples avoient trois stades de longueur & autant de largeur; mais ils n'étoient pas beaucoup élevez, le toit en étoit tout plat, & faisoit un quarré parfait; des trois côtez du temple ces

---

CAPUT VIII.

I. Scytharum dii. II. Eorum cultus Marti præstitus.

I. Qui prior de Scytharum religione verba fecit, Herodotus est, qui ait in Melpomene c. 59. ipsos Vestam plus quam alios deos omnes colere ipsique sacra facere: alios irent deos honorare & victimis placare. Jovem nempe & Tellurem, quam Jovis uxorem esse putabant, & post eos Apollinem, Venerem cœlestem, Herculem & Martem. Hi ab omnibus Scythis, ait Herodotus, pro diis habentur; sed inter eos Scythæ illi qui regii vocabantur, Neptuno etiam sacrificabant: diis autem istis nomina dabant a græcis longe diversa; Vestam enim vocabant Tabiti; Jovem, Papæum; Terram, Apiam; Apollinem, Etosyrum; Venerem cælestem, Artimpasam; Neptunum, Thamimasadem: neque simulacra, neque aras, neque templa habebant, nisi unius Martis. Sacrificia semper eodem modo peragebant. Anteriores victimæ pedes semper vinciebant, pone quam victimam stabat sacerdos, qui postquam partem veli sibi detraxerat, hostiam feriebat, qua collapsa deum cui sacra faciebat, invocabat. Sub hæc autem victimæ collum laqueo circumdabat, & injecto baculo eam circumducebat strangulabatque: non accendebat ignem, neque libabat, sed postquam strangulaverat, detracta pelle hostiam coquebat. Cum regio lignorum inopia laboraret, carnem ab ossibus separabant, ossibusque incensis, illo igne carnem coquebant in lebetibus: si non adesset lebes, carnem in alvo hostiæ cum aqua ponebant; & sic omnia coquebant (nescio quo pacto.) Decoctis carnibus sacerdos carnium & intestinorum partem ante se projiciebat pro primitiis. Boves aliaque animalia aliis diis mactabant, equosque præsertim; at pro Marte ritus erat proprius. Templa ipsi construebant congestis sarmentis, quæ templa longa tribus, lata totidem stadiis, non admodum alta erant: tectum planum & quadratum. Ex tri-

murs de fagots étoient perpendiculaires, & de l'autre côté le mur alloit en talus, enforte qu'on y pouvoit monter par là. Ils portoient là tous les ans cent cinquante chariots de farmens, & mettoient audessus une vieille épée de fer, qui passoit pour la statue du dieu Mars : ils offroient à cette épée des victimes annuelles de moutons ou de chevaux en plus grand nombre qu'à tous les autres dieux. De tous les captifs pris en guerre, ils immoloient les centiémes d'une autre maniere. Ils leur versoient du vin sur la tête, & les mettoient dans un grand vaisseau pour les égorger; ils les portoient ensuite en haut sur le monceau de farmens, & versoient leur sang sur l'épée. Tout ceci se faisoit sur le haut du monceau : venons aux cérémonies qui se faisoient en bas devant le temple. Ils coupoient l'épaule droite avec le bras & la main de l'homme immolé, & la jettoient en l'air ; & après avoir fini leur sacrifice, ils se retiroient laissant l'épaule separée du corps à l'endroit où elle tomboit. Voila, selon Herodote, les dieux & les sacrifices des Scythes. Clement Alexandrin dit aussi que les Scythes adoroient l'épée, & Lucien ajoute à l'épée Zamolxis, qu'ils adoroient aussi comme dieu.

Il ne nous reste aucune trace de la religion des Scythes : d'habiles gens croient que trois bustes sur des chameaux qu'on voit encore aujourd'hui sur la colonne de Theodose à Constantinople sont des dieux des Scythes, & conjecturent que ce pourroit bien être Jupiter ; mais outre qu'il n'est pas tout-à-fait certain que ce triomphe de Theodose, représenté sur la colonne, regarde quelque victoire sur les Scythes, Herodote vient de nous dire que les Scythes qui adoroient Jupiter ne lui érigeoient point de statues : s'il étoit d'ailleurs certain que ce fut une victoire contre les Scythes, on pourroit bien croire que depuis le tems d'Herodote, ces peuples auroient pû apprendre de leurs voisins à ériger des statues à Jupiter : mais on ne peut rien dire de certain là-dessus.

---

bus templi lateribus muri illi sarmentis structi ad perpendiculum erant : in quarto latere sensim ad summum ascendebatur. Eo quotannis sarmentorum centum quinquaginta onerarios currus deportabant, atque in eorum vertice veterem acinacem ferreum ponebant, qui acinaces pro statua Jovis ipsis erat. Annuas acinaci victimas offerebant ex equis ovibusque plures, quam cæteris omnibus diis. Ex captis in bello centesimum quemque immolabant, non eodem quo pecora modo: nam postquam eorum capitibus vinum libaverant, intra vas quoddam magnum ipsos jugulabant, iisque in vertice sarmentorum deportatis, sanguinem in acinacem infundebant. Hæc in vertice sarmentorum: jam ad ceremonias in imo & ante templum celebrari solitas properandum; mactati viri humerum cum brachio & manu præcidebant, in aeremque conjiciebant, quo peracto recedebant, humero quo loco ceciderat relicto. En secundum Herodotum deos sacrificiaque Scytharum. Clemens quoque Alexandrinus in Protreptico ait, Scythas acinacem adoravisse, additque Lucianus in deor. Concil. ipsos & Acinacem & Zamolxin quempiam ut deos coluisse.

Religionis Scytharum nihil vestigii relictum : non desunt ex viris doctis qui putent tres proromas camelis impositas, quæ in columna Theodosii Constantinopoli visuntur, esse Scytharum deos, & quoniam barbara capita sunt, esse Jovem conjiciunt. Verum præterquam quod certum omnino non est, hunc triumphum Theodosii in columna repræsentatum victoriam quamdam de Scythis reportatam respicere ; Herodotus supra dixit Scythas, qui Jovem colebant ut deum, non ipsi statuas erexisse : non esset tamen quod Herodoti auctoritate moveremur, si aliunde certum esset hac in columna triumphatos Scythas repræsentari ; nam ab Herodoti tempore multa Scythæ potuerant a vicinis gentibus religionum sacra mutuari.

CHAPITRE IX.

I. Les dieux des Germains, selon Jules Cesar. II. Les dieux des Germains, selon Tacite. III. Divination des Germains. IV. La terre honorée par les Germains sous le nom de Herta.

I. Nous avons peu de choses à dire des dieux des Germains, dont pourtant Elie Schedius a fait un assez gros livre ; où ce qui regarde les dieux est noié dans une infinité de choses tout-à-fait étrangeres au sujet : voici ce que les anciens nous en apprennent. *Les Germains*, dit Jules Cesar, *ne reconnoissent point d'autres dieux que ceux qu'ils voient, & dont ils reçoivent quelque bienfait, le Soleil, Vulcain, & la Lune.* Par Vulcain, Cesar entend le feu. De ce passage, Cluvier a conclu ridiculement que les anciens Germains reconnoissoient un dieu en trois personnes. Cela ne merite pas d'être refuté.

II. Soit que Cesar n'ait pas assez connu les Germains, soit que ce qu'il dit ne regarde que quelque nation particuliere de la Germanie ; soit enfin qu'il soit survenu quelque changement dans leur religion depuis le tems de Jules Cesar jusqu'à celui de Tacite, ce dernier parle differemment des dieux des Germains. Un des legats des Tencteres, nation du Rhin selon lui, rend graces aux dieux communs & à Mars le principal d'entre eux, de ce que ceux de Cologne étoient rentrez dans le corps de la nation Germanique. Les Gots qui passent communement pour une nation Germanique ou Teutonique, regardoient aussi Mars comme leur dieu, dit Jornandes, & lui sacrifioient leurs captifs. Vossius croit que Mars, chez les Germains, étoit pris pour le Soleil. Selon ce sentiment Tacite s'accorderoit, en partie au moins, avec Cesar qui met le Soleil le premier entre les dieux des Germains.

Mercure étoit encore un des principaux dieux des Germains, selon Tacite : ils lui immoloient des victimes humaines, aussi bien qu'à Mars. Il paroit que ces deux dieux étoient regardez comme les principaux : un autre passage du même Auteur le persuade : *Les Hermondures*, dit-il, *consacrerent un de leurs corps d'armée à Mars, & l'autre à Mercure.* Cependant il est encore assez difficile

CAPUT IX.

I. Dii Germanorum secundum Julium Cæsarem. II. Dii Germanorum secundum Tacitum. III. Divinatio Germanorum. IV. Terra Hertæ nomine a Germanis culta.

I. De diis Germanorum pauca suppetunt dicenda, licet Elias Schedius satis amplum volumen de hoc argumento ediderit, ubi pauca illa quæ Germanorum deos spectant, innumeris aliis rebus ad hoc argumentum minime pertinentibus obruta sunt. *Germani*, inquit Cæsar de Bello Gallico libro 6. *Deorum numero eos solos ducunt, quos cernunt, & quorum opibus aperte juvantur, Solem, Vulcanum, Lunam*: Vulcanum dicens, ignem haud dubie Cæsar intelligit. Hunc Cæsaris locum ita interpretatur Cluverius, ut tres illos deos, deum unum in tribus personis intelligat, & hunc Germanos veteres coluisse ridicule existimat.

II. Quæ Cæsar de religione Germanorum retulit non quadrant ad ea quæ apud Tacitum feruntur, sive Cæsar Germanos non sat agnoverit, sive illa quæ dixit ad aliquam solum ex Germanorum nationibus pertineant; sive demum quæpiam in religione eorum intervenerit mutatio a Julii Cæsaris tempore ad usque tempus Taciti, qui longe alia refert de Germanorum diis. Secundum Tacitum Hist. l. 4. p. 497. Tencterorum nationis Germanicæ ad Rhenum Legatus communibus deis & eorum præcipuo Marti grates agit, quod Agrippinenses in corpus nomenque Germaniæ redissent. Gothi etiam, qui pro natione Germanica vel Teutonica vulgo habentur, Martem quasi deum suum habebant, inquit Jornandes capite 5. ipsique captivos immolabant. Vossius lib. 2. de Idololatria c. 13. putat Martem apud Germanos pro Sole habitum fuisse. Si ita res se habeat, cum Tacito hac in re conciliaretur Cæsar, qui Solem inter deos Germanorum primum enumerat.

Germani, inquit Tacitus de moribus Germanorum, *deorum maxime Mercurium colunt, cui certis diebus humanis hostiis litare fas habent.* Ipsi itaque perinde atque Marti humanas hostias mactabant : hinc liquet ambos illos deos eorum præcipuos habitos ; id Tacitus suadet cum ait Hermunduros Germanicam gentem, exercitus sui corpus aliud Marti, aliud Mercurio

DIEUX DES GERMAINS.

d'accorder Tacite avec lui-même : il dit en un endroit, que Mars est le principal de leurs dieux : & en un autre, que les Germains honorent Mercure par-dessus tous les autres dieux ; peutêtre que Mars étoit originairement le plus grand des dieux Germaniques, & que le commerce des Germains avec les nations Gauloises, qui établirent des colonies en Germanie, comme le disent Cesar & Tite-Live, leur apporta le culte de Mercure, fort honoré dans les Gaules, comme nous dirons ci-après.

Ils avoient aussi leur Hercule, dit Tacite, qu'ils regardoient comme leur plus grand guerrier, & chantoient ses louanges lorsqu'ils alloient au combat : ils immoloient, dit-il, des victimes à Hercule & à Mars pour se les rendre propices.

III. » Une partie des Sueves, *poursuit Tacite*, sacrifie à Isis : je ne sai« pourquoi ils ont adopté cette divinité étrangere : la figure qu'ils lui donnent« d'une fregate, fait voir qu'elle a été apportée d'ailleurs. La grandeur des cho-« ses celestes leur persuade qu'il ne faut point renfermer les dieux entre des« murailles, ni leur donner une figure humaine. Ils consacrent des bois &« des forets, & ils donnent les noms de dieux à ces lieux secrets & reculez« qu'ils n'osent regarder à cause de la vénération qu'ils leur portent. Ils obser-« vent plus que toute autre nation le vol des oiseaux. Ils se servent des sorts« ausquels ils ont beaucoup de foi, ce qu'ils font d'une maniere fort simple : ils« coupent une verge d'un arbre portant fruit, qu'ils divisent ensuite en plusieurs« petites parties, ils mettent à chacune des marques particulieres, & ils les jet-« tent au hazard sur un habit blanc. Si la consultation est publique, c'est le prêtre« de la nation : si elle est particuliere, c'est le pere de famille ; qui après avoir« fait sa priere aux dieux & regardé le ciel, prend trois fois ces parties de la« verge, & les interpréte selon les marques qui se rencontrent sur le devant. Si« les marques ne sont pas favorables, ils ne consultent plus le même jour ; si« elles sont avantageuses, ils se servent encore des auspices. Ils tirent des augures« de la voix & du vol des oiseaux ; c'est encore le propre de cette nation de« tirer des présages des chevaux, qu'ils nourrissent à frais communs dans ces« bois sacrez. Ces chevaux sont blancs, personne ne peut les toucher en aucu-« ne maniere. Le seul prêtre avec le roi ou le prince de la nation, les attachent« à un chariot sacré, les accompagnent, & observent ses hennissemens & ses« fremissemens. Il n'est point de présage auquel non seulement le peuple, mais« aussi les principaux de la nation & les prêtres, ajoutent plus de foi : Ils ont«

---

consecravisse. Hic tamen Tacitus secum ipse pugnare videtur, cum dicat supra Martem apud Germanos esse deorum præcipuum ; hic vero Mercurium a Germanis maxime omnium coli. Fortasse Mars a principio Germanicorum deorum maximus habebatur, posteaque ex Gallorum, qui referentibus Cæsare & Livio, Colonias in Germaniam duxere, consortio consuetudineque, ad Mercurii cultum assueti fuerint : nam Mercurius in Galliis egregie colebatur, ut infra dicturi sumus.

Herculem quoque suum Germani colebant, auctore Tacito, ipsumque ut maximum bellatorem suum, ejusque laudes, cum pugnatum irent, decantabant : Immolabant, inquit, Herculi & Marti victimas, ut eos sibi propitios redderent.

III. *Pars Suevorum*, pergit Tacitus de moribus Germanorum pag. 529. *& Isidi sacrificant*: unde causa & origo peregrino sacro parum comperi, nisi quod signum ipsum in modum liburnæ figuratum, docet advectam religionem: cæterum nec cohibere parietibus deos, neque in ullam humani oris speciem assimilare, ex magnitudine cælestium arbitrantur : lucos ac nemora consecrant deorumque nominibus appellant secretum illud, quod sola reverentia vident. Auspicia sortesque ut qui maxime observant. Sortium consuetudo simplex : virgam frugifera arbori decisam in surculos amputant, eosque notis quibusdam discretos super candidam vestem temere ac fortuito spargunt : mox si publice consulatur, sacerdos civitatis; sin privatim, ipse pater familiæ precatus deos, cælumque suspiciens, ter singulos tollit, sublatos secundum impressam ante notam interpretatur. Si prohibuerunt, nulla de eadem re in eumdem diem consultatio : sin permissum, auspiciorum adhuc fides exigitur, & illud quidem etiam hic notum, avium voces volatusque interrogare. Proprium gentis equorum quoque præsagia ac monitus experiri : publice aluntur iisdem nemoribus ac lucis, candidi & nullo mortali opere contacti, quos pressos sacro curru sacerdos ac rex vel princeps civitatis comitantur, hinnitusque ac fremitus observant. Nec ulli auspicio major fides non solum apud plebem, sed apud proceres, apud sacerdotes, se enim ministros deorum, illos conscios putant. Est & alia observatio auspiciorum,

»encore une autre forte de préſage dans les grandes guerres, pour découvrir à
»qui demeurera la victoire : ils attrapent comme ils peuvent un de leurs en-
»nemis, & ils choiſiſſent un d'entre eux pour ſe battre contre lui : chacun des
»deux champions eſt armé à la maniere de ſon payis, ils croient que la victoi-
»re demeurera au parti du vainqueur.

Au commencement du livre des mœurs des Germains, Tacite dit qu'ils reconnoiſſoient un dieu nommé Tuiſton, né de la terre, qui avoit un fils nommé Mannus, dont ils étoient deſcendus. Ils diſoient que ce Mannus avoit eu trois fils, deſquels avoient pris leur nom les Ingevons, qui habitoient près de l'Ocean, les Herminons, & les Iſtævons. D'autres donnoient à Mannus un plus grand nombre d'enfans, qui avoient donné leurs noms, aux Marſes, aux Gambriviens, aux Sueves & aux Vandales. Les Auteurs Allemans font de longs Commentaires ſur ces endroits de Tacite, & ſur les autres du même livre, & aſſurent qu'ils trouvent dans tous ces noms des traces de leur langue Teutonique. Cela paroit indubitable dans quelques-uns ; c'eſt à eux à juger ſi la reſſemblance eſt auſſi marquée dans les autres.

Les Germains débitoient tout ceci en anciens vers, n'aiant point d'autre maniere d'Annales & d'hiſtoire en ces tems-là. Ils avoient encore des vers dont le chant s'appelloit *Barditus* ; ils s'en ſervoient pour s'encourager à combatre, ils tiroient des augures de ce chant, & de la maniere dont leurs écus reſonnoient au ſon de cette voix.

Quelques-uns croient qu'Ulyſſe dans ſa longue & fabuleuſe navigation avoit abordé à la côte de l'Ocean Germanique, & avoit fondé le lieu nommé Alciburgum ſur le bord du Rhin. On raconte qu'on trouva autrefois en ce lieu un autel conſacré à Ulyſſe, où étoit le nom de ſon pere Laërce : & qu'on trouve encore des monumens grecs entre la Germanie & la Rhetie. Tacite ne paroit pas bien perſuadé de la verité de ces découvertes.

Selon Tacite, Caſtor & Pollux étoient adorez par une nation Germanique, qu'il appelle les Naharvales : il y avoit un bois ſacré, où un prêtre habillé en femme faiſoit les fonctions ſacerdotales. Cette divinité étoit appellée Alcis, il n'y avoit là aucune idole ni aucune marque de religion étrangere : ils les honoroient cependant comme freres, & comme jeunes. Tacite dit que les Romains interprétant ce culte, diſoient que c'étoit Caſtor & Pollux que ces peu-

---

qua gravium bellorum eventus explorant. Ejus gentis cum qua bellum eſt, captivum quoquo modo interceptum, cum electo popularium ſuorum, patriis quemque armis committunt : victoria hujus vel illius, pro præjudicio accipitur.

Principio libri de moribus Germanorum ait Tacitus celebrare Germanos Tuiſtonem deum terra editum & filium Mannum, originem gentis conditoreſque : Manno tres filios aſſignabant, e quorum nominibus proximi Oceano Ingævones, medii Herminones, cæteri Iſtævones vocentur : quidam autem licentia vetuſtatis plures deo ortos, pluresſque gentis appellationes, Marſos, Gambrivios, Suevos, Vandalios appellant. Scriptores Germanici longos in hæc Taciti loca, inque alia hujuſce libri commentarios edunt, & ſe in hiſce nominibus linguæ ſuæ Teutonicæ veſtigia reperire affirmant : quæ res quantum ad quædam nomina nulli obnoxia dubio eſt ; ipſorum eſt judicare an ea ſimilitudo in cæteris nominibus æque conſpicua ſit.

Germani, inquit ibidem Tacitus, hæc carminibus antiquis celebrabant, quod unum apud illos memoriæ & annalium genus erat. Erant quoque illis carmina, quorum relatu, quem Barditum vocabant, ac-

cendebant animos, futuræque pugnæ fortunam ipſo cantu augurabantur ; terrebant enim aut trepidabant prout ſonuerat acies. Nec tam vocis ille, quam virtutis concentus videbatur : affectabatur præcipue aſperitas ſoni, & fractum murmur objectis ad os ſcutis, quo plenior & gravior vox repercuſſu intumeſceret.

Quidam opinabantur Ulyſſem longo illo & fabuloſo errore in Germanicum Oceanum delatum, adiſſe Germaniæ terras, Aſciburgumque quod in ripa Rheni eſt, ab illo conſtitutum nominatumque Ἀσκίβυργον. Aram quin etiam Ulyſſi conſecratam, adjecto Laertæ patris nomine, eodem olim loco repertam, monumentaque & tumulos quoſdam Græcis literis inſcriptos in confinio Germaniæ Rhetiæque adhuc, tempore nempe Taciti, exſtitiſſe ; quæ omnia Tacitus non temere credenda eſſe ſuadere videtur.

Apud Naharvalos, ait Tacitus de moribus Germanorum ſub finem, antiquæ religionis lucus oſtendebatur : præſidebat ſacerdos muliebri ornatu, ſed deos interpretatione Romani Caſtorem Pollucemque memorabant. Ejus numinis nomen Alcis : nulla ſimulacra, nullum peregrinæ ſuperſtitionis veſtigium ; ut fratres tamen, ut juvenes venerabantur. De Romanorum hos juvenes Caſtorem & Pollucem eſſe putantium

ples honoroient. Vossius doute de la verité de cette interprétation : ce que nous savons certainement, est que du tems de Tibere les Gaulois, qui en plusieurs points de religion convenoient avec les Germains, avoient entre leurs divinitez Castor & Pollux, dont les figures ont été trouvées depuis peu d'années en l'Eglise cathédrale de Paris.

Gruter a donné deux inscriptions trouvées au Monastere de S. Paul dans la Carinthie, où il est fait mention du dieu Latobius, qui à ce qu'il paroit par l'inscription étoit invoqué pour la santé. Une autre inscription du même payis est un vœu à Hercule & à Epone ; cette Epone se trouve encore avec une autre déesse dans une inscription trouvée à Pinoberg près du Danube. Il est fait encore mention de la déesse Aventia dans deux inscriptions de Suisse : ce sont des dieux & des déesses dont on ne connoit que les noms.

IV. « Les Germains adorent, *dit Tacite*, Herthus, qui est la Terre : ils croient qu'elle se mêle des affaires des hommes. *Et parlant de ces mysteres il ajoute* : Il y a dans une isle de l'Ocean une forêt appellée *Castum*, & dans cette forêt un chariot couvert, que le seul prêtre peut toucher. Ce prêtre croit que la déesse est dans la partie la plus secrete de ce chariot tiré par des vaches : il conduit ce chariot & la déesse avec une grande vénération : ce sont des jours de joie & de fête dans tous les lieux qu'elle honore de sa présence, & où elle veut bien séjourner : il n'y a point alors de guerre, on ne prend point les armes ; mais on les tient enfermées. On n'aime que la paix & le repos, jusqu'à ce que le prêtre ait remis la déesse rassasiée de la conversation des hommes dans le temple. Alors le chariot, les habits & la déesse même, si on le doit croire ainsi, sont lavez au lieu le plus secret du lac : les serviteurs qui font cette fonction sont aussitôt après précipitez dans le lac. »

Au lieu d'*Hertum* Cluvier a lû *Hertam* ; Reines & Vandale soutiennent cette leçon comme la veritable, & s'appuient aussi sur cette inscription : *Matri deum magnæ Ideæ summæ parenti Hermæ, & Attidi Menotyranno invicto Clodius Hermogenianus Cæsarius*. Ils croient que dans cette inscription, au lieu d'*Hermæ*, il faut lire *Hertæ* ; en tout cela il y a beaucoup de vraisemblance. Quoi qu'il en soit, *Hertus* ou *Herta* étoit le nom que les Germains donnoient à la mere des dieux, qu'ils honoroient avec Attis.

---

interpretatione dubitat Vossius. Ut ut est, hoc certo scimus, tempore Tiberii Gallos, qui in religionibus non admodum a Germanis dissentiebant, inter numina sua Castorem & Pollucem habuisse, quorum schemata modo expromenda, in Ecclesia Cathedrali Parisiensi haud ita pridem, anno videlicet 1711. reperta sunt.

Duas Gruterus inscriptiones dedit p. 87. in monasterio sancti Pauli in Carinthia repertas, in quibus Latobius quidam deus memoratur, qui, ut ex inscriptione argui videtur, pro valetudine placabatur. Alia ejusdem regionis inscriptio votum Herculi & Eponæ exprimit, quæ Epona cum alia dea occurrit in quadam inscriptione Pinobergæ ad Danubium deprehensa. Memoratur etiam Aventia dea in duabus inscriptionibus in Helvetia repertis : horum vero numinum unum habetur nomen.

IV. Germani seu Germanorum plurimi, inquit Tacitus mor. Germ. sub finem, *Herthum*, id est, *Terram matrem colunt, eamque intervenire rebus hominum, invehi populis arbitrantur. Est in insula Oceani Castum nemus, dicatum in eo vehiculum veste contectum, attingere uni sacerdoti concessum. Is adesse penetrali deam intelligit, vectamque bubus feminis multa cum veneratione prosequitur. Læti tunc dies, festa loca, quæcumque adventu hospitioque dignatur. Non bella ineunt, non arma sumunt, clausum omne ferrum : pax & quies tunc tantum nota, tunc tantum amata, donec idem sacerdos satiatam conversatione mortalium deam templo reddat : mox vehiculum & vestes, & si credere velis, numen ipsum secreto lacu abluitur : servi ministrant, quos statim idem lacus haurit.*

Herthum hic legitur, sed Cluverius Hertam legit : Reinesius autem & Dalenius de Taurobol. pag. 146. hanc veram esse lectionem affirmant, atque hac inscriptione nituntur : *Matri deûm magnæ Ideæ summæ parenti Hermæ, & Attidi menotyranno invicto, Clodius Hermogenianus Cæsarius V. C.* Putant autem in hac inscriptione pro *Hermæ*, *Hertæ* legendum, quod sane admodum verisimile est. Utcumque res se habeat, Herthus aut Herta nomen erat Matris deûm, quam Germani cum Attide honorabant.

CHAPITRE X.

I. Irmenſul, dieu des Germains Saxons. II. Chrodo, autre dieu. III. Buſterichus. IV. Dieux publiez par Groſſer.

I. D Ans la vie de Charlemagne miſe au jour par Pierre Pithou, & dans les Annales des anciens François, publiées par le même, il eſt fait mention d'une idole des Saxons, nommée Irmenſul, ou Ermenſul, trouvée dans la forterelle d'Ereſbourg, priſe par Charlemagne. Quelques-uns croient que c'étoit un Mercure, fondez ſur la reſſemblance du nom Ερμῆς; d'autres la prennent pour le dieu Mars. Le plus ſûr eſt de laiſſer la choſe indeciſe.

P L. II. Henri Chriſtian Henninius, dans ſes obſervations ſur les Epitres de
CXXXIV. Tolliu\, nous a donné l'image d'un dieu des Germains, nommé Chrodo; dont
1 la figure que nous donnons ici eſt [1] telle. Sur un piedeſtal eſt la figure d'un vieillard qui a la tête nue, & qui tient ſes deux pieds nus ſur un grand poiſſon : il eſt revêtu d'une robe qui deſcend plus bas que la mi-jambe, & ceint d'une écharpe, dont les bouts flottans s'étendent à droite & à gauche : il tient de la main gauche une roue, & de la droite un grand pannier plein de fruits & de fleurs. Quelques-uns ont cru que c'étoit un Saturne. Henninius rapporte que ſelon l'opinion commune, cette figure fut premierement trouvée dans la forterelle d'Harſbourg, au mont Hercinius; cette forterelle s'appelloit auſſi anciennement Saturbourg, c'eſt-à-dire la forterelle de Saturne. On montre encore aujourd'hui à l'entrée de cette forterelle le lieu où cette ſtatue étoit ſituée. Henninius croit que c'étoit un dieu des Saxons, & ſur tout des Orientaux, je me diſpenſerai de rapporter les explications allegoriques & morales qu'on a données ſur cette divinité.

III. Au même livre eſt repréſenté un autre dieu des anciens Germains,
2 nommé Buſterichus, dont l'idole [2] ſe voit encore aujourd'hui dans la forterelle des Comtes de Schwartzembourg, nommée Sonderſhuſa : elle étoit autrefois dans la forterelle de Rottembourg ſur une montagne : elle eſt d'une eſpece de metal qu'on ne connoît point, & elle tient la main droite ſur la tête ; la main gauche qu'elle tenoit autrefois ſur ſa cuiſſe eſt caſſée : cette figure nue a un genou à terre. Tout ce qu'on en pourroit dire au delà, ne donneroit aucun éclair-

CAPUT X.

I. Irmenſul deus Germanorum Saxonum. II. Chrodo deus alius. III. Buſterichus. IV. Dii a Groſſero publicati.

I. IN vita Caroli magni a Petro Pithœo publicata, necnon in Annalibus veterum Francorum ab eodem editis memoratur Saxonum idolum, cui nomen Irmenſul, aut Ermenſul, quod in Ereſburgi arce a Carolo Magno expugnata repertum eſt. Putant nonnulli eſſe Mercurium, ſimilitudine nominis Ερμῆς ducti ; alii Martem eſſe arbitrantur, qua de re nihil certum ſtatui poteſt.

II. Henricus Chriſtianus Henninius Obſervationibus in epiſtolas Tollii pag. 31. cujuſdam dei Germanorum cui nomen Chrodo, cujus ſchema [1] quod hic proferimus hujuſmodi eſt; in ſtylobate ſenis cujuſdam figura conſiſtit nudo capite, qui pedibus magnum calcat piſcem : indutus eſt tunica ad mediam tibiam defluente, & præcinctus faſcia, cujus extrema hinc & inde dependent: manu ſiniſtra rotam tenet, dextera caniſtrum fructibus floribuſque plenum ; exiſtimavere quidam eſſe Saturnum. Narrat Henninius, ſecundum opinionem, quæ multorum ore fertur, hoc ſimulacrum detectum primo fuiſſe in Hartsburgi arce, quæ olim vocabatur Saturbourg, id eſt Burgum ſive Arx Saturni. In illius arcis ingreſſu hodieque monſtratur locus ubi hæc ſtatua erat; putat Henninius fuiſſe Saxonum deum, maximeque Orientalium. Allegoricis ethicique circa hoc nomen explicationibus, quas quidam protulerunt, recenſendis ſuperſedebo.

III. Eodem libro pag. 34. repræſentatur alius veterum Germanorum deus nomine Buſterichus, cujus ſimulacrum [2] viſitur in arce Comitum de Schwartzembourg, quæ & Sonderſhuſa dicitur. Erat olim in arce Rottemburgenſi in monte ſita : eſt ex metallo quopiam non noto, manuque dexteram capiti imponit, manus ſiniſtra, quæ olim femur tangebat, delapſa eſt. Quidquid præter hæc dicatur, nihil ad hujuſmo-

ciſſement

cissement au lecteur. Il y en aura peutêtre même qui douteront que cette figure ait représenté quelque dieu, & que le nom qu'on lui donne soit ancien. Quoi qu'il en soit, la voilà telle que nous l'avons trouvée.

IV. Samuel Grosser dans son histoire de la Lusace, imprimée *in fol.* à Lipsic l'an 1714. a donné la forme de plusieurs anciennes divinitez de ce payis: La premiere est Prono, qui avoit, dit-il, soin de la justice & du marché: il tient une pique, & un bouclier fait presque à la maniere des écussons de ces derniers siecles: ce qui feroit juger que si c'est une idole, l'idolatrie aura regné en ce payis-là dans des tems bien bas: la seconde image est de Chrodo, dont nous avons déja parlé: il étoit, dit Samuel Grosser, adoré par les Slaves dans la forêt Hercinie, & il représentoit Saturne. La troisiéme est Trigla, femme à trois têtes; c'étoit Diane, qu'on appelloit Trivia, que plusieurs disent être la même qu'Hécaté: la quatriéme est Porevith, qui présidoit aux dépouilles; c'est un homme à cinq têtes: la cinquiéme est Suantovith, figure à quatre têtes; c'étoit le dieu principal du payis: on le prenoit pour Apollon ou le Soleil. La sixiéme est Radegast, qui tient une hallebarde, aiant une tête de bœuf sur la poitrine, & une aigle sur la tête. La septiéme est Siwa, qu'on croit être une Venus, & que d'autres prennent pour la déesse de la vie. La huitiéme est Flyns, qui est représenté en differentes manieres; premierement comme un homme vêtu d'un grand manteau, qui porte un lion sur les épaules & sur la tête, & qui tient un grand flambeau: ensuite comme un squelete qui porte aussi un lion: enfin comme un homme assis & mal bâti, qui porte un flambeau, il a une couronne sur la tête, & des pieds monstrueux.

---

di statuæ notitiam juvabit: non deerunt fortasse qui dubitent an hæc alicujus numinis statua sit, & an id nominis Busterichus sit antiquum necne. Ut ut est, en illam, qualis antehac delineata fuit.

IV. Samuel Grosserus in historia Lusaciæ typis data Lipsiæ in fol. anno 1714. multorum hujusce regionis numinum figuram nomenque protulit. Primus, inquit ille, deus est Prono, qui justitiæ & fori curam gerebat: hastam ille tenet atque clypeum, qui clypeus formam habet scutorum & insignium infimi ævi: unde argui videtur, si sit idolum, idololatriam in hac regione infimis adhuc sæculis viguisse. Secundo schemate repræsentatur ille ipse Chrodo de quo supra diximus: is, inquit Grosserus, a Slavis colebatur in silva Hercinia & Saturnum repræsentabat. Tertium est Trigla triplici vultu, eratque Diana illa Trivia dicta, quam plurimi eamdem esse dicunt, atque Hecaten: quartum idolum est Porevithi, qui spoliis præsidebat; est vir quinque instructus capitibus: quintum est Suanthovith, quatuor capitibus instructa statua, eratque deus in regione illa præcipuus, ac pro Apolline vel pro Sole habebatur: sextum est Radegasti, qui hastam tenet & caput bovis in pectore gestat; ejus capiti insidet aquila: septimum est Sivvæ, quæ Venus putatur esse, quamque alii pro dea vitæ habent: octavum quemdam Flyns repræsentat, qui tribus exhibetur formis. Prima figura est hominis magno pallio tecti, qui leonem humeris & capite sustinet, magnamque facem tenet; secunda est ossium humanorum compages, quam *Sceleton* dicimus, quæ leonem simili modo gestat; tertia est hominis sedentis rudi barbaricoque more concinnati, qui facem similiter gestat, corona exornatur monstrososque pedes habet,

Tom. II.   G g g

LIVRE V.

La religion des anciens Gaulois, des Espagnols & des Carthaginois.

CHAPITRE PREMIER.

I. La religion des Gaulois, décrite par Cesar. II. On croit que le Mercure des Gaulois est le même que le Theutates de Lucain, & Tharamis le même que Jupiter. III. Preuve que Mercure est le même que Theutates. IV. Grande dévotion des Gaulois à Mercure. V. Inscription de Mercure Cissonien. VI. Quelques images de Mercure. VII. Mercure barbu.

I. CEsar nous apprend bien des choses sur la religion des Gaulois : ce qu'il en a dit est autorisé par plusieurs monumens. On en deterre aussi tous les jours qui nous apprennent sur les dieux de cette nation, des particularitez, dont ni Cesar, ni aucun Auteur n'avoit fait mention. Nous allons rapporter tout ce que nous en avons pû découvrir : le Lecteur y verra bien des choses ou tout-à-fait inconnues ou peu connues jusqu'à present. Une bonne partie de ce que nous allons dire, regarde non seulement les Gaulois, mais aussi les Germains, les Espagnols, & peutêtre d'autres nations voisines, dont la religion étoit la même en bien des choses que celle des Gaulois.

Commençons par ce qu'en rapporte Cesar : « La nation des Gaulois, dit il, est fort superstitieuse ; ceux qui sont dangereusement malades, & ceux qui se trouvent dans des combats & dans des perils, immolent des victimes humaines, ou promettent de les immoler, & se servent pour cela du ministere des Druides. Ils croient qu'on ne peut obtenir des dieux la vie d'un homme, qu'en sacrifiant un autre homme en sa place. Ils ont des sacrifices publics de cette sorte. D'autres font des figures d'homme de grandeur énorme avec

---

LIBER V.

Religio veterum Gallorum, Hispanorum & Carthaginensium.

CAPUT PRIMUM.

I. Religio Gallorum a Cæsare describitur. II. Mercurius Gallorum idem putatur esse qui Theutates Lucani, & Tharamis idem qui Jupiter. III. Probatur Mercurium eumdem esse quem Theutatem. IV. Cultus Mercurii quam celebris in Gallia. V. Inscriptio Mercurii Cissonii. VI. Aliquot imagines Mercurii. VII. Mercurius barbatus.

I. DE religione Gallorum veterum multa Cæsar scripsit, quæ plurimorum veterum monumentorum auctoritate firmantur : quotidie quoque alia monumenta e tenebris emergunt, quæ multa notatu dignissima docent, neque a Cæsare neque ab aliquo Scriptorum memorata. Hic lector plurima observabit aut ignota prorsus, aut minus nota : eorum vero quæ dicturi sumus pars non minima non ad Gallos modo, sed etiam ad Germanos & ad Hispanos spectat, & forte ad alias finitimas nationes, in quarum religionibus multa erant Gallis communia.

Ab iis quæ Cæsar tradidit ducimus exordium : *Natio est omnis Gallorum*, inquit, *admodum dedita religionibus, atque ob eam causam qui sunt effecti gravioribus morbis, quique in præliis periculisque versantur, aut pro victimis homines immolant, aut se immolaturos vovent, administrisque ea sacrificia Druidibus utuntur : quod pro vita hominis, nisi vita hominis reddatur, non posse aliter deorum immortalium numen placari arbitrentur, publiceque ejusdem generis habent instituta sacrificia: alii immani magnitudine simulacra ha-*

LA RELIGION DES GAULOIS.

de l'osier, dont ils remplissent tout le vuide d'hommes vivans : ils y mettent ensuite le feu & font perir tous ceux qui sont dedans. Ils croient que le supplice des voleurs, des brigands, & des autres scelerats, sont fort agréables aux dieux. Ce sont ceux-là qu'ils font mourir : mais quand ils en manquent, ils y mettent aussi des innocens. Ils honorent pardessus tous les autres le dieu Mercure, dont ils ont un grand nombre de statues. Ils croient qu'il est l'inventeur de tous les arts, le guide des voiageurs, & celui qui aide plus que tous les autres à amasser de l'argent, & à négocier heureusement. Après Mercure, ils rendent encore des honneurs divins à Apollon, à Mars, à Jupiter & à Minerve, dont ils ont presque la même opinion que les autres nations. Ils croient qu'Apollon chasse les maladies, que Minerve a donné le commencement aux manufactures & aux arts, que Jupiter a pour son partage l'empire du ciel, que Mars conduit la guerre : delà vient que quand ils vont combattre, ils font vœu de lui offrir ce qu'ils pourront prendre ; & après la victoire, ils lui immolent les bestiaux pris aux ennemis, & ils font un monceau de tout le reste du pillage. On voit en divers païs des Gaules de semblables monceaux en des lieux sacrez : il n'arrive gueres que quelqu'un, sans se mettre en peine de religion, soit assez témeraire pour cacher ou pour prendre quelque chose du butin ; ce crime est puni d'un grand supplice. Tous les Gaulois se vantent de descendre de Pluton : ils ont appris cela, disent-ils, des Druides. C'est pour cela qu'ils comptent les espaces du tems, non par les jours, mais par les nuits : les jours de la naissance, les mois & les années commencent chez eux par la nuit, & finissent par le jour. » Il est surprenant que Cesar n'ait pas compté parmi les dieux des Gaulois Pluton, qu'ils croioient être leur pere, & dont ils se disoient descendus. Peutêtre ne l'a-t-il pas fait ; parce qu'il en vouloit parler peu après, lorsqu'il remonteroit à leur origine fabuleuse. Quant aux victimes humaines, Denis d'Halicarnasse dit qu'ils en immoloient encore de son tems à Saturne.

II. On croit que Mercure que Cesar met comme le principal des dieux Gaulois, est le même que Theutates, dont parle Lucain au livre premier de sa Pharsale ; où il dit que c'est par le sang que les Gaulois se rendent propices Theutates & Esus.

Les Gaulois, dit Lactance, qui l'a peutêtre pris de Lucain, *se rendent Esus*

---

bent, quorum contextu viminibus membra vivis hominibus complent : quibus successis, circumventi flamma exanimantur homines. Supplicia eorum, qui in furto, aut latrocinio, aut aliqua noxa sunt comprehensi, gratiora diis immortalibus esse arbitrantur ; sed cum ejus generis copia deficit, etiam ad innocentium supplicia descendunt. Deum maxime Mercurium colunt, hujus sunt plurima simulacra : hunc omnium inventorem artium ferunt, hunc viarum atque itinerum ducem, hunc ad quæstus pecuniæ mercaturasque habere vim maximam arbitrantur : post hunc, Apollinem, & Martem, & Jovem & Minervam : de his eamdem fere, quam reliquæ gentes habent opinionem ; Apollinem morbos depellere, Minervam operum atque artificiorum initia transferre ; Jovem imperium cælestium tenere, Martem bella gerere : huic cum prælio dimicare constituerunt ; ea, quæ bello ceperunt, plerumque devovent, quæ superaverint animalia capta, immolant, reliquas res in unum locum conferunt. Multis in civitatibus harum rerum exstructos tumulos locis consecratis conspicari licet : neque sæpe accidit, ut neglecta quispiam religione, aut capta apud se occultare, aut posita tollere auderet ; gravissimumque ei rei supplicium cum cruciatu constitutum est. Galli se omnes ab Dite patre prognatos prædicant, idque ab Druidibus proditum dicunt : ob eam causam spatia omnis temporis, non numero dierum, sed noctium finiunt, & dies natales, & mensium, & annorum initia sic observant, ut noctem dies subsequatur. Mirum certe Cæsarem, cum deos Gallorum enumerat & recenset, inter eos non posuisse Ditem patrem aut Plutonem, quem illi patrem se habere prædicabant, & quo se progenitos gloriabantur ; sed id fortasse non præstitit, quia postea erat de origine sermonem instituturus. Quantum ad victimas humanas, ait Dionysius Halicarnasseus Gallos etiam suo tempore homines Saturno mactasse.

II. Vulgo putatur Mercurium, quem Cæsar quasi deorum apud Gallos præcipuum commemorat, eumdem esse quem Theutatem, de quo Lucanus primo Pharsal. libro.

Et quibus immitis placatur sanguine caso
Theutates, horrensque feris altaribus Esus.

Galli, inquit Lactantius lib. 1. c. 21. ex Lucano forte mutuatus, *Esum atque Teuthaten humano cruore pla-*

q) *Theutates propices, en répandant le sang humain:* ils immoloient à Theutates, dit Minutius Felix, des victimes humaines, ou plutôt inhumaines. On croit qu'Hesus ou Esus, comme on lit dans les bas reliefs trouvez depuis peu, est le dieu Mars, & que Tharamis est le même que Jupiter : ce Tharamis est un autre dieu des Gaulois, selon Lucain, qui dit qu'il n'est pas plus humain que la Diane de Scythie, ou de Colchos. Les Gaulois adoroient aussi Apollon, & apparemment sous le nom de Belenus, tout de même que ceux d'Aquilée; comme nous dirons plus bas.

Il ne faut pas oublier l'Hercule Gaulois, dont Lucien fait la description. Nous avons déja vû que les Germains le mettoient au nombre de leurs divinitez; mais s'il en faut croire Lucien, ils en avoient une idée, ce semble, fort differente de celle des Gaulois. Nous allons parler successivement de tous ces dieux, après quoi nous rapporterons ces beaux restes d'antiquitez Gauloises trouvées dans l'Eglise de Nôtre Dame de Paris, l'an 1711. & nous finirons par d'autres divinitez Gauloises.

III. Mercure étoit, comme nous avons vu, le principal dieu des Gaulois; c'est celui qu'ils appelloient Theutates, comme nous avons dit, (mot qui revient au Thoth ou Thouth qui étoit le Mercure des Egyptiens & des Pheniciens.) On ne parle pas ici par conjecture : il est certain que les Gaulois avoient un dieu qu'ils appelloient Theutates; il n'est pas moins sûr que les Espagnols qui convenoient avec les Gaulois sur plusieurs choses de religion, connoissoient un Mercure surnommé Theutates. Il y avoit, dit Tite-Live, à Carthage la neuve, une éminence qu'on appelloit Mercure Theutates : les monceaux & les buttes de terre qu'on trouvoit sur les chemins étoient appellées Mercure; c'est apparemment pour cela qu'on avoit appellé cette éminence Mercure, avec l'addition de Theutates, nom que les Espagnols aussi bien que les Gaulois donnoient à ce dieu.

IV. Les Gaulois le regardoient comme l'inventeur des arts, le guide des voiageurs, & le dieu des négotiateurs, qui aidoit à amasser de l'argent : qualitez propres à lui attirer bien des dévots. En effet, il paroit par les monumens de Mercure qui nous restent, que son culte a été fort en vogue dans les Gaules, non seulement avant qu'elles fussent conquises par les Romains, mais encore après. Une inscription de Mets rapportée par Meurisse, le qualifie de

---

cabant : ipsi, inquit Minutius Felix cap. xxx. n. 4. Galli humanas vel inhumanas victimas cædebant. Non desunt qui credant Hesum vel Esum, ut legitur etiam in anaglyphis non ita pridem erutis, esse deum Martem, & Tharamin alium Gallorum deum, de quo Lucanus lib. 1.

Et Tharamis Scythicæ non mitior ara Dianæ

eumdem esse atque Jovem. Galli Apollinem etiam colebant, atque ut creditur Beleni nomine, quemadmodum & Aquileienses, ut infra dicemus.

Non oblivioni tradendus Hercules Gallus, cujus Lucianus descriptionem fecit : jam vidimus Germanos Herculem in deorum suorum numero habuisse ; sed si Luciano credendum, longe alia illi de Hercule sententia fuisse videntur, quam Galli. De his omnibus diis ordine jam differendum, ac postea Gallicanarum antiquitatum, quæ anno 1711. in Ecclesia Cathedrali B. M. Parisiensi detectæ sunt, recensionem explicationemque aggrediemur, demumque de cultu Gillorum nonnulla subjiciemus.

III. Mercurius, ut jam diximus, apud Gallos inter deos præcipuus censebatur : illum Theutaten appellabant, quæ vox finitima est nomini Thoth, vel Thouth, qui Mercurius erat Ægyptiorum & Phœnicum : hæc non ex conjectura solum dicuntur. Certum quippe est Gallos deum habuisse, quem Theutatem vocabant ; nec minus certum est Hispanos, qui in multis circa religionem cum Gallis consentiebant, Mercurium agnovisse cognomenTheutatem. In nova Carthagine ex Tito Livio Decad. 3. lib. 6. cap. 44. tumulus erat nomine Mercurius Theutates ; tumuli namque terræque acervi, qui in viis erant, Mercurii vocabantur ; unde verisimiliter hic tumulus Mercurius appellabatur, addito Theutate, quo nomine Hispani perinde atque Galli Mercurium vocabant.

IV. Ipsum Galli ut artium inventorem, viatorum ducem, & negotiatorum deum habebant, & ad quæstum pecuniæ opportunum, quæ dotes magnum cultorum numerum pellicere poterant. Ex monumentis sane ad Mercurium pertinentibus, quæ in Galliis detecta sunt in diesque deteguntur, arguitur ejus cultum in hisce regionibus celeberrimum fuisse, non ante Cæsarem modo illiusque ævo, sed etiam postquam Gallia Romanis subactæ fuere. Inscriptio Metensis a

1.

DEO MERCVRIO CISSO
NIO DVBITATIA CASTVLA
NATIONE·SYRIA TEMPLVM
ET·PORTICVS·VETVSTATE
COIIABSVM DENVO DE SVO
RESTITVIT

SACRVM
MERCVRIO AVGVSTO
CIVI·SYRI ALISSV·S·L·M

DIEUX DES GAULOIS.

Mercure le négotiateur ; c'est apparemment à cause de ce négoce fait pour amasser de l'argent, que presque toutes les figures de Mercure que l'on trouve dans les Gaules, le représentent la bourse à la main.

PL. CLXXXV

V. L'inscription de Besançon qui m'a été envoiée par feu M. l'Abbé d'Etrées, nommé à l'Archevêché de Cambray, est sur ¹ une pierre de plus de deux pieds deux pouces de long, & de sept à huit de large : le sens de l'inscription est, que Dubitatia Castula Syrienne de nation, a établi à ses propres frais le temple & le portique de Mercure Cissonius, que le tems avoit ruinez. Cissonius est apparemment un nom local donné à Mercure : rien de plus commun que ces noms locaux attribuez a des divinitez.

1

VI. Le premier Mercure ² qui vient après, m'a été communiqué par M. l'Abbé Charlet de Langres, de la générosité duquel je ne sçaurois trop me louer : il a ramassé tout ce qu'il a pu des antiquitez de la Bourgogne, & sans en être prié, il m'a envoié son manuscrit plein de monumens très-curieux, pour en tirer tout ce qui pourroit servir à cet ouvrage. Ce Mercure a été trouvé auprès de Langres : il tient la bourse d'une main & un bâton de l'autre ; ce qu'il y a de remarquable est, que les ailerons qu'il porte à la tête ressemblent aux oreilles de quelque animal.

2

Le monument qui vient ensuite est encore un present de M. l'Abbé Charlet ; on y voit ³ la tête de Mercure avec ses ailes, & celle de la Fortune, avec l'inscription qui suit, *Deo Mercurio & Fortunæ.... verte.... C. Antius Titi Fi. Ex voto.* M. Charlet croit qu'il faut lire *Fortunæ revertenti.* Je crois qu'il a raison : le sens de l'inscription est donc, que C. Antius fils de Titus pour accomplir son vœu a érigé ce monument à Mercure & à la Fortune qui revient ou qui est de retour.

3

VII. La troisiéme image ⁴ que nous donnons a été trouvée à Beauvais ; c'est un bas relief où Mercure contre l'ordinaire est représenté barbu : il a un petase un peu different de ceux qu'on remarque aux autres Mercures, & qui ressemble assez à un chapeau, les ailes y sont grandes ; il est couvert d'un manteau qui ressemble au *Paludamentum* ; il tient de la main droite une bourse, & de la gauche le caducée sans ailes : l'inscription est ; *Caius Julius Healissus a consacré cette pierre & figure à Mercure Auguste, accomplissant de son plein gré le vœu auquel il s'étoit obligé.* Ce nom de Mercure Auguste pourroit faire croire qu'on a figuré l'Empereur de ce tems-là comme un Mercure ; si cela étoit, il

4

Meurissio publicata in præfatione sua ad historiam Metensem, ipsum Mercurium negotiatorem nuncupat ; ea hujusmodi est : *Mercurio negotiatori sacrum, Numisius Albinus ex voto.* Ob hujusmodi negotiationem ad quæstum pecuniæ, Mercurii fere omnia schemata quæ in Galliis occurrunt, ipsum crumenam manu tenentem repræsentant.

V. Inscriptio Vesontionensis, ¹ quam mihi transmisit Excellentissimus Abbas d'Etrées, ἡ μακαρίτης, duorum pedum totidemque pollicum longitudine est, latitudine vero septem vel octo pollicum ; singulatis illa est, & sic habet :

Deo Mercurio Cissonio Dubitatia Castula natione Syria (sic) templum & porticus vetustate collapsum (sic) denuo de suo restituit. Mercurius hic Cissonius vocatur, quæ vox videtur ad locum quempiam in quo Mercurius colebatur pertinere.

VI. Qui prior offertur ² Mercurius a D. Abbate Charlet Lingonensi mihi transmissus est, qui Abbas cum antiquitatum monumenta, quæ in Burgundia exstant, summo studio collegisset, omnia mihi generose ac perhumaniter nec rogatus transmisit, ut quæ ad hujus operis argumentum pertinerent excerperem. Mercurius hic prope Lingonas repertus, crumenam altera manu, baculum altera tenet ; quod in eo singulare observatur, pinnæ capitis animalis cujuspiam auriculas non male referunt.

Ex eodem ³ quoque Domino Abbate prodiit & monumentum sequens, ubi caput Mercurii cum pinnis observatur, itemque caput Fortunæ cum inscriptione sequenti, *Deo Mercurio & Fortunæ..... Caius Antius Titi filius ex voto.* Putat idem Dominus Abbas legendum *Fortunæ revertenti,* & optime quidem, ni fallor.

VII. Imago Mercurii tertia ⁴ Bellovaci reperta, est anaglyphum, ubi Mercurius præter morem barbatus repræsentatur ; petasum gestat dissimilem aliis, queis Mercurius vulgo ornatur : pinnæ solito altiores sunt ; vestis ea est, quæ non male paludamentum Romanorum referat : dextera Marsupium tenet, sinistra caduceum sine pinnis ; inscriptio est : *Sacrum Mercurio Augusto Caius Julius Healissus votum lubens solvit merito.* Mercurii Augusti nomen forte indicet illius temporis Imperatorem forma Mercurii hic exhi-

ne faudroit plus s'étonner si on l'a représenté avec la barbe ; mais je ne reconnois aucun des Empereurs sur cette image : cependant il est ordinaire dans les medailles & dans les autres monumens de voir les Empereurs & Imperatrices figurez pour des divinitez, comme le savent tous ceux qui sont tant soit peu versez dans l'antiquité.

Un ancien autel de Mets porte une inscription de Mercure en ces termes : *Herculius, le jeune Auguste, a dédié cet autel au très-saint dieu Mercure* ; c'est apparemment Maximien Hercule qui s'appelle ici jeune, par rapport à Diocletien plus âgé que lui, & qui l'avoit élevé à l'empire.

beri. Si res ita se haberet, mirum non esset, si barbatus Mercurius appareat ; sed nullum hic Imperatorem de facie cognosco : attamen frequentissime occurrit in nummis in aliisque monumentis, ut Imperatores & Augustæ deorum forma repræsententur, ut norunt omnes qui vel primoribus labris rem antiquariam attigerunt.

Ara vetus Metensis inscriptionem ad Mercurium spectantem præfert his verbis :
Deo Mercurio numini sanctissimo, Herculius junior Augustus.
Hic Herculius est ut videtur Maximianus Herculius, qui hic junior vocatur, ratione Diocletiani senioris, qui ipsum ad imperium evexerat.

CHAPITRE II.

I. Grand nombre de Mercures sans sexe tels qu'ils se trouvent, & qu'ils étoient honorez en certaines parties des Gaules. II. Autres Mercures & figures Gauloises. III. Mars autre dieu des Gaulois. IV. Jupiter honoré dans les Gaules & dans les Alpes.

I. LES monumens de Mercure que nous allons représenter en grand nombre, ont été trouvez entre la Lorraine & l'Alsace, sur une montagne appellée Framont ; quelques-uns croient que ce nom vient de *Pharamundi mons*, ou de *Ferratus mons* ; mais ces sortes d'étymologies sont ordinairement fort incertaines. On ne sait pas si parmi ces figures il y en a quelques-unes faites avant le tems des Romains : celles qui ont une inscription latine, ont été mises apparemment depuis qu'ils eurent conquis les Gaules. Les autres qui n'en ont point, sont à peu près d'un même goût qui est tout-à-fait barbare, & apparemment de même tems. On peut dire generalement parlant, que hors quelques medailles que nous rapporterons dans la suite, nous n'avons point de figure de dieux que nous puissions assurer être des anciens Gaulois, lorsqu'ils étoient en liberté, & qu'ils vivoient selon leurs loix.

PL. CLXXXVI. I

Le premier Mercure a un bonnet avec deux ailes, de forme assez grossiere, [1] & une espece de manteau qui ne couvre point sa nudité : il tient de la

CAPUT II.

I. Mercurius sexu carens in quibusdam Galliæ partibus cultus : ejus schemata magno numero. II. Alii Mercurii & Gallicæ imagines. III. Mars alius Gallorum deus. IV. Jupiter cultus in Galliis & in Alpibus.

I. MOnumenta Mercurii sequentia magno numero in monte quodam Lotharingiam inter & Alsatiam reperta sunt : nomen monti *Framont*, quasi *Pharamundi mons* ; vel *ferratus mons*, ut alii dicunt, quæ etymologiæ ut plurimum incertæ sunt.

An ante subactas a Romanis Gallias hæc monumenta sint posita ignoratur ; sed quæ inscriptionem habent latinam, videntur omnino post additas imperio Gallias concinnatæ : cum autem illa quæ inscriptione vacant eodem sint sculpturæ genere, rudi scilicet atque barbaro, eodem & ipsa tempore confecta videntur. Hoc autem observavimus præter numismata quædam quæ imperium Romanum præcessisse omnino videntur, de quibus suo loco, nullum esse Gallicum deorum schema, quod ante subactas Gallias, cum Galli suis legibus viverent, positum fuisse certo dicere possimus.

Primus [1] Mercurius petasum pinnis ornatum rudique more concinnatum habet, & quoddam ceu pallium, quo nuda corporis non teguntur : manu dextra

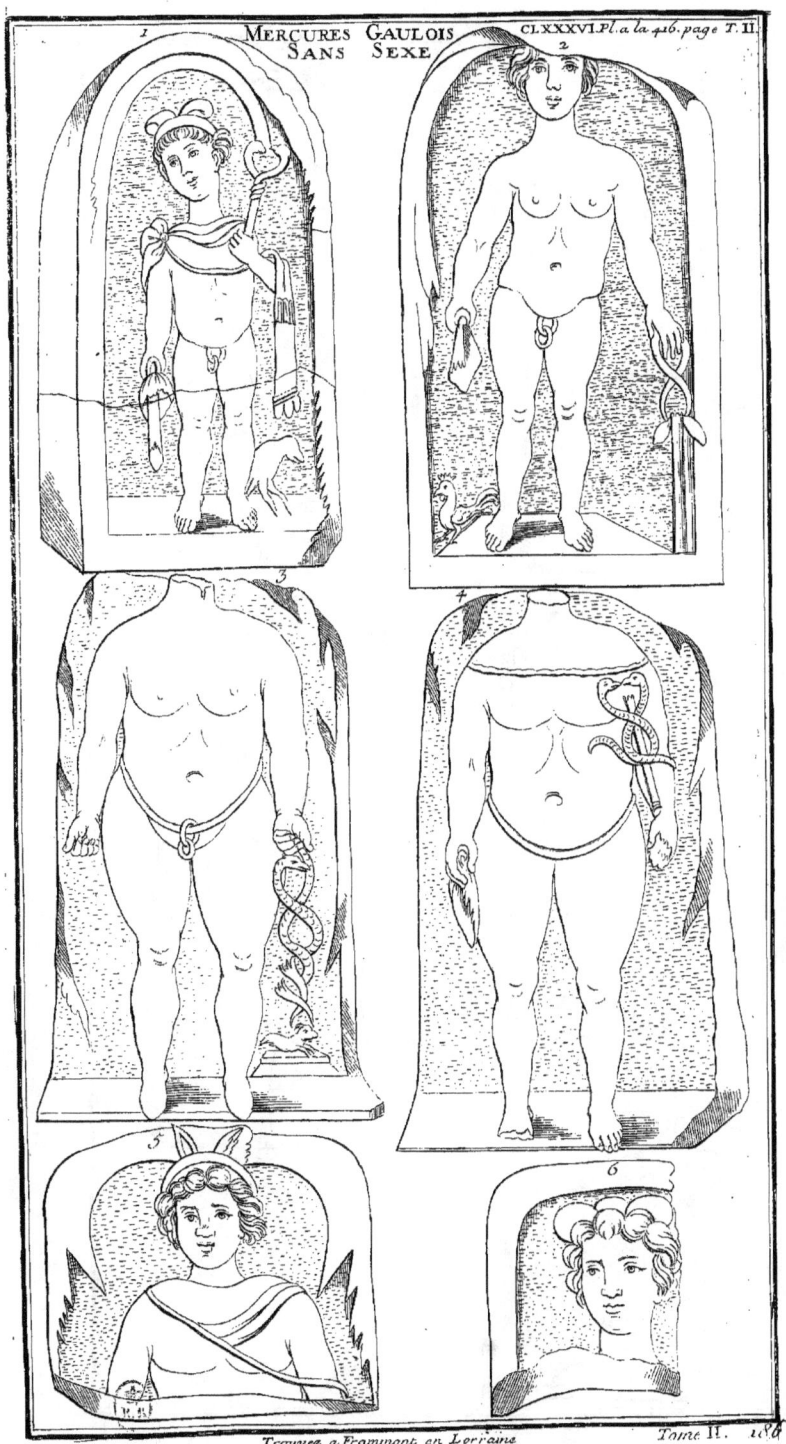

Trouvez a Framnont en Lorraine

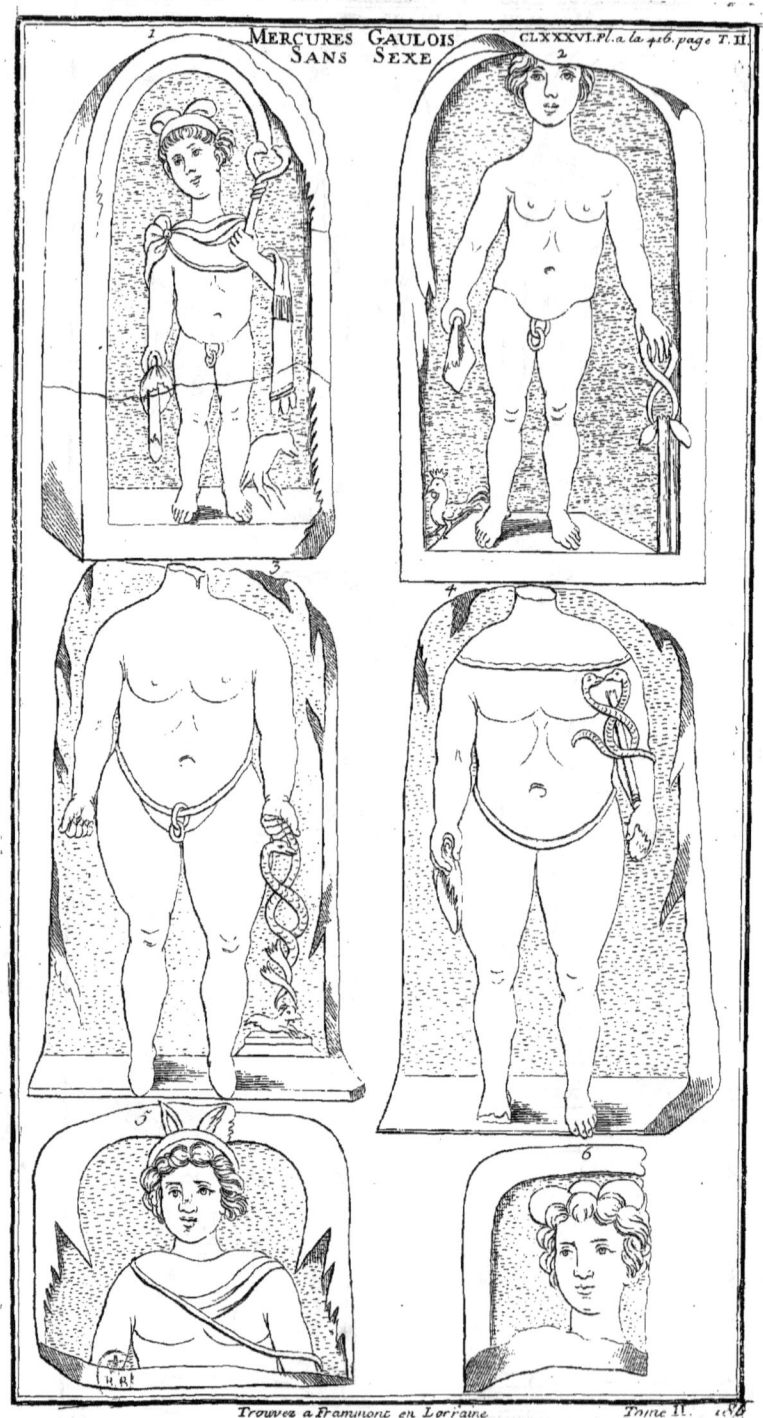

main droite une bourse de forme singuliere, d'où pend une longue bande ; on pourroit douter si c'est veritablement une bourse, si l'on ne la voioit ordinairement dans les Mercures : de la main gauche il tient un caducée, & à ses pieds on voit un animal qu'on ne peut reconnoitre, tant il est mal formé. Le Mercure 2 qui vient après, dont la tête est cassée en partie, s'appuie sur une espece de caducée, & tient de l'autre main une bourse peu differente de celle de devant. Il a à ses pieds un coq symbole de Mercure : celui-ci a des mamelles de femme, en quoi il differe du premier : mais ce qui est remarquable dans l'un & dans l'autre est, qu'au bas du ventre au lieu de sexe ils n'ont que deux gros anneaux enclavez l'un dans l'autre ; par où il semble que Mercure n'étoit d'aucun sexe. 3 Les deux Mercures suivans ausquels la tête manque, n'ont point de sexe non plus que les precedens 4, & sont reconnoissables par le caducée.

II. L'autre Mercure 5 mutilé de la moitié du corps, porte le petase & ses ailerons : l'inscription latine n'est pas trop aisée à lire. Le sens le plus raisonnable, qu'il semble qu'on puisse lui donner, est : P. V. C. *a accompli de son plein gré le vœu qu'il avoit fait au dieu Mercure.* Celui qui a accompli le vœu n'a mis que les premieres lettres de son nom. L'autre tête qui 6 suit paroit aussi être de Mercure, quoique les ailes du bonnet soient mal formées comme dans plusieurs autres.

Deux Mercures de la planche suivante sont aussi sans sexe : il paroit que le culte de Mercure sans sexe étoit fort en vogue dans 1 cette partie des Gaules & 2 dans les voisines. Parmi quelques figures que m'a envoiées M. le Baron de Crassier, gentilhomme de Liege, qui dans l'exécution de cet ouvrage m'a rendu tous les offices de veritable ami, il y a trois Mercures de mauvais goût, qui n'ont point de sexe non plus que les precedens. Les deux têtes 3 suivantes de Mercure, ont au lieu 4 d'ailes comme des bandes dentelées par le haut. Nous 5 ajoutons à ces figures une tête d'animal cornu, trouvée sur la même montagne.

Dans la planche suivante on voit trois hommes sans tête, 1 dont l'un a une grande épée, & paroit tenir d'une main une bourse, & de l'autre un gand : ces 2 hommes n'ont rien de remarquable que les habits. On voit ensuite le combat d'un lion 3 mal formé, contre un animal qui n'est pas reconnoissable,

---

marsupium tenet singulari adornatum modo, ex quo fascia defluit : esse marsupium vix crederemus, nisi hæc solita esset Mercurii tessera : sinistra manu Mercurius caduceum tenet ; ad ejus pedes animal quodpiam, quod vix internoscas, ita barbare effictum est. E vicino alius Mercurius, cujus capitis pars excidit; caduceo, ut videtur, innititur, alteraque manu marsupium tenet præcedenti non multum absimile. Ad ejus pedes Gallus symbolum Mercurii ; hic mulieris mammas habere videtur, qua in re a priore differt ; sed quod in utroque observatu dignissimum est, in ima ventris parte duos annulos grandiores alterum in altero inclusos habent, qua re significari videtur Mercurium nullius esse sexus. Duo 3 Mercurii sequentes capite mutili nullum sexum præferunt ut nec priores, 4 & ex caduceo internoscuntur.

II. Alius Mercurius 5 dimidia corporis parte mutilus, ex petaso pinnisque Mercurius esse deprehenditur : inscriptio latina haud ita facile legitur, neque potest verisimiliore modo efferri.
DEO MERCVRIO P. V. C. VOTVM SOLVIT LVBENS MERITO.

Qui votum solvit, primas nominis sui literas P. V. C. tantum posuit. Aliud caput 6 sequens videtur Mercurii etiam esse, etsi pinnæ petali inconcinne depictæ videantur, quod in aliis etiam pluribus observatur.

In tabula sequenti 1 duo Mercurii capite mutili, sexuque carent. Mercurii hujusmodi sine sexu cultus non in hac solum, sed in vicinis etiam Galliarum partibus 2 admodum viguisse videtur ; nam inter aliquot schemata, quæ mecum communicavit vir nobilis & Baro de Crassier Leodiensis, qui mihi multa hujusmodi contulit officia, aliquot Mercurii rudi more formati, qui sexu carent ut præcedentes. Duo capita 3 Mercurii quæ hic adjiciuntur, pinnarum loco denticulas 4 ceu tæniolas habent. Alia quoque schemata in hac tabula exhibentur, 5 inter quæ animalis cornuti caput visitur.

In alia tabula tres homines capite mutili conspiciuntur, quorum unus 1 oblongo gladio instructus, altera manu crumenam, ut videtur, altera chirothecam tenet : de 2 cætero nihil obtinent dignum præter vestimenta. Sub hæc pugna conspicitur leonem inter & aliud animal, quod ob sculpentis imperitiam

avec une inscription, BELLICCVS SVRBVR, aussi barbare que les figures. On voit sur la même montagne un ancien temple, dont la structure est tout-à-fait simple.

PL. CLXXXIX.

La planche suivante est pleine d'Antiquailles trouvées depuis peu auprès de Zurich : les deux Mercures qui s'y voient sont d'assez bon goût : l'un d'eux a à ses pieds une tortue, symbole assez ordinaire de Mercure, comme nous l'avons déja prouvé au premier tome, au chapitre de Mercure. Les sept bêtes qu'on voit audessous sont fort peu reconnoissables, tant elles sont mal formées. On n'oseroit dire si ces peuples les ont anciennement reconnues pour des divinitez. On remarque aussi sur cette planche une épée, une clef, & quelques autres instrumens : tout cela a été trouvé au même endroit.

III. On croit que le dieu Mars des Gaulois étoit le même qu'Hesus ou Esus, dont font mention Lucain & Lactance. On n'avoit point vû de figure de ce dieu tel que les Gaulois l'adoroient : mais il se trouve avec l'inscription *Esus*, dans les bas reliefs deterrez en 1711. dans l'Eglise cathedrale de Paris, que nous rapporterons plus bas.

IV. Jupiter qu'on croit être le même que Tharamis de Lucain, se trouve aussi dans les bas reliefs de Nôtre-Dame de Paris, assez semblable aux autres figures de Jupiter que nous avons données en grand nombre. Je ne connois point d'autre figure du Jupiter Gaulois. Il y a pourtant un autre Jupiter dont la statue a été conservée jusqu'à nos jours en Savoie, à la montagne appellée le grand saint Bernard, & au monastere de Montjoux, *Mons Jovis*, ainsi nommé de cette statue de Jupiter, donnée par l'Auteur de la vie de saint Bernard de Menton, fondateur de cette Abbayie ; & par Guichenon dans son histoire de la maison de Savoie : elle est semblable à une autre qui est au premier tome. Ce Jupiter a cela de particulier, qu'il porte une couronne radiale, & tient de sa main gauche la foudre. Auprès de là est une colonne, qu'on appelloit *Columna Jovis*, d'où est venu le nom de Colonne Joux, qu'on donne à un certain lieu de la même montagne ; on dit qu'il y avoit sur cette colonne une escarboucle qu'on appelloit l'œil de Jupiter ; & que delà vient le nom de *Columna Jovis*. Nous donnons ici l'inscription qui étoit autrefois, dit-on, au pied de la statue : *Decius Terentius Varron a dedié cet autel à Jupiter très excellent & très-grand, au Genie du lieu, & à la Fortune qui l'a ramené.*

---

non novimus, cum inscriptione, BELLICCVS SVRBVR quæ perinde barbara est, atque sculptura alia omnis. Eodem in monte vetus templum visitur rudi opere.

Tabula sequens monumenta non pauca exhibet, nuper prope Tigurum effossa & eruta : Mercurii duo non imperitæ manus, quorum alter ad pedes testudinem habet, symbolum Mercurii non insolitum, ut primo tomo ubi de Mercurio ostendimus. Septem feræ subtus positæ ob sculpturæ imperitiam vix dignoscuntur : an hisce feras pro numinibus olim incolæ habuerint, dicere non ausim. In eadem tabula gladius effertur, clavis, aliaque instrumenta, quorum usum vix agnoveris : ea omnia eodem in loco deteéta.

III. Mars Gallorum deus idem fuisse putatur qui Hesus aut Esus, quem commemoravere Lucanus atque Lactantius : hujusce dei quaenam a Gallis colebatur, nulla hactenus imago visa fuerat ; sed cum inscriptione Esus occurrit ille in anaglyphis in Ecclesia Cathedrali Parisiensi anno 1711. detectis, quæ anaglypha mox exhibenda sunt.

IV. Jupiter qui idem esse putatur atque Tharamis ille Lucani, in anaglyphis Parisiensibus repræsentatus visitur, aliis Jovis schematibus, quæ primo tomo magno numero dedimus, non absimilis. Non aliam Gallici Jovis figuram novi. Alius tamen Jupiter est, cujus statua ad hoc usque tempus servatur hactenus in monte Allobrogum, cui magnus sanctus Bernardus nomen, in monasterio de Monjoux, quasi dicas *mont Jovis*, quod monasterium sic denominatum est ab illa Jovis statua. Hæc statua publicata fuit ab Auctore vitæ sancti Bernardi de Mentone hujus Abbatiæ fundatoris, & a Guichenone in sua Sabaudicæ familiæ historia. Jupiter autem iste hoc singulare præfert, quod coronam habeat radiatam, manuque sinistra fulmen teneat. E vicino columna est, quæ vocabatur *Columna Jovis*, unde ortum nomen *Colonne Joux*, quo appellatur montis pars quædam. Vulgo fertur olim supra columnam carbunculum fuisse, qui oculus Jovis vocabatur, & hinc nomen columnæ Jovis inditum : inscriptionem hic afferemus, quæ olim, ut aiunt, ad pedem statuæ erat : *Jovi Optimo Maximo, Genio loci, Fortunæ reduci, Decius Terentius Varro dedicavit.*

Non

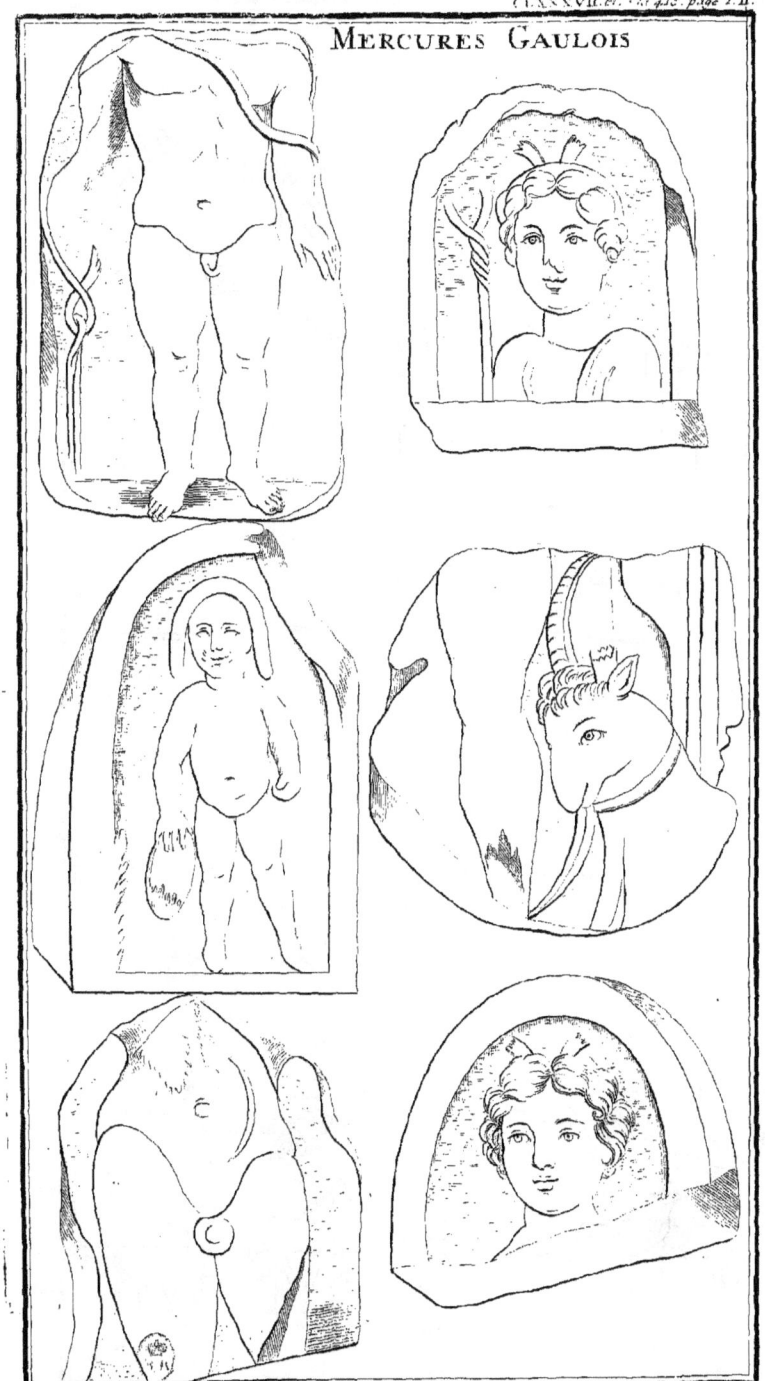

Trouvez à Frammont en Lorraine

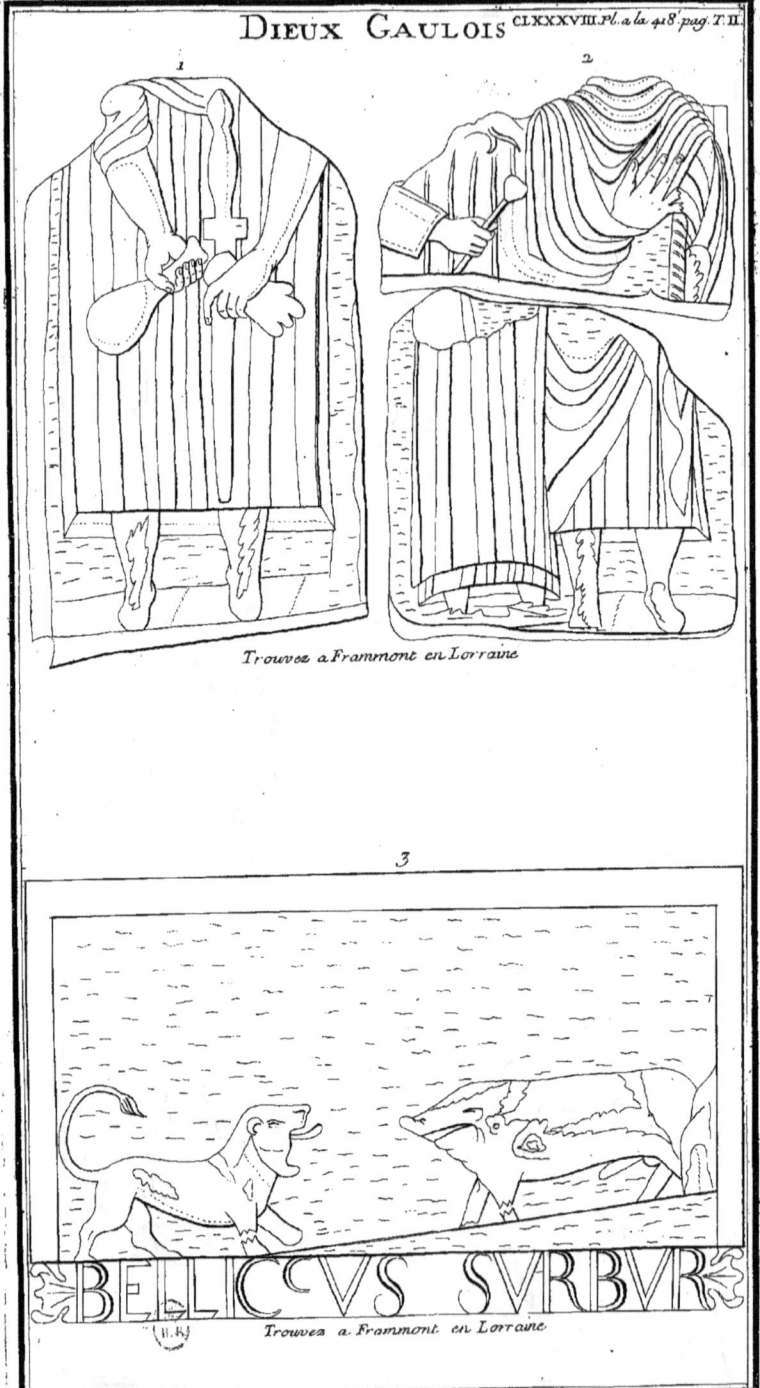

DIEUX DES GAULOIS.

Non loin de-là est le dieu Pennin ; c'est un dieu local, ainsi nommé, parce qu'il étoit adoré dans les Alpes Pennines. La figure est d'un jeune homme tout nu sur une colonne. Auprès de-là est un autel qui a cette inscription : *Lucius Lucilius a fait ce présent au très-excellent & très-grand dieu Pennin*. Nous n'avons que peu de monumens de la Minerve des Gaulois, dont parle Jules Cesar.

Haud procul ab eo est deus Penninus : Pennini nomen ex loco petitur, quia nempe in Penninis Alpibus colebatur : imago est juvenis nudi columnæque impositi. E vicino ara est cum hac inscriptione : *Lucius Lucilius deo Pennino optimo maximo donum dedit*. Minervæ, quam auctore Cæsare colebant Galli, pauca sunt monumenta.

CHAPITRE III.

I. Apollon des Gaulois honoré, à ce qu'on croit, sous le nom de Belenus. II. On refute Elie Schedius, qui dit que le nombre des jours de l'année se trouve dans Belenus. III. L'Hercule des Gaulois, selon Lucien. IV. Autre Hercule des Gaulois.

I. Pour ce qui est de l'Apollon des Gaulois, plusieurs croient, & avec fondement, que c'est le même que Belenus ; comme les vers d'Ausone le prouvent, où parlant à Attius Patera, il dit qu'il est de la race des Druides, qu'étant au service du temple de Belenus, il porte le nom de Patere ; & qu'on appelloit de ces sortes de noms, les ministres de l'Apollinaire mystique. Et dans un autre endroit, il parle d'un vieillard nommé Phœbitius, de la race des Druides, qui avoit été *Edituë* ou Sacristain de Belenus ; & qui par le moien de son fils, avoit obtenu une chaire à Bourdeaux. Les noms des ministres ou prêtres *Apollinaris* & *Phœbitius*, marquent que Belenus étoit pris dans les Gaules pour Apollon, tout de même qu'à Aquilée où Belenus étoit aussi adoré. Plusieurs inscriptions de cette ville commencent ainsi, *Apollini Beleno*, à Apollon Belenus ; comme on peut voir dans la savante dissertation sur Belenus de dom Philippo del Torré, Evêque d'Hadria.

II. Elias Schedius, dans son livre *De diis Germanorum*, prend Belenus pour le Soleil, & a cru trouver les 365. jours de l'année dans le nom de Belenus, tout

---

CAPUT III.

I. Apollo Gallorum Beleni nomine, ut putatur, cultus. II. Eliæ Schedii opinio rejicitur putantis numerum dierum anni in hoc nomine BHΛΕΝΟΣ *reperiri. III. Hercules Gallorum secundum Lucianum. IV. Alius Hercules Gallorum.*

I. Quod ad Apollinem Gallorum spectat, putant multi eumdem esse atque Belenum ; quæ res omnino verisimilis est, id enim probant hi Ausonii versus de Professoribus Burdigalensibus carm. 4.

> Tu Baiocassis stirpe Druidarum satus
> Si fama non fallit fidem,
> Beleni sacratum ducis e templo:
> Et inde vobis nomina
> Tibi patera : sic ministros nominant
> Apollinaris mystici.

Et carm. 10.

> Non reticebo senem
> Nomine Phœbitium,
> Qui Beleni aedituus
> Nil opis inde tulit.
> Sed tamen, ut placitum,
> Stirpe satus Druidarum
> Gentis Aremoricæ,
> Burdigalæ Cathedram
> Nati opera obtinuit.

Hæc nomina, Apollinaris & Phœbitius, Belenum hic memoratum Apollinem esse significant, a Gallis Aremoricis eo nomine cultum, quemadmodum Aquileiæ Belenus colebatur : multæ istius urbis inscriptiones sic incipiunt, *Apollini Beleno*, ut videre est in erudita Diatriba in Belenum doctissimi Philippi a Turre Episcopi Hadriensis.

II. Elias Schedius in libro de diis Germanorum, Belenum pro Sole habet, & numerum dierum totius anni in hoc nomine, Beλnvos, græce scripto se reperisse

de même que les Basilidiens les trouvoient autrefois dans ceux d'Abraxas & de Mithras, & voici comme il s'y est pris : il écrit ce nom avec un *n* à la seconde lettre, & trouve ainsi son compte.

ΒΗΛΕΝΟΣ
2 8 30 5 50 70 200.   365.

Mais comme a fort bien remarqué M. l'Evêque d'Hadria, il ne l'a pu faire sans alterer ce nom, dont la seconde lettre aussi bien que la quatriéme est un *e psilon* dans Herodien ; & dont la premiere syllabe est toûjours breve dans Ausone & dans Quintus Siculus duquel voici deux vers qu'Antoine del Ré, dans ses Antiquitez de Tivoli, dit avoir tirez d'un marbre :

Antinoo & Beleno par ætas formaque par est,
Cur non Antinoüs fit quoque qui Belenus,
Q. *Siculus.*

Il est à remarquer que plusieurs inscriptions le qualifient *Apollo Belenus* ; mais jamais *Sol Belenus*. Car quoique physiquement parlant, Apollon fut pris pour le Soleil ; dans le culte civil on en faisoit deux divinitez differentes. Et la plûpart des Anciens les distinguent, comme n'aiant rien de commun entre-eux, ainsi que nous l'avons prouvé aux chapitres du Soleil & d'Apollon. Nous ajoutons à ce que nous avons dit alors, que Ciceron lorsqu'il fait l'énumeration de plusieurs Apollons, ne dit pas qu'aucun d'eux ait été pris pour le Soleil ; & lorsqu'il compte aussi plusieurs Soleils, il ne remarque pas qu'aucun d'eux ait été pris pour Apollon. Comme nous n'avons pas rapporté ce dernier passage au chapitre du Soleil, nous le mettrons ici : *Les Théologiens*, dit-il, *parlent de plusieurs Soleils, dont l'un fils de Jupiter étoit petit-fils d'Æther : le second fils d'Hyperion : le troisiéme, de Vulcain fils du Nil ; les Egyptiens prétendent que sa ville est celle qui s'appelle Heliopolis : le quatriéme étoit celui dont Achante accoucha aux tems heroïques dans l'Isle de Rhodes ; il étoit grand-pere de Jalyse, de Camire & de Linde : on dit qu'il eut pour enfans Æeta & Circé, au payis de Colchos.* Ciceron ne dit pas qu'aucun de ceux-ci ait été pris pour Apollon. Belenus ne fut donc jamais pris pour le Soleil, ni à Aquilée, ni dans les Gaules. On croit que le Belatucadrus de la grande Bretagne, qui se trouve dans deux inscriptions de Gruter, étoit le même que le Belenus des Gaulois.

III. Quant à l'Hercule des Gaulois, voici ce que Lucien en écrit : « Les

---

putavit, quemadmodum Basilidiani eumdem numerum reperiebant in nominibus, Abraxas & Mithras : ideoque Schedius nomen Βηλενος sic cum *n* scripsit, & ita numerum illum 365. perfecit.

ΒΗΛΕΝΟΣ
2. 8. 30. 5. 50. 70. 200.   365.

Sed ut optime observavit Hadr. Episcopus, nonnisi litera una nominis mutata illud efficere potuit, cujus nominis secunda perinde atque quarta est apud Herodianum, ejusque prima syllaba semper brevis est apud Ausonium, & apud Quintum Siculum, cujus hi duo versus in marmore Tiburtino sculpti esse perhibentur ab Antonio del Re in Antiquitatibus Tiburtinis c. 5. part. 2. ubi de villa Hadriani in fine :

Antinoo & Beleno par ætas formaque par est,
Cur non Antinoüs fit quoque qui Belenus
Q. *Siculus.*

Illud quoque notandum est, multas inscriptiones ipsum hoc modo efferre, *Apollo Belenus* ; nunquam vero *Sol Belenus* : etsi enim physice Apollo idem qui Sol haberetur, in cultu tamen ut numina duo colebantur, veterumque magna pars ipsos distinguebat, ut nihil commune habentes, ut pluribus diximus cum de Apolline deque Sole ageremus. Iis vero quæ tum protulimus, hoc jam addere liceat, nempe Ciceronem de natura deorum lib. 3. ubi multos enumerat Apollines, nullum ex iis pro Sole habitum dicere, similiterque cum ex opinione variorum soles multos enunciat, ex iis nullum pro Apolline habitum testificari : quia vero hunc postremum locum, ubi de Sole dicebamus, non protulimus, hic offerre non gravabimur : *Soles ipsi*, inquit, *quam multi a Theologis proferuntur : unus eorum Jove natus, nepos Ætheris ; alter Hyperione ; tertius Vulcano, Nili filio, cujus urbem Ægyptii volunt esse eam, quæ Heliopolis appellatur : quartus is, quem heroicis temporibus,* [*] *Achante Rhodi peperisse dicitur, avum Jalysi, Camiri, & Lindi : qui Colchis fertur Æetam & Circen procreavisse.* Nullum ex his pro Apolline habitum Cicero dicit. Belenus itaque qui Apollo esse perhibetur, nunquam pro Sole habitus occurrit vel Aquileiæ, vel in Galliis. Belatucadrus etiam in Britannia cultus, & in duabus Gruteri inscriptionibus memoratus, idem putatur fuisse qui Belenus Gallorum.

III. Quod spectat ad Herculem Gallorum, hæc de illo scribit Lucianus in Hercule Gallico : *Celtæ*

[*] *Alii Achanto.*

DIEUX DES GAULOIS.

Celtes appellent Hercule Ogmius; ils représentent ce dieu d'une maniere fort différente des autres nations: c'est un vieillard décrépit & chauve, aiant le peu de cheveux qui lui restent tout blancs; il est ridé & basané comme le sont ordinairement les vieux mariniers ; vous le prendriez plûtôt pour Caron ou pour Japetus, ou pour quelqu'un de ceux qui sont au plus profond du Tartare, que pour Hercule. Tout tel qu'il est, il a pourtant toutes les marques de ce Heros : revêtu de la peau du lion, il tient de la main droite une massue, il porte un carquois pendu, & a l'arc tout tendu à la gauche. En un mot, c'est veritablement un Hercule. Pour moi j'aurois cru volontiers que c'est pour se moquer des dieux des Grecs que les Celtes ont donné à Hercule une forme si bizarre; & peutêtre aussi pour se vanger par cette peinture de ce qu'il entra autrefois hostilement dans leur païs, d'où il revint chargé de dépouilles, au tems qu'il couroit dans les regions du couchant pour rencontrer les troupeaux de Geryon. Je n'ai pas encore dit ce qu'il y a de plus singulier dans cette image; car ce bon vieillard Hercule traîne après soi un grand nombre d'hommes enchaînez par les oreilles avec des chaînes fort déliées, composées d'ambre, & qui ressemblent aux plus beaux joiaux. Un si foible lien retient toute la troupe, aucun ne pense à s'enfuir, quoiqu'ils le puissent tous faire aisément : on n'y voit pas la moindre resistance. Tous suivent volontiers & avec joie, en donnant de grandes louanges à celui qui les mene ; sans attendre qu'on les tire, ils vont après ce conducteur ; ensorte que le lien est toûjours lâche : vous diriez qu'ils craignent qu'on ne les délie. Ce qui est encore plus surprenant est, que le peintre ne sachant où mettre le bout de ces liens, parce qu'Hercule a les mains embarrassées de la massue & de l'arc, il lui a percé la langue pour y passer les chaînes, dont il se sert pour attirer à soi tout ce peuple, vers lequel le Heros se tourne en riant. « Lucien dit ensuite qu'un Gaulois lui expliqua cette énigme, & lui fit entendre que les Gaulois ne croioient pas comme les Grecs que Mercure fut le dieu de l'éloquence; mais qu'ils attribuoient cette qualité à Hercule, parce qu'il étoit plus brave que Mercure, & qu'ils le peignoient en vieillard ; parce que, selon les Grecs mêmes, ce n'étoit que dans la vieillesse que l'éloquence étoit dans sa perfection, & que ces chaînes qui sortant de la langue d'Hercule étoient attachées par l'autre bout aux oreilles des auditeurs, marquoient la force du discours, par laquelle il s'attachoit ses auditeurs. Je ne m'arrêterai point à examiner s'il y a de la fiction ou de l'hyperbole dans cette narration de Lucien : il dit qu'il a vû & qu'il a admiré cette figure d'Hercule.

Herculem vocant Ogmium, huncque deum inusitata prorsus aliis specie depingunt, decrepitus est apud illos & calvus, reliquis capillis plane canis, cute rugosa & atra, quales vulgo sunt nautæ senes : Charontem potius diceres aut Japetum, aut quempiam ex iis, qui in profundo tartaro sunt, quam Herculem. Ac licet hujusmodi sit, attamen cultum apparatumque Herculis præ se fert : leonis quippe exuviis indutus est tenetque dextera clavam, pharetram habet appensam, & arcum tensum læva ostentat. In summa Hercules est ; credidissem utique tunc in Græcanicorum deorum contumeliam sic eum perperam depingere Gallos ; tum etiam ut tali pictura ipsum ulciscerentur, quod aliquando in suam regionem incursasset prædam abigens, cum Geryonis armenta quærens, occidentales regiones percurreret. Nondum dixi quod in imagine erat maxime admirandum ; senex ille Hercules hominum ingentem multitudinem trahit, omnes ab auribus revinctos : vincula quibus id facit tenues sunt catenæ ex auro electroque, pulcherrimis monilibus similes : attamen licet tam debilibus teneamur vinculis, neque fugam meditantur, etsi facile fugere possent, neque vel tantillum reluctantur, aut pedibus obnituntur, sed lubentes sequuntur & læti, ducentem laudantes, & quod antevertere velint, vinculum laxantes, quasi graviter laturi si solverentur. Quod autem absurdissimum videbatur, cum nesciret pictor ubi summas catenas necteret, quia Hercules dextera clavam, sinistra arcum teneret, perforata ejus lingua, ex hac illos trahi curavit : ille vero ad eos quos se trahit conversus, ipsis arridet. Adjicit postea Lucianus, a Gallo quopiam ænigma sibi enucleatum fuisse, qui dicebat Gallos non perinde atque Græcos credere Mercurium esse eloquentiæ deum, sed hanc dotem ipsos Herculi tribuere, quod esset Mercurio longe fortior ; senemque depingi Herculem, quia secundum Græcos ipsos in senectute tantum eloquentia perfecta esset :& catenulas ipsas linguæ Herculis nexas, & ab altera parte auditorum aures vincientes, vim orationis indicare, qua auditores pelliciebat. Non excutiam an ficta sit an hyperbolica hæc Luciani descriptio : ipse se vidisse & admiratum esse dixit.

IV. Un autre Hercule se trouve sur une medaille des Segusiens, peuple d'auprès de Lion, signifié par l'inscription *Segusia*. Au revers on voit un Hercule qui tient sa massue de la main droite, & la dépouille du lion sur la gauche. A son côté est la figure d'un jeune garçon, couvert de tous côtez d'un manteau qui lui cache les bras, à peu près semblable aux Telesphores que nous avons donnez dans le premier tome. Nous n'avons rien à dire sur cette figure que nous n'avions jamais vûe avec Hercule : on croit que l'inscription ARVS, qui est entre Hercule & sa massue, veut dire la même chose qu'Arar, qui signifie la Saone.

IV. Alius Hercules in nummo Segusianorum conspicitur, quæ gens Gallica prope Lugdunum erat: id vero docet inscriptio Segusia. In postica facie Hercules conspicitur dextera clavam tenens, sinistra exuvias leonis : ad ejus latus juvenis tectus undique pallio, quod brachia etiam contegit, fere similis Telesphoro, cujus imagines quasdam primo tomo dedimus. De hac figura, quæ nusquam alibi cum Hercule occurrit, nihil suppetit dicendum ; inscriptio ARVS inter Herculem & clavam, idipsum significare creditur quod *Arar* fluvius Galliæ.

CHAPITRE IV.

I. Des reliefs trouvez dans l'Eglise cathedrale de Paris. II. Premiere pierre où sont une inscription & quelques figures. III. Seconde pierre où sont Vulcain, Jupiter, Esus, & Tarvos Trigaranus. IV. Troisiéme pierre où sont Castor & Pollux, Cernunnos & Hercule. V. Quatriéme pierre où sont quelques figures gâtées. VI. Autres figures cornues. VII. Quelques autres images des divinitez Gauloises.

I. VEnons aux bas reliefs déterrez à Nôtre-Dame de Paris : c'est une des plus belles découvertes, touchant la religion des Gaulois, qu'on ait fait il y a longtems : ils furent trouvez en 1711. au mois de Mars, lorsqu'on creusoit pour faire un caveau destiné à la sepulture des Archevêques : Messieurs Baudelot & Moreau de Mautour, ont fait chacun une savante dissertation sur ces quatre grandes pierres qui furent trouvées bien avant dans la terre, & qui ont des bas reliefs des quatre côtez ; quoique dans quelques-unes les sculptures aient souffert de l'injure du tems.

II. La premiere pierre a sur l'une des faces cette inscription : *Tib. Cæsare Aug. Jozi optumo maxsumo m nautæ Parisiaci publice posierunt.* Les lettres effacées devant *m*, étoient, selon toutes les apparences celles qu'il falloit pour faire avec la lettre *m*, *aram*, un autel. Quant à *p sierunt*, pour *posuerunt*; le changement de l'*i* en *u*, & de l'*u* en *i*, est si ordinaire dans les inscriptions, que ce n'est pas la peine de s'y arrêter. Nous avons vû ci-devant *Neptino* pour *Neptuno* : le sens de l'inscription est : *Sous l'empire de Tibere Cesar Auguste, les Bateliers Parisiens ont consacré publiquement cet autel à Jupiter très-bon & très-grand.* Il y a apparence que les figures en bas reliefs des trois autres faces, représentent la cérémonie de cette consécration. Dans la seconde & la troisiéme face ce sont des gens armez de pique & de bouclier. Les boucliers sont Hexagones à la maniere de ceux des Daces & des Germains qu'on voit dans les colonnes Trajane & Antonine : ils portent aussi des bonnets assez semblables à ceux de ces deux nations. Tous ceux de la seconde face paroissent jeunes ; & ceux de la troisiéme ont de longues barbes. On remarque devant ceux-ci un grand cercle, qui entroit apparemment dans la cérémonie. A quel usage ? C'est ce qu'il est très-difficile de deviner. Je n'o-

Pl. CXC.

CAPUT IV.

I. Anaglypha in Ecclesia Cathedrali Parisiensi eruta. II. Primus lapis, in quo inscriptio & aliquot schemata. III. Secundus lapis ubi Vulcanus, Jupiter, Esus, & Tarvos Trigaranus. IV. Tertius lapis ubi Castor & Pollux, Cernunnos & Hercules. V. Quartus lapis ubi aliquot figuræ labefactatæ. VI. Aliæ figuræ cornutæ. VII. Aliquot imagines numinum Gallicorum.

I. Jam ad anaglypha quæ in Ecclesia Cathedrali Parisiensi detecta sunt, quibus sane monumentis nulla opportuniora ad Gallorum religionem declarandam : ea anno 1711. mense Martio eruta sunt, cum excavaretur ad cryptam conficiendam sepeliendis Archiepiscopis Parisiensibus destinatam. Viri clarissimi Baudelotus & Moreau de Mautour hosce ex ima terra eductos lapides eruditis dissertationibus illustrarunt, qui lapides undique pleni anaglyphis injuria temporum aliquot in partibus labefactati sunt.

II. Primus in uno latere inscriptionem præfert sequentem : *Tib. Cæsare Aug. Jovi optumo maxsumo m nautæ Parisiaci publice posierunt.* Literæ quæ desunt ante *m*, ex erant, ut prorsus videtur, quæ cum *m* litera *aram* efficerent. *Posierunt* legitur pro *posuerunt*, quæ mutatio *u* in *i* & *i* in *u*, tam frequens in inscriptionibus occurrit, ut nihil hac in re sit negotii. Supra vidimus tomo primo *Neptino* pro *N ptune*. In tribus aliis, ut verisimile est, lapidis faciebus hujus aræ consecrationis ceremonia repræsentatur : in secunda tertiaque viri sunt armati hasta atque clypeo ; clypei hexagoni sunt, perinde atque Dacici atque Germanici in columnis Trajani & Antonini : galeros capite gestant, Dacicis Germanicisque non dissimiles. Qui in secunda facie sunt, juvenes esse videntur ; qui in tertia egregie barbati. Ante hos magnus circulus, qui cui fuerit usui incer-

ferois rien hazarder sur le nom *Eurises*, qui est sur la troisième face non plus que sur SENANIEILO, qui est sur la quatrième : c'étoient apparemment des noms Celtes. Dans la quatrième face, on ne voit point d'armes : elle est si gâtée qu'on n'y peut presque rien remarquer. Au reste, j'approuve la conjecture de M. Baudelot qui croit que ceci pourroit marquer une procession.

2   III. Dans la première [2] face de la seconde pierre, on voit premièrement Vulcain avec l'inscription *Volcanus*. il est ici habillé tout de même qu'on le voit dans les monumens Romains ; son habit lui descend jusqu'au dessus du genou : il tient d'une main un marteau fort gâté, & de l'autre des tenailles : il a un bonnet comme ont presque tous les autres Vulcains. Les Gaulois avoient apparemment reçu des Romains le culte de Vulcain. Il n'y a point d'ancien Auteur qui ait dit que dans le tems qu'ils conservoient leur liberté, ils aient adoré cette divinité. A la seconde face de la même pierre est Jupiter, à peu près en la même forme que les Romains lui donnoient. Il a une pique à la main gauche, & tenoit peutêtre la foudre de la droite qui est cassée. Le nom *Jovis*, écrit sur sa tête, est au nominatif. Ennius & d'autres l'appelloient *Jovis*; quelques-uns *Jovis Pater*, & le commun *Jupiter*. La troisième face nous représente l'ancien dieu Gaulois *Esus*, écrit ici sans aspiration ; d'autres le prononçoient *Hesus*. Nous avons dit qu'on croit communément que c'étoit le dieu Mars. Il n'y a pourtant ici aucune marque de cette divinité : à demi nu il semble frapper avec une hache ou une serpe qui est tombée. La quatrième face est la plus singuliere de toutes. Derriere un arbre est un taureau, sur lequel sont trois oiseaux qui sont apparemment des grues, selon l'inscription : une sur la tête, une autre sur le milieu du corps, & une autre sur la croupe du taureau. L'inscription exprime cette image, TARVOS TRIGARANVS ; c'est une legere corruption des deux mots grecs, Ταῦρος τριγέρανος, le taureau à trois grues. Il y avoit dans les Gaules quelque usage de la langue greque, comme dit Cesar dans ses Commentaires ; j'aime mieux croire que ces mots sont pris du Grec, que de dire avec D. Pezron que les mots grecs Ταῦρος & γέρανος ont été pris des mots Celtes *Taru* & *Garan*. Je ne sai si dans le bas Breton, qu'on croit avec raison être la même langue que la Celtique, ces deux derniers mots sont en usage pour exprimer le taureau & la grue ; s'ils le sont en effet, je croirois plûtôt que ces mots ont passé des Grecs aux Celtes, que des Celtes aux Grecs. Quoi qu'il en soit, il paroit que ce tau-

---

tum. Circa nomina EVRISES, quod in tertia, & SENANIEILO, quod in quarta facie, nihil proferre ausim; videntur nomina Celtica fuisse. In quarta facie arma nulla videntur : hæc vero facies usque adeo labefactata est, ut vix in ea quidpiam observetur : conjecturam D. Baudelotii, qui putat hic *processionem* quamdam exprimi, probabilem esse existimo.

III. In secundi [a] lapidis prima facie primo Vulcanus conspicitur cum inscriptione *Volcanus*. Hic eodem cultu vestituque est quo in Romanis monumentis, tunica ad usque genu pene desinit : altera manu malleum tenet jam labefactatum, altera forcipes, & galerum capite gestat, qualem omnes pene Vulcani. Galli a Romanis, ut videtur, Vulcani cultum acceperant : nemo veterum, ni fallor, dixit Gallos Vulcanum coluisse antequam libertatem amitterent. In secunda lapidis facie Jupiter est eadem pene forma qua apud Romanos colebatur : hastam ille manu sinistra gestat, in dextera, quæ fracta est, fulmen fortasse habuit ; nomen *Jovis* supra caput inscriptum hic in nominativo casu est. Ennius aliique ipsum sic vocant *Jovis*, alii, *Jovis pater* ; vulgo autem Jupiter.

Tertia facies veterem Gallorum deum Esum repræsentat, qui hic sine H legitur ; quidam enim Hesum pronuntiant. Jam diximus Esum vulgo pro Marte haberi : nullum tamen hic Martis symbolum, nullam notam habet; seminudus videtur arborem securi, quæ excidit, ferire. Quarta facies est omnium singularissima : pone arborem taurus est, in quem incumbunt tres grues, una in caput, altera in medium, tertia in extremum dorsum. Inscriptio imaginem ipsam exprimit TARVOS TRIGARANVS : lèvis est corruptio harum græcarum vocum Ταῦρος Τριγέρανος, Taurus trium gruum. In Galliis, ut ait Cæsar, quispiam erat linguæ græcæ usus ; malim credere ex græca lingua has voces desumtas esse cum levi aliqua mutatione, quam cum P. Pezron dicere, hæc græca verba Ταῦρος & γέρανος, ex Celticis nominibus *Taru* & *Garan* formata esse. Nescio utrum in Britannorum, quos *bas Bretons* vocamus, lingua, quam Celticam linguam jure putamus, hæc postrema verba pro Tauro Grueque exprimendis sint in usu ; etiamsi vero in usu sint, mallem credere voces istas a Græcis ad Celtas, quam a Celtis ad Græcos transfusse. Ut ut res est,

DIEUX DES GAULOIS.

reau aux trois grues étoit au rang des divinitez, puisqu'il est mis de niveau avec Vulcain, Jupiter & Esus.

IV. La premiere face de la troisiéme pierre représente un dieu qui a un bonnet sur la tête, la cotte d'armes, la pique à la main, & qui tient l'autre main sur la tête d'un cheval, c'est Castor comme l'inscription nous l'apprend; c'étoit apparemment des Romains que les Gaulois avoient pris cette divinité aussi bien que son frere Pollux, qui se voit dans la face suivante en même équipage que son frere : le nom est effacé, & la figure fort gâtée. La troisiéme face représente un homme avec des cornes & des oreilles de bête; ces cornes ont assez de rapport à celles d'un cerf : d'autres croient qu'elles ressemblent à des branches d'arbres : un grand anneau passé dans chacune des cornes est là pour quelque mystere qu'on n'entend point. C'étoit sans doute un dieu des Gaulois, & qui s'appelloit *Cernunnos*, comme l'inscription porte. Il paroit que *Cern* est là pour une corne, & l'on croit trouver son origine dans la langue des Bretons; c'étoit donc le dieu cornu, & les Gaulois en avoient de cette espece aussi bien que les Grecs & les Romains. La quatriéme face représente, à mon avis, un Hercule qui combat contre l'Hydre : il est nu comme sont souvent représentez les Hercules : il leve sa massue gâtée d'un côté, comme pour en décharger un coup sur la tête de ce dragon qui s'éleve contre lui, & qui pourroit bien être l'Hydre de la fable, ou plûtôt le dragon des Hesperides. Cette figure a assez de rapport avec cet Hercule qui au revers d'une medaille de Geta leve sa massue contre le dragon des Hesperides : je m'en rapporte pourtant aux plus habiles. Sur la tête d'Hercule paroissent quelques lettres mutilées dont on ne peut rien lire.

V. La quatriéme pierre a aussi quatre faces toutes ornées de bas reliefs, mais si gâtés qu'on n'en peut presque rien tirer : on y entrevoit pourtant à chaque face la figure d'un homme & d'une femme : quelques-uns de ces hommes ont un casque, dont on a peine à distinguer la forme, tant ils sont maltraitez par l'injure des tems. Voilà, à mon avis, ce que l'on peut dire, sinon de plus certain, du moins de plus vraisemblable, sur les bas reliefs trouvez dans la cathedrale de Paris; nous en avons fait tirer les desseins le plus exactement que nous avons pu.

VI. La figure qui suit m'a été communiquée par M. Moreau de Mautour de l'Academie des inscriptions. L'original de bronze qui est chez lui, a treize

---

videtur hic taurus tres gestans grues in numero deorum fuisse, quandoquidem eadem ponitur in linea, qua Vulcanus, Jupiter & Esus.

IV. Tertii lapidis prima facies quemdam repræsentat deum galerum aut casside thoracemque gestantem, hastam manu tenentem, alteramque manum equi capiti imponentem; estque Castor, ut ex inscriptione discimus. A Romanis, ut videtur, hujus dei cultum Galli mutuati erant, quemadmodum & Pollucis fratris ejus, qui in sequenti facie visitur, eodem quo frater cultu, sed nomen erasum & figura deformata fuit. Tertia facies virum repræsentat cum cornibus auribusque ferinis: cornua cervinis cornibus sunt similia; putant alii esse bifurcos arborum ramos; annulus grandis cornibus hinc & inde insertus aliquid arcanum significare videtur. Erat hic haud dubie Gallorum deus, quem vocabant *Cernunnos*, ut inscriptione fertur. *Cern* hic cornu significat, ejusque vocis originem apud Britannos nostros Celticè loquentes reperiri dicunt. Erat itaque cornutus deus, ejusdemque generis deos Galli habebunt perinde atque Græci Romanique. Quarta facies Herculem, ni fallor, repræsentat contra hydram pugnantem : nudus hic repræsentatur, ut frequentius aliæ Herculis imagines sunt : clavam ab altera parte deformatam erigit, ut caput feriat draconis, qui adversus Herculem insurgit, quique fortasse hydra illa est fabulosa, seu potius Hesperidum Draco. Hoc schema sat simile est Herculi illi, qui in postica facie nummi Getæ clavam erigit contra Hesperidum draconem. V. Trist. p. 385. Hæc tamen eruditorum judicio permitto. Supra Herculis caput aliquot sunt literæ mutilæ, ex quibus nihil potest erui.

V. Quartus lapis quatuor etiam facies habet anaglyphis plenas, sed ita labefactatis ut nihil inde pene detegi possit : in singulis tamen faciebus vir mulierque esse videntur. Ex viris quidam cassidem habent, cujus forma sic detrita est, ut vix percipi queat. Hæc de monumentis illis in Cathedrali Parisiensi effossis, si non certiora, saltem verisimiliora, ni fallor, dici possunt; illa vero anaglypha quam accuratissimè potuimus repræsentavimus.

VI. Schema illud aliud mecum communicavit vir clarissimus Moreau de Mautour ex Academia inscriptionum, sive humaniorum literarum : est statua

pouces de hauteur : la premiere pensée qui m'est venue en le voiant avec ces cornes, est que ce pourroit bien être le dieu Cernunnos trouvé dans les bas reliefs de Nôtre-Dame ; n'en pouvant dire autre chose, je m'arrête là. Je ne pourrois m'étendre qu'en rappellant les dieux cornus dont nous avons vû un bon nombre dans le premier tome : mais le lecteur peut aller consulter ce que nous avons dit sur Jupiter Hammon, sur Bacchus cornu, sur Pan, Sylvain, les Faunes & les Satyres. D'ailleurs M. Moreau de Mautour a fait une savante dissertation, où il a ramassé tout ce qu'on peut dire sur ce monument,
6 qu'il croit être un Bacchus cornu. Le dieu cornu 6 qui est audessous m'a été envoié par M. de Chezelles Lieutenant general de Montluçon : il a bien plus de ressemblance avec le Cernunnos, comme chacun peut voir, & pourroit bien être le même : il tient à la main une tête d'animal qui semble être d'un jeune cabri, auquel les cornes ne sont pas encore venues.

7 VII. Je mets encore ici une figure 7 fort extraordinaire de Mercure sur un taureau, envoiée par le même, toute semblable aux figures du dieu Dolichenus & de Jupiter sur le taureau, que nous avons données au premier tome sur Jupiter : celui-ci est de meilleur gout que les autres. Les Auteurs ne fournissent rien qui puisse servir à l'explication des figures si extraordinaires.

8 La tête de dessous 8 paroit être de Vulcain Gaulois : elle m'a été envoiée
9 par M. l'Abbé Charlet. On voit encore plus bas une cuisse 9 trouvée dans l'Eglise de Nôtre-Dame avec les autres monumens : elle est de bon goût,

Pl. mais elle n'apprend rien.
CXCI. Deux autres têtes 1 de femme, qui m'ont aussi été envoiées par M. l'Abbé
1 Charlet, ont chacune une certaine machine sur les cheveux assez 2 ressem-
2 blante, pour faire juger que c'est la même divinité *Gauloise* : sur l'une est représentée une couronne ; dire précisément ce qu'elles représentent, c'est ce que je ne puis même par conjecture. La figure suivante représentée devant
3 3 & derriere est d'une femme, le dessein en est beau. Elle a au milieu de la poitrine un trou qui la perce de part en part, & qui servoit apparemment à la ficher dans une chambre sur quelque lit ou autre part : ce pourroit être un dieu Lare ; ce que je n'avance que comme une conjecture. Je ne sai
4 ce que représente la grande 4 figure de dessous ; un jeune homme sur un cheval marin est enlevé par un aigle : il paroit d'abord que ce pourroit être

ænea tredecim alta pollicibus : ubi cornutum illum deum vidi, statim putavi esse posse deum illum, qui in anaglyphis Cathedralis Parisiensis Cernunnos vocatur. Cum nihil aliud dicendum suppetat, hic sisto gradum ; non possem ulterius progredi nisi in medium revocarem deos illos cornutos, quorum ingentem copiam vidimus primo tomo : sed adeat is, cui libuerit, ea quæ diximus de Jove Hammone, de Baccho cornuto, de Pane, de Sylvano, de Faunis deque Satyris. Alioquin idem D. Moreau de Mautour eruditam protulit dissertationem, in qua omnia collegit quæ ad hoc monumentum utrumque pertinere possunt, putatque ille esse Bacchum cornutum, quod vix credam. Sub hoc alter deus 6 cornutus adest, mihi transmissus a viro clarissimo D. de Chezelles in urbe Monlussonio prætor urbanus : hic longe similior Cernunno, atque idem ipse videtur esse : is manu tenet caput, ut videtur, capri, cui nondum cornua orta sunt.

VII. His adjicio 7 imaginem Mercurii singularem ab eodem clarissimo viro mihi transmissam, omnino similem deo Dolicheno, & Jovi in tauro incumbenti, quos primo tomo dedimus in Jove : hic peritiore manu sculptus est. In scriptoribus nihil occurrit tali explicando schemati opportunum, quod schema æneum novem ac dimidii pollicum est.

Caput illud 8 aliud Vulcani videtur esse, a Domino Charlet profectum. Humanum crus infra 9 repræsentatur in Ecclesia Cathedrali Parisiensi cum aliis anaglyphis repertum, de quo id unum dicere possumus, esse rempe doctissima manu elaboratum.

Duo alia 1 mulierum capita a D. Charlet mihi transmissa, inter numina Gallica locum habuisse videntur ; inter se vero sat similia 2 sunt, ut idem esse numen existimentur ; alteri earum imminet corona : quod vero fuerit numen illud, ne conjectura quidem dicere possumus. Schema 3 sequens, quod ab anteriore simul & posteriore parte repræsentatur, periti est artificis : mulier est cujus medium pectus foramine rotundo trajicitur ; hujus foraminis ope, ut verisimile est, in cubiculo quodam vel in lecto desigebatur : potest fortasse inter deos Lares computari, quod tamen conjecturæ loco dictum sit. Alia imago 4 juvenis est equo marino insistentis, quem juvenem aquila abripit ; Ganymedes esse forte primo conspectu existimabitur ; sed cur equo

Ganymede;

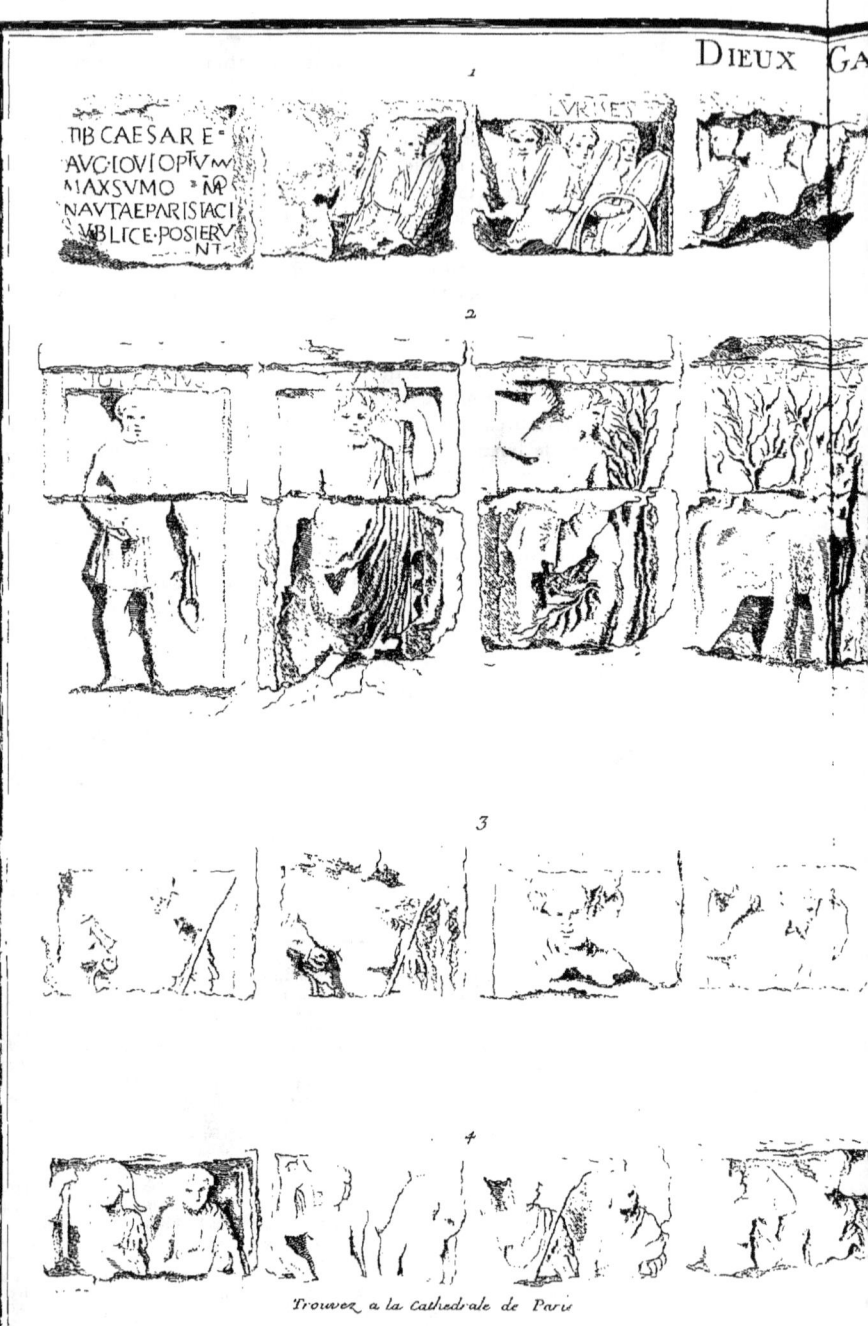

Trouvez a la Cathedrale de Paris

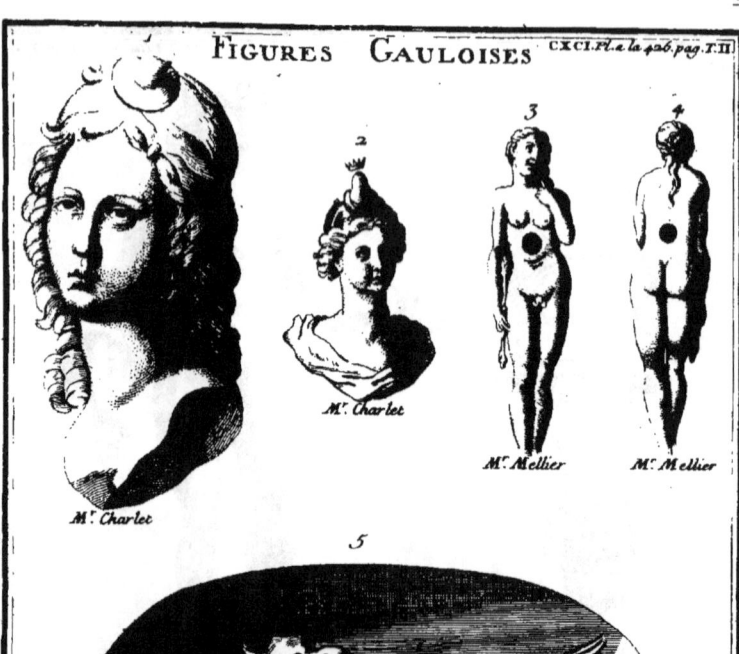

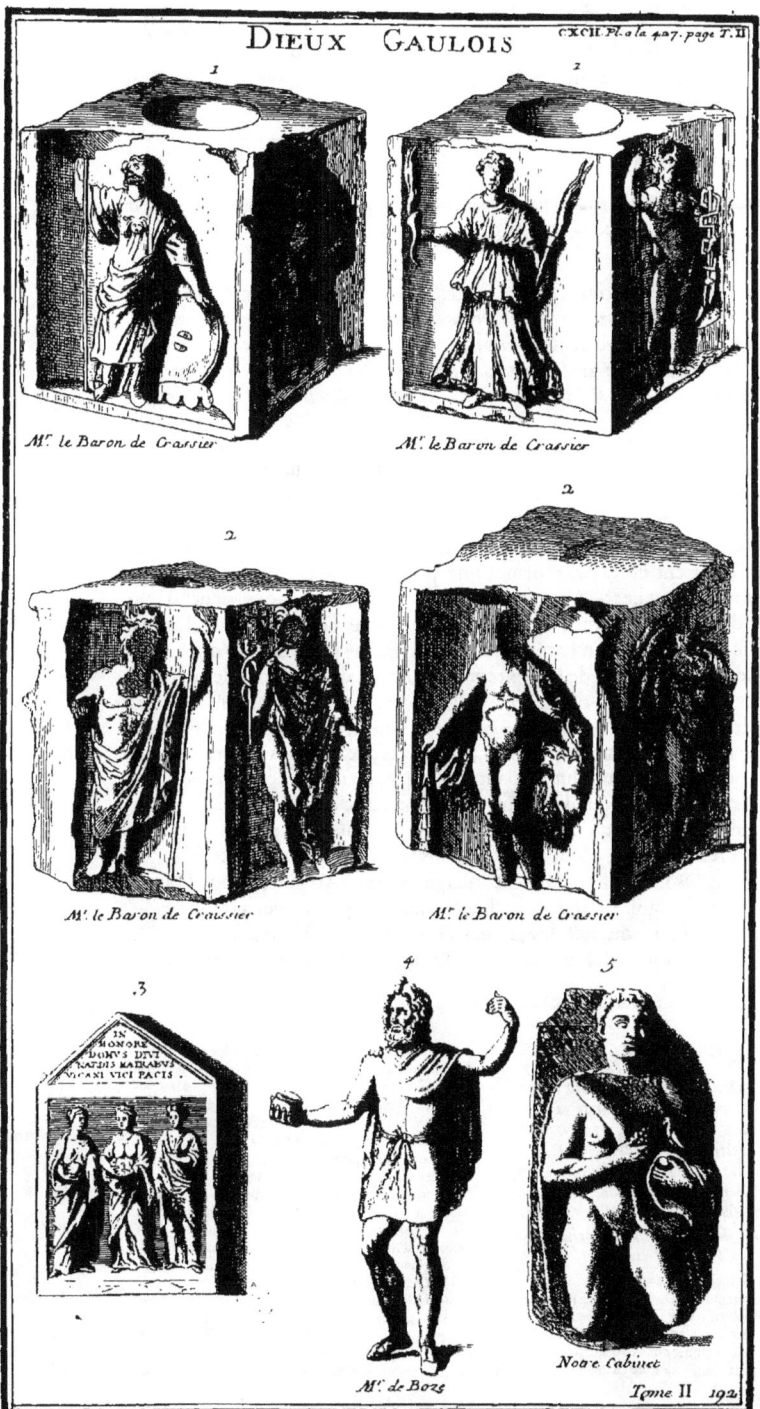

DIEUX DES GAULOIS.

Ganymede; mais pourquoi est-il représenté sur un cheval marin ? La même difficulté reviendra, si l'on veut la prendre pour une apotheose.

tino insistat Ganymedes, si apotheosis esse dicatur, eadem recurret difficultas.

CHAPITRE V.

I. Autels dont les desseins envoiez de Liege representent quelques divinitez. II. Le dieu Bemilucius trouvé en Bourgogne : doutes sur la maniere de lire ce nom. III. Inscription du dieu Mithras suspecte. IV. Histoire de l'inscription de Chyndonax. V. Elle est rejettée comme manifestement fausse. VI. Autre inscription de Mithras suspecte. VII. Abellion & les déesses Maires. VIII. La déesse Bibracté.

I. J'Ajoute à ces antiquitez Gauloises deux Autels, dont M. le Baron de Crassier, gentilhomme de Liege, m'a envoié le dessein. Sur chaque face de chacun des autels il y a autant de divinitez, dont le tems a fort gâté les images. Le premier [1] autel représente Minerve avec la tête de Meduse sur la poitrine : elle tient de la main droite une pique, & de la gauche elle s'appuie sur son bouclier ; Au côté suivant est Hercule, qui tient d'une main la dépouille du lion, & s'appuie de l'autre sur sa massue. L'autre face a une Cerès, avec un flambeau à chaque main : je ne sai si la quatriéme est un Mercure qui tient de la droite une pique, & de la gauche le caducée. L'autre autel [2] représente d'un côté un dieu, qui porte une couronne radiale, & qui tient une pique ; le visage en est tout-à-fait ôté aussi bien que celui de Mercure au côté suivant, où ce dieu a le caducée & des ailes à la tête & aux pieds. Après vient Hercule sur une autre face : il porte sur l'épaule la peau du lion, & s'appuie de la main droite sur sa massue. Je ne connois rien à la figure qui suit, dont le visage est emporté aussi bien que celui de toutes les autres.

Pl. CXCII 1

2

II. Le dieu [3] Gaulois, dont nous donnons ici la figure avec l'inscription, a été trouvé en Bourgogne, dans un village nommé Ampilli, dépendant de l'Abbaye de Flavigni. La statue du dieu est sur une pierre avec presque tout le relief ; ensorte même que les jambes en étoient tout-à-fait détachées, & ont été cassées jusqu'audessus du genou. La figure qui est présentement en

3

CAPUT V.

I. Aræ quarum schemata Leodio transmissa aliquot numina repræsentant. II. Deus Bemilucius in Burgundia repertus : de hujus nominis lectione dubitandi rationes. III. Inscriptio dei Mithræ suspecta aut corrupta. IV. Historia de inscriptione Chyndonactis. V. Ea ut spuria rejicitur. VI. Alia de Mithra inscriptio suspecta. VII. Abellio & deæ Mairæ. VIII. Dea Bibractæ.

I. His Gallicis monumentis duas aras adjicio, quas transmisit D. Baro de Crassier Leodiensis. In quatuor cujusque altaris faciebus totidem sunt numinum imagines, sed tempore labefactatæ : prior [2] ara Minervam exhibet cum Medusæ capite in pectore : tenet illa manu dextera hastam, sinistra clipeo innititur ; in facie sequenti Hercules altera manu leonis exuvias tenet, altera innititur clavæ : alia facies Cererem exhibet faces in utraque manu tenentem : quarta an Mercurium exhibeat, non ita perspicuum : is ut videtur, dextra hastam, sinistra caduceum tenet. Altera [2] ara in una facie deum quemdam hastam gerentem exhibet, & coronam habentem radiatam : vultus ejus omnino lapsus est, ut & Mercurii sequentis, qui caduceum tenet, pinnasque in capite alasque talares gestat. In alia facie Hercules exuvias leonis humero gestans, dextera clava innititur. Figura sequens nulla potest nota cognosci, caput ademptum est ut & alia omnia aræ hujus.

II. Deus ille Gallicus [3], quem postea proferimus, cum inscriptione sua repertus in Burgundia fuit in pago cui nomen *Ampilli*, ad Abbatiam Flaviniacensem pertinente. Statua in lapide sculpta est tota fere prominens, ita ut etiam crura a lapide disjuncta, fracta fuerint cum genibus : statua jam in hoc Cœnobio

Tom. II.   I i i

cette Abbayie avoit environ trois pieds de haut quand elle étoit entiere. C'est un jeune homme avec des cheveux courts, couvert d'un manteau attaché à l'épaule, lequel ne cache pas sa nudité: il tient de la main droite une grape de raisin, & de la gauche quelqu'autre fruit que le tems a gâté. Au dessus de la même main gauche est un oiseau qui a la tête cassée, & qui paroit être là pour bequeter le fruit ou la grape. L'inscription à côté de la tête du dieu est telle:

DEOBE
MILVCIO
VI

Les lettres sont assez bien formées, ce qui n'empêche pas qu'on ne soit embarrassé sur la lecture; car si on lit *Deo Bemilucio*, on ne saura plus que faire des deux lettres de la troisiéme ligne VI; au lieu que si on lit *Deo Bemiluc. jovi*, en supposant un point après *Bemiluc.* comme n'aiant point sa terminaison, on y trouve un sens parfait, *Au dieu Bemilucien Jupiter*. Bemiluc est là sans doute un nom local, & c'est de là que peut être venu le nom Ampilli que porte le village: il semble à la verité assez éloigné de Bemiluc: mais nous trouvons dans les noms de lieu des changemens aussi considerables que la succession des tems a apportez. La grape de raisin semble marquer que c'étoit un vignoble, tel qu'est la Bourgogne. Si la leçon *Deo Bemilucio jovi* est la veritable, ce sera un Jupiter sans barbe, comme l'étoient Jupiter Anxur, Jupiter Tonant ou Bronton, & peutêtre d'autres, comme on peut voir sur Jupiter, Tome I.

III. La figure de Mithras qu'a donné le Simeoni, est extraordinaire & sujette à caution. Sur un rocher, où est représenté un serpent, se voit la tête d'une femme, ou peutêtre d'un jeune homme, ce qui conviendroit mieux avec l'inscription qui est audessous, qui porte que Secundin a posé cette inscription en l'honneur de l'invincible dieu Mithir. Je soupçonne quelque faute dans le nom MITHIR pour MITHRÆ; si la figure & l'inscription sont vraies, c'est sans doute le dieu Mithras dont il est parlé ici; son culte aiant été en vogue dans tout l'empire Romain, il ne faut pas douter qu'il n'ait aussi passé dans les Gaules.

IV. Je ne me fonderai pas pour prouver que Mithras est entré dans la Théologie des anciens Gaulois, sur l'inscription du tombeau de Chyndonax;

publiée par Jean Guenebauld de Dijon, l'an 1621. dans son livre intitulé, *le Reveil de Chyndonax*. Cette inscription a des marques assez sensibles de supposition ; comme je l'ai prouvé dans la préface de la Paleographie Greque. Ce que j'en ai dit là, entre naturellement dans cet ouvrage, je m'en vais le rapporter ici en y ajoutant quelques nouvelles raisons qui me sont venues depuis dans la pensée. Le soupçon ne tombe pas sur l'urne, qui étoit certainement antique ; mais il tombe sur l'inscription, qui pourroit bien avoir été forgée par J. Guenebauld. Ce qu'il y a de surprenant ici, c'est que les plus habiles, comme Casaubon & Saumaise, la crurent veritable, au même tems que plusieurs autres bien moins savans, mais qui peutêtre connoissoient mieux Guenebauld qu'eux, la regarderent comme fabriquée par celui même qui la publia. A la faveur de deux aussi grands hommes que Casaubon & Saumaise, l'inscription passa enfin, & beaucoup d'habiles gens s'en servirent sans aucun scrupule. Voici le fait.

L'an 1598. le second jour de Novembre, à cinq cent pas de la ville de Dijon, au lieu nommé Poussot, des vignerons qui travailloient à la vigne de Guenebauld, trouverent en bechant une urne de pierre ronde & plate par le bas : elle avoit un pied de haut, & autant de diametre. A la surface d'un côté on voioit ces deux lettres X. V. & sur la superficie plate d'en bas une inscription en deux lignes, que nous allons rapporter ; (c'est Guenebauld qui parle.) Dans l'urne de pierre il y en avoit une autre de verre où étoient les cendres, & quelques restes des ossemens. Cette urne, quand on la regardoit à travers du jour, avoit les couleurs de l'Iris : c'est ce qui arrive souvent, & sans aucun art aux phioles de verre, quand elles ont été longtems en terre. On remarque la même chose aux urnes de verre qu'on déterre tous les jours à Rome.

Le bruit de cette découverte s'étant répandu de tous côtez, plusieurs personnes, & beaucoup d'habiles gens l'allerent voir. M. le President de Thou voulut l'acheter à fort haut prix : mais Guenebauld, qui avoit plus d'une raison pour ne pas s'en défaire, ne voulut pas la vendre : il lui donna seulement copie de l'inscription, qui fut envoiée à Gruter pour la mettre dans son trésor. Voici ce que dit à cette occasion M. Philibert de la Mare dans sa vie de M. Saumaise qui n'est pas encore imprimée, & dont cet extrait m'a été communiqué par M. de la Monnoie.

quæ ab Joanne Guenebaldo Divionensi publicata fuit anno 1621. in libro cui titulus, *le Réveil de Chyndonax*. Hæc quippe inscriptio nothæ signa profert conspicua, ut probavi in Præfatione Palæographiæ Græcæ. Quæ retuli eo loco, rei præsenti congruentia sunt, & huc quoque referenda, adjectis quibusdam argumentis, quæ non statim in mentem venerant. Suspicio non cadit in urnam, quæ vere antiqua erat, sed in solam inscriptionem, quæ ab Joanne Guenebaldo conficta videtur : quod autem summopere mirandum, viri eruditissimi, quales erant Casaubonus & Salmasius, ut germanam inscriptionem adoptabant, dum alii eruditione minus instructi, sed qui Guenebaldi indolem melius noverant, illam ut a Guenebaldo ipso, qui publicavit, suppositam habebant. Tam insignium virorum, quales erant Casaubonus & Salmasius auctoritate, inscriptio celebris evasit, & a multis doctis viris ceu vera sine scrupulo usurpata fuit : en totum negotium.

Anno 1598. secunda Novembris, in agro Divionensi, quingentis ferme ab urbe passibus, in loco dicto *Poussot*, dum vineam Guenebaldi ligone foderent quædam operæ, inciderunt in urnam lapideam rotundam, a suprema & ab ima parte planam : erat urna altitudine pedis regii, & pari diametro. In exteriori superficie inscriptum erat X. V. in ima & plana superficie inscriptio mox afferenda legebatur, quæ duobus versibus in circulum positis constabat, (hæc Guenebaldus.) Intra urnam lapideam erat altera vitrea a collo & ab ima parte tenuior, a medio latior, in qua defuncti cineres cum ossium particulis servabantur ; in lucem autem educta, Iridis colores referebat, quod non arte quadam, sed temporis decursu & diuturnitate situs factum putatur ; idipsum enim quotidie observatur in urnulis vitreis, quæ Romæ variis in locis passim eruuntur.

Re undique promulgata, eo visendi causa concursus factus est : accesserunt etiam viri docti. Illud monumentum magno oblato precio D. Thuanus Præses expetivit : at Guenebaldus, cui ne traderet aliis obices aderant, abnuit roganti, apographumque tantum ipsi dedit inscriptionis, quæ Grutero, ut eam in thesauro suo poneret, missa fuit. Rem sic enarrat D. Philibertus de la Mare Senator Divionensis libro secundo vitæ Salmasii nondum editæ, quam mecum communicavit vir clarissimus Bernardus Moneta.

» M. Guenebauld donna sans peine à M. de Thou une copie de cette in-
» scription qu'il lui demandoit; celui-ci l'envoia d'abord à Janus Gruter, qui
» ramassoit des inscriptions. Ce savant homme la mit ensuite dans son riche
» trésor des inscriptions, pag. M. CLIX. où il s'est trompé, disant qu'elle étoit
» à Autun, au lieu de dire à Dijon où je l'ai vûe cent fois dans la maison de M.
» Guenebauld: elle y demeura toûjours, jusqu'à ce que Benigne son fils en fit
» présent au Cardinal de Richelieu, pour obtenir de lui l'intendance de Cîteaux.
» Après la mort du Cardinal, on dit qu'elle fut transportée chez le Duc d'Or-
» leans Gaston, & mise avec ses autres anciens monumens. Mais comme j'ap-
» prens que certaines gens doutent de l'antiquité de cette inscription, & soup-
» çonnent M. Guenebauld d'avoir fait graver sur cette urne, dont l'antiquité
» est incontestable, des caracteres Grecs, où il est parlé de la sepulture fabu-
» leuse de Chyndonax : il suffira de dire pour les refuter, que tant de grands
» hommes ont reconnu la verité de cette écriture greque, qu'il n'est plus per-
» mis de la soupçonner de faux. Ajoûtez à cela que M. Claude Saumaise, si
» habile en ces sortes de choses, & dont l'autorité est si grande, a vû plus d'une
» fois cette inscription, & l'a citée comme sincere & indubitable dans ses
» notes sur Epictete & sur Simplicius, pour prouver que l'opinion des an-
» ciens étoit, qu'il y avoit quelque liaison entre les cendres & les manes des
» morts ; puisqu'ils croioient qu'on offensoit les manes, en violant le sépul-
» cre & les ossemens, & en écartant les cendres, & les dispersant d'un côté
» & d'autre.

V. Malgré ces autoritez de gens doctes que M. de la Mare allegue, on ne
laisse pas de douter de la verité de l'inscription : en voici les raisons. Guenebauld
donne, ou laisse prendre copie de cette inscription : & cette copie est envoiée à
Gruter qui la met dans son trésor avec la forme des caracteres qu'on lui avoit
envoiez. Cependant ces caracteres fort singuliers sont tous differens de ceux
que Guenebauld a figurez, dit-il, sur l'original ; difference qui ne peut venir
ni de l'ignorance, ni du peu d'adresse du Copiste. Ces caracteres envoiez à
Gruter sont autorisez par les anciennes inscriptions, quoiqu'emploiez plus rarement que les autres. Ce sont des *Omicrons*, des *Theta* & des *Omega*, tout quarrez
& si uniformes, qu'on ne peut pas attribuer leur figure à la malhabileté de
celui qui les a copiez ; au lieu que ceux de Guenebauld sont tout ronds &

Non ægre ab eo (Joanne Guenebaldo) impetravit Thuanus inscriptionis apographum, quod ad Janum Gruterum harum rerum promum condum confestim transmisit, a quo postea in illo locuplete antiquariam inscriptionum thesauro insertum est pag. M. C. LIX. cum eo tamen lapsu ut Chyndonactis tumulum hunc Augustoduni servari scripserit, qui tamen Divione in Guenebaldi ædibus, ubi centies illum vidisse memini, semper servatus sit, donec obtinendæ Cisterciensis præfecturæ spe Benignus Guenebaldi F. cum Richelio Cardinali dono dederit, a cujus obitu inter serenissimi principis Gastonii Aureliorum Ducis cimelia translatum esse dicunt. Sed quia ejus epigraphes antiquitatem a nonnullis in dubium vocatam fuisse audio, quasi Guenebaldus huic tumulo, certe alioqui apud omnes, nec dubiæ antiquitatis, Græcos incidi characteres curasset, qui in eo condi Chyndonactis cineres fabularentur: hoc unum ad evincendam illorum opinionem dixisse sat sit, tot tantisque viris probatam fuisse hanc græce scribendi rationem, ut dubio locus esse amplius non possit. Adde quod peritissimus harum rerum Claudius Salmasius, omni exceptione major, & quidem oculatus non semel testis, inscriptionem hanc veluti sinceram ac legitimam suis in Epicte-tum & Simplicium notis & animadversionibus laudaverit, ut cinerum & reliquiarum corporis cum ipsis Manibus & anima, cujus illi cineres fuerunt, conjunctionem intercedere veteres credidisse adstrueret : qui Manes & animam lædi putarent cum ossa violarentur, aut cineres dissiparentur, vel etiam indiligentius tractarentur.

V. Nihil movente virorum insignium doctorumque auctoritate, quos in medium affert Philibertus de la Mare, de inscriptionis veritate dubitamus, his permoti rationibus & argumentis. Guenebaldus apographum inscriptionis vel dat ipse, vel alium excipere sinit : hoc autem apographum ad Gruterum mittitur qui illud in thesauro suo ponit cum characterum sibi transmissorum forma. Et tamen illi characteres sane singulares ab iis quos Guenebaldus ex ipsa excepit urna, mirum quantum discrepent : discrimen autem nec ex ignorantia, nec ex imperitia ejus qui exscripsit provenire potest ; nam characteres ad Gruterum transmissi in veterum inscriptionibus habentur, etsi rarissime, ut in Palæographia græca demonstravimus. Literæ O. Θ. & Ω quadratæ omnino sunt, atque inter se semper similes ; cum contra Guenebaldici cha-

DIEUX DES GAULOIS.

écrits avec la même uniformité. On voit dans le latin la forme des uns & des autres.

Attribuer cette alteration de caracteres à Gruter, c'est ce qu'on ne peut faire ; il a donné tant de preuves de sa bonne foi dans tout son grand trésor, qu'il y auroit de l'injustice à l'en soupçonner ; d'autant plus qu'il se seroit exposé à être dementi par Guenebauld, qui n'a pourtant pas manqué de se recrier contre cette forme de caracteres, sans prétendre neantmoins que Gruter les ait alterez. Croire que c'est M. de Thou, quelle apparence ? Il paroit indubitable que c'est Guenebauld lui-même qui a donné cette prétendue copie faite de sa main, & qui de dessein formé a mis des caracteres extraordinaires, soit parce qu'il n'avoit pas peutêtre encore gravé l'inscription sur la pierre ; soit aussi parce qu'aiant dessein de la donner un jour au public, il ne voulut pas qu'un autre le prévint, & fut bien aise de se reserver l'honneur de l'avoir publiée telle qu'il l'avoit mise. Quoi qu'il en soit, il paroit toûjours certain qu'il trompa le public, en donnant de propos délibéré des caracteres qui n'étoient pas les veritables ; & c'est déja un grand préjugé contre l'inscription, puisque celui qui eut assez peu de bonne foi pour l'alterer en l'envoiant, peut bien avoir été capable de la fabriquer. Je ne sai si la différence des caracteres qu'on observe dans le livre de Guenebauld même où cette inscription est deux fois répetée, ne fonderoit pas quelque nouveau soupçon : mais je passe cela pour venir aux termes de l'inscription :

Μίθρης ἐν ὀργάδι κῶμα (al. χῶμα) τὸ σῶμα καλύπτει
Χυνδόνακτος ἱερέων ἀρχηγοῦ
Δυσεβὴς (sic) ἀπέχυ Λύσιοι κόνιν ὁρῶσι

---

racteres rotundi sint, semperque eadem forma. En utrorumque exemplum ;

Grut.   *Chyndonactis Inscript.*   *Gueneb.*

ΜΙΘΡΗΣ ΕΝ ΟΡΓΑΔΙ ϹΩΜΑ   ΜΙΘΡΗϹ ΕΝΟΡΓΑΔϹΩΜΑ
ΤΩ ΧΩΜΑ ΚΑΛΥΠΤΕΙ   ΤΟΧΩΜΑΚΑΛΥΠΤΕΙ
ΧΥΝΔΟΝΑΚΤΟΣ ΙΕΡΕΩΝ   ΧΥΝΔΟΝΑΚΤΟϹΙΕΡΕΩ~
ΑΡΧΗΓΟΥ ΔΥϹΕΒ ΑΠΕΧ   ΑΡΧΗΓΟΥΔΥϹΕΒΑΠΕΧΟΥ
ΛΥϹΙΟΙ ΚΟΝ ΟΡΩϹ   ΛΥϹΙΟΙ ΚΟΝ·ΟΡΩϹ

Hanc characterum mutationem Grutero adscribere quis audeat, quando ille tot bonæ fidei sinceritatisque signa in magno thesauro suo dedit, ut ne minima in eum suspicio cadere possit : cum maxime id aggredi non potuerit sine periculo, ne Guenebaldus fraudem aperiret ; qui tamen Guenebaldus characteres mutatos fabulatus est, sine ulla contra Gruterum querimonia. Hanc characterum mutationem Thuano adscribere, quæ esset illa temeritas ? certe vix est quod dubitemus quin ipse Guenebaldus hoc exemplar abs se descriptum tradiderit, & de industria insolitos characteres adhibuerit, sive quia nondum inscriptionem in lapide insculpserat, sive quia cum hanc ipse inscriptionem aliquando publicare in animo haberet, nolebat ab alio præverti, ut ipse prior novi quidpiam afferret.

Ut ut res est, certum omnino videtur ipsum orbi literario fucum fecisse, cum de industria characteres tradidit non sinceros : atque hinc jam contra inscriptionem totam augetur suspicio ; nam qui illam consulto sic misit, sine dubio eamdem confinxisse potuit. Nescio an discrimen aliud inter characteres ejusdem inscriptionis bis a Guenebaldo in libro suo reperitæ, non novam quamdam suspicionem afferat : nam Guenebaldus non secum ipse consentit cum exscripta bina inter se multum dissimilia afferat. Verum his prætermissis ad inscriptionis verba veniamus.

Μίθρης ἐν ὀργάδι κῶμα (al. χῶμα) τὸ σῶμα καλύπτει
Χυνδόνακτος ἱερέων ἀρχηγοῦ
Δυσεβὴς (sic) ἀπέχυ Λύσιοι κόνιν ὁρῶσι

c'est-à-dire, *dans le sacré bocage de Mithras, ce tombeau couvre le corps de Chyndonax prince des prêtres. Retirez-vous d'ici impie. Les Lysiens, ou les dieux Manes regardent ses cendres.*

Il y a ici bien des choses sujettes à caution : Μίθρης est le genitif d'un nom feminin ; or nous n'avons jamais vû des inscriptions de la déesse Mithre ; mais un grand nombre du dieu Mithras, qui au genitif grec doit avoir Μίθρου : d'ailleurs cette forme d'épitaphe est tout-à-fait bizarre. Les abbreviations de plusieurs mots grecs ne se trouvent pas en cette maniere dans les inscriptions greques. Le nom de λύσιοι pour marquer les dieux qui veillent sur les cendres, est tout-à-fait hors d'usage dans les inscriptions : il paroit être tiré de ce passage de Platon, au livre second de la Republique αἱ τελεταὶ αὖ μέγα δύνανται καὶ οἱ λύσιοι θεοί. *Les expiations & les dieux Lysiens ont beaucoup de pouvoir*; peutêtre même que Guenebauld n'a pas pris cela de Platon, qu'il ne lisoit, dit-on, qu'en latin, mais des commentaires de Budé, d'où il a sans doute tiré tout ce qu'il dit des dieux, nommez en Grec ἀλεξίκακοι ἀποτρόπαιοι, λύσιοι & φύξιοι. Cette maniere de parler (*les dieux Lysiens regardent les cendres*) est toute extraordinaire : on n'a jamais vû les dieux Lysiens pour les dieux Manes, ni que les dieux Manes demeurent aux tombeaux pour y regarder les cendres. Je finis en disant que je ne voudrois jamais rien fonder sur un tel monument.

VI. Je ne sai si l'on doit ajoûter plus de foi à une autre inscription greque, où il est fait mention de Mithras, & qui se trouve autour d'un ancien Gaulois armé d'arc & de fleches : l'antiquité de l'archer paroit indubitable. Je ne sai si l'on peut dire la même chose de l'inscription : la voici avec toutes ses fautes, Ο ΑΥΡΕΛΙΑΝΟΣ ΣΕΒΑΣΤΟΣ ΤΩ ΜΙΤΡΑ ΓΕΝΕΤΗ, ΤΩ ΤΕΡΕΝΤΙΩ ΥΠΕΡΕΤΗΕ. c'est-à-dire, *Aurelien Auguste au pere Mithras, au ministre Terence* : il y a là je ne sai quoi qui choque. Je reserve à en dire plus amplement mon sentiment au tome quatriéme, où je parlerai des armes des Gaulois.

Un autre dieu [4] Gaulois qui m'a été donné par M. de Boze, a tout l'air d'un Esculape : il tient un pot à la main, il est revêtu d'une espece de veste, ou d'une tunique ouverte par devant : il porte un manteau sur les épaules. Je n'ai autre chose à dire sur cette figure, dont l'original de bronze à huit pouces de haut.

VII. Il y avoit dans la Novempopulanie un dieu, nommé dans les in-

---

Hoc est,

In luco Mithræ hic tumulus corpus tegit Chyndonactis sacerdotum principis. Impie recede, Lysii seu Manes cineres respiciunt.

Hic multa sunt quæ commentum oleant. Μίθρης est genitivus casus nominis feminini. Nullam inscriptionem vidimus Mithræ deæ, sed multas Mithræ dei, qui in genitivo Μίθρου habet. Ad hæc Epitaphii forma admodum insolens est ; abbreviationes plurimorum nominum præter morem inscriptionum græcarum sunt; græcus character + infimi ævi. Nomen illud λύσιοι pro diis qui cineribus advigilant, in nullis unquam inscriptionibus comparuit ; ex hoc autem Platonis libro secundo de Republica loco excerptum videtur. αἱ τελεταὶ αὖ μέγα δύνανται, καὶ οἱ λύσιοι θεοί, id est *expiationes rursus plurimum possunt, necnon ii Lysii* q. d. *expiatores.* Neque fortassis hæc ex Platone ipso mutuatus est Guenebaldus, quem, ut aiunt, latine tantum legebat, sed ex commentariis Budæi, ex quibus haud dubie illa omnia excerpsit, quæ de diis, quos Græci vocant ἀλεξίκακοι, ἀποτρόπαιοι λυσίους & φυξίους, retulit. Hic loquendi modus λύσιοι κιον ὁρῶσι, *Lysii cineres respiciunt* : insolens prorsus est, nunquam dii λύσιοι pro diis Manibus occurrunt, neque uspiam dicitur Manes in sepulcris manere ut cineres respiciant. His omnibus perpensis atque conspectis in nulla re unquam me hujus monumenti fidem adhibiturum polliceor.

VI. Nescio utrum major sit fides habenda inscriptioni alteri græcæ, ubi Mithræ mentio est, quæ inscriptio circa Sagittarium Gallum armatum arcu & sagittis legitur : Sagittarius certe antiquæ sculpturæ est ; nescio an idipsum de inscriptione dici possit, cujus hæc sunt verba & hæc errata : Ο ΑΥΡΕΛΙΑΝΟΣ ΣΕΒΑΣΤΟΣ ΤΩ ΜΙΤΡΑ ΓΕΝΕΤΗ, ΤΩ ΤΕΡΕΝΤΙΩ ΥΠΕΡΕΤΗΕ, id est, *Aurelienus Augustus Mithræ genitori, Terentio ministro.* Nescio quid hic insolitum deprehenditur ; sed hac de re pluribus quarto tomo, ubi de armis Gallorum.

Alius deus + Gallicus, ut videtur, a viro clarissimo de Boze dono mihi oblatus, est fortassis Æsculapius: is vasculum manu tenet, interula seu tunica aperta indutus est, zonaque succinctus, pallium sive chlamydem gestat humeris. De hoc signo æneo nihil aliud dicendum suppetit : ejus statua octo pollicum est.

VII. In Novempopulania deus quidam erat, cui

DIEUX DES GAULOIS.

scriptions *Abellio*. Comme il y a plusieurs inscriptions de ce dieu, il y a lieu de croire que son culte étoit bien établi en ce payis-là : quelques-uns ont cru que c'étoit le dieu Belenus, à cause de la ressemblance du nom. On n'en sait pas autre chose, non plus que de l'Apollon Grannus honoré en beaucoup de payis, en Allemagne, en Écosse & ailleurs. Il y avoit plusieurs autres dieux dans les Gaules & sur le Rhin, dont les marbres n'ont conservé que les noms ; telles sont les déesses *Matres & Matronæ*, les Meres & les Matrones, avec des épithetes qui les distinguoient, comme *Matribus Vapthiabus*, *Matribus Gallicis*, celle-ci a été trouvée en Espagne. *Matronis Asercnehabus*, *Matronis Hamavehis*, *Matronis Vacallinehis*, *Matronis Rumahabus*, *Matronis Romanehis*.

Les déesses qu'on appelloit *deæ Mairæ*, étoient honorées à Mets & dans le payis de Langres : un bas relief de Mets nous a conservé leurs figures. Elles y sont représentées au nombre de trois tenant des fruits au frontispice d'un temple, au fronton duquel on voit cette inscription : *En l'honneur de la maison divine aux déesses Maires, les payisans du village de la Paix*. On en découvre souvent d'autres de même, dont les inscriptions n'apprennent que les noms. Tous les surnoms donnez ci-devant aux déesses Meres & Matrones, ne sont apparemment que des noms locaux.

VIII. L'inscription *Deæ Bibracti* qui suit a été déja donnée par M. Moreau de Mautour : on l'a trouvée à Autun, & c'est une preuve que cette ville est l'ancienne Bibracte. L'inscription a ce sens, *Publius Caprilius Pacatus sextumvir Augustale a accompli son vœu à la déesse Bibracte*. Nous avons déja prouvé par plusieurs exemples que les anciens déifioient leurs villes. Pour ce qui est de la qualité de *Sextumvir*, nous en avons parlé ailleurs. On a trouvé dans Autun une autre inscription *Deæ Bibracti*, qui confirme que c'est l'ancien nom de la ville.

PL. CXCIII

nomen in inscriptionibus Abellio, Vid. Gruter. pag. XXXVII. cum plurimæ sint hunc deum memorantes inscriptiones, verisimile est cultum ejus in hac regione celebrem fuisse. Neque defuere qui nominis similitudine ducti putaverint eumdem esse deum ac Belenum. Nihil aliud de illo tenemus, ut neque de Apolline Granno in multis Germaniæ regionibus & in Scotia culto. Plurima item alia erant numina in Galliis & ad Rhenum, quorum marmora sola nomina conservarunt, ut *deæ Matres & Matronæ*, cum epithetis ipsas distinguentibus, ut *Matribus Vapthiabus*, *Matribus Gallicis*, hæc inscriptio in Hispania reperta est. *Matronis Asercnehabus*, *Matronis Hamavehis*, *Matronis Vacallinehis*, *Matronis Rumehabus*, *Matronis Romanehis*.

Deæ quæ vocabantur *Mairæ*, Metis & apud Lingonas honorabantur : earum figuras anaglyphum Metense præ se fert. Tres numero repræsentantur, fructus quosdam manibus gestantes in frontispicio templi, in cujus fastigio hæc inscriptio :

IN HONOREM DOMVS DIVINAE DIS MAIRABVS VICANI VICI PACIS

Alia item numina occurrunt, quorum unum nomen ex inscriptionibus notum : omnia vero cognomina dearum Matrum & Matronarum, locorum ut videtur nomina sunt.

VII. Inscriptio deæ Bibracti sequens jam a viro clarissimo Moreau de Mautour : ea Augustoduni reperta fuit, quod argumentum est illam urbem antiquam Bibracten esse. Inscriptionis verba sunt : *Deæ Bibracti Publius Caprilius Pacatus sextumvir Augustalis votum solvit lubens merito*. Jam exemplis probavimus olim urbes ipsas ab incolis in deorum numerum relatas fuisse : quæ Sextumviros spectant, alibi explanata. Altera inscriptio DEAE BIBRACTI haud ita pridem Augustoduni reperta, eam esse Augustodunum confirmat.

CHAPITRE VI.

I. Les Druides. II. La cérémonie du gui de chesne. III. Monument singulier, où les Druides sont en habit de cérémonie. IV. Autre cérémonie de la Selage. V. Autre sur les œufs de serpens. VI. La divination en usage chez les Druides. VII. Berecynthie adorée par les Gaulois, du tems de Gregoire de Tours.

I. "Les Druides, dit Jules Cesar, ont l'administration des choses divines, & des sacrifices tant publics que particuliers : ils expliquent ce qui
»regarde la religion. Les jeunes gens en grand nombre se mettent sous leur dis-
»cipline : ils sont chez les Gaulois en grand honneur, arbitres de tous les diffe-
»rends qui arrivent, tant publics que particuliers. S'il se fait quelque me-
»chante action, ou quelque meurtre ; s'il arrive un differend sur un heritage,
»ou sur des limites, ils en sont les juges ; maitres d'établir, ou les recompen-
»ses ou les peines. Si quelqu'un, soit particulier, soit magistrat, ne veut pas
»acquiescer à leurs jugemens, il lui est défendu d'assister aux sacrifices : c'est
»une très grande punition chez eux ; car ceux qui en sont exclus, passent pour
»des impies & des scelerats. Tout le monde les fuit, personne ne veut ni leur
»parler ni se joindre à eux, de peur qu'un tel commerce n'apporte quelque
»malheur : on leur denie la justice quand ils la demandent, & on ne leur
»rend aucun honneur. Ces Druides ont un chef de leur corps, qui a toute
»l'autorité chez eux : quand il meurt, celui qui a le plus de merite entre
»tous les autres, lui succede : s'il s'en trouve plusieurs d'un merite égal,
»on en élit un à la pluralité des suffrages. Il arrive aussi quelquefois que
»l'élection d'un nouveau chef se décide par les armes. En un certain tems de
»l'année les Druides s'assemblent en un lieu consacré (une autre leçon porte *in*
»*luco consecrato*, en un bois sacré) au païs des Carnutes qui occupent le milieu
»de toute la Gaule. Là viennent tous ceux qui ont des differends, & ils acquies-
»cent à tous leurs jugemens. Les Druides furent d'abord établis dans la grande
»Bretagne ; & passerent, à ce qu'on croit, de là dans la Gaule : & encore à pré-
»sent ceux qui se veulent instruire plus parfaitement de cette discipline, pas-
»sent dans cette isle. Les Druides sont exemts d'aller à la guerre & de païer le
»tribut : ils jouissent de toute sorte d'immunitez. Ces grands privileges font
»que plusieurs se rangent volontiers sous leur discipline, & que les parens

---

CAPUT VI.

I. Druides. II. Visci ceremonia. III. Monumentum singulare ubi Druides sacris ornati vestibus comparent. IV. Alia ceremonia Selaginis. V. Alia circa serpentum ova. VI. Divinatio in usu apud Druidas. VII. Berecynthia a Gallis culta tempore Gregorii Turonensis.

I. Druides, inquit Cæsar de Bello Gallico lib. 6. rebus divinis intersunt, sacrificia publica ac privata procurant, religiones interpretantur: ad hos magnus adolescentium numerus disciplinæ causa concurrit, magnoque ii sunt apud eos honore ; nam fere ab omnibus controversiis publicis privatisque constituunt, & si quod est admissum facinus, si cædes facta ; si de hæreditate, de finibus controversia est, iidem decernunt: præmia pœnasque constituunt. Si quis aut privatus aut publicus eorum decreto non stetit, sacrificiis interdicunt : hac pœna apud eos est gravissima, quibus ita est interdictum : ii numero impiorum ac sceleratorum habentur, iis omnes decedunt, aditum eorum sermonemque defugiunt, ne quid ex contagione incommodi accipiant: neque iis petentibus jus redditur, neque honos ullus communicatur. His autem omnibus Druidibus præest unus, qui summam inter eos habet auctoritatem : hoc mortuo, si quis ex reliquis excellit dignitate, succedit ; at si sint plures pares, suffragio Druidum adlegitur: nonnunquam etiam de principatu armis contendunt. Ii certo anni tempore in finibus Carnutum, quæ regio totius Galliæ media habetur, considunt in loco consecrato: huc omnes undique qui controversias habent conveniunt, eorumque judiciis decretisque parent. Disciplina in Britannia reperta, atque inde in Galliam translata esse existimatur ; & nunc qui diligentius eam rem cognoscere volunt, plerumque illo discendi causa proficiscuntur. Druides a bello abesse consueverunt, neque tributa una cum reliquis pendunt : militiæ vacationem omniumque rerum habent immunitatem. Tantis excitati præmiis & sua sponte multi in disciplinam conveniunt, & a propin-

tâchent

tâchent d'y introduire leurs enfans. Ils leur font apprendre, *dit-on*, un grand «
nombre de vers par cœur : & il y en a qui passent vingt années sous cette «
discipline. Ils croioient qu'il n'est pas permis d'écrire ce qu'ils leur enseignent: «
ils écrivent pourtant en lettres greques tout ce qui regarde les autres affai «
res, tant publiques que particulieres. Je crois qu'ils en usent ainsi pour deux «
raisons : la premiere est, qu'ils ne veulent pas que le secret de leur doctrine se «
répande dans le public. La seconde raison est, parce qu'ils croient que si on «
écrivoit ce qu'ils enseignent, leurs disciples seroient plus négligens à l'ap- «
prendre par mémoire, comme il arrive à plusieurs qui ne se mettent plus «
en peine d'apprendre par cœur dès qu'ils ont les choses écrites. Le principal «
point de la doctrine est, que les ames ne meurent point ; mais qu'après la «
mort, elles passent dans d'autres corps : ils croient cette doctrine propre à «
exciter à la vertu ; parce qu'elle porte à mépriser la mort. Ils raisonnent en- «
core sur les astres & sur leurs mouvemens, sur la grandeur du monde & de «
la terre, sur la nature, sur la vertu & la puissance des dieux immortels : & ils «
communiquent leurs opinions sur ces choses aux jeunes gens qu'ils instrui- «
sent.

Strabon nous apprend quelques particularitez sur les Druides, que Cesar n'a point décrites. « Il y a chez les Gaulois, *dit-il*, trois sortes de gens qui «
sont fort considerez ; les Bardes, les Vates & les Druides. Les Bardes «
chantent des chansons, & sont poëtes : les Vates sacrifient, & s'appliquent «
à connoitre & à expliquer les choses naturelles : les Druides ajoutent à «
l'étude des choses naturelles, la philosophie morale. Ils passent pour grands «
sectateurs de la justice & de l'équité ; & c'est pour cela qu'on leur défere le «
jugement des affaires, tant publiques que particulieres : ils appaisoient ci- «
devant les guerres civiles, & accommodoient les partis lorsqu'ils étoient «
sur le point de combattre. Les Gaulois croient que lorsque le nombre des «
Druides augmente, ils ont les fruits de la terre en abondance. Tant les «
Druides que les autres Gaulois, croient que les ames & le monde sont in- «
corruptibles ; mais qu'il y aura un tems où le feu & l'eau prédomineront.

II. Un des plus considerables actes de religion des Druides, étoit celui du Gui de chêne que Pline décrit en cette sorte : « Les Druides, c'est ainsi que «
les Gaulois appellent leurs Mages, n'ont rien de plus sacré que le Gui & le «
chêne qui le produit : ils choisissent des bois sacrez qui soient de chênes, & «
ne font aucune cérémonie ni acte de religion, qu'ils ne soient ornez de «
feuilles de cet arbre ; ce qui pourroit avoir donné lieu de croire que leur «

---

quis parentibusque mittuntur. Magnum ibi numerum versuum ediscere dicuntur. Itaque annos vicenos in disciplina permanent, neque fas est ea literis mandare, cum in reliquis fere publicis rebus privatisque rationibus græcis literis utantur. Id mihi duabus de caussis instituisse videntur, quod neque in vulgus disciplinam efferri velint, neque eos qui discunt, literis confisos, minus memoriæ studere, quod fere plerisque accidit, ut præsidio litterarum diligentiam in perdiscendo ac memoriam remittant. In primis hoc volunt persuadere, non interire animas, sed ab aliis post mortem transire ad alios, atque hoc maxime ad virtutem excitari putant, metu mortis neglecto. Multa præterea de sideribus atque eorum motu, de mundi ac terrarum magnitudine, de rerum natura, de deorum immortalium vi ac potestate disputant & juventuti tradunt.

Strabo quædam a Cæsare prætermissa sic explicat: Apud Gallos tria sunt, inquit, hominum genera, quæ magno in honore habentur ; Bardi, Vates & Druides.

Bardi cantilenas cantant Poetæque sunt ; Vates sacrificant, & rerum naturalium indagationi explicationique dediti sunt ; Druides rerum naturalium disciplinæ Philosophiam moralem adjiciunt ; ut magni justitiæ sectatores habentur, ideoque ipsis negotiorum tum publicorum tum privatorum judicium defertur. Antehac illi civilia bella sopiebant, factionesque jam ad prœliandum paratas mutuo reconciliabant. Galli putant, crescente Druidarum numero, fructuum terræ copiam abundantiamque esse. Tam Druides quam Galli cæteri putant animas & mundum corruptioni obnoxios non esse, sed tempus futurum quo ignis & aqua dominium obtinebunt.

I I. *Inter præcipua Druidarum sacra, nullum majus ceremonia illa, quam circa viscum servabant, qua de re Plinius lib. 16. cap. 44. Nihil habent Druidæ ita suos appellant magos) visco & arbore in qua gignatur, si modo sit robur, sacratius. Jam per se roborum eligunt lucos, nec ulla sacra sine ea fronde conficiunt, ut inde appellati quoque interpretatione græca possint*

»nom vient du mot grec δρῦς qui veut dire chêne : ils croioient que tout ce qui
»nait sur cet arbre est envoié du ciel, & que c'est une marque que cet arbre a été
»choisi de Dieu. On ne trouve le Gui que très rarement ; & quand on l'a trouvé,
»on le va chercher en grande cérémonie : ils observent sur toutes choses que ce
»soit au sixiéme jour de la lune, par lequel ils commencent leurs mois & leurs
»années, & leur siecle qu'ils recommencent après la trentiéme année ; parce
»que la lune commence au sixiéme jour d'être dans sa force, sans qu'elle soit
»pourtant arrivée au milieu de son accroissement. Ils lui donnent un nom
»qui marque qu'il guerit de toute sorte de maux : après avoir préparé le
»sacrifice & le repas qui se doivent faire sous un arbre, ils amenent pour
»le sacrifice deux taureaux blancs, à qui on lie pour la premiere fois les
»cornes. Le prêtre vêtu de blanc monte sur l'arbre, coupe le Gui avec une
»serpe d'or, & le reçoit dans son habit blanc. Après quoi ils immolent des
»victimes ; & prient Dieu que le present qu'il leur fait soit favorable à ceux à
»qui il l'a donné. Ils croient que les animaux steriles deviennent feconds en
»buvant de l'eau de Gui, & que c'est un preservatif contre toute sorte de poi-
»sons : tant il est vrai que bien des gens mettent leur religion en des choses
»frivoles.

III. On trouve une partie de ce que Pline vient de dire, admirablement
bien exprimé [2] dans un bas relief d'Autun, publié par Auberi dans son livre
in fol. des Antiquitez d'Autun, qui est entierement inconnu ; parce que l'Auteur étant mort après avoir imprimé le premier livre & une partie du second,
les feuilles furent dissipées : celui qui m'a prêté cet exemplaire, qui est d'Autun, assure que c'est l'unique exemplaire qui reste. Dans ce bas relief, on
voit un Druide couronné de feuilles de chêne ; ce qui revient parfaitement à
ce que Pline vient de dire, qu'ils ne font aucun acte de religion sans être ornez
de feuilles de chêne ; c'est apparemment le sacrificateur, & peutêtre le prince
des Druides, dont parle Cesar, qui avoit une si grande autorité sur ceux de sa
secte ; marquée à ce qu'il semble par le sceptre qu'il tient à la main. L'autre
Druide qui est auprès n'a point de couronne de chêne : mais il tient de sa main
droite un croissant, tel qu'il est au sixiéme jour de la lune ; ce qui revient si
parfaitement à ce soin scrupuleux des Druides, de ne faire la cérémonie du
Gui de chêne qu'au sixiéme jour de la lune, que je ne crois pas qu'on puisse
douter que la figure du croissant, de la grandeur dont il est au sixiéme jour,
ne soit exprimée ici par rapport à ce rit des Druides. Cette secte étoit fort

---

Druidæ videri. Enimvero quidquid adnascatur illis e cœlo missum putant, signumque esse electa ab ipso deo arboris: est autem id rarum admodum inventu, & repertum magna religione petitur, & ante omnia sexta luna, quæ principia mensium annorumque his facit, & sæculi post tricesimum annum, quia virium jam abunde habebat, nec sit sui dimidia. Omnia sanantem appellantes suo vocabulo, sacrificiis epulisque rite sub arbore præparatis, duos admovent candidi coloris tauros, quorum cornua tunc primum vinciuntur. Sacerdos candida veste cultus arborem scandit, falce aurea demerit, candido id excipitur sago; tum deinde victimas immolant, precantes ut suum donum deus prosperum faciat his quibus dederit. Fecunditatem eo poto dari cuicumque animali sterili arbitrantur, contraque venena omnia esse remedio. Tanta gentium in rebus frivolis plerumque religio est.

III. *Eorum quæ Plinius hic enarrat partem non minimam mire exprestam in anaglypho* [2] *Augustodunensi cernimus, quod anaglyphum exhibitum fuit in libro Auberii de Antiquitatibus Augustodunensibus: hic liber ignotus pene omnibus est, quia ipso auctore defuncto, postquam primum librum partemque secundi typis dederat, cusa omnia folia dissipata sunt, ita ut etiam vir ille Augustodunensis, qui istæc folia mecum communicavit, significaverit hoc solum exemplar nunc exsistere. In hoc anaglypho hinc Druida visitur quernis foliis coronatus, quod utique cum iis quæ Plinius modo dicebat apprime consentit, nempe Druidas sine ea fronde nulla sacra conficere. Est autem ut videtur sacrificus, & fortasse Druidarum princeps, de quo supra Cæsar, qui tantam in Druidas haberet auctoritatem, sceptro, quod præ manibus tenet, significatam. Alter Druida ad hujus latus, non quernis foliis coronatur, sed manu dextera tenet bicornem lunam, qualem sexta die lunæ videmus: id vero tam perfecte convenit cum scrupulosa illa Druidarum religione, ne visci ceremoniam alia quam sexta die lunæ celebrarent, ut nihil dubii subsit quin luna hic bicornis ut est sexta die lunæ, ad hunc Druidarum ritum respiciat. Druidarum secta astronomiæ admodum dedita*

LES BIBRACTE ET LES DRUIDES

DEAE BIBRACI
P·CAPR·IL·PACATVS
IIII IVIR AVGVSTA
V · S · L · M

Mr Moreau de Mautour.

Mr Thiroux

adonnée à l'astronomie ; & comme ce sixiéme jour de la lune étoit essentiellement requis pour la cérémonie du Gui , un Astronome Druide apporte ici un croissant de la grandeur qu'il doit avoir au sixiéme jour, pour signifier que ce jour requis pour la fête est arrivé. J'espere que cette explication d'un monument inconnu jusqu'aujourd'hui aura peu de contradicteurs.

IV. La cérémonie de la *Selage* sorte d'herbe, étoit encore célebre chez les Druides : ils la cueilloient, selon Pline, sans couteau, de la main droite qu'ils faisoient passer pardessous la tunique vers le côté gauche, comme s'ils l'avoient voulu arracher en cachete. Celui qui la cueilloit étoit vêtu de blanc & nus pieds, après les avoir bien lavez : la cérémonie étoit précedée d'un sacrifice fait avec du pain & du vin. Les Druides croioient que cette herbe étoit un préservatif contre toute sorte de malheurs, & que sa fumée étoit excellente contre les maux des yeux. Il y avoit encore une autre herbe appellée par les Gaulois *Samolès*, qui naissoit dans des lieux humides, qu'ils faisoient cueillir de la main gauche par des gens qui fussent à jeun, & qui servoit contre les maladies des cochons & des bœufs. Celui qui la cueilloit ne devoit point la regarder, il ne lui étoit pas permis de la mettre autre part que dans les canaux où ces animaux alloient boire, & il la broioit en l'y mettant.

V. Une autre superstition des Druides étoit touchant l'œuf des serpens : ces insectes le formoient de leur salive, étant plusieurs entortillez ensemble. Les Druides disoient que par les sifflemens des serpens cet œuf s'elevoit en l'air, & qu'il falloit le recevoir dans la robe lorsqu'il tomboit, de peur qu'il ne touchât à terre ; que celui qui l'avoit ainsi pris montoit d'abord à cheval pour s'enfuir , parce que les serpens couroient toûjours après, jusqu'à ce qu'ils trouvassent quelque riviere qui les arrêtât. Pour experimenter si cet œuf avoit la vertu requise, on le jettoit dans l'eau lié d'une bande d'or, où il falloit qu'il surnageât malgré ce poids ; & comme les charlatans feignoient toûjours des mysteres pour tromper les gens, ils disoient qu'il falloit le prendre en un certain jour de la lune : ils prétendoient qu'il avoit la vertu de faire gagner la victoire dans les differends qui survenoient. Une superstition si vaine & si ridicule indigna tellement l'Empereur Claude contre un Chevalier Romain, du païs des Vocontiens, qui dans une querelle portoit cet œuf dans son sein, qu'il le tua sans autre sujet que celui-là.

VI. La divination étoit encore en usage chez les Druides : ils se servoient pour cela de moiens fort étranges, selon Diodore de Sicile : ils immoloient un homme, en lui perçant le corps audessus du diaphragme : l'homme tomboit ;

---

erat ; & quia illa sexta dies præ omnibus ad visci ceremoniam requirebatur , *ante omnia*, Astronomus Druida hic bicornis lunæ figuram gestat ea magnitudine qua sexta die luna debet esse , ut significet jam illam advenisse diem. Hanc explicationem monumenti hactenus pene ignoti a paucis in controversiam vocatum iri puto.

IV. Selaginis etiam herbæ cujuspiam sic nominatæ ceremonia apud Druidas celebris erat , inquit Plinius 24. 11. legebatur illa manu dextera sine ferro per tunicam , *qua sinistra exuitur velut a furante*, *candida veste vestito*, *pureque lotis nudis pedibus*, *sacro facto prius quam legatur pane vinoque*, *ferturque in mappa nova*. Hanc contra omnem perniciem habendam prodidere Druidæ Gallorum, & contra omnia oculorum vitia fumum ejus prodesse. Iidem Samolum herbam nominavere nascentem in humidis : & hanc sinistra manu legi a jejunis contra morbos suum boumque , nec respicere legentem, nec alibi quam in canalis deponere, ibique

conterere poturis.

V. Alia Druidarum, ait Plin. 29. 3. superstitio erat circa serpentum ova , quæ ex plurimorum serpentum simul convolutorû saliva nascebantur. Druidæ dicebant sibilis serpentum ea ova in sublime jactari , sagoque oportere intercipi, ne terram contingerent : profugere raptorem equo ; serpentes enim insequi , donec arcerentur amnis alicujus interventu. Experimentum ovorum esse dicebant, si contra aquas fluitarent vel auro vincta : atque ut est magorum solertia occultandis fraudibus sagax, certa luna capienda censebant : ad victoriam in litibus obtinendam mire laudabantur. Claudius autem Imperator equitem Romanum e Vocontiis occidit , non ob aliam causam , quam quod in lite ovum hujusmodi in sinu gestaret.

VI. Divinatio etiam apud Druidas in usu erat ; eamque immanem in morem exercebant, inquit Diodorus Siculus libro 5. pag. 308. hominem immolabant, ipsum supra diaphragma transfodiendo. Ho-

sur sa chute, sur sa palpitation, sur le sang qui couloit, & sur les mouvemens qu'il faisoit, ils établissoient leur divination, aiant, disoient-ils, des experiences sûres pour cela.

Cependant Ciceron dans son livre premier de la Divination, leur attribue une maniere de deviner non barbare : « Il y a dans les Gaules, *dit-il*, des »Druides, du nombre desquels étoit Divitiac Æduen, vôtre hôte, & qui se »loue tant de vous ; j'ai autresfois conversé avec lui : il se vantoit de connoitre »les secrets de la nature, que les Grecs appellent Physiologie, & il predisoit »l'avenir, partie par des augures, & partie par conjecture.»

Tibere chassa les Druides des Gaules, dit Pline, il faut cependant qu'ils soient revenus depuis en vogue ; puisque, selon Lampridius, lorsqu'Alexandre Severe partit pour une expedition, de laquelle il ne revint point, une Druidesse cria en langue Gauloise : *Allez, n'esperez point la victoire, & ne vous fiez pas à vos soldats*. Lampridius appelle la Druidesse *Druias* : les inscriptions nomment une Druidesse *Druis*.

VII. La superstition payenne regnoit encore dans les Gaules dans le quatriéme siecle, & même dans le suivant. Il est dit dans la vie de S. Simplicius par Gregoire de Tours, qu'il y avoit un simulacre de Berecynthie, qui est la même que Cybele, qu'on trainoit dans un char par les champs & par les vignes, pour la conservation des fruits de la terre. Ces idolatres chantoient & dansoient devant la statue de la déesse. Le Saint touché de cette impieté, fit sa priere & le signe de la croix : d'abord l'idole tomba par terre, le char & les bœufs qui le tiroient demeurerent immobiles. Le peuple immola des victimes, bat ces bœufs pour les faire marcher, mais inutilement. Quatre cens de la troupe disent : Si c'est une divinité, qu'elle se releve, qu'elle fasse marcher les bœufs ; si elle ne peut se remuer, marque certaine qu'elle n'a rien de divin : ils immolerent encore une victime, & voiant que la déesse ne se remuoit point, ils se firent Chrétiens.

---

mo ille cadedat ; ex lapsu, ex palpitatione, ex defluente sanguine, ex motibus corporis divinationem exercebant, experimenta certissima prætendentes.

Attamen Cicero libro primo de divinatione divinationis modum ipsis adscribit non immanem : *In Gallia Druides sunt*, inquit, *e quibus ipse Divitiacum Æduum, hospitem tuum laudatoremque cognovi : qui & naturæ rationem, quam Physiologiam Græci appellant, notam esse sibi profitebatur, & partim auguriis, partim conjectura, quæ essent futura, dicebat.*

Tiberius, inquit Plinius l. 30. c. 1. Druidas ex Galliis expulit: ex illo tamen tempore eos rursum aliqua in existimatione fuisse putant, quandoquidem secundum Lampridium, cum Alexander Severus proficisceretur ad expeditionem ex qua nunquam rediit, mulier Druias exclamavit : *Vadas, nec victoriam speres, nec militi tuo credas...* Lampridius sic nomen effert *Druias* : in quadam inscriptione vocatur *Druis*.

VII. Superstitio illa profanorum deorum in Galliis regnabat adhuc quarto sæculo, imo etiam quinto. Gregorius Turonensis in vita S. Simplicii narrat fuisse simulacrum Berecynthiæ, quæ eadem est atque Cybele, quod curru vehebatur in campis & vineis, ad terræ fructuum conservationem. Idololatræ autem illi ante deæ statuam cantabant saltabantque. Impios miseratus sanctus, preces emisit ac signum crucis edidit; statim idolum in terram delabitur, currus trahentesque boves immobiles fiunt. Populus victimas immolat, boves stimulant percutitque, sed incassum. Ex cœtu quadringenti dicunt : Si numen est, jam surgat, boves incedere curet ; si ne ipsa quidem potest moveri, hinc liquet nihil in illa divinum esse : aliam tunc victimam immolant, cumque dea non magis moveretur, Christiani sunt effecti.

DIEUX DES ESPAGNOLS.

CHAPITRE VII.

I. Les Dieux des Espagnols. II. Endovellicus.

I. ON croit que les anciens Espagnols convenoient en beaucoup de choses pour la religion avec les Gaulois : ils avoient aussi des superstitions particulieres, dont nous savons très-peu de choses : si des Auteurs particuliers ont fait là-dessus de longues dissertations, elles n'ont guere servi à éclaircir la matiere : voici tout ce que les anciens Auteurs & les inscriptions en apprennent. Les Lusitaniens, dit Strabon, (ce sont les Portugais d'aujourd'hui) font souvent des sacrifices, & ils regardent curieusement les entrailles sans y faire des incisions : ils regardent aussi les veines des côtez, & se servent encore de l'attouchement pour la divination. Ils se servent pour le même usage des entrailles des captifs, dont ils couvrent les cadavres avec des saies. Après qu'on leur a découpé les entrailles, le devin tire son presage du cadavre : ils coupent les mains droites de ces captifs, & les consacrent aux dieux. Tous les montagnards vivent simplement, couchent à plate terre, & portent de longs cheveux comme les femmes : ils vont au combat, aiant les cheveux liez d'une bande, ils mangent ordinairement des cabris, & immolent à Mars des boucs, des captifs & des chevaux : ils font aussi des Hecatombes de toute espece, à la maniere des Grecs. Les Accitains, autre peuple d'Espagne, dit Macrobe, rendent un grand culte à une idole de Mars, qu'ils appellent Neton, dont la tête est toute raionnante. Ceux de la Galice, dit Strabon, ne connoissoient point de dieux, selon quelques-uns : les Celtiberiens & ceux qui habitent aux parties septentrionales, honoroient un dieu sans nom, en dansant toute la nuit de la pleine lune devant leurs portes avec toutes leurs familles. Les Gaditains qui sont ceux de Cadis, honoroient Hercule, lui batissoient des temples & lui offroient des sacrifices : c'étoit là qu'étoient les fameuses colonnes, que quelques-uns ont prises pour des portes, comme nous avons dit sur Hercule.

II. Gruter rapporte douze ou treize inscriptions trouvées en Espagne, au lieu nommé *Villavitiosa :* elles regardent toutes le dieu *Endovellicus* ou *Endovelicus ;* ou comme une des inscriptions porte, *Endobolicus.* Ce grand nombre

---

CAPUT VII.

I. Hispanorum dii. II. Endovellicus.

I. PUtuntur Hispani multis in rebus cum Gallis circa religionem consensisse : superstitionibus tamen illi quibusdam sibi propriis dediti erant ; sed earum nihil pene superest. Si Scriptores quidam longas ea de re dissertationes edidere, eæ non magnam rebus sane obscurissimis indidere lucem. En quidquid ea de re apud veteres & in marmoribus hauriri potuit. Lusitani, inquit Strabo lib. 7. pag. 106. sæpe sacrificia offerunt, atque exta cutiose scrutantur, non secant ea tamen : venas etiam laterum explorant, & tactu quoque ad divinationem utuntur. Exta autem captivorum ad vaticinia discipiunt, eorumque cadavera sagis operiunt ; horum viscera dissecant, varesque ex cadavere vaticinium profert. Eorumdem captivorum dexteras manus amputant diisque consecrant. Montani omnes simplici more vivunt, humi cubant longoque capillitio ut mulieres utuntur : in pugnam procedunt crinibus fascia colligatis : capros ut plurimum comedunt, Martique hircos, captivos & equos mactant ; Hecatombas etiam cujusvis generis more Græcorum offerunt. Accitani alius Hispaniæ populus, teste Macrobio Saturn. lib. 1. cap. 19. *simulacrum Martis radiis ornatum magna religione celebrant*, Neton vocantes. Callaici, inquit Strabo p. 113. deos nullos colete a quibusdam dicebantur. Celtiberi & ii qui partes septentrionales Hispaniæ incolebant, deum anonymum colebant in plenilunio per totam noctem saltantes ante portas suas cum familia tota. Gaditani Herculem honorabant, templa ipsi construebant sacrificiaque offerebant : istic erant columnæ illæ celeberrimæ, quas quidam portas esse putabant, ut diximus cum de Hercule.

II. Gruterus tredecim inscriptiones refert in Hispania repertas loco cui *Villavitiosa* nomen, quæ omnes deum Endovellicum aut Endovelicum aut Endobolicum respiciunt, qui tantus inscriptionum

d'inscriptions prouve que son culte étoit fort établi dans ce payis-là. Quelques Antiquaires ont tâché de découvrir qui étoit ce dieu Endovellicus; les uns le prennent pour Mars, qui comme nous venons de dire, se trouve honoré sous d'autres noms en Espagne; d'autres ont cru que c'étoit le Cupidon des Espagnols. Il y en a qui ont fort raisonné sur ce mot Endovellicus, espece de recherche, qui ordinairement ne mene pas à grand chose. Contentons nous de savoir qu'Endovellicus a été fort honoré en cette partie de l'Espagne, & comptons tout le reste parmi les choses ignorées.

numerus probat ejus cultum istis in partibus celebrem fuisse. Ex antiquitatis studiosis nonnulli, quis sit ille deus Endovellicus, perquisierunt: alii Martem dicunt, qui, ut diximus, in aliis Hispaniæ regionibus colebatur; alii putaverunt esse Hispanorum Cupidinem. Nonnulli circa vocem illam Endovellicus diu multumque disseruerunt, quod genus examinis utplurimum non magnam parit rerum notitiam. Hoc unum certo scire, Endovellicum in hac Hispaniæ parte admodum fuisse cultum, satis habeamus, cæteraque nos ignorare fateamur.

CHAPITRE VIII.

I. Les dieux des Carthaginois venus de Phenicie: ils sacrifioient leurs enfans à Saturne. II. Junon honorée à Carthage. III. Autres dieux des Carthaginois.

I. LA religion de Carthage venue de Phenicie, étoit sans doute la même que celle de Tyr & de Sidon: ce qui n'empêche pas que cette colonie de Tyriens n'ait depuis sa séparation adopté d'autres superstitions. Ils avoient appris des Phéniciens leurs peres le culte de Saturne, auquel ils sacrifioient leurs propres enfans. *Les Phéniciens*, dit Eusebe dans son oraison à la louange de Constantin, *sacrifient tous les ans à Saturne leurs enfans bien-aimez, & leurs fils uniques.* Ennius dit aussi des Carthaginois, qu'ils ont accoutumé de sacrifier leurs enfans. Se trouvant affligez de plusieurs maux, & pardessus tout cela de la peste, dit Justin, ils sacrifioient des hommes & des jeunes garçons: ils répandoient le sang de ceux pour la vie desquels on a accoutumé de prier les dieux. Ils les immoloient, dit Plutarque, comme des agneaux ou des petits oiseaux. Lorsqu'ils furent vaincus par Agathocle, dit Diodore de Sicile, ils attribuerent leur défaite à ce qu'ils avoient irrité Saturne, en substituant d'autres enfans en la place des leurs qui devoient être immolez; & pour réparer cette faute, selon Plutarque, ils élurent d'entre la premiere noblesse, deux cens jeunes garçons pour être immolez; il y en eut encore près de trois cens autres qui se sentant coupables s'offrirent d'eux-mêmes pour le sacrifice. Lactance parle aussi

CAPUT VIII.

I. Dii Carthaginensium ex Phœnicia advecti: ii liberos suos Saturno sacrificabant. II. Juno Carthagine culta. III. Alii Carthaginensium dii.

1. Carthaginis religio ex Phœnicibus orta eadem ipsa procul dubio erat, quæ Tyri & Sidonis: id vero non impedit, quominus hæc Tyriorum colonia alias, postquam istinc egressa separataque fuit, superstitiones admiserit. A majoribus Phœnicibus cultum Saturni acceperant, cui filios suos mactabant. *Phœnices*, inquit Eusebius Oratione in laudem Constantini, *quotannis Saturno immolant dilectos unicosque filios suos.* Ennius quoque de Carthaginensibus, *Pœni sunt soliti sos sacrificare puellos.* Carthaginenses solent suos sacrificare liberos. Cum inter cætera mala etiam peste laborarent, inquit Justinus lib. 18. cap. 6. *cruentâ sacrorum religione & scelere pro remedio usi sunt. Quippe homines ut victimas immolabant & impuberes aris admovebant pacem deorum sanguine eorum expescentes, pro quorum vita dii rogari maxime solent.* Ipsos immolabant, inquit Plutarchus de superstitione, *ceu agnos aut aviculas.* Cum ab Agathocle victi sunt, ait Diodorus Siculus lib. 20. *cladem suam irato Saturno imputaverunt quod alios pueros in filiorum; qui mactandi erant, locum substituissent: quod peccatum ut expiarent*, inquit Plutarchus, *inter nobiliores primoresque ducentos pueros delegerunt immolandos. Præterque fere trecenti sese reos putantes ad sacrificium sponte se obtulerunt.* Lactantius item l. 1 c. 21.

DIEUX DES CARTHAGINOIS.

des deux cens enfans immolez à Saturne par les Carthaginois, après leur défaite par Agathocle. A ce sacrifice, dit Plutarque, le jeu des flutes & des tympanons faisoit un si grand bruit, que les cris de l'enfant immolé ne pouvoient être entendus. Les meres y assistoient sans pleurer & sans gémir ; s'il leur échapoit quelque plainte, elles étoient condamnées à l'amende, & l'enfant ne laissoit pas d'être immolé.

Après que leur ville ruinée par les Romains eut été rebâtie, ils renouvellerent ce culte sanglant : l'Empereur Tibere le défendit, & fit pendre aux arbres plantez devant l'entrée des temples les prêtres qui l'exerçoient : ce qui n'empêcha pourtant pas qu'on ne le continuât, mais en cachete ; cela se faisoit encore du tems de Tertullien, comme il le dit lui-même dans son Apologie. Ils avoient, selon saint Augustin, un si grand respect pour Saturne, qu'ils n'osoient proferer son nom : ils l'appelloient plûtôt le Vieillard : le lieu qui s'appelloit le bourg de Saturne, étoit plus souvent nommé par eux le bourg du Vieillard, que le bourg de Saturne.

II. Une autre divinité fort honorée par les Carthaginois étoit Junon ; c'étoit leur patronne, qui les protegeoit plus que toute autre nation de la terre, sans en excepter même l'isle de Samos, dit Virgile : elle avoit déposé son char & ses armes à Carthage, & lui vouloit procurer l'empire sur les autres nations. Les Carthaginois lui immoloient des brebis, & le culte de cette déesse étoit si grand, que Carthage se trouve appellée à cause de cela *Junonia*.

III. Ils adoroient encore Uranie, ou la Celeste, qui étoit honorée dans l'Afrique : ils entendoient par la Celeste, ou Venus ou la Lune ; ou peutêtre l'une & l'autre. Carthage, selon saint Augustin, étoit appellée *regnum Veneris*, le roiaume de Venus.

Ils honoroient encore Jupiter, Apollon & son fils Esculape : ils avoient une devotion particuliere à ce dernier, parce qu'ils le croioient né d'une mere de leur païs. Il y avoit un temple d'Esculape dans la forteresse nommée Byrsa, selon Strabon & Appien. Neptune, Mars, Hercule, & la plûpart des autres divinitez des Grecs étoient encore honorées dans Carthage.

Cybele étoit aussi un des objets de la religion des Carthaginois, comme nous avons dit au premier tome, en parlant de Cybele. Les Galles ses mi-

---

ducentos illos pueros Saturno a Carthaginensibus post acceptam ab Agathocle cladem mactatos commemorat. In hoc sacrificio, inquit Plutarchus, tibiarum tymparorumque strepitus tantus erat, ut clamor geminusque mactandorum puerorum non audirentur. Matres sine fletu ac gemitu aderant, sed cum gemitus vel invitis erumperet, pecuniâ multâ damnabantur, puerque nihilominus mactabatur.

Postquam urbs ipsorum prius a Romanis deleta, instaurata fuit, hanc cruentam superstitionem Carthaginenses renovarunt. Tiberius Imperator id vetuit sacerdotesque tale sacrificium offerentes arboribus ante ingressum templi positis suspendi jussit : neque tamen ideo penitus cessatum est, verum res clam exercebatur etiamque Tertulliani tempore, ut in Apologia sua ipse ait. Tanta erga Saturnum reverentia tenebantur ut ejus nomen ne proferre quidem auderent, *Senem potius quam Saturnum dicentes*, inquit Augustinus de consensu Evangelistarum lib. 1. *Iam tumuli superstitione, ut etiam pene vico suo nomen mutaverint, vicum Senis crebrius, quam vicum Saturni appellantes.*

II. Aliud numen a Carthaginensibus summopere cultum Juno erat : ea servatrix erat, quæ ipsis plusquam aliis quibuslibet gentibus opitulabatur, ut Virgilius lib. 1. Æneid.

*Quam Juno terris fertur magis omnibus unam
Post habita coluisse Samo ; hic illius arma
Hic currus fuit, hoc regnum dea gentibus esse,
Si qua fata sinant, jam tum tenditque fovetque.*

Junoni oves Pœni mactabant : tantus istic erat hujus deæ cultus, ut Carthago ideo Junonia dicta occurrat.

III. Uraniam quoque sive Cælestem illam adorabant, quæ per totam Africam colebatur : per illam Cælestem aut Venerem aut Lunam intelligebant, vel fortassis utramque. Carthago, ut ait Augustinus in Psalmo 98. Veneris vocabatur.

Jovem item colebant, Apollinem ejusque filium Æsculapium: hunc postremum maxime venerabantur, quod putarent natum matre Pœna. Templum erat in arce, cui nomen Byrsa, Æsculapio dicatum, ait Strabo lib. 17. itemque Appianus in Libycis. Neptunus, Mars, Hercules, maximaque pars Græcorum numinum Carthagine honorabantur.

Cybele quoque in numero deorum Carthagine censebatur, ut post Augustinum diximus primo tomo ubi

nistres se voioient à Carthage mendians dans les rues, à la maniere que nous avons dit au même endroit après saint Augustin.

Outre ces dieux, il y avoit d'autres divinitez propres au payis; comme Didon, appellée aussi Elissa, à laquelle ils rendoient des honneurs divins: Astarte, qui selon saint Augustin étoit regardée par eux comme Junon: Anna Perenna, sœur de Didon, étoit encore comptée parmi les divinitez Carthaginoises. Amilcar & Annibal furent aussi honorez du titre de dieux par les Carthaginois des siecles posterieurs. Ajoutons à ceux-là ces dieux dont saint Augustin parle dans son Epitre à Maxime de Madaure: les Carthaginois, dit-il, mettent parmi leurs prêtres les Encaddires, & parmi leurs dieux les Abaddires: on n'en sait pas autre chose.

---

de Cybele: ejus ministri Carthagine visebantur mendicantes eo quo narravimus modo, auctore eodem Augustino.

Præter hosce deos alii erant huic religioni peculiares, qualis Dido, alio nomine Elissa dicta, cui honores conferebant divinos; Astarte item, quæ secundum Augustinum in libro Judic. cap. 7. Juno apud illos esse censebatur. Anna Perenna quoque Didonis soror inter Carthaginensia numina numerabatur. Amilcar quoque & Annibal deorum nomine culti sunt a Carthaginensibus inferioris ævi. His addendi dii illi de quibus Augustinus Epistola ad Maximum Madaurensem, ubi Pœnos habere dicit in sacerdotibus Encaddires, & in numinibus Abaddires, de quibus nihil ulterius comperimus.

Fin du second Tome.

LA DÉESSE NEHALENNIA.

J'Avois presque oublié Nehalennia, déesse inconnue jusqu'au cinquiéme jour de Janvier de l'an 1647. qu'un vent d'Est soufflant avec violence vers la Zelande, & poussant les flots de la mer au côté opposé, le bord se trouva découvert, & l'on y vit des masures que la mer couvroit auparavant. Le peuple y accourut, & y trouva des autels, des vases, des urnes & des choses semblables : on y vit aussi des statues & des bas-reliefs de divinitez, & entre autres de la déesse Nehalennia, avec des inscriptions qui apprenoient son nom. Wrée dans son histoire des Comtes de Flandre aux additions au premier tome p. LI. a donné quatorze images de cette déesse, toutes portant inscription qui marque que c'est Nehalennia, hors une seule qui n'en a point. Comme la plûpart de ces images sont fort ressemblantes, nous en avons choisi sept dans lesquelles on observe quelque difference. Dans la premiere image elle est représentée assise, aiant sur son giron un pannier rempli de pommes & de fruits. A son côté droit est un chien, & à son côté gauche un panier plein de pommes comme le précedent. L'inscription porte que c'est Dacinus fils de Liffion qui a accompli son vœu. Nous donnons la seconde telle que Wrée l'a représentée. M. Keysler dans un livre imprimé à Zell en 1717. sans figures, la décrit autrement qu'elle n'est ici. Il dit qu'elle est assise, au lieu qu'elle est ici debout; qu'elle n'a point de tête, mais on la voit ici toute entiere. Il prétend que l'inscription se lit autrement que Wrée ne l'a mise : voici comme M. Keysler la donne : MASSONIVS AƎVSQ. B. Il dit que sous la proue sur laquelle Nehalennia tient le pied, on voit ces deux lettres D. B. Le chien l'accompagne dans cette image aussi bien que dans l'image suivante qui n'a point d'inscription, & où une femme présente sa fille à la déesse Nehalennia. A l'un des côtez de la pierre on voit la figure d'un autre dieu qui n'est pas aisée à reconnoître. Nehalennia est ici debout. Elle est représentée assise dans l'image suivante, avec le chien & les paniers de fruit à l'ordinaire. A un côté de la pierre se voit Hercule avec une massue, & la peau de lion sur la tête. Une autre la représente tenant le pied sur un tronçon de colonne cannelé, avec un autre dieu sur le côté, qui n'est pas bien reconnoissable. La suivante est plus ornée; deux Victoires sont représentées, tenant chacune une

Dea Nehalennia.

NEhalenniam pene prætermisi, deam ignotam ad annum usque 1647. quinta die Januarii, cum euro vehementius in Zelandiæ extremo angulo reflante, fluctus maris recessere, detectaque ora pridem aquis operta, rudera visa sunt, accurrenteque ex vicinia populo, repertæ sunt aræ, urnæ, vasa & similia, itemque statuæ & anaglypha numinum, interque illa deæ Nehalenniæ, cujus nomen & cultum inscriptiones docebant. Olivarius Uredius in Historia Comitum Flandriæ, in additionibus ad lib. 1. Prodrom. II. pag. LI. hujus deæ quatuordecim imagines protulit, cum inscriptionibus Nehalenniam esse docentibus, unâ tantum exceptâ, quæ nullam habet inscriptionem. Cum autem istiusmodi imagines pleræque inter se similes sint, ex iis septem delegimus, in queis aliquid discriminis observatur. In prima imagine Nehalennia sedens exhibetur, in sinu gestans calathum pomis fructibusque repletum. Ad ejus dextrum latus canis est, ad sinistrum calathus alter fructibus plenus. Inscriptio sic legitur : Deæ Nehalenniæ Dacinus Liffionis filius votum solvit lubens merito. Secundam, qualem dedit Uredius, proferimus. Vir cl. Keyslerus in libello Cellæ publicato anno 1717. nullo oblato schemate illam secus depingit quam hic repræsentatur : sedentem illam dicit, at hæc stat ; capite carere asserit ; hic integra exhibetur. Inscriptionem alio profert modo quam hic habeatur, nempe MASSONIVS AƎVSQ. B. adjicitque sub prora quam pede calcat Nehalennia, has haberi literas D. B. Canis illam comitatur in hac ut in sequenti imagine, quæ nullam habet inscriptionem, ubi mulier filiam suam Nehalenniæ offert : in altero lapidis latere numen aliud conspicitur, quod non ita facile internoscatur : hic Nehalennia stans exhibetur ; in sequenti vero schemate sedet canem habens & calathos ut supra. In alio latere Hercules cum clava exuviis leonis caput obtegit. In alia imagine repræsentatur Nehalennia pede frustum columnæ striatæ calcans. Alius in latere lapidis sculptus deus non agnoscitur quis sit. Sequens imago ornatior est, duæ Victo-

palme. Neptune se voit sur un des côtez de la pierre. Le même dieu est repréfenté deux fois dans l'image suivante, où est Nehalennia, qui est assez ressemblante à plusieurs que nous avons déja vues. Ces frequentes représentations de Neptune avec cette déesse, marquent qu'elle étoit invoquée par les gens de mer pour l'heureux succès de leur navigation & de leur negoce; & c'est aussi ce que porte une inscription où il est dit que Secundus Silvanus en action de graces de l'heureux succès de son commerce de craie, qu'il faisoit en la grande Bretagne, a accompli le vœu qu'il avoit fait à la déesse Nehalennia.

Je passe à mon ordinaire les longs raisonnemens que plusieurs ont fait sur l'étymologie de ce nom: quelques-uns l'ont fait venir de *nea selene*, nouvelle lune; les autres de *neales*, qui veut dire ou *pris depuis peu* ou *nouvellement salé*. D'autres prétendent que c'est un nom Scythe ou Germain; & entassent là-dessus beaucoup d'érudition Teutonique.

Voici une autre Nehalennia differente des précedentes; elle est tirée d'une Mosaïque trouvée auprès de Nîmes. M. Graverol à qui appartenoit cette Mosaïque, en fait la description. Cette Mosaïque, dit-il, est composée de trois couleurs, de blanc, de noir & de rouge ou rougeâtre: elle a de longueur quinze palmes & trois pouces, & de largeur huit palmes & deux pouces: nous avons souvent dit que la palme fait les trois quarts du pied. Cette Mosaïque représente une déesse sur le bord de la mer: elle a un petit chien à son côté; la mer qui est devant elle paroit fort agitée: la figure de la déesse ne paroit qu'à demi, parce que la Mosaïque est fort gâtée à l'extrémité. Au côté de la base est une torche ardente & flamboiante couchée à terre. M. Graverol croit que c'est la déesse Nehalennia. Il y a en effet tout lieu de le croire. Cette mer agitée marque une déesse qu'on invoquoit pour la navigation; ce qui convient à Nehalennia, aussi bien que son habit & le chien qu'elle a à son côté: La base quarrée qui la soutient marque une déesse. Le fallot allumé se mettoit la nuit sur les tours & sur les phares pour guider les gens de mer.

Au bas de cette image est un monument tiré du cabinet de M. Grævius, qui m'est venu après coup. C'est une pierre sepulcrale mise pendant le tems que la Batavie étoit soumise à l'Empire Romain. Un homme à demi couché

---

riæ palmam tenent manibus, Neptunusque in alio alteris lapide visitur. Idem porro deus bis repræsentatur in schemate sequenti, ubi Nehalennia præmissis aliis haud dissimilis. Neptuni cum Nehalennia frequens repræsentatio significat eam navigantibus præsidium habitam fuisse, & eo nomine cultam: quod etiam arguit sequens inscriptio.

DEAE NEHALENNIAE
OB. MERCES. RECTE. CONSER
VATAS. SECVND. SILVANVS
NEGO†TOR. CRETARIVS
BRITANNICIANVS.
V. S. L. M

Quam ita legendam puto: *Deæ Nehalenniæ ob merces rectè conservatas Secundus Silvanus negotiator cretarius Britannicianus, votum solvit lubens merito.*

Hic pro more multa prætereo a quibusdam circa hujus vocis etymologiam disputata; alii quippe volunt Nehalenniam ex hac voce duci νέα σελήνη, *nova luna*; alii ex voce νεαλὴς, quæ aut recens captum, aut recens salitum significat; alii putant esse vocem Scythicam aut Germanicam, multamque ea de re Teutonicam eruditionem profundunt.

En aliam Nehalenniam a præmissis discrepantem, ex musivo opere prope Nemausum eruto desumtam. Vir clarissimus Graverolius ad quem illud monumentum pertinebat, sic descripsit: Triplicis coloris musivum erat, albi nimirum, nigri & subrubicundi, longum palmos quindecim uncias tres, latum palmos octo, uncias duas. In hoc musivo opere dea repræsentatur ad oram maris stans; adstat canis, tumet mare fluctibusque erigitur. Deæ imago media tantum visitur; musivum quippe opus ea parte labefactarum erat: a latere basis fax ardens prostrata jacet. Nehalenniam deam esse putat Graverolius; quod omnino verisimile est. Mare quippe tumens deam nautarum patronam indicat, qualis Nehalennia erat: vestis præcedentium iconum similis: canis Nehalenniæ adest, ut supra. Basis qua sustentatur Nehalennia, deam denotat: fax accensa noctu in pharis & turribus erigebatur navigantibus indicium.

In ima tabula monumenti cujuspiam schema edidimus ex museo viri clarissimi Grævii eductum, quod tardius accessit quam ut posset locum occupare suum. Est lapis sepulcralis tum positus cum Batavia Romanæ ditionis esset. Vir in tricliniari lecto decumbens

LA DÉESSE NEHALENNIA.

sur son lit de table fait le repas qu'on appelloit *Cœna feralis*, le souper ou le festin des funerailles. Il a devant lui une petite table à trois pieds chargée de fruits ; il tient un gobelet à la maniere de ces Gaulois que nous avons donnez en assez grand nombre au troisiéme tome, lorsque nous parlions de l'habit des Gaulois : deux jeunes échansons tiennent l'un un petit coffret qui a une anse, tel que plusieurs que nous avons donnez au même lieu ; l'autre un pot à verser du vin. Ce qui est à remarquer ici, c'est la forme d'un grand vaisseau quarré qui paroit être de bois, & dont le haut se termine en une bouche ronde. L'inscription est précedée par les deux lettres ordinaires D. M. *Dis Manibus*, aux Dieux Manes. Le nom du défunt est *Valens Bititralis*. Le reste ne se peut lire hors les quatre dernieres lettres, M. H. F. C. *Monumentum hoc fieri curavit* ; qui veulent dire que celui dont on ne peut lire le nom, a fait faire ce monument.

cœnam illam celebrat quam feralem vocabant : ante illum tripus sive tripes mensa fructibus onusta. Curullum iste tenet iis similem quos in Gallorum manibus vidimus tomo tertio, cum de Gallorum vestibus ageremus. Duo juvenes pocillatores tenent alter arculam, quales plurimas vidimus eodem loco ; alius scyphum infundendo vino. Quod autem hic observandum occurrit, vas est magnum quadratum, quod esse ligneum videtur, cujusque culmen in os rotundum terminatur. Inscriptioni præmittuntur duæ literæ D. M. Defuncti nomen est Valens Bititralis : reliqua legi nequeunt præter quatuor postremas literas H. M. F. C. id est, *Hoc monumentum fieri curavit*.

Tom. II.

TABLE

À la fin du Second Tome immédiatement devant la Table des matières

NEHALENIA DEESSE, ET UN AUTRE MONUMENT GAULOIS

d'une Lettre imprimée de M. Graverol

M. de Chezelles

TABLE
DES MATIERES
DU SECOND VOLUME.

A

Baddires, dieux des Carthaginois. 442.
Ab.Uio, dieu Gaulois. 432.
Abibal, roi de Beryte. 386.
Ablana, puissance des Basilidiens. 376.
Abraïaché, puissance des Basilidiens. 376.
Abrasadabra, qu'étoit-ce ? 378.
Abrasax pour Abraxas. 360
Abrathia, puissance des Basilidiens. 378.
Abraxas, ce que c'étoit. 353. *& les suivantes.*
Abraxas le dieu suprême, selon Basilide. 355. appellé le monstrueux Abraxas par S. Jerôme. *là-même.* son nom fait le nombre de trois cent soixante-cinq, qui est celui des jours de l'année. 356. Abraxas, ou les pierres des Abraxas divisées en sept classes. 358.
Abraxas créateur de l'entendement, selon Basilide. 355.
Abraxas tient un fouet, comme pour agiter ses chevaux. 358.
Abraxas à tête de coq a une cotte d'armes, & des serpens au lieu de jambes. 358. Abraxas à tête de coq, en grand nombre. 358. ont rapport au soleil, parce que le coq annonce sa venue. 358.
Abraxas à tête de lion, ou avec la figure du lion, ou des dieux Egyptiens, des serpens, &c. 358. Abraxas à tête de lion, ou avec la queue d'un serpent, ou avec la forme entiere du lion. 360. *& les suiv.*
Abraxas à tête d'homme, & à tête de chien. 366. Abraxas à figure humaine. 365. *& les suivantes.*
Abraxas des Basilidiens, quelquefois en lettres hebraïques 292. Abraxas à tête d'homme, d'où sortent sept serpens. 375.
Abraxas avec des inscriptions sans figures. 368.
Abraxas préservatifs. 371. donnez pour des maladies. 361. principalement pour les femmes. 372. pour l'heureux accouchement. 372.
Abraxas massacreur des geans. 361. autre Abraxas extraordinaire, donné par Spon. 373. Abraxas fort grand & fort singulier. 370.
Acca Larentia, sa fête. 230.
Acca Larentia perd un de ses fils, & reçoit Romulus en sa place. 36.
Accius dans Macrobe. 235.
Acerra boëte d'encens. 139. 150.
Acerra tres-belle, de M. Foucault. 139.
Achille, son image. 192.
Achillées, fêtes des Grecs. 266.
Achille Tatius. 292. 317.
Acieres, haches. 147.
Actée, surnom de Junon. 158.
Acron sur Horace. 238.
Action ou Actia fête d'Apollon, d'où les mouches se retiroient. 206.
Action de graces pour les bienfaits reçus des dieux. 152.
Admete fille d'Eurysthée, sa fuite, son histoire : elle est faite prêtresse de Junon à Samos. 70.
Adonai dans les Abraxas. 360. *& dans les suiv.*
Adonies fêtes à Athenes. 265.
Adonies, fêtes de deuil dans la Grece, sur la mort d'Adonis. 207. & dans la Phenicie. 207. 208.

& à Antioche. 208.
Adonis avoit des temples. 94.
Adonis fleuve de Phenicie qui devenoit rouge une fois l'année. 208. il sort du mont Liban. 387.
Ador. 157.
Adorea sacrificia. 157.
Adytum, lieu sacré des temples, où il n'étoit pas permis d'entrer. 47.
Ædes prise pour un temple : veritable signification de ce mot. 46.
Ælia Capitolina, nom donné à Jerusalem. 68.
Ælurus le chat, dieu des Egyptiens : histoire étrange des chats d'Egypte, 309. les images d'Ælurus 310.
Ælurus dans la table Isiaque. 334. Ælurus représenté avec la figure d'homme ou de femme, & la tête de chat. 310. avec un panache. 311. avec le sistre. 311.
Æmilius Regillus bâtit un temple aux Lares marins. 104.
Æneas Vicus. 178.
Affranchis, leurs filles prises pour Vestales du tems d'Auguste, contre la loi. 31.
Agamede invoqué à l'antre de Trophone. 259.
Agamemnon, son image. 192.
Agapenor architecte du temple de Venus de Paphos 89.
Agcterion fête des Grecs. 206.
Aglaurus fille de Cecrops prêtresse d'Apollon. 207.
Aglibolus dieu de Palmyre trouvé sur un monument. 389. en manteau. *là-mêm.* Aglibolus est le soleil. 390.
Agneau femelle sacrifié à Jupiter. 236.
Agneau victime de Faune. 159.
Agneaux femelles, victimes de Junon. 158.
Agneaux immolez à Minerve. 158.
Agonales, fêtes des Romains. 227.
Agonalia, d'où vient ce nom. 163.
Agranies ou Agrianies, fêtes d'Argos. 206.
Agraulies fêtes. 207.
Agrionies fêtes, leur histoire. 207.
Agrippa étoit représenté en quadriges triomphales sur la Rotonde. 54.
Agrotere, sacrifice de cinq cens boucs. 207.
Agrotere surnom de Diane. 207.
Agyrtes, ainsi nommoit-on les Galles, pourquoi. 14. 15.
Ajanties en l'honneur d'Ajax. 208.
Ajax viole Cassandre. 64.
Aigle qui tient de ses serres la tête d'un taureau. 184.
Aiman, pierre magique des Basilidiens, avec les noms des puissances. 371.
Airain de Dodone. 157.
Aius Locutius avoit un temple à Rome. 110.
Alæa, surnom de Minerve. 208.
P. Albert. 346.
Albogalerus, bonnet des prêtres. 19. bonnet des Flamines Diales. 39. 40. la forme. *là-même.*
Albunea, la Sibylle Tiburtine. 28.
Alcamene tenoit de son tems le second rang dans la Statuaire. 62. Alcamene Sculpteur fait une statue de Junon. 49.
Alcathées fêtes. 208.

TABLE

Alcathoüs fils de Pelops. 208.
Alcis, Castor & Pollux des Germains. 408.
Alées fêtes des Arcadiens. 208.
Alet's fille d'Icare. 208.
Alexandre le Grand : ses medailles portées anciennement par des Chrétiens, comme un préservatif. 372.
Alexandre le Grand, medaille ou talisman. 372.
Alies ou Halies, fêtes du Soleil. 208.
Alilat Uranie des Arabes. 380.
Alitra nom de Venus Celeste, chez les Arabes. 393.
Aloës ou Haloes, fêtes. 208.
Ἄλογος sans raison, surnom de Typhon. 272.
Alphée fleuve représenté. 62.
Amalthée, nom de la Sibylle de Cume. 28.
Ambiguæ ovres, brebis qui avoient deux agneaux. 153.
Ambrosies fêtes de Bacchus. 209.
Amende aux violateurs de sepulcres. 18.
Amilcar honoré comme dieu à Carthage. 442.
Amilcar Capitaine Carthaginois perit miserablement pour avoir pillé le temple de Venus Erycine. 92.
A:mien Marcellin. 204. 208. 350. 403.
Amphiarées fêtes d'Amphiaraüs. 209.
Amphiptostylos ce que c'étoit. 49.
Amphitrite & Neptune. 64.
Ampilli village en Bourgogne où a été trouvé le dieu ou le Jupiter Beniilucius. 427. 428.
Amula. 149.
Amulius mit Rhea Silvia sa niece au nombre des Vestales. 30.
Amyntas Galate immole une hecatombe. 205.
Anabolion donné à Esculape. 248.
Anacalypteries, fêtes des noces. 209.
Anacées fêtes. 209.
Anacleteries fêtes. 209.
Anacreon. 93.
Anagogies fêtes de Venus à Eryce. 92. 209.
Ananael, ange & puissance dans les Abraxas. 359.
Anarrhysis second jour de la fête des Apaturia. 198. 210.
Ancilia boucliers que portoient les Saliens. 33. 34.
Ancre avec Jesus sur les Abraxas. 369.
Andose nom local d'Hercule. 252.
Androgeonies, jeux en l'honneur d'Androgeos. 209.
Ane symbole de Typhon. 293. & à cause de cela maltraité à Coptos. *là même*.
Ane immolé à Priape. 159.
Anes immolez à Mars. 158.
Angeronales fêtes des Romains. 227.
Anges & puissances des Basilidiens, & leurs noms 369. 371. en fort grand nombre. 376. 377.
Animaux sans défaut requis pour le sacrifice. 156.
Annales des Samiens. 28.
Annibal adoré comme dieu à Carthage. 442.
Anthesphories en l'honneur de Proserpine. 209.
Anthesteries fêtes d'Athenes. 209.
Anthistenes dans Clement Alexandrin. 14.
Anthisterion mois d'Athenes. 209.
Antinoïes en l'honneur d'Antinoüs. 209.
Antinoüs nouveau dieu d'Egypte. 323. appellé Synthrone des dieux de l'Egypte. 323.
Antiquitez trouvées à Zurich. 418. Antiquitez Gauloises déterrées à Nôtre-Dame de Paris. 413.
Antistius Labeo explique les livres de Tagès sur l'Haruspicine. 16.
Antre de Laverna déesse des voleurs. 107.
Antre du mont Ida. 176.
Antre de Trophone, où il n'étoit permis d'entrer qu'avec certaines cérémonies. 76.
Antre des Nymphes au mont Parnasse. 127.
Antre de Mithras. 17.
Antron Corace, son histoire. 88. 89.
Anubis fils de Nephthé. 312. dieu des Egyptiens à tête de chien. 312. son culte passa en Grece & à Rome. 312. interprete des dieux du ciel & de ceux de l'enfer, avec le caducée & la palme. 312. ses images. 313. frere des grands dieux Serapis & Apis. 313.
Anubis le Mercure des Egyptiens. 312. peint avec le caducée. 312. appellé Hermanubis Mercure Anubis. *là même*. dieu Synthrone est sur un crocodile. 313. chargé de symboles. 314.
Anubis sur un beau monument d'Espagne. 324. avec la massue. *là même*.
Anubis sur les Abraxas 362. 372. dans un Abraxas. 360.
Anubis assis. 339.
Anubis. 337. 349.
Apaturia fêtes d'Athenes. 198. duroit trois jours. 210. *Dorpia* souper des Apaturia, étoit le nom du premier jour de la fête. 198. 210.
Apaturies fêtes, & leur origine. 210.
Apex bonnet des prêtres. 19. 39. en usage aux Flamines & aux Saliens. *là même*.
Aphrodisies fêtes de Venus. 210.
Apia la terre chez les Scythes. 404.
Apices bonnets des Saliens. 33.
Apis un des principaux dieux des Egyptiens. 269. sa naissance celebrée. 307.
Apis taureau vivant, né d'une vache & de la foudre : ses marques. 306. les auteurs ne conviennent pas. 306. taureau cherché par les prêtres. 307. sa consecration. 307. ses prédictions : ses temples appellez thalamos : sa nourriture : il aimoit à aller avec les enfans. 307. Apis noié par les prêtres. 307. 308. les prêtres en cherchent un autre après la mort du dernier. 308. cérémonies pour le nouvel Apis. 308.
Apis sur un monument d'Espagne. 324.
Apis nourrisson d'Isis. 285.
Apis à qui un prêtre presente deux gobelets. 334.
Apis ses images : il tette Isis sur une barque. 303.
Apis avec le corps de serpent. 326.
Apis sur un vase. 287. Apis sur un bateau. 338.
Apis. 339.
Apis roi des Argiens. 296.
Apobomies, fêtes où les Grecs ne sacrifioient point sur l'autel. 203.
Apollinaires fêtes des Romains. 227.
Apollodore. 177. 384.
Apollodore Erythréen. 28.
Apollon représenté sur l'arc de Trajan. 185.
Apollon & Diane chassez d'Egialée. 210.
Apollon Didymæus honoré à Milet. 77. Apollon *Medicus* à Rome. 52.
Apollon représenté sur le trepied de Delphes. 137.
Apollon Pythique évoqué par Furius Camillus. 240.
Apollon en robe longue. 184.
Apollon du mont Palatin jouant de la lire. 76.
Apollon de bronze de cinquante pieds de haut. 76.
Apollon nommé Lycogene, pourquoi. 74.
Apollon Polien. 187. Apollon Polios. 223.
Apollon exprimé par les Egyptiens sous la figure d'un œil. 249.
Apollon avec la chevelure d'or. 55.
Apollon honoré comme dieu par les Gaulois. 413.
Apollon est l'Orus des Egyptiens. 275.
Apollon honoré chez les Scythes. 404.
Apollon apparemment le même que Belenus. 419. Apollon est le Belenus des Gaulois. 414. n'étoit pas pris anciennement pour le soleil. 420.
Apollon Grannus honoré en Allemagne & en Ecosse. 432.
Apollon, ses victimes. 158.
Apollonies fêtes d'Apollon. 210. histoire. *là même*
Apophereta instrument rond, son usage. 145.
Appius Claudius l'aveugle fonda le temple de Bellone. 78.
Apulée 14. 273. 286. 312.
Aquiminarium 149. c'est un vaisseau pour l'aspersion 141.
Ara pris par quelques-uns pour une partie de l'autel.

DES MATIERES.

128. *Ara* autel. 128. quelques-uns distinguent *ara* d'*altaria*. 128.
Ara Maxima 135. Ara Palatina. *la même*.
Arabes adoroient une tour, & une pierre quarrée. 381. le soleil & la lune, & Lucifer. 381. Arabes leurs dieux avant Mahomet. 380 ils invoquoient Bacchus & Uranie. 380.
Aratées fêtes en l'honneur d'Aratus. 210.
Ἀρχιέρεια archiprêtresse. 10.
Ἀρχιερεὺς souverain prêtre Grec. 9. 10. fonctions de ces prêtres: ils étoient souverains prêtres de plusieurs villes. 10.
Archigalles, comme inspirez, ordonnoient des Tauroboles. 173. Archiprêtres des Galles. 13.
Archigalle qui prophétise 253.
Archigalle chef des Galles. 15. son habit. *la même*.
Arcontes d'Athenes chefs dans les choses civiles & dans les sacrées. 7. surnommez éponymes. 8. étoient prêtres. 7.
Arcontes se trouvoient chez d'autres que chez les Atheniens. 8.
Area du temple de Venus de Paphos, où il ne pleuvoit jamais. 89.
Areostyles, ce que c'étoient. 50.
Areopage Senat d'Athenes. 8.
Ἀρητὴρ prêtre, un homme qui prie dieu. 4.
Argées qu'on jettoit tous les ans dans le Tibre. 24. coutume instituée par Hercule. *la même*.
Argiens avoient une prêtresse de Junon. 5.
Argus, sa fable: tué par Mercure. 275. Metamorphosé en pan. *la même*.
Argus pere d'Io, selon quelques-uns. 274.
Ariadne, deux de ce nom. 211.
Ariadne sur le char avec Bacchus. 194.
Arimanius. 398. 399.
Atimnus, roi des Hetrusques, donne un throne à Jupiter Olympien. 65.
Ariadnées fêtes. 211.
Atister espece de gâteau. 157.
Aristide. 257.
Aristomene Messenien immola trois cens hommes. 162.
Aristophane. 55.
Aristote. 314. 398.
Aristote reconnoit plusieurs Sibylles. 27.
Armeniens immoloient un cheval au Soleil. 403.
Armes prises sur les ennemis, mises dans les temples. 55.
Armiluftre fête des Romains. 227.
Arnobe. 158. 239.
Arrephories fêtes. 211.
Arrien. 57. 380.
Arsaces mis après sa mort au nombre des Astres, selon le sentiment des Parthes. 403.
Arsinoé, histoire. 218.
Art secret. 164.
Artemisies fêtes en l'honneur de Diane. 211.
Artimpasa, Venus celeste des Scythes. 404.
Arvales freres, comment instituez. 36. leur ornement. 36.
Aruéris ancien nom d'Orus fils d'Isis & d'Osiris. 273.
Aruspices, *voiez* Haruspices.
Asclepies fêtes en l'honneur d'Esculape. 211.
Ascolies fêtes des Grecs. 211.
Asconius. 46.
Asiarques souverains prêtres d'Asie. 10.
Asis Archiprêtre de Mithras. 18.
Aspasia faite prêtresse du Soleil par Artaxerxés. 397.
Aspergillum aspersoir. 142. 146. 150. 189.
Aspersion en usage chez les profanes. 141.
Aspersion seule suffisoit quand on sacrifioit aux dieux de l'enfer. 160.
Astarté déesse des Sidoniens. 386. appellée dans l'Hebreu Astoreth. 386. prise pour Venus Celeste, ou pour la Lune. *la même*, ou pour Europe fille d'Agenor. 386. ses differentes images. 386. 387.

Astarté dans un char. 387. & dans un temple. *la même*.
Asyles des temples. 58. ôtez par Tibere. 59.
Atergatis est Astarte, selon quelques-uns. 388.
S. Athanase. 167. 176. 249. 264. 323. 328.
S. Athanase, ouvrage qui lui est faussement attribué. 130.
Athenée. 9. 75. 127. 136. 137. 159. 204. 219.
Athenes, chaque dieu y avoit son prince des prêtres. 5.
Athenes mise en liberté & en democratie, par Thesée. 8.
Atheniens, qualitez requises dans leurs prêtres. 4.
Athéniens païent le tribut des enfans aux Cretois. 185.
Atlas pere de Stenope femme d'Oenomaüs. 62.
Atlas représenté soutenant le ciel & la terre. 63.
Atriani libertatis à Rome. 105.
Atrium du temple de Vesta. 72.
Attilius (Marcus) jetté dans la mer pour avoir donné un livre Sibyllin à copier. 29.
Attis en habit long. 13. pris pour le soleil. 171. représenté sur l'habit de l'Archigalle. 15. honoré par les Germains. 409.
Attis, les Tauroboles lui étoient quelquefois dediez. 171.
Auberi, son livre des Antiquitez d'Autun, qui n'a été que commencé d'imprimer. 436.
Aventia déesse. 409.
Augures, leur nombre. 25. changemens qui y survinrent. *la même*. ne pouvoient jamais être cassez. 25. Augures élus à Rome. 24. instituez par Romulus. 24. Augures pronostiquoient par le chant des oiseaux. 24. par leur vol, par leurs mouvemens. *la même*. avoient des poulets renfermez dans des cages. *la même*.
Augures, leurs filles exemtes d'être prises pour Vestales. 30.
Augures de grande consideration. 24. paroissent avoir été d'institution divine du tems d'Homere, suivant la maniere de penser des profanes. 24.
Augures consultez pour les affaires de la republique. 152.
Augure toûjours consulté avant le sacrifice. 156.
Augure, comment se tiroit-on. 25.
Augure tiré du mouvement des poissons. 25.
Saint Augustin. 14. 110. 177. 296. 300. 312. 441.
Augustin. (Antoine) 71.
Aula lieu d'Arcadie. 97.
Aulugelle. 21. 24. 28. 30.
M. Aurele sacrifie. 169.
Aurelien bâtit un temple magnifique au Soleil & à Bel. 390.
Ausone 234. 300. 418.
Autel, *ara* ou *altare*. 128.
Autels, à quels usages 135. 136.
Autels, leur forme. 129. les uns ronds, les autres quarrez. *la même*. ils étoient ordinairement de pierre ou de marbre, quelquefois de bronze, un d'or à Babylone. *la même*. Autels placez dans les temples devant les statues des dieux. 130. quelquefois au milieu des temples. *la même*.
Autels, plusieurs au même temple & au même sacrifice. 134. cent autels dans le temple de Jupiter Hammon. 134. & dans celui de Venus de Paphos. 134.
Autels de bois rares. 129. autres qui n'étoient qu'un tas de cendre. *la même*. autres de brique. *la même*.
Autels hauts pour les dieux celestes, bas pour Vesta, la terre & la mer. 129. Autels creux, Autels massifs, & leurs ornemens. 129. ces ornemens differoient par rapport à differens dieux. 129.
Autels creux. 166. deux Autels pour un sacrifice. 166. Autels differens pour la hauteur. 129. Autels ornez de sculptures & de la figure des dieux. 132.
Autels au nombre de cinq pour un sacrifice. 166.

Autels à Neptune, aux Vents, à la Tempête & à la Tranquillité sur le bord de la mer. 179.
Autels de Neptune, de Bacchus & des Nymphes. 132.
Autel dedié à Hercule. 251.
Autel non solide soutenu par des barreaux. 134. 169. 189.
Autels de Jupiter. 134. d'Apollon. 133. Autels pour les Heros. 134. Autel dedié à Cerès. 251.
Autel à Pluton erigé par Vitellianus. 72. Autel de Pluton. 134. de Proserpine & d'autres dieux. 135.
Autel de Venus extraordinaire. 133. 134. Autel dedié à Lucine. 250. Autel triangulaire. 132.
Autel dedié à Esculape. 246.
Autels chargez de figures des dieux. 427.
Autels, quatre Autels ronds trouvez à Nettuno. 132.
Autel de Venus Erycine en plein air. 91.
Autels des Vents. 133.
Autel dedié à Junon pieuse. 250. Autel d'Evandre. 135. Autel des douze dieux. 130. Autel de la Jeunesse dans le temple de Jupiter Capitolin. 67.
Autel de la Tranquillité. 133.
Autels des Manes. 136.
Autels des dieux inconnus. 135. petits Autels dans les maisons pour les Lares. 135. Autels des dieux rustiques. 131. Autels composez de gazons. là même.
Autels, lieux d'Asyle. 58.
Autels, deux pour un sacrifice. 189.
Autels au nombre de cent pour une Hecatombe. 204.
Autel erigé du tems de Tibere, par les bateliers Parisiens. 423.
Autel chargé de gobelets. 338.
Autels au nombre de trois sur une table Egyptienne. 341.
Autels découpez. 133.
Autels sur les montagnes. 130.
Autel sur lequel est la fleur du Lotus. 339.
Autel, *ara* : ce nom est donné à une pierre sepulcrale. 18.
Autel composé de pieces de bois. 131. Autels portatifs. là même. Autel composé de cornes d'animaux. 131.
Autels hors des temples. 130.
A*çmantia* ou le Hazard, avoit un temple. 127.
Autun est l'ancienne Bibracte. 60.
Axia Longina prêtresse de la grande mere. 15.

B

Baal ou Bel, se prend pour Jupiter. 382. pour Saturne, pour le Soleil & pour d'autres divinitez. 383.
Babyloniens, leur religion. 403.
Baccanales, fêtes des Romains, leur histoire très singuliere. 227.
Baccanales extraordinaires. 195. 196.
Baccant qui porte un baril de vin. 197.
Baccantes qui dansent. 195.
Baccante qui joue des deux flutes. 194.
P. Bacchini religieux Benedictin d'Italie, a fait une dissertation aussi solide que savante sur les sistres. 288.
Bacchus invoqué par les Arabes avant Mahomet. 380.
Bacchus appellé κυρτὸς ou *hianti ore*. 95.
Bacchus soutenu par un Baccant. 193.
Bacchus coëffé en femme. 195. appuié sur Silene. 194. assis. 181.
Bacis, taureau consacré au Soleil, adoré à Hermonthi en Egypte. 309. changeoit de couleur à chaque heure du jour. 309.
Bagoas ou Vagao tue Ochus roi de Perse. 293.
Baguet avec Harpocrate & d'autres dieux Egyptiens. 297.

Balbec dans la Syrie, étoit l'ancienne Heliopolis. 117.
Balbin Empereur fait faire cent Autels de gazons. 131. immole une Hecatombe. 204.
Barbaria nom sur les Abraxas. 362.
Bardes chez les Gaulois sont poëtes, & chantent des chansons. 435.
Barditus chant des vers chez les Germains. 408.
Bartoli. (Pietro Santo) 143.
Basalte marbre noir. 106.
βαπιὼς roi, étoit un prêtre chez les Grecs. 4.
Basilidiens mettoient. 365. cieux : le principal de ces cieux, *corrigez ainsi dans l'édition*, étoit Abraxas. 355. Basilidiens rapportoient tout au Soleil. 379. avoient des puissances & des figures pour tous les jours de l'année, & pour les heures du jour. 379.
Basilidiens adoroient apparemment le Soleil, sous le nom de Mithras & d'Abraxas, & croioient que ce Soleil étoit Jesus-Christ. 356. Basilidiens ont mêlé les superstitions Egyptiennes avec la religion Chrétienne. 353. Basilidiens mettoient dans leurs pierres magiques, le nom & la figure des dieux des Grecs & des Romains. 365. avoient des livres ou des tablettes de plomb. 378. 379.
Basilique Cornelienne à Preneste. 104. Basilique Emilienne. *là même*.
Basilium pris pour une couronne. 325.
Bassin ovale qui a tout autour les douze signes du Zodiaque. 143.
Bataille de Marathon, peinte par Panænus. 64.
Bathylis gueri par Serapis. 299.
Bateliers Parisiens érigent ; du tems de Tibere, un Autel avec des bas reliefs. 423.
M. Baudelot. 245. 423.
Baulus surnom d'Hercule. 96
Beelphegor Priape, selon saint Jerome. 382.
Beelsamen nom de Jupiter chez les Pheniciens. 384.
Beelzebub dieu des Moabites. 382.
Beger. 42. 43. 72. 122. 145. 147. 248. 276. 278. 283. 286.
Bel, sa statue mise au temple du Soleil. 390.
Bel se prend pour Jupiter. 382. pour Saturne, pour le Soleil, & pour d'autres divinitez. 383.
Belatucadrus est, à ce qu'on croit, le même que le Belenus des Gaulois. 420.
Belenus le même que Belus, pris pour Apollon & pour le Soleil. 390.
Belenus pris pour Apollon dans les Gaules & à Aquilée. 419. 420. il n'est pas pris pour le Soleil, mais pour Apollon dans Aquilée & dans les Gaules. 420.
Belenus est l'Apollon des Gaulois. 414.
Belier, sa tête est à un Criobole .173.
Beliers victimes de Jupiter. 158.
Belier victime de Mars, 158. de Cybele. 178. de Cerès. 158. 180.
Belier à double tête. 339.
Bellicus Surbur, inscription. 418.
Bellonaires, les mêmes que les Fanatiques. 261.
Bellone, ses Fanatiques. 261. 262.
Bellone, son temple au Cirque Flaminien. 78.
Bellori. 50. 93. 112. 141. 176.
Bellori refuté. 197.
Bendis surnom de Diane. 211.
Bendidies en l'honneur de Diane. 211.
M. Benzel Suedois. 348.
Beociens font la guerre aux Thraciens, brulent la prophetesse de Dodone. 258. portent leurs trepieds à Dodone. 258.
Berecynthie est Cybele. 12.
Berecynthie adorée dans les Gaules, miracle de saint Simplicius qui la fait tomber. 438.
Berose dans Eusebe. 383.
Le P. Bertault. 128. 134.

Bibliotheque

DES MATIERES.

Bibliotheque greque & une autre latine, au temple d'Apollon Palatin. 75.
Bibracte dea, deux inscriptions *deæ Bibracti*, qui prouvent que Bibracté est Autun, où elles ont été trouvées. 433.
Bibracté est Autun. 60.
Bidentes, qu'étoient-ce. 153.
Bithyniarques souverains prêtres de Bithynie. 10.
Boedromies fêtes d'Athenes. 211.
Boedromion mois d'Athenes. 211.
Boeufs immolez à Minerve. 158.
Boeufs immolez au lieu de taureaux, par quelle occasion. 187.
Bois sacré de Vulcain au mont Ethna. 73.
Bois sacré d'Apollon de Curidium, où les cerfs sont en sureté contre les Chasseurs & les chiens. 74.
Bois sacré d'Apollon de Claros, où il n'entre jamais de bête venimeuse. 74.
Boissard. 149. 283. 313. 315.
Boiteux de mauvais préſage. 265.
Bouci τηρέοντι d'Herodote, qu'étoit-ce ?
Bona dea subsaxana, bonne déesse sous la roche, temple à Rome. 109.
P. Bonanni. 149. 249. 280. 329. 379.
Bonnets des Saliens. 35.
Bordure mysterieuse de la table Isiaque. 338.
Boreas, vent auquel on sacrifioit. 179.
Boreasmes fêtes en l'honneur de Boreas. 211.
Borgne de mauvais préſage. 265.
Bos cretatus , qu'étoit-ce. 155.
Bosphore, d'où a-t-il pris son nom. 275.
Bouc dieu des Egyptiens. 320. les boucs & les chevres n'étoient jamais immolez en Egypte. 320.
Bouc immolé à Mars. 158.
Bouc victime agréable à Venus. 159.
Bouc immolé à Apollon. 158. à Bacchus. 159. 181. 194. sacrifié aux Lares. 203. victime de Pan. 159.
Boucliers dorez au nombre de vingt-un, offerts par Mummius au temple de Jupiter Olympien. 62.
Bouclier d'or où étoit représentée Meduse. 62.
M. de Boze. 432.
Brasidées fêtes en l'honneur de Brasidas. 211.
Brebis victime de Cerès. 158.
Brebis immolée à Apollon. 158. à Junon. 158.
Brebis propre pour le sacrifice. 156.
Bromios, nom Mithriaque. 17.
M. le Brun. 141. 145.
Bruyn, *voiez* Corneille Bruyn.
M. Bulifon. 327.
Buphonies fêtes. 211.
Buraïque surnom d'Hercule. 263.
Busiris etymologie de ce mot. 306.
Bustericus dieu des Germains. 410.
Byblos ville de Phenicie où l'on faisoit le deuil d'Adonis. 207.
Byzas Naxien inventa l'usage de la pierre Pentelique. 61. 62.

C

Cabiries en l'honneur des Cabires. 212.
Cabri sacrifié à Bacchus. 200.
Cælestinus épithete de Jupiter. 191.
Cæsa, proverbe, *inter cæsa & porrecta*. 164.
Cages pullaires. 145. leur usage. *là même*.
Calabra nom d'une Curie. 38.
Calaoïdies fêtes de Diane. 212.
Calathus ou boisseau de Serapis. 297.
Calbiens de la troisième Cohorte. 391.
Caligula fait mettre sa statue d'or dans son temple. 110.
Callirrhoé mere d'Io. 274.
Callisties fêtes. 212.

Callynteries fêtes d'Athenes. 212.
Calpar vin nouveau. 236.
Camenes, les Muses avoient un temple à Rome. 76.
Camerius Crescens, riche Archigalle. 15.
Camille, ministre de l'autel & des sacrifices. 139. sa fonction. 165.
Camille tenant le præfericulum. 188.
Camille, son habit. 41. 168.
Camille a quelquefois la tête couverte, quelquefois découverte. 183.
Canaux souterrains pour les piscines des temples. 49.
Cancer dans les Abraxas. 359.
Candelabre merveilleux. 76. *Candelabrum*. 150. Candelabres 148. 149.
Canephore de Cerès. 172.
M. du Cange. 325.
Canope dieu Egyptien, son histoire rapportée par Rufin. 320. Canope sur la table Isiaque. 335. Canope vainquit le dieu des Caldéens, comment. 321. ses images. 321. 322.
Canopes. 338. 339. à tête de chien, & à tête d'épervier 3. 9. Canope à tête de bouc avec des cornes. 339.
Canope dans les Abraxas. 366. 376.
Cantelmi Cardinal. 327.
Canuleia Vestale établie par Numa Pompilius. 30.
M. Capello Senateur de Venise. 357. 358. 362. 364. 365. 366. 367. *& les suivantes.*
Capi être pris, terme pour l'élection des prêtres. 19.
Capides, capulæ, capedines, capedunculæ vases. 149.
Capitole restauré par Vespasien. 56. il y avoit dans Toulouse un Capitole, & peutêtre en d'autres villes. 110.
Capitolin. 131. 246.
Capitouls de Toulouse. 116.
Cappadociens, leurs sacrifices. 394.
Caprotines, fêtes de Rome. 228.
Capuchons fort hauts de certains Egyptiens, dans une image. 349.
Caracteres Palmyreniens. 391.
Caractere Egyptien different des Hieroglyphes. 342.
Caracteres magiques dans les Abraxas. 366.
Caracylée Archiprêtresse d'Ancyre. 10.
Cariens demeurans en Egypte. 345.
Les Cariens, valets à Athenes 209.
Caristies, fêtes de Rome. 229.
Carna ou Carma déesse, avoit un temple à Rome. 110.
Carnées fêtes des Grecs. 212.
Carpentum à l'usage des Vestales. 32.
Carpusculi ornemens des colonnes. 51.
Les Carthaginois avoient la religion des Pheniciens. 440.
Carya fête de Diane. 212.
Caryatis, surnom de Diane. 212.
Casaubon & Saumaise, refutez sur un passage de Vopisque. 354.
Casaubon trompé par Guenebauld. 429.
Casque fait d'une tête de boeuf, mis par Mercure sur la tête d'Isis. 281.
Cassandre violée par Ajax. 64.
Cassotide fontaine de Delphes. 256.
Castalie fontaine de Delphes où beuvoit la Pythienne. 256.
Castellanus. 206.
Castor & Pollux adorez par les Naharvales nation Germanique. 408. & par les Gaulois. 409.
Castor & Pollux représentez sur un monument Gaulois. 425.
Castor excelloit à la course du cheval. 101.
Castors, leur temple à Rome ; c'étoit Castor & Pollux. 100.
Catagogies, fêtes de Venus. 93.

Tom. II. M m m

Catane avoit des femmes & des vierges pour prêtresses de Cerès. 5.
Caton. 186.
Caulet, M. le Président de Caulet Graignague. 252.
Caumont, M. le Marquis de Caumont. 346. 348.
Caumeas, histoire. 266.
Cecropienne, surnom de Minerve. 274.
Cecropius fait une main votive. 328.
Celse rapporté par Origene. 397.
Ceneus au combat des Centaures. 62.
Centaures combattent contre les Lapithes aux noces de Piritoüs. 116.
Centaure sagittaire, marque du mois de Novembre. 244.
Ceramicies fêtes d'Athenes. 212.
Ceraunia, pierres précieuses à la couronne d'Isis. 325.
Cerbere sauvé par Serapis. 297. 298.
Le Cercopitheque entroit dans la religion des Egyptiens. 317. son image. *là même*.
Cercopitheque. 333. assis 358.
Cereales fêtes de Rome. 229.
Cérémonies du sacrifice. 156. 162.
Cerès, ses mysteres Eleusiniens. 9. Cerès est l'Isis des Egyptiens. 275.
Cerès, son temple sur le mont Palatin. 73. victimes qu'on lui immoloit. 158.
Cerès sur un char avec Triptoleme. 181. en bas relief sur le côté d'un autel. 427. sa statue cachée aux hommes. 46.
Cerès dans un petit temple. 181. tient un flambeau. 181.
Cerès invoquée à haute voix. 182.
Cerès surnommée Europe nourrit Trophone. 259.
Cerfs immolez à Diane. 158.
Cernunnos idole Gauloise qui a des cornes de cerf. 425. 426.
Ceryces famille sacrée. 5. Ceryces ou Crieurs d'Athenes, appellez Hieroceryces. 9.
Ceryces étoient les crieurs. 6. les mêmes que les victimaires chez les Romains. 6.
Ceryx fils de Mercure & de Pandrose: de lui vinrent les Ceryces, selon Isocrate 9.
Cesar. 406. 412.
Chaine qui pend de l'oreille d'Osiris. 290.
Calcies fêtes d'Athenes. 212.
Chalciœcos nom d'un temple de Minerve, tout d'airain. 82.
Chalciœcies fêtes de Sparte. 212.
Chamos dieu des Moabites. 382.
Chandeliers. 148.
Chaonies fêtes. 212.
Chapelles: d'autres dieux dans les temples dédiez à un dieu. 51.
Chapelle de Junon dans le temple de Jupiter Capitolin. 57.
Chapelles rondes ou quarrées dans les temples. 124.
Char de Bacchus tiré par deux centaures. 194.
Chardin. 401. 422.
Chariles fêtes. 212.
Charisties fêtes. 212.
M. l'Abbé Charlet de Langres. 415. 426.
Charmosyne fête. 212.
Chasseur dans un Abraxas. 375.
Chat, combien honoré chez les Egyptiens: le tuer même involontairement, crime capital. 308.
Chats d'Egypte aux incendies se jettent dans le feu, adorez par les Egyptiens. 309. deüil à leur mort: on les apportoit embaumez à Bubaste. 310. images de ces chats. 310.
Chauderons de Dodone. 257.
M. de la Chausse habile antiquaire. 39.
M. de la Chausse. 53. 141. 143. 144. 145. 147. 149. 202. 284. 319 321. 346. 368. 401.
Chêne consacré à Cybele. 177.

Chersiphron architecte, conduit l'édifice du temple de Diane d'Ephese. 84. 85.
Chersonnese Taurique où l'on immoloit à Diane ceux qui y abordoient. 152.
Cherubi dans les Abraxas. 365.
Cheval immolé au Soleil par les Perses, les Armeniens & les Massagetes. 403.
Cheval immolé à Mars. 158.
Cheval gueri par Serapis. 299.
Chevaux consacrez au Soleil. 158. 393.
Chevaux sacrez des Germains. 407.
Chevre propre pour le sacrifice. 156. Chevre immolée à Apollon. 158.
Chevre victime de Junon Acrée. 158.
Chevres immolées à Diane. 158.
Chevreau victime de Faune. 159.
Chevretes honorées par les Egyptiens. 287.
Chien dans la table Iliaque. 339.
Chien immolé à Hécate. 158.
Chiens immolez à Mars. 158. les chiens ni les mouches n'entroient jamais dans le temple d'Hercule vainqueur. 95.
Chiens qui chassoient du temple & du bois sacré de Vulcain ceux qui y venoient immodestement ou avec mauvaise intention. 73.
Chien immolé par les Luperces. 232.
Chifflet sur les Abraxas. 362. 363. 365. 366. 368. 373. 375.
Chiliombes, sacrifices de mille bêtes. 205.
Chiroponies fêtes des Rhodiens. 212.
Chitonia, épithete de Diane. 212.
Chitonies fêtes de Diane. 212.
Chloïes fête d'Athenes. 213.
Χνούφις & Χνουμις se trouvent souvent dans les Abraxas. 361.
Choës choüs, second jour des Anthesteries. 213.
Chouette de mauvais présage. 266.
Chouette oiseau de Minerve. 191.
Choul. 60. 106.
La Reine Christine de Suede. 193.
Chrodo dieu des Germains. 410. pris pour Saturne. *là même*.
Chryseme gueri par Serapis. 299.
Chryses prêtre appellé ἀρητηρ. 4.
Chrysippe sur la divination. 28.
Chrysis prêtresse de Junon à Argos brule son temple. 5.
Chrysor nom de Vulcain chez les Pheniciens. 384.
S. Jean Chrysostome. 14. 265. 372.
Chthonies fête en l'honneur de Cerès. 313.
Chyndonax & l'inscription donnée par Guenebauld sont faux. 428.
Chytres fête. 213.
Ciceron. 5. 14. 23. 25. 34. 36. 37. 44. 45. 55. 58. 60. 70. 106. 108. 139. 142. 146. 148. 152. 181. 182. 237. 262. 267. 386 387. 420. 438.
Le Ciel adoré par les Arabes. 380
Cillas écuier de Pelops, selon quelques-uns. 62.
Cincius dans Aulugelle. 35.
Cissonius, surnom de Mercure. 415.
Cissotomies fêtes. 213.
Cissus gueri par Serapis. 299.
Cistophore monnoie. 183.
Cladeüs riviere. 62.
Cladeuteries fête des Grecs. 213.
Claude Felix représenté voilé. 392.
Clazomene avoit une prêtresse de Pallas qui s'appelloit Hesychia. 9.
Clement Alexandrin. 14. 151. 290. 294. 295. 296. 313. 397.
Cleopatre étoit Neotera ou la jeune déesse des Egyptiens. 323.
Cloacina de *Cluere*, ou de la Cloaque. 93.
Cluacina pour Cloacina. 94.

Cluere, signifioit anciennement purgare. 93.
Clusure, qu'est-ce. 316.
Clavier. 409.
Cneph nom de dieu immortel chez les Egyptiens. 270.
Cochon propre pour le sacrifice. 156.
Cochons victimes des Lares. 159.
Cochon victime de Priape. 159. & de Silvain. la même. de Bacchus. 159. 193. de Cerès. 155. 158.
Cochons immolez en grand nombre à Athenes; parce qu'ils nuisent aux moissons. 156.
Cochon de chaque ventrée, pris à Lacedemone pour les sacrifices. 156.
Cochon victime d'Hercule. 159.
Codrus se dévoue pour les Atheniens. 242.
M. Colbert, sa bibliotheque & son marbre antique. 8.
College d'Esculape & d'Hygiea à Rome. 44.
College des Feciales. 35.
College des Augures. 25.
Collier d'or composé de serpens, voué à Esculape. 248.
Colombe de Dodone. 257.
Colombe rend les Oracles de Jupiter Hammon. 257.
Colonnade de la Fortune de Preneste. 103.
Colonnes torses se trouvent seulement aux sepulcres. 250.
Colonnes Ioniques, non ordinaires 100.
Colonnes d'Albatre Oriental cannelées. 90.
Colonnes à demi saillantes aux temples. 49.
Colonne de Jupiter. 418.
Colonne bellique du temple de Bellone, d'où le Consul dardoit sa lance quand il déclaroit la guerre. 78.
Comertho prêtresse. 226.
Commode Empereur, se rase la tête pour celebrer les mysteres des Egyptiens. 347.
Compitales fêtes de Rome. 229.
Connidies fêtes des Grecs. 213.
Conon immole une Hecatombe. 104.
Consiva, épithete de la déesse Ops. 140.
Constance III. Empereur, enleva la couverture de bronze doré du grand Pantheon de Rome. 54.
Constantin & Constance: leurs medailles ont quelquefois des marques du paganisme 314.
Consuales fêtes de Rome. 135. 229
Consus étoit Neptune 135 239.
Cooptari être choisi, terme pour l'élection des prêtres. 19.
Coq victime des Lares. 159. brûlé en holocauste.156.
Coraces ministres de Mithras. 17.
Coraciques la même chose que les Mithriaques. 17.
Corax nom Mithriaque. 17.
Corbeau sur un trépied. 138.
Corées fêtes de Proserpine. 213.
Corinthien, ordre d'architecture convient à Venus, à Proserpine, & aux Nymphes des fontaines. 51.
Corne qui descend du bonnet d'Harpocrate. 301.
Cornelius Januarius fanatique d'Isis & de Serapis au temple de Bellone. 262.
Cornelius Nepos. 82.
Corybantes. 213.
Corybantiques faites en l'honneur des Corybantes. 213.
Corythallienne surnom de Diane. 225.
Cosmas l'Egyptien. 350.
Corytties fêtes de Corytto. 213.
Corytto déesse de l'Impureté. 213.
Coupe d'ambre jaune, grande comme une mamelle d'Helene, consacrée à Minerve. 83.

Couteau d'argent voué à Esculape. 248.
Couronne d'Isis. 325.
Couronne donnée en récompense. 173.
Couteau qui servoit pour les victimes à Delphes, servoit aussi pour les supplices des criminels. 162.
Couteaux pour couper les membres des victimes. 148.
M. le Baron de Crassier. 417. 427.
Cretois envoient à Delphes le tribut des enfans que les Atheniens leur paioient. 185.
Criminels délivrés à la rencontre des Vestales. 32.
Criobole, sacrifices à la mere des dieux. 157.
Criobole 171. regardé comme un bâteme de sang. 171. 172.
Crioboles. 172. alloient souvent avec les Tauroboles, sacrifice du belier. 172.
Criptidion. 130.
Crocodile honoré en Egypte par les uns, chassé & tué par les autres. 316. ville appellée des Crocodiles. 317.
Crocodiles ne faisoient mal à personne pendant les sept jours consacrez à Apis 307.
Crocodile, le nombre de ses dents égale celui des jours de l'année. 317. porte le Soleil. la même.
Crocodiles dans la table Isiaque. 335.
Croix à la main d'Isis & des autres divinitez Egyptiennes. 277. commune à Jesus-Christ & à Serapis, selon le sentiment des Gentils. la même.
Croix bien formée dans la table Isiaque. 338. 339.
Croix sur une main. 329.
Cronies fêtes de Saturne. 213.
Cruche sur la tête des dieux Egyptiens; que signifie-t-elle. 311.
Cresias. 228.
Cuillers pour les acerra ou boëtes à encens. 140.
Cuirasse de Jules Cesar composée de perles. 90.
M. Cuper savant homme veut prouver que Serapis étoit adoré en Egypte avant que les Grecs y vinssent: ses raisons ne sont pas concluantes. 295.
M. Cuper. 291. 301. 304.
Cupidon conduit le char du Soleil dans les Abraxas. 367.
Cupidon qui joue des deux flutes. 203.
Cupidon & Psyché dans les Abraxas. 367.
Cupidon sur la croupe d'un centaure. 194. tient un étendard. la même.
Curcotis troisième jour de la fête des Apaturies. 210.
Cureres tuez par Jupiter, selon quelques-uns. 275.
Curies au nombre de trente à Rome. 18.
Curie appellée Calabra. 37.
Curtius lac. 113.
Curtius se devoue pour l'armée Romaine. 141. son image. voiez la planche.
Custiel ange des Abraxas. 367.
Cybele honorée sous differents noms. 12. sa victime étoit la truie pleine. 157.
Cybele, sa fête des Hilaries. 230.
Cybernesies fêtes. 213.
Cylindres pierres précieuses de la couronne d'Isis. 326.
Cymbales dans les Baccanales. 197.
Cynisćas, vainqueur aux jeux Olympiques, donne des chevaux de bronze à Jupiter Olympien. 65.
Cynocephales d'argent. 314.
Cynocephale des Egyptiens. 312.
Cynocephale. 314. marquoit Isis. la même. docilité des Cynocephales. 314. honorez à Hermopolis 314.
Cynophonties, fêtes des Argiens. 213.

D

Dactyliotheca, riche joiau. 76.
Daduques qui portoient le flambeau dans les mysteres. 9.

TABLE

Daduques. 9.
Dagon, dieu des Philistins. 45. son histoire 383. origine de son nom. *là même.* differens sentimens sur Dagon. 384.
Dardis fête d'Athenes. 214.
Daim dans un Abraxas. 375.
Danaüs & ses filles representez en statues au temple d'Apollon Palatin. 75.
Daphné Nymphe de la montagne de Delphes. 255.
Daphnephore. 214.
Daphnephories fêtes. 214.
Dardanus apporte les mysteres de Samothrace à Troïe. 31.
Darius invoque le Soleil & Mithras. 397.
Daulis fêtes des Argiens. 214.
Decemvirs gardent les livres Sibyllins. 29.
Decius : deux de ce nom se devouent pour l'armée Romaine. 241.
Decurion. 249. Decurion *bidentalis* ; qu'étoit-ce. 249.
Dedale fait la statue de Trophone fils d'Apollon. 260.
Dedales fêtes des Grecs. 214.
Dedicace des temples. 56.
Degrés & portiques autour des temples. 47.
Dei nixi, qui étoient-ils. 67.
M. Deiron. 116.
Delies fêtes. 214.
Delphes & son Oracle. 256. histoire de la Pythienne de Delphes. 10.
Delphes & le temple d'Apollon. 74. Delphes avoit cinq princes des prêtres & cinq prophetes. 5.
Delphinies fêtes d'Apollon. 214.
Delubrum, veritable signification de ce mot : temple appellé *fanum*, *sacrarium*, *ades*, *delubrum*. 46.
Demetries fêtes en l'honneur de Cerès. 214.
Demetrius roi, son garde entre dans l'antre de Trophone & y perit. 260.
Demetrius ἀρχιερεὺς souverain prêtre Grec. 9. *voiez son image.*
Demon auteur. 257.
Demophile nom de la Sibylle de Cume. 28.
Demosthene. 8.
Dendrophore, office de religion : les Dendrophores portoient des arbres. 173. 174.
Dendrophore épithete de Silvain. 174.
Denys d'Halicarnasse 16. 18. 28. 31. 33. 37. 41. 42. 219. 232. 236.
Denys le tyran enleve l'or & l'argent des temples. 55.
Derceto déesse, de la ceinture en bas se terminoit en poisson. 388. Derceto est Astarte, selon quelques-uns. 388.
Designari être désigné, terme pour l'élection des prêtres. 19.
Destinari être destiné, terme pour l'élection des prêtres. 19.
Deucalion est, dit-on, celui qui a bâti des temples chez les Grecs. 46.
Devouement d'une ville assiegée : comment fait. 241.
Devouemens des Grecs pour leur armée, ou devouement des particuliers, des deux Decius & de Curtius. 241.
Deusoniensis surnom d'Hercule dans les Gaules. 252.
Diamans pour pierres précieuses à la bague d'Isis. 325.
Diamastigose fête. 214.
Diamichius nom de Vulcain chez les Pheniciens. 384.
Diane Limnatis. 219.
Diane d'Ephese honorée en Espagne, à Marseille, & à la Camargue. 87. en plusieurs lieux. 75.
Diane d'Ephese, sa statue étoit de cedre ou d'ébene. 86.

Diane Agrotere. 207.
Diane Aricine. 44. son temple & son bois sacré. 44.
Diane Catyatis. 212. Chitonia. 212. Corythallienne. 225. Diane Dictynna. 215.
Diane Laronia. 214.
Diane, ses victimes. 158.
Diane appellée Bendis en Thrace. 211.
Diane la chasseresse, son image. 191.
Diane Orsilochè la Taurique, à laquelle on immoloit les étrangers. 191. Diane Taurique. 44.
Diane avoit des prêtres & des prêtresses. 41.
Diane honorée par les Egyptiens. 275. 345. Diane est la Bubastis des Egyptiens. 275.
Diane avec l'inscription, Gabriel, dans les Abraxas. 366.
Diasies fêtes d'Athenes. 215.
Diastyles, ce que c'étoit. 50.
Dictynna, surnom de Diane. 215.
Dictyanies fêtes. 215.
Didius Julianus empereur. 164.
Didon ou Elissa adorée à Carthage. 442.
Didymus, surnom d'Apollon. 77.
Dieux Egyptiens chassez de Rome, s'y introduisent enfin. 282. inscription remarquable à ce sujet. 283.
Dieux des Grecs honorez à Carthage. 441.
Dieu Egyptien sur un vase. 287.
Dieux Egyptiens à queue de serpent. 326. 327.
Dieux du ciel invoquez par les Feciales. 35.
Dieux, douze grands dieux chez les Romains ; Junon, Vesta, Minerve, Cerès, Diane, Venus, Mars, Mercure, Jupiter, Neptune, Vulcain, Apollon. 52.
Diipolies fêtes d'Athenes. 215.
Dii potentes. 135. *Dii valentiores*. 135. quels ainsi nommez. *là même.*
Dindymene est Cybele. 12.
Dinon. 398.
Dioclies fêtes. 215.
Diodore de Sicile. 51. 274. 283. 292. 306. 308. 312. 316. 318. 350. 437. 440.
Diogene Laerce. 204. 398.
Dion Cassius. 20. 58.
Dionysiaques, fêtes de Bacchus, avoient plusieurs rits de la grande mere Cybele. 174.
Dionysies ou Dionysiaques fêtes. 215.
Dioscorides. 182.
Dioscures, Cabires, Corybantes ou Samothraciens, semblent être mis pour les mêmes dans Philon de Byblos. 385.
Dipteres temples qui avoient double rang de galleries tout autour. 49.
Diptere. 117.
Discus plat. 141. *Discus*. 149.
Dis pater, ou Pluton invoqué pour le devouement d'une ville assiegée. 241.
Divinitez Gauloises. 426.
Divinitez de la haute Egypte, plus monstrueuses que celles de la basse. 348.
Divitiac Eduen devin. 438.
Dodecatheon temple des douze dieux. 52. sa forme. 130.
Dodone & son Oracle. 257.
Doigts vouez à Esculape. 248.
Doigts sous la tutelle de Minerve. 248.
Dolabra grand couteau. 149.
Domitia loi. 34.
Domitien, sa figure équestre étoit dans le lac Curtius. 112.
Domitius (Cneius) transfera par une loi le droit d'élire les prêtres du college au peuple. 19.
Donati. 97.
Dorique ordre d'architecture convient à Minerve, à Mars & à Hercule. 51. ses mesures. 86.

Dorpia

Derpia souper & fête. 210.
Dragon de l'antre de Delphes. 255. Dragon à tête de femme. 339. à tête d'oiseau. 333.
Dragon qui a le Soleil sur la tête. 337. Dragons qui menent le char de Cerès. 181.
Dromos ou le cours devant les temples d'Egypte. 348.
Druide couronné de feuilles de chêne. 436.
Druides, leur genre de vie, leur discipline, & leur Philosophie décrite par Jules Cesar. 434. ils furent établis d'abord dans la grande Bretagne ; & vinrent de là dans les Gaules. 434. ils font apprendre à leurs disciples des vers par cœur, & ne donnent rien par écrit. 435. leur cérémonie touchant le gui de chêne. 435. 436. représentée en figure. 436.
Druides observoient sur toutes choses le sixième jour de la lune pour la cérémonie du gui de chêne 436. Druide qui tient à la main un croissant de lune comme il est au sixième jour. 436.
Druides adonnez à la divination. 437. 438.
Druides des Gaulois. 412. leur cérémonie du Selage. 437. les Druides étudient la philosophie morale. 435. Druides, leur superstition sur le Samolus & sur les œufs de serpent. 437.
Druide prince des Druides. 436.
Druides chassez des Gaules par Tibere. 438.
Druidesse prédit la mort d'Alexandre Severe. 438.
Druis & *Druias*, une Druidesse. 438.
Drusus dit Arconte d'Athenes par Spon qui est refuté. 8. 9.
Dryops fils d'Apollon. 215.
Dryopies fêtes. 215.
Dubitaria Castula Syrienne, fait à Besançon un monument à Mercure Cissonius. 415.
Dusares, dieu des Arabes. 380.
Duumvirs gardent les livres Sibyllins. 29.

E

E Ani nom des Saliens. 34.
Eanus nom de Janus. 34.
Ecdusies fêtes. 215.
Editues *aditui*, sacristains ou gardes des temples. 47.
Eggeling (Jean Henri) sa dissertation sur un vase de Brunswic. 180.
Egiboles, sacrifice de la chevre à la grande mere Cybele. 172.
Eglise de Nôtre-Dame de la Vie étoit un temple de Vienne en Dauphiné. 117.
Egyptienne Sibylle. 27.
Egyptiens, plusieurs d'entre-eux reconnoissoient deux principes, l'un du bien, l'autre du mal. 270. ce sont les premiers qui ont fait des temples selon Herodote. 45. quand ont-ils commencé d'être idolatres. 269. toute leur théologie rouloit sur le bon & le mauvais principe. 271.
Egyptiens de la Thébaïde reconnoissoient un dieu immortel. 270.
Egyptiens de la haute Egypte avoient des dieux, plus grossierement faits que ceux de la basse. 348. 349.
Egyptiens n'adorent pas tous les mêmes dieux. 344.
Egyptiens regardoient comme sacrées toutes les bêtes de leurs pays. 309. font leur deuil à la mort des animaux sacrez, punissent de mort ceux qui les tuent : exemples. 318. 319.
Egyptiens ne mangeoient jamais la tête d'aucun animal. 343. n'avoient point de societé avec les Grecs. 344.
Egyptiens turbulens. 354.
Egyptiens qui portent des capuchons fort haut. 349.
Egyptiens se fouettoient à la fête d'Isis. 345.
Egyptiens adoroient les plantes & les herbes, & le dieu Pet. 327.
Eiseteries fêtes. 215.

Eisus Chrestus, mis pour *Jesus-Christus* dans les Abraxas. 370.
Elaphebolies fêtes d'Athenes. 215.
Elaphebolion, le mois de Fevrier à Athenes. 215.
Elenophories fêtes. 216.
Elephant dans les mysteres Bacchiques. 195.
Eleusiniens, mysteres de Cerès. 9.
Eleusinies, fêtes de Cerès. 215.
Eleutheries, fêtes de la Grece. 215.
Eliaques, mysteres, étoient la même chose que les Mithriaques. 117.
Elie Schedius. 406. refuté. 419. 420.
Elien reconnoit quatre Sibylles, & fait mention de six autres. 27.
Elien 73. 74. 83. 92. 94. 97. 156. 159. 266. 287. 299. 306. 314.
Elissa ou Didon adorée à Carthage. 442.
Elpis Samien, son histoire. 96.
Emascuries, fêtes où les jeunes garçons se fouetroient. 208.
Emeraude : un pilier tout d'une émeraude. 95.
Emeraudes à la couronne d'Isis. 325.
Empereurs s'attribuent les droits des Augures. 25.
Emplocies fêtes. 216.
Encaddires prêtres des Carthaginois. 442.
Encenies fêtes. 216.
Encensoir. 130.
Encensoirs, les anciens en avoient : on ne sait pas leur forme. 139. 140.
Enchantemens des Mages. 394.
Enchantemens par un miroir. 263.
Enelabris sorte de table. 149.
Endovellicus, *Endovelicus*, ou *Endobolicus* dieu d'Espagne. 439.
Enée institue les Ferales. 230.
Enée se voila la tête en sacrifiant. 161.
Enée apporte les mysteres de Samothrace en Italie. 31.
Enfans portez le neuviême jour de leur naissance devant la statue du dieu auquel on les recommandoit. 184.
Enaptomania ce que c'étoit. 263.
L'Envie déesse, φθόνος en grec, *invidia* en latin. 107.
Eoties fêtes d'Athenes, en l'honneur d'Erigone fille d'Icare. 108.
Epaphus fils d'Io, donné à garder aux Curetes. 275.
Epée de fer chez les Scythes, représentoit Mars. 405.
Epée de forme extraordinaire sur un Taurobole. 173.
Epervier symbole du Soleil. 290. éperviers, oiseaux consacrez à Apollon, nourris par les prêtres Egyptiens. 290. épervier sur un monument d'Espagne. 324. épervier avec la cruche sur la tête. 311.
Ephese prend le nom de Neocore. 7.
Ephestries fête. 216.
Ephestris sorte d'habit. 216.
Epiclidies fête en l'honneur de Cerès. 216.
Epidaure celebre par les guerisons d'Esculape. 248.
Epicrenes fête. 216.
Epidauries fête d'Athenes. 216.
Epimeletes, ministres subalternes des mysteres. 9. Epimeletes ministres sous le roi des choses sacrées à Athenes. 8.
S. Epiphane. 353.
Episcaphies fête. 216.
Episcene fête. 216.
Epithricadies fête. 216.
Epone déesse. 409.
Eponymes surnom des Arcontes d'Athenes. 8.
Epulons Septemvirs. 44. c'étoient des prêtres : leur office. 239.

Equiria fêtes. 130.
Erechthée sacrifia sa fille à Proserpine. 152.
Erechthée avoit un temple à Athenes. 127.
Erechthéïde tribu d'Athenes. 107.
Ergaties fête. 216.
Ermensul dieu des Germains. 410.
Erigone fille d'Icare. 208. son histoire *la même*.
Erotidies fête. 216.
Erycina surnom de Venus. 91.
Érythréenne Sibylle. 27. 28.
Escalier à vis merveilleux de quatre-vingt pieds de haut fait d'un seul cep de vigne. 85.
Escarbot à tête d'homme. 339. Escarbot avoit des honneurs divins en Egypte ; pourquoi. 322. Escarbot avec la tête d'Isis, & avec celle du Soleil. 322.
Escarbot dans les Abraxas. 363. grande véneration des Basilidiens pour l'escarbot. 363.
Escarboucle à la couronne d'Isis. 325.
Eschine orateur. 5.
Eschyle. 275.
Esculape Gaulois. 433.
Esculape invoqué particulierement pour la peste. 246.
Esculape avec des cornes. 245.
Esculape honoré à Carthage. 441.
Esculape avec la barbe d'or. 55.
Esculape porté à Rome. 246.
Esculape guerit des malades à Epidaure. 248. Esculape, guérisons prétendues qu'il faisoit. 147.
Espagnols, à ce qu'on croit, avoient à peu-près les mêmes dieux que les Gaulois. 439.
Esus dieu des Gaulois. 413. 414. Esus son image dans un vieux monument Gaulois. 424.
Esus ou Hesus. 418.
Eternuement présage. 265.
Ethiopien de mauvais présage. 266.
Ethiopiens, leur religion. 381. ils adoroient un dieu immortel : leurs dieux étoient leurs bienfaiteurs. 381. certains d'entre eux maudissent le soleil. 381.
Ethiopiens circoncis. 381.
Etienne de Byzance. 176. 257. 380.
Etoliens exclus des sacrifices à Cheronnée. 161.
Erosyrus honoré par les Scythes. 404.
M. l'Abbé d'Etrées nommé Archevêque de Cambrai. 415.
Etymologique, livre. 4.
Evandre roi d'Arcadie institue les Luperces & les Lupercales. 37. 231. selon quelques-uns il institua les Saliens. 33. honoré d'un autel. 135. bâtit un temple à Cerès sur le mont Palatin. 73.
Εὐβουλία avoit un temple. 127.
Evêques de Jesus-Christ qui adorent Serapis. 354.
Eumée, chef des gardiens des cochons d'Ulysse, sacrifie dans Homere. 4.
Eumenidies fête des Furies. 216.
Eumolpides famille sacrée. 5.
Eunuque, sa rencontre étoit un mauvais présage. 265.
Evocation, sa forme. 239. évocation de la foudre par les Toscans. 240. évocation du dieu des Vejents faite par Camillus. 240. évocations des dieux faites par les Romains, lorsqu'ils assiegeoient les villes. 239.
Evocatus charge. 244.
Euripide. 27. 28.
Eurizes nom Gaulois. 424.
Europe surnom de Cerès. 259.
Euryrion, Centaure, enleve la femme de Pirithoüs. 62.
Eusebe. 274. 317.
Eusebès sorte de pierre precieuse. 95.
Eustathe. 131.
Eustyle, ce que c'étoit. 50. Eustyle sorte d'entre-colonne. 115.
Eutychus nom de bon présage pour Auguste. 266.

Eximia *hostia*, qu'étoit-ce. 153.
Existeties fête. 216.
Exta, ce que c'étoit. 163.
Extispicia, instrument pour fouiller dans les entrailles des victimes. 148.
Extispices, c'étoient les Haruspices. 26.
Extispicium. 163.

F

Fabiens, college des Luperces. 37. Fabiens sorte de Luperces. 232.
Fabius Maximus fait un vœu extraordinaire. 253. *visu monitus, ex viso, viso omine*, explication de ces mots. 253.
M. Fabretti. 130. 144. 147. 161. 185. 187. 191. 199. 248. 285. 296. 308. 323. 359.
M. Fabretti habile antiquaire. 270.
Factions : les quatre factions du Cirque marquoient les quatre saisons de l'année. 143.
Fagus Hêtre de Dodone. 258.
Falacer dieu de Rome. 23.
Fanatiques de Bellone. 78.
Fanatiques appellez ainsi de Fanum. 261. les mêmes que les Bellonaires. 261. figure d'un Fanatique. 262.
Fanatique : ce nom n'étoit pas toûjours pris en mauvaise part : il est pris en mauvaise part dans Ciceron. 261. Fanatique d'Isis & de Serapis : Fanatique de Silvain. 262.
Fanum, sa veritable signification. 46.
Farine pour les sacrifices. 157.
Faunales fêtes. 230.
Faune : ses victimes. 159. Faune avoit un temple à Rome. 97.
Faune dans les Orgies de Bacchus. 193.
Faune joue des deux flutes à un sacrifice. 180.
Faune sous un pin cueille des pommes de pin. 198.
Faunes qui soutiennent Silene ivre. 193.
Faustin accusé de prestige, executé pour avoir affecté l'empire. 264.
Faustine, où élevoit-on ses filles appellées *puella Faustiniana*. 104.
Faustine fait un vœu à Hygiea pour la ville de Rome. 245.
Faustulus tient le bâton augural sur le Lupercal. 146.
M. l'Abbé Fauvel. 145. 277. 279. 310. 318.
Feciales annonçoient la paix & les treves. 34. instituez par Numa Pompilius. 34. leur college. 34. 35. Feciales lançoient un javelot en déclarant la guerre. 35. leur habit, leur maniere de traiter de paix. 35.
Femelles ont plus de valeur que les mâles dans les Sacrifices. 153.
Femmes rendues fecondes par les coups de fouet des Luperces. 232.
Femme singulierement ornée avec une chouette. 341. 342.
Femme couronnée, montée sur un cheval marin, menée par un Satyre dans les Abraxas. 366.
Femme qui sacrifie. 168.
Fenêtres au nombre de douze au temple de Janus, marquent les mois de l'année. 60.
Ferales fêtes aux dieux Manes. 230.
Festin des Septemvirs epulons. 164.
Festus 31. 39. 67. 140. 145. 153. 168. 186. 233. 234. 267.
Fêtes des Egyptiens au nombre de six. 345. 1 à Bubastis, la fête de Diane. 2. à Busiris, celle d'Isis. 3. à Saïs, fête en l'honneur de Minerve. 4. à Heliopolis, la fête du Soleil. 5. à Butis, celle de Larone. 6. à Papremis, celle de Mars. 345.
Fête sanglante de Papremis. 345. 346.

Fête, grande fête des Egyptiens à Bubastis. 345.
Le Feu est Mithras chez les Perses, 394.
Feves en horreur chez les Egyptiens. 342.
Fidius Sponsor. 109.
M. Ficoroni. 341.
Fievre avoit un temple à Rome. 106. les prieres qu'on lui faisoit. 238.
Figure Egyptienne avec le corps d'homme & la tête d'oiseau. 290.
Firmicus Maternus (Jul.) 170.
Flambeaux dans les cérémonies profanes. 148.
Flamines, pourquoi appellez ainsi. 39. instituez par Romulus selon Plutarque, par Numa Pompilius selon Tite-Live. 21.
Flamines majeurs. 21. Privileges des Flamines. *là même.*
Flamen Dialis ou de Jupiter. 21. loix ausquelles il étoit sujet. 21. 22. 236.
Flamines Diales, rarement élus Consuls. 21.
Flamen Martialis ou de Mars. 21. 22. ne pouvoit sortir d'Italie. 22.
Flamen Quirinalis ou de Quirinus. 21. 22.
Flamen Herculaneus Commodianus. 23.
Flamines, leurs filles exemtes d'être prises pour Vestales. 30.
Flamines mineurs, *Carmentalis, Claudii, Divorum omnium, Falacer, Floralis, Furinalis, Hadrianalis, Larentalis, Lucinalis, Palatualis, Pomonalis, Virbialis, Volcanalis, Volturnalis.* 23.
Flamen Augustalis dans les inscriptions. 23.
Flamen Julii. 23.
Flaminio abire, qu'étoit-ce. 21.
Flaminiques & leurs loix. 23. 24.
Flaminique de Vienne. 51.
Flaminius Vacca. 54. 111.
Flava Liba, qu'est-ce que c'étoit. 131.
M. Flechier évêque de Nimes. 52.
Flute, instrument pour les sacrifices. 162.
Flute emploiée au chant des sacrifices. 156.
Flute double. 165. 166.
Flute de Pan. 182.
Flyns dieu de Lusace, représenté en trois manieres differentes. 411.
Fondement solide d'un temple. 115.
Chev. Fontaine Gentilhomme Anglois. 250. 280. 289. 300.
M. l'Abbé Fontanini savant prelat. 132.
Fontinales fêtes. 230.
Forda, veut dire une vache pleine. 230.
Fordicales ou Fordicides fêtes. 230.
Forme des temples des Egyptiens. 348.
Fornacales fêtes. 157. 230.
Fornax ou la Fournaise, déesse à Rome. 157.
Fortune avoit une statue de bois à Rome. 102. honorée sous plusieurs épithetes: *obsequens,* qui obeit: *privata,* privée: *viscosa,* gluante: *manens,* qui demeure; *parva,* petite: *bona* & *mala.* 103. honorée aussi sous toutes ces autres épithetes: favorable, *muliebris* ou feminine: *viriplaca,* ou qui appaise le mari: *seia stata,* ou établie: *redux,* qui revient ou qui ramene: publique, *primigenia, nova, hujus diei,* ou de ce jour, équestre; *respiciens,* qui regarde; *viatorum* des voïageurs, douteuse. 102. 103.
Fortune avoit plus de temples à Rome qu'aucune divinité. 102.
Fortune dans les Abraxas. 365.
Fortune Prenestine avoit un temple singulier à Preneste. 103.
Fortune avec Mercure. 415.
Fortune appellée *re lux,* qui ramene. 250.
M. Foucault 137. 248. 278. 279. 290. 300. 308. 321. 346. 370.
Fourchette antique. 148.

Fournaise *fornax,* déesse & sa fête. 230.
M. Fournier religieux de saint Victor de Marseille. 143.
Framont *Ferratus mons* ou *Pharamundi mons,* entre la Lorraine & l'Alsace. 416.
Frise d'un temple de Neptune trouvée à Autun. 72.
Fruits sacrifiez. 177.
Fulgence Placiadés. 158. 248.
Furies dans un Abraxas, avec le nom Iao. 366.
Furinales fêtes. 230.
Furina déesse. 109. 230.
Furius Camillus évoque le dieu des Vejents. 240.

G

Gabriel Ange & Puissance dans les Abraxas. 359. 366.
Gaines pour les couteaux à égorger les victimes 147.
Gajus gueri par Esculape. 247.
Galatarques souverains prêtres de Galatie. 10.
Galaxies fête. 216.
Galerus bonnet des prêtres. 19.
Galinthiades fête. 216.
Galleries autour des temples. 47.
Galles prêtres de Cybele n'étoient point Gaulois; pourquoi s'appelloient-ils Galles. 176. Eunuques appellez ainsi du fleuve Gallus. 12. répandus par tout. 12.
Galles, leur cérémonie étrange pour recevoir de nouveaux Galles. 12. 13. leurs funerailles extraordinaires. 13. leurs sacrifices & leurs cérémonies, ils n'immolent point le cochon. 13. on prouve contre Vandale qu'ils étoient prêtres. 13. 14.
Galles & Archigalles répandus dans l'empire Romain. 16.
Galles des malheureux & des charlatans prestigiateurs, fripons. 13. 14.
Galliciens ne connoissoient point de dieux. 439.
Gallien Empereur fut Arconte d'Athenes. 8.
Gallus fleuve de Phrygie. 176. d'où les Galles prirent leur nom. 12.
Gallus premier prêtre de Cybele. 176.
Gamelies fête. 216.
Gâteau appellé *bos* bœuf. 157. à quels dieux il étoit destiné. *là même*
Gâteaux en usage à Rome pour les sacrifices. 157.
Gaulois appellez Κέλται ou Γαλάται en grec. 12.
Gaulois, leur religion & leurs dieux. 412. *& les suivantes.* Gaulois armez de pique & de bouclier. 423.
Gaulois se disent descendus de Pluton. 413. immoloient des victimes humaines à Saturne. 413.
Gegania Vestale établie par Numa Pompilius. 30.
Gelon roi de Sicile épouse Nereis. 58.
Sainte Genevieve, le cabinet de cette Abbaye. 300. 368. 371.
Genies aîlez dans les Abraxas. 375. Genie qui porte une rame. 132.
Genius Augusti sur les medailles. 42.
Genisses victimes de Junon. 158.
Gentils ont pris de la vraie religion une bonne partie de leurs cérémonies. 4.
Gereres servoient aux mysteres sous la reine à Athenes. 8.
Gerestics fête. 216.
Gergithium ville près de Troie. 28.
Germains débitoient leur réligion en vers. 408.
Germains observent le vol des oiseaux. 407.
Germains jettent des sorts. 407.
Germains, leurs dieux. 406. *& les suivantes.*
Geronthrées fête. 217.
Geta, ses figures ôtées des monumens. 167.
Gillius 137.
Glycon, nom de graveur en pierre. 361.
Gnostiques mettoient dans leurs pierres magiques le

nom & la figure des dieux des Grecs & des Romains. 365.
Gnostiques, Basilidiens & Valentiniens ont mêlé les superstitions Egyptiennes avec la religion Chrétienne. 353.
Gobelets dans la table Isiaque. 333. 338.
Gorlæus. 133. 201. 202. 203. 314. 315.
Gracchus renversa les Mithriaques. 17.
Graces représentées par Phidias. 64.
Graces : les trois Graces dans les Abraxas. 366.
Grande mere Cybele, ses Tauroboles. 171.
Grannus surnom d'Apollon. 432.
M. Gravier de Marseille. 311. 341.
Les Grecs ne convenoient point entre eux touchant les cérémonies de religion. 4. sacrifioient la tête nue. 162.
Gregoire de Tours. 438.
Grenouille dans la table Isiaque. 338. 339. grenouille sur un autel. 339.
Griffon consacré au Soleil. 333. 335.
Griffons attelez à un chariot du Soleil. 392.
Griphes. 207.
Gronovius. 184.
Grosser. (Samuel) 411.
Grundiles épithete des Lares. 159.
Gruter. 15. 155. 156. 253. 262. 283. 409.
Gryphius, nom Mithriaque. 17.
Guenebauld donne à Gruter une inscription forgée. 429.
Gui de chêne sacré & respecté par les Druides. 435. 436. cérémonie singuliere du Gui de chêne, représentée en figure. 436.
Guitarre servoit aussi pour les sacrifices. 167.
Guittarre instrument pour les sacrifices. 162.
Guttus vase. 180.

H

Habit long des Galles & des Archigalles. 73.
Haches qui servoient à assommer les victimes. 147.
Hadrien empereur, fut fait Arconte d'Athenes. 8.
Hadrien présage qu'il devoit être Empereur. 265.
Hadrien fait un dieu d'Antinoüs. 323.
Hadrien, sa lettre à Servien Consul. 354.
Hadrien représenté sur le fronton du temple de Minerve d'Athenes. 81.
Hallirrhoé mere d'Io. 274.
Harpocrate fils d'Osiris & d'Isis. 285. 300. le même qu'Orus, pris pour le Soleil. 291. 300. appellé Sigalion par Ausone. 300. pourquoi tient-il le doigt sur la bouche. 300.
Harpocrate raionnant. 303. avec la fleur du Lotus, avec la bulle pendue au col ; peut-être comme dieu Lare : Harpocrate en robe longue, avec la pesche sur la tête : autre Harpocrate assis, avec un flambeau & des payots : il embrasse un coq. 303.
Harpocrate avec le serpent entortillé autour d'un bâton. 302. avec un chien, avec la corne d'abondance, avec la chouette, avec la tortue. 302.
Harpocrate tourne le dos à la chouette ou à la Nuit : avec le fouet ; avec le Soleil & la Lune, dans une feuille de Persea : avec l'inscription *hortus mundus*, monté sur une oie, parlant à Isis. 304.
Harpocrate, ses images. 300. *& les suivantes.*
Harpocrate avec le croissant sur la tête. 302.
Harpocrate ailé entre Isis & Osiris. 366.
Harpocrate mis aux bagues. 297.
Harpocrate tient une couronne de laurier dans les Abraxas. 366. Harpocrate sur les Abraxas. 353. sur la fleur du Lotus dans les Abraxas. 361.
Harpocrate en forme d'Isis avec un serpent qui mord sa queue : entouré des quatre élémens. 405.
Harpocrates ailez. 301. Harpocrate avec le carquois, avec le seau, avec une oie. 301.

Harpocrate extraordinaire. 301.
Haruga ou *Harunga* victime, dont les entrailles sont adherentes. 153.
Haruspices ou Aruspices, en quoi differoient-ils des Augures. 26. apportez d'Hetrurie à Rome. *la même.* leur fonction. *la même.*
Haruspice, sa fonction sur les victimes. 163.
Haruspices Hetrusques. 57.
Haruspices consideroient la foudre, les phenomenes, &c. 26.
Haruspices des Pontifes qui sacrifioient. 26.
Haruspices se servoient de la *ligula* pour fouiller dans les entrailles des victimes. 148.
Haruspices consultez. 56.
Haruspicine de Tagés auteur Hetrusque. 26.
Hecalesies fête. 217.
Hecatesies fête. 217.
Hecatombe, ce que c'étoit. 204.
Hecatombe de cent cochons & de cent moutons. 204.
Hecatombe se prend pour un sacrifice de cent bœufs ou de cent autres animaux. 204.
Hecatombées, fête où l'on immoloit des Hecatombes. 217.
Hecatombeon, mois des Atheniens. 205.
Hecatompedon, nom du temple de Minerve d'Athenes, parce qu'il avoit cent pieds. 81.
Hecatomphonies fête. 217.
Helene honorée comme déesse avoit un temple à Lacedemone. 127. invoquée pour rendre les enfans beaux. 127.
Helene, son ravissement sur une patere. 144.
Heliaques, c'étoient les Mithriaques. 117.
Heliconien, épithete de Neptune. 222.
Heliodore (Tire Aurele) fait faire l'image d'Aglibolus & Malachbelus. 391.
Heliopolis, aujourd'hui Balbec, son temple. 117.
Helios, nom Mithriaque. 17.
H M A O inscription d'un Abraxas, *Hema* en hebreu signifie le Soleil. 373.
Heniocha surnom de Junon. 259.
Henninius (Christian.) 410.
Hephestées fête de Vulcain. 217.
Heraclées fête. 217.
Heraclide du Pont. 28.
Herbes adorées par les Egyptiens. 327.
Hercule ses travaux representez. 62. 63.
Hercule triomphant sur une patere. 143.
Hercule delivre Promethée. 64.
Hercule en bas relief sur le côté d'un autel. 417.
Hercule qui étrangle le lion dans les Abraxas. 366.
Hercule institua les Argées de Rome. 14.
Hercule combat contre le dragon des pommes Hesperides. 64.
Hercule Buraïque. 163.
Hercule loge chez le roi Evandre. 37.
Hercule son combat contre les Amazones. 63.
Hercule, son culte s'étendoit jusqu'à la Taprobane. 95.
Hercule, ses victimes. 159.
Hercule surnommé Baulus. 96.
Hercule avoit eu des Saliens. 33.
Hercule soutenant tout le poids d'Atlas. 63. 64. il enleve le baudrier de l'Amazone. 63.
Hercule honoré chez les Scythes 404. adoré à Meroé. 381. Hercule des Germains. 407.
Hercule Gaulois selon Lucien. 414. 420. 421.
Hercule sur une medaille Gauloise. 421.
Hercule *Deusoniensis*. 96. 252. Magusanus. 252.
Hercule *Ilunnus* d'Andose. 251.
Herées fête de Junon. 217.
Herennuleius Hermés, son monument. 270.
Hermapion expliqua l'obelisque du grand Cirque. 350. son explication ne merite aucune foi. 350.

Hermée

DES MATIERES.

Hermées fête de Mercure. 217.
Hermes noms des jeunes garçons qui lavoient ceux qui consultoient l'Oracle de Trophone. 259.
Hermes Trismegiste est Thoth. 385.
Hermogene inventa le Pseudodiptere. 49. 69.
Hermondule nom vague de toutes les nations ennemies du peuple Romain. 36.
Hermondures peuple Germain. 406.
Herodien 390. 420.
Herodote. 5. 45. 127. 129. 130. 133. 136. 212. 221. 275. 294. 301. 306. 310. 312. 320. 342. 344. 350. 380. 392. 397. 403. 404.
Herophile nom de la Sibylle de Cume. 28.
Herta déesse honorée par les Germains. 409. c'étoit Cybele la mere des dieux, d'autres lisent Hertus. 409.
Hesiode. 154.
Hesperides qui portoient les pommes. 64.
Hestiées fête. 217.
Hesus ou Esus. 414. 418. est le même que Mars. 414.
Hesychia nom appellatif de la prêtresse de Pallas à Clazomene. 9.
Hesychius. 175. 205. 206. 212. 216. 223. 224. 225.
Hêtre consacré à Jupiter. 129.
Heures représentées par Phidias au nombre de trois. 64. la fonction des heures, selon Homere. 64.
Heures étoient prises pour les saisons de l'année. 217.
Hieracaboscos nom des prêtres Egyptiens qui nourrissoient des éperviers. 290.
Hierax metamorphosé en épervier. 275.
Hieroceryces les mêmes que les Ceryces. 9.
Hierocoraces ministres de Mithras. 17.
Hierocoraciques la même chose que les Mithriaques. 17.
Hieroglyphes ne sont pas proprement des lettres. 350. lettres sacrées des Egyptiens, qui étoient les Hieroglyphiques, n'étoient entendues que des prêtres. 350. il y avoit d'autres lettres populaires non Hieroglyphiques des Egyptiens. 350.
Hierombal prêtre du dieu Jevo. 384.
Hieron envoie une Victoire d'or massif à Rome. 67.
Hierophantes d'Athenes instituez pour les mysteres Eleusiniens de Cerès. 9. & pour ceux de Cybele & de Bacchus. 9.
Hierophantes d'Athenes, leur continence. 4. 5.
Hierophantides femmes des Hierophantes. 9.
Hilaries fêtes en l'honneur de Cybele. 230.
Hippodamie avec Pelops. 62.
Hippodamie avec sa mere. 64.
Hippolyte dieu de Rome, appellé autrement Virbius. 23.
Hippopotame regardé à Hermopolis comme symbole de Typhon. 292. il est appellé Elephant Egyptien. 292.
Hippopotame adoré à Papremis. 292. 340.
Hippopotame regardé comme Typhon. 340.
Hirondelles victimes des Lares & de Venus. 159.
Hirpies marchoient sans aucun mal sur le bucher enflammé d'Apollon. 185. exemts de charges. *là même*.
Hispala Fecenia, son histoire. 227.
Holocauste. 154.
Holocaustus Gallus. 156.
Homere. 4. 36. 62. 74. 93. 161. 187. 205.
Homere a écrit des faussetez, dit la Sibylle Erythréenne. 28.
Homerites étoient circoncis. 381.
Homme avec des cornes de cerf, appellé *Cernunnos* dans un monument Gaulois. 425.
Homme sur un taureau dans les Abraxas. 371.
Homme avec des cornes de bouc dans la table

Isiaque. 339 *deux fois*. 340.
Hommes couronnez dans les Abraxas. 366.
Homme à tête de lion dans les Abraxas. 371.
Homme à tête de lion dans les Abraxas a rapport au Soleil. 359. homme à tête de taureau. 359.
Homme sur un cheval marin. 426. 427.
Homme à cheval qui porte une croix dans un Abraxas. 376.
Horapollon. 292.
Horées fêtes. 217.
Hosies de Delphes & leurs fonctions. 255.
Hosioter victime de Delphes. 256.
Hospitalité exercée aux Lectisternia. 139.
Hyacinthe à la couronne d'Isis. 325.
Hyacinthies fête. 217.
Hybristiques fête. 217.
Hydrophories fête. 217.
Hygiéa déesse de la medecine. 52. 145.
Hygiéa espece de gâteau. 157.
Hygin. 153. 154.
Hylas Cn. Pompeius. 251.
Hypætres conviennent à Jupiter, à la Foudre, au Ciel, au Soleil & à la Lune. 51. qu'étoient-ce. 49.
Hyperboréens faisoient des presens à Delphes. 256.
Hysteries fête. 217.

I

JAlysus représenté en peinture au temple de la Paix. 106.
Janes nom de Janus & des Saliens. 34.
Janus appellé Janes & Eanus. 34.
Janus avoit plusieurs temples à Rome, tant *bifrons* que *quadrifrons*: douze autels lui étoient consacrez par rapport aux douze mois de l'an. 61. Janus invoqué le premier dans les sacrifices. 39.
Janus, ou selon d'autres Faunus, est le premier qui a bâti des temples chez les Latins. 46.
Jao sur les Abraxas. 353. il est écrit pour Jehova. 358.
Iao nom caché & ineffable chez les Basilidiens, très-souvent dans leurs pierres. 359.
Iao singulierement mis dans les Abraxas. 370.
Ibis oiseau, sa forme : elle a introduit les Clysteres, comment. 319. elle exterminoit les serpens pernicieux : ne pouvoit vivre qu'en Egypte 319. *On la voit pourtant dans un spectacle de Rome au tome III.* son image. 319.
Ibis symbole de la Lune. 290. 339.
Ibis, la tuer même involontairement, crime capital. 318.
Ibis sur un monument d'Espagne. 324.
Ibis, sa tête sur le corps d'un homme. 335.
Ichneumon adoré en Egypte, ennemi du crocodile, il l'étrangle. 313.
Idolatrie : son commencement en Egypte. 169.
Idoles de Laban étoient comme des dieux Lares. 382.
Idoles des Egyptiens fort grossieres. 348.
Idole de Michas. 383.
Iépsea prêtresse. 10.
Jeremie 390.
S. Jerome. 176. 353. 355. 365. 381.
Jerusalem appellée *Ælia Capitolina*. 68.
Jesus avec l'ancre sur les Abraxas. 369.
Jesus-Christ représenté comme le Soleil dans les Abraxas. 370. pris pour le Soleil par les Gnostiques. 356. 358.
Jeûnes des prêtres Egyptiens avant le sacrifice. 343.
La Jeunesse avoit un autel dans le temple de Jupiter Capitolin. 67.
Illunus surnom d'Hercule. 251.
Images monstrueuses des divinitez Egyptiennes. 341.
Images monstrueuses de l'Egypte mises dans les

tombeaux comme préservatif des morts. 322.
Imperio matris Idææ, par le commandement de la mere Idéenne ; qu'est-ce que cela veut dire. 174.
Inachies fêtes d'Ino. 218.
Inachus représenté en fleuve. 176.
Inachus pere d'Io selon la plus commune opinion. 274.
Inauguration des prêtres. 19.
Initiation de Mithras. 17.
Ino est la même que Leucothea & Matuta, selon Ciceron. 70. 218.
Inscription grecque avec une Palmyrenienne. 389.
Inscriptions des Abraxas, souvent inintelligibles. 366.
Inscription de Chyndonax a été soupçonnée de faux il y a longtems. 430. raisons qui la prouvent fausse. 431. 432.
Inscription de Mithras avec Terence ministre, fort sujette à caution. 432.
Inscription très belle qui regarde Isis, sur un monument d'Espagne. 324.
Instrumens des sacrifices rangez. 167.
Instrument de musique triangulaire à vingt cordes. 287.
Instrumens sacrez de religion. 137. & *les suivantes*.
Instrumens de musique employez aux sacrifices. 166.
Io fille d'Argus & d'Ismene, selon quelques-uns. 274.
Io prêtresse de Junon. 274. métamorphosée en vache, ses courses : elle reprit sa forme de femme, & enfanta Epaphus. 275.
Io représentée en vache. 276. & avec la tête de vache 276.
Io fille de Neptune & de Callirrhoé, ou Hallirrhoé selon quelques-uns. 274.
Io fille d'Inachus, selon la plus commune opinion. 274.
Iolées fête. 218.
Ionique, ordre d'architecture, convient à Junon, à Diane, à Bacchus selon Vitruve. 51.
Jornandes. 406.
Joueur de flute couronné de laurier. 180.
Joueur de deux flutes. 165. 166.
Joueurs de deux flutes. 188.
Jovis mis pour Jupiter. 324.
Iphigenie qui doit être sacrifiée à Diane. 192.
Iphicus couronné par une femme. 63.
S. Irenée. 353. 355. 365.
Irmensul dieu des Germains. 410.
Itées fêtes en l'honneur d'Isis. 218.
Isias prince des prêtres Egyptiens. 313.
Isidore. 141. 154.
Iseis mis peutêtre pour Jesus dans les Abraxas. 371.
Isis, divers sentimens sur son origine. 274.
Isis fille de Mercure, selon quelques-uns. 274. Isis fille de Promethée selon d'autres. 274.
Isis nait enceinte. 273.
Isis est la même que toutes les déesses prises en general & en particulier. 271. Isis Myrionyme ou déesse à mille noms. 272. est la Cerès des Grecs. 276. son culte passa avec peine à Rome. 276. son idole avoit les cornes de vache. 276. ou les cornes de la lune qui étoit la même qu'Isis. *là même*.
Isis une, & toutes choses. 273.
Isis, Osiris & Orus, le bon principe des Egyptiens. 272.
Isis, ses qualitez selon Apulée. 273. 274.
Isis dite femme, sœur & mere d'Osiris, plus ordinairement sa sœur & sa femme. 274.
Isis avec l'inscription ΑΓΙΑCΤΑ du dieu Pan. 284.
Isis avec des mamelles environée des quatre élémens. 285.

Isis ramasse les parties du corps de son mari Osiris. 292.
Isis dans un throne. 334. plusieurs Isis ensemble. 336.
Isis honorée par les Egyptiens. 345. ses statues colossales. 278. plusieurs images de cette déesse. 277. & *les suivantes*. Isis plusieurs fois. 337.
Isis est la même que Cerès. 275.
Isis à tête de lion. 337.
Isis, on lui sacrifioit des oies. 31.
Isis dans un throne. 276. ses ornemens. *là même*. avec le boisseau sur la tête. 283. & avec le caducée. *là même*. Isis tenant un vase & une corne d'abondance. 325. Isis avec la corne d'abondance. 283.
Isis comment honorée à Coptos, merveille rapportée par Elien. 287.
Isis qui a l'épervier sur la tête, presente cinq gobelets à Orus. 337.
Isis adorée à Meroé. 381.
Isis avec le voile parsemé d'étoiles. 284. le fouet à la main. *là même*. Isis sur une medaille, & Osiris au revers. 284. représentée comme la lune. 298.
Isis, grand nombre de pierres précieuses qui ornoient sa statue en Espagne. 325.
Isis avec la cruche sur la tête. 278. sur un vase. 348. avec le croissant sur la tête. 349. sur le fleur du Lotus dans les Abraxas. 365. 370. Isis qui a sur la tête une tête de chat. 337. Isis assise sur une bête. 284.
Isis représentée à la Greque & à la Romaine, elle est sur un throne. 282.
Isis prise pour Cerés à Rome. 284.
Isis porte un habit composé de plumes. 291.
Isis, Osiris & Orus, ensemble dans une image. 291.
Isis extraordinaire. 279. Isis victorieuse dans les Abraxas. 369. Isis sur les medailles. 284.
Isis & Serapis avoient des temples à Rome. 110.
Isis avec Serapis. 285. 297. 298.
Isis & Osiris avec un Harpocrate ailé. 366.
Isis avec Nemesis. 285.
Isis tenant Orus. 279. 280.
Isis accroupie avec Orus. 281.
Isis, Osiris & Harpocrate ailé au milieu d'eux dans un Abraxas. 375.
Isis, ses pompes ou ses processions. 285. 286.
Isis puella. 325.
Isle du Tibre appellée Mesopotamie. 98. a la forme d'une barque. *là même*.
Ismene mere d'Io, selon quelques-uns. 274.
Isocrate. 9.
Ithomées fête. 217.
Judas, sa tête coupée dans les Abraxas. 361.
Juifs, les profanes ont pris plusieurs de leurs ceremonies. 4.
Jules Cesar. 434.
Julien l'Apostat, sa tête en maniere de sacrificateur : il avoit une longue barbe. 43.
Julien l'Apostat. 133.
Julien gueri par Esculape. 147.
Juliens, college des Luperces 37.
Junia Torquata prêtresse de Vesta, porte du feu dans un vase. 42. Vierge d'une sainteté digne des anciens tems. 42. à sa priere la disgrace de son frere est adoucie. 42. son histoire. 42. son image. *là même*. appellée *Virgo Vestalis Maxima*. 42.
Junon, Cerès & Vesta, trois sœurs, dont la derniere seule a gardé la virginité. 31.
Junon la reine, honorée à Vejes. 240.
Junon Acrée honorée à Corinthe. 158.
Junon, sa statue faite par Alcamene. 49.
Junon, sa statue ôtée par les Samiens. 71.
Junon honorée dans la Curie appellée *Calabra*. 38.
Junon avoit une chapelle dans le temple de Jupiter Capitolin. 67.

Junon la grande déesse d'Argos. 5.
Junon appellée Sororia. 70.
Junon adorée à Carthage. 441.
Junon avoit pour victimes les genisses, agneaux femelles, brebis, vaches, chevres. 158.
Junon Heniocha. 259.
Junon Lucine invoquée pour un heureux acouchement. 244.
Junon est le Genie des femmes. 250. Junon de Junia Torquata, c'est son Genie. 42.
Jupiter *Cælestinus*. 191.
Jupiter couché, Junon & Minerve assises aux Lectisternia. 238.
Jupiter invoqué pour le dévouement d'une ville assiegée. 241.
Jupiter avec la foudre & la pique. 15.
Jupiter Polieu. 211. 214.
Jupiter Olympien, statue d'or & d'ivoire. 63. sa description. *là même*.
Jupiter honoré en plusieurs lieux sous le nom d'Olympien. 75.
Jupiter Serapis. 294. Jupiter Terminus. 236. Jupiter Vengeur. 65. Jupiter le Serein. 243. 250.
Jupiter avoit une statue d'or à Babylone. 129.
Jupiter adoré par les Perses. 393.
Jupiter appellé Béelsamen chez les Pheniciens. 384.
Jupiter Bel des Babyloniens. 403.
Jupiter Soleil, le grand Serapis. 249.
Jupiter, sa statue d'or massif. 67. revêtue de pourpre. 67.
Jupiter representé engendrant Minerve par le secours de Vulcain. 144.
Jupiter honoré chez les Scythes. 404.
Jupiter adoré par les Arabes. 380.
Jupiter honoré par les Gaulois. 413. Jupiter est le Tharamis des Gaulois. 414. 418.
Jupiter portant une couronne radiale. 418.
Jupiter, son image dans un bas relief Gaulois. 424.
Jupiter Lucetius celebré par les Saliens. 34.
Jupiter assis tenant la foudre. 376.
Jupiter trompé par Promethée sur les sacrifices. 154.
Jupiter Bemilucius sans barbe. 428.
Jupiter Phegonée. 258.
Jupiter avoit pour victimes des taureaux & des beliers. 158.
Jupiter pere de Pirithoüs, selon Homere. 62.
Jupiter avec la foudre dans les Abraxas. 365.
Jupiter Dis, veut dire Pluton. 295.
Justin. 58. 231.
Juturna déesse. 109.
Juturne, fontaine de Juturne. 72.
Juvenal. 327.

K

Κατόχιοι prêtres des dieux de l'enfer à Oponte. 5.
P. Kirker. 322. on n'ajoute pas grand foi à son explication de l'Obelisque. 352. Kirker, son explication de la table Iliaque. 340.
Κλαδόνες presage. 164.

L

Laberia Felicla grande prêtresse de Cybele. 16. 41. son image. *là même*. porte une tête sur sa poitrine. 16. 42.
Lac Curtius. 113.
Lactance. 14. 27. 93. 274. 414.
Lagenophories fêtes. 218.
Lame d'or singuliere où sont les dieux Egyptiens à queue de serpent. 326. 327.
Lampadophores portoient le flambeau aux ceremonies. 9.
Lampe d'or. 130.
Lampes fête des Grecs. 218.
Lampridius. 261. 363. 438.
Lampteries fête. 218.
Laodamie massacrée par les Epirotes. 58.
Laphries fête. 218.
Lapithes combattent contre les Centaures. 62. 116.
Lares avoient des Oratoires dans les maisons. 104. Lares étoient mis dans des armoires. 103. Lares avec la bulle pendue au cou. 303.
Lares, leurs victimes. 159.
Lares marins, *permarini*. 104.
Latiar ou feries Latines fêtes d'Albe. 230.
Latobius dieu de la Carinthie. 409.
Latone avoit un temple à Delos. 76.
Latone se métamorphosa en louve pour accoucher, selon quelques-uns 74. honorée des Egyptiens 345.
Laureata lettres. 237.
Laurentales ou Larentales fêtes. 230.
Laurier consacré à Apollon. 129.
Laurus. 106.
Lectisternia. 238.
Lectisternium à Cerès. 239.
Lemures, leurs fêtes appellées Lemuries. 231.
Lemuries ou Lemurales fêtes. 231.
Lenées fête. 219.
Leonides fête. 218.
Leo nom Mithriaque. 17.
Leontique étoient les mysteres Mythriaques. 17.
Leontiques fêtes Mithriaques. 218.
Lernées fête. 219.
Lesbiens immoloient des Victimes humaines à Bacchus. 152.
Lettres appellées *Leureata*. 237.
Lettres de deux sortes chez les Egyptiens. 350.
Leucorhea est la même qu'Ino & Matuta, selon Ciceron. 70.
Leucothée honorée comme déesse. 55.
Lezard dans les mysteres de Bacchus. 193.
Liber pater nom de Bacchus. 97.
Libera avoit un temple à Rome. 97.
Liberales fêtes. 231.
Libon architecte du temple de Jupiter Olympien. 61.
Licorne représentée. 417.
Licteurs accompagnent Trajan au sacrifice. 166.
Lierre consacré à Bacchus. 129.
Lièvre victime de Venus. 159.
Ligula ou *Lingula* pour fouiller dans les entrailles des victimes. 148.
Lilio Giraldi. 106.
Limnatidies fête. 219.
Limnatis épithete de Diane. 219.
Linies fête. 219.
Lion honoré en Egypte. 316.
Lion avec le corps de serpent. 326.
Lions de pierre de Basalte trouvés devant la Rotoude à Rome. 54.
Lion dans les Abtaxas qui a la mouche à miel dans la gueule. 360.
Litare signifioit faire un sacrifice favorable. 163.
Lithobolie fête. 219.
Λιτουργὸς parmi les ministres sacrez d'Athenes. 9.
Lituus. 250.
Lituus se prend pour une trompette courbée au bout, ou pour un bâton augural. 146. son usage. *là même*.
Livia Ammia prêtresse de la grande mere. 42.
Livres ou tablettes de plomb des Basilidiens. 378. 379.
Livres Sibyllins déposez sous la base d'Apollon Palatin. 76.

Loix des sacrifices données par l'oracle d'Apollon. 154.
Loix du Sacerdoce à Rome. 19.
Lotus sur la tête d'Isis. 277.
Loup de Delphes fait découvrir un trésor volé & caché. 74.
Loup adoré à Lycopolis en Egypte. 311.
Lucain. 413. 414.
Lucar pour *Lucrum*, d'où vient ce nom. 231.
Lucaries fête. 231.
Luceres ou Luceriens, tribu Romaine. 25.
Lucetius surnom de Jupiter. 34.
Lucien. 12. 13. 14. 45. 156. 159. 207. 226. 264. 306. 314. 320. 386. 388. 405. 414. 420. 421.
Lucius Prefet des jeux, fils d'Afis, sa pierre sepulcrale. 18.
Lucius gueri par Esculape. 247.
Lucrece 177.
La Lune adorée par les Perses. 393. adorée par les Pheniciens & par les Juifs. 390. déesse des Germains. 406.
La Lune a pour symbole l'Ibis. 290.
Lunam deducere, ce que c'étoit. 264.
La Lune, on la faisoit descendre par des prestiges. 264.
Lunus dieu appellé Malachbelus à Palmyre. 390.
Lupercales fêtes. 231. 232. instituées par Evandre. 231. instituées en l'honneur de Pan Lycée. 37.
Luperce est le même que Pan Lycée. 231.
Luperces divisez en trois colleges. 37. instituez par Evandre roi d'Arcadie. 37.
Luperces immolent des chevres & un chien. 232. fouettent les femmes & les rendent fécondes. 232.
Lusitaniens immolent des hommes. 439.
Lustre. 130. appellé en grec πανλύχιον. la même.
Lustrica aspersoir. 130.
Lycée surnom de Pan. 37.
Lycées d'Arcadie. 219.
Lycées d'Apollon, autres fêtes. 219.
Lyciarques souverains prêtres de Lycie. 10.
Lycogene surnom d'Apollon, pourquoi. 74.
Lyctiens peuples de Crete, immoloient des hommes à Jupiter. 152.
Lycurgies fête. 219.
Lysimaque prêtresse de Minerve Poliade à Athenes. 5.

M

Macrobe 239. 296. 309.
Mage fait la fonction de prêtre chez les Perses. 393. 394.
Mages chez les Cappadociens. 394.
Magiciennes de Thessalie. 263. avoient un grand commerce avec la Lune. *la même.*
Magiciens d'Egypte avoient recours aux operations des dêmons. 269.
Magister collegii Augurum. 25.
Magnesie prend le nom de Neocore. 7.
Magusanus surnom d'Hercule. 252.
Maffei, le Cavalier savant dans l'Antiquité. 41. 175. 184. le Cavalier Maffei. 177. 198. 199. 201. 202. 315. 322. 324. 360. 368.
Maillet *Malleus*, pour assommer les victimes. 147. 161.
Main qui porte les symboles de plusieurs dieux. 330.
Mains honorées comme des divinitez, selon S. Athanase. 249.
Mains adorées par les anciens, mains votives ou données pour accomplir un vœu. 249. 328.
Mains symboliques. 329.
Maison quarrée de Nimes, bâtie, dit-on, par Hadrien 116. on refute ce sentiment. 116. c'est un temple, sa description. 116. 117. on dispute si c'étoit un Capitole. 116.
Maira déesse sur un bas relief de Mets. 433.

Maître du college des Augures. 25.
Majumes fêtes. 232.
Malachbelus a le croissant sur les épaules. 389. est le dieu Lunus. 390. Malachbelus dieu de Palmyre, trouvé sur un monument. 389. en habit militaire. *la même.*
Malades venoient aux temples d'Esculape, & y passoient les nuits pour recouvrer la santé. 99. & pour y avoir quelque vision favorable. 246.
Malleus. 149.
Manes avoient des autels. 136.
Manes invoquez par les Feciales. 35.
Manes invoquez pour le dévouement d'une ville assiegée. 241.
Manes des Egyptiens. 280.
Manichéens soutenoient un bon & un mauvais principe. 271.
Mannus fils de Tuiston. 408.
Marc Basilidien & les Marcosiens répandent des pierres mystiques ou des Abraxas dans les Gaules & dans l'Espagne. 357.
Marc Antoine, appellé en Egypte le nouveau Bacchus. 323.
Marc Aurele reçu Salien à l'âge de huit ans. 34.
Marc Aurele empereur, fait un vœu à Esculape pour la ville de Rome. 245.
Marchands, leur fête à Rome. 233.
M. de la Mare, (Philibert) a écrit la vie de Saumaise. 429.
Marius immola sa fille aux dieux appellez *Averrunci*. 152.
Marlien. 82.
Marpesse village auprès de Troie. 28.
Mars, sa statue Colossale à Halicarnasse. 57.
Mars triomphant sur une patere. 143.
Mars *gradivus* étoit celui des Saliens. 33.
Mars, ses victimes. 158.
Mars *ultor*, & Mars *bisultor*. 77.
Mars est l'Esus des Gaulois. 414. 418.
Mars adoré par les Espagnols. 439. appellé Neton par les Accitains. 439.
Mars honoré par les Egyptiens. 345.
Mars représenté chez les Scythes par une épée de fer. 405.
Mars le principal des dieux chez les Germains. 404.
Marseille avoit un temple d'Apollon Delphique. 75.
M. le Comte Marsigli. 152.
Marri (D. Emmanuel) savant homme & habile antiquaire. 324.
Martial. 163. 276. 334. 335.
Martien Capella. 274. 317.
Massagetes immoloient des chevaux au Soleil. 158. 423.
Massurius Sabinus cité par Aulugelle. 22.
Matrales fête des Matrones en l'honneur de Matuta. 232.
Matin, comment marqué par les Basilidiens. 379.
Matres sacrorum, prêtresses de Mithras. 16.
Matres & Matronæ, Meres & Matrones, se trouvent sur les inscriptions avec un grand nombre d'épithetes locales rapportées p. 432.
Matronales fêtes des Matrones. 232.
Matuta, les Matrales se celebrent en son honneur. 232.
Matuta est la même que Leucothea & Ino, selon Ciceron. 70. elle avoit un temple. 104.
Medailles ne représentent les temples que fort imparfaitement. 65. 74 preuve 83.
Medée représentée sur une patere. 144.
Meditrinales fêtes. 233.
Medus fils de Medée & d'Egée. 144.
Meduse, sa tête sur une *ærerra*. 139.
Megalesies en l'honneur de la grande Mere. 233.
Melanthe tue Xanthe par fourberie. 210.

Melasso

Melaffo ou Mylaffa, avoit un temple de Rome & d'Augufte. 100.
Meliffe prêtreffe de la grande Mere en Crete. 9.
Melithyta gâteaux faits avec du miel. 157. offerts à Trophone. là même.
Memacteries fête. 219.
Memacterion mois d'Athenes. 219.
Membres humains pris féparément, honorez comme des divinitez felon S. Athanafe. 249.
Memoire ; eau de la Memoire. 259. 260. throne de la Memoire. 160.
Menagyrtes, ainfi nommoit-on les Galles ; pourquoi. 14. 15.
Menalippies fêtes. 220.
Menandre. 257.
Meude dans la Thrace. 61.
Mendés, le bouc dieu des Egyptiens. 320. étoit le dieu Pan, honoré avec toute la forme de bouc. 320. avoit des temples en Egypte. 320. repréfenté avec les cornes de bouc & de belier en même tems. 320. 333.
Mendefiens ne facrifioient point de chevres, mais des moutons. 344.
Menecée fe dévoue pour les Thebains. 242.
Meuelaïes fête. 220.
Menodore dans Athenée. 70
Menotyrannus, pourquoi ainfi nommé. 171. furnom d'Attis. 171.
Mens, la Penfée ou l'Ame, déeffe. 110. avoit un temple. 127.
Mercure appellé Sanctiffimus. 416.
Mercure tue Argus. 275.
Mercure verfant du fang de fa patere. 142.
Mercure, fa querelle avec Apollon. 185.
Mercure grand négotiateur, fes qualitez. 414. 415. a les pieds fous fa tutelle. 248. Mercure avec la tortue. 418.
Mercure pere de Ceryx felon Ifocrate. 9.
Mercure Theutates, Thoth des Egyptiens. 414. dieu des Gaulois & des Efpagnols. 413. 414.
Mercure avec des mamelles de femme. 417.
Mercures fans fexe en grand nombre, p. 416. *& les fuivantes.*
Mercure honoré par les Gaulois plus que tous les autres dieux. 413. dieu des Germains. 406. fes images. p. 415. *& les fuivantes.*
Mercure Ciffonius. 415.
Mercure fur un taureau, image Gauloife. 426.
Mercure en bas relief fur le côté d'un autel. 427.
Mercure barbu trouvé à Beauvais. 415.
Mercure va trouver Paris, fable fur une patere. 143. 144.
Mercure avec la Fortune. 415.
Mercure Pere d'Ifis, felon quelques-uns. 274. 301.
Mercure avec l'infcription *Michael* dans les Abraxas. 365. deux Mercures enfemble dans un Abraxas. 366.
Mefopotamie, ainfi appelloit-on l'Ifle du Tibre. 98.
Metagitnies. 220.
Metagitnion mois d'Athenes. 220.
Metragyrtes, ainfi nommoit-on les Galles, pourquoi. 14. 15.
Meurtius. 206.
Michas fe fait une idole. 383.
Michel Ange & puiffance dans les Abraxas. 359. 366.
Midi, comment exprimé par les Bafilidiens. 379.
Miel offert au Soleil en facrifice. 158.
Miles, nom Mithriaque. 17.
Milet à plufieurs Talifmans des Bafilidiens. 374.
Milon meurtrier devient furieux & fe tue. 58. 59.
Minerve engendrée du cerveau de Jupiter, par le fecours de Vulcain. 144.
Minerve Cecropienne. 274.

Minerve Chalcioecos. 56.
Minerve, fa ftatue autour de laquelle il ne pleuvoit jamais. 90.
Minerve *Alea*. 208.
Minerve a les doigts fous fa tutele. 248.
Minerve Poliade patrone d'Athenes avoit une prêtreffe. 5.
Minerve, fa chapelle étoit dans le temple de Jupiter Capitolin. 67.
Minerva Chalcidica à Rome, fon temple. 82. 83.
Minerve des Pedafiens. 5.
Minerve qui facrifie. 191.
Minerve en bas relief fur le côté d'un autel. 427.
Minerve : fa naiffance repréfentée fur le frontifpice d'un temple. 81. fa ftatue. là même.
Minerve la même qu'Ifis. 273.
Minerve dans un Abraxas. 372.
Minerves dans les Abraxas. 376.
Minerve triomphante fur une patete. 143.
Minerve *Medica*. 53.
Minerve honorée par les Egyptiens 345.
Minerve honorée par les Gaulois. 413.
Minotaurus pour Menotyrannus, furnom d'Attis. 171.
Minotauranus pour Menotyrannus, furnom d'Attis. 171.
Minutius Felix. 274. 414.
Miroir en ufage aux Magiciennes de Theffalie. 163. 264.
Mirpirios Alixontrom pour *Mercurius Alexandrum*. 143.
Mifericorde déeffe, avoit un temple à Athenes & à Rome. 58.
M. Miffon a donné les inftrumens des facrifices du Comte Mofcardi. 149. 150.
Mithir pour *Mi hras*. 428.
Mithras eft le nom du Soleil & du Feu chez les Perfes. 394.
Mithras dieu des Perfes, pris pour le Soleil & pour le Feu. 400. on ne trouve point de figure de Mithras venue de Perfe. 400.
Mithras, le même que le Soleil : fes initiations horribles. 17. fon culte commun aux Perfes, aux Grecs & aux Romains. 18. dans fes myfteres les heretiques mettoient du pain & de l'eau pour imiter Jefus-Chrift. 357. fon bateme. 357. les myfteres felon Celfe 397. 398.
Mithras toûjours mafculin & jamais feminin, comme le fait l'infcription de Chyndonax. 431. fon culte apporté de l'Orient par les pirates. 16.
Mithras du Simeoni. 428.
Mithras écrit *μίθρας* fait le nombre de 365. comme Abraxas. 356.
Mithriaques. 17.
Mitra nom de Venus Celefte chez les Perfes. 393.
Mnefiptoleme fille de Themiftocle prêtreffe de Sipylene à Magnefie. 12. 15.
Mnevis taureau confacré au Soleil, adoré à Heliopolis. 309. Mnevis taureau fur la table Ifiaque. 334.
P. du Molinet. 143. 148 364.
Moloch ou Molech divinité. 382.
M. des Monceaux. 118.
Monnoies d'or & d'argent jettées dans les fondemens du Capitole quand on le rebatiffoit du tems de Vefpafien. 57.
Monftres fur les Abraxas. 370.
Monftres Egyptiens. 311.
M. Moreau de Mautour. 423. 425. 433.
La Mort avoit un temple. 127.
Mofaïque du pavé du temple de Diane du mont Aventin. 87. 88.
Le Comte Mofcardi, inftrumens des facrifices de fon Cabinet. 149. 150.
Mofchopulus. 225.

Mouches n'entroient jamais dans le temple d'Hercule Vainqueur. 95. les Mouches n'approchent jamais des fêtes Olympiques. 75. se retirent de la fête d'Apollon d'Actium. 75.
Moutons noirs immolez à Pluton. 155.
Moyse sur les Abraxas. 364.
Mumies d'Egypte. 280.
Munichies fête. 220.
Munichion mois d'Athenes. 220.
Musées fête des Muses. 220.
Muses avoient deux temples à Rome. 76.
Muse auprés de Bacchus dans les Orgies Bacchiques. 195.
Mutius Scevola se dévoue pour l'armée Romaine, son image. 242.
Mylitta nom de Venus Celeste, chez les Assyriens. 393.
Myniées fête. 220.
Myrte consacré à Venus. 129.
Myrtilus écuier d'Oenomaüs. 62.
Mysies fête. 220.
Mysteres de Samothrace apportez à Troie par Dardanus, en Italie par Enée. 31.

N

Ævius : ses livres sur la guerre punique. 28.
Naos étoit aux temples comme les nefs des Eglises. 47.
Nardini. 60. 97. 100. 102. 105. 110. 134.
Necysies fêtes des morts. 220.
Neleïdes fête. 220.
Nemesées fête. 220.
Nemesis avec Isis. 285.
Nemesis avoit un temple. 101.
Neocores Sacristains. 7. cet office devint fort considerable. là même. honorez du souverain Sacerdoce. 7. étoient Prytanes & Agonothetes. là même.
Neocores : les villes prirent ce nom. 7.
Neocore du grand Serapis. 130.
Neoptolemées fête. 210
Neoteri ou la jeune déesse des Egyptiens, étoit Cleopatre. 323.
Nephalies fête. 220.
Nephthé mere d'Anubis. 312.
Nephthys prise pour Venus chez les Egyptiens, ou pour la Victoire. 288.
Neptune achete des Hecatombes de bœufs & d'agneaux. 205.
Neptune avoit pour victime le taureau noir. 158.
Neptune Heliconien. 221.
Neptune eut Io de Callirrhoé, ou Hallirrhoé, selon quelques-uns. 274.
Neptune honoré par les Scythes. 404.
Neptune avoit des autels sur le bord de la mer. 170.
Nestées fête. 220.
Neron étoit Mars chez les Accitains. 439.
M. l'Abbé Nicaise. 284.
Nicanor, son histoire d'Alexandre le Macedonien. 27.
Nicon âne fut de bon préfage pour Auguste. 266.
Nielle *rubigo* avoit un temple à Rome. 110.
Nigidius dans Macrobe. 153.
Nil représenté en grouppe au temple de la Paix. 106.
Nil, son accroissement marqué sur un pilier. 278.
Nimbus ou cercle lumineux autour de la tête de Trajan. 185.
Nîmes, sa maison quarrée est un temple. 117.
Niobé, ses enfans tuez par Apollon & par Diane. 63.
Noces, secondes noces défendues aux Hierophantes d'Athenes. 5.
M. de Nointel fit dessiner les bas reliefs du temple de Minerve d'Athenes. 82.
Nominari, terme pour l'élection des prêtres. 19.
Noms des Sibylles. 27. 28.
Nondinius prêtre de la grande Mere. 15.
Novembre marqué par le Sagittaire. 244.
Nuit exprimée par la femme au grand voile par les Basilidiens. 379.
Numa évoquoit la foudre. 140.
Numa Pompilius, selon quelques-uns, institua les Saliens. 33. selon Tite-Live, institua les Flamines. 21. Numa institua les Fornacales. 230. fit le temp e de Vesta. 71. 72. établit quatre Vestales. 30.
Numa Pompilius institua les Septemvirs Epulons. 44.
Numenies fête. 221.
Numidica Guttata, la Numidique mouchetée. 176. 334. 335. 339.
Nymphes avoient un temple près de Pouzzol. 127.

O

Oannés, qu'étoit-il. 383. 384.
Obelisques chargez d'Hieroglyphes. 350. 351. 352.
Obelisque, le grand Obelisque de S. Jean de Latran. 352.
Occabe. 173. apparemment un bracelet. 175.
Occare sacrifier. 175.
Ochus roi de Perse, appellé âne par les Egyptiens ; tue Apis, fait adorer l'âne, est tué par Bagoas, ou Vagao. 293.
Oeil qui est un vœu. 249.
Oenisteries fête. 221.
Oenomaüs combat contre Pelops. 62.
Oeuf de serpent, superstition des Druides sur cet œuf 437.
Oie propre aux sacrifices. 156. oie immolée. 324.
Oies sacrifiées à Isis. 301.
Oies sacrifiées en Egypte. 347.
Oie dans la table Isiaque. 339.
Oiseaux sacrifiez. 167. 176.
Oiseau qui tient un rameau au bec dans un Abraxas. 373.
Oiseau à tête d'homme avec des cornes de bouc. 340.
Oiseau couché sur la tête d'Isis. 334.
Oiseau à tête de femme. 314. 315.
Οἰώνισμα, préfage. 264.
Οἰωνός, préfage. 264.
Olivier consacré à Minerve. 129.
Olla. 150.
Olympies fête. 221.
Olympiques fêtes & jeux, où ni les femmes ni les mouches ne se trouvent jamais. 75.
Ombites peuples d'Egypte, se réjouissoient quand leurs enfans étoient dévorez par des crocodiles. 317.
Omina étoient les préfages. 264. 265. 266.
Omophagies fête. 221.
Oncesties fête. 221.
Onuphis taureau adoré en Egypte. 309.
Opalies fêtes d'Ops. 233.
Ophites heretiques avoient le serpent en grande veneration. 364. & le preferoient à Jesus-Christ. 364.
Opima spolia portées au temple de Jupiter Feretrien. 68.
Oponte avoit deux souverains prêtres, un pour les dieux du ciel, l'autre & pour ceux de l'enfer. 5.
Ops, les Opalies se celebroient en son honneur. 230.
Ops : le prêtre qui lui sacrifioit étoit assis, pourquoi. 177.

DES MATIERES.

Ops consiva. 140.
Oracles en grand nombre chez les Gentils. 255.
Oracles : il y a eu des Oracles par l'operation des démons. 254. mais rarement. *la même.*
Oracles de Delphes. 255.
Oracle de Calaurée cedé à Neptune. 255.
Oracle de Dodone. 257.
Oracle de l'antre de Trophone. 259. 260.
Oracles d'Apollon expliquez par les livres des devins, *Vacuum.* 152.
Orapollon. 317.
Orcus, qui veut dire l'enfer ou Pluton, avoit un temple à Rome. 110.
Orgiastes femmes, présidoient aux Orgies. 9.
Orgies de Bacchus. 193. *& les suivantes.*
Orgies se prenoient pour les sacrifices. 151.
Orgiophantes presidoient aux Orgies. 9.
Orient : les prêtres se tournoient vers l'Orient pour sacrifier. 162.
Oromasde. 398. Oromaze. 399.
Orsiloché, épithete de Diane la Taurique. 191.
Orus fils d'Isis & d'Osiris. 273.
Orus est l'Apollon des Egyptiens. 275.
Orus sur un Abraxas. 372.
Orus entre les bras d'Isis tient un monstre par la queüe 279.
Orus & Harpocrate pris pour le Soleil. 291.
Orus emmailloté dans la table Isiaque. 336.
Orus le même qu'Harpocrate. 291. images d'Orus. 291.
Orus représenté presque emmailloté. 291. peint avec un bâton à tête d'oiseau & un fouet. 291.
Osca, langue ancienne. 186.
Oskha, qu'étoient-ce. 221.
Oschophories fête. 221.
Osiris & ses images. 289. 290. il est tantôt avec la figure humaine, tantôt avec la tête d'épervier, pourquoi. 289. 290. Osiris fait eunuque. 338.
Osiris pris pour le Soleil, peint le fouet à la main. 289.
Osiris, dit mari, frere & fils d'Isis. 274. plus ordinairement son mari & son frere. 274.
Osiris & Isis freres jumeaux, se matient dans le ventre de leur mere. 273.
Osiris extraordinaire. 337. autre avec un serpent sur la tête. *la même.* Osiris au revers d'une medaille. 284. avec des aîles aux épaules & sur les hanches, tenant un fouet. *la même.*
Osiris la pique à la main présente un oiseau à Isis. 333. Osiris avec la croix & un bâton à tête d'oiseau. 332.
Osiris qui immole un bouc. 289.
Osiris sur un Abraxas. 372.
Osiris sur un monument d'Espagne. 324.
Osiris ou Orus portant une grande cruche sur la tête. 291. 292.
Osiris au grand panache. 335.
Osiris regnoit en Egypte avec équité & justice. 292.
Osiris emmailloté. 289.
Osiris & Isis avec Harpocrate aîlé. 366.
Osiris avec des cornes de bœuf audessus de la tête & un panache. 289.
Osiris qui va percer l'hippopotame qui étoit regardé comme Typhon. 340.
Osiris pris pour tous les dieux en général & en particulier. 271. 272.
Osiris à double tête. 311.
Osiris qui regarde Isis avec le petit Orus. 311.
Osiris à tête d'épervier. 337. 340. 353.
Osiris à tête de loup. 311.
Osiris plusieurs fois. 337.
Osiris : son ame reside dans Apis. 306.
Osiris dans les Abraxas. 370. sur deux crocodiles. 370.
Osiris à tête d'épervier sur un Abraxas 371.
Osiris exprimé par les Egyptiens par un œil & un sceptre. 291.
Oubli, fontaines de l'oubli. 259.
Ovide. 30. 31. 55. 78. 113. 131. 162. 177. 187. 199. 230. 232. 233. 234. 237.
O*yana* prêtres des dieux du ciel à Oponte. 9.
Ours offert à Silvain. 159.

P

PÆanius sculpteur. 61.
Palatua déesse. 23.
Palès déesse. 234.
Palilies, ou Parilies fêtes des bergers. 231.
Palladion gardé par les Vestales. 31. au temple de Vesta. 72.
Pallas de Clazomene. 9.
Pambeories fête. 221.
Pan le plus ancien des dieux Egyptiens. 320.
Pan, ses victimes. 159.
Pan Lycée en l'honneur duquel on institua les Lupercales. 37. Pan Lycée est le même que Luperce. 231.
Pan est de la troupe Bacchique. 183.
Pan adoré à Meroé. 321.
Panænus peintre. 63. frere de Phidias. 64.
Panathenées grandes fêtes. 221. 222.
Pandies fête. 222.
Pandrose fille de Cecrops roi d'Athenes, eut de Mercure Ceryx. 9.
Panhellenies fête 222.
Panier avec le serpent ou avec le dragon dans les mysteres de Bacchus. 194. 195.
Panionies fête. 222.
Panionion lieu. 222.
Pantarces Elien athlete. 63.
Panthée figure. 298.
Pantheon de Rome ou la Rotonde, sa description. 53. a un fondement solide qui regne sous toute l'étendue du temple. 53. ses autres ornemens. 53. 54.
Le Pantheon de Rome, & le Pantheon *Minerva Medica* de la même ville sont ronds. 48.
Pantheon de Minerve Medica à Rome. 52. 53.
Pantheon de Nîmes. 52. avoit douze niches pour douze statues 52. sa figure. 52.
Pantheons avoient des statues de plusieurs dieux. 51.
Papæus Jupiter des Scythes. 404.
Papia loi. 30.
Papremis Nome d'Egypte où l'on rendoit des honneurs divins à l'Hippopotame. 340.
Papyrus plante servoit à faire des souliers. 342.
Parasites ministres subalternes à Athenes avoient part aux viandes des sacrifices. 5. 6. ils étoient anciennement en honneur. 6. leur office. 6. ce nom dégenera, comment. 6.
Parisiens bateliers érigent du tems de Tibere un autel avec des bas reliefs. 423.
Parmenisque Metapontin, son histoire singuliere. 76.
Passeri (François) gentilhomme Romain. 79.
Pater nom Mithriaque. 17.
Pateres, leur forme. 143. 144.
Pateres avec manche & sans manche. 142. Pateres toûjours creuses. 145. Pateres. 142. leurs differentes formes. 141. *& les suivantes.*
Pateres de terre cuite. 143. Pateres singulieres. 144. 145.
Patera. 149.
Patere, nom de prêtre pris de la patere. 419.
Le *Paterpatratus* livra C. Mancinus aux Numantins. 36.

Paterpatratus chef des Feciales, ses fonctions. 36.
Pater Sacrorum, prêtre de Mithras. 16.
Patin (Charles) refuté. 77.
Patriarches des Juifs. 354.
Patriques, nom des mysteres Mithriaques. 17.
Pavé de Mosaïque du temple de Diane du mont Aventin. 87. 88.
Pauline (Vibie) porte un Abraxas pour être préservée de tout mauvais démon. 368.
Pavots conviennent au Soleil, comment. 303.
Pausanias. 41. 58. 61. 81. 82. 107. 116. 130. 136. 181. 187. 206. 207. 255. 256. 260. 263. 295.
Pausanies fête. 222.
Payisan qui sacrifie à Bacchus. 199.
Pedasiens avoient une prêtresse qui devenoit barbue quand il devoit arriver quelque malheur. 5.
M. de Peiresc. 11. 138. 290. 291. 321. 346.
Pelasges. 258.
Pêle qui servoit, à ce que l'on croit, pour l'encens. 140.
Pella, on y sacrifioit un homme à Pelée & à Chiron 152.
Pelopies fête. 221.
Pelops, son combat contre Oenomaus. 62.
Pelories fête. 222.
Pendant-d'oreilles d'Isis. 325.
Pennin, le dieu Pennin. 419.
Pentelique sorte de pierre. 61.
Penthesilée qui rend l'ame. 64.
Peoniens représentoient le Soleil comme un disque. 403.
Peres des mysteres de Mithras, appellez lions. 17.
Pergameniens prennent le nom de Neocores. 7.
Pergéens prennent le nom de Neocores. 7.
Periptores temples, bel ornement pour les villes. 82.
Periptères temples qui ont des galleries exterieures tout autour 49.
Perirranteria piscines à l'entrée des temples. 47.
Perles à la couronne d'Isis. 325.
Persea, arbre qu'on croit être le pescher : sa fleur & son fruit sur la tête d'Isis. 278.
Persée avoit un temple dans Chemmis en Egypte, & paroissoit souvent, disoit-on, dans son temple. 127. un des souliers de Persée avoit deux coudées de long. 127.
Persepole, ses monumens. 401.
Perses : systeme de leur ancienne religion, donné par un moderne, refuté. 395. 396.
Perses immoloient un cheval au soleil. 403.
Perses n'avoient anciennement ni statues, ni autels. 393. leurs dieux. *la même*.
Perses adoroient le Soleil & le Feu. 397. 398. 399.
Perses représentez dans les monumens de Persepole. 402.
Persés, nom Mithriaque. 17.
Peste à Rome du temps de Marc-Aurele. 246.
Pet adoré par les Egyptiens. 327.
Petit von Z. Samuel.
Petronius Sabinus copie un des livres Sibyllins. 29.
Peuplier consacré à Hercule. 129.
D. Pezron. 424.
Phagesies, ou Phagesiposies fête. 222.
Phaïnis prêtresse de Junon à Argos. 5.
Phammastries fête. 223.
Phegonée épithete de Jupiter. 258.
φήμη présage. 264.
Phengite pierre transparente de Cappadoce. 56.
Pherephatties fête de Proserpine. 223.
Phidias fait la statue de Jupiter Olympien. 61. Phidias représente les Graces & les Heures. 64.
Philemon dans Athenée. 316.
Philippes, sorte de monnoie ancienne. 28.
Philon. 205.

Philon de Byblos. 383. question s'il a existé. 385.
Philostorge. 380.
Philostrate. 135. 159. 216. 276. 403.
Phiole, nom d'un lieu dans le Nil. 307.
Phlionte ville. 5.
Phœbitius de la race des Druides. 419.
Phocéens bruloient un homme en holocauste à Diane la Taurique. 152.
Phosphories fête dans Plutarque. 223.
Photius dans ses Amphilochia. 28.
ΦΡΗ en langue Copte, veut dire le Soleil : ce nom se trouve dans les Abraxas. 359. 363.
Phren & *Phrer* dans les Abraxas. 359.
Pied avec un serpent pardessus. 249.
Pied du trepied de Delphes. 136. 137.
Pieds sous la tutelle de Mercure. 248.
Pierre carrée adorée par les Arabes. 381.
Pigeon ramier sacrifié. 156.
Pigeon le plus saint des oiseaux, chez les Galles de Cybele. 13.
Pignorius homme habile & sensé. 340.
Pignorius. 276. 277. 292. 310. 314. 329. 335. 336. 339.
Pilentum à l'usage des Vestales. 32.
Pileus espece de bonnet qui se portoit aux Saturnales. 235.
Pilier qui marque l'accroissement du Nil. 277.
Pin consacré à Pan. 129. consacré au Soleil. 392.
Pinariens prêtres d'Hercule, leur institution. 37. leur histoire. *la même*.
Pirithoüs fils de Jupiter, dit Homere. 62.
Pirro Ligorio peu sûr. 303.
Piscines aux temples. 49. à l'entrée des temples. 47.
Pison, ses Annales. 28.
Pitho déesse, & son temple. 210. Pitho ou Suada personifiée. 64.
Plan ancien de Rome. 93.
Plantes adorées par les Egyptiens. 327.
Platon 160.
Platon ne reconnoît qu'une Sibylle. 27.
Plaute. 156. 163.
Pline. 13. 14. 25. 28. 36. 53. 56. 78. 84. 89. 90. 95. 96. 109. 185. 236. 240. 267. 297. 306. 314. 436. 437. 438.
Plocame sculpteur. 11.
Plutarque 5. 12. 14. 16. 23. 25. 31. 32. 33. 36. 58. 71. 82. 88. 98. 109. 127. 159. 161. 185. 210. 211. 231. 236. 249. 270. 273. 274. 281. 283. 285. 286. 287. 288. 290. 291. 296. 300. 312. 323. 440. 441.
Pluton. 399. 400. les Gaulois croioient tirer de lui leur origine. 413.
Pluton avoit pour victime le taureau. 158.
Plynteries fête. 223.
Poëtes de Delphes. 256.
Poissons à un obelisque. 352.
Poisson comme symbole des Chrétiens. 370.
Poissons à un autel Egyptien. 347. Poissons adorez par les Egyptiens. 323.
Poissons immolez en certains païs. 159.
Poissons en veneration chez les Pheniciens. 384. figure d'un poisson. 384.
Poldo d'Albenas. 116.
Polemon. 257.
Poliées fête. 223.
Polien surnom d'Apollon. 187.
Polios épithete d'Apollon. 223.
Polien épithete de Jupiter. 211. 214.
Pollux étoit un vaillant athlete. 101.
Pollux. 8.
Πολυλυχνον lustre. 130.
Pommes de pin aux sacrifices de Cybele. 176. aux mysteres de Bacchus. 194.
Pommes de pin sur les autels. 166. 179. pommes

de pin

de pin sacrifiées. 167. 176. pomme de pin sacrifiée à Cybele. 157.
Cn. Pompeius Hylas. 251.
Pompes d'Isis. 285. 286.
Pomone. 181.
Pomponius Mela. 306.
Pomponius dans Macrobe. 153.
Pont Euxin, origine de ce nom. 191.
Pontifes à Rome, leur nombre ne fut pas toujours le même. 20.
Pontife Souverain élisoit les Vestales. 30.
Pontifes regloient les cérémonies. 152.
Pontifes qui sacrifioient avoient leurs Haruspices. 26.
Pontifes majeurs & mineurs. 20.
Pontife de Vulcain. 130.
Pontifex Maximus, grande dignité. 20. avoit de grands honneurs. 20. il ne lui étoit pas permis de voir des corps morts. 20.
Popana espece de gâteaux pour les sacrifices. 157.
Populifugies fêtes. 234.
Porewith, dieu de Lusace. 411.
Porphyre. 17. 128. 154. 270. 296. 303. 322. 384. 397.
Porrecta : proverbe, *inter casa & porrecta.* 164.
Portes d'airain au temple de Jupiter Olympien. 63.
Portes d'ivoire du temple d'Apollon Palatin. 75.
Portique qui sert à deux temples. 126.
Portumnus, selon quelques-uns le même que Neptune, avoit un temple à Rome. 110.
Posidonia fêtes de Neptune. 72.
Posidonies fête. 223.
Postume aiant la tête voilée sacrifie à Hercule. 199.
Pot Samien. 13.
Potitiens prêtres d'Hercule, leur institution. 37. leur histoire, *la même.*
M. Potter évêque d'Oxford : son excellent livre de l'Archeologie greque. 4. 106. 113.
Poule étoit sacrifiée. 156.
Poulets pour l'Augure. 145.
Poulets, lorsqu'ils ne vouloient pas manger, c'étoit un mauvais augure. 25.
Præcidanea porca truie immolée à Cerès devant les moissons. 153.
Præcidaneæ hostiæ, victimes immolées devant la solemnité. 153.
Præfericulum vase sacré : on dispute sur sa forme. 140. 141. on en voit ici plusieurs. 141.
Præfericulum. 149. 168.
Preneste avoit un temple de la Fortune. 104.
Presages au commencement des choses. 265. presages des choses & presages des noms. 265. differens presages. 265. presages tirez en parlant aux Idoles. 166. presages des mots & des noms. 265. presages arbitraires. 265. presages d'Ulysse. 266.
Presages des Germains. 407.
Presens des Saturnales. 255.
Presetvatifs donnez par les Basilidiens & les Marcosiens, étoient les pierres d'Abraxas. 368.
Prestiges pris en deux sens. 263. 264. prestiges entrez chez les Gentils dans le Christianisme. 264. prestige extraordinaire. *la même.*
Prêtres : il y en a toûjours eu dans la vraie Eglise. 3. quels étoient les prêtres avant la loi. 3. 4. Prêtres, quels étoient-ils chez les Grecs. 4. comment ils se preparoient au sacrifice, quel étoit leur habit de cérémonie. 160. 161.
Prêtres, comment élus à Rome. 19. prêtres Romains se voiloient quelquefois la tête en sacrifiant, pourquoi. 161. prêtres des dieux du ciel distinguez de ceux des dieux de l'enfer à Oronte. 5.
Les Prêtres rendoient compte de leur administration. 5.
Prêtre avec la tête voilée. 1.8.
Prêtres de la grande mere : il y en avoit d'autres outre les Galles. 15.

Prêtres sacrifians. 40. leurs habits. 40. 41. 42. leurs cérémonies en sacrifiant 162. ils faisoient une priere à Janus. 162.
Prêtre de Diane Aricine : celui qui avoit tué son prédecesseur étoit établi en sa place. 44.
Prêtre de Bacchus à qui on ôte ses souliers. 197.
Prêtres Egyptiens nourrissoient des éperviers comme des oiseaux consacrez à Apollon. 290. ces prêtres étoient appellez *Hieracoboscoi.* 290.
Prêtres des Egyptiens jeunoient avant le sacrifice à Isis. 343. prêtres Egyptiens à tête rase, & un autre qui a des cheveux. 349 prêtres & prêtresses d'Isis. 285. 286. prêtres Egyptiens representez. 346.
Prêtre Egyptien d'une figure extraordinaire. 347. il a des cheveux contre l'usage des prêtres Egyptiens. 347.
Prêtres Egyptiens superstitieux. 341. se rasoient la tête & le corps. 342. vêtus de lin : leurs ablutions, leurs privileges. 342. immoloient des veaux & des taureaux. 343.
Prêtre qui presente deux gobelets à Apis. 334.
Prêtre d'Isis en ceremonie : il porte une cruche. 286.
Prêtres Egyptiens sur une table mysterieuse. 341.
Prêtres Egyptiens se fouettoient après le sacrifice. 344.
Prêtre de Bacchus : son image. 11. nommé Phocion. 11.
Prêtres souverains de Mithras, ἀρχιμάγοι. 17. 18.
Prêtres de Perse. 401.
Prêtres, leurs privileges à Rome. 19.
Prêtre : souverain prêtre de la déesse Syrienne vêtu de pourpre, portoit la tiare. 16.
Prêtres Carthaginois pendus pour avoir immolé des enfans. 441.
Prêtres anciens Grecs se trouvent rarement dans les anciens monumens. 11.
Prêtres : leurs habits. 39. 40. 41.
Prêtres de Diane. 41.
Prêtres, le grand Prêtre pour les Tauroboles entre dans une fosse. 171.
Prêtre, ses paroles avant que de sacrifier. 161.
Prêtres portoient la toge à Rome. 19.
Prêtre qui tient un gobelet. 338.
Prêtres sacrifioient quelquefois les pieds nuds. 19.
Prêtre rustique. 42. 43.
Prêtres d'Apis au nombre de cent. 307.
Prêtre qui immole un chevreuil. 333.
Prêtres d'Isis avoient la tête rasée. 286.
Prêtresses rendoient compte de leur administration. 5.
Prêtresses de Cybele. 12. 177.
Prêtresses d'Isis dans leurs cérémonies prenoient la forme d'Isis. 286. prêtresses d'Isis. 336.
Prêtresse de Sipylene étoit la femme ou la fille de Themistocle. 12.
Prêtresse de Vesta. 41.
Prêtresses de Cerès à Catane, des femmes & des vierges. 5. prêtresse de Cerès. 181.
Prêtresse de la grande mere. 12. 15. 16.
Prêtresse de Bacchus. 181.
Prêtresse voilée qui sacrifie à Minerve. 201.
Prêtresse des Pedasiens devenoit barbue quand il devoit arriver quelque malheur. 5.
Prêtresse de Minerve Poliade à Athenes. 5.
Prêtresses de Diane. 41.
Priape, ses victimes. 159.
Priere de la Fievre. 238.
Prieres vers l'Orient chez les Payens. 50. priere pour recommander aux dieux quelque chose. 152.
Princes & chefs sacrifioient chez les Grecs. 4.
Princes des Prêtres au nombre de cinq à Delphes. 5.
Principe bon & principe mauvais étoit la Theologie

des Egyptiens. 271. leurs fonctions. 272. principe bon des Egyptiens étoit Isis, Osiris & Orus, & le mauvais Typhon. 272.
Privileges des prêtres à Rome. 19. 20.
Proarosies fête. 223.
Prodigia hostiæ, hosties consumées. 153.
Prologies fête. 223.
Promethée pere d'Isis selon quelques-uns. 274.
Promethée chargé de liens. 64.
Promethée trompe Jupiter aux sacrifices. 154.
Promethées fête. 223.
Pronoia des temples. 80.
Prono dieu de la Lusace. 411.
Properce. 77.
Prophetie de l'Archigalle. 253.
Prophetes de Delphes. 5. leurs fonctions. 74. 256.
Prophete d'Anubis. 313.
Prophetesse de Dodone brulée par les Beociens. 258.
Prophetesse de Delphes. 255.
Proserpine qui tient un pavot. 181.
Proserpine avoit pour victime la vache noire. 158.
Prosoraiel ange & puissance dans les Abraxas. 359.
Prostylos aux temples. 49.
Protesilaées fête. 223.
Prothymata espece de gâteaux pour les sacrifices. 157. offerts à Esculape. 157.
Protrygées fête 223.
Prudence : sa description des Tauroboles. 171.
Prudence. 99. 261.
Psammitichus bâtit un temple pour la Consecration d'Apis. 307.
Pseudodipteres avoient un rang de galleries exterieures tout autour. 49. Pseudodiptere inventé par Hermogene. 69. 117.
Psyché dans les Abraxas. 367.
Puellæ Faustinianæ, les filles ou damoiselles de Faustine. 104.
Puissances & Anges des Basilidiens. 355.
Puissances & Anges des Basilidiens, & leurs noms. 369. 371. en fort grand nombre. 376. 377.
Pulvinaria, signification de ce mot. 238.
Puso Julianus Archigalle 173.
Pyanepsies fête. 223.
Pyanæ feves. 223.
Pycnostyle sorte d'Entrecolonne. 50. 80. Pycnostyle rare à Rome du tems de Vitruve. 113.
Pylées fêtes. 223.
Pyrcon interprete de Neptune. 255.
Pyiethes sont les Mages des Cappadociens. 394.
Pythagore immole une Hecatombe pour avoir trouvé une demonstration Geometrique. 104.
Pythagoriciens placent le Feu au milieu de l'univers. 72.
Pythienne. 255. se mettoit sur le trépied. 256.
Pythienne de Delphes, son histoire. 10.
Pythies fête. 223.
Pythonisse d'Endor, il y a de la réalité dans son oracle. 254.

Q

Quadribacium, collier de pierreries. 325.
Quadriges triomphales sur une patere. 143.
Quies ou la déesse du repos, avoit un temple à Rome. 110.
Quindecimvirs. 173. 175.
Quindecimvirs, leurs filles exemtes d'être prises pour Vestales. 30.
Quindecimvirs gardent les livres Sibyllins. 29.
Quinquatries ou Quinquatrus fête de Minerve, appellée par les Grecs Panathenées. 134.
Quinte-Curce. 397.
Quintiliens sorte de Luperces. 232. qui faisoient un college. 37.

Quintus Siculus. 410.
Quirinales fêtes. 234.
Quirinus le même que Romulus. 22. 234.

R

Radegast dieu de Lusace. 411.
Rassier (D. Philippe) Procureur Gen. de la Congr. de S. Maur à Rome. 88.
Ramestes fils d'Hieron. 350. 351.
Ramniens, tribu Romaine. 25.
Raphael Ange & puissance dans les Abraxas. 359.
Del Ré (Ant.) 420.
Rediculus dieu, avoit un temple à Rome. 110.
Regifuge fête. 234.
Regina sacrorum, femme du *rex Sacrificulus*. 38.
Regnum signifie une couronne. 325.
Reine chez les Atheniens présidoit aux mysteres. 8. ses qualitez. *là même*.
Reines. 409.
Remuria pour Lemuria. 231.
Réputation & Présage avoient un temple. 127.
Rex sacrificulus, établi à Rome après qu'on eut chassé les Rois. 37. appellé *Rex sacrorum*, & pontife mineur. 37. 38.
Rex sacrorum. 234. 235.
Rhamnusia avoit un temple à Rome. 110.
Rhea Silvia mere de Romulus, Vestale. 30.
M. Rigord de Marseille habile antiquaire. 278.
M. Rigord. 276. 284. 291. 311. 314. 346.
Ris où la Risée *Risus*, avoit un temple à Rome. 127.
Robius, signifie un belier. 79.
Roi d'Athenes, étoit le second Archonte. 8.
Roi étoit le nom d'un prêtre chez les Grecs. 4.
Roi à Athenes, jugeoit les affaires qui regardoient les choses sacrées. 8. avoit seance à l'Aréopage. 8. présidoit aux mysteres Eleusiniens. 9. Roi des choses sacrées. 234. 235. Roi chez les Atheniens étoit le second dans la magistrature, & présidoit aux sacrifices. 8.
Rois, princes & chefs sacrifioient chez les Grecs. 4.
Roi ou prêtre de Perse assis sur un throne. 402.
Romanensia sacra, fêtes. 235.
Roma æterna, inscription sur une medaille. 121.
Rome représentée avec le casque. 245.
Rome déesse, avoit des temples. 99. 100.
Rome avoit un college d'Esculape & d'Hygiea. 44.
Romulus institue les Equiria. 230.
Romulus se servit du *Lituus* bâton augural. 146.
Romulus établit les prêtres à Rome. 18. selon Plutarque, il institua les Flamines. 21.
Romulus se donne à Acca Larentia, pour douzieme fils. 36.
Romulus institua les Augures à Rome. 24.
Romulus le même que Quirinus. 234.
Rosin. 60.
Rubigo la Rouille, ou la Nielle avoit un temple à Rome. 110.
Rufus. 52. 100. 320. 321. 382.

S

Sabaoth sur les Abraxas. 353. 360. *& les pages suivantes*.
Sabazies fêtes. 223.
Sabbatini (M. Ant.) celebre antiquaire Romain. 68.
Sabine representée sur le fronton du temple de Minerve d'Athenes. 81.
Sacerdoce perpetuel donné à Q. Sammius Secundus. 173.
Sacerdoce, ses loix à Rome. 19.
Sacrarium pris pour un temple, veritable significa-

DES MATIERES.

tion de ce mot. 46.
Sacrificateur la tête voilée. 40.
Sacrificateurs, hommes & femmes. 43.
Sacrifices ont passé de la vraie Eglise au paganisme. 150.
Sacrifices aux dieux terrestres de bêtes à quatre pieds. 155.
Sacrifices ; qui étoient ceux qui y assistoient, & dispositions pour y assister. 161.
Sacrifices selon la qualité des personnes. 156.
Sacrifices de deux sortes, sanglans & non sanglans. 151.
Sacrifices d'hommes chez les Grecs & chez les Romains. 152. & chez les autres nations. *là même*.
Sacrifices publics & sacrifices particuliers. 151. 152.
Sacrifice de pommes de pin. 167.
Sacrifice à Cybele dans un autre du mont Ida. 176.
Sacrifice à Jupiter Hammon. 176. sacrifice d'un agneau femelle à Jupiter. 236. autre sacrifice à Jupiter. 178.
Sacrifice à Ops se faisoit par un prêtre assis. 177.
Sacrifices sur le bord de la mer. 164.
Sacrifices à Neptune ou aux dieux Marins. 179.
Sacrifices aux dieux de la terre, & aux dieux des enfers. 154.
Sacrifices à Cerès. 180. 183.
Sacrifices des Romains, où l'on ne bruloit que les entrailles. 154.
Sacrifice à Apollon. 184.
Sacrifices aux Muses. 185.
Sacrifice non sanglant à Mercure, devant un temple orné d'Hermes. 190.
Sacrifice à Mars. 189. 190. à qui on offre une tête de lion. 190.
Sacrifice à Minerve. 190.
Sacrifice non sanglant à Minerve. 201.
Sacrifice à Venus. 199.
Sacrifice d'Iphigenie à Diane. 192.
Sacrifice à Diane d'Ephese. 192.
Sacrifice d'un cabri à Bacchus. 200.
Sacrifice à Hercule. 199.
Sacrifices à Bacchus. 193. *& les suivantes*.
Sacrifice à Silvain ou à Priape. 201.
Sacrifice à Silvain. 200.
Sacrifice de l'ânon à Priape. 201.
Sacrifice à Esculape. 201. d'un taureau & d'un belier. 202.
Sacrifice à Hygiea ou à la Santé. 203.
Sacrifices à Hygiea. 202.
Sacrifices aux Lares. 202. 203.
Sacrifice du pauvre fait en baisant la main. 156.
Sacrifice à l'arrivée de l'Empereur. 168.
Sacrifice d'un taureau fait par Trajan. 166.
Sacrifices devant un temple. 109.
Sacrifices des Egyptiens. 343. leur maniere : ils faisoient des imprécations contre les têtes, & les vendoient aux Grecs. 343.
Sacrifice de l'oie à Isis. 301.
Sacrifice de cinq cens boucs. 207.
Sacrifice de quatre taureaux par Trajan. 165.
Sacrifice de Narbonne des plus singuliers. 187.
Sacrifice de Narbonne. 168.
Sacrifice étrange des Gaulois, d'un grand nombre d'hommes. 412.
Sacrifice d'une oie. 324.
Sacrifices des Perses. 393. 394. 395.
Sagittaire, marque du mois de Novembre. 244.
Salamine isle, personifiée. 64.
Saliens, leur habit représenté en figure. 41.
Saliens appellez Eani & Janes. 34.
Saliens, *Salii*, prêtres de Mars, par qui instituez. 33.
Saliens de Mars *Gradivus*. 33.
Saliens, leurs filles exemtes d'être prises pour Vestales. 30.

Saliens chantoient Janus, Jupiter Lucetius, & tous les autres dieux hors Venus. 34.
Saliens en d'autres villes avant que d'être établis à Rome. 33.
Saliens, sautoient, dansoient, chantoient, leurs habits. 33. portoient les *Ancilia*. *là même*.
Saliens d'Albe, Saliens Antoniniens, Agonales, Quirinales, Collines, Pavoriens, Palloriens, Palatins, *Salius Herculanus*. *Augustalis*, *Salius Hadrianalis*. 34.
Salius Arcadien, selon quelques-uns, instituta les Saliens 33.
Salvos ire, *salvos redire*, vœux pour les voiages. 243.
Sallustia surnom de Venus. 90. 91.
Samaritain. 354.
Samiens avoient des annales. 28.
Samienne Sibylle. 27. 28.
Samolus sorte d'herbes dont les Druides se servoient pour remedier aux maladies des bestiaux. 437.
Samonicus (Quintus Serenus) Medecin Basilidien, se sert d'Abrasadabra pour guerir les maladies. 377. 378.
Samuel Petit. 391.
Sanchuniathon. 383. n'a jamais existé. 385.
Sancus ou Sangus étoit le même que *Dius Fidius*, & avoit un temple à Rome. 110.
Saon de Samothrace, selon quelques-uns, instituta les Saliens 33.
Sarapis, *voiez* Serapis, on dit indifferemment l'un ou l'autre.
Saronia, surnom de Diane. 224.
Saronies fêtes. 224.
Satoviel ange des Basilidiens. 365.
Saturnalitia presens des Saturnales. 235.
Saturnales fêtes. 235.
Saturne : on lui sacrifioit la tête découverte. 161.
Saturne honoré par les Carthaginois qui lui sacrifioient leurs enfans en grand nombre. 440. 441. inhumanité sans exemple. *là même*.
Saturne appellé le Vieillard. 441.
Satyre qui tient un masque dans un Abraxas. 375.
Saumaise trompé par Guenebauld. 429.
Saumaise. 174.
Scaliger. 283.
Scieries fête. 224.
Scires fête. 224.
Sciron voleur précipité dans la mer par Thesée. 116.
Scopas sculpteur. 84.
Scorpion dans les Abraxas. 372.
Scorpions pernicieux en Egypte. 287.
Scythes sacrifioient à Mars, lui faisoient des temples de sarmens. 404.
Scythes, leurs dieux. 404.
Secespita, couteau pour égorger les victimes. 148. 149. 162.
Securis. 149.
Segestia, déesse qui avoit un temple. 110.
M. Seguier Chancelier. 141.
M. l'Abbé Seguin. 362.
Selage, sorte d'herbe celebrée par les Druides. 437.
Σιας ανακαλε, inscription d'un Abraxas, qui veut dire ; le Soleil a répandu sa lumiere. 358. 366.
Senanicilo nom Gaulois. 424.
Senat Romain fait des efforts pour empêcher que les dieux Egyptiens ne soient admis à Rome. 182.
Seneque. 20
Septemvirs, leurs filles exemtes d'être prises pour Vestales. 30.
Septemvirs épulons 44.
Septime Severe Empereur, sacrifie. 167.
Septimontium, fête de Rome. 235.
Serapeum ou temple de Serapis. 111.
Serapis ἐπταγράμματος θεός, dieu à sept lettres, mis

pour la septiéme heure du jour. 379.
Serapis appellé grand dieu dans plusieurs inscriptions. 294. appellé Jupiter Serapis, pris pour le Soleil. 294.
Serapis, il étoit défendu sur peine de la vie de dire qu'il eût été homme. 300.
Serapis avec Isis. 297. 298.
Serapis Pluton, marqué clairement en plusieurs images. 297. avec Cerbere *là même.* 298. 299.
Serapis n'étoit point connu en Egypte avant que les Grecs s'y établissent : preuves. 294. 295. 296. plusieurs Peres croient que c'est Joseph fils de Jacob. mais ils ne sont point suivis. 295.
Serapis guerit des maladies. 299.
Serapis avec le serpent. 298. avec le corps de serpent. 316.
Serapis, le même qu'Osiris. 294.
Serapis dans les Abraxas. 362. avec Cerbere. *là même.*
Serapis ; son culte mêlé avec celui de Jesus-Christ. 354. 355.
Serapis, les images. 297. 298. porte le *Calathus* ou le boisseau. 297.
Serapis & Isis représentez comme le Soleil & la Lune. 298.
Serapis avec les cornes de Jupiter Hammon. 298. Serapis avec les marques de Pluton. 298. 299. avec celles d'Esculape : histoire des guerisons faites par Serapis. 299.
Servius, épithete de Jupiter. 243.
Serlio. 106. 111. 113. 114. 122.
Serpent, symbole du Soleil. 325.
Serpent qui mord sa queue, & fait un contour de son corps, marque le Soleil. 359.
Serpent symbole d'Apollon. 184.
Serpens, très-souvent sur les Abraxas. 363. *& les suivantes.* les Egyptiens les appellent les bons démons. 363.
Serpent à tête d'oiseau. 338.
Serpens dressez sur leur queue, dont l'un tient un œuf à la bouche, l'autre le lui veut ôter : explication de ce symbole. 170.
Serpent à tête de lion. 372.
Serpent raionnant. 361. *& les suivantes.*
Serpent figure de Cneph, rendoit un œuf par la bouche. 270.
Serpent ailé à tête de femme. 339.
Serpent qui sort d'un panier aux mysteres de Bacchus. 194.
Serpent symbole du Soleil & de la medecine. 137.
Serpens avec la poitrine ouverte dans la table Isiaque. 340.
Servantes chassées des Matrales. 232.
Servantes se battoient aux Caprotines. 229.
Sertor Resius roi des Equicoles institua les Feciales. 34.
Servius. 39. 153. 238. 267. 312.
Servius Tullius roi de Rome, trompe Antron Corace. 88. 89.
Severus (Caïus Julius) Consul. 10.
Sevir ou Sextumvir, ce que c'étoit. 174. Sextumvirs. 173. espece de sacerdoce à Rome & dans d'autres villes. 174.
Sibylles, leurs payis & leurs noms selon Varron. 1. celle de Perse. 2. la Libyenne. 3. de Delphes. 4. la Cuméenne. 5. l'Erythréenne. 6. la Samienne. 7. celle de Cume. 8. de l'Hellespont. 9. la Phrygienne. 10. la Tiburtine. 4.
Sibylles prophetesses de Rome. 27. questions qui se sont levées sur leur sujet : question si les livres Sibyllins d'aujourd'hui, sont veritablement les Sibylles. 27.
Sibylles, leurs images. 29. Sibylles, leurs livres consultez. 239.

Sibylles, Platon n'en reconnoit qu'une. 27. Aristote plusieurs. 27.
Sibylle Juive, selon Elien. 27.
Sibyllins, livres achetez par Tarquin premier, d'autres disent par Tarquin le Superbe. 28. gardez severement par les Duumvirs, & depuis par les Decemvirs 29.
Sibyllins, livres déposez sous la base d'Apollon Palatin. 76.
Siciliens parlent trois langues. 274
Siege d'Hercule d'une seule pierre precieuse, appellée Eusebés. 95.
C. Silanus relegué à Cythere. 42.
Silene couronné de lierre tombe à terre. 195. Silene soutient Bacchus. 194. Silene ivre sur l'âne. 195. tient la cymbale. 195. Silene tombe à terre, soutenu par les Faunes. 193. Silene sur l'âne. 197. Silene avec Astarte. 387.
Silvain appellé Dendrophore. 174. Silvain a pour victime le cochon. 159. Silvain avoit des temples à Rome. 97.
Silvain Auguste, Silvain le Saint. 251.
Simeoni. 428.
Simpulum vase sacré, son usage. 145. sa forme. *là même.*
Simpulum ou *Simpuvium*, petit vaisseau. 149.
Singe, sa rencontre de mauvais présage. 265.
Singes sur les Abraxas. 364. adorent Jao dans un Abraxas. 370.
Singe qui adore la tête du Soleil dans les Abraxas. 364.
Sipylene est Cybele. 12. elle avoit un temple à Magnesie de ce nom. 12.
Sirius. 400.
Sirene. 336.
Sisachthinies fête. 224.
Sistre : la description & représentation de plusieurs Sistres 287. 288. Sistre instrument ordinaire d'Isis. 278.
Sitos, froment en grec. 6.
Siwa déesse de Lusace, qu'on croit être Venus. 411.
Smaragdus avec un Z pour premiere lettre. 325.
Smialia, bracelets 325.
Smyrne, prend le nom de Neocore. 7.
Socrate. 277 Historien Ecclesiastique. 277.
Le Soleil distingué d'Apollon dans le culte. 77. monté sur son char. 64. son temple bâti par Aurelien. 390.
Le Soleil, son image. 391.
Soleil, quatre Soleils, selon les Théologiens prophanes. 420.
Le Soleil chez les Massagetes avoit le cheval pour victime. 158.
Le Soleil est Mithras chez les Perses. 393. 394. le Soleil adoré par les Perses. 393.
Le Soleil & le Feu représentez dans leur forme aux monumens de Perse. 401.
Le Soleil mis par les Egyptiens sur une barque ou sur un crocodile. 290. adoré par les Egyptiens. 345.
Le Soleil a pour symbole l'epervier. 290
Soleil représenté sous figure humaine sur son char dans les Abraxas. 359. 367.
Soleil pris pour Jesus-Christ par les Gnostiques. 356.
Soleil à cheval dans les Abraxas. 365.
Soleil sur un bateau. 348.
Le Soleil, dieu des Germains. 405.
Solin. 314.
Solitaurilia, corruption du mot Suovetaurilia. 186.
Solon permet certains juremens. 223.
Solum en langue Osca, veut dire *integrum.* 186.
Somne, sa statue de bronze vouée à Esculape. 248.
Sonivium, quelle sorte de présage c'étoit. 267.
Soria a donné beaucoup de temples de la campagne de Rome. 122.

Soros Apidos, de là vient le nom de Serapis, selon Varron. 296.
Sortiarii & Sortiariæ, sorciers. 263.
Sortilegue ou sorcier, emploi sacré. 263.
Sorts jettez pour détourner les malheurs. 263.
Sorts Antiatins & Prenestins. 263.
Sorts tirez pour deviner. 263.
Sorts jettez par les Germains. 407.
Soteries fête. 224.
Sotion. 398.
Soulier de Persée avoit deux coudées de long. 127.
Souliers de Papyrus. 342.
Spartien. 263. 323. 347.
Sphærus écuier de Pelops, selon quelques-uns. 61.
Sphinx, animal sacré honoré dans l'Egypte. 315. Sphinx ailées & non ailées. 315. Sphinx symbole de la Sagesse. 316. Sphinx de Thebes avec les bras de femme. 316. il n'y a point de Sphinx mâle 316.
Sphinx sur les Abraxas. 364. avec des ailes. là même.
Sphinx enlevent les enfans des Thebains. 63.
Sphinx à tête d'oiseau qui a le croissant. 338.
Sphinx à tête d'oiseau, qui tient une épée. 339.
Sphinx ailée. 250.
Spon. 8. 41. 42. 80. 81. 82. 85. 100. 115. 117. 137. 189. 195. 262. 304. 353. 368. 373. 390.
Spon refuté. 86. refuté sur un Abraxas. 374.
Sporties fête. 224.
Stace. 112. 257.
Statue d'or de Jupiter à Babylone. 129.
Statues des dieux, comment placées dans les temples. 50.
Statue de Jupiter Olympien d'or & d'ivoire, 63. sa description. là même. 64.
Statue de Cerès cachée aux hommes, & non aux femmes. 46.
Statues emmaillotées des Egyptiens. 280. en grand nombre. là même.
Statue de Venus d'excellente main. 90.
Statue du dieu ou du Jupiter Bemilucius. 427. 428.
Statue de bois de la Fortune. 102.
Statue dorée du pere d'Attillius Glabrion, la premiere statue dorée qui fut vue à Rome. 108.
Statue d'or de Caligula. 110.
Statue d'Argent d'Hercule Ilunnus. 251.
Statue equestre de Jules Cesar de bronze doré fort extraordinaire. 90.
Statue de Trophone faite par Dedale. 260.
Stephanus Byzantius, voiez Etienne de Byzance.
Stenies fête. 224.
Sterope fille d'Atlas, femme d'Oenomaüs. 62.
Stophies fête. 224.
Strabon. 12. 72. 75. 94. 100. 127. 252. 258. 270. 306. 309. 314. 317. 318. 348. 380. 393. 403. 435. 439.
Strobilus pomme de pin. 166. 178.
Stymphalies fête. 224.
Suantovith dieu de Lusace. 411. pris pour Apollon. 411.
Succidanea hostia, qu'étoit-ce. 153.
Sudae peres des Dioscures, ou des Cabires, ou des Corybantes, ou des Samothraciens. 385.
Suetone. 59. 100.
Sueves sacrifioient à Isis. 407.
Suidas. 14. 82. 257. 296. 329.
Sulpicius destitué du Sacerdoce, parce que le bonnet lui tomba de la tête quand il sacrifioit. 39.
Summanus Pluton, on lui immoloit des moutons noirs. 155.
Suovetaurilia, sacrifices à Mars. 186. & les suivantes, distinguez en grands & petits. 186. comment on celebroit les uns & les autres. 186. 187. 188.
Suovetaurilia chez les Grecs, étoient offertes à d'autres qu'à Mars, à Neptune & à Esculape. 187.

Suovetaurilia, sacrifices du cochon, du taureau & du belier. 40.
Suovetaurilia de Trajan. 188. & les suivantes. pour la lustration des armes. 188.
Suovetaurilia, pour la lustration des champs. 189.
Suovetaurilia, comment se faisoient-ils. 186. 187. 188.
Superchérie Thracienne, proverbe. 258.
Supplications, pourquoi se faisoient-elles. 237.
Σύμβολον presage. 264.
Synthrone des dieux de l'Egypte, épithete d'Anubis & d'Antinoüs. 323.
Syracuse, comment les prêtres de Jupiter y étoient élus. 5.
Syrmées fête. 224.
Systyles. 116.
Systyle, sorte d'entrecolonne. 114. ce que c'étoit. 50.

T

Taaute, le même qu'Hermés Trismegiste. 384.
Tabernacle étoit un temple portatif. 45.
Tabiti, Vesta des Scythes. 404.
Table Isiaque. 329. son histoire, cette table a été perdue : on dit qu'on la voit encore à Turin, mais fort gâtée. 331.
Table Isiaque est toute mysterieuse & symbolique. 332. sa division. 332. table Isiaque fort obscure. 332.
Table des mysteres Egyptiens de M. Ficoroni. 341.
Tablettes de plomb des Basilidiens. 378.
Tacite. 42. 56. 89. 113. 205. 265. 406. 407. 408.
Tæda, espece de torche. 161.
Tagés auteur Hetrusque écrit sur l'Haruspicine. 26.
Talismans des Basilidiens pour la ville de Milet. 374. Talisman d'Alexandre le Grand. 371. Talismans des Basilidiens, appellez Abraxas. 292.
Talthybie heraut avoit un temple à Lacedemone. 127.
Tanaïde, surnom de Venus. 397.
Tapisserie de pourpre Phenicienne & de tissure Assyrienne. 64. 65.
Tarpeia Vestale, établie par Numa Pompilius. 30.
Tarquin premier, rejette la Sibylle : achete enfin les livres Sibyllins. 28. d'autres disent que c'est Tarquin le Superbe qui les acheta d'une vieille. 28.
Tarvos Trigaranus, taureau à trois grues, monument Gaulois. 414.
Tatiens, tribu Romaine. 25.
Taureau victime de Mars. 158. de Minerve. là même. de Cerès 158. de Venus 159.
Taureaux victimes de Jupiter. 158.
Taureau, sa tête ornée, représentée sur un taurobole. 173.
Taureaux victimes en Egypte. 343.
Taureau jeune aux cornes dorées, victime d'Apollon. 158.
Taureau, entre les cornes duquel est une tête d'homme couronnée dans un Abraxas. 375.
Taureau propre pour le sacrifice. 156.
Le Taureau, le belier & le cochon conduits en cet ordre pour le sacrifice dans les Baccanales. 196.
Taureaux, jeunes victimes des Lares. 159.
Taureaux ornez pour le sacrifice. 166. 168. 169. 183.
Taureaux noirs immolez à Neptune. 158. 180. & à Pluton. là même. & aux dieux des enfers. 158.
Tauries fête. 224.
Tauroboles de la grande Mere, des prêtres, & d'autres divinitez s'y initioient. 173.
Tauroboles dediez à Cybele, & quelquefois à Attis. 171. étoient des sacrifices à la mere des dieux. 157.
Tauroboles de la grande Mere. 170. paroissent avoir commencé tard dans le paganisme. là même.

Tauroboles & Crioboles faits par des provinces entieres, & quelquefois par des particuliers. 172. 173.
Tauroboles duroient quelquefois plusieurs jours. 173.
Taurobole pour la santé de l'Empereur. 173.
Tauroboles. 171. regardez comme un bâteme de sang. 171. Tauroboles donnoient une renaissance éternelle. 172.
Taurobole décrit par prudence. 171. 172.
Taurobole de Lion, & sa description. 173. 174.
Taurocholies fête. 224.
Tauropolies fête. 224.
Telesphore avoit des temples. 99.
Telesphore. 422.
Tellus déesse, la même que Cybele. 157. avoit anciennement l'Oracle de Delphes. 255. prononçoit des oracles par la bouche. 255.
La Tempête avoit des autels sur le bord de la Mer. 179.
Temples, leur origine. 45. les Egyptiens, selon Herodote, en ont fait les premiers. 45. temple de Dagon dieu des Philistins, le premier dont l'écriture parle. 45. temples chez les Grecs, bâtis premierement par Deucalion. 46.
Temples, respect qu'on leur portoit. 57. comment consacrez & dédiez. 56. leur situation, par rapport aux dieux ausquels on les bâtissoit. 57. leurs parties 47. lieux d'asile. 58. leurs differens ornemens. 55. dorures, peintures. là même.
Temples, leur situation, & comment on les orientoit. 50. 51. temples sur des montagnes. 47.
Temple couvert de tables de cuivre dorées. 51.
Temples à douze colonnes au frontispice, rares. 122.
Temple de Rome, où ni les chiens, ni les mouches n'entroient jamais. 75.
Temples à deux, à quatre, à six colonnes au frontispice, & aussi à huit, à dix, à douze. 120. 121.
Temples avoient les noms des dieux ausquels ils étoient consacrez, écrits sur la porte. 51.
Temples quarrez ou quarrez longs. 48. temples ronds 48. & les suivantes. temple ovale. 48.
Temple fort petit où l'on n'entroit que par la voute. 111.
Temples en grand nombre à Rome. 111.
Temples lapidez quelquefois par le peuple. 59.
Temple de Jerusalem ; ses dépouilles portées au temple de la Paix. 106.
Temple octogone. 126.
Temples : on y pendoit les armes prises sur les ennemis. 55. 56.
Temple transparent dans la maison dorée de Neron. 56.
Temple de Cybele ou d'Ops. 59. temple de Sipylene à Magnesie. 12. temple de Cybele. 56. temple de la déesse Tellus à Rome. 111.
Temple de Saturne. 59. temple de Janus à Rome. 59. 60 temple de Janus d'Autun à quatre portes. 60. particularitez remarquables. 60. les quatre portes marquent les quatre saisons. 60.
Temple de Jupiter Olympien, où étoit la statue de Jupiter, faite par Phidias, une des merveilles du monde. 61. sa description. 80. 64. temple de Jupiter Olympien d'Athenes étoit Hypætre. 49. temple de Jupiter Olympien avoit des portes d'airain. 63.
Temple de Jupiter Capitolin, sa description. 66. son plan : il avoit trois chapelles. 67. ses ornemens. 67. 68
Temple de Jupiter le Propugnateur, *Redux*, *Viminens*, Feretrien & autres. 68. 69. temples de Jupiter Acræus & de Jupiter Cassius. 68. de Jupiter καταιβατης. 68. de Jupiter Vengeur, Tonnant, &c. 65
Temple de Jupiter Capitolin, bâti à Jerusalem sur les ruines du temple des Juifs. 68.

Temples de Jupiter en grand nombre. 65.
Temple de *Vejovis* à Rome. 110.
Temples de Junon. 71. temple de Junon Lucine & de Junon au portique d'Octavie. 69. de Junon reine. 70. temple de Junon Lucine au mont-Esquilin. 233.
Temple de Junon à Argos brûlé. 5. temple de Junon Samienne fameux. 70. histoire qui le regarde. là même.
Temple de Junon. 69. de Junon *Matuta*. 70. de Junon *Sospita*. 70. de Junon *Sororia*. 70.
Temple de Vesta rond. 71. on doute si c'est un temple qui est encore aujourd'hui sur pied : temple de Vesta Palatine. 72.
Temple de Neptune de Tenos, où il y avoit des salles à manger. 72. temples de Neptune. 72. temple de Portumnus à Rome. 110.
Temple de Pluton à Pylos. 72. temple d'*Orcus*, qui veut dire l'enfer. 110.
Temple de Cerès au Cirque. 73. temple de Cerès bâti par Evander sur le mont-Palatin. 73.
Temples de Vulcain. 73. temple de Vulcain au mont-Etna 73.
Temples d'Apollon en Grece. 75. temple d'Apollon en Egypte. 130. temple de Delphes. 255. est un des temples d'Apollon. 74.
Temple d'Apollon Medecin. 52. 76. temple d'Apollon de Claros. 74. il n'y entre jamais de bête venimeuse. 74. temple d'Apollon au mont Palatin, fort magnifique. 75. temple d'Apollon Delphique à Marseille. 75. temples d'Apollon à Rome. 76.
Temple d'Apollon d'Actium. 75.
Temple de Delphes, ses richesses, & les malheurs arrivez à ceux qui les pilloient. 74.
Temple d'Apollon & de Leucothée. 55.
Temple des Muses à Rome. 76.
Temple de Latone à Delos. 76.
Temples du Soleil, distinguez de ceux d'Apollon. 77. temple magnifique du Soleil bâti par Aurelien. 77
Temple des Camenes à Rome. 76.
Temple magnifique du Soleil & de Bel. 390.
Templum Lunæ noctiluca, le temple de la Lune qui luit la nuit : luisoit effectivement la nuit, dit Varron. 109.
Temple de la Lune à Rome. 109.
Temples de Mars à Rome. 77. temples de Mars hors des murs de Rome. 77. autres temples de Mars. là même.
Temples de Mars dans la Grece & dans d'autres païs. 77. 78.
Temple de Bellone au Cirque Flaminien. 78.
Temples de Mercure en Grece. 80. temple de Mercure porte la marque du caducée. 122. trois temples sur une medaille. 122.
Temples de Mercure à Rome. 79.
Temples de Mercure au pied du mont-Aventin, sa description. 79.
Temples de Minerve. 83.
Temple de Minerve à Athenes, reste encore aujourd'hui sur pied. 80. Pseudodiptere : sa description. 80. 81. 82. temple de Minerve Iliade. 83 temple de Minerve Chalciœcos tout de cuivre. 56. autres temples de Minerve. 82. temple de Minerve à Sais. 273.
Temple de Diane du mont-Aventin. 87. temple de Diane en Epire. 58. temple de Diane d'Icare : on ne chassoit tout autour qu'avec permission de la déesse. 89.
Temple de Diane au *Vicus Patritius* de Rome, où les hommes n'entroient point. 88. temple de Diane entouré des signes du Zodiaque. 87.
Temple de Diane Lucifera. 87.
Temple de Diane : on affichoit aux portes des cornes

DES MATIERES. 469

de cerf, & au seul temple de Diane du mont-Aventin des cornes de bœuf. 88.
Temple de Diane d'Ephese, asyle pour tous les criminels. 58.
Temple de Diane d'Ephese. 84. & les suivantes. ses mesures. 84. son toit de cedre. 85.
Temples de Venus à Rome & ailleurs. 90.
Temple ovale de Venus Sallustia à Rome. 48. sa description, ses colones. 48. avoit quatre portes. 49. 90. 91.
Temple de Venus Erycina. 91. fort ancien. 91. temple de Venus de Paphos. 89. décrit par Tacite. 89. 90.
Temple de Venus Genitrix. 113.
Temple de Venus de Paphos avoit cent autels. 134.
Temple de Venus Paphienne dans un Abraxas. 375.
Temple de Venus Cloacina : conjecture de l'Auteur sur ce temple. 93. 94.
Temples d'Hercule près des Gymnases & des Amphitheatres. 57.
Temple d'Hercule, surnommé Baulus. 96.
Temple d'Hercule à Cadis, où se voioient les colonnes d'Hercule. 96.
Temples d'Hercule. 95.
Temple d'Hercule Vainqueur, où ni les chiens, ni les mouches n'entroient jamais. 75.
Temple de Bacchus à Samos. 96. autres temples de Bacchus. 96.
Temple de Pan. 97. où les bêtes trouvoient leur sureté. la même.
Temples de Silvain à Rome. 97. temple de Faune. 97.
Temple d'Esculape en Grece & à Rome 98. 99. temple de Liber & de Libera à Rome. 97.
Temples d'Hygiea ou Salus. 99.
Temple de Nemesis. 101.
Temples de Castor & de Pollux, ou des Dioscures. 100. temple des Castors à Rome. 100.
Temple hors d'Athenes & son image. 115. de cent pieds de long, & de quarante-quatre de large. la même.
Temple d'Hercule Musagete. 95.
Temples de Rome d'Auguste. 100.
Temples de la Concorde à Rome. 108. 109.
Temples de Flore à Rome 97.
Temples de Rhamnusia à Rome. 110.
Temples de la Fortune en Grece. 104.
Temple singulier de la Fortune de Preneste 103. 104. fait en forme de theatre. la même. temple de la Fortune d'Antium. 104.
Temple des Penates. 104.
Temple des Nymphes près de Pouzzol. 127.
Temple du bon évenement. 104.
Temples de Rome déesse. 99. 100.
Temple de l'Honneur & de la Vertu, à Rome. 108.
Temple de Juturna. 109.
Temple de Quirinus. 111.
Temple fait en Croix de Malte. 125.
Temple de la Tempête à Rome. 107.
Temple de Terminus à Rome. 110.
Temple tout d'airain à Rome. 56.
Temple du Ris ou de la Risée, risus. 127.
Temple de Juba roi de Mauritanie. 121.
Temple de la Paix le plus grand de Rome. 105. bâti par Vespasien : ses ornemens. la même.
Temples d'Apis, & temple pour la consecration d'Apis magnifique. 307.
Temple de Persée à Chemmis en Egypte. 127. environné de Palmiers 127.
Temples d'Isis & de Serapis à Rome. 110.
Temple de Jules Cesar. 120.
Temple de Juventus, Juventa ou Juventas, qui étoit la Jeunesse appellée Hebé chez les Grecs. 99.
Temple de l'Esperance. 105. de la Mort. 127. de la Victoire. 106. de l'Honneur. 108. temple de la Pudicité Patricienne. 109.
Temple de la Paix, fut consumé par une incendie, sa figure. 106.
Temples de la Necessité & de la Violence. 107.
Temple des Furines. 109.
Temple d'Antonin & de Faustine. 110.
Temple de la Rouille ou de la Nielle à Rome. 110.
Temple d'Hadrien de Cyzique, compté pour une merveille du monde. 122.
Temple rond fort beau. 115.
Temple de la Félicité. 105.
Temple de Mens qui étoit la Pensée ou l'Ame. 127.
Temple de Vienne qui étoit à jour, n'y aiant point de mur entre les pilastres. 17.
Temple d'Helene à Lacedemone. 127.
Temple de Brutus Callaïcus à Rome. 110.
Temple avec croisée comme nos Eglises. 125.
Temple de Matuta. 104. temple de la Bonne déesse. 109. temple de Claude. 110. temple avec l'inscription, Roma æterna. 111.
Temple de la Misericorde à Athenes & à me. 58.
Temple avec l'inscription, Sacellum novum. 120. temple de Trajan. 110.
Temple de la Voracité en Sicile. 127. temple diverum C sarum. 110. temple de Castor seul. 101. temple d'Hadrien. 111. temple de Carna ou de Carna à Rome. 110.
Temple de la Concorde : il en reste encore aujourd'hui des colonnes. 112.
Temples d'Adonis. 94.
Temple de la Réputation & du Présage. 127.
Temples différens. 113. 114.
Temple de la Foi. 108. de la Pieté. 108.
Temple de Sancus ou Sangus à Rome. 110. temple de Tarragone à dix colonnes au frontispice. 121. temple de la Liberté. 105. temple avec l'inscription, dea Segetia. 120. temple de Nerva. 111. temple triangulaire. 114. autre en forme de croix. 124. 126.
Temple d'Auguste à Lion. 127.
Temple de φόβος ou la Peur, à Lacedemone. 107.
Temple de Caligula. 110.
Temple de Tivoli. 114.
Temple du Hazard αὐτομάτας bâti par Timoleon. 127.
Temple de Balbec magnifique, sa description. 117. 118.
Temple du Géant. 114.
Temple de la Fievre à Rome. 106.
Temple de la Vieillesse à Athenes. 127.
Temple de Tutiline. 104.
Temple d'Aius Locutius à Rome. 110.
Temple de Talthybie à Lacedemone. 127.
Temple de la Monnoie. 111.
Temple de Jules Cesar : on prouve que c'est celui dont trois colonnes restent. 112.
Temple de Rediculus à Rome. 110.
Temple d'Erechthée à Athenes. 127.
Temple des Augures. 26. temples des Augures. 47.
Temples de la Campagne de Rome, en grand nombre, leurs plans. 123. & les suivantes.
Tenéteres peuple Germain. 406.
Tentes d'armée. 188.
Terminales fêtes. 236.
Terminus dieu, n'avoit point de victime. 159.
Terminus dieu. 235. avoit un temple à Rome. 110.
Terre honorée comme déesse chez les Scythes. 404.
Tertullien. 231. 312. 355. 357. 364. 441.
Tessera de Tolentin singuliere. 249.
Tête d'homme d'où sortent sept serpens, dans les Abraxas. 375.

Têtes des victimes recevoient les imprécations des Egyptiens. 343.
Thalamos temple d'Apis. 307.
Thalyſies fête. 224.
Thamimaſades, Neptune des Scythes. 404.
Tharamis eſt le Jupiter des Gaulois. 414. 418.
Tharé idolatre. 382.
Thargelies fête. 224.
Thargelion, le mois d'Avril. 114.
Thatrée. 257.
Thebains, enfans enlevez par des Sphinx. 63.
Thebes en Egypte où on immoloit des chevres, & non pas des moutons. 344.
Themiſtocle, ſa femme ou ſa fille, étoient prêtreſſes de Sipylene à Magneſie. 12.
Thenſæ chars, à quel uſage aux Lectiſternia. 238. en uſage au Souverain Pontife. 20.
Theocrite. 166.
Theodoſe le grand ôta les appointemens aux prêtres. 19.
Theodoſe le Grand, aſſigne au fiſc tous les appointemens des prêtres & des augures des Payens. 25.
Theoënies fête. 225.
Theogamies fête. 225.
Theophanies fête. 225.
Theopompe. 400.
Theoxenies fête. 225.
Therapnatidies fête. 225.
Therſaries fête. 225.
Theſée précipite dans la mer le voleur Sciron. 116.
Theſée donna la liberté à Athenes, & la mit en Democratie. 8.
Theſée combat contre les Amazones. 64. Theſée le quatriéme deſcendant de Pelops. 62.
Theſée au combat contre les Centaures. 62.
Theſées fête. 225.
Theſmophories fête. 225.
Theutates, le même que Mercure. 414. on lui immoloit des victimes humaines. 414.
Thoth, Hermés Trimegiſte. 385.
M. de Thou. 430. 431.
Thraciens font la guerre aux Beotiens. 258. leur ſuperchetie 258.
Thranion, marchepied chez les Atheniens. 64.
Thucydide. 5. 55. 58. 91. 164. 212.
Thuribulum encenſoir, on ne ſçait pas quelle forme il avoit. 140. 150.
Thyas prêtreſſe de Bacchus. 9.
Thye fille de Cephiſſus. 133.
Thyies fête. 225.
Thylles fête. 225.
Thymiateria encenſoirs, ou *acerræ*. 140.
Thynnées fête. 225.
Thyrſe ſymbole de Bacchus. 177.
θυσια ſelon l'étymologie, veut dire un ſacrifice ſanglant. 151.
Tibareniens, hiſtoire. 163.
Tibere bâtit un temple de la Concorde à Rome. 109.
Tibere ôte les aſyles des temples. 59.
Timanthe habile peintre. 105.
Timoleon bâtit le temple du Hazard αὐτοματίας. 127.
Tintemens d'oreille de mauvais préſage. 265.
Titanies fête. 225.
Titans, ſelon Sanchuniathon. 384.
Tite-Live. 30. 33. 55. 70. 82. 104. 186. 231. 239. 240 414.
Tithenidies fêtes. 225.
Tlepolemies fête. 225.
Tollius. 410.
Torées fête. 225.
Torches & flambeaux dans les cérémonies profanes. 148.

D. Phil. del Torre, évêque d'Hadria. 104. 419. 420.
Tortue avec Mercure. 418.
Toſcans évoquoient la Foudre. 240.
Tour adorée par les Arabes. 381.
Toxaridies fêtes. 226.
Trajan offre des *Suovetaurilia*. 188. *& les ſuivantes*. Trajan ſacrifie tantôt voilé, tantôt ſans voile. 40.
Trajan offre une tête de lion à Mars. 190. il ſacrifie à Mars la tête voilée. 190.
Trajan ſacrifiant ſans voile ſur la tête. 179.
Trajan ſacrifie à Apollon. 185.
Trajan ſacrifiant. 165. 166.
Trajan offre avec le *nimbus* ou le cercle lumineux. 185.
Trajan offre à Silvain la tête d'un ours. 200.
Trajan offre à Diane la Chaſſereſſe la tête d'un ſanglier. 191.
Trajanius prêtre de la grande Mere. 15.
La Tranquillité avoit des autels ſur le bord de la mer. 106. 179.
Trepieds conſacrez à Apollon, ſont ſes ſymboles. 138. 184. Trepieds en grand nombre. 137. 138.
Trepieds de Dodone. 257.
Trepieds, leur forme. 136. differente ſorte de trepieds. *la même*.
Trepied de Delphes : difficulté ſur ce trepied, eſt levée. 136. 137. trepied de l'Hippodrome de Conſtantinople, avoit la forme de celui de Delphes. 137. trepied de Delphes, comment établi. 10. 136. ſa forme. 136. trepied de Delphe contenoit la figure d'Apollon. 137.
Trepieds, leurs ornemens differens. 138.
Τρίβωμος, triple autel d'Eſculape. 247.
Tribomos ou triple autel d'Eſculape à Rome ; qu'étoit-ce. 130. trois autels, *la même*.
Triclaries fêtes. 226.
Trictyes fête. 226.
Trieteriques fête. 226.
Trigla déeſſe de la Luſace. 411.
Triptoleme ſur un char avec Cerès. 181.
Tripudium ſunivium, quelle ſorte de préſage c'étoit. 267.
Tritan. 69. 70.
Tritopatories fête. 226.
Trittya, les Suovetaurilia des Grecs. 187. on les offroit à Neptune & à Eſculape. 187. à Hercule auſſi, & à d'autres dieux. 188.
Troglodytes circoncis. 381.
Trompettes jouent pendant les ſacrifices. 156. 188. 189.
Trone de Jupiter Olympien merveilleux. 63.
Trophone nourri par Cerès, ſurnommée Europe. 259.
Trophone, ſon antre. 76. où lui offroit des gâteaux au miel. 157.
Trophone, oracle de ſon antre. 259. 260. maniere de le conſulter, *la même*.
Trophonies fête. 226.
Truie & trente cochons immolés à la fois. 156.
Truie victime de Cerès. 156.
Truie pleine ſacrifiée à Cybele. 157. & à Tellus. 157.
Tuba. 150.
Tubiluſtres fêtes. 236.
Tuiſton reconnu par les Germains, comme né de la terre. 408.
Tullus Hoſtilius évoquant la Foudre ſans garder les rits neceſſaires, en eſt frappé lui même. 240.
Tuſculanes loix. 236.
Tutiline avoit un temple. 104. 105.
Tympanon dans les Orgies Bacchiques. 195.
Tympanon, inſtrument joué aux ſacrifices & aux cérémonies de Cybele. 177.
Typhon étoit frere d'Oſiris : il tua ſon frere, &

diviſa

divisa son corps en 26. parties. Isis & Orus le font mourir. 292.
Typhon, le mauvais principe des Egyptiens. 271. appellé ἄλογος ou *sans raison*. 272. l'âne étoit son symbole. 293.
Typhon pris pour l'Hippopotame. 340.
Typhon, selon quelques-uns, transformé en crocodile. 317.
Tyrbe fête. 226.

V

Vacca, *voiez* Flaminius Vacca.
Vache sacrée adorée à Momemphis. 309. vaches sacrées en Egypte 309.
Vaches n'étoient jamais sacrifiées chez les Egyptiens. 344.
Vaches immolées à Junon, à Cerès à Hermjone, à Diane. 158.
Vache noire victime de Proserpine 158.
Vaillant. 7. 69. 71. 94. 95. 134. 201. 203. 284. 323.
Vaisseau pour l'aspersion. 189.
Valentiniens, ont mêlé la religion Chrétienne avec les superstitions Egyptiennes. 353.
Valere Maxime. 39. 106. 232. 238.
Valerius Aper soldat, gueri par Esculape. 247.
Valerius Symphorus, & Protis sa femme, font des presens à Esculape pour les bienfaits reçus. 248.
M. Vandale. 7. 8. 38. 174. 175. 255. 261. 409.
M. Vandale habile antiquaire 16.
M. Vandale. 170. nous lui devons une belle découverte. 171.
Vandale rejetté sur les Oracles. 254.
Variations sur les cérémonies de religion. 157.
Varron rapporté par Lactance sur les Sibylles. 27.
Varron. 22. 24. 46. 109. 141. 180. 187. 234. 236. 296.
Varron dans Macrobe. 61.
Vase des mysteres de Cerès & de Bacchus, du cabinet du Duc de Brunswic. 180. comment venu au cabinet de ce Duc. 182.
Vase pris pour une tête d'Isis. 278.
Vates chez les Gaulois sacrifient & s'appliquent à connoître les choses naturelles. 435.
Veau d'or des Israelites à l'imitation de l'Apis des Egyptiens. 169. veaux victimes en Egypte. 343.
Vejovis avoit un temple à Rome. 110.
Vent, comment représenté. 133.
Les Vents avoient des autels sur le bord de la mer. 179.
Venus *Genitrix*, & son temple. 113.
Venus adorée à Momemphis en Egypte. 309.
Venus Erycine honorée en Sicile & à Rome. 252.
Venus Tanaïde honorée à Babylone. 397.
Venus triomphante sur une patere. 143.
Venus sa belle statue au temple de la Paix. 106.
Venus sortant de la mer. 64. couronnée par Pitho. 64.
Venus, sa statue d'excellente main. 90.
Venus transformée en colombe à Eryce. 92. 93.
Venus semblable à la pourpre & à l'or, selon Anacreon. 93. ses victimes. 159.
Venus appellée Nephthys chez les Egyptiens. 288.
Venus Πάνδημος ou la populaire. 49.
Venus représentée par une pierre comme une borne. 90.
Venus Celeste, appellée par les Assyriens Mylitta : par les Arabes, Alitta ; par les Perses, Mitra. 393. Venus Celeste honorée chez les Scythes. 404.
Verbena, qu'étoit ce. 129.
Verenia Vestale, établie par Numa Pompilius. 30.
M. du Verger. 310.
Verrat victime de Cerès. 158.
Verrat ou cochon, on a commencé par lui les sacrifices selon Varron. 187. Verrat ceint par le milieu du corps pour le sacrifice. 188. 189.

Verrat immolé à Cerès. 180. victime de Mars. 158.
Verre qui a demeuré longtems dans la terre, prend les couleurs de l'Iris. 429.
Verticordia, qui change les cœurs, surnom de Venus. 90.
Vertumnales fêtes du dieu Vertumnus. 237.
Vertumnus. 181.
Vespasien fait rebatir le Capitole. 56.
Vesta étoit sœur de Junon & de Cerès : des trois elle seule a gardé sa virginité. 31.
Vesta honorée par les Scythes plus que tout autre dieu. 404.
Vestales, comment élues. 30. à quel âge. *la même*. de quelle qualité. *la même*. Vestales obligées à garder la virginité. 31. se rondoient les cheveux, *la même*. Punition de celles qui violoient la chasteté : ensouïes vives. 32.
Vestales sacrifioient les pieds nuds. 19.
Vestales plus anciennes que Rome. 30.
Vestales gardoient le feu sacré, le Palladion & autres choses. 31.
Vesta'n maxima, la principale des Vestales. 31.
Vestales assistent à la dédicace du Capitole. 56. Vestales, leurs privileges. 31. 32.
Vestibule des temples 47.
Vheler. 137.
Vibius dieu de Rome, appellé autrement Hippolyte. 23.
Le Vico de Parme. 198.
Victimaires, leurs fonctions. 163. 188. leurs habits. 166.
Victimaires qui égorgeoient les victimes. 147.
Victimaire tenant un maillet. 188.
Victimes. 256. on en sacrifioit trois à la fois, selon l'oracle d'Apollon. 155. leurs restes étoient pour le souper. 164.
Victime, comment éprouvée. 177.
Victimes ornées de rubans. 155. victimes faisoient trois fois le tour. 187. 188.
Victimes, de quelle espece. 156.
Victimes selon la qualité des personnes. 156.
Victimes femelles ont plus de valeur que les mâles. 153. victimes mâles aux dieux, & femelles aux déesses pour l'ordinaire. 157. victimes mâles à Venus Paphienne. 159.
Victimes des dieux de la terre & des dieux des enfers. 154.
Victime pour les moissons faisoit trois fois le tour des moissons avant que d'être immolée. 182.
Victimes mutilées à Diane. 159.
Victimes blanches aux dieux du ciel & de l'air. 155. victimes noires aux dieux des enfers. 155. 158.
Victime qui faisoit des efforts pour s'échapper, de mauvais augure. 153.
Victimes humaines chez les Lusitaniens. 439. victimes humaines ont été eu usage chez les Grecs & chez les Romains. 152. & chez les autres nations. *la même*. Victimes humaines chez les Gaulois pour la guerison des malades. 412.
Victimes de toute espece à Venus. 159 victimes se détachoient elles-mêmes des troupeaux pour aller être immolées à l'autel de Venus Erycine. 92.
Victimes des Egyptiens & leurs épreuves. 343.
Victoires. 167.
Victoires qui paroissoient danser. 63.
Victoire : sa statue tombe & tourne le dos aux Romains ; mauvais préfage. 265.
Victoire parmi les Abraxas. 367.
Victoire d'or massif envoyée à Rome par Hieron. 67.
S. Victor, Bibliotheque. 11.
La Vieillesse avoit un temple à Athenes. 127.
Vin nouveau bu aux Meditrinales. 133.
Vin défendu aux prêtres Egyptiens, selon quelques-uns. 346.

Tom. II.　　　　　　　　　　　　　　　　　　　　　　　　　　Sff

Vinales fêtes. 236.
Vires excepit, vires consecravit, vires candidi: qu'est-ce que cela veut dire. 174.
Virgile. 129. 142. 147. 158. 159. 181. 182. 183. 187. 441.
Viriplaca déesse, étoit selon quelques-uns la Fortune 102.
Visu monitus, ex viso, viso omine, explication de ces mots. 253.
Vitruve 50. 51. 57. 80. 103. 108. 113. 115. 129. 130.
Ulpien. 261.
Ulpius Apollonius (Marcus) Prophete d'Antinoüs. 323.
Ulpius Apollonius Prophete d'Anubis. 313.
Ulysse, son image. 192.
Ulysse aborda en Germanie, selon quelques-uns. 408.
Vœux. 250. 251.
Vœu fait à Jupiter Cælestinus. 191.
Vœu à Neptune pour une heureuse navigation. 243.
Vœu singulier de Fabius Maximus. 253.
Vœux en grand nombre chez les Grecs & chez les Romains. 241. Vœu au Soleil. 392. vœu à Minerve. 191. vœux pour demander des graces aux dieux. 152. Vœux à Serapis pour la santé. 299.
Vœu fait à Serapis. 328. vœu remarquable à Isis, qui se trouve en Espagne. 324. 325.
Vœu à Jupiter. 242. à Jupiter & à Hercule 243. vœux pour les voiages. 243. vœu au conseil des dieux. 253. vœux en grand nombre faits dans la Grece. 152. vœux faits par les commandemens des dieux. 242. & les suivantes. vœu à Hercule Ilunnus d'Andose. 251.
Vœux à Esculape, des yeux, des pieds, des mains, &c. 248. 249. vœu à Esculape pour le recouvrement de la santé. 244. vœu singulier au même. 244. 245.
Vœu pour un heureux accouchement. 244.
Vœu aux fontaines. 191.
Vol des oiseaux observé par les Germains. 407.
Volatiles offertes en sacrifice aux dieux de l'air, & aux dieux marins. 154.

Volcanus, Vulcain dans un monument Gaulois. 424.
Volturne dieu. 23.
Vopiscus. 262. 354.
Voracité avoit un temple en Sicile. 127.
Vossius. 406.
Uranie ou Venus Celeste. 393.
Uranie invoquée par les Arabes avant Mahomet. 380.
Urbain VIII. Pape, ôta les poutres de bronze de la Rotonde, pourquoi. 54.
Uriel Ange & puissance, dans les Abraxas. 359.
Urne trouvée par Guenebauld, vraie; mais l'inscription a été ajoutée. 429.
Urotalt le Bacchus des Arabes. 380.
Ursus pileatus, à Rome. 52.
Vulcain appellé Chrysor chez les Pheniciens. 384.
Vulcain dieu des Germains. 406.
Vulcain Gaulois. 426.
Vulcain, son image dans un bas relief Gaulois. 424.
Vulcanales fêtes de Vulcain. 237.

X

Xenon Aconte d'Athenes. 7.
Xenophon. 156. 179. 207. 211. 223. 396.
Xerxés sacrifie au soleil. 397.

Y

Yeux vouez à Esculape. 248.

Z

Zamolxis adoré comme dieu par les Scythes. 405.
Le Zephyre représenté. 181.
Zmaragdus, écrit ainsi sur une inscription. 325.
Zmyntheus prêtre pour la grande Mere. 15.
Zoroastre sacrifioit aux astres. 398.
Zoroastre consacra l'antre de Mithras. 397.
Zonaras 32.
Zosime. 137.

Fin de la Table du second volume.

www.ingramcontent.com/pod-product-compliance
Lightning Source LLC
Chambersburg PA
CBHW071519160426
43196CB00010B/1583